Smid/Rattunde

Der Insolvenzplan

D1672488

Der Insolvenzplan

– Handbuch für das Sanierungsverfahren
gemäß §§ 217 bis 269 InsO
mit praktischen Beispielen
und Musterverfügungen –

von

Dr. Stefan Smid

Professor an der Juristischen Fakultät der Christian-Albrecht-Universität in Kiel

und

Rolf Rattunde

Rechtsanwalt, Notar, Fachanwalt für Steuer- und Insolvenzrecht in Berlin

Zweite, neu bearbeitete Auflage

Verlag W. Kohlhammer

ISBN 3-17-018967-0

Vorwort

Sechs Jahre nach Inkrafttreten der Insolvenzordnung mag der Insolvenzplan nach wie vor statistisch eher eine Ausnahmeerscheinung in der deutschen Insolvenzrechtspraxis geblieben sein; von dem Instrument des Insolvenzplans wird aber mittlerweile nicht nur durchaus Gebrauch gemacht; sein Einsatz eröffnet zusehends Chancen, in bestimmten Fällen eine erfolgreiche Masseverwertung zu erreichen, die im liquidierenden Verfahren nach den allgemeinen Regeln nicht möglich wäre.

Die von uns vor sieben Jahren angesprochenen Schwierigkeiten im Umgang mit diesem Rechtsinstitut haben sich allerdings leider zu einem großen Teil bestätigt. Das Erfordernis, mit dem Insolvenzplan das klassische insolvenzrechtliche Reorganisationsinstrument schlechthin nutzbar machen zu können, zwingt zum Nachdenken darüber, wie die Regelungen der §§ 217 bis 269 InsO auszulegen sind, um sie sinnvoll einzusetzen. Pragmatische, aber auch verfassungsrechtliche Bedenken, die seit den Jahren vor Inkrafttreten der InsO nicht geschwiegen haben, unterstreichen nur die Notwendigkeit eines solchen Nachdenkens.

Die erfreuliche Aufnahme, die der ersten Auflage unseres Buches zu Teil geworden ist, hat uns ermutigt, eine Neuauflage zu besorgen, die uns insbesondere die Gelegenheit gibt, zahlreiche Schwächen und Fehler auszuräumen, die wir damals noch im Vorfeld des Inkrafttretens der Insolvenzordnung gemacht haben und deren Bereinigung uns sowohl die eigene Praxis (*Rolf Rattunde*) als auch die vertiefte Auseinandersetzung mit dem Rechtsinstitut des Insolvenzplans (*Rolf Rattunde* und *Stefan Smid*) ermöglicht haben. Eine Reihe von Aspekten kann überhaupt erst heute eingehender erörtert werden – sehr pragmatische Fragen des Zusammenhangs der effektiven Umsetzung des Plans mit der Veröffentlichung des Eröffnungsbeschlusses oder Probleme des europäischen Beihilferechts gehören hierzu, um nur einzelne Fragen schlaglichtartig hervorzuheben.

Wir bedanken uns für ihre Hilfe bei der Materialsammlung und Korrektur bei Frau Katrin Lindenberg, Frau Solveig Lieder, auch für die Schlussredaktion bei Herrn Thomas Rühle, alle Mitarbeiter am Lehrstuhl Prof. Smid an der Christian-Albrechts-Universität zu Kiel.

Rolf Rattunde und Stefan Smid
Berlin/Kiel im August 2005

Inhaltsverzeichnis

Inhaltsverzeichnis

Abkürzungsverzeichnis

a. A.	anderer Ansicht
a. a. O.	am angegebenen Ort
Abs.	Absatz
AcP	Archiv für die civilistische Praxis
a. E.	am Ende
a. F.	alter Fassung
AFG	Arbeitsförderungsgesetz
AktG	Aktiengesetz
allg.	allgemein
amtl.	amtlich
AnfG	Anfechtungsgesetz
Anm.	Anmerkung(en)
AnwBl.	Anwaltsblatt
AO	Abgabenordnung
arg.	argumentum
Art.	Artikel
Aufl.	Auflage
BAFin	Bundesanstalt für Finanzdienstleistungsaufsicht
B. v.	Beschluss vom
BB	Der Betriebsberater
BC	(US-amerikanischer) bankruptcy code
Bd.	Band
Begr.	Begründung
bes.	besonders
Beschl. v.	Beschluss vom
BezG	Bezirksgericht
BGB	Bürgerliches Gesetzbuch
BGBl.	Bundesgesetzblatt
BGH	Bundesgerichtshof
BGHZ	Entscheidungen des Bundesgerichtshofes in Zivilsachen
BMJ	Bundesministerium der Justiz
BQG	Beschäftigungs- und Qualifizierungsgesellschaft
BRAGO	Bundesgebührenordnung für Rechtsanwälte
BT-Drucks.	Drucksachen des Deutschen Bundestages
b. u. v.	beschlossen und verkündet
BVerfG	Bundesverfassungsgericht
BVerfGE	Entscheidungen des Bundesverfassungsgerichts
bzw.	beziehungsweise
DB	Der Betrieb
DE	Diskussionsentwurf
ders.	derselbe
d. h.	das heißt
dies.	dieselbe(n)
Diss.	Dissertation
DJT	Deutscher Juristentag
DRiG	Deutsches Richtergesetz
DStR	Deutsches Steuerrecht

Abkürzungsverzeichnis

DStZ	Deutsche Steuerzeitung
DtZ	Deutsch-deutsche Rechts-Zeitschrift
DZWIR	Deutsche Zeitschrift für Wirtschafts- und Insolvenzrecht
eG	eingetragene Genossenschaft
EGBGB	Einführungsgesetz zum Bürgerlichen Gesetzbuch
EGInsO	Einführungsgesetz zur Insolvenzordnung
Einl.	Einleitung
EMRK	Europäische Konvention zum Schutze der Menschenrechte und Grundfreiheiten vom 4.11.1950
EStG	Einkommenssteuergesetz
etc.	et cetera
EWiR	Entscheidungen zum Wirtschaftsrecht
FAR	Fachausschuss Recht
fG	freiwillige Gerichtsbarkeit
FGG	Gesetz über die freiwillige Gerichtsbarkeit
FK-*Bearbeiter*	Frankfurter Kommentar zur Insolvenzordnung, 3. Auflage, Neuwied 2002
F.L.F.	Finanzierung. Leasing. Factoring.
FinG	Finanzgericht
FOWI	Forschungsinstitut für mittel- und osteuropäisches Wirtschaftsrecht
FS	Festschrift
Fußn./Fn.	Fußnote
gem.	gemäß
GenG	Gesetz betreffend die Erwerbs- und Wirtschaftsgenossenschaften
GesO	Gesamtvollstreckungsordnung
GG	Grundgesetz für die Bundesrepublik Deutschland
ggf.	gegebenenfalls
GmbH	Gesellschaft mit beschränkter Haftung
GmbHG	Gesetz betreffend die Gesellschaften mit beschränkter Haftung
Halbs.	Halbsatz
HGB	Handelsgesetzbuch
HK-*Bearbeiter*	Heidelberger Kommentar zur Insolvenzordnung, 3. Auflage, Heidelberg 2003
h. L.	herrschende Lehre
h. M.	herrschende Meinung
HRP	Handbuch der Rechtspraxis
hrsg.	herausgegeben
Hrsg.	Herausgeber
i. d. R.	in der Regel
IDW	Institut der Wirtschaftsprüfer
IDW S	IDW Standards, siehe www.idw.de
InsO	Insolvenzordnung
InVo	Insolvenz & Vollstreckung
IRÄG	(österreichisches) Insolvenzrechtsänderungsgesetz von 1997
i S. d.	im Sinne des
i S. v.	im Sinne von
i.V. m.	in Verbindung mit
JbfNPolÖk	Jahrbuch für Neuere Politische Ökonomie
Jura	Juristische Ausbildung
JuS	Juristische Schulung
KG	Kommanditgesellschaft/Kammergericht
KO	Konkursordnung

KP-*Bearbeiter*	InsO – Kommentar zur Insolvenzordnung, Loseblattsammlung, Stand: November 2004
krit.	kritisch
KTS	Konkurs, Treuhand und Sanierung
KWG	Gesetz über das Kreditwesen
LG	Landgericht
L. Rev.	Law Review
LS	Leitsatz
m. a. W.	mit anderen Worten
MIF-*Bearbeiter*	*Moss, Gabriel/Fletcher, Ian F./Isaacs, Stuart,* The EC Regulation on Insolvency Proceedings: A Commentary and Annotated Guide, 2002
Mot.	Motive
MünchKomm	Münchener Kommentar
m. w. N.	mit weiteren Nachweisen
n. F.	neuere Fassung
NJW	Neue Juristische Wochenzeitschrift
npl	non performing loans
Nr.	Nummer
NR-*Bearbeiter*	Insolvenzordnung, München 1999, Loseblattsammlung, Stand: März 2004
NZI	Neue Zeitschrift für das Recht der Insolvenz und Sanierung
o. dgl. m.	oder dergleichen mehr
ÖKO	Österreichische Konkursordnung
OLG	Oberlandesgericht
p.	page
pp.	pages
RdNr.	Randnummer
RechtsA	Rechtsausschuss der Deutschen Bundestages
RegE	Regierungsentwurf
RegEInsO	Regierungsentwurf einer Insolvenzordnung
RG	Reichsgericht
RGW	Rat für gegenseitige Wirtschaftshilfe
RGZ	Entscheidungen des Reichsgerichts in Zivilsachen
Rpfleger	Der Deutsche Rechtspfleger
RPflG	Rechtspflegergesetz
S.	Seite/Satz
sog.	sogenannte
StGB	Strafgesetzbuch
str.	streitig
TVG	Tarifvertragsgesetz
u. a.	unter anderen
u. ä.	und ähnliche(s)
u.dgl.m.	und dergleichen mehr
umf.	umfassend
URG	(österreichisches) Bundesgesetz über die Reorganisation von Unternehmen
Urt. v.	Urteil vom
USC	United States Code
usf.	und so fort
UStG	Umsatzsteuergesetz
u. U.	unter Umständen
v.	von, vom/versus
VAG	Versicherungsaufsichtsgesetz

Abkürzungsverzeichnis

VerglO	Vergleichsordnung
vertr.	vertreten
vgl.	vergleiche
VOB	Verdingungsordnung für Bauleistungen
vol.	volume
WiRO	Wirtschaft und Recht in Osteuropa
WM	Wertpapier-Mitteilungen
WpHG	Gesetz über den Wertpapierhandel (Wertpapierhandelsgesetz - WpHG)
WuB	Entscheidungen zum Wirtschafts- und Bankrecht
z. B.	zum Beispiel
ZGR	Zeitschrift für Unternehmens- und Gesellschaftsrecht
ZHR	Zeitschrift für das gesamte Handels- und Wirtschaftsrecht
Ziff.	Ziffer
ZIP	Zeitschrift für Wirtschaftsrecht
ZPO	Zivilprozessordnung
ZRP	Zeitschrift für Rechtspolitik
ZS	Zivilsenat
ZSEG	Gesetz über die Entschädigung von Zeugen und Sachverständigen
ZVI	Zeitschrift für Verbraucher-Insolvenzrecht
z. T.	zum Teil
ZZP	Zeitschrift für Zivilprozess

Literaturverzeichnis

Ahrendt, Peter/Förster, Wolfgang/Rühmann, Jochen/Schumann, Hans-Heinrich Gesetz zur Verbesserung der betrieblichen Altersversorgung: mit zivilrechtlichen, arbeitsrechtlichen und steuerrechtlichen Vorschriften, Kommentar, 9. Auflage, München 2003

Armbruster, Ekkehard Die Stellung des haftenden Gesellschafters in der Insolvenz der Personenhandelsgesellschaft nach geltendem und künftigem Recht, Berlin 1996

Baird, Douglas G. The Elements of Bankruptcy, New York 1993

Balz, Manfred Aufgaben und Struktur des künftigen einheitlichen Insolvenzverfahrens, ZIP 1988, 273

Balz, Manfred Das neue europäische Insolvenzübereinkommen, ZIP 1996, 948

Balz, Manfred Logik und Grenzen des Insolvenzrechts, ZIP 1988, 1438

Balz, Manfred Sanierung von Unternehmen oder Unternehmensträgern?: Zur Stellung der Eigentümer in einem künftigen Reorganisationsverfahren, Köln 1986

Bareis, Peter/Kaiser, Andreas Sanierung als Steuersparmodell?, DB 2004, 1841

Baur, Fritz/Stürner, Rolf Insolvenzrecht, 3. Auflage, Heidelberg 1991

Baur, Fritz/Stürner, Rolf Zwangsvollstreckungs-, Konkurs und Vergleichsrecht, Heidelberg, 12. Auflage, Heidelberg 1996

Beck, Markus Die Haftung der Gesellschafter bei der BGB-Erwerbsgesellschaft, Berlin, 1999

Beck, Siegfried/Depré, Peter Praxis der Insolvenz, Ein Handbuch für die Beteiligten und ihre Berater, München 2003

Berenz, Claus Gesetzesmaterialien zum Betriebsrentengesetz, Heidelberg 2003

Berges, August Maria Der Konkurs als Aufgabe treuhänderischer Rechtspflege. Die Grundzüge des deutschen Konkurses, KTS 1960, 1

Berges, August Maria Die Vergleichsordnung in der Erprobung und Bewährung, KTS 1955, 2

Berges, August Maria Exekution, Liquidation und Reorganisation, BB 1985, 673

Berges, August Maria Geschäftsführung in der Vollstreckung, KTS 1956, 113

Berges, August Maria Große oder kleine Insolvenzrechtsreform?, KTS 1955, 49

Berges, August Maria Öffentlich-rechtliche Wirkungen des allgemeinen Veräußerungsverbotes im Vergleichsverfahren?, KTS 1957, 183

Bernatzik, Edmund Rechtsprechung und materielle Rechtskraft, Wien 1886

Berner, Susanne Sicherheitenpools der Lieferanten und Banken im Insolvenzverfahren, Diss. (in Vorbereitung)

Berscheid, Ernst-Dieter Das Insolvenzarbeitsrecht im Insolvenzplanverfahren und in der Eigenverwaltung, 27, in: Festschrift für Hans-Peter Kirchhof, 2003 (Hrsg. Gerhardt/Haarmeyer/Kreft)

Beuthien, Volker/Titze, Thomas Offene Probleme beim Insolvenzverfahren der eingetragenen Genossenschaft, ZIP 2002, 1116

Bieder, Marcus A. Zur Behandlung von Sanierungskrediten im Insolvenzplan – Betrachtungen zum Spannungsfeld des modifizierten § 32 a Abs. 3 GmbHG und § 264 Abs. 1 InsO, ZInsO 2000, 531

Bigus, Jochen/Eger, Thomas Führt die deutsche InsO zu mehr Marktkonformität bei Unternehmensinsolvenzen? – Einige Bemerkungen aus ökonomischer Sicht, ZInsO 2003, 1

Bilgery, Wolfgang Der schlanke Insolvenzplan, DZWIR 2001, 316

Bley, Erich/Mohrbutter, Jürgen Vergleichsordnung, Kommentar, Bd. 1, §§ 1 – 81, 4. Auflage, Berlin 1979; Bd. 2, §§ 82 – 132, 4. Auflage, Berlin, 1981

Bloching, Micha Pluralität und Partikularinsolvenz: eine Untersuchung zum deutschen internationalen Insolvenzrecht, Berlin 2000

Blomeyer, Wolfgang/Otto, Klaus Gesetz zur Verbesserung der betrieblichen Altersversorgung, Kommentar, München 1984

XXI

Literaturverzeichnis

Blum, Walter J./Kaplan, Stanley A. The Absolute Priority Dictrine in Corporate Reorganization, 41 U. Chi. L. Rev. 651 (1974)

Böckenförde, Björn Unternehmenssanierung, 2. Auflage, Stuttgart 1996

Böhle-Stamschräder, A./Kilger, Joachim Kommentar zur Vergleichsordnung, 11. Auflage, München 1986

Bollig, Klaus Aufgaben, Befugnisse und Entschädigung des gerichtlichen Sachverständigen im Konkurseröffnungsverfahren, KTS 1990, 599

Bongartz, Horst-Wolfgang Fragen zum vergleichsgerichtlichen Feststellungsverfahren nach § 97 VglO, KTS 1977, 80

Bork, Reinhard Einführung in das neue Insolvenzrecht, 3. Auflage, Tübingen 2002

Bötticher, Eduard Funktionelle und instrumentale Züge des Konkursverfahrens, ZZP Bd. 86 (1973), 373

Bradley, Michael/Rosenzweig, Michael The Untenable Case for Chapter 11, Yale L. Jour. vol. 101 (1991), 1043

Brandstätter, Jörn Die Prüfung der Sanierungsfähigkeit notleidender Unternehmen: Grundlagen, Durchführung und Unterstützung durch Expertensysteme, München 1993

Brass, Hans Aufklärungspflichten im Konkursverfahren, KTS 1956, 25

Braun, Eberhard Das Obstruktionsverbot in der Praxis, NZI 1999, 437

Braun, Eberhard Kommentar zur Insolvenzordnung, 2. Auflage, München 2004

Braun, Eberhard/Uhlenbruck, Wilhelm Unternehmensinsolvenz: Grundlagen, Gestaltungsmöglichkeiten, Sanierung mit der Insolvenzordnung, Düsseldorf 1997

Braun, Johann Rechtskraft und Rechtskraftdurchbrechung bei Titeln über sittenwidrige Ratenkreditverträge, Köln 1986

Briegleb, Hans-Carl Einleitung in die Theorie der summarischen Prozesse, Leipzig 1859

Bruns, Alexander Grundpfandrechte im Insolvenzplanverfahren – das Ende deutscher Immobiliarsicherheiten?, KTS 2004, 1

Buchalik, Robert Faktoren einer erfolgreichen Eigenverwaltung, NZI 2004, 294

Buchbinder, David L. A practical guide to bankruptcy, 1990

Burger, Anton Das deutsche „einheitliche Insolvenzverfahren" unter besonderer Berücksichtigung des Insolvenzplans, in: Festschrift für Koren 1993, 363

Burger, Anton/Schellberg, Bernhard Zur Vorverlagerung der Insolvenzauslösung durch das neue Insolvenzrecht, KTS 1995, 563

Busch, Peter Die Bestellung des Insolvenzverwalters nach dem „Detmolder Modell", DZWIR 2004, 353

Bußhardt, Harald Der Insolvenzplan – erhöhte Anforderungen an Gerichte, Gläubiger und Verwalter, in: Festschrift für Fuchs zum 70. Geburtstag am 1. Juni 1996, Wienberg 1996, 15

Bydlinski, Franz Juristische Methodenlehre und Rechtsbegriff, 2. Auflage, Wien 1991

Carl, Oliver Teilnahmerechte im Konkurs, gerichtliche Verfahrensleitung, Rechte der Beteiligten und ihr Schutz im Insolvenzverfahren, Münster 1998

Coleman, Peter J. Debtors and Creditors in America: Insolvency, Imprisonement for Debt and Bankruptcy, 1607 – 1900, Madison 1974, neu aufgelegt Washington D.C. 1999

Dellinger, Markus/Oberhammer, Paul Insolvenzrecht: eine Einführung, 2. Auflage, Wien 2004

Depré, Peter Die anwaltliche Praxis in Insolvenzsachen: eine Einführung in die Anwaltstätigkeit, Stuttgart 1996

Dorndorf, Eberhard Zur Dogmatik des Verfahrenszwecks in einem marktadäquaten Insolvenzrecht, in: Festschrift für Franz Merz zum 65. Geburtstag am 3. Februar 1992, Köln 1992, 31

Drukarczyk, Jochen Kreditverträge, Mobiliarsicherheiten und Vorschläge zu ihrer Reform im Konkursrecht, KTS 1983, 183

Duursma-Kepplinger, Henriette Christine/Duursma, Dieter/Chalupsky, Ernst Europäische Insolvenzverordnung, Kommentar, Wien 2002

Ebbing, Frank Gläubigerbanken in der Unternehmenskrise, KTS 1996, 327

Eckert, Hans-Georg Miete, Pacht und Leasing im neuen Insolvenzrecht, ZIP 1996, 897

Eckert, Hans-Georg Zur fristlosen Kündigung eines formularmäßigen Pachtvertrages wegen Zahlungsverzugs des Pächters, EWiR 1987, 665

Ehricke, Ulrich Das abhängige Konzernunternehmen in der Insolvenz: Wege zur Vergrößerung der Haftungsmasse abhängiger Konzernunternehmen im Konkurs und Verfahrensfragen; eine rechtsvergleichende Analyse, Tübingen 1998

Ehricke, Ulrich Die Zusammenfassung von Insolvenzverfahren mehrerer Unternehmen desselben Konzerns, DZWIR 1999, 353

Ehricke, Ulrich Zur gemeinschaftlichen Sanierung insolventer Unternehmen eines Konzerns, ZInsO 2002, 393

Eickmann, Dieter Vergütungsrecht: Kommentar zur InsVV, 2. Auflage, Köln 2001

Eidenmüller, Horst Der Insolvenzplan als Vertrag, JbfNPolÖk Bd. 15 (1996), 164

Eidenmüller, Horst Die Banken im Gefangenendilemma: Kooperationspflichten und Akkordstörungsverbot im Sanierungsrecht, ZHR Bd. 160 (1996), 343

Eidenmüller, Horst Gesellschafterstellung und Insolvenzplan, ZGR 2001, 680

Eidenmüller, Horst Obstruktionsverbot, Vorrangregel und Absonderungsrechte, in: Kapitalgeberansprüche, Marktwertorientierung und Unternehmenswert, München 2003

Eidenmüller, Horst Unternehmenssanierung zwischen Markt und Gesetz; Mechanismen der Unternehmensreorganisation und Kooperationspflichten in Reorganisationsrecht, Köln 1999

Elsing, Siegfried H./van Alstine, Michael P. US-amerikanisches Handels- und Wirtschaftsrecht, 2. Auflage, Heidelberg 2002

Eser, Gisbert Stellung und Aufgaben eines Insolvenzverwalters im neuen Reorganisationsverfahren, KTS 1985, 23

Fassbach, Burkhard Die cram down power des amerikanischen Konkursgerichts nach Chapter 11 des Bankruptcy Code, Frankfurt a. M. 1997

Fehl, Norbert in: Smid/Fehl (Hrsg.), Recht und Pluralismus: Hans Martin Pawlowski zum 65. Geburtstag, Berlin 1997, 243

Fehl, Norbert Zur Anwendbarkeit von § 31 Ziff. 2 KO auf Geschäfte einer Kommanditgesellschaft mit einem ihrer Gesellschafter oder dessen nahen Angehörigen, ZGR 1978, 725

Ferber, Michael Martinez in: Berger/Bähr u. a., Erster Leipziger Insolvenzrechtstag, Berlin 2000, 43

Firsching, Karl/Hoffmann, Bernd v. Internationales Privatrecht, 4. Auflage, München 1995

Fleck, Hans-Joachim Zur Beweislast für pflichtwidriges Organhandeln, GmbHR 1997, 237

Flessner, Axel Das rechtspolitische Für und Wider eines Sanierungsverfahrens, ZIP 1981, 1283

Flessner, Axel Grundfragen des künftigen Sanierungsrechts, ZIP 1981, 113

Flessner, Axel Sanierung und Reorganisation; Insolvenzverfahren und Großunternehmen in rechtsvergleichender und rechtspolitischer Untersuchung, Tübingen 1982

Flessner, Axel Sanierung von Unternehmen, ZRP 1982, 244

Flöther, Lucas/Smid, Stefan/Wehdeking, Silke Die Eigenverwaltung in der Insolvenz, München 2005

Flume, Werner Die Rechtsprechung des II. Zivilsenats des BGH zur Treupflicht des GmbH-Gesellschafters und des Aktionärs, ZIP 1996, 161

Franke, Günter Ökonomische Überlegungen eines gerichtlichen Sanierungsverfahrens, KTS 1983, 37

Franke, Günter Zur Festlegung von Abstimmungsregeln im Insolvenzverfahren, ZfB 1986, 614

Frankfurter Kommentar Kommentar zur Insolvenzordnung, 3. Auflage, Neuwied 2002; zit.: FK-*Bearbeiter*

Friedhoff, Heinrich C. Sanierung einer Firma durch Eigenverwaltung und Insolvenzplan, ZIP 2002, 1116

Funke, Rainer in: Für Staat und Recht: Festschrift für Herbert Helmrich zum 60. Geburtstag, München 1994, 627

Gaul, Hans Friedhelm Zur Frage nach dem Zweck des Zivilprozesses, AcP 168 (1968), 27

Gawaz, Klaus-Dieter Bankenhaftung für Sanierungskredite: eine Untersuchung zur Gläubigergefährdung nach § 826 BGB, Köln 1997

Literaturverzeichnis

Gerhardt, Walter Aspekte zur Wechselwirkung zwischen Konkursrecht und Wirtschaftsleben, in: Bökelmann/Henckel/Jahr (Hrsg.), Festschrift für Friedrich Weber, Berlin 1975, 181

Gerhardt, Walter Zielbestimmung und Einheitlichkeit des Insolvenzverfahrens, in: Leipold (Hrsg.), Insolvenzrecht im Umbruch: Analysen und Alternativen, Köln 1991, 1

Gosch, Dietmar Neue Antworten und Lösungsansätze des BFH zu den Verlustabzugsbeschränkungen des § 8 Abs. 4 KStG, DStR 2003, 1917, 1919

Gottwald, Peter Insolvenzrechtshandbuch, 1. Auflage, München 1990

Gottwald, Peter Insolvenzrechtshandbuch, 2. Auflage, München 2001

Gottwald, Peter Rechtliche Möglichkeiten der Unternehmenssanierung im Insolvenzfall, KTS 1984, 1

Graf-Schlicker, Marie-Luise Schwachstellenanalyse und Änderungsvorschläge zum Regelinsolvenzverfahren, ZIP 2002, 1166

Gravenbrucher Kreis Alternativentwurf des Gravenbrucher Kreises zum Regierungsentwurf einer Insolvenzordnung, ZIP 1993, 625

Gravenbrucher Kreis Gravenbrucher Kreis – Appell gegen die Verabschiedung der Insolvenzrechtsreform, ZIP 1994, 585

Groß, Paul J. Sanierung durch Fortführungsgesellschaften, 2. Auflage, Köln 1988

Groß, Paul J./Amen, Matthias Die Fortbestehensprognose, WPg 2002, 225

Grub, Volker Der Einfluß des PSVaG auf das Insolvenzverfahren, DZWIR 2000, 223

Grub, Volker Der Regierungsentwurf der Insolvenzordnung ist sanierungsfeindlich!, ZIP 1993, 393

Grub, Volker Handlungsspielräume des Insolvenzverwalters, in: Kübler (Hrsg.), Neuordnung des Insolvenzrechts, Köln 1989, 79

Grub, Volker Überjustizialisierung und die Eigenverwaltung des Pleitiers, WM 1994, 880

Grub, Volker Zur Beendigung des Insolvenzverfahrens bei Insolvenzplan, DZWIR 2004, 317

Grub, Volker/Rinn, Katja Die neue Insolvenzordnung – ein Freifahrtschein für Bankrotteure?, ZIP 1993, 1583

Haarmeyer, Hans/Wutzke, Wofgang/Förster, Karsten Handbuch zur Insolvenzordnung, 1. Auflage, München 1997

Haarmeyer, Hans/Wutzke, Wolfgang/Förster, Karsten Handbuch zur Insolvenzordnung, 3. Auflage, München 2001

Hahn, Carl Die gesamten Materialien zur Konkursordnung und dem Einführungsgesetz vom 10. Februar 1877, Berlin 1881

Hänel, Robert Gläubigerautonomie und das Insolvenzplanverfahren, Berlin 2000

Hanisch, Hans Zur Reformbedürftigkeit des Konkursrechts und Vergleichrechts, ZZP Bd. 90 (1977), 1

Happe, Eike Die Rechtsnatur des Insolvenzplans, Köln 2004

Häsemeyer, Ludwig Das funktionelle Synallagma im Konkurs- und Vergleichsverfahren, KTS 1973, 2

Häsemeyer, Ludwig Die Gleichbehandlung der Konkursgläubiger, KTS 1982, 507

Häsemeyer, Ludwig Insolvenzrecht, 1. Auflage, Köln 1992

Häsemeyer, Ludwig Insolvenzrecht, 2. Auflage, Köln 1998

Häsemeyer, Ludwig Insolvenzrecht, 3. Auflage, Köln 2003

Häsemeyer, Ludwig Obstruktionen gegen Sanierungen sind gesellschaftliche Treuepflichten, ZHR Bd. 160 (1996), 109

Hay, Peter R. US-amerikanisches Recht, 2. Auflage, München, 2002

Hegmanns, Ekkehard Der Gläubigerausschuß: eine Untersuchung zum Selbstverwaltungsrecht der Gläubiger im Konkurs, Köln 1986

Heidelberger Kommentar Kommentar zur Insolvenzordnung, 3. Auflage, Heidelberg 2003; zit.: HK-*Bearbeiter*

Henckel, Wolfram Insolvenzrechtsreform zwischen Vollstreckungsrecht und Unternehmensrecht, Festschrift für Merz zum 65. Geburtstag am 3. Februar 1992, Köln 1992, 197

Henckel, Wolfram Reform des Insolvenzrechts, ZZP Bd. 97 (1984), 369

Henckel, Wolfram/Gerhardt, Walter Insolvenzordnung, Großkommentar, Bd. 1, §§ 1 – 55, Berlin 2004

Heni, Bernhard Konkursabwicklungsprüfung, Wiesbaden 1988

Herzig, Dirk Das Insolvenzplanverfahren: Eine schwerpunktmäßige Untersuchung aus praktischer Sicht unter dem Gesichtspunkt der Zeitkomponente mit rechtsvergleichender Betrachtung des Reorganisationsverfahrens nach Chapter 11 des Bankruptcy Code, Diss. Regensburg 2000, Frankfurt a. M., 2001

Hess, Harald Kommentar zur Konkursordnung, 6. Auflage, Neuwied 1998

Hess, Harald/Weis, Michaela Das neue Anfechtungsrecht, §§ 129 – 147 InsO, §§ 1 – 20 AnfG 1999, Heidelberg 1996

Hess, Harald/Weis, Michaela Die Ausweitung der Insolvenzeröffnungstatbestände nach der InsO, InVo 1996, 29

Hess, Harald/Weis, Michaela Die Insolvenzgründe nach der Insolvenzordnung, InVo 1996, 253

Hess, Harald/Weis, Michaela Die sachgerechte Abgrenzung der Gläubigergruppen nach der InsO, InVo 1998, 64

Hess, Harald/Pape, Gerhard InsO und EGInsO, Grundzüge des neuen Insolvenzrechts, Köln 1995

Hess, Harald/Obermüller, Manfred Insolvenzplan, Restschuldbefreiung und Verbraucherinsolvenz, 3. Auflage, Heidelberg 2003

Hingerl, Josef Insolvenzplan und richterliches Engagement, ZInsO 2004, 232

Höfer, Reinhold/Reiners, Stephan/Wüst, Herbert Gesetz zur Verbesserung der betrieblichen Altersversorgung, Kommentar, München, 1992

Hoffmann, Wolf-Dieter Beteiligung, Bewertung und kapitalersetzende Darlehen BB 1991, 2262

Hohloch, Gerhard Sanierung durch „Sanierungsverfahren"?, ZGR 1982, 145

Holzer, Johannes/Kleine-Cosack, Michael/Prütting, Hanns Die Bestellung des Insolvenzverwalters: dogmatische Grundlagen, verfassungsrechtliche Defizite und rechtspolitische Vorschläge, Köln 2001

Hölzle, Gerrit Besteuerung der Unternehmenssanierung – Die steuerlichen Folgen gängiger Sanierungsinstrumente, FR, 2004, 1193, 1210

Huber, Ulrich Der Eigentumsvorbehalt im Synallagma, ZIP 1987, 750

Hüffer, Uwe Kommentar zum Aktiengesetz, 6. Auflage, München 2004

Huntemann, Eva Maria Der Gläubiger im Insolvenzverfahren, Berlin 1999

Institut der Wirtschaftsprüfer IDW Standards (IDW S), siehe www.idw.de

Ingenstau, Heinz/Korbion, Hermann VOB Teile A und B Kommentar, 15. Auflage, Düsseldorf 2004

Jackson, Thomas H. The Logic and Limits of Bankruptcy Law, Cambridge, Mass., 1986, neu aufgelegt Washington D.C. 2001

Jaeger, Ernst Der Konkurs der offenen Handelsgesellschaft, Freiburg i. B. 1897

Jaeger, Ernst Kommentar zur Konkursordnung und den Einführungsgesetzen, 6./7. Auflage, Berlin 1931

Jaeger, Ernst Lehrbuch des deutschen Konkursrechts, 8. Auflage, Berlin, 1932

Jaeger, Ernst/Henckel, Wolfram Kommentar zur Konkursordnung und den Einführungsgesetzen, 9. Auflage Berlin 1997

Jauernig, Othmar Zwangsvollstreckungs- und Insolvenzrecht, 21. Auflage, München 1999

Junker, Abbo Einheit und Vielfalt – Die Zivilprozessrechte der Vereinigten Staaten von Amerika, ZZP Bd. 101 (1988), 241

Kemper, Jutta Die Verordnung (EG) Nr. 1346/2000 über Insolvenzverfahren, ZIP 2001, 1609

Kemper, Kurt/Kisters-Köllkes, Margret/Berenz, Claus/Bode, Christoph/Pühler, Karl-Peter BetrAVG, Kommentar zum Gesetz zur Verbesserung der betrieblichen Altersversorgung, München 2003

Kemper, Martin Die US-amerikanischen Erfahrungen mit „Chapter 11": ein Vergleich mit dem Insolvenzplan der neuen Insolvenzordnung, Diss. Regensburg 1995, Frankfurt a. M. 1996

Literaturverzeichnis

Kennedy, Frank R. The Automatic Stay in Bankruptcy, 11 U Mich. J. Law. Rev. 170, 247 (1978)

Kersting, Andrea Die Rechtsstellung der Gläubiger im Insolvenzplanverfahren, Münster 1999

Kessler, Jürgen Kapitalerhaltung und normativer Gläubigerschutz in der Einpersonen-GmbH – zum „beiläufigen" Ende des „qualifizierten faktischen" GmbH-Konzerns, GmbHR 2001, 1095

Kilger, Joachim Der Konkurs des Konkurses, KTS 1975, 142

Kilger, Joachim Grundzüge eines Konkursverfahrens, ZIP 1982, 779

Kilger, Joachim/Schmidt, Karsten Insolvenzgesetze: KO/VglO/GesO, Kommentar, 17. Auflage, München 1997

Kisch, Wilhelm Grundriß des deutschen Konkursrechts, 12./13. Auflage, Mannheim 1935

Kluth, Thomas Die „wertlosen Gesellschaftsanteile" – der Stein des Anstoßes im Sanierungsinsolvenzplan, ZInsO 2002, 258

Koch, Asja Die Eigenverwaltung nach der InsO, Frankfurt a. M. 1998

Köchling, Marcel Insolvenzpläne – eine aktuelle Betrachtung aus betriebswirtschaftlicher Sicht, DZWIR 2001, 362

Kölner Schrift zur Insolvenzordnung Arbeitskreis für Insolvenz- und Schiedsgerichtswesen e.V., Köln, (Hrsg.), 1997

Kohler, Jürgen Generalhypothek, besitzlose Mobiliarsicherheiten und Konkursrechtsreform, KTS 1988, 241

Kolmann, Stephan Kooperationsmodelle im internationalen Insolvenzrecht: Empfiehlt sich für das deutsche internationale Insolvenzrecht eine Neuordnung?, Bielefeld 2001

Kowalski, Andre Ausschließung des insolventen, einlagesäumigen Gesellschafters einer GmbH durch ein und denselben Konkursverwalter?, EWiR 1/2000, 29

Kreft, Gerhardt Die Wende in der Rechtsprechung zu § 17 KO, in: Festschrift für Karlheinz Fuchs zum 70. Geburtstag am 1. Juni 1996, Dresden/Wienberg 1996, 115 = ZIP 1997, 865

Krug, Peter Der Verbraucherkonkurs, Köln 1998

Kübler, Bruno Maria/Prütting, Hans InsO – Kommentar zur Insolvenzordnung, Loseblattsammlung, Stand: November 2004; zit.: KP-*Bearbeiter*

Kuhn, Georg/Uhlenbruck, Wilhelm Konkursordnung, 11. Auflage, München 1994

Kunz, Peter/Mundt, Kristina Rechnungslegungspflichten in der Insolvenz, DStR 1997, 620

Landfermann, Hans-Georg Grundzüge einer Insolvenzrechtsreform, DStZ 1985, 391

Langohr-Plato, Uwe Die betriebliche Altersversorgung im neuen Insolvenzrecht, ZInsO 1998, 368

Larenz, Karl Methodenlehre der Rechtswissenschaft, 6. Auflage , Berlin 1991

Leipold, Dieter Zum künftigen Weg des deutschen internationalen Insolvenzrechts, in: Stoll (Hrsg.), Vorschläge und Gutachten zur Umsetzung des EU-Übereinkommens über Insolvenzverfahren im deutschen Recht, Tübingen 1997, 185

Lieder, Solveig Die Auffanggesellschaft in der Insolvenz – verkannt und kriminalisiert, DZWIR 2004, 452

Lohkemper, Wolfgang Die Bedeutung des neuen Insolvenzrechts für das Arbeitsrecht, KTS 1996, 1

Lüke, Wolfgang Das europäische internationale Insolvenzrecht, ZZP 111 (1998), 300

Marotzke Wolfgang Die dinglichen Sicherheiten im neuen Insolvenzrecht, ZZP Bd. 109 (1996), 429

Marotzke, Wolfgang BGB und InsO – zwei neue Leistungsstörungsrechte, KTS 2002, 152

Marotzke, Wolfgang Das Unternehmen in der Insolvenz: Fortführung und Veräußerung zwischen Eröffnungsantrag und Berichtstermin, Neuwied 2000

Marotzke, Wolfgang Gegenseitige Verträge im neuen Insolvenzrecht, 3. Auflage, Neuwied 2003

Martinek, Michael Zur Rückabwicklung eines gescheiterten Franchise-Verhältnisses – Subordinations-Franchising, EWiR 1990, 1145

März, F. Verwertung des „know how" im Insolvenzverfahren, 1998

Maunz, Theodor/Dürig, Günter Grundgesetz Kommentar, Bd. 2, Art. 12a – 37, München 1993, Bd. 4, Art. 28 - Art. 69 , München 1994

Maus, Karl-Heinz Der Insolvenzplan, in: Kölner Schrift zur Insolvenzordnung, Köln, 1997, 703

Maus, Karl-Heinz Die Besteuerung des Sanierungsgewinns – ein Problem für die Sanierungspraxis, die Insolvenzgerichte und die Insolvenzverwalter, ZIP 2002, 589

Mertens, Klaus-Peter Grundlagen des Konzernarbeitsrechts, ZGR 1984, 542

Michels, Stephan Zur Prozessführungsbefugnis des Insolvenzverwalters nach Aufhebung des Insolvenzverfahrens, EWiR 2002, 293

Mönning, Rolf-Dieter Betriebsfortführung in der Insolvenz, Köln, 1997

Moss, Gabriel/Fletcher, Ian F./Isaacs, Stuart The EC Regulation on Insolvency Proceedings: A Commentary and annotated Guide, Oxford 2002; zit.: M/F/I-*Bearbeiter*

Mothes, Rudolf Die Beschlagnahme nach Wesen, Art und Wirkung, Leipzig 1903

Müller-Feldhammer, Ralf Die übertragende Sanierung – ein ungelöstes Problem der Insolvenzrechtsreform, ZIP 2003, 2186

Müller-Gugenberger, Christian Wirtschaftsrecht, 3. Auflage, Münster, 2000

Münchener Kommentar Kommentar zum Aktiengesetz, München 2000

Münchener Kommentar Kommentar zur Insolvenzordnung, Band 2, §§ 104 – 269, München 2002, Band 3, §§ 270 - 335, Int. InsR, SteuerR, München 2003

Münchener Kommentar Kommentar zur Zivilprozessordnung, Band 1, §§ 1 - 354, 2. Auflage, München 2000

Nerlich, Jörg/Römermann, Volker Insolvenzordnung, München 1999, Loseblattsammlung, Stand: März 2004; zit.: NR-*Bearbeiter*

Neußner, Anette Die Fortführung von Anfechtungsprozessen nach Rechtskraft des Insolvenzplanes, EWiR 2001, 1067

Noack, Ulrich Gesellschaftsrecht, Köln 1999

Oberhofer, Hermann Insolvenzplan und Arbeitsrecht, ZInsO 1999, 439

Obermüller, Manfred/Hess, Harald Insolvenzordnung: eine systematische Darstellung des neuen Insolvenzrechts, 4. Auflage, Heidelberg 2003

Oetker, Friedrich Konkursrechtliche Fragen, in: Festgabe der Leipziger Juristenfakultät für Dr. Bernhard Windscheid zum 22. Dezember 1888, Leipzig 1888

Olbing, Klaus Sanierung durch Steuergestaltung, RWS – Verlag, Köln, 2001

Overrath, Hans-Peter Die Stimmrechtsbindung, Köln 1973

Pannen, Klaus/Füchs, Joseph/Rattunde, Rolf Bemerkungen zur Insolvenzverwalterbestellung, ZInsO 2002, 414

Pannen, Klaus/Dreuchler, Ingrid/Kahlert, Günter/Undritz, Sven-Holger
Sanierungsberatung, Köln 2005

Pape, Gerhard Rechtliche Stellung, Aufgaben und Befugnisse des Gläubigerausschusses im Insolvenzverfahren, ZInsO 1999, 675

Paul, Uwe Die Rechtsprechung der Insolvenzgerichte zum Insolvenzplanverfahren, ZInsO 2004, 72

Paulus, Christoph Das inländische Parallelverfahren nach der Europäischen Insolvenzverordnung, EWS 2002, 497

Paulus, Christoph Die Insolvenzrechtsreform und der Schutz gesicherter Gläubiger – unter Berücksichtigung der *adequate protection* des amerikanischen Bankruptcy Reform Act, ZIP 1985, 1449

Pawlowski, Hans-Martin Methodenlehre für Juristen, 3. Auflage, Heidelberg 1999

Pawlowski, Hans-Martin/Smid, Stefan Freiwillige Gerichtsbarkeit, Köln 1993

Prütting, Hanns Ist die Gesellschaft bürgerlichen Rechts insolvenzfähig?, ZIP 1997, 1725

Prütting, Hanns/Huhn, Christoph Kollision von Gesellschaftsrecht und Insolvenzrecht bei der Eigenverwaltung, ZIP 2002, 777

Rattunde, Rolf Sanierung in der Insolvenz, ZIP 2003, 2103

Rattunde, Rolf Sanierung von Großunternehmen durch Insolvenzpläne – Der Fall Herlitz, ZIP 2003, 596

Rauls, Henning Das Reorganisationsverfahren der USA gemäß Chapter 11 BC im Deutschen Internationalen Privatrecht, Aachen, 1995

Rosenberg, Leo/Gaul, Friedhelm/Schilken, Eberhard Zwangsvollstreckungsrecht, 11. Auflage, München 1997

Literaturverzeichnis

Rühle, Thomas Gegenseitige Verträge nach Aufhebung des Insolvenzverfahrens, Diss. (in Vorbereitung)

Sassenrath, Gerd Der Eingriff in Anteilseignerrechte durch den Insolvenzplan, ZIP 2003, 1517

Scheel, Hansjörg Konzerninsolvenzrecht: eine rechtsvergleichende Darstellung des US-amerikanischen und des deutschen Rechts, Köln 1995

Scheibner, Uwe Zu Besonderheiten im Insolvenzplan in eingetragenen Genossenschaften, DZWIR 1999, 8

Schiessler, Wolfram Der Insolvenzplan, Bielefeld 1997

Schmidt, Karsten Das Insolvenzverfahren neuer Art – Kernprobleme der Insolvenzrechtsreform nach dem Kommissionsbericht, ZGR 1986, 178

Schmidt, Karsten Die Insolvenzrechtsreform nach dem 54. Deutschen Juristentag, KTS 1982, 613

Schmidt, Karsten Die übertragende Sanierung, in: Leipold (Hrsg.), Insolvenzrecht im Umbruch: Analysen und Alternativen, Köln 1991, 67

Schmidt, Karsten Gutachten für den 54. Deutschen Juristentag in Nürnberg: Möglichkeiten der Sanierung von Unternehmen durch Maßnahmen im Unternehmens-, Arbeits-, Sozial- und Insolvenzrecht, in: Verhandlungen zum 54. Deutschen Juristentag, Band I Teil D, 1982

Schmidt, Karsten Organverantwortlichkeit und Sanierung im Insolvenzrecht der Unternehmen, ZIP 1980, 328

Schmidt, Karsten Wege zum Insolvenzrecht der Unternehmen, Köln 1990

Schmidt, Karsten/Uhlenbruck, Wilhelm Die GmbH in Krise, Sanierung und Insolvenz, 3. Auflage, Köln 2003

Schmittmann, Jens M. Freie Kammerberufe und Insolvenzplanverfahren, ZInsO 2004, 725

Schoden, Michael Betriebliche Altersversorgung, BetrAVG, Kommentar für die Praxis mit arbeitsrechtlicher Einführung, 2. Auflage, Frankfurt a. M. 2003

Schuhmacher, Elmar/Thiemann, Stephan Mediation und neues Insolvenzrecht – Möglichkeiten und Grenzen alternativer Konfliktlösungen im Insolvenzverfahren, DZWIR 1999, 441

Schultze, August Sigmund Das deutsche Konkursrecht in seinen juristischen Grundlagen, Berlin 1880

Smid, Stefan „Sanierungswürdigkeit" als Maßstab des Insolvenzrechts, Rpfleger 1997, 501

Smid, Stefan Die „cram down power" des deutschen Insolvenzgerichts, InVo 2000, 1

Smid, Stefan Die Abwicklung masseunzulänglicher Insolvenzverfahren nach neuem Recht, WM 1998, 1313

Smid, Stefan Die Aufgaben des neuen Insolvenzverfahrens, DZWIR 1997, 309

Smid, Stefan Die Haftung des Insolvenzverwalters in der Insolvenzordnung, in: Kölner Schrift zur Insolvenzordnung, 2. Auflage, Köln 2000, 453

Smid, Stefan Europäisches Internationales Insolvenzrecht, Wien 2002

Smid, Stefan Gerichtliche Bestätigung des Insolvenzplans trotz Versagung seiner Annahme durch Abstimmungsgruppen von Gläubigern, in: Smid/Fehl (Hrsg.), Recht und Pluralismus: Hans-Martin Pawlowski zum 65. Geburtstag, Berlin 1997, 387

Smid, Stefan Gesamtvollstreckungsordnung: Kommentar, 3. Auflage, Baden-Baden, 1997

Smid, Stefan Grundzüge des Insolvenzrechts, 3. Auflage, München 1999

Smid, Stefan Grundzüge des Insolvenzrechts, 4. Auflage, München 2002

Smid, Stefan Grundzüge des Insolvenzrechts, Bemerkungen aus Anlaß der Verabschiedung der Insolvenzordnung, DZWIR 1994, 278

Smid, Stefan Insolvenzverordnung: mit insolvenzrechtlicher Vergütungsordnung, Kommentar, 2. Auflage, Stuttgart 2001

Smid, Stefan Kontrolle der sachgerechten Abgrenzung von Gläubigergruppen im Insolvenzplanverfahren, InVo 1997, 169

Smid, Stefan Kreditsicherheiten in der Insolvenz des Sicherungsgebers, Stuttgart, 2003

Smid, Stefan Präklusion von Einwendungen Verfahrensbeteiligter als Voraussetzung der Sanierung im einheitlichen Insolvenzverfahren?, in: Zivilprozess und Praxis, Festschrift für Egon Schneider, Herne 1997, 379

Smid, Stefan Rechtsmittel gegen Eingriffe in Teilnahmerechte Verfahrensbeteiligter durch das Insolvenzgericht, KTS 1993, 1

Smid, Stefan Rechtssprechung: zur Unterscheidung von Rechtsfürsorge und Prozeß, Köln, 1990

Smid, Stefan Restschuldbefreiung, in: Leipold (Hrsg.), Insolvenzrecht im Umbruch: Analysen und Alternativen, Köln 1991, 139

Smid, Stefan Richterliche Rechtserkenntnis: zum Zusammenhang von Recht, richterlichem Urteil und Urteilsfolgen im pluralistischen Staat, Berlin 1989

Smid, Stefan Salvatorische Klauseln als Instrument zur Abwehr von Widersprüchen gegen den Insolvenzplan, ZInsO 1998, 347

Smid, Stefan Sanierungsverfahren nach dem neuen Insolvenzrecht, WM 1998, 2489

Smid, Stefan Wirkungen von Entscheidungen in Verfahren nach dem FGG, JuS 1996, 49

Smid, Stefan Zu einigen Fragen der Eigenverwaltung, DZWIR 2002, 493

Smid, Stefan Zum prozessrechtlichen Grund des Haftungsausschlusses nach BGB § 839 Abs. 2 Satz 1, Jura 1990, 225

Smid, Stefan Zum Recht der Planinitiative gemäß § 218 InsO, WM 1996, 1249

Smid, Stefan/Nellessen, Eckehard Acht Thesen zum Verhältnis der Aufgaben von Insolvenzgericht und Insolvenzverwalter zu den verfahrensrechtlichen Befugnissen des Schuldners im neuen Insolvenzverfahren, InVo 1998, 113

Smid, Stefan/Rattunde, Rolf Der Insolvenzplan: Handbuch für das Sanierungsverfahren nach dem neuen Insolvenzrecht mit praktischen Beispielen und Musterverfügungen, Stuttgart 1998

Smid, Stefan/Rühle, Thomas Europäisches Sanierungsrecht, in: Knops/Bamberger/Maier-Reimer (Hrsg.) Handbuch zum Recht der Sanierungsfinanzierung, Heidelberg 2005

Smid, Stefan/Wehdeking, Silke Verhältnismäßigkeit der Anordnungen des Eröffnungsbeschlusses, seine Begründung und seine Anfechtung durch die sofortige Beschwerde des Schuldners, in: Festschrift für Rechberg (in Vorbereitung)

Spliedt, Jürgen D. Zur Anwendung des InsO § 55 Abs. 2 auf den schwachen vorläufigen Insolvenzverwalter, EWiR 2002, 919

Starnecker, Hermann Englische Insolvenzverfahren: Administrative Receivership und Administration Order vor dem Hintergrund der deutschen Insolvenzordnung, Frankfurt a. M. 1995

Staudinger, Julius v. BGB, Kommentar, Bd. 2, §§ 433 – 580a, 12. Auflage, Berlin 1978

Steffan, Bernhard Sanierung in der Insolvenz, WPg-Sonderheft 2003, 148

Stracke, Hartmut Das Aus- und Absonderungsrecht des Vorbehaltseigentümers im Konkurs des Vorbehaltskäufers, Göttingen 1972

Stürner, Rolf Möglichkeiten der Sanierung von Unternehmen durch Maßnahmen im Unternehmens- und Insolvenzrecht, ZIP 1982, 761

Terbrack, Christoph Insolvenzpläne betreffend eingetragene Genossenschaften, ZInsO 2001, 1027

Tettinger, Peter J./Wank, Rolf Gewerbeordnung, 6. Auflage, München 1999

Thieme, Jürgen Partikularkonkurs – Stellungnahme zu den Artt. 1 II, 2, 9, 10, 11 I, 15 I, 16 I, 20, 21 Satz 2, 26-34 des Vorentwurfs zur Neuordnung des Internationalen Insolvenzrechts von 1989, in: Stoll (Hrsg.), Stellungnahmen und Gutachten zur Reform des deutschen Internationalen Insolvenzrechts, Tübingen 1992

Treffer, Christian Auswirkungen der GmbH-Insolvenz auf das Binnenrecht der Gesellschaft, GmbHR 2002, 205

Triepel, Heinrich Vom Stil des Rechts, Heidelberg 1947

Uhlenbruck, Wilhelm Aus- und Abwahl des Insolvenzverwalters – Eine Schicksalsfrage der Insolvenzrechtsreform, KTS 1989, 229

Uhlenbruck, Wilhelm Die GmbH und Co KG in Krise, Konkurs und Vergleich: die rechtlichen und betriebswirtschaftlichen Zusammenhänge bei Insolvenz der KG und der GmbH, 2. Auflage 1988

Uhlenbruck, Wilhelm Die Sanierung notleidender Unternehmen als Aufgabe der Insolvenzrechtsreform, AnwBl 1982, 338

Uhlenbruck, Wilhelm Insolvenzordnung, Kommentar, 12. Auflage, München 2003

Literaturverzeichnis

Uhlenbruck, Wilhelm Konzerninsolvenz über einen Insolvenzplan?, NZI 1999, 41

Uhlenbruck, Wilhelm Konzerninsolvenzrecht als Problem der Insolvenzrechtsreform, KTS 1986, 419

Uhlenbruck, Wilhelm Probleme des Eröffnungsverfahrens nach dem Insolvenzrechts-Reformgesetz 1994, KTS 1994, 169

Uhlenbruck, Wilhelm Zum Regierungsentwurf einer Insolvenzordnung und dem Entwurf eines Einführungsgesetzes, KTS 1992, 499

Uhlenbruck, Wilhelm/Brandenburg, Joachim C./Grub, Volker/Wellensiek, Jobst Die Insolvenzrechtsreform, BB 1992, 1734

Uhlenbruck, Wilhelm/Delhaes, Karl Handbuch der Rechtspraxis, Konkurs- und Vergleichsverfahren, 5. Auflage, München 1990

Ulmer, Peter Konkursantragspflicht bei Überschuldung der GmbH und Haftungsrisiken bei Konkursverschleppung, KTS 1981, 469

Undritz, Sven-Holger Zur Bestellung eines vorläufigen Gläubigerausschusses im Insolvenzeröffnungsverfahren, EWiR 2000, 1115

Vallender, Heinz Das rechtliche Gehör im Insolvenzverfahren, in: Kölner Schrift zum Insolvenzrecht, 2. Auflage, Köln 2001, 249

Virgos, Miguel/Schmit, Etienne Erläuternder Bericht zu dem EU-Übereinkommen über Insolvenzverfahren, in: Stoll (Hrsg.), Vorschläge und Gutachten zur Umsetzung des EU-Übereinkommens über Insolvenzverfahren im deutschen Recht, Tübingen 1997

von Leoprechting, Gunter Insolvenzplan scheitert im Praxistest, DZWIR 2000, 67

von Onciul, Georg Die rechtzeitige Verfahrensauslösung als ein Mittel zur Wiederherstellung der Funktionsfähigkeit des Insolvenzrechts, Berlin 2000

Wagner, Gerhard Prozessverträge: Privatautonomie im Verfahrensrecht, Tübingen 1998

Warrikoff, Alexander Die Möglichkeiten zum Unternehmenserhalt nach dem neuen Insolvenzrecht, KTS 1996, 489

Wegmann, Jürgen Grundlagen betriebswirtschaftlicher Sanierungsprüfung (Reorganisationsprüfung), KTS 1989, 71

Wehdeking, Silke Die Masseverwaltung des insolventen Schuldners – Eine rechtsvergleichende Untersuchung, Berlin 2005

Weintraub, Benjamin/Resnick, Alan Bankruptcy law manual, Boston 1985

Weisemann, Ulrich/Smid, Stefan Handbuch Unternehmensinsolvenz, Köln 1999

Wellensiek, Jobst Übertragende Sanierung, NZI 2002, 233

Wellkamp, Ludger Verfahrensprobleme bei der Insolvenz der Gesellschaft bürgerlichen Rechts, KTS 2000, 331

Wittig, Arne Obstruktionsverbot und Cram Down - § 245 InsO im Lichte der LaSalle Street Entscheidung des US Supreme Court v. 3.5. 1999, ZInsO 1999, 373

Wittig, Arne Rangrücktritt – Antworten und offene Fragen nach dem Urteil des BGH vom 08.01.2001, NZI 2001, 169, 176

Zeuner, Mark Die Anfechtung in der Insolvenz: Ein Handbuch - unter Einbezug des AnfG 1999, München 1999

Zweigert, Konrad/Kötz, Hein Einführung in die Rechtsvergleichung: auf dem Gebiete des Privatrechts, 3. Auflage, Tübingen 1996

Entscheidungsregister

Amtsgerichte

AG Berlin-Charlottenburg, 109 IN 1653/02, 109 IN 1454/02, unveröffentlicht
AG Berlin-Charlottenburg, 101 IN 4096/02, unveröffentlicht
AG Duisburg, B. v. 15. 8. 2001, 43 IN 40/00, NZI 2001, 605
AG Duisburg, B. v. 14. 11. 2001, 60 IN 107/00, NZI 2002, 502
AG Duisburg, B. v. 1.9.2002, 62 IN 167/02, ZIP 2002, 1636
AG Duisburg, B. v. 1. 4. 2003, 62 IN 187/02, NZI 2003, 447
AG Essen, B. v. 7.5.2000, 160 IN 20/99, unveröffentlicht
AG Göttingen, B. v. 21. 7. 1999, 74 Y 33/99, ZIP 1999, 1365
AG Göttingen, B. v. 19. 12. 2001, 74 IN 112/00, ZIP 2002, 953
AG Hamburg, B. v. 16.12.2002, 679 IN 419/02, ZIP 2003, 43
AG Köln, B. v. 29.6.2000, 72 IN 178/00, ZIP 2000, 1350 = NZI 2000, 443 = ZInsO 2000, 406
AG Mühldorf/Inn, B. v. 27. 7. 1999, 1 IN 26/99, NZI 1999, 422 = RPfleger 1999, 561
AG München, Vorlagebeschluss zum BVerfG v. 2.3.2003, 1 BvL 11/02, ZInsO 2003, 176
AG Siegen, B. v. 28. 12. 1999, 25 IN 161/99, NZI 2000, 236

Landgerichte

LG Berlin, B. v. 20.10.2004, 103 IN 5292/03, unveröffentlicht
LG Berlin, B. v. 20.10.2004, 86 T 578/04, DZWIR 2005, 298
LG Berlin, B. v. 29. 10. 2002, 86 T 534/02, ZInsO 2002, 1191
LG Bielefeld, B. v. 16. 6.1999, 23 T 208/99, ZIP 1999, 1275
LG Bielefeld, B. v. 30.11.2001, 23 T 365/01, ZInsO 2002, 198
LG Bochum, B. v. 30. 12. 2002, 10 T 33/02, ZVI 2003, 23
LG Dessau, B. v. 30. 3. 1998, 7 T 123/98, ZIP 1998, 1007
LG Düsseldorf, Urt. v. 31.5.2005, 9 O 583/04, unveröffentlicht
LG Erfurt, Urt. v. 26. 7. 2001, 3 O 290/01, ZIP 2001, 1646
LG Frankfurt/M., B. v. 8. 3. 1983, 2/9 T 222/83, ZIP 1983, 344
LG Göttingen, B. v. 7.9.2004, 10 T 78/04, NZI 2005, 41
LG Halle, B. v. 10. 5. 1993, 2 T 53/93, ZIP 1993, 1036
LG Magdeburg, B. v. 25.4.2001, 3 T 12/01, NZI 2001, 326
LG München, B. v. 5. 9. 2003, 14 T 15659/03, ZVI 2003, 473
LG Neubrandenburg, B. v. 31. 1. 2000, 4 T 260/00, ZInsO 2000, 628
LG Neubrandenburg, B. v. 21.2.2002, 4 T 361/01, ZInsO 2002, 296
LG Osnabrück, B. v. 21. 7. 1972, 1 T 152/72, KTS 1973, 75
LG Stuttgart, Urt. v. 11.12.2002, 27 O 295/02, DZWIR 2003, 171
LG Traunstein, B. v. 27. 8. 1999, 4 T 2966/99, DZWIR 1999, 464 = NZI 1999, 461 = ZInsO 1999, 577
LG Ulm, Urt. v. 23. 11. 1999, 2 KfH O 221/99 m. Anm. *Kowalski*, § 21 GmbHG EWiR 1/ 2000, 29
LG Wuppertal, Urt. v. 27. 12. 2001, 2 O 11/01, ZInsO 2002, 337

Entscheidungsregister

Oberlandesgerichte

OLG Brandenburg, Urt. v. 21.3.2002, 8 U 71/01, ZIP 2002, 1902, ZInsO 2002, 929
OLG Dresden, Urt. v. 18. 9. 1996, 12 U 1727/96, ZIP 1996, 1780
OLG Dresden, B. v. 21. 6. 2000, 7 W 0951/00, ZIP 2000, 1303, NZI 2000, 436
OLG Hamm, Urt. v. 16.4.1996, 27 U 197/95, ZIP 1996, 1140
OLG Jena, Urt. v. 6. 2. 2002, 2 U 1033/01, ZIP 2002, 538
OLG Köln, B. v. 1. 12. 2000, 2 W 202/00, ZInsO 2001, 85, 86
OLG Köln, B. v. 5. 1. 2001, 2 W 228/00, NZI 2001, 660

Bundesgerichtshof

BGH, Urt. v. 16. 6. 1952, IV ZR 131/51, BGHZ 6, 232
BGH, Urt. v. 21.5.1953, IV ZR 192/52, BGHZ 10, 69
BGH, Urt. v. 19. 5. 1960, II ZR 72/59, BGHZ 32, 307, 313
BGH, Urt. v. 12. 7. 1965, III ZR 41/64, KTS 1966, 17
BGH, Urt. v. 1.7.1970, VIII ZR 24/69, 72, BGHZ 54, 218
BGH, Urt. v. 22. 1. 1985, VI ZR 131/83, ZIP 1985, 423
BGH, Urt. v. 19.9.1985, II ZR 275/84, BGHZ 95, 330 = ZIP 1985, 1263 („Autokran")
BGH, Urt. v. 25. 3. 1987, VIII ZR 71/86, ZIP 1987, 916
BGH, Urt. v. 14.12.1987, II ZR 170/87, NJW 1988, 1326
BGH, Urt. v. 11.2.1988, IX ZR 36/87, ZIP 1988, 322
BGH, B. v. 24.10.1988, II ZB 7/88, BGHZ 105, 324, 330 ff. = ZIP 1989, 29
BGH, Urt. v. 8. 10. 1990, VIII ZR 176/89, BGHZ 112, 288 = ZIP 1990, 1406
BGH, Urt. v. 23.9.1991, II ZR 135/90, BGHZ 115, 187 = ZIP 1991, 1354 („Video")
BGH, Urt. v. 12.12.1991, IX ZR 178/91, BGHZ 116, 319 = ZIP 1992, 191
BGH, Urt. v. 6.2.1992, IX ZR 95/91, NJW 1992, 1159
BGH, Urt. v. 29.3.1993, II ZR 265/91, BGHZ 122, 123 („TBB")
BGH, B. v. 24.10.1994, AnwZ (B) 35/94, BRAK-MIT.1995, 29
BGH, B. v. 21.11.1994, AnwZ (B) 40/94, BRAK-MIT.1995, 126
BGH, Urt. v. 20. 3. 1995, II ZR 205/94, BGHZ 129, 136
BGH, Urt. v. 4.5.1995, IX ZR 256/93, BGHZ 129, 336
BGH, Urt. v. 26. 2. 1996, XII ZR 181/93, NJW 1996, 1411 = FamRZ 1996, 601
BGH, Urt. v. 22.1.1998, IX ZR 99/97, ZIP 1998, 477
BGH, B. v. 20.3.2000, NotZ 19/99, NJW 2000, 2359
BGH, Urt. v. 26.10.2000, IX ZR 289/99, ZIP 2001, 33 = NJW 2001, 517
BGH, Senat für Anwaltssachen, B. v. 6. 11. 2000, AnwZ (B) 1/00, juris
BGH, Urt. v. 8.1.2001, II ZR 88/99, BGHZ 146, 264 = ZIP 2001, 235,
BGH, Urt. v. 17.9.2001, II ZR 178/99, NJW 2001, 3622
BGH, Senat für Notarsachen, B. v. 3.12.2001, NotZ 16/01, BGHZ 149, 230, 234 = NJW 2002, 1349
BGH, Urt. v. 25.4.2002, IX ZR 313/99, ZIP 2002, 1093
BGH, Urt. v. 24.6.2002, II ZR 300/00, NJW 2002, 3024 = ZIP 2002, 1578
BGH, B. v. 8.7.2002, NotZ 1/02, NJW 2002, 2791, 2792
BGH, Urt. v. 18.7.2002, IX ZR 480/00, ZIP 2002, 1540
BGH, Urt. v. 18.7.2002, IX ZR 195/01, ZIP 2002, 1625
BGH, B. v. 18.7.2002, IX ZB 77/02, NZI 2002, 629
BGH, Urt. v. 17.3.2003, IX ZR 272/02, ZIP 2003, 1799

BGH, Urt. v. 15. 5. 2003, IX ZR 218/03, ZIP 2003, 1256
BGH, B. v. 17. 7. 2003, IX ZB 530/02, ZInsO 2003, 750
BGH, B. v. 16.10.2003, IX ZB 36/03, DZWiR 2004, 79
BGH, B. v. 3.3.2005, IX ZB 153/04, ZIP 2005, 719

Reichsgericht

RG, Urt. v. 19. 9. 1896, I 137/96, RGZ 37, 142
RG, Urt. v. 27. 11. 1903, VII 312/03, RGZ 56, 70
RG, Urt. v. 26. 9. 1905, II 17/05, RGZ 61, 297, 298
RG, B. v. 16.1.1908, VI 436/07, RGZ 67, 347
RG, Urt. v. 2.6.1931, VII 461/30, RGZ 133, 42
RG, Urt. v. 23. 5. 1932, VIII 60/32, RGZ 136, 288
RG, Urt. v. 4.4.1933, VII 21/33, RGZ 140, 226
RG, Urt. v. 7. 4. 1937, V 290/36, RGZ 154, 291
RG, Urt. v. 30. 11. 1937, VII 127/37, RGZ 156, 277
RG, Urt. v. 8. 11. 1940, VII ZS 40/40, RGZ 165, 162

Bundesverfassungsgericht

BVerfG, Entsch. v. 7.8.1962, 1 BvL 16/60, BVerfGE 14, 263, BVerfG, Entsch. v.
7.5.1969, 2 Bvl 15/67, BVerfGE 25, 371, 407
BVerfG, Urt. v. 1.3.1979, 1 BvR 532/77, 1 BvR 533/77, 1 BvR 419/78, 1 BvL 21/78,
BVerfGE 50, 290, 341 ff.
BVerfG, B. v. 25.2.1988, 2 BvR 1289/87, ZIP 1988, 1410
BVerfG, 28. 4.2004, 1 BvR 912/04, ZIP 2004, 1008
BVerfG, B. v. 3.8.2004, 1 BvR 135/00, 1 BvR 1086/01, ZIP 2004, 1649

Finanzgerichte

FinG Münster, Urt. v. 26. 2. 2003, 7 K 2451/02 StB, unveröffentlicht
Schl.-Holst. FinG, Urt. v. 16. 6. 2004, 2 K 86/03, ZVI 2004, 535

Bundesfinanzhof

BFH, B. v. 9.6.1997, GrS 1/94, DB 1997, 1693
BFH, B. v. 18.7.2001, I R 38/99 BStBl. II 2002, 27
BFH, Urt. v. 8.8.2001, IR 29/00, DStR 2001, 1974
BFH, Urt. v. 20.8.2003, I R 81/02 und IR 61/02, DStR 2003, 1921
BFH, B. v. 4. 12. 2003, VII B 121/03, BFH/NV 2004, 824
BFH, Urt. v. 26.5.2004, DStR 2004, 1866

Einleitung

I. Sanierung und Reorganisation als Aufgaben des Insolvenzverfahrens

§ 217 InsO benennt die Inhalte, die in einem Insolvenzplan abweichend von den gesetz-   **0.1**
lichen Vorschriften geregelt werden können. Diese Inhalte decken sich mit den denk-
baren Zwecken eines Insolvenzverfahrens: So können die Masseverwertung (§§ 148 ff.
InsO), die Befriedigung der Insolvenzgläubiger (§§ 38 ff. InsO) und der absonderungsberechtigten Gläubiger (§§ 49 ff. InsO), die Haftung des Schuldners (§ 227 InsO) und
die Verteilung der Masse (§§ 187 ff. InsO) im Insolvenzplan gesonderte Regelungen
erfahren. Mit der Insolvenzrechtsreform hat das Insolvenzrecht ferner einen Sanierungsauftrag erhalten, § 1 S. 1 2. Alt InsO. Der Erhalt des Unternehmens soll danach durch
abweichende Regelungen in einem Insolvenzplan erreicht werden. Zweck des Insolvenzverfahrens ist schließlich gem. § 1 S. 2 InsO die Entschuldung von Menschen (§§ 286 ff.
InsO).

Sanierung durch Insolvenz ist kein neues Thema. Die „Wertvernichtung" im „Kon-   **0.2**
kurs" (verstanden als Vermögensliquidation) wurde früh kritisiert und die Abwendung
des Konkurses durch eine Schuldenreorganisation (den Vergleich) dem Konkurs vor-
geschaltet. Das Scheitern der Vergleichsordnung machte das Thema der Reorganisation
und Sanierung in Deutschland zu einer Frage, die außerhalb der Schranken des
Insolvenzrechts behandelt wurde. Sollten in der Vergangenheit Unternehmen saniert
werden, galt der Grundsatz: Sanierung statt Insolvenz. Die Verhinderung der Verfahrenseröffnung durch massive politische Einflussnahmen mit populistisch verklärtem
Blick auf die wirtschaftlichen und rechtlichen Folgen wurde besonders eindrucksvoll in
den Fällen Philip Holzmann und Mobilcom AG in Schleswig-Holstein vorgeführt.
Kaum ein großes Insolvenzverfahren, vor dem sich nicht Politiker als Retter versuch-
ten. Insolvenz wird demgegenüber vielfach auch als Zerschlagung verstanden.[1] Mit der
Diskussion um eine Insolvenzrechtsreform ist der Zusammenhang von gerichtlichem
Insolvenzverfahren und Sanierungsverfahren auch in Deutschland wieder in den Vordergrund getreten. Die InsO sieht den **Erhalt des schuldnerischen Unternehmens**
ausdrücklich **als ein Ziel des Insolvenzverfahrens** vor, § 1 Abs. 1, 2. Hs. InsO. Dies
führt nicht dazu, dass die außergerichtliche Sanierung überflüssig geworden ist. In
vielen Fällen ist sie weiterhin notwendig und zweckmäßig. Lässt sich die Insolvenz
aber nicht vermeiden, müssen die Sanierungsmittel des Insolvenzrechts frühzeitig und
effektiv zum Einsatz kommen. Dann – und nur dann – hat das Insolvenzverfahren als
Sanierungsverfahren eine Chance.

Privatwirtschaft und sogar der Staat sind zunehmend bereit, Unternehmen in die Insolvenz fallen zu   **0.3**
lassen. Die Angst vor dem Insolvenzrecht ist geschrumpft, Sanierungsaufkäufe werden vom Kapitalmarkt bestraft. Die hierzulande weithin nach wie vor nicht mehr als gerüchteweise bekannt

---

1 Smid-*Smid*, InsO, 2. Aufl., 2001, § 1 RdNr. 2.

gewordene Praxis[2] zum US-amerikanischen chapter 11 bankruptcy code lässt ein alltägliches Umgehen mit Sanierungsinsolvenzen als nicht mehr völlig abwegig erscheinen.[3] Inzwischen findet sich diese Tendenz auch in Deutschland. Mittlerweile hat die Insolvenzpraxis in Deutschland erste Erfahrungen gesammelt, die belegen, dass die Insolvenz nicht zwangsläufig den wirtschaftlichen Tod eines Unternehmensträgers bedeutet, sondern helfen kann. Sanierungserfolge, wie etwa im Fall der Herlitz AG zu Berlin, geben Anlass, die rechtlichen Instrumentarien näher zu bedenken, auf denen die Verbindung von Insolvenzverfahren mit Sanierung und Reorganisation beruht.

Regelungsfunktion, § 217

- **Verwertung der Masse**

- **Haftung des Schuldners**

- **Befriedigung der Gläubiger**

- **Befriedigung der Absonderungsberechtigten**

- **Sanierung von Unternehmen oder Unternehmensträgern**

- **Entschuldung von Menschen**

0.4 Die **Insolvenz als Sanierungsmittel** anzuerkennen, ist angesichts neuer Insolvenzursachen unvermeidlich. Schon heute ist nicht nur der Staat, sondern sind auch die Banken oft daran gehindert, Unternehmen mit Krediten zu versorgen.[4] Die am 20.12.2002 in Kraft getretenen Mindestanforderungen, welche die Bundesanstalt für Finanzdienstleistungsaufsicht an das Kreditgeschäft der Kreditinstitute stellt (MaK)[5], sorgen für Restriktionen. Kredite nach „Gutsherrenart", aus Sympathie oder zur persönlichen Hilfe, wie sie in spektakulären Fällen der neunziger Jahre auch der Öffentlichkeit bekannt geworden sind, wird es nicht mehr geben. Diese Tendenz wird sich verstärken, wenn in den nächsten drei bis vier Jahren die Banken dazu übergehen, ihre Kreditrisiken zu schätzen („raten"), um ihr Eigenkapital zu schützen (Basel II).[6] Dass dem amerikanischen Beispiel folgend auch in Deutschland mittlere und große Unternehmen immer häufiger durch Insolvenz saniert werden müssen, ist daher zu erwarten.

---

2 Darstellung einer Entscheidung des US Supreme Court v. 3.5.1999 zum Chapter-11-Verfahren bei *Wittig*, ZInsO 1999, 373 ff.
3 *Elsing/van Alstine*, US-amerikanisches Handels- und Wirtschaftsrecht, 2. Aufl., 1999, RdNr. 460.
4 *Lieder*, DZWIR 2004, 452, 454.
5 Als Download auf den Seiten www.basel-II.info.de sowie auf den Seiten des Bundesministeriums für Wirtschaft und Arbeit www.bmwi.de.
6 Rundschreiben vom 20.12.2002, ZBB-Dokumentation 1/03, 62, 68.

Die besonderen **Voraussetzungen von Sanierungsverfahren** sind: ein positives Insol- **0.5** venzklima, also frühestmögliche Erarbeitung eines insolvenzrechtlichen Sanierungsszenarios und frühzeitige Kommunikation zwischen allen Beteiligten, und eine besondere, am Sanierungszweck (und nur an diesem!) orientierte Auswahl des Insolvenzverwalters. Die Erfahrung zeigt, dass bei rechtzeitigem Einsatz der Sanierungsmittel viele Betriebe, also Arbeitsplätze, Standorte und Werte, eine echte Chance haben. Aber es besteht kein Anlass zur Euphorie: So wenig wie die Insolvenz ein sofortiges Todesurteil ist, ist sie ein Allheilmittel. Nicht jede Insolvenz ermöglicht eine Sanierung. Die meisten Betriebe, die Pleite gehen, gehen zu Recht Pleite. Insolvenzrecht ist ein Haftungsrecht:[7] Es soll für die bestmögliche Befriedigung von Gläubigern sorgen, die Haftung für Verbindlichkeiten durchsetzen, die Rechte der Berechtigten, der Sicherungsgläubiger schützen und die wirtschaftlichen Probleme eines Menschen oder eines Unternehmens geordnet abwickeln. Das Insolvenzrecht hat eine Sanierungsaufgabe,[8] sie steht aber nicht in jedem Fall im Vordergrund. Laxes Sanierungsrecht setzt falsche Anreize: Misswirtschaft darf nicht belohnt, die falschen Unternehmer dürfen nicht gestärkt werden. Sanierungsrecht ist kein Bestandsschutz für Verlustproduktion. Die Möglichkeiten einer solchen Fehlentwicklung beweisen die Erfahrungen mit dem nordamerikanischen bankruptcy code, bei dem in erheblichem Umfang mit missbräuchlich gestellten Insolvenz-Eigenanträgen gekämpft werden muss.[9] Das deutsche Restschuldbefreiungsverfahren zeigt ähnliche Tendenzen: Zunehmend scheinen „die Falschen" geschützt zu werden.[10] Es besteht die Gefahr, einen „gut gemeinten" Zweck zu verfehlen. Diese Entwicklungen müssen als Warnung verstanden werden: Sanierungsaufgabe kann nur bedeuten, marktwirtschaftlich sinnvolle Sanierungen zu ermöglichen und sinnwidrige Sanierungen zu verhindern.[11] Hierfür ist es erforderlich, die Ursachen der Unternehmenskrisen zu erkennen und die Missstände zu beseitigen.

Sanierungen sind demnach Ausnahmefälle. Aber gerade sie sind die volkswirtschaft- **0.6** lich wichtigen, für die nicht nur die zivilverfahrensrechtliche Seite der Insolvenz im Vordergrund stehen darf. Natürlich hat der Gesetzgeber für die meisten Fälle Recht, wenn er die Insolvenzverfahren wirtschaftshygienisch als Instrument der Kriminalitätsprophylaxe begreift.[12] Solche Fälle dürfen und sollen die Beteiligten exekutorisch, zivilverfahrensrechtlich und schematisch abwickeln. Aber wenn es um die Rettung von Firmenwert, Know-how und human capital geht, ist eine andere Sicht der Dinge angezeigt.

Nach Inkrafttreten der InsO scheinen die Strukturen des Insolvenzrechts „sanierungsfreundlicher" **0.7** zu sein, als der Dualismus von konkursabwendendem Vergleich und zerschlagendem Konkurs nach

---

7 Amtl. Begr. zum RegEInsO, Allg. 4 a cc, BT-Drucks. 12/2443, S. 83; Smid-*Smid*, InsO, 2. Aufl., 2001, § 1 RdNr. 6 ff., 33.
8 Amtl. Begr. zum RegEInsO, Allg. 4 a aa, BT-Drucks. 12/2443, S. 77; Smid-*Smid*, 2. Aufl., 2001, § 1 RdNr. 38 ff.
9 Hierzu *Hay*, US-Amerikanisches Recht, 2. Aufl., 2002, RdNr. 619.
10 Vgl. Vorlagebeschluss des AG München zum BVerfG v. 2.3.2003, 1 BvL 11/02, ZInsO 2003, 176, 178.
11 Amtl. Begr. zum RegE InsO, Allg. 3a, BT-Drucks. 12/1443; Smid-*Smid*, InsO, 2. Aufl., 2001, § 1 RdNr. 2; *Lieder*, DZWIR 2004, 452, 455.
12 Amt. Begr. zu Art. 60 EGInsO.

altem Recht es erlaubte. Dies liegt zum einen daran, dass – wie erwähnt – dem Insolvenzverfahren durch das neue Recht eine Sanierungsaufgabe zukommt. Zum anderen ist die außergerichtliche Sanierung zunehmend mit Haftungsrisiken verbunden.

0.8 Die **Sanierungsaufgabe des Insolvenzrechts** ergibt sich aus den Vorschriften der InsO. Der vorläufige Insolvenzverwalter hat den Betrieb, den er vorfindet, fortzuführen, § 22 Abs. 1 Satz 2 Nr. 2 InsO. Hierbei hilft ihm das Insolvenzgeld, das die Arbeitnehmer in Höhe ihres Nettogehalts für maximal drei Monate vom Arbeitsamt erhalten (vgl. § 183 Abs. 1 Satz 1 SGB III) und welches sich vorfinanzieren lässt. Dessen Einsatz zu Sanierungszwecken ist insolvenzrechtlich anerkannt, § 55 Abs. 3 InsO. Es ist verboten, Betriebe ohne Zustimmung des Insolvenzgerichts oder der Gläubigerversammlung stillzulegen, § 157 InsO. Ferner ist die übertragende Sanierung eines Unternehmens zulässig, § 162 InsO. Mit der Eigenverwaltung und dem Insolvenzplanverfahren (§§ 217 ff. InsO) hat der Gesetzgeber ein eigenes Sanierungsverfahren in die InsO aufgenommen, angelehnt an die VerglO von 1935, den Zwangsvergleich der KO (§§ 173 ff.) von 1878 und chapter 11 US-Bankruptcy-Code von 1978. Für natürliche Personen ist ein Restschuldbefreiungsverfahren vorgesehen, vgl. §§ 1 Satz 2, 286 ff. InsO. Schließlich ist sogar die Verwaltervergütung sanierungsfreundlich ausgestaltet: Nach § 3 Abs. 1 e) InsVV steht dem Insolvenzverwalter für den Insolvenzplan eine Prämie zu.

0.9 Der Zweck des Insolvenzverfahrens ist nach § 1 InsO die **bestmögliche Gläubigerbefriedigung**. Diesen fördert die Sanierungsaufgabe mit einem besseren Insolvenzergebnis nicht nur für den Schuldner und sein Unternehmen, sondern auch für die Gläubiger, also die Arbeitnehmer, die Lieferanten, die Geldgeber (Banken), die öffentliche Hand (Krankenkassen, Finanzamt etc.) und die Kunden. Bei einer Unternehmenssanierung bleiben Arbeitsplätze erhalten, Kunden behalten ihren Lieferanten, Lieferanten ihren Kunden und die öffentliche Hand ihren Steuer- und Beitragszahler. Zugleich bleiben die Sicherheiten werthaltig und müssen nicht zerschlagen werden. Es ist ferner möglich, die immateriellen Wirtschaftsgüter, den Goodwill und den Firmenwert zu erhalten. Insgesamt stellt sich im Regelfall eine höhere Insolvenzmasse ein, als bei einer zerschlagenden Insolvenz erreicht werden könnte. Schließungskosten (Masseschulden) werden gespart. Ein weiterer günstiger Effekt ist die positive öffentliche Meinung, wenn eine Katastrophe vermieden werden konnte.[13] Je öfter Sanierungsbeispiele bekannt werden, desto eher stellen sich Unternehmen und ihre „stakeholder" auf diese Möglichkeit ein und tragen so zum positiven Insolvenzklima bei.

0.10 So können der Insolvenzverwalter oder der eigenverwaltende Schuldner hinsichtlich solcher gegenseitiger Verträge, deren Erfüllung für das Unternehmen nachteilig wäre, im eröffneten Verfahren vom anderen Teil nicht mehr zur Erfüllung genötigt werden. Im Falle von Dauerschuldverhältnissen können sich Insolvenzverwalter oder eigenverwaltender Schuldner aus für die Masse (die Sanierung des Unternehmens) ungünstigen Mietverhältnissen lösen. Von **besonderer Bedeutung für die Sanierung** eines Unternehmens sind die **Vorschriften zum Insolvenzarbeitsrecht** (dazu auch unten 1.14 ff.).[14] Unternehmen beklagen seit jeher die Zwänge des deutschen Arbeitsrechts, des Betriebsverfassungsrechts, des Tarifrechts und vor allem des Kündigungsschutzes. Personalabbau ist nach deutschem Arbeitsrecht langwierig und kostspielig. Personalüberhänge sind häufig Insolvenzursachen. In der Insolvenz erfahren die starren Vorschriften des Arbeitsrechts eine Modifizierung: Es gilt ein besonderes Insolvenzarbeitsrecht mit Bestimmungen, die einen Personalabbau

---

13 *Lieder*, DZWIR 2004, 452, 455 f.
14 Zu arbeitsrechtlichen Fragen im Rahmen der Sanierung *Oberhofer*, ZInsO 1999, 439 ff.; *Berscheid*, FS Kirchhof, 27-56.

unter vereinfachten Bedingungen ermöglichen. Gesetzlich und tariflich geschützte, sogar unkündbare Arbeitsverhältnisse lassen sich vom Insolvenzverwalter mit einer Drei-Monats-Frist gem. § 113 Abs. 1 Satz 2 InsO beenden. Der Insolvenzverwalter kann mit dem Betriebsrat – hat das Unternehmen keinen, sogar mit dem Arbeitsgericht! – einen Interessenausgleich und einen Sozialplan abschließen. Dieser muss eine Namensliste derjenigen Personen enthalten, von denen man sich im Interesse einer „ausgewogenen Personalstruktur" (§ 125 Abs. 1 Satz 1 Nr. 2 InsO) trennen will.[15] Der Personalabbau ist auf diesem Weg meist finanzierbar, da der Umfang eines Sozialplans durch § 123 InsO der Höhe nach auf 2 ½ Monatslöhne und maximal ein Massedrittel beschränkt wird. Der Arbeitnehmer muss gem. § 4 Satz 1 KSchG n. F. innerhalb von drei Wochen nach Zugang einer schriftlichen Kündigung die Unwirksamkeit aus allen Gründen (mit Ausnahme von § 623 BGB) durch Klage vor dem Arbeitsgericht geltend machen[16]. Allerdings ist die Kündigungsklage der auf der Namensliste vom Insolvenzverwalter befindlichen Personen erheblich erschwert, da im Arbeitsgerichtsprozess vermutet wird, dass die Kündigung berechtigt war. Das Insolvenzarbeitsrecht bietet mithin die Möglichkeit, ein Unternehmen innerhalb kurzer Zeit durch Abbau wesentlicher Teile des Personals zu sanieren. Sanierungsinstrumente sind ferner die **Anfechtungsmöglichkeiten des Insolvenzrechts gem. §§ 129 ff. InsO.** Nachteilige Handlungen aus der Zeit vor der Insolvenz und ungerechtfertigte Vermögensverschiebungen können so zu Gunsten des Unternehmens korrigiert werden. Ferner bietet das Steuerrecht, an sich eher sanierungsfeindlich, weitere Gestaltungsmöglichkeiten. Schließlich fördert der Einsatz von Beschäftigungsgesellschaften ebenfalls den Personalabbau und trägt daher zum Sanierungserfolg bei.

Last but not least: Allein das insolvenzgerichtliche Sanierungsverfahren löst das aus, was **0.11** man im nordamerikanischen Recht den *automatic stay*[17] nennt: Durch die Eröffnung des Insolvenzverfahrens werden Zwangsvollstreckungsmaßnahmen gegen den Unternehmensträger unterbunden (§§ 21 Abs. 2 Nr. 3, 89, 90 InsO) und allgemeine Leistungsklagen i S. d. § 253 ZPO ausgeschlossen (§ 87 InsO), was zur Beruhigung der Lage beiträgt und den Beteiligten den Rücken zur Verwirklichung der Sanierung freihält.

II. Die außergerichtliche Sanierung

Ein Urteil des IX. Zivilsenats des BGH vom 26.10.2000[18] schafft über die Reichweite der **0.12** Haftung wegen einer Teilnahme an Sanierungsbemühungen im Vorfeld der Insolvenzantragsstellung Klarheit. Der Berater des schuldnerischen Unternehmens kann eine persönliche Haftung wegen einer Schädigung von Gläubigern nach Beginn seiner Beratungstätigkeit durch die Fortsetzung des Geschäftsbetriebes der Schuldnerin nur dadurch ausschließen, dass er die Organe der Schuldnerin zur Stellung eines Eigenantrages (§ 13 Abs. 1 InsO) auffordert und sie entsprechend belehrt. Der BGH hat dabei darauf hingewiesen, dass diese Pflicht des Sanierungsberaters eines verschuldeten Unternehmens auch nicht dadurch suspendiert wird, dass die Schuldnerin von dritter Seite beraten

---

15 *Berscheid* (Fußn. 14), 27, 33 f.
16 Nerlich/Römermann-*Hamacher,* InsO, Stand März 2004, § 113 RdNr. 282 a. § 113 Abs. 2 InsO ist durch Art. 4 des Gesetzes zur Reform am Arbeitsmarkt vom 24.12.2003 (BGBl. I S. 3002) mit Wirkung zum 1.1.2004 entfallen. Angesichts der nun einheitlichen Klagefrist im Kündigungsschutzgesetz ist diese Regelung weitestgehend obsolet geworden.
17 Vgl. hierzu *Weintraub/Resnik*, 6 – 21, 8 – 18; *Kennedy*, The Automomatic Stay in Bankruptcy, 11 U. Mich. J. Law. Rev. 170, 247 (1978).
18 BGH, Urt. v. 26.10.2000 – IX ZR 289/99, WM 2001, 98; auch BGH, Urt. v. 18.7.2002 – IX ZR 480/00, DZWIR 2003, 31 m. Bespr. *H. Meyer*, DZWIR 2003, 6 ff.; *Lieder*, DZWIR 2004, 432, 455.

bzw. betreut wird, wie es insbesondere im genossenschaftlichen Bereich § 54 GenG im Rahmen der Betreuung von Genossenschaften durch genossenschaftliche Prüfungsverbände der Fall ist. Dem Urteil des BGH lag dabei ein Sachverhalt zugrunde, in dem die Beratungstätigkeit durch einen Rechtsanwalt ausgeübt worden war, der von der schuldnerischen Genossenschaft als „außergerichtlicher Vergleichsverwalter" unter Fortdauer der organschaftlichen Tätigkeit von Vorstand und Aufsichtsrat der Genossenschaft bestellt worden war. Der beklagte Rechtsanwalt hat sich dann im Verlauf von über 3 Jahren erfolglos um den Abschluss eines außergerichtlichen Vergleichs bemüht, bis es zur Stellung des Eigenantrags kam; u. a. aufgrund von Stellungnahmen des genossenschaftlichen Prüfungsverbandes war vom Anfang an klar, dass die schuldnerische Genossenschaft überschuldet war.

0.12a Während die Sanierungsanreize durch die Instrumentarien der InsO erhöht wurden, sind die **Kosten und Risiken einer außergerichtlichen Sanierung** gestiegen. Während der Sanierungsphase müssen die Verluste des Unternehmens finanziert werden, dazu der Sanierungsaufwand, d. h. Aufwendungen für Sozialpläne, Strukturierungsmaßnahmen, Desinvestments oder neue Engagements, ferner Kosten, die die Sanierung selbst verursacht: Risikokreditzinsen, Honorare für Wirtschaftsprüfer und Unternehmensberater. Daneben werden häufig Zeit und Know-how der Beteiligten an einen – vielfach aussichtslosen – Sanierungsversuch verschwendet. Scheitert die Sanierung, sind die Mitarbeiter des Unternehmens demotiviert, die Kunden sind verunsichert und wenden sich der Konkurrenz zu.

0.13 Vor diesem Hintergrund ist es nicht erstaunlich, dass der Gesetzgeber die Risiken einer außergerichtlichen Sanierung verschärft hat. Sie soll auf aussichtsreiche Fälle beschränkt sein. Schlägt sie fehl, soll die Geschäftsleitung so schnell wie möglich Insolvenzantrag stellen. Für Kapitalgesellschaften besteht unmittelbar nach Eintritt von **Zahlungsunfähigkeit** und **Überschuldung** die Pflicht zur Insolvenzantragstellung, vgl. § 64 Abs. 1 GmbHG, § 92 Abs. 2 AktG. Nach neuer Rechtslage treten die Insolvenzgründe frühzeitig ein.[19] Zahlungsunfähigkeit (§ 17 InsO) liegt schon dann vor, wenn auch nur kleine Teile fälliger Verbindlichkeiten nicht bezahlt werden können.[20] Auch die **drohende Zahlungsunfähigkeit** ist nunmehr gem. § 18 InsO Insolvenzgrund und berechtigt den Schuldner selbst zur Antragstellung. Überschuldung gem. § 19 InsO tritt nahezu immer ein, wenn die Fortführung des Unternehmens bis zum Ende des nächsten Geschäftsjahres[21] ernstlich zweifelhaft geworden ist. Dann nämlich muss der Geschäftsführer zu Zerschlagungswerten bilanzieren.[22] Auf diesem Wege führt er eine rechnerische Überschuldung herbei, die die sofortige Insolvenzantragspflicht nach sich zieht.

0.14 Für die Berater krisenbedrohter Unternehmen bedeutet dies, dass sie bei der außergerichtlichen Sanierung immer den Eintritt der Insolvenz berücksichtigen müssen. Anderenfalls entstehen Haftungsrisiken; erwähnt sei an dieser Stelle nur die in der „KBV" – Entscheidung des BGH[23] entwickelte persönliche Haftung des GmbH-Gesellschafters

---

19 Zur Vorverlagerung der Insolvenzgründe vgl. Smid-*Smid*, InsO, 2. Aufl., 2001, § 1 RdNr. 2, § 17 RdNr. 7 und § 19 RdNr. 2 f.; *Mönning*, Betriebsfortführung in der Insolvenz, 1997, 78; *Lieder*, DZWIR 2004, 452, 455.
20 Uhlenbruck-*Uhlenbruck*, InsO, 12. Aufl., 2003, § 17 RdNr. 10.
21 *Groß/Amen*, WPg 2002, 225, 227.
22 Ausführlich hierzu *Groß/Amen*, WPg 2003, 67, 81.

gegenüber den Gläubigern für sog. existenzgefährdende Eingriffe. Die Entnahme von Beraterhonoraren für eine außergerichtliche Sanierung kurz vor der Insolvenzantragstellung löst nach der Rechtsprechung des BGH eine Rückzahlungsverpflichtung aus.[24] Werden nicht alle Gläubiger gleich behandelt und z.B. Kleingläubiger vorab voll befriedigt, unterliegen derartige Rechtshandlungen der Insolvenzanfechtung gem. §§ 129 ff. InsO[25]. Steht nicht von vornherein mit Sicherheit fest, dass das Unternehmen sanierungsfähig ist, handeln alle an der Sanierung Beteiligten nach einer Entscheidung des OLG Brandenburg sittenwidrig gem. § 826 BGB.[26] Sicherheiten können infolgedessen nicht mehr anfechtungsfrei (§ 133 InsO) bestellt werden.[27] Scheitert das Sanierungskonzept daran, dass – wie regelmäßig – nicht alle Gläubiger diesem sofort zustimmen, entfaltet es nach der Rechtsprechung des BGH in der Co-op-Entscheidung[28] keine Rechtsverbindlichkeit. Nach alledem muss die außergerichtliche Sanierung mit Zustimmung aller – gleich zu behandelnder – Gläubiger innerhalb von zwei Wochen erfolgen, um Haftungsrisiken zu vermeiden. Eine gangbare Alternative zur Sanierung durch Insolvenz stellt die außergerichtliche Sanierung mithin nicht dar.

Neu an den Insolvenzgründen ist, dass sie für alle Beteiligten evident und deshalb ex post ohne weiteres beweisbar sind.[29] Die Folgen einer Verletzung der Insolvenzantragspflicht sind Bestrafung wegen Insolvenzverschleppung, Lieferantenbetrugs, in vielen Fällen auch wegen Untreue oder Beitragsvorenthaltung, und eine spiegelbildliche zivilrechtliche Haftung der Geschäftsleitungsorgane auf Schadensersatz (§§ 823, 826 BGB), auf Erstattung der zwischenzeitlich geleisteten Zahlungen (z.B. § 64 GmbHG) oder der Verfahrenskosten (§ 26 InsO). Zudem bestraft der Gesetzgeber auch die Unterstützung fremder Tat: Wer einem anderen bei seiner unerlaubten Handlung Hilfe leistet, durch Beratung und Begleitung von Insolvenzverschleppungen, haftet wegen Beihilfe (§ 17 StGB) und damit zivilrechtlich als Gesamtschuldner (§ 840 BGB). All dies liefert Gründe, eine Sanierung nicht nur außerhalb, sondern alsbald in der Insolvenz zu versuchen. – Demgegenüber weist die Sanierung im Rahmen eines gerichtlichen Insolvenzverfahrens **evidente Vorteile** auf: Den insolvenzrechtlichen Sanierungsinstrumenten ist gemeinsam, dass diese *nur in der Insolvenz* funktionieren, also eine Insolvenz voraussetzen. Dies beruht auf folgendem Grunde: Wirtschaftlicher Zweck des Insolvenzverfahrens ist die Vermögensverwertung, also die Unternehmenszerschlagung, die durch das Insolvenzrecht ermöglicht werden muss. Insolvenzverwalter sind daher rechtlich in der Lage, alle Rechtsbeziehungen des Unternehmens zu seiner Umwelt unmittelbar zu beenden. **0.15**

---

23 BGH, Urt. v. 24.6.2002, II ZR 300/00, NJW 2002, 3024.
24 BGH, Urt. v. 18.7.2002, IX ZR 480/00, ZIP 2002, 1540.
25 BGH, Urt. v. 26.10.2000, IX ZR 289/99, ZIP 2001, 33 = NJW 2001, 517.
26 OLG Brandenburg, Urt. v. 21.3.2002, 8 U 71/01, ZIP 2002, 1902 = ZInsO 2002, 929.
27 OLG Hamm, Urt. v. 16.4.1996, 27 U 197/95, ZIP 1996, 1140; BGH, Urt. v. 17.3.2003, IX ZR 272/02, ZIP 2003, 1799.
28 BGH, Urt. v. 12.12.1991, IX ZR 178/91, ZIP 1992, 191.
29 Vgl. *Müller-Gugenberger/Bieneck*, Wirtschaftsstrafrecht, 3. Aufl., 2000, § 76 RdNr. 1 ff.

III. Das Unternehmen

0.16 Mittelpunkt der Strukturen des Sanierungsrechts ist das schuldnerische Unternehmen in seinen Beziehungen zu den übrigen an der Sanierung Beteiligten. Deren Interessen erklären den vielfach ungeordneten Ablauf von Unternehmensinsolvenzen: Bereits im Vorfeld der Insolvenz kommt es zu anfechtbaren Rechtshandlungen, unerlaubten Handlungen oder sogar zu Straftaten. Die Geschäftsleitung will lieber Risiken eingehen, als ihr Scheitern eingestehen; häufig hat sie mehr Angst vor einer **rufschädigenden Insolvenz** als vor den kaum bekannten Haftungsnormen. Unternehmensberater und Sanierungsbeauftragte leben vom Sanierungsprozess (weniger vom Sanierungserfolg) und sind daher regelmäßig daran interessiert, diesen so lange wie möglich durchzuführen. Bei Banken und Lieferanten herrscht das **Prinzip Hoffnung**. Man möchte weder Wertberichtigungen vor der Zeit vornehmen, noch Auslöser der Insolvenz sein. Die Arbeitnehmer fürchten Personalabbau. Politik und Öffentlichkeit versuchen, die Insolvenz und mit ihr einen Skandal zu vermeiden, und fühlen sich verpflichtet, als Retter in der Not aufzutreten (Holzmann, Mobilcom). Die Insolvenzjustiz argumentiert mit **richterlicher Unabhängigkeit**, Ordnungsmäßigkeit des Verfahrens, rechtlichem Gehör und Gleichbehandlung aller Beteiligten. Schließlich wollen sich die Insolvenzverwalter profilieren, Erfolge und nennenswerte Honorare erzielen.

0.17 Diese unterschiedlichen Interessen sorgen dafür, dass das praktikable Sanierungsrecht nicht ausreichend oder rechtzeitig genutzt wird, um Sanierungserfolge zu erzielen. Insolvenzverfahren gelten – leider oft zu Recht – als nicht planbar, Gerichtsentscheidungen sind unvorhersehbar. Das Insolvenzverfahren gleicht zuweilen einer lebensgefährlichen Operation, bei der das Operationsteam zusammengelost wird. Dem Amtsgericht Duisburg ist die ausführliche Begründung des Babcock-Borsig-Beschlusses[30] und seine Veröffentlichung zu verdanken: Der Beschluss beschreibt eine Kommunikation, die schief gegangen oder unterblieben ist, gleichsam ein offener Streit auf der Kommandobrücke eines in Seenot geratenen Schiffs. So streiten sich Juristen auf dem Rücken der Arbeitnehmer und zum Entsetzen eines weltweiten Kunden- und Lieferantenkreises.

IV. Rechtliche Instrumentarien einer Reorganisation und Sanierung

0.18 Die InsO kennt drei konzeptionelle Möglichkeiten, die zu einer Unternehmenssanierung beitragen können: **die übertragende Sanierung, das Insolvenzplanverfahren und die Eigenverwaltung,** die im Gesetz scheinbar ohne eine innere Beziehung nebeneinander stehen, aber doch einen rechtslogischen inneren Zusammenhang aufweisen.[31]

0.19 Statistisch im Vordergrund steht die übertragende Sanierung, der „asset deal". Er führt zu einer Übertragung des Vermögens auf einen Investor, ohne dass die Verbindlichkeiten übergehen, wodurch der bilanzielle Sanierungserfolg erreicht wird.[32] Es wird ein neuer Unternehmensträger gegründet.[33] Die Vorteile der übertragenden Sanierung gegenüber dem Insolvenzplan liegen darin, dass Dauer, Kosten und Liquidität definiert sind. Zudem finden die Haftungsvorschriften der § 75

---

30 AG Duisburg, B. v. 1.9.2002, 62 IN 167/02, ZIP 2002, 1636, 1641.
31 Eingehend hierzu *Wehdeking*, Die Masseverwaltung des insolventen Schuldners, 2005.
32 Uhlenbruck-*Hirte*, InsO, 12. Aufl., 2003, § 11 RdNr. 16 ff.
33 *Rattunde*, ZIP 2003, 596, 600.

AO, §§ 25, 28 HGB keine Anwendung.[34] Die überwiegende Zahl von Sanierungsfällen wird deswegen mit übertragender Sanierung gelöst.[35]

Die **übertragende Sanierung** versagt aber, wenn ein Mensch Restschuldbefreiung **0.20** braucht, wenn kein Investor vorhanden ist, wenn das Unternehmen wegen seiner Größe, wegen immaterieller Wirtschaftsgüter[36], einer Vielzahl von Vertragsverhältnissen etc. unübertragbar ist. Oft sind dies die wichtigen Fälle. In diesen Fällen ist ein Insolvenzplan (§§ 217 ff. InsO) erforderlich. Der **Insolvenzplan saniert den Unternehmensträger**, nicht das Unternehmen.[37] Er erfordert weitgehenden Konsens zwischen den Beteiligten; aber selbst wenn die wesentlichen Beteiligten (Banken, Betriebsrat, Geschäftsleitung, Lieferanten und Kunden) sich einig sind, so ignoriert das deutsche Verfahrensrecht weitgehend ihre Bemühungen um eine geplante Sanierungsinsolvenz. Bisweilen ist es für die Beteiligten – etwa aufgrund von Zufallsregeln im Geschäftsverteilungsplan – nicht einmal möglich festzustellen, welcher Richter wann über einen Insolvenzantrag entscheiden wird, geschweige denn wie. Gutgemeinte Vorschläge dieser Beteiligten, auch wenn sie in der Gläubigerversammlung jede Mehrheit hätten, werden als Einmischung in die richterliche Unabhängigkeit missverstanden und selbst die Mahnung eines Landesvaters[38] muss nicht Gehör finden. Aus diesem Grund ist für viele der **Einsatz des Insolvenzplanverfahrens schwer berechenbar**: Sie können die Dauer des Verfahrens oft nicht einschätzen, wissen nicht, wie viel Geld sie zwischenzeitlich brauchen und ob eine Einigung zwischen den Gläubigern letztlich herbeigeführt oder ersetzt werden kann. Diese Unsicherheitsfaktoren erzeugen Misstrauen vor der Durchführung eines Insolvenzplanverfahrens.[39] Dies ist bedauerlich, denn der **Insolvenzplan bietet viele Vorteile**.[40] Dem Insolvenzverwalter ist es z. B. im Rahmen des Planverfahrens möglich, obstruktive Beteiligte unter Einsatz des Mehrheitsprinzips zum Konsens zu zwingen.[41] Auch ist es hier möglich, wegen der Aussicht auf eine Fortführung des Unternehmens das Management ähnlich wie bei der Eigenverwaltung am Sanierungsprozess zu beteiligen.

Die Erfahrungen des Insolvenzverwalters und seines Teams im Insolvenzverfahren Herlitz[42] zeigen **0.21** dagegen, dass es innerhalb kürzester Zeit möglich ist, einen Großkonzern mit Insolvenzplänen erfolgreich zu sanieren. In diesem Verfahren wurden unter Ausnutzung der gesetzlichen Mindestfristen (das „eigentliche" Insolvenzverfahren dauerte von der Verfahrenseröffnung bis zur Gläubigerversammlung im Berichts- und Prüfungstermin nur fünf Wochen) 1.500 Forderungen geprüft, die Schuldenmasse um 300.000.000 € reduziert und fast alle Arbeitsplätze erhalten. Die Insolvenzpläne fanden die 100%-ige Zustimmung aller Gläubigergruppen. Der Fall Herlitz zeigt, dass eine **Kombination verschiedener Sanierungsinstrumente** innerhalb eines Konzerns sinnvoll und Erfolg versprechend ist: Die börsennotierte Konzernmutter sowie die wichtigste Konzerntochter

---

34 Uhlenbruck-*Hirte*, InsO, 12. Aufl., 2003, § 11 RdNr. 17.
35 *Steffan*, WPg-Sonderheft 2003, 148, 155; *Wellensiek*, NZI 2002, 233.
36 Z. B. Lizenzen; vgl. *Hingerl*, ZInsO 2004, 232.
37 *Rattunde*, ZIP 2003, 596.
38 *Wolfgang Clement*, zit. im Beschluss des AG Duisburg, B. v. 1.9.2002, 62 IN 167/02, ZIP 2002, 1636.
39 *von Leoprechting*, DZWIR 2000, 67; *Smid*, NZI 2000, 454, 456.
40 Mit einer beeindruckenden Liste von Vorteilen sowohl gegenüber der außergerichtlichen Sanierung als auch gegenüber der übertragenden Sanierung *Steffan*, WPg-Sonderheft 2003, 148, 159 ff.
41 Ausführlich *Smid/Rattunde*, Der Insolvenzplan, 1998, RdNr. 148 ff.; *Buchalik*, NZI 2000, 294 f.
42 AG Berlin-Charlottenburg, 109 IN 1653/02 sowie 109 IN 1454/02; ausführlich zum Fall Herlitz *Rattunde*, ZIP 2003, 596, 600.

wurden durch Insolvenzpläne saniert. Die weiteren zahlreichen Töchter wurden teilweise durch share-deal, zum Teil durch übertragende Sanierung, teilweise außergerichtlich saniert.

0.22 Wesentlich für den erfolgreichen Ablauf eines Insolvenzplanverfahrens sind: schnelles Verfahren, ausreichende Liquidität und eine umfassende Vorbereitung im Vorfeld der Insolvenz. Es ist die Kommunikation zwischen den Beteiligten erforderlich: Absprachen mit dem Management, den Banken, Lieferanten, mit dem beteiligten Gericht und dem (künftigen) Insolvenzverwalter. Auf diese Weise kann frühzeitig mit der notwendigen Arbeit an einem Sanierungskonzept begonnen und tödliche Verzögerungen können vermieden werden.[43]

0.23 Die InsO kennt als drittes Sanierungsinstrument die **Eigenverwaltung**. In der Rechtspraxis ist sie die Ausnahme.[44] Die bekannt gewordenen Fälle (Kirch, Babcock Borsig) sind kaum repräsentativ. In Sanierungsfällen bietet die Eigenverwaltung einen psychologischen Reiz für den Schuldner und seinen Geschäftsführer. Stellt er frühzeitig Insolvenzantrag (§ 18 InsO), muss er nicht um seinen Platz im Unternehmen fürchten, denn die Eigenverwaltung sieht vor, dass der Schuldner selbst – wenn auch unter der Aufsicht eines Sachwalters – berechtigt ist, die Insolvenzmasse zu verwalten und über sie zu verfügen, §§ 270 ff. InsO. Könnte man Insolvenzverfahren planen, indem z. B. das Insolvenzgericht einem potenziellen Antragsteller wohlwollende Prüfung seines Eigenverwaltungsantrages in Aussicht stellt, so würden Anträge wegen drohender Zahlungsunfähigkeit, bis jetzt die Ausnahme, häufiger auftreten. Ein extensiveres Gebrauchmachen von dem Sanierungsinstrument der Eigenverwaltung wäre in diesem Sinne durchaus geeignet, dem Schuldner die Furcht vor der Insolvenz zu nehmen.

0.24 Fälle für die Eigenverwaltung sind solche, bei denen es auf die besondere Sachkunde und spezielles Branchenwissen des Schuldners ankommt. Ist der Antrag bei tatsächlich bloß drohender Zahlungsunfähigkeit gestellt oder ist das Unverschulden des Managements am Insolvenzgrund plausibel, so spricht alles für Eigenverwaltung.[45] Dass die Eigenverwaltung, abgesehen von den spektakulären Ausnahmen, bisher so erfolglos ist, liegt übrigens nicht, wie viele meinen, daran, dass sie dem deutschen Recht fremd ist: Schon die Vergleichsordnung von 1935 regelt den Fall des *debtor in possession*.[46] Die Gründe für das Scheitern der Eigenverwaltung sind vielmehr: Bedenken der Justizbeteiligten (der Richter riskiert Haftung, der Verwalter Teile seines Honorars[47]) und das System, Sanierungsfälle den Zerschlagungsfällen gleich zu behandeln. Nicht nur das alte Konkurs- und Vergleichsrecht sah dies anders, auch die nordamerikanische Praxis handelt heute anders.[48]

0.25 Im „schnellen" Insolvenzplanverfahren – wie bei Herlitz – ist die Anordnung der Eigenverwaltung unter Umständen überflüssig: Die Geschäftsleitung behält ihre Posten nach erfolgreicher Verfahrensbeendigung ohnehin, und verwaltungspsychologisch gelingt es dem Insolvenzverwalter mitun-

---

43 So auch die Schilderung einer gelungenen Sanierung mittels Insolvenzplan und Eigenverwaltung durch *Friedhoff*, ZIP 2002, 497 ff.
44 *Smid*, DZWIR 2002, 493, 500; *Buchalik*, NZI 2000, 294 f.
45 *Smid/Wehdeking*, FS Rechberger, Wien (im Erscheinen).
46 § 92 VerglO.
47 Vgl. § 12 InsVV (Sachwaltervergütung).
48 *Elsing/van Alstine* (Fußn. 3), RdNr. 489.

ter besser als der Geschäftsleitung, die die Kreditaufnahme des Schuldners zu vertreten hat, kurzfristige Sanierungserfolge zu erzielen.

Übertragende Sanierung	Insolvenzplan	Eigenverwaltung
Pro: • Schnelligkeit • „Besonders interessiert" § 162 InsO • „Unter Wert" § 163 InsO	Pro: • Ungleichbehandlung möglich • Keine Kreditentscheidung • Anreiz für Verwalter: § 3 Abs. 1 e) InsVV • Keine Schlussrechnung • Kein Verfahrensabschluss	Pro: • Frühe Antragstellung • Kosten • Sachkunde • Verwalterwahl • Image
Contra: • Keine Restschuldbefreiung • Kleinunternehmen • Unübertragbare Rechte (Lizenzen, Mietverträge) • Investor oder Finanzierung	Contra: • Liquidität • Zeit • Obstruktion • Rechtsbehelfe • Gesellschafter • Kein Konzern-Insolvenzrecht • Kapitalmaßnahmen	Contra: • Binnenkompetenz • „Bock als Gärtner" • Verhandlungspsychologie • Zerbrechlichkeit, § 270 Abs. 2 S. 2 InsO • Keine vorläufige EV • Überflüssig bei schnellem Insolvenzplan

0.26 Ein auf den ersten Blick kaum erkennbarer Nachteil der Eigenverwaltung ist ihre „Zerbrechlichkeit": Die Eigenverwaltung kann im Eröffnungsbeschluss – jedenfalls nach dem Wortlaut des Gesetzes – nicht angeordnet werden, wenn auch *nur ein* Gläubigerantrag gestellt ist und dieser Gläubiger mit der Eigenverwaltung nicht einverstanden ist, § 270 Abs. 2 Nr. 2 InsO. Jeder Insolvenzgläubiger hat es mithin in der Hand, durch Stellung eines Eigenantrags und Widerspruch die Eigenverwaltung zu verhindern.[49] Gleichwohl angeordnet, kann jeder Gläubiger unter Glaubhaftmachung eines gefährdeten Interesses die Aufhebung beantragen, § 272 Abs. 1 Nr. 2 InsO.

V. Gang der Untersuchung

0.27 Im Folgenden wird der Insolvenzplan als das Sanierungsmittel dargestellt, welches durch das geltende Insolvenzrecht bereitgestellt wird. Da diese Darstellung den Betroffenen Arbeitsmittel an die Hand geben soll, wird ebenso auf eine eingehende Auseinandersetzung mit der Gesetzgebungshistorie verzichtet, aus der die InsO und ihre Regeln über den Insolvenzplan hervorgegangen ist, wie die folgende Darstellung ihren Schwerpunkt de lege lata und nicht gesetzgebungskritisch de lege ferenda hat.[50]

---

49 A.A. – wohl contra legem – z. B. MünchKomm-*Wittig*, InsO, 2002, § 270 RdNr. 21 ff., § 272 RdNr. 13 ff.

50 Zu alledem verweisen wir auf die 1. Auflage dieses Buches, dort RdNr. 685 ff.

0.28 In einer einleitenden Betrachtung kann freilich auf einige Hinweise nicht verzichtet werden: Die Insolvenzrechts-Reformkommission, von Bundesjustizminister Vogel vor über einem Vierteljahrhundert einberufen, beabsichtigte ursprünglich in Anlehnung an die amerikanische Kodifizierung (die ja bekanntlich aus dem Jahre 1978 stammt) eine Unterscheidung von Liquidationsverfahren und Reorganisationsverfahren vorzunehmen, außerdem Eingriffe in Sicherheiten, Gesellschafterstrukturen etc.[51] zuzulassen. Diese Konzeptionen sind nicht verwirklicht worden. An ihre Stelle ist eine umständliche Regelung getreten, die nur äußerlich an das US-amerikanische Recht angelehnt ist. Wenn es im deutschen Unternehmensinsolvenzrecht Reformbedarf geben sollte, dann liegt er im Insolvenzplanverfahren.[52]

0.29 Des Weiteren wird zunächst die Fragestellung dieser Einleitung aufgegriffen und in einem 1. Hauptteil ein Überblick über Aufgaben und Risiken des Insolvenzplanverfahrens gegeben. Der 2. Hauptteil behandelt die Voraussetzungen, die bei der Aufstellung eines Insolvenzplans zu berücksichtigen sind. Das Verfahren der Zulassung, Abstimmung der betroffenen Gläubiger über den Insolvenzplan und seiner insolvenzgerichtlichen Bestätigung behandelt der 3. Hauptteil. Im 4. Hauptteil wird schließlich auf die Planerfüllung und die Planüberwachung einzugehen sein.

---

51 Hierzu *Sassenrath*, ZIP 2003, 1517, 1530.
52 Zu konkreten Vorschlägen vgl. Arbeitskreis für Insolvenzverwalter, NZI 2002, 14, 15; *Rattunde*, ZIP 2003, 596, 600; *Sassenrath,* ZIP 2003, 1517 ff.

1. Hauptteil: Darstellung und Kritik des Insolvenzplanverfahrens

Kapitel 1: Exekution und Sanierung

I. Fragestellung

1. Sanierung statt Zerschlagung

a) Konkurs als „Wertvernichter?[1] Schon früh ist aus der Perspektive eines ökonomi- **1.1**
schen Verständnisses der Funktionsweise des Insolvenzverfahrens auf eine vermeintliche
Disfunktionalität des Konkurses hingewiesen worden. Der Konkurs, so das berühmte
Verdikt des bedeutenden Konkursrechtlers *Ernst Jaeger*[2], sei **„der größte Wertvernichter"**. Dass dies so ist, liegt scheinbar auf der Hand. Veräußert man die einzelnen
Massegegenstände, so können regelmäßig nur Zerschlagungswerte[3] erzielt werden, die
weit hinter dem Wert zurückbleiben, der sich ergäbe, würde man die Vermögensgegenstände unter Aspekten der Fortführung des Unternehmens bewerten.

b) Rettung des Konkurses durch „Sanierungsbemühungen.[4] Die spezifisch konkurs- **1.2**
bedingten Verluste sind aber nicht nur ein Übel, das der Insolvenzschuldner wie jeder von
Zwangsvollstreckungen überzogene Schuldner zu tragen hat. Die ökonomischen Folgen
der (zerschlagenden) Liquidation des insolvenzschuldnerischen Vermögens im Insolvenzverfahren wären jedenfalls in Deutschland heute nicht nur untunlich, sondern deshalb in vielen Fällen überhaupt nicht mehr möglich, weil ohne Aussichten auf eine – wie
auch immer zu bewerkstelligende – Sanierung des insolventen Unternehmens im Insolvenzverfahren dessen Durchführung oft schon mangels Masse ausgeschlossen wäre[5].
Die Folge davon wäre, dass Insolvenzanfechtungen unterbleiben müssten, die Haftung
der Gesellschafter gem. § 93 InsO könnte nicht geltend gemacht werden, kurz: die Masse nicht
zugunsten der Gläubiger gesichert und gemehrt werden. Anders als zu Zeiten des
Verdikts *Jaegers* stellt sich die Sanierung daher weniger als Alternative zur konkurslichen Liquidation dar, sondern vielfach als deren *conditio sine qua non* eines geordneten
Verfahrens[6]. **Aus schlichter Not heraus erscheint Sanierung so als Tugend.**

---

1 *Berges,* KTS 1960, 1 ff.
2 *Jaeger*, Lehrbuch des Konkursrechts, 8. Aufl., 1932, 216.
3 Zum Begriff: Uhlenbruck-*Uhlenbruck,* InsO, 12. Aufl., 2003, § 19 RdNr. 19; vgl. auch Gottwald-
  Uhlenbruck, Insolvenzrechtshandbuch, 2. Aufl., 2001, § 6 RdNr. 13 ff.
4 *Balz*, Sanierung von Unternehmen oder von Unternehmensträgern, 1986, bes. 5 ff., 18 ff.
5 Vgl. etwa Gottwald-*Maus*, Insolvenzrechtshandbuch, 1990, § 3.
6 *Mönning*, Betriebsfortführung in der Insolvenz, 1997, 22 ff.

13

2. Gerichtliche Kontrolle und Sanierung

1.3 „Sanierung" setzt voraus, dass die betroffenen Gläubiger in der Verfolgung ihrer Rechte innehalten, um Kreditgebern eine sinnvolle Perspektive zu eröffnen. Mehr noch. Eine Sanierung angeschlagener Unternehmensträger bedarf regelmäßig der Zuführung von Geldmitteln („fresh money"). Ohne die Übereinstimmung der Gläubiger funktioniert die Sanierung nicht. Die Einbindung dissentierender Gläubiger stellt sich damit als Kernproblem dar, das es zu lösen gilt, will man einen Raum für erfolgreiche Sanierungsversuche schaffen.

1.4 Außerhalb gerichtlicher Verfahren besteht indes kaum die Aussicht, das Phänomen einer **„Akkordstörung"** befriedigend zu beherrschen. Das in seinem Bestand gefährdete Unternehmen bedarf zudem oftmals sehr vielschichtiger Sanierungsmaßnahmen. Das Management ist häufig auszuwechseln, unrentable Produktionsweisen sind einzustellen und unverkäufliche Produkte durch verkäufliche zu ersetzen; Umschuldungen sind einzuleiten, um von Belastungen durch ungünstige Zinssätze loszukommen. Keine dieser Maßnahmen funktioniert, ohne dass Kreditgeber Kapital beisteuern. Solange das Damoklesschwert einer bei Scheitern dieser Sanierungsversuche drohenden Eröffnung eines Insolvenzverfahrens über den Beteiligten schwebt, drohen die Kreditoren der Unternehmenssanierung der ihnen hierfür vom späteren Insolvenzschuldner bestellten Sicherheiten verlustig zu gehen, da sie mit der **Ausübung der Insolvenzanfechtung** seitens des Insolvenzverwalters rechnen müssen. Bei erst anlässlich der Krise bestellten Sicherheiten wird nämlich häufig der Tatbestand einer inkongruenten Deckung nach § 131 InsO vorliegen. Nicht zuletzt kann sich die **gescheiterte Unternehmenssanierung** *post festum* schlimmstenfalls als Insolvenzverschleppung bzw. als Teilnahme an einem Insolvenzdelikt darstellen.**

1.5 Die außergerichtliche Sanierung hat den unleugbaren Vorteil, dass hier die Öffentlichkeit ausgeschlossen werden kann, die wenigstens den größeren Insolvenzverfahren in der Regel beiwohnt. Denn eine erfolgreiche Sanierung, so ist es jedenfalls in der Vergangenheit stets betont worden[7], bedarf der Stille der Bemühungen der Beteiligten. Diese Stille wird aber mit Intransparenz erkauft, in der sich für die Beteiligten nicht selten Abgründe auftun, die schlechthin übersehen werden, gibt man sich dem verführerischen Reiz betriebswirtschaftlicher Rentabilitätsberechnungen usf. hin. Die außergerichtlich erstellte Sanierungsplanung kann sich im Falle des Scheiterns als Insolvenzbetrug und Insolvenzverschleppung (§§ 283 ff. StGB)[8] darstellen; neben den strafrechtlichen Konsequenzen ergeben sich erhebliche zivilrechtliche Haftungsfolgen. So hat der BGH[9] die schadenersatzrechtliche Haftung[10] auch der anwaltlichen Berater von Gesellschaftsvorständen für den Fall bejaht, dass die Beratung zu einer Verzögerung von Antragsstellungen aufgrund fehlgeschlagener außergerichtlicher Sanierungsbemühungen geführt hat. Mit seinem „Akkordstörerurteil"[11] hat der BGH eine „Pflicht" von Gläubigern zur Mitwirkung an Versuchen einer außergerichtlichen Sanierung ausdrücklich abgelehnt,

---

7 Vgl. Gottwald-*Drukarczyk/Brüchner* (Fußn. 3), § 3 RdNr. 1, die weitere Vor- und Nachteile der außergerichtlichen Sanierung auflisten.

8 Diesen Zusammenhang zwischen § 283 StGB und § 823 Abs. 2 BGB übersieht *Gawatz,* Bankenhaftung für Sanierungskredite, 1997, RdNr. 396–398.

9 BGH, Urt. v. 26.10.2000, IX ZR 289/99, ZIP 2001, 33 = NJW 2001, 517.

10 Zur allgemeinen Beratungspflicht für Risiken aus dem Mandanten bereits bekannten Gesetzesverstößen auch BGH, Urt. v. 6.2.1992, IX ZR 95/91, NJW 1992, 1159, 1160.

11 BGH, Urt. v. 12.12.1991, IX ZR 178/91, ZIP 1992, 191.

was durch die InsO nachdrücklich bestärkt worden ist.[12] Nicht zuletzt vor diesem Hintergrund erweist sich das gerichtliche Insolvenzplanverfahren als sinnvolle Alternative zu außergerichtlich bleibenden Sanierungsversuchen, bei denen aufgrund der stark divergierenden Interessen der Beteiligten oftmals selbst erfolgsversprechende Sanierungskonzepte nicht umgesetzt werden können.

3. Übertragende Sanierungen

Die deutsche Konkurspraxis hat seit den sechziger Jahren in vielen Fällen den (ver- **1.6** meintlichen) Widerspruch zwischen der gleichmäßigen Befriedigung der Gläubiger im Konkurs und der (bisweilen) wünschenswerten, aber aus tatsächlichen Gründen nicht immer möglichen Sanierung des Unternehmensträgers durch Modelle einer sogenannten „**übertragenden Sanierung**"[13] aufzulösen versucht[14]. Darunter versteht man die Veräußerung des Betriebsvermögens an einen neugegründeten Unternehmensträger, der sodann an einen Erwerber veräußert wird, was naturgemäß vielfach zu einer wirtschaftlich sinnvolleren Abwicklung als durch Veräußerung einzelner Massegegenstände führt.

Die Einführung des Insolvenzplanverfahrens hat die Möglichkeit eines kostengünsti- **1.7** geren Sanierungsverfahrens nicht verstellt; die ablehnende Stellungnahme der Kommission zur Reform des Insolvenzrechts[15] hat sich nicht durchgesetzt[16]. Der Gesetzgeber[17] geht ausdrücklich von einer „**Gleichwertigkeit**" von **Liquidation, übertragender Sanierung und Sanierung des Unternehmensträgers** aus. Daraus ergeben sich praktische Konsequenzen: Die Gläubigerversammlung kann nach § 157 S. 1 InsO Sanierungsmaßnahmen beschließen, etwa eine übertragende Sanierung[18], statt den Verwalter mit der Ausarbeitung eines Insolvenzplans zu beauftragen. An die Stelle der komplizierten Regelungen des Planverfahrensrechts über den Inhalt des Plans (§§ 220, 221 InsO), die Bildung von Abstimmungsgruppen der Gläubiger (§ 222 InsO), die Vorlagepflichten und Stellungnahmenbefugnisse (§ 232 InsO) oder das Obstruktionsverbot (§ 245 InsO) tritt das allgemeine Verfahren der Entscheidungsbildung in der Gläubigerversammlung gem. §§ 76, 77 InsO. Der Verwalter, dem § 218 InsO die Befugnis zur Vorlage eines Insolvenzplans zumisst, kann anstelle einer Insolvenzplaninitiative der Gläubigerversammlung daher vorschlagen, einer übertragenden Sanierung zuzustimmen. Das ergibt sich auch aus dem Gesetz. Denn der Verwalter hat im Berichtstermin gem. § 156 Abs. 1 S. 2 InsO die Sanierungsmöglichkeiten des Unternehmens zu beleuchten und die Möglichkeiten für einen Insolvenzplan darzustellen; eine Exklusivität sanierungsrechtlicher Maßnahmen aufgrund eines Insolvenzplans ergibt sich dagegen nicht aus dem Gesetz.

---

12 Ausdrücklich anders *Eidenmüller*, Unternehmenssanierung zwischen Markt und Gesetz, 1999, 555 ff., der insoweit von „Kooperationspflichten" spricht.
13 Begrifflich grundlegend: *K. Schmidt,* ZIP 1980, 328, 336; *ders.*, Wege zum Insolvenzrecht der Unternehmen, 1990, 138 sowie *ders.*, in: Leipold (Hrsg.), Insolvenzrecht im Umbruch, 1991, 67 ff. Vgl. zudem *Gottwald*, KTS 1984, 1 ff., 16 f.; *Henckel*, KTS 1984, 369, 385 f.; *Balz* (Fußn. 4), 71 ff.; *ders.*, ZIP 1988, 273, 287 ff.
14 Kritisch zu dieser Praxis *Müller-Feldhammer*, ZIP 2003, 2186 ff.
15 Erster Bericht der Kommission für Insolvenzrecht (Erster Bericht), 1985, 152 ff.
16 Amtl. Begr., BT-Drucks. 12/2443, Allg. 4 f. aa, 94; *Brandstätter*, Die Prüfung der Sanierung notleidender Unternehmen, 1993, 22.
17 Amtl. Begr., BT-Drucks. 12/2443, 77, Allg. 3 a bb.
18 *Burger*, FS-Koren, 1993, 363 ff.; ferner *K. Schmidt*, Wege zum Insolvenzrecht der Unternehmen, 1990, 141 ff.

Vielmehr treffen die §§ 162 und 163 InsO Regelungen für den Fall einer übertragenden Sanierung, nämlich der Veräußerung des Unternehmens an Dritte[19]. Diese Vorschriften sind nicht allein als Regelungen zu verstehen, die den konkreten Inhalt eines Insolvenzplans betreffen. Schon aus ihrer systematischen Stellung ergibt sich, dass diese Regelungen allgemein gelten sollen. Man kann sogar sagen, dass Sanierungsmaßnahmen außerhalb des Insolvenzplanverfahrens, wenn sie überhaupt gelingen sollen, nicht der langwierigen Prozedur eines Insolvenzplans unterworfen werden dürfen.

1.8 Die Durchführung der übertragenden Sanierung obliegt naturgemäß dem Insolvenzverwalter, der gem. § 159 InsO aufgrund der entsprechenden Beschlüsse der Gläubigerversammlung die Masse zu verwerten hat. Als eine Form der Verwertung stellt sich in einer gesamtvollstreckungsrechtlichen Sichtweise der Insolvenz die übertragende Sanierung dar. Im geltenden Recht ist daher die **übertragende Sanierung Gesamtvollstreckungsmaßnahme des Insolvenzverwalters** als Exekutionsorgan im Gegensatz zu Sanierungsmaßnahmen in Vergleich und Zwangsvergleich, die der Insolvenzschuldner nach früherem Recht auslöste.

1.9 Im Insolvenzplanrecht ist dieser Gegensatz noch im Zustimmungserfordernis des § 230 Abs. 1 S. 1 InsO zu solchen Sanierungsmaßnahmen, die die Beteiligung des Schuldners durch Fortführung des Unternehmens vorsehen, zum Ausdruck gebracht. Freilich liegen die Dinge heute dennoch erheblich komplizierter als im früheren Konkurs- und Vergleichsrecht: Die Zuweisung eigener Initiativrechte an den Insolvenzverwalter kann nämlich dann anders gedeutet werden, wenn man bedenkt, dass dem Insolvenzverwalter unter dieser Voraussetzung im Falle der vom Plan vorgesehenen Unternehmensfortführung durch den Schuldner zwangsläufig zugemutet wird, auch beratend für den Schuldner **tätig** zu werden. Das verschiebt seine Stellung aber radikal. War es bislang von Rechts wegen ausgeschlossen, dass der vorkonkurslich tätige „Sanierer" oder der Liquidator eines Unternehmensträgers im Eröffnungsbeschluss als Insolvenzverwalter eingesetzt wurde, weil dieser Personenkreis *befangen* und damit vom Verwalteramt ausgeschlossen war, zeichnen sich Veränderungen ab. Der Verwalter, der vorkonkurslich beratend für den Schuldner tätig war, ist alles andere als der „Herr des Reorganisationsverfahrens"[20]; das gleiche gilt aber für den Insolvenzverwalter, dem von Gesetzes wegen aufgrund seines Amtes beratende Tätigkeiten auf Schuldnerseite zugemutet werden.

1.10 An dieser Stelle zeigt sich der **enge sachliche Zusammenhang von Insolvenzplan und Eigenverwaltung**[21] des Insolvenzschuldners gem. §§ 270 ff. InsO: Dort hat der Sachwalter schließlich von Gesetzes wegen (§ 284 Abs. 1 Satz 2 InsO) die Aufgabe, den Schuldner bei der Ausarbeitung des Insolvenzplans zu unterstützen. Der Sachwalter hat somit auch die Aufgabe, gleichsam neben seiner Kontrollfunktion als Unternehmensberater des Insolvenzschuldners zu fungieren. Zugleich hat sich die Praxis herausgebildet, diejenigen Personen, die *vorbereitend* an der Erstellung des Sanierungskonzepts mitgewirkt haben, als organschaftliche Vertreter der insolvenzschuldnerischen Gesellschaft zu Geschäftsführern oder Vorständen zu berufen.[22] Allein die Betonung des

---

19 *Müller-Feldhammer*, ZIP 2003, 2186, 2188.
20 So das Schlagwort von *Eser*, KTS 1985, 23, 28.
21 Hierzu eingehend *Wehdeking*, Masseverwaltung durch den insolventen Schuldner – Eine rechtsvergleichende Untersuchung, 2005; erkennbar auch in der Darstellung bei *Buchalik*, NZI 2000, 295 ff.
22 Vgl. allein *Prütting/Huhn*, ZIP 2002, 777, 779 ff.; krit. dagegen AG Duisburg, B. v. 1.9.2002, 62 IN 167/02, ZIP 2002, 1636.

Hauptzwecks der Verwertung des Schuldnervermögens (§ 1 S. 1 InsO) gegenüber Sanierungsfunktionen des „einheitlichen" Insolvenzverfahrens kann den Insolvenzverwalter oder den Sachwalter davor bewahren, im Falle der Insolvenzplaninitiative des Schuldners in eine vergleichbare Lage zu geraten.

4. Frühzeitige Einleitung des einheitlichen Insolvenzverfahrens und Sanierungschancen

Das deutsche Insolvenzplanverfahren basiert auf einer zutreffenden Einsicht des Gesetzgebers über die **Chancen von Sanierungen krisenbefallener**[23] **Unternehmen**[24]. Der Sanierung von Unternehmen in einem insolvenzgerichtlichen Verfahren steht im Wesentlichen im Wege, dass Insolvenzverfahren mangels einer die Kosten des Verfahrens deckenden Masse überhaupt nicht zur Eröffnung gelangen bzw. zu einem frühen Zeitpunkt wegen Massearmut eingestellt werden müssen. Die **Massearmut der Mehrzahl der Insolvenzverfahren** in Deutschland[25] hat einen wesentlichen Grund in der vorkonkurslichen Aushöhlung der schuldnerischen Vermögen durch die Bestellung von besitzlosen Pfandrechten an werthaltigen Vermögensgegenständen zur Besicherung von Darlehen. Es entspricht gesicherter Erfahrung, dass in dem Maße, in dem die Stellung des Eigenantrages zeitlich hinausgezögert wird, zur Sanierung erforderliche freie Mittel aufgezehrt werden. Wie die Situation „gewöhnlich" verfasst ist, in der sich ein Insolvenzschuldner veranlasst sieht, einen Eigenantrag zu stellen, haben *Benjamin Weintraub* und *Alan Resnick* plakativ beschrieben: „Doomsday appears to be at hand".[26] **1.11**

Soll eine Sanierung aussichtsreich sein, muss sie **frühzeitig in die Wege geleitet werden, sobald sich Krisensymptome** zeigen[27]. Der deutsche Reformgesetzgeber hat dem dadurch Rechnung zu tragen versucht, dass er dem Schuldner bzw. seinen Organen eine Reihe von Anreizen zur frühzeitigen Einleitung[28] eines Insolvenzverfahrens bietet, in dessen Rahmen eine Sanierung durchgeführt werden kann. Die Vorverlagerung des Eintrittszeitpunkts der Insolvenz durch die Schaffung eines Tatbestandes der „drohenden Zahlungsunfähigkeit"[29] im Falle der Stellung eines Insolvenzantrags des Schuldners (Eigenantrags) und die Schaffung von Haftungsprivilegien zugunsten der die frühzeitige Anmeldung bewirkenden Gesellschaftsorgane sollen zu diesen Stimulantien gehören. Durch die Eröffnung spezifisch insolvenzrechtlicher Möglichkeiten der Einleitung eines Insolvenzverfahrens seitens des Schuldners im Wege eines Eigenantrages (§ 13 InsO) **1.12**

---

23 Zur Terminologie *Brandstätter* (Fußn. 16), 5 ff.

24 Amtl. Begr., BT-Drucks. 12/2443, 75 ff., 94 ff.

25 „Reiche" Massen im Geltungsbereich der GesO waren eine Übergangserscheinung während der Transformationsperiode der Wirtschaft der DDR.

26 *Weintraub/Resnick*, Bankruptcy Law Manual, rev. Edit. 1985, 8 – 12.

27 *Kilger*, ZIP 1982, 779, 781.

28 M. w. N. *Brandstätter* (Fußn. 16), 17.

29 Amtl. Begr., BT-Drucks. 12/2443, 84, Allg. 4 b aa. – Wieweit dies erfolgreich ist und der Tatbestand der „drohenden Zahlungsunfähigkeit" eine eingehende Bedeutung neben der Überschuldung erlangen kann, ist zweifelhaft, kann aber im Rahmen dieser Untersuchung ausgeblendet bleiben. Hierzu eingehend jüngst die informative Studie von *Ritter v. Onciul*, Rechtzeitige Verfahrensauslösung als ein Mittel zur Wiederherstellung der Funktionsfähigkeit des Insolvenzrechts, 1997, 127 ff. Vgl. ferner *Hess/Weis*, InVo 1996, 29 sowie *dies.*, InVo 1996, 253, 254 und *Burger/Schellberg*, KTS 1995, 563, 572. Krit. *Uhlenbruck*, KTS 1994, 169, 171 f.

verbunden mit Vorlage eines Insolvenzplans[30] (§ 218 InsO) und der Anordnung der Eigenverwaltung[31] (§ 270 InsO) durch den Schuldner während des Insolvenzverfahrens wird nach Vorstellung des Gesetzgebers[32] das Insolvenzverfahren für den Schuldner attraktiv, weil sanierungsfreundlich, ausgestaltet.

1.13 Eine solche **Motivation für den Schuldner** oder seine gesetzlichen Vertreter und Organe, den Insolvenzantrag zu stellen, soll bekanntlich durch die entsprechenden zivilrechtlichen und strafrechtlichen Normen über die Haftung dieser Personen bestärkt oder gar erst geschaffen werden.[33] So müssen die Geschäftsführer einer GmbH (§ 64 Abs. 1 GmbHG), die Vorstandsmitglieder einer Aktiengesellschaft (§ 92 Abs. 2 AktG), eines Vereins (§ 42 Abs. 2 BGB), einer Genossenschaft (§ 99 GenG) unverzüglich einen Insolvenzantrag stellen, wenn die juristische Person überschuldet ist. Verletzen sie diese Pflicht, so sind sie den Schuldnern selbst, aber auch allen beteiligten und betroffenen Gläubigern zum Schadenersatz verpflichtet; gegenüber den Schuldnern haften sie sogar für alle Zahlungen, die sie nach dem Eintritt der Insolvenzreife geleistet haben, persönlich. Zusätzlich tritt im Rahmen der genannten juristischen Personen des Handelsrechts eine strafrechtliche Haftung ein (§ 401 AktG, § 84 GmbHG, § 148 GenG). Ferner besteht häufig eine Haftung aus Sondervorschriften für bestimmte Verbindlichkeiten. So haften Organe juristischer Personen zivil- und strafrechtlich in der Regel für nicht abgeführte Arbeitnehmerbeitragsanteile zur Sozialversicherung (§ 823 Abs. 2 BGB i. V. m. § 266 a StGB), die im Falle der Zahlungseinstellung nicht mehr geleistet werden können. Umgekehrt tritt die Haftung der Organe und gesetzlichen Vertreter in allen genannten Fällen regelmäßig nicht ein, wenn ein Insolvenzantrag gestellt wird. Dass ein Insolvenzantrag nicht bloß bei Zahlungsunfähigkeit und/oder Überschuldung, sondern auch bei drohender Zahlungsunfähigkeit gestellt werden kann, ändert an den Voraussetzungen der zivil- und strafrechtlichen Haftung bzw. Nichthaftung für Insolvenzverschleppung grundsätzlich nichts (vgl. EGInsO Art. 47 – für die AG –, Art. 48 – für die GmbH – und Art. 49 – für die Genossenschaft). Im Übrigen haften die gesetzlichen Vertreter einer Personenhandelsgesellschaft, einer Gesellschaft bürgerlichen Rechts oder eine natürliche Person als persönlicher Schuldner für einen unterlassenen Insolvenzantrag auch im Falle der Zahlungsunfähigkeit oder der Überschuldung. Eine **zusätzliche Motivation**, einen Insolvenzantrag möglichst frühzeitig zu stellen, sollte nach Vorstellung des Gesetzgebers § 26 Abs. 3 InsO schaffen.[34] Danach müssen Massekostenvorschüsse, die zur Eröffnung eines ansonsten massearmen Insolvenzverfahrens erforderlich werden, von den insolvenzantragspflichtigen Organen oder gesetzlichen Vertretern erstattet werden, wenn die Insolvenzanträge zu spät gestellt wurden. Diese Haftung bliebe freilich unwirksam, wenn das Risiko für ihre Durchsetzung bei der Masse und damit für den wegen § 26 Abs. 3 InsO die Eröffnung empfehlenden Sequester/Verwalter (§ 60 InsO[35]) liegen würde. Der Gesetzgeber hat denn auch folgerichtig dieses Risiko erheblich gemindert: Für die Rechtzeitigkeit der Antragstellung tragen die Organe anders als im Falle ihrer sonstigen Haftungsinanspruchnahme die Beweislast.

1.14 In erster Linie sind als insolvenzrechtliche Sanierungsinstrumente das **Insolvenzarbeitsrecht (siehe schon oben RdNr. 0.10)** und das **Insolvenzmietrecht** zu nennen. Beson-

---

30 Dazu *Smid,* WM 1996, 1249 ff.

31 *Obermüller/Hess*, InsO, 4. Aufl., 2003, § 270 RdNr. 401-414; *Bork*, Einführung in das neue Insolvenzrecht, 1995, RdNr. 399 ff.; krit. *Smid*, DZWIR 1994, 278, 281.

32 Amtl. Begr. BT-Drucks. 12/2443, 86, 222 f.

33 *K. Schmidt*, ZIP 1980, 328.

34 Zur überkommenen Rechtslage vgl. *Ulmer,* KTS 1981, 469 ff.

35 *Smid,* in: Kölner Schrift zur InsO, 2. Aufl., 2000, 453 ff. Zur bisherigen Rechtslage im Allgemeinen im Hinblick auf die Beweislast für pflichtwidriges Organhandeln außerhalb der Insolvenzantragspflichten vgl. *Fleck,* GmbH-Rundschau 1997, 237 ff.

dere Bedeutung haben die Sanierungsinstrumente aus dem Insolvenzarbeitsrecht.[36] Insolvenzgeneigte Unternehmen haben häufig Personalprobleme. Diese hängen mit den Eigenheiten des deutschen Arbeitsrechts, insbesondere des Individualarbeitsrechts – spezifisch mit dem Kündigungsschutzrecht – zusammen. Die Kündigung eines Mitarbeiters ist gemeinhin nur wirksam, wenn besondere betriebliche Gründe die Kündigung i S. d. § 1 KSchG sozial rechtfertigen. Andernfalls können Mitarbeiter nur gekündigt werden, wenn personen- oder verhaltensbedingte Gründe dies rechtfertigen. Sind danach Kündigungen in Krisenunternehmen grundsätzlich erlaubt, so bedarf es zur Kündigung eines konkreten Mitarbeiters in der Regel einer *Sozialauswahl*. Das bedeutet, dass im gesamten Betrieb, im gesamten Unternehmen, womöglich im gesamten Konzern der sozial am wenigsten schutzwürdige Mitarbeiter gefunden werden muss, der dann erlaubter Weise gekündigt werden kann. Soziale Schutzgründe im Sinne des Kündigungsschutzrechtes sind Alter, Gesundheit, Personenstand und Kinder des Mitarbeiters. Kritiker des Kündigungsschutzrechtes behaupten an dieser Stelle, dass das Kündigungsschutzgesetz zu einer Negativauswahl zwinge, weil die leistungsfähigen Mitarbeiter zuerst, diejenigen, die keine neuen Arbeitsplatz finden würden, aber zuletzt zu kündigen seien.

Nach § 1 Abs. 2 KSchG muss der Arbeitgeber die Tatsachen beweisen, welche die **1.15** Kündigung bedingen. Er muss Mitarbeiterumschulungsmöglichkeiten anbieten, die Arbeitsbedingungen ändern oder den Arbeitnehmer versetzen. Die Tücke steckt im Detail: Jeder gekündigte Mitarbeiter wird im Kündigungsschutzprozess behaupten, dass ein anderer Mitarbeiter sozial weniger schutzwürdig sei als er selbst. Nach Güteverhandlung und Hauptverhandlung endet der Prozess vor dem Arbeitsgericht meistens im Vergleich. Im Ergebnis ist typisch, dass das Gehalt während des Prozesses (sechs Monate) weiter gezahlt werden muss und der Arbeitnehmer für jedes Beschäftigungsjahr ein weiteres halbes Monatsgehalt erhält.

Ferner sind die **Regeln des BetrVG** zu beachten[37]. Danach unterliegt die Kündigung der **1.16** Mitbestimmung durch den Betriebsrat. Bei Massenentlassungen ist zusätzlich der Präsident des Landesarbeitsamtes einzuschalten. Ferner wird in aller Regel eine Betriebsänderung vorliegen, bei der die Mitbestimmung wichtig ist und bei der ein Interessenausgleich zu vereinbaren ist, der einen Sozialplan beinhalten wird, der die sozialen Folgen für die entlastenden Mitarbeiter zusätzlich mildert. Während der Dauer der Verhandlungen mit dem Betriebsrat über den Interessenausgleich darf niemand gekündigt werden. All dies führt dazu, das Unternehmen sich einen Personalabbau nur leisten können, wenn es Ihnen gut geht. Gerade die krisenbehafteten Unternehmen können sich einen Personalabbau in der Regel nicht leisten. Der Weg in die Zahlungsunfähigkeit ist dann geradezu vorprogrammiert.

An dieser Stelle setzt das insolvenzrechtliche Sanierungsrecht ein. Steht ohnehin die **1.17** Existenz des Unternehmens als Ganzes auf dem Spiel, kommt es auf den sozialen Schutz für den einzelnen Betriebsangehörigen erst in zweiter Linie an. Demzufolge werden die

---

36 *Berscheid*, FS Kirchhof, 27–56.
37 *Oberhofer*, ZInsO 1999, 439, 442.

Regeln des Kündigungsschutzgesetzes ebenso wie die Bestimmungen des Betriebs-verfassungsgesetzes in ihrer praktischen Reichweite **in der Insolvenz eingeschränkt.** Sieht § 622 BGB eine individuelle Kündigungsfrist von maximal sieben Monaten vor, so beträgt sie in der Insolvenz nach § 113 Abs. 1 InsO maximal drei Monate. Dies gilt auch dann, wenn Mitarbeiter wegen des fortgeschrittenen Lebensalters, aus tarifvertraglichen oder gesetzlichen Gründen oder wegen einer vertraglichen Vereinbarung unter normalen Bedingungen nicht kündbar wären. Der insolvenzrechtliche Kündigungsschutzprozess konzentriert die Klagegründe und befreit von Kündigungsbeschränkungen[38]. Kündigt der Insolvenzverwalter in Stilllegungsabsicht, so ist die Kündigungsschutzklage des Mit-arbeiters in aller Regel aussichtslos, da die betrieblichen Gründe i S. v. § 1 Abs. 2 Satz 1 KSchG zu vermuten sind. Das praktisch schwierige Problem der Sozialauswahl wird auf die folgende Weise gelöst: Grundsätzlich bleiben Kündigungsschutzgesetz und Betriebs-verfassungsgesetzes anwendbar. Es können aber Betriebsvereinbarungen gekündigt werden (§ 120 InsO). Es sind auch hier Verhandlungen mit dem Betriebsrat über einen Interessenausgleich und einen Sozialplan vorgesehen. Einigt sich der Betriebsrat mit dem Insolvenzverwalter jedoch nicht, so kann die Zustimmung des Betriebsrats durch das Arbeitsgericht ersetzt werden.[39] Die Sozialauswahl findet wie folgt statt: Nach § 125 InsO können sich Betriebsrat und Insolvenzverwalter auf eine Namenslisten der Mitar-beiter einigen, denen gekündigt werden soll. In einem anschließenden Kündigungs-schutzprozess wird vermutet, dass die betrieblichen Erfordernisse zur Kündigung vor-liegen, dass die Sozialauswahl richtig ist und dass der Betriebsrat der Kündigung zugestimmt hat. Die Kündigungsschutzklage des betreffenden Mitarbeiters, die norma-lerweise zur Gehaltsfortzahlung und zu einer Abfindung führt, wird jetzt üblicherweise aussichtslos sein. Die Zustimmung des Betriebsrats zur Namensliste ist zwar erforder-lich, wird aber häufig erteilt, wenn für die übrigen Mitarbeiter der Fortbestand der Arbeitsverhältnisse aussichtsreich erscheint. Dieser Mechanismus löst sogar das Problem des § 613a BGB. Nach § 128 InsO gelten die genannten Vorschriften auch für den Fall eines Betriebsübergangs. Für den Sozialplan steht das Verhandlungsergebnis im Regel-fall von vornherein fest. Nach § 123 InsO entstehen durch einen Sozialplan max. Masseverbindlichkeiten in Höhe von 2,5 Monatsverdiensten, höchstens von einem Drittel der Insolvenzmasse (§ 123 Abs. 2 InsO).

1.18 Das zweite insolvenzrechtliche Sanierungsinstrument ist das **Insolvenzgeld**, das für die letzten drei Beschäftigungsmonate vor der Insolvenz **nach §§ 183 ff. SGB III** gewährt wird. Die Bundesagentur für Arbeit schuldet dem Arbeitnehmer für die letzten drei Monate vor der Eröffnung des Insolvenzverfahrens – zumeist also für den gesamten Zeitraum einer vorläufigen Insolvenzverwaltung – sein Nettogehalt bis zur Beitragsbe-messungsgrenze. Der Insolvenzverwalter kann mit Zustimmung des Arbeitsamtes den betroffenen Arbeitnehmern ihr Gehalt anstatt es zu bezahlen vorfinanzieren. Der Finan-zierungsbank werden die Gehaltsansprüche abgetreten, der Insolvenzgeldanspruch geht damit auf die finanzierende Bank über. Das Arbeitsamt kann jedoch die später an die Finanzierungsbank gezahlten Insolvenzgelder nur als Insolvenzgläubiger geltend ma-chen, § 55 Abs. 3 InsO. Werden die Forderungen der Insolvenzgläubiger im Insolvenz-

---

38 NR-*Hamacher,* InsO, Stand März 2004, § 113 RdNr. 31.
39 *Berscheid* (Fußn. 36), 27, 38 ff.

verfahren nur quotal befriedigt oder im Insolvenzplan gekürzt, so ergibt sich im Ergebnis eine Subvention des Insolvenzverfahrens beziehungsweise des Unternehmens des Schuldners durch die Bundesagentur oder die Beitragszahler.

Das dritte insolvenzarbeitsrechtliche Sanierungsinstrument sind **Beschäftigungsgesell-** **1.19** **schaften unter Ausnutzung des Transferkurzarbeitergeldes gem. § 175 Abs. 3 SGB III.** Hiermit kann ein massenhafter Personalabbau ebenso ermöglicht werden wie eine Umgehung von § 613 a BGB. Der Insolvenzverwalter muss mit Zustimmung des Betriebsrats Aufhebungsverträge mit den Arbeitnehmern schließen bei gleichzeitiger Übernahme der betreffenden Arbeitnehmer durch eine Beschäftigungs- und Qualifizierungsgesellschaft (BQG). Diese übernimmt die Mitarbeiter ohne den bisherigen sozialen Besitzstand und zahlt in der Regel für sechs Monaten ca. 80 Prozent des bisherigen Nettoentgeltes. Die BQG funktioniert oft, weil den Mitarbeitern die sechsmonatige Verschiebung der Arbeitslosigkeit lieber ist als die sofortige Arbeitslosigkeit, zumal die Hoffnung besteht, sich aus der Gesellschaft in den alten Betrieb zurück oder auf ein neues Arbeitsverhältnis bewerben zu können.

Unter den insolvenzrechtlichen Sanierungsinstrumenten ist weiterhin das Insolvenzmiet- **1.20** recht zu nennen. Haben Unternehmen langfristig zu große oder zu teure Mieträume, etwa im Wege eines sale-and-lease-back-Verfahrens, gemietet, so ist bei Zweckbauten, bei fallenden Mietzinsen oder bei einer nur teilweisen Räumung der Vermieter zumeist nicht bereit, den Mieter aus dem Mietverhältnis zu entlassen. Zwar bestehen Mietverhältnis an Immobilien grundsätzlich auch während der Insolvenz fort, § 108 Abs. 1 InsO. Zum Schutz des gefährdeten Unternehmens gibt § 112 InsO eine Kündigungssperre für alte Mietrückstände oder vor einer Vermögensverschlechterung des Mieters; der Vermieter kann also nicht den Mieterverzug oder die Insolvenzgründe zum Anlass nehmen, bestehende Mietverträge zu kündigen. Umstritten ist, ob solche Kündigungsgründe nicht wenigstens vertraglich vereinbart werden können. Grundsätzlich besteht für Mietverträge, auch in Bezug auf Kündigungsgründe, Vertragsfreiheit, jedenfalls soweit der gewerbliche Bereich betroffen ist. Andererseits ordnet § 119 InsO an, dass die Vorschriften der §§ 108, 112 InsO zwingendes Recht sind. Ein ursprünglich vorgesehenes ausdrückliches Klauselverbot in § 119 InsO wurde allerdings im Gesetzgebungsverfahren gestrichen, so dass einer im Vordringen befindlichen Meinung zufolge solche Klauseln rechtlich zulässig sind. Nach Ansicht der Insolvenzverwalter kann die Streichung des Klauselverbots auch darauf beruhen, dass der Gesetzgeber das Klauselverbot als überflüssig angesehen hat. Dann gäbe es Mieterbestandsschutz auch bei Klauseln, welche die Kündigung an die Beantragung oder die Eröffnung eines Insolvenzverfahrens knüpfen. Andererseits hat der Insolvenzverwalter des Mieters in der Insolvenz die Möglichkeit, nicht benötigte Mieträume gem. § 109 InsO zu kündigen. Der Vermieter ist auf seinen Schadensersatzanspruch verwiesen, den er allerdings nur als einfache Insolvenzforderung geltend machen kann.

Insolvenzrechtliche Sanierungsinstrumente

Konzeptionell:	**Instrumentell:**
▪ Übertragende Sanierung	▪ Beendigung von Verlustverträgen
▪ Insolvenzplanverfahren	▪ Insolvenzarbeitsrecht
▪ Eigenverwaltung	▪ Beschäftigungsgesellschaften
▪ Der frühe Insolvenzantrag	▪ Insolvenzmietrecht
	▪ Anfechtungsmöglichkeiten
	▪ Steuerrecht: Verlustnutzung

II. Par conditio creditorum: Insolvenzplan und Funktion des Insolvenzrechts

1.21   Die institutionelle **Verbindung von Insolvenzverfahren und Sanierung** hat daher gute Gründe. Gleichwohl wohnen ihr eigene Gefahren inne. Verselbstständigt sich der Sanierungsgedanke im Kontext des Insolvenzrechts, so treten in seinem Gefolge erdrutschartige Veränderungen auf. Worum es dabei geht, lässt sich anhand der Stellung der Beteiligten ablesen. Die Sanierung des Schuldners setzt dessen Mitwirkung notwendig voraus, die – aus verfahrensrechtlicher Sicht – stets mit der Einräumung von Teilnahmerechten und Einflussmöglichkeiten korrespondiert. Die überkommene Konkursordnung schloss derartige Teilnahmerechte und Einflussmöglichkeiten des Gemeinschuldners zum Zweck der Sicherung der Haftung des Gemeinschuldners gegenüber der Gläubigergemeinschaft aus.

1.22   Herkömmlich ist Insolvenzrecht im mitteleuropäischen (deutschen und österreichischen) Rechtsverständnis das **Recht der Universalexekution** – der Gesamtvollstreckung[40]. Die Vorschriften des Insolvenzrechts regeln die Rechtsbeziehungen eines Schuldners zu seinen Gläubigern für den Fall, in dem der Schuldner in eine wirtschaftliche Notsituation geraten ist. Das Insolvenzrecht regelt dabei zunächst die *Realisierung der Haftung des Schuldners* mit einem unzulänglichen Vermögen als Haftungsmasse im Wege der ge-

---

40 *Jaeger* (Fußn. 2), 12; *Henckel*, FS Merz, 1992, 197; *Häsemeyer*, Insolvenzrecht, 3. Aufl., 2002, 21 f.; *Gottwald/Arnold*, Insolvenzrechtshandbuch, 1990, § 1 RdNr. 10.

meinsamen und gleichmäßigen Befriedigung seiner Gläubiger im Falle seiner Krise[41]. Dann wird der sog. *Universalkonkurs* über das Vermögen des Schuldners eröffnet. Die Gewährleistung einer gleichmäßigen Befriedigung der Gläubiger kann auch durch die Organisation einer Sanierung des Schuldners sichergestellt werden[42]. Leitbild dieses klassischen Verständnisses des Konkurses ist somit die Gesamtvollstreckung.

Mit *Häsemeyer*[43] lassen sich **drei Funktionen des Insolvenzrechts** namhaft machen. Die *Befrie-* **1.23** *dungsfunktion* lässt sich ganz einfach beschreiben. Die Zahlungsunfähigkeit oder Überschuldung eines Gemeinschuldners tritt regelmäßig dann ein, wenn sein Vermögen nicht mehr ausreicht, die Forderungen seiner Gläubiger zu befriedigen. Diese Masseinsuffizienz löst bei den Gläubigern gewöhnlich die berechtigte Sorge aus, zu kurz zu kommen: Die Gläubiger „laufen zusammen" (concurrere). Ein vom Prioritätsprinzip geprägtes Individualzwangsvollstreckungsrecht, wie es das geltende deutsche Recht ist, kann in dieser Lage Gewalt nicht vermeiden helfen, trägt nicht zur Befriedung der Verhältnisse unter den Gläubigern bei und schützt damit zuletzt auch den Schuldner nicht hinreichend. Die Umstellung von der Individualvollstreckung auf die Gesamtvollstreckung dient also der Befriedung der sozialen Verhältnisse. Die Befriedungsfunktion hängt eng damit zusammen, dass die Gesamtvollstreckung sicherstellt, dass die Gläubiger nach dem Maße ihrer Berechtigung keine Ungleichbehandlungen erleiden müssen. Die *Gleichbehandlungsfunktion* des Konkurses trägt dem Umstand Rechnung, dass die geschilderte Insolvenzsituation des Schuldners Wirkungen auf sämtliche vom Schuldner mit anderen eingegangenen Rechtsgeschäfte zeitigt. Die Individualvollstreckung des Gläubigers A gegen den Schuldner lässt dessen Rechtsbeziehungen zu B, C usf. naturgemäß unberührt. Dagegen zeitigt der Konkurs allseitige Wirkungen: *Häsemeyer*[44] spricht insofern überzeugend von einer *Ausgleichshaftung* der Insolvenzgläubiger mit ihren Forderungen. Insolvenzrecht stellt sich nämlich als Haftungsverwirklichungsinstrument dar, bei dem die Gläubiger nicht wegen der Realisierung des Risikos leer ausgehen, sondern wegen ihrer vorangegangenen Einflussnahme auf die Geschäftspolitik des Schuldners miteinander verbunden sind. Der Gesichtspunkt der Verteilung knapper Ressourcen ist im Übrigen dem Privatrecht fremd[45]. Die Ersetzung der zweiseitigen Haftungsordnung des Individualvollstreckungsrechts durch die allseitige Haftungsordnung des Insolvenzrechts[46] dient dem Ausgleich aus ökonomischem Übergewicht herrührenden vorkonkurslichen Einflussnahmen der Gläubiger auf den Schuldner[47]. Schließlich ist eine *Entschuldungsfunktion* des Insolvenzrechts zu beachten.[48] Die Entschuldungsregelungen eines Insolvenzplans und besonders die dem angloamerikanischen Instrument der „discharge" nachgebildete Restschuldbefreiung gem. §§ 286 ff. InsO haben diese Funktion stärker in den Vordergrund gerückt.

Es verwundert ebenso wenig, dass heterogene Zwecke in das Insolvenzgesetzgebungsverfahren **1.24** einer offenen demokratischen Gesellschaft Eingang finden wie es Erstaunen hervorrufen sollte, dass die Rechtswissenschaft diese „Zwecke" hin zur Funktion des Insolvenzverfahrens zu filtern hat[49]. Politiker wünschen den Erhalt von „Standorten"[50], Gewerkschafter den Erhalt von Arbeitsplät-

---

41 *Jaeger,* Der Konkurs der offenen Handelsgesellschaft, 1897, 2; *Gerhardt,* in: FS Weber, 1975, 181, 182; *Flessner,* ZIP 1981, 113, 117 f.
42 *Henckel* (Fußn. 40), 199.
43 *Häsemeyer* (Fußn. 40), 19 ff.
44 *Häsemeyer* (Fußn. 40), 45 ff.; *ders.,* KTS 1982, 507, 521 ff.
45 *Häsemeyer* (Fußn. 40), 32, 39.
46 *Häsemeyer* (Fußn. 40), 37.
47 *Häsemeyer* (Fußn. 40), 39 ff.; *ders.,* KTS 1982, 507, 515 ff.
48 *Häsemeyer* (Fußn. 40), 48 ff.
49 *Uhlenbruck,* KTS 1981, 513, 524 f.
50 *Braun/Uhlenbruck,* Unternehmensinsolvenz, 1997, 513, 547 ff.

zen[51], Lieferanten den Erhalt von Kunden, Kunden den Erhalt von Lieferanten. Ordnungsbehörden möchten z. B. maximalen Umweltschutz durchsetzen; für sie steht das Verschwinden umweltschädlicher Betriebe oder wenigstens die Beseitigung von Sonderabfällen auf der Tagesordnung (die Eröffnung des Konkurses beseitigt kommunalpolitische Hemmungen, umweltpolizeilichen Auflagen Gewicht zu verleihen – die öffentliche Hand ist nach Verfahrenseröffnung nicht mehr „der Schuldige", dem die Insolvenz angelastet werden könnte[52]). Sanierung – und d. h.: die Entschuldung des insolventen Unternehmensträgers – wird aus vielfältigen sozial- und wirtschaftspolitischen Gründen als „Wert" angesehen, hinter dem die Funktion der konkurslichen Haftungsverwirklichung durch Gewährleistung gleichmäßiger Befriedigung der Insolvenzgläubiger zurückzutreten scheint[53]. Würde damit für das Insolvenzrecht ein **Paradigmenwechsel** verbunden, wäre dies nicht ungefährlich. Denn der Übergang von dem Grundsatz der par conditio creditorum zu einer Vielzahl möglicher „Zwecke" des Insolvenzverfahrens wäre doch geeignet, unter ideologischen Vorzeichen die Funktion des Insolvenzverfahrens aufzuheben.[54]

1.25 Nun steht das Insolvenzziel einer bestmöglichen Gläubigerbefriedigung (vgl. § 1 S. 1 InsO) nicht notwendigerweise im Gegensatz zu anderen möglichen Verfahrenszielen. Soweit z. B. die Gläubigerbefriedigung dadurch maximiert wird, dass ein Unternehmen im Insolvenzverfahren reorganisiert und durch seinen Fortbestand eine wirtschaftlich bessere Aussicht für die Gläubiger als im Falle einer Liquidation realisiert werden kann, dient das Sanierungsverfahren dem spezifisch insolvenzrechtlichen Zweck der Gläubigerbefriedigung. Nach § 1 S. 1 InsO ist **Ziel des Insolvenzverfahrens (weiterhin) die gemeinschaftliche Gläubigerbefriedigung**[55]. Der Insolvenzplan ist hierfür nur Mittel zur Verfolgung dieses Zwecks[56]. Auch die Rechtswohltat einer Schuldbefreiung ist, jedenfalls im typischen Fall eines Verfahrens der Unternehmensinsolvenz[57], nur Nebenzweck. Standorterhaltung und Arbeitsplatzsicherung auf Kosten der Gläubigerinteressen gibt es also auch nach der InsO nicht.

1.26 Schließlich können die persönlichen Interessen des Insolvenzverwalters nicht außer Acht gelassen werden. Der Verwalter wird sehr oft auch der Planverfasser sein. Ohne ihn oder gar gegen seine Interessen lassen sich Insolvenzpläne kaum organisieren. Die Furcht der Insolvenzverwalter vor dem neuartigen Planverfahren war demgemäß wohl auch die Hauptursache für den Fehlstart des Modells. Aber nicht nur psychologische Gründen waren hierfür maßgebend. Insolvenzpläne lassen sich angesichts der gegenwärtigen Rechtspraxis kaum sicher organisieren, da die Entscheidungen der Insolvenzjustiz und der Gläubiger nicht vorhergesehen werden können. Die Dauer eines solchen Verfahrens, sein Ergebnis und damit der Umfang der benötigten Liquidität sind deshalb nur schwer vorhersehbar. Verständlich ist daher, dass Unternehmer und Berater in der Insolvenzsi-

---

51 Krit. *Gerhardt*, in: FS Weber, 1975, 181, 184.
52 Vgl. m. w. N. *Smid*, Gesamtvollstreckungsordnung, 3. Aufl. 1997, § 13 RdNr. 41.
53 Vgl. im Zusammenhang der Normierung von Verfahrenszwecken: *Dorndorf*, in: FS Merz, 1992, 31, 40 ff. Vgl. weiter *Gerhardt*, in: Leipold (Hrsg.), Insolvenzrecht im Umbruch, 1991, 1, 3, 5.
54 So zutreffend *Stürner*, ZIP 1982, 761, 764, der „gesellschaftspolitische(r) Korrektur(en) auf insolvenzrechtlichem Vehikel" befürchtet.
55 So ausdrücklich Amtl. Begr., BT-Drucks. 12/2443, 83, Allg. 4 a cc: „Hauptzweck".
56 So ausdrücklich. Amtl. Begr., BT-Drucks. 12/2443, 90, Allg. 4 e aa.
57 Zum bisherigen Recht, nach dem sich der im Zwangsvergleich erlassene Teil der Schulden in eine nicht erzwingbare Naturalobligation verwandeln soll, vgl. allein *Kuhn/Uhlenbruck*, KO, 11. Aufl., 1994, § 193 RdNr. 8.

tuation – sofern möglich – lieber den sicheren Weg einer **übertragenden Sanierung** wählen, anstatt sich auf das Risiko einzulassen, das ein kostspieliger und publizitätsträchtiger Insolvenzplan scheitert[58]. Außerdem machen Insolvenzpläne Arbeit. Es mag zwar zynisch klingen, aber es ist leichter, ein Unternehmen abzuwickeln als es zu sanieren. Der Verwalter muss nämlich gewissermaßen als Moderator den Konsens zwischen allen am Planverfahren Beteiligten suchen, während er im Zerschlagungsfall lediglich gesetzliche Vorschriften umsetzt. Deshalb ist es wichtig, die Vorteile des Insolvenzplanverfahrens für die Insolvenzverwalter im Auge zu behalten, hervorzuheben und zu propagieren. Insolvenzverfahren, die durch einen Insolvenzplan abgeschlossen werden, sind zwar arbeitsintensiver für die Zeit ihrer Bearbeitung, aber nach verhältnismäßig kurzer Zeit beendet. Die Mühen eines jahrelangen Insolvenzverfahrens mit seinen Problemen der Tabellenbearbeitung, der Sachstandsanfragen, des Schlussberichts und der Schlussrechnung entfallen. Das Insolvenzplanverfahren ist im günstigsten Fall schon nach wenigen Wochen zu Ende, die weitere Bearbeitung des Falles übernimmt gewissermaßen der Insolvenzschuldner selbst. Hierfür wird der Insolvenzverwalter nicht nur durch das messbare Erfolgserlebnis belohnt, sondern er erhält zudem auch eine höhere Vergütung (§ 3 e InsVV)[59].

Verwalterinteressen

Vorteile des Planverfahrens	**Nachteile des Planverfahrens**
▪ **Kurzes Verfahren**	▪ **Zeit (Unsicherheit)**
▪ **Kein Abschluss**	▪ **Geld (Liquidität)**
▪ **Keine Schlussrechnung**	▪ **Arbeit (Konsens)**
▪ **Höhere Vergütung (§ 3 e) InsVV**	▪ **Risiko (Image)**
▪ **Prestige**	▪ **Neues Recht**

---

58 *von Leoprechting*, DZWIR 2000, 67.
59 MünchKomm-*Nowak*, InsO, 2001, § 3 InsVV RdNr. 11; *Eickmann*, InsVV, 2. Aufl. 2001, § 3 RdNr. 31.

Kapitel 2: Übersicht über Probleme des neuen Insolvenzplanverfahrens

I. Der vom Gesetzgeber gedachte Gang eines Insolvenzplanverfahrens

1. Grundstrukturen

Die Abwicklung von Insolvenzverfahren setzt einen erheblichen planerischen Aufwand **2.1** der Beteiligten, namentlich des Insolvenzverwalters voraus. Er muss im Eröffnungsverfahren als Gutachter (§ 22 Abs. 2 InsO) dem Insolvenzgericht nicht allein über die Lage des Insolvenzschuldners berichten, sondern die Verfahrenskostendeckung durch die Masse abschätzen, was einen Finanzplan für die weitere Entwicklung der Masse voraussetzt. Zu den planerischen Schritten des Insolvenzverwalters gehören dabei auch Planungen für die Verwertung der Masse, ggf. für eine Fortführung des insolvenzschuldnerischen Betriebes.[1] Dieser Aufwand erhöht sich in Fällen, in denen der Insolvenzverwalter die Masse durch eine übertragende Sanierung verwertet.[2] Nach dem Vorbild des US-amerikanischen Rechts hat der deutsche Reformgesetzgeber den Verfahrensbeteiligten die Möglichkeit eingeräumt, an Stelle der allgemeinen Verfahrensregeln das Insolvenzverfahren nach einem **Insolvenzplan (Reorganisationsplan)** abzuwickeln, vgl. § 1 S. 1, 2. Hs. InsO.[3]

Allerdings verlief der Weg zum gegenwärtigen Rechtszustand durchaus nicht ohne Windungen: Die **2.2** ursprünglichen Vorschläge der großen Insolvenzrechtsreformkommission sind im ersten Bericht aus dem Jahr 1985 enthalten. Hier war vorgesehen, wie nach dem amerikanischen Recht, dem Modellcharakter beigemessen wurde, und der deutschen Rechtstradition, ein zweigeteiltes Verfahrensmodell zu schaffen. Außer dem Liquidationsverfahren sollte ein Reorganisationsverfahren für Unternehmensinsolvenzen Bestandteil des neuen Insolvenzrechts sein. Die Kommission legte Leitsätze zum Reorganisationsverfahren vor.[4] Vom späteren Gesetz unterschieden sich diese Leitsätze im Wesentlichen darin, dass im darstellenden Teil ((LS 2.2.6) oder gestaltenden Teil (2.2.7) des Reorganisationsplans nicht nur die durch den Plan begründeten oder geänderten Forderungen und Rechte festgelegt werden konnten, zugleich wurden auch Eingriffe in die Kapital- und Finanzstruktur, in die rechtlichen Verhältnisse, in den Gesellschafterkreis gestattet. Die Gläubiger sollten in drei Gruppen abstimmen. Die Annahme des Plans setzte die Zustimmung aller drei Gläubigergruppen voraus (2.2.16). Allerdings war in jeder Abstimmungsgruppe eine Mindestsumme der Forderungen vorgesehen: Für gesicherte Gläubiger eine Summenmehrheit von 80 % der gesicherten Forderungen und für ungesicherte Gläubiger und Arbeitnehmer eine Summenmehrheit von 60 % der Forderungen (2.2.17). Für Mobiliarsicherheiten enthielt der Reorganisationsplan einen besonderen Minderheitenschutz: Inhabern von Aus- oder Absonderungsrechten, die bei der Abstimmung

---

1 Zur Betriebsfortführung in der Insolvenz vgl. *Mönning*, Betriebsfortführung in der Insolvenz, 1997, dort zu Planungen insbesondere 151 ff.
2 Zur übertragenden Sanierung vgl. *Groß*, Sanierung durch Fortführungsgesellschaften, 2. Aufl.,
3 MünchKomm-*Eidenmüller*, InsO, 2002, vor §§ 217 bis 269 RdNr. 8 f.; Braun-*Braun*, InsO, 2. Aufl., 2004, vor §§ 217 bis 269 RdNr. 1.
4 Uhlenbruck-*Lüer*, InsO, 12. Aufl., 2003, vor §§ 217-269 RdNr. 8.

über den Reorganisationsplan überstimmt worden sind, sollte eine Mindestquote von 50 Prozent geboten werden (2.4.4.7).

2.3 Die InsO sieht ein in ein einheitliches Insolvenzverfahren[5] **integriertes Insolvenzplanverfahren** vor, das der Sanierung insolventer Unternehmen dienen soll.[6] Die vielfältigen Problemstellungen, die sich sowohl aus der Komplexität der juristischen Konstruktion insolvenzschuldnerischer Unternehmensträger als auch aufgrund des Umfangs der Aktivitäten insolvenzbedrohter Unternehmen ergeben, haben in den vergangenen Jahren auch in den Rechtsordnungen, deren Insolvenzrecht universalexekutorische Aufgaben erfüllen soll, zu Versuchen geführt, die Lösungswege im Insolvenzverfahren zu erweitern. An die **Stelle der zerschlagenden Liquidation des schuldnerischen Unternehmens soll nach Möglichkeit dessen Sanierung treten**[7]. Wenigstens soll die Sanierung als eine Handlungsvariante den Beteiligten eröffnet werden. Die Sanierung soll durch einen Zwangsakkord der Verfahrensbeteiligten gewährleistet werden, der nach den Vorstellungen des Gesetzgebers dazu dient, die Überlebensfähigkeit des Unternehmens durch Einschnitte in die Rechte der absonderungsberechtigten ebenso wie in die Rechte der ungesicherten Insolvenzgläubiger herbeizuführen. Vergleich und Zwangsvergleich waren lange vor Außerkrafttreten von VerglO und KO als Instrument der Reorganisation der Verbindlichkeiten eines Schuldners nicht zuletzt deshalb weithin aus dem praktischen Gebrauch geraten, weil die absonderungsberechtigten Gläubiger zur Befriedigung außerhalb des Vergleichs- oder Konkursverfahrens berechtigt waren (§§ 4 Abs. 2, 127 KO).[8] Die InsO sollte nicht zuletzt hier dadurch Abhilfe schaffen, dass die **absonderungsberechtigten Gläubiger in das Insolvenzverfahren „eingebunden"** werden.[9] Die Besonderheit des Insolvenzplans gegenüber Vergleich und Zwangsvergleich ist entscheidend: Während Vergleich und Zwangsvergleich allein ein finanzwirtschaftlich orientiertes Schuldenreorganisationsverfahren angeboten haben, soll der **Insolvenzplan eine umfassende sowohl finanz- als auch leistungswirtschaftliche Reorganisation des Schuldnerunternehmens unterstützen**[10], wobei über den Bereich der nicht nachrangigen Insolvenzgläubiger (der früheren Vergleichs- bzw. Konkursgläubiger) hinaus eben auch die Absonderungsberechtigten einbezogen werden.

---

5 Amtl. Begr., Allg. 4 a aa, BT-Drucks. 12/2443, 82. Vgl. die Übersicht über das Verfahren von *Maus*, in: Kölner Schrift zur InsO, 2000, 2. Aufl., 931 ff.

6 Zum Gang der Gesetzgebung vgl. die 1. Aufl. dieses Werkes, dort RdNr. 53 ff.

7 Die Literatur hierzu im deutschen Sprachraum ist beinahe unüberschaubar: vgl. nur *K. Schmidt*, ZIP 1980, 233 ff.; *ders.*, Gutachten für den 54. DJT in Nürnberg: Möglichkeiten der Sanierung von Unternehmen durch Maßnahmen im Unternehmens-, Arbeits-, Sozial- und Insolvenzrecht, in: Verhandlungen zum 54. DJT, Bd. I Teil D, 1982; siehe im übrigen die Übersicht bei *Häsemeyer*, Insolvenzrecht, 1992, 73 ff.

8 Vgl. zur früheren Rechtslage allein *Jaeger/Henckel*, KO, 9. Aufl., 1997, § 4 RdNr. 15.

9 Zu der Rechtslage nach der InsO im Gegensatz zu der nach der KO *Smid*, Kreditsicherheiten in der Insolvenz des Sicherheitengebers, 2003, § 1 RdNr. 15.

10 MünchKomm-*Eidenmüller* (Fußn. 3), Vor § 217 RdNr. 2.

Allerdings: Ein halbes Jahrzehnt nach Inkrafttreten der InsO ist das Recht des Insolvenzplans, das **2.4**
zu den Kernstücken des neuen Gesetzes zählt, doch immer noch in weiten Strecken terra incognita.
Diejenigen Regelungen der InsO, die im Unterschied zu anderen Teilen des Gesetzes keinen
Änderungen unterworfen worden sind, sind weithin im Dunkeln geblieben. Die rechtsdogmatische
Diskussion über die deutsche Form des Reorganisationsplans wird durch ebenso subjektiv gefärbte
wie nach wie vor sehr allgemein gehaltene Stellungnahmen geprägt.[11] Die Diskussion erscheint
freilich ermattet; Befürworter[12] und Skeptiker[13] der Regelungen der §§ 217 ff. InsO haben ihre
anfänglichen Stellungnahmen relativiert. Das hat nicht zuletzt etwas damit zu tun, dass der
Insolvenzplan im Bereich operativ tätiger Industrieunternehmen eine durchaus singuläre Erscheinung geblieben ist[14] und in einem der beiden in der Öffentlichkeit bekannt gewordenen Fälle[15]
heftige Auseinandersetzungen[16] ausgelöst hat und eher geeignet war, die Schwierigkeiten ins
Bewusstsein zu rufen, die dem Planinitiator ebenso wie den anderen Beteiligten begegnen können.[17]
Wo die Instrumentarien der §§ 217 ff. InsO angewandt werden, geschieht dies nicht selten unter
Ausblendung dieser Fragen.[18]

In solchen Fällen, in denen es die wirtschaftliche Lage des insolventen Unternehmens- **2.5**
trägers und die Verhältnisse gestatten, soll es der wirtschaftlichen Vernunft der Beteiligten überantwortet sein, flexible und wirtschaftlich sinnvolle Lösungen der Unternehmenskrise durch einen für alle Verfahrensbeteiligten bindenden Insolvenzplan zu
entwickeln, mit denen die Befriedigungsaussichten der Gläubiger in der Insolvenz des
Schuldners verbessert werden oder eine materielle Insolvenz des Schuldners ausgeschlossen wird.

§ 217 InsO definiert die Funktion des Insolvenzplans. Danach soll die Sanierung des **2.6**
Unternehmens durch eine **von den gesetzlichen Regeln abweichende Festlegung** hinsichtlich der Befriedigung der absonderungsberechtigten Gläubiger und der Insolvenzgläubiger und hinsichtlich der Haftung des Schuldners bewirkt werden können. Jegliche
vom gesetzlichen Leitbild der Regelabwicklung, in deren Mittelpunkt die zügige Verwertung gem. § 159 InsO steht, abweichende Gestaltung kann Gegenstand von Insolvenzplänen sein.[19] Ein Insolvenzplan muss daher nicht zwingend den Erhalt des Unternehmens im Wege der Eigensanierung oder der übertragenden Sanierung zum Ziel
haben. **In einem Plan kann bspw. auch die längerfristige Liquidation oder die
Veräußerung nach der Sanierung vorgesehen sein.**[20] Hinsichtlich des möglichen

---

11 Vgl. z. B. *Köchling*, DZWIR 2001, 362.
12 Vgl. insbesondere *Braun/Uhlenbruck*, Unternehmensinsolvenz, 1997, 439 ff.
13 Vgl. dagegen *Smid*, Grundzüge, 5. Aufl. (in Vorbereitung).
14 Vgl. den Erfahrungsbericht *Rattundes*, ZIP 2003, 596 ff., zum Reorganisationsplan im Falle der
   Herlitz PBS AG in Berlin.
15 AG Mühldorf/Inn, B. v. 27. 7. 1999, 1 IN 26/99, NZI 1999, 422; LG Traunstein, B. v. 27. 8. 1999, 4 T
   2966/99, DZWIR 1999, 464 = NZI 1999, 461 = ZInsO 1999, 577.
16 *Braun*, NZI 1999, 473 und – scharf ablehnend – *Smid*, InVo 2000, 1.
17 Da der Insolvenzplan im Herlitz-Verfahren von allen Abstimmungsgruppen angenommen worden ist,
   hat dieses 2. große „Planverfahren" das Augenmerk mehr auf eher technische Schwierigkeiten
   lenken können, vgl. *Rattunde*, ZIP 2003, 596 ff.
18 Was angesichts der bestehenden rechtsdogmatischen Unklarheiten verständlich und geradezu Voraussetzung des Gelingens von Plänen ist.
19 Vgl. IDW S 2 Nr. 2.1. (5).
20 Vgl. IDW S 2 Nr. 2.1. (6).

Regelungsinhalts von Insolvenzplänen ist es sinnvoll, zwischen (primär) finanzwirtschaftlich orientierten und (primär) leistungswirtschaftlich orientierten Plänen sowie Mischformen zu unterscheiden.[21] Mit dem Rechtsinstitut des Insolvenzplans soll nach der Vorstellung des Gesetzgebers über die Möglichkeiten hinaus, die im überkommenen Recht im Rahmen von gerichtlichen Vergleichsverfahren, dem Zwangsvergleich im Konkurs oder im Gesamtvollstreckungsverfahren gegeben waren, insbesondere durch die Einbeziehung der absonderungsberechtigten und der nachrangigen Gläubiger sowie der am schuldnerischen Unternehmen beteiligten Personen dem sanierungswilligen Schuldner, aber auch seinen Gläubigern zahlreiche weitere Gestaltungsmöglichkeiten zur Sanierung des Schuldners eingeräumt werden.

2.7 Durch die **Reorganisation des Insolvenzschuldners** mittels eines Insolvenzplans sollen für die Verfahrensabwicklung eine Reihe von Vorteilen verwirklicht werden. Zum Beispiel ist es bei der Übertragung besonders großer Unternehmen tatsächlich schwierig, sämtliche zu übertragenden Vermögenswerte genau auf einen bestimmten Zeitpunkt zu erfassen und zu bewerten. Auch lassen sich bestimmte Vermögenswerte oder vermögenswerte Positionen nicht übertragen, wie z. B. Ansprüche aus Mietverhältnissen, bestimmte immaterielle Rechte, Lizenzen[22] und dergleichen.[23] Zugleich haben Verfahrensbeteiligte, insbesondere Vertragspartner, für den Fall der juristischen Beendigung des Insolvenzschuldners die Möglichkeit, sich einseitig von diesem zu lösen, in dem etwa Lieferbeziehungen, Mietverhältnisse, Bauaufträge etc. gekündigt oder anders beendet werden. Soweit man der Unternehmenssanierung durch Insolvenzplan derartige Schwächen nimmt, hat dies gleichzeitig erhebliche Bedeutung für Inhalt und Reichweite der zu erstellenden Pläne.[24]

Die praktische Bedeutung des Insolvenzplanverfahrens ist hoch, auch wenn sich dies aus dem vorhandenen statistischen Material nur schwer ablesen lässt. Seit dem Inkrafttreten der InsO am 1. Januar 1999 hat sich die Zahl der Insolvenzverfahren, in denen Insolvenzpläne aufgestellt worden sind, wie folgt entwickelt:

---

21 Vgl. IDW S 2 Nr. 2.1. (8).
22 Zu einem Beispielsfall einer Spiellizenz beim Eishockey *Hingerl*, ZInsO 2004, 232.
23 *Steffan*, WPg-Sonderheft 2003, 148, 159.
24 Jedenfalls ist dies die Hoffnung des Gesetzgebers: Amtl. Begr., BT-Drucks. 12/2443, 95, Allg. 4 f cc.

Insolvenzstatistik:
Planverfahren 1999 bis 2003

	Anzahl InsO-Gerichte	Anzahl Unternehmensinsolvenzanträge mit Insolvenzplan	Anzahl zurückgewiesener Pläne (§ 231 InsO)	Anzahl Planverfahren nach Gerichtlicher Vorprüfung
Jahr 1999	181	47	9	24
Jahr 2000	181	76	4	56
Jahr 2001	181	96	6	79
Jahr 2002	181	158	7	121
Jahr 2003	181	162	4	126

Auffällig sind zudem regionale Unterschiede: Baden-Württemberg, Bayern und Nordrhein-Westfalen führen in jedem Jahr die Statistik an, ab 2001 ist jedoch Sachsen relativer Spitzenreiter, während Insolvenzplanverfahren in den Stadtstaaten, Sachsen-Anhalt, Rheinland-Pfalz und Mecklenburg-Vorpommern so gut wie gar nicht vorkommen.

Bewertet man diese Zahlen, scheint der Insolvenzplan gegenüber dem früheren Vergleich zahlenmäßig nicht bedeutend besser abzuschneiden und – betrachtet man die noch darzustellende verfahrensmäßige Erschwerung gegenüber dem Zwangsvergleich – das angestrebte Sanierungsziel eher in die Ferne zu treten. **2.8**

Dem überkommenen „zweigeteilten" Insolvenzrecht wurde der Vorwurf gemacht, nicht mehr **2.9** funktionstauglich zu sein. Die Sanierung von Unternehmen im Vergleichsverfahren stellte eine extrem seltene Ausnahme dar[25]; Vergleich (und Ausgleich) wurden wegen ihrer gesetzlichen Voraussetzungen nicht mehr als taugliches Instrument für insolvenzrechtliche Sanierungen angesehen.[26] Das alte Konkurs- und Gesamtvollstreckungsrecht ließ sich dadurch charakterisieren, dass es ein Vergleichs- oder Ausgleichsverfahren als **Sanierungsverfahren dem liquidierenden Konkurs vorschaltete**. Darin lag nach Meinung des Gesetzgebers[27] der Nachteil, dass die Weichen hin auf das Gleis der Liquidation oder zu dem der Sanierung zu einem Zeitpunkt gestellt würden, zu dem die Sanierungschancen sich noch nicht abschließend beurteilen ließen. Die InsO dagegen sieht ein einheitliches Insolvenzverfahren vor, nach dessen Eröffnung sowohl die Liquidation als auch Reorganisation und Sanierung Handlungsalternativen der Beteiligten darstellen. Der Unterschied des Insolvenzplanverfahrens zum früheren Vergleichsverfahren[28], das gem. § 2 Abs. 1 S. 2 VerglO

---

25 Vgl. die Angaben bei *Baur/Stürner*, Zwangsvollstreckungs-, Konkurs- und Vergleichsrecht, Bd. 2, Insolvenzrecht, 12. Aufl. 1996, RdNr. 25.1.
26 Vgl. etwa *Hanisch,* ZZP Bd. 90 (1977) 1 ff., 23 ff., 33 ff.
27 Amtl. Begr. BT-Drucks. 12/2443, 72, Allg. 1 a.
28 Bzw. zum Ausgleich, wie ihn das österreichische Insolvenzrecht kennt, vgl. *Dellinger/Oberhammer,* Insolvenzrecht, 2. Aufl., 2004.

allein durch Antrag des Gemeinschuldners eingeleitet werden konnte[29], liegt darin, dass dem Schuldner im neuen Recht weite Gestaltungsräume eröffnet sind, vermöge derer er seine Vorstellungen durchsetzen kann. Das „Neue" des Insolvenzplanrechts liegt in der durch die sog. Gruppenbildung im Plan (§ 222 InsO, unten RdNr. 7.1 ff.) beeinflussten Abstimmung, dem Obstruktionsverbot (unten RdNr. 13.1 ff.), aber auch der Möglichkeit einer Eigenverwaltung des Schuldners, die das Gesetz in den §§ 270 ff. InsO zulässt und die gerade dann auf der Tagesordnung steht, wenn der Schuldner frühzeitig aufgrund drohender Zahlungsunfähigkeit Eigenantrag gestellt hat.

2.10 Dem kann nicht entgegengehalten werden, auch der Vergleichsverwalter habe herkömmlich die Stellung eines Sachwalters eingenommen. Mehr noch: Das Vergleichsverfahren war ein Verfahren, das *allein* der Schuldner einleiten konnte (§ 2 VerglO)[30] und das deshalb auf dessen Initiative und auf sein Wohlwollen und Wohlverhalten angewiesen war; gleiches galt für das Zwangsvergleichsverfahren (§ 173 KO[31], § 16 Abs. 1 GesO[32]). Das hat in der Wahrnehmung der Reformdiskussion den Handlungsspielraum bei einer Sanierung insolvenzschuldnerischer Unternehmen eingeengt; auch der Verwalter kann nunmehr ein Insolvenzplanverfahren initiieren (unten Kapitel 3).

2.11 Typischer Fall eines Insolvenzplans ist daher der **Sanierungsplan**[33]; die amtliche Begründung[34] verlautet dazu, es stünden Regelungen, die das Hauptziel des Insolvenzverfahrens, die bestmögliche Befriedigung der Gläubiger betreffen, im Insolvenzplanverfahren im Vordergrund. Als *Sanierungsplan* zielt der Plan auf die Wiederherstellung der Ertragskraft des schuldnerischen Unternehmens und die Befriedigung der Gläubiger aus den Erträgen des Unternehmens. Dabei kann vorgesehen werden, dass der Schuldner das Unternehmen fortführen und die langfristig gestundeten Insolvenzforderungen im Laufe der Jahre berichtigen soll.

2.12 Da es bei dem Insolvenzplan um die Optimierung der Befriedigungsaussichten der Gläubiger geht, lassen die §§ 217 ff. InsO auch einen **Liquidationsplan** zu[35] – was im Rahmen des früheren Vergleichsverfahrens wegen § 18 Nr. 4 VerglO nicht möglich war: Der Plan kann nach Vorstellung des Gesetzgebers auch darauf beschränkt werden, die Verwertung der Insolvenzmasse und deren Verteilung an die Beteiligten – die absonderungsberechtigten Gläubiger, die Insolvenzgläubiger, den Schuldner oder die an ihm beteiligten Personen – abweichend von den gesetzlichen Vorschriften zu gestalten. Wird eine „übertragende Sanierung" geplant, sieht der Plan vor, dass eine Übertragung des Unternehmens an einen Dritten vorgenommen wird (was allerdings vom Insolvenzverwalter auch außerhalb des komplizierten Insolvenzplanverfahrens durchgeführt werden kann). Somit ist es möglich, das bisherige Instrumentarium einer übertragenden Unternehmenssanierung als Liquidationsplan im Rahmen eines Insolvenzplanverfahrens nutz-

---

29 Vgl. allein *Häsemeyer* (Fußn. 7), 655.
30 *Baur/Stürner* (Fußn. 25), RdNr. 26.1.
31 *Baur/Stürner* (Fußn. 25), RdNr. 24.4.
32 Smid-*Smid*, GesO, 3. Aufl., 1997 § 16 RdNr. 14.
33 *Mönning* (Fußn. 1), 69.
34 Begr. RegE InsO, BT-Drucks. 12/2443, 195 (zu § 253).
35 Braun-*Braun*, InsO, 2. Aufl., 2004, vor §§ 217 bis 269 RdNr. 11; *Hess/Obermüller*, Insolvenzplan, Restschuldbefreiung und Verbraucherinsolvenz, 3. Aufl. 2003, RdNr. 7 ff.; *Haarmeyer/Wutzke/Förster*, Handbuch zur Insolvenzordnung, 1997, V RdNr. 361; *Herzig*, Das Insolvenzplanverfahren, 2001, 69 ff.; *Mönning* (Fußn. 1), 70.

bar zu machen. Übertragende Unternehmenssanierungen und Unternehmensreorganisationen stehen somit im Insolvenzverfahren gleichberechtigt nebeneinander. Hieraus folgt zugleich, dass die bisherige konkursrechtliche Sanierungstheorie und -praxis der InsO erhalten bleiben wird.

Darüber hinaus können in einem Plan die Verpflichtungen persönlich haftender Gesellschafter einer **2.13** insolventen Gesellschaft abweichend von den gesetzlichen Vorschriften geregelt werden.

Für den Insolvenzschuldner ist der Insolvenzplan attraktiv, da im Plan eine **Restschuld- 2.14 befreiung** vorgesehen werden kann: Handelt es sich beim Schuldner um einen Arbeitnehmer, so besteht die Möglichkeit, in einem Plan die Befriedigung der Gläubiger aus dem künftigen Arbeitseinkommen des Schuldners zu regeln. In einem solchen Schuldenregulierungsplan kann eine Restschuldbefreiung unter anderen Voraussetzungen gewährt werden, als sie in den §§ 286 ff. InsO geregelt sind. Insbesondere will der Gesetzgeber die Möglichkeit eröffnen, dass auch einem Schuldner, der vor der Eröffnung des Insolvenzverfahrens nicht alle Voraussetzungen der „Redlichkeit" erfüllt hat, durch einen Plan Verbindlichkeiten erlassen werden – angesichts der Kostenintensität des Planverfahrens ist dies alles nicht leicht vorstellbar.

Vorlageberechtigt sind gem. § 218 InsO der Insolvenzschuldner sowie der Insolvenzver- **2.15** walter, der in seinem Bericht an die Gläubigerversammlung die Möglichkeit einer Sanierung im Wege eines Insolvenzplans darzulegen hat, § 156 Abs. 1 S. 2 InsO. Er kann zur Initiierung eines Insolvenzplans und zur Einleitung eines Planverfahrens von der Gläubigerversammlung beauftragt werden. Mit dem Antrag nach § 218 InsO ist ein Entwurf des Plans vorzulegen, der zwei Elemente aufweisen muss: Einen darstellenden Teil, in dem die historische Entwicklung des Schuldners zu entfalten und Maßnahmen zu seiner Sanierung zu beschreiben sind (§ 220 InsO), sowie einen gestaltenden Teil (§ 221 InsO), in dem die konkreten Rechtseingriffe durch den Plan niederzulegen sind. Im gestaltenden Teil des Plans sind zudem die Gläubiger in Gruppen einzuteilen, in denen die Abstimmung über den Plan vollzogen wird.

Anders als im Vergleichsverfahren (§ 27 VerglO[36]) werden auch die **absonderungsbe- 2.16 rechtigten Gläubiger** *als solche* **am Insolvenzplanverfahren beteiligt, arg. § 217 InsO**[37].

Diesen Plan unterzieht das **Insolvenzgericht gem. § 231 InsO** einer Vorprüfung. Wird **2.17** die Planinitiative nicht auf dieser frühen Stufe gestoppt, leitet das Insolvenzgericht den Planentwurf u. a. dem Betriebsrat zur Stellungnahme zu (§ 232 Abs. 1 InsO). Dann wird nach den im Plan vorgesehenen Gruppen abgestimmt. Der Plan ist angenommen, wenn in jeder Gläubigergruppe eine Mehrheit für die Annahme erreicht worden ist. Die mehrheitliche Ablehnung des Plans in einer oder mehreren der Abstimmungsgruppen führt indes nicht automatisch zum Scheitern der Planinitiative, die bis zu diesem Zeitpunkt bereits erhebliche Mittel verbraucht hat. Vielmehr obliegt es dem Gericht zu prüfen, ob

---

36 *Baur/Stürner* (Fußn. 25), RdNr. 27.17.
37 Amtl. Begr., BT-Drucks. 12/2443, 79, Allg. 3 a gg.

sich die Zurückweisung des Plans als „Obstruktion" der ablehnenden Gläubigergruppe(n) darstellt. Wird dies vom Insolvenzgericht bejaht, weil es die Tatbestände des § 245 Abs. 1 Nr. 1 bis 3 InsO für gegeben erachtet, hat es trotz der Ablehnung des Plans durch eine oder mehrere Gläubigergruppen den Plan zu bestätigen. **Der formell rechtskräftig bestätigte Plan beendigt das Insolvenzverfahren, § 258 InsO**. Er wirkt für und gegen die Verfahrensbeteiligten, §§ 254, 258 InsO. Insbesondere führt er die durch ihn vorgesehenen Rechtsänderungen herbei. Der Plan ersetzt insoweit die erforderlichen Willenserklärungen. Wegen der durch den Plan begründeten Leistungsbeziehungen **dient der Plan in Verbindung mit der Feststellung der Forderungen zur Tabelle als Titel, § 257 Abs. 1 S. 1 InsO**. Der rechtskräftig bestätigte Plan kann der Überwachung durch den (bisherigen) Verwalter unterliegen, §§ 260, 261 InsO.

2. Anwendungsfälle

2.18 Die erste Übersicht hat vielleicht erkennen lassen, dass es sich bei dem Insolvenzplan um ein kompliziertes Instrument handelt, dessen Anwendung verfahrensrechtlich nicht frei von Schwierigkeiten ist. Es wird noch im Einzelnen darzulegen sein, dass die Probleme ebenso wie in der Grundkonzeption auch im Detail zu suchen und alles andere als einfach zu lösen sind. An skeptischen Stellungnahmen[38] hat es denn im Vorfeld der Verabschiedung der InsO durch den Deutschen Bundestag im Jahr 1994 auch nicht gefehlt. Die – gemessen an den weiterreichenden Erwartungen des Reformgesetzgebers der neunziger Jahre des vergangenen Jahrhunderts – eher geringe Zahl von Insolvenzplänen in der deutschen Praxis scheint ein Spiegel dieser Schwierigkeiten zu sein. In einigen wenigen spektakulären Fällen hat die Öffentlichkeit das Rechtsinstitut des Insolvenzplans kennen gelernt: Im Fällen wie Dornier oder Grundig sind Sanierungsversuche gescheitert, im Falle Herlitz hat ein Insolvenzplan (vgl. 2. Hauptteil Beispiel 1) den Erhalt des Unternehmens bewirkt. Diese bekannt gewordenen Fälle lassen nicht auf den ersten Blick erkennen, in welchen Konstellationen sich ein Insolvenzplan als sinnvolles Instrument der Abwicklung eines Insolvenzfalles darstellt oder wegen seiner hohen Komplexität eine Abwicklung nach den allgemeinen gesetzlichen Regeln (im „Regelinsolvenzverfahren") vorzuziehen ist.

2.19 Dabei ist zunächst darauf hinzuweisen, dass für Fälle von über das Vermögen natürlicher Personen eröffneter Insolvenzverfahren die Regeln über den Insolvenzplan aufgrund ausdrücklicher gesetzlicher Anordnung soweit zur Anwendung gelangen, wie nicht die Voraussetzungen für die Durchführung eines **Verbraucherinsolvenzverfahrens** gem.

---

38 *Grub,* ZIP 1993, 393, bes. 397 f.; *ders.,* in: *Kübler* (Hrsg.), Neuordnung des Insolvenzrechts, 1989, 79; *ders.,* WM 1994, 880; *Grub/Rinn,* ZIP 1993, 1583 („Freifahrtschein für Bankrotteure"); *Uhlenbruck/Brandenburg/Grub/Wellensiek,* BB 1992, 1734; *Uhlenbruck,* KTS 1992, 499; *Weber,* WM 1992, 1133; *Gravenbrucher Kreis,* ZIP 1994, 585; Stellungnahme des Insolvenzrechtsausschusses des Deutschen Anwaltvereins zum Referentenentwurf (März 1993) setzt mit den Worten ein: „Der Referentenentwurf zur Reform des Insolvenzrechts ist schlecht"; deutlich kritische Stimmen sind auch aus der Wirtschaft laut geworden, vgl. Rechtsausschuß des Deutschen Bundestages, Zusammenstellung der Stellungnahmen, BT-Drucks. 12. Wahlperiode, 4.4.1993: S. 55, 78 (BDI), 254, 255 (Bundesverband der deutschen Bankwirtschaft); 299, 308 (Versicherungswirtschaft); 331 (Zentralverband des deutschen Handwerks); *Brandstätter,* Die Prüfung der Sanierungsfähigkeit notleidender Unternehmen, 1993, 23; *Wegmann,* KTS 1989, 71 ff. Skeptisch auch *Ebbing,* KTS 1996, 327, 330.

§ 304 InsO eingreifen, vgl. § 312 Abs. 3 InsO.[39] Dies ist der Fall, wenn der Schuldner eine natürliche Person ist, die keine selbstständige wirtschaftliche Tätigkeit ausübt oder ausgeübt hat oder in Fällen, in denen der Schuldner eine selbstständige wirtschaftliche Tätigkeit ausgeübt hat, wenn seine Vermögensverhältnisse überschaubar sind und gegen ihn keine Forderungen aus Arbeitsverhältnissen bestehen.[40] Damit werden eine Reihe möglicher Anwendungsfälle aus dem Geltungsbereich der Regeln über den Insolvenzplan ausgeschieden. Damit bleiben folgende mögliche Fallgruppen bestehen:

Im Zusammenhang der Insolvenz **operativ tätiger Unternehmen** ist regelmäßig die **2.20** „übertragende Sanierung" gegenüber dem Procedere eines Insolvenzplanverfahrens mit erheblich geringerem Zeitaufwand und niedrigerem Risiko verbunden.[41] Insolvenzverwalter waren und sind in der Regel bestrebt, funktionsfähige Unternehmen als Einheiten an Erwerber zu verkaufen. Als Erwerber kommen sowohl bereits existierende Unternehmen sowie eigens zu diesem Zweck gegründete Auffanggesellschaften in Betracht. Hierdurch können in den Unternehmen selbst steckende Werte (Firmenwert, *good will*, *know how*[42]) genutzt und damit verwertet werden, mithin in einer Weise der Befriedigung der Gläubiger und der Realisierung der Haftung des Insolvenzschuldners dienen, die über das bloße Zerschlagen zu Teilwerten hinausgeht.[43] Durch aufgrund dieser Maßnahmen steigende Insolvenzmassen sind die Insolvenzverwalter an einer solchen übertragenden Sanierung nachdrücklich interessiert, zumal die hierdurch realisierten Werte in der Regel oftmals immaterieller Natur und deshalb nicht mit Aus- oder Absonderungsrechten behaftet sind. Sie stellen somit freie Insolvenzmasse dar und erhöhen im Ergebnis neben der Teilungsquote auch die Verwaltervergütung. Die InsO untersagt eine solche **übertragende Sanierung** keineswegs, sondern geht – vgl. etwa §§ 162, 163 InsO – weiterhin von ihrer Zulässigkeit aus.[44] Vielmehr hat sie eingehende Regelungen statuiert, die bei übertragenden Sanierungen künftig zu beachten sind: Befürchteten **Missbräuchen wie dem eines „Ausverkaufs"** des schuldnerischen Unternehmens ist der Gesetzgeber[45] entgegengetreten: Der Unternehmensverkauf bedarf über die wie bisher einzuholende besondere Zustimmung durch den Gläubigerausschuss (§ 160 Abs. 2 Nr. 1 InsO) hinaus der Zustimmung durch die Gläubigerversammlung (§ 157 InsO); liegt diese nicht vor, so kann gem. § 161 InsO eine qualifizierte Minderheit von Gläubigern (§ 75 Abs. 1 Nr. 3 InsO), aber auch der Schuldner einen Antrag auf einstweilige Untersagung des Unternehmensverkaufs (oder vergleichbarer Verwertungshandlungen!) durch das Insolvenzgericht stellen – wodurch neben einem Schutz der Gläubiger vor Aushöhlung der Masse das Planinitiativrecht des Schuldners[46] gem. § 218 InsO geschützt werden soll.

---

39 Uhlenbruck-*Vallender*, InsO, 12. Aufl., 2003, § 312 RdNr. 82 f.
40 Vgl. hierzu MünchKomm-*Ott*, InsO, 2002, § 304 RdNr. 66.
41 *Gravenbrucher Kreis,* ZIP 1993, 625 ff., 657 ff.
42 Hierzu *F. März*, Verwertung des „know how" im Insolvenzverfahren, 1998.
43 Zur Sanierung mittels Auffanggesellschaft *Lieder*, DZWIR 2004, 455 ff.
44 Amtl. Begr., BT-Drucks. 12/2443, 94, Allg. 4 f aa.
45 Amtl. Begr., BT-Drucks. 12/2443, 95, Allg. 4 f cc.
46 *Herzig* (Fußn. 35), 112 ff.

2.21 Aus der Sicht des Wirtschaftssubjekts „Unternehmen" ist es gleichgültig, ob es im Zuge seiner Insolvenz seinen Eigentümers wechselt oder nicht[47]. Und auch volkswirtschaftlich ist diese Frage bedeutungslos. Es können also nur Fragen der Praktikabilität und der Effizienz sein, die für eine Sanierung des Unternehmensträgers an Stelle einer übertragenden Sanierung des Unternehmens Anlass geben. „**Es gibt wirtschaftspolitisch keine Gründe, die Sanierung des Schuldners generell vor der übertragenden Sanierung des Unternehmensträgers zu bevorzugen.** . . . Es ist daher kein Reformziel, gegen die Kräfte des Marktes zu einer Perpetuierung von Unternehmensträgern beizutragen"[48]. Bedeutete die Beibehaltung des bisherigen Verfahrensziels, dass sich die Insolvenzpraxis weiterhin an einer optimalen Gläubigerbefriedigung zu orientieren habe, so bedeutet die Gleichrangigkeit von Unternehmenssanierung und Sanierung des Unternehmensträgers, dass diese vor allen Dingen in den Fällen in Betracht kommen muss, in denen jene nicht möglich ist. Denn die Sanierung des Unternehmensträgers setzt in der Regel ein erfolgreiches Verfahren voraus, das gestaltend in die Rechte der Beteiligten eingreift – also Leistungen erbringt, wie sie das Insolvenzplanverfahren erbringen soll.

2.22 Ein Insolvenzplan im Bereich operativ tätiger Unternehmen kommt in Betracht in **Fällen**, in denen
– ohne den Erhalt des Unternehmensträgers sich der Wert der Masse nicht realisieren lässt wie im Falle realkonzessionierter Unternehmen (2. Hauptteil Beispiel 2);
– eine übertragende Sanierung nicht in Betracht kommt, da sich ein Erwerber aufgrund der Besonderheiten des Unternehmens nicht findet und der Wert des Unternehmens allein durch Erhalt des Unternehmensträgers den Gläubigern bewahrt werden kann (2. Hauptteil Beispiel 1);
– aufgrund der Begleitung durch entsprechende Prüfungsverbände wie besonders im genossenschaftlichen Bereich.

2.23 Im Schrifttum besteht bei alledem Einigkeit darüber, dass – bei allen Problemen, die sich in der Reorganisation eines operativ tätigen Industrieunternehmens durch Insolvenzplan ergeben – der Insolvenzplan ein geeignetes Instrument zur Abwicklung bestimmter einfach gelagerter Fälle darstellen kann. In solchen **„einfachen" Fällen**, die nicht unter § 304 InsO fallen (2. Hauptteil Beispiel 3) scheinen Insolvenzpläne daher durchaus geeignet zu sein, etwa dann, wenn die Masse im Wesentlichen oder ausschließlich aus Immobilien besteht und das Insolvenzplanverfahren an die Stelle eines Zwangsversteigerung- oder Zwangsverwaltungsverfahrens tritt (2. Hauptteil Beispiel 4). In Anlehnung an die Begrifflichkeit der nordamerikanischen Rechtssprache ist in diesem Zusammenhang insbesondere von sogenannten *„single asset real estate cases"*[49] die Rede. Damit soll folgender Fragenkreis angesprochen werden: Der (Insolvenz-)Schuldner ist Eigentümer eines (oder mehrerer) Grundstücke, die grundpfandlich belastet sind.[50] Neben den Grundpfandgläubigern haben noch eine Reihe von persönlichen Gläubigern i. S. v. § 38 InsO Forderungen gegen den Schuldner. Gesetzt, auf den Schuldner seien die §§ 304 ff.

---

47 *Flessner,* ZIP 1981, 1283, 1284.
48 Amtl. Begr., BT-Drucks. 12/2443, 77 f., Allg. 3 a bb.
49 *Braun/Uhlenbruck* (Fußn. 12), 575 ff.
50 In Unternehmensinsolvenzfällen werden diese Probleme infolge der Ausgliederung von Immobilien in Betriebsgesellschaften nicht immer sichtbar.

InsO *nicht* anzuwenden, stellt sich – regelmäßig aus der Sicht des Schuldners, im Interesse optimaler Verwertung der Masse möglicherweise auch für den Insolvenzverwalter – die Frage, ob es Schuldner oder Insolvenzverwalter möglich ist, im Wege eines Insolvenzverfahrens durch Vorlage eines Insolvenzplans sowohl die Verwertung der Grundstücke im Wege der Zwangsversteigerung zu verhindern als auch in den Genuss der Restschuldbefreiung gem. § 227 InsO zu gelangen. In der Literatur wird dieser Weg als gangbar und sinnvoll beschrieben.[51]

Der Sinn von Insolvenzplänen in Großverfahren erschließt sich auch aus **steuerrecht-** **lichen Fragen**[52] der **Behandlung von Sanierungsgewinnen**[53]: Sanierungsgewinne werden nämlich entsprechend der überkommenen Regelung des § 3 Nr. 66 EStG auf Grundlage des BMF-Erlasses vom 27.3.2003[54] faktisch[55] regelmäßig erlassen. Diese Regelung führt im Konzernrecht zu Schwierigkeiten. Nach der Rechtsprechung des BGH führt die Eröffnung des Insolvenzverfahrens automatisch zur Unterbrechung aller konzernrechtlichen Beziehungen[56]. Der Zusammenbruch steuerlicher Organschaften hat für die Konzernverlustrechnung nachhaltige Konsequenzen. Saldierungen von Sanierungsgewinnen mit Verlustvorträgen, wie im BMF-Erlass vorgesehen, sind nur dann möglich, wenn das Organschaftsverhältnis als fortdauernd behandelt wird. In Sanierungsfällen besteht mithin ein Bedürfnis für den Fortbestand von Unternehmensverträgen, um Bilanzzusammenhänge wahren und Konzernabschlüsse machen zu können.   **2.24**

Eine Reihe von Fällen mag deutlich machen, welche Vorteile der Insolvenzplan gegenüber der herkömmlichen (verwertenden) übertragenden Sanierung aufweist. Ein Insolvenzplan ist zur Rettung der Vermögenswerte des Schuldners gegenüber der Wertvernichtung durch eine Zerschlagung im Wege der Verwertung der einzelnen Vermögensgegenstände vorzuziehen, soweit eine übertragende Sanierung deshalb nicht funktioniert, weil sich kein Erwerber bzw. Investor für das insolvente Unternehmen findet. Dies ist in einer Reihe von strukturschwachen Gegenden Deutschlands momentan häufig der Fall. So wird in Sachsen an einem Subventionsprogramm für Insolvenzplanverfahren gearbeitet, denn überwiegend wird im Falle von Unternehmensinsolvenzen in diesem Bereich kein Investor mehr zu finden sein. Schon aus bilanzrechtlichen Gründen kann es in diesen Fällen für die Gläubiger außerordentlich interessant sein, im Wege eines Insolvenzplanverfahrens vorzugehen. Ein weiterer Fall sind wirtschaftlich tätige Sportvereine[57], insbesondere Bundesligafußballvereine. Treten bei einem in der ersten Bundesliga spielenden Fußballverein Insolvenzprobleme auf, ist regelmäßig mit   **2.25**

---

51 *Braun/Uhlenbruck* (Fußn. 12); *Smid,* WM 1998, 2498 ff.

52 Dazu auch unten RdNr. 72 ff.

53 Eingehend zur Problematik der Besteuerung von Sanierungsgewinnen *Maus,* ZIP 2002, 589 ff.; zur Rechtslage und praktischen Auswirkungen nach dem BMF-Erlass v. 27.3.2003 *Bareis/Kaiser,* DB 2004, 1841.

54 BMF-Schreiben v. 27.3.2003, IV A 6 – S 2140 – 8/03, BStBl. I 2003, 240 = DB 2003, 796.

55 *Bareis/Kaiser,* DB 2004, 1841, 1843 weisen darauf hin, dass der BMF-Erlass anders als die Regelung vor 1998 Sanierungsgewinne nicht per se von der Steuerpflicht befreit, sondern die faktische Befreiung eine Folge der Ermessensausübung durch die Finanzverwaltung darstellt.

56 BGH, Urt. v. 14.12.1987, II ZR 170/87, NJW 1988, 1326.

57 Vgl. auch *Hingerl,* ZInsO 2004, 232.

einer übertragenden Sanierung eine Rettung der Vermögenswerte nicht möglich. Denn die Vermögenswerte liegen darin, dass Werbeeinnahmen aufgrund der Spielstärke der gegenwärtig beschäftigten Spieler erzielt werden können. Im Falle einer übertragenden Sanierung müsste das neu gegründete Unternehmen wieder beginnen, sich von der dritten Kreisklasse in die erste Bundesliga hochzuspielen, was evident mit dem vorhandenen Spielerstand nicht möglich sein wird. Denn bis der neue Verein wieder in der ersten Bundesliga spielt, sind die zum Zeitpunkt der Insolvenz beschäftigten Spieler nicht mehr in der Lage, die erwarteten Ergebnisse zu erzielen. Sie sind schlicht zu alt und körperlich erschöpft. Allein im Wege eines Insolvenzplans lässt sich in diesem Fall der durch den Verein gehaltene Vermögenswert für die Gläubiger retten. Das hat damit zu tun, dass die Bundesligalizenz sich als unübertragbares Recht darstellt.[58] Der singulär erscheinende Fall des Fußballvereins in der ersten Bundesliga erweist sich damit als typischer Fall für solche Unternehmen, denen unübertragbare Rechte zustehen. Dies ist insbesondere bei den Konzernen der Fall, die im Medien-, besonders im Filmbereich tätig sind. Die Kirch-Media AG, Kinowelt oder die Senator AG haben im Wesentlichen als Vermögenswert Lizenzen gehalten. Im Falle der übertragenen Sanierung müssten die entsprechenden Verträge mit dem neuen Unternehmen neu abgeschlossen werden, was den Vorgang für einen Erwerber schlechthin uninteressant werden lässt. Durch die Übertragung des Unternehmens gehen nämlich seine aus Lizenzverträgen herrührenden Rechte nicht mit über. Immer dann, wenn gerade dieser spezifische Unternehmensträger Halter unübertragbarer Rechte ist, ist daher ein Insolvenzplan von Vorteil.[59] Schließlich ist im Falle der Insolvenz von Selbständigen ein Insolvenzplan deshalb sinnvoll, weil regelmäßig bestimmte öffentlich rechtliche Erlaubnistatbestände an die Person des Schuldners knüpfen – wie im Falle des Arztes, des Gastwirts, Steuerberaters oder Notars und Rechtsanwalts. Ohne die Fortsetzung der selbstständigen Berufsausübung durch diesen Schuldner verlieren die Gläubiger regelmäßig jede ernsthafte Aussicht, auch nur quotal mit ihren Forderungen befriedigt zu werden. Freilich schneidet sich auf diesem Feld das Insolvenzplanrecht mit den jeweiligen berufsständischen Regelungen[60], worauf im Einzelnen im Folgenden hinzuweisen sein wird.

2.26 Neben der Schuldnerseite gibt es aber gleichsam auch noch eine Gläubigerseite auf der sich Pluspunkte für das Insolvenzplanverfahren gegenüber Fällen einer übertragenden Sanierung verbuchen lassen. Die übertragende Sanierung setzt voraus, dass die auf der Gläubigerseite beteiligten Banken für das neue Unternehmen besondere Kreditentscheidungen fällen. Dabei ist es eine Folge der internationalen Konzentration („Globalisierung") sowie der Verschärfung der Kreditvergabebedingungen (Basel II)[61], dass die Niederlassung oder gar Filiale der Bank am Ort des Insolvenzgeschehens in den seltensten Fällen die Befugnis hat, diese Kreditentscheidung selbst abschließend zu fällen. Entscheidungen über den Kredit fallen daher häufig in Frankfurt, London, Zürich oder an anderen großen Finanzplätzen. Der Aufwand zur Herbeiführung von Kredit-

---

58 Vgl. auch *Hingerl*, ZInsO 2004, 232.
59 *Steffan*, WPg-Sonderheft 2003, 148, 159.
60 *Smid*, Freigabeerklärungen des Insolvenzverwalters/Treuhänders bei selbstständiger Tätigkeit des Insolvenzschuldners, 8 f.
61 Rundschreiben v. 20.12.2002, ZBB-Dokumentation 1/03, 62, 68.

entscheidungen ist daher erheblich und bürokratischen Entscheidungsvorgängen vergleichbar. Auch aus Sicht der Gläubigerbanken kann daher ein Insolvenzplan schon deshalb sinnvoll sein, weil in diesem Fall eine besondere Kreditentscheidung zu Gunsten eines neuen Unternehmensträgers nicht gefällt werden muss. Es bleibt alles beim Alten. Jedenfalls was die Person des Schuldners angeht. Sehr häufig werden damit die Entscheidungsvorgänge der Banken verkürzt. Ähnliches lässt sich im Übrigen von den Finanzbehörden sagen. Im Falle außergerichtlicher Sanierungen, aber auch bei übertragenden Sanierungen müssen die betroffenen Finanzämter den Oberfinanzdirektionen bzw. dem Bundesfinanzministerium die entsprechenden Akten vorlegen. Erfolgen aber Fragen des Schuldenerlasses, die im Übrigen grundsätzlich allein durch übergeordnete Behörden genehmigt werden dürfen, im Rahmen eines Insolvenzplanverfahrens, sind die Finanzämter befugt, in eigener Verantwortung die entsprechenden Entscheidungen zu fällen. Wo es daher um den Erlass von Steuerschulden geht, ist auch aus der Sicht der Finanzämter das Insolvenzplanverfahren gegenüber außergerichtlichen Sanierungen oder der übertragenden Sanierung vorzuziehen. Die Praxis z. B. im Fall der Herlitz PBS AG[62] hat gezeigt, dass in diesen Fällen eine überraschende Flexibilität erzielt werden kann.

Schließlich gibt es auch Vorteile des Insolvenzplanverfahrens aus der Perspektive des **2.27** Insolvenzverwalters. Dabei ist nicht allein die höhere Vergütung (§ 3 Abs. 1 e InsVV)[63] zu erwähnen, sondern die erhebliche sonstige Entlastung mit dem bürokratischen Aufwand, den der Gesetzgeber dem Verwalter mit der Insolvenzrechtsreform des Jahres 1999 auferlegt hat. Denn die Insolvenzplandokumentation ersetzt zu einem Großteil die Buchführungs- und Rechnungswerke, die der Verwalter im Allgemeinen (Regel-)Insolvenzverfahren erstellen muss. Zu guter Letzt ist er nicht gehalten, eine Schlussrechnung aufzustellen. Im Übrigen fällt, wenn das Insolvenzplanverfahren zu einem erfolgreichen und daher raschen Abschluss gelangt ist, auch der gesamte Bereich des Forderungseinzuges und insbesondere das Führen von Passiv- und Aktivprozessen weg, der zu einer erheblichen Belastung des Insolvenzverwalters in praxi führt.

Typische Fallgruppen für Insolvenzpläne sind demnach: **2.28**

---

62 Vgl. Darstellung des Falls „Herlitz" RdNr. 2.126 ff.
63 MünchKomm-*Nowak*, InsO, 2002, § 3 InsVV RdNr. 11; *Eickmann*, InsVV, 2. Auflage 2001, § 3 RdNr. 31.

Fallgruppen für Insolvenzpläne

▪ **Konzerne**

▪ **Großunternehmen**

▪ **Filialisten**

▪ **Lizenzinhaber**

▪ **Sportvereine**

▪ **Privatpersonen (statt Restschuldbefreiung)**

▪ **Fehlender Investor**

II. Stellung des Insolvenzplanverfahrens im systematischen Zusammenhang des Gesetzes und seiner Funktion

1. „Einheitliches" Insolvenzverfahren oder Trennung von sanierendem Vergleich/ Ausgleich und liquidierendem Konkurs

2.29 Mit Inkrafttreten der InsO im Jahre 1999 ist die **Zweiteilung des deutschen Insolvenzverfahrens** in Vergleich und Konkurs zugunsten eines in die Hände der Gläubiger gelegten Sanierungsverfahrens im Rahmen eines einheitlichen Insolvenzverfahrens[64] aufgegeben worden. Seitdem werden vornehmlich im Bereich der Unternehmensinsolvenz[65] nach § 217 InsO durch Insolvenzpläne die Sanierungsvoraussetzungen und Sanierungsmaßnahmen dargestellt und vorgeschrieben, von denen Gläubiger und Gericht meinen, dass sie zur Rettung des schuldnerischen Unternehmens erforderlich bzw. nützlich seien. Zur Sanierung insolventer Unternehmen können im Wege von Insolvenzplänen die Rechte von Gläubigern beschnitten werden; besonders gesicherte Gläubiger werden auf diesem Wege der Entscheidung durch die Gläubigergemeinschaft zur Finanzierung von Sanierungsmaßnahmen herangezogen. Im Folgenden soll es darum gehen, Verfahren und Maßstäbe näher zu bestimmen, die bei der Bestätigung von Insolvenzplänen durch das Gericht künftig zum Tragen kommen werden.

---

64 *Häsemeyer*, Insolvenzrecht, 3. Aufl., 2002, RdNr. 4.04; *Balz,* ZIP 1988, 273, 283; Amtl. Begr., BT-Drucks. 12/2443, 108.

65 Aber auch für „Privatinsolvenzen"; der Gesetzgeber hat das petitum *K. Schmidts* (Wege zum Insolvenzrecht der Unternehmen, 1990, 5) insoweit nicht erhört.

Der **Insolvenzplan stellt** nach erklärter Ansicht des Gesetzgebers[66] für die Unterneh- **2.30** mensinsolvenz **ein Kernstück der Reform** dar[67]. Der Gesetzgeber hat damit zwei Ziele verfolgt[68]. Zum einen soll die *Sanierung* insolventer Unternehmen im Insolvenzverfahren *erleichtert* werden; und zum anderen soll an die Stelle des als zu schwerfällig emp- fundenen Vergleichs- und Zwangsvergleichsverfahrens mit dem Insolvenzplan ein In- strument geschaffen werden, das wirtschaftlich zu vernünftigen Problemlösungen an- regen soll und den Gläubigern hierzu juristische Gestaltungsmittel an die Hand gibt.

Das bisherige deutsche (und nach wie vor das österreichische) Insolvenzrecht beruhten **2.31** bzw. beruhen also auf einer verfahrenstechnischen Zweiteilung zwischen einem vorge- schalteten Vergleichsverfahren, mit und in dem ein („letzter") Sanierungsversuch unter- nommen werden kann und dessen Scheitern in die Liquidation im Anschlusskonkurs übergeleitet wird. Dieses Modell hat sich nie als sehr erfolgreich dargestellt und ist in den vergangenen Jahrzehnten schließlich gescheitert. Insbesondere verzichtet das Sanie- rungsverfahren durch Insolvenzplan im Rahmen eines *einheitlichen* Insolvenzverfahrens auf besonders wegen der knappen Eigenkapitalausstattung deutscher Unternehmen als einer Sanierung sehr hinderlich empfundene Mindestquoten[69] ebenso wie auf eine An- knüpfung an Begriffe der **Vergleichs- oder Sanierungswürdigkeit**[70], die als nicht mehr zeitgemäß empfunden wird[71]. Die sehr niedrigen Zahlen von Vergleichsverfahren und die hohen Zahlen von Anschlusskonkursen sprechen eine eindeutige statistische Sprache.

Die VerglO war allerdings zunächst in den Jahren nach ihrem Inkrafttreten außerordentlich erfolg- **2.32** reich. So hat es z. B. im Jahr 1957 ca. 25 % Vergleichsverfahren bei rund 3000 Insolvenzen gegeben. 1960 lag der Anteil noch bei über 10 % und fiel in den nächsten Jahren kontinuierlich auf 7 % (1970) und 5 % (1975). Im Jahre 1979 fiel die Zahl der Vergleichsverfahren mit nur 66 erstmals unter 100 und blieb bis zum Ende der VerglO auf diesem Niveau. Dies hatte im Wesentlichen zwei Ursachen: Zum einen hatte der Gesetzgeber Vorrechte für Arbeitnehmer, Arbeitsämter, Krankenkassen und Finanzämter geschaffen. Diese Vorrechtsforderungen mussten im Vergleichs- verfahren vollständig erfüllt werden, um die Mindestquote für die nicht bevorrechtigten Gläubigern noch bezahlen zu können. Bei Unternehmen mit mehr als nur ganz wenigen Arbeitnehmern war dies praktisch nicht zu schaffen. Zum anderen wurde die Insolvenzmasse durch ausufernde Sicherungs- rechte praktisch ausgehöhlt. Dies wurde zugleich durch die Erhöhung der Quote in den Verfahren sichtbar, die mangels Masse gar nicht eröffnet werden konnten. Lag diese Quote im Jahre 1960 noch bei weniger als 30 % aller Insolvenzanträge, so erreichte sie 1970 bereits 40 %, 1975 waren es 60 % und ab 1980 immer mehr als dreiviertel aller Verfahren. Nicht also die VerglO funktionierte nicht, sondern ihre Anwendungsvoraussetzungen entfielen.

---

66 Beschlussempfehlung des RechtsA zum RegE einer InsO, BT-Drucks. 12/7302, 181.
67 Vgl. statt vieler z. B. *Brandstätter* (Fußn. 38), 21; *Buchalik,* NZI 2000, 294, 300; *Depré,* Die anwaltliche Praxis in Insolvenzsachen, 1997, RdNr. 932; *Herzig* (Fußn. 35), 14.
68 Vgl. *Balz,* ZIP 1986, 273, 283; *K. Schmidt,* Wege zum Insolvenzrecht der Unternehmen, 1990, 166 ff.
69 Amtl. Begr. BT-Drucks. 12/2443, 72, Allg. 1 a; *Böhle-Stamschräder/Kilger,* VerglO, 11. Aufl. 1986, § 7 Nr. 2.
70 Gottwald-*Maus,* Insolvenzrechtshandbuch, 1990, § 3 RdNr. 3; Gottwald-*Uhlenbruck,* Insolvenz- rechtshandbuch, 2. Aufl., 2001, § 72 RdNr. 6 f.
71 Krit. *Balz,* ZIP 1986, 273, 276, 283.

Insolvenzrechtsgeschichte

- Konkursordnung (1878)
- Geschäftsaufsichtsgesetz (1916)
- Vergleichsordnung (1935)
- Gesamtvollstreckungsordnung (1975/1990)
- Insolvenzordnung (1994/1999)

Reformgeschichte

- 1978 Reformkommission BMJ Dr. Vogel
- 1985 Ergebnisse in Leitsätzen
- 1986 Zweiter Bericht der Kommission
- 1989 Referentenentwurf
- 1991 Regierungsentwurf
- 1992 Stellungnahme Bundesrat
- 1994 Verabschiedung
- 1998 1. große InsO-Änderung (§ 108 Abs. 1 S. 2)
- 1999 Inkrafttreten der InsO
- 2001 2. große InsO-Änderung
- 2004/2005 ReferentenE

2.33 Der Abkehr von der überkommenen Vergleichswürdigkeit lag freilich kein geklärtes Verhältnis von Moral und Recht zugrunde, sondern die Bedürfnisse eines praktischen Falles – nämlich des **Vergleichsverfahrens über das Bankhaus Herstatt** in Köln. Dort bestand ein Bedürfnis nach der Abwendung eines Konkursverfahrens, und es wurde mit Hilfen der Kreditwirtschaft eine erhebliche Vergleichsquote erreicht. Der Vergleich drohte aber im Nachhinein in Gefahr zu geraten, weil gegen *Ivan Herstatt* wegen Konkursstraftaten ein Strafverfahren eingeleitet wurde. Erst die Abwendung des Strafverfahrens wegen Verhandlungsunfähigkeit des Beschuldigten konnte die – in der Tat unsinnige – Konsequenz einer Aufhebung des Vergleichs abwenden. Es wird aber zu zeigen sein, dass der völlige Verzicht auf materielle Maßstäbe, wie sie in den §§ 17, 18 VerglO normiert sind, auch im Insolvenzplanverfahren nicht möglich ist.
Der deutschen Insolvenzrechtsreform lag dabei der richtige Gedanke zugrunde, dass die **Sanierung unter den Bedingungen eines gerichtlichen Insolvenzverfahrens** vorkonkurslichen Sanierungsbemühungen vorzuziehen ist.

2.34 Der Sanierungsgedanke zieht sich wie ein „roter Faden" durch die Geschichte des Insolvenzrechts. So sah bereits die Konkursordnung von 1878 den Zwangsvergleich zur Beendigung des Konkursverfahrens gem. §§ 173 ff. KO vor. Die neben der Konkursordnung seit 1935 geltende Vergleichsordnung beinhaltete ein gerichtliches Vergleichsverfahren zur Abwendung des Konkurses (vgl. § 1 VerglO). Beide Gesetze löste die InsO mit ihrem Inkrafttreten am 1.1.1999 ab. Die InsO kombiniert Liquidations- und Sanierungsverfahren zu einem *einheitlichen* Insolvenzverfahren. Die InsO enthält überwiegend Vorschriften über das Regelinsolvenzverfahren, also das frühere Konkursrecht. Darüber hinaus regelt sie neue Sanierungsverfahren wie etwa die Restschuldbefreiung bei Insolvenz natürlicher Personen (§§ 286 ff. InsO), die Eigenverwaltung (§§ 270 ff. InsO) und das Insolvenzplanverfahren (§§ 217 ff. InsO). Die Insolvenzrechtsgeschichte ist seit jeher von Reformen geprägt. Schon 1978 rief der damalige Justizminister Dr. Vogel eine Sachverständigenkommission zur Reformierung des Konkursrechts ein. Grund hierfür war die steigende Zahl von Abweisung von Konkursanträgen mangels Masse, niedrige Konkursquoten sowie die zunehmende Bedeutungslosigkeit von Vergleichsverfahren. Dieser Funktionsverlust des Konkursrechts wurde schlagwortartig als „Konkurs des Konkurses" bezeichnet.[72]. Wie die Statistik zeigt, wurden im Jahr 1970 von 3943 Konkursverfahren nur 2081 eröffnet und 1862 mangels Masse abgelehnt, im Jahr 1980 gab es bei 9059 Konkursverfahren lediglich 2420 Eröffnungen, während 6639 Konkurse mangels Masse nicht eröffnet wurden. Die Zahl der mangels Masse abgelehnten Konkursverfahren gipfelte 1985 mit 14512 gegenüber nur 4292 eröffneten Verfahren. Insgesamt wurden in den Jahren 1985 bis 1990 dreiviertel aller Konkursanträge mangels Masse abgewiesen[73]. Gleichzeitig wies die Insolvenzstatistik eine deutlich abnehmende Tendenz von Vergleichsverfahren aus (siehe RdNr. 2.32). Ursache für die Insolvenzrechtsreform waren vor allem Mobiliarsicherungsrechte, die das Vermögen des Schuldners weitgehend belasteten. Die Verwertung von Gegenständen mit Absonderungsrechten oblag nach überkommenem Konkursrecht regelmäßig dem Gläubiger. Dies führte zu Belastungen der Insolvenzmasse mit Verwertungskosten und zur Zerschlagung von Unternehmenseinheiten.

Insolvenzstatistik: Konkurs- und Vergleichsverfahren 1950 - 1990

Jahr	Konkurse eröffnet	Konkurse mangels Masse abgelehnt	Vergleichsverfahren eröffnet
1950	3268	1211	1721
1960	1742	947	343
1970	2081	1862	324
1980	2420	6639	94
1982	4043	11764	152
1985	4292	14512	105
1987	3800	13749	84
1989	3403	11204	57
1990	3214	10029	42

---

72 *Kilger*, KTS 1975, 142.
73 Allg. Begr. RegE InsO, in: Kübler/Prütting, Das neue Insolvenzrecht I, 90.

2. Orientierung der deutschen Gesetzgebung am US-amerikanischen Recht

2.35 Das Insolvenzplanverfahren als „Kern" des neuen deutschen Insolvenzrechts ist in wesentlichen Bereichen dem Reorganisationsverfahren des **chapter 11 des US-amerikanischen bankruptcy code** nachgebildet[74]. Die Übernahme nordamerikanischer Rechtsnormen in den Sinnkontext des deutschen Rechts bereitet Probleme eigener Art; aber auch ohne Kompatibilitätsschwierigkeiten haben sich Anwendungsprobleme abgezeichnet, die sich aufgrund der Schwerfälligkeit und Konfliktträchtigkeit des Planverfahrens ergeben.

2.36 Die Reformkommission[75] ging allerdings zuerst von einem besonderen Reorganisationsverfahren *neben* dem allgemeinen Liquidationsverfahren aus. Dies wäre eine zusätzliche Parallele zum amerikanischen Insolvenzrecht gewesen. Der Hauptvorteil eines derartigen parallelen Reorganisationsverfahrens liegt darin, dass der Schuldner während der Reorganisation „Herr des Verfahrens" bleiben kann. Sowohl das deutsche Vergleichsrecht als auch das amerikanische Reorganisationsverfahren bevorzugen die Eigenverwaltung des Schuldners. Der Vorteil der Eigenverwaltung liegt dabei nicht so sehr darin, dass das Verfahren anstelle des Insolvenzverwalters im Regelinsolvenzverfahren den Schuldner als Schlüsselfigur vorsieht. Der Vorteil liegt vielmehr darin, dass das Verfahren für den Schuldner beherrschbar erscheint.[76] Das einheitliche Insolvenzverfahren zwingt den Schuldner nämlich auch dann, wenn es nur um die Sanierung eines an sich lebensfähigen Unternehmens geht, in die Insolvenz, die für ihn unberechenbar und unbeherrschbar erscheint. Dies dürfte der Hauptgrund für die ausufernden Insolvenzvermeidungsstrategien deutscher Unternehmensberater sein, die wiederum mit den drakonischen Strafdrohungen bekämpft werden sollen. Würde ein früher Insolvenzantrag, bei bloßer drohender Zahlungsunfähigkeit, tatsächlich belohnt, indem man den Schuldner und seinen Managern eine Zukunftsperspektive eröffnet, würden solche Anträge tatsächlich nicht nur erlaubt, sondern auch gestellt werden.

2.37 Die Orientierung am US-amerikanischen Insolvenzrecht hat weitreichende Folgen. Das US-amerikanische Insolvenzrecht bezweckt zunächst den Schutz des Schuldners vor dem Zugriff seiner Gläubiger[77]. Im Bereich der Unternehmensinsolvenz eröffnet chapter 11 bankruptcy code dem Schuldner den Zugang zu einem Reorganisationsverfahren, in dem er vor dem Zugriff seiner Gläubiger weithin sicher ist. Es ist daher darüber diskutiert worden, ob und wieweit mit der Orientierung am US-amerikanischen Insolvenzrecht ein Paradigmenwechsel im mitteleuropäischen Insolvenzrecht einhergeht. Insolvenzrecht wird in Nordamerika als Mittel dazu begriffen, dem Schuldner für einen **unbelasteten Wiedereintritt ins Wirtschaftsleben** rechtliche Mittel bereitzustellen. Das Reorganisationsverfahren nach chapter 11 stellt sich dar als „a business debtor's remedy for relief from financial distress"[78], was besonders durch den automatic stay[79] – ein unseren §§ 14 KO, 7 Abs. 3 GesO, 88 InsO vergleichbares Moratorium – erreicht wird. Der Schuldner

---

74 Vgl. bereits *Hohloch*, ZGR 1982, 145, 160 ff.; besonders *K. Schmidt*, KTS 1982, 613, 614 f.; früh zu Recht krit. *Stürner*, ZIP 1982, 761, 764; *Wittig*, ZInsO 1999, 373 ff.

75 Vgl. Uhlenbruck-*Lüer*, InsO, 12. Aufl., 2003, vor §§ 217-269 RdNr. 7 ff.

76 *Wehdeking*, Masseverwaltung durch den insolventen Schuldner, 2005.

77 *Baird*, The Elements of Bankruptcy, 1992, p. 73, stellt die historischen Gründe für dieses Verständnis von der Funktion des Insolvenzrechts dar, die in der *drakonischen* Form des Umgangs mit Schuldnern im angelsächsischen Raum liegen.

78 *Weintraub/Resnik*, Bankruptcy law manual, 3. Aufl., 1986, 8-15.

79 *Weintraub/Resnik* (Fußn. 78), 6-21, 8-18; *Kennedy*, The Automomatic Stay in Bankruptcy, 11 U. Mich. J. Law. Rev. 170, 247 (1978).

betreibt „under the rule" des chapter 11 seinen Betrieb in Eigenregie weiter[80], wenngleich in Ausnahmefällen unter gerichtlicher Aufsicht.[81] Das hat **historische Gründe**[82]. In der Phase der industriellen Erschließung des Kontinents durch den hochgradig kapitalaufwändigen Eisenbahnbau mussten Wege gefunden werden, um den wertevernichtenden Zugriff durch Zwangsvollstreckungsakte einzelner Gläubiger zu verhindern.

An verschiedenen Stellen dieser Untersuchung wird es noch eine Rolle spielen, dass dem nordamerikanischen Insolvenzrecht zwei **Prämissen** unterlegt sind: Zum einen gilt der Schuldner als *schutzbedürftig* gegenüber der Rigidität, die der Rechtsdurchsetzung durch seine Gläubiger innewohnt[83], zum anderen gilt das schuldnerische Unternehmen in seinem Bestande als schutzwürdig[84]. Diese Prämissen werden heute mit hoher wissenschaftlicher Autorität[85] angezweifelt, ohne dass sie dadurch ihre Gültigkeit für die Grundstruktur des US-amerikanischen Sanierungsrechts verloren hätten. Wie *Flessner*[86] eindrucksvoll gezeigt hat, ist demgegenüber der Sanierungsgedanke im deutschen Insolvenzrecht immer an dessen Funktion, die Haftung des Schuldners zu gewährleisten[87], rückgebunden geblieben. Obwohl der Gesetzgeber der VerglO in den „kleinen und mittelgroßen Unternehmen (die) ‚Klienten' des Verfahrens" sah[88], wurde die *Erhaltungswürdigkeit* als Korrektiv angelegt, was die Überfrachtung des Vergleichsverfahrens mit „moralischen" Bewertungen nach sich zieht. **Die entscheidende *Grunddifferenz* zwischen dem nordamerikanischen und dem deutschen Insolvenzrecht lautet daher Schuldnerschutz dort**[89], **Haftungsverwirklichung hier.** Das zieht erhebliche Konsequenzen nach sich. Die Rezeption US-amerikanischen Insolvenzrechts ruft zwangsläufig Brüche hervor. Aus der **Rechtsvergleichung**[90] ist bekannt, dass sich Rechtsordnungen nicht zuletzt aufgrund ihres *Stils*[91] unterscheiden. Dieser *Unterschied im Stil* lässt sich besonders auch in der Verschiedenartigkeit des mitteleuropäischen und des US-amerikanischen Insolvenzrechts und ihrer Konstruktionsprinzipien, die sich vielfach schlicht ausschließen, ablesen. *Methodisch* wird heute[92] freilich im Bereich des Internationalen Privatrechts empfohlen, die Strukturmerkmale der „anderen" Rechtsordnung möglichst zu respektieren[93]. *Dort* geht es indes um die Entscheidung kollisionsrechtlicher Probleme. Bei der Auseinandersetzung mit der Rezeption von Elementen einer fremden Rechtsordnung im eigenen Recht, sofern dies nicht auf der Bindung an supranationale Vertragswerke beruht, geht es demgegenüber allein darum, festzustellen, ob das *eklektische* Verfahren des Gesetzgebers Vorschriften hervorgebracht hat, die „so" nicht „passen" und daher der Korrektur bedürfen.

2.38

---

80 *Weintraub/Resnik* (Fußn. 78), 8-28.
81 *Weintraub/Resnik* (Fußn. 78), 8-33.
82 Vgl. für das US-amerikanische Recht *Flessner*, Sanierung und Reorganisation, 1982, 33 ff. et passim.
83 *Coleman*, Debtors and Creditors in America: Insolvency, Imprisonement for Debt and Bankruptcy, 1607-1900, 1974, passim.
84 *Flessner*, Sanierung und Reorganisation, 1982, 139.
85 *Baird* (Fußn. 77), pp. 234 et passim; *Jackson*, The Logic and Limits of Bankruptcy Law, 1986, pp 216 et passim.
86 *Flessner* (Fußn. 84), 139.
87 Vgl. oben RdNr. 0.9.
88 *Flessner* (Fußn. 84), 139.
89 Vgl. *Berges*, BB 1985, 673, 678 ff. sowie schon *ders.*, KTS 1955, 49 ff.
90 *Zweigert/Kötz*, Einführung in die Rechtsvergleichung, 3. Aufl. 1996, 67 ff.
91 *Triepel*, Vom Stil des Rechts, 1947; besonders zum US-amerikanischen Zivilprozessrecht *Junker,* ZZP Bd. 101 (1988), 241 ff., 266 ff.
92 *Firsching/v. Hoffmann*, Internationales Privatrecht, 4. Aufl. 1995, 51 f., 59 f.
93 Abschreckend sowohl unter methodischen Aspekten als auch vom Ergebnis her: BGH, Urt. v. 26. 2. 1996, XII ZR 181/93, NJW 1996, 1411 = FamRZ 1996, 601.

US – Chapter 11

	Insolvenzordnung	US-Chapter 11
Einheitliches Verfahren	Ja	Nein, insgesamt 5 Verfahren
Antragserfordernis	Ja	Ja
Antragsberechtigte	Schuldner und Gläubiger	Schuldner und Gläubiger
Eröffnungsgrund	Immer	Nur bei Gläubigerantrag
Einsetzung eines Verwalters	Immer	Nur ausnahmsweise
Verwaltungs- u. Verfügungsbefugnis	Verwalter	Schuldner
Gläubigerausschuss	Einer, Verzicht möglich	Mindestens einer
Verfahrensstillstand	Ab Eröffnung	Ab Antragstellung
Planinitiativrecht	Verwalter oder Schuldner	Schuldner
Abstimmungsmehrheit	Einfache Kopf- u. Summenmehrheit	Einfache Kopf- u. 2/3 Summen-mehrheit.
Bildung von Gläubigergruppen	Ja, mit gleichartigen Rechten	Ja, mit gleichartigen Rechten
Übereinstimmung von Gruppen	Möglich	Möglich
Befreiung von Altschulden	Ja	Ja

2.39 Obwohl das Insolvenzplanverfahren also nicht nur vergleichsrechtliche, sondern auch explizit im amerikanischen Recht verankerte „Wurzeln" hat, sind die Parallelen zum amerikanischen chapter-11-Verfahren nicht immer zwingend. Zwar sehen beide Rechte, das Insolvenzplanverfahren ebenso wie das chapter-11-Verfahren, die typischen insolvenzrechtlichen Merkmale vor: Antragserfordernisse, Antragsberechtigung, gerichtliche Aufsicht, Gläubigerausschuss und Mehrheitsentscheidungen sind beiden Verfahren eigen. Auch sehen beide Rechtssysteme eine Restschuldbefreiung vor. Die wichtigste Entnahme aus dem amerikanischen Recht ist aber die Möglichkeit, **Gläubigergruppen zu bilden**. Was das Verfahren betrifft, überwiegen indes die Besonderheiten. Hat man in Deutschland jetzt ein einheitliches Insolvenzverfahren geschaffen, gibt es in den USA insgesamt fünf verschiedene Insolvenzverfahren: Zur Abwicklung, für Verbraucher, landwirtschaftliche Betriebe, Kommunen sowie eben das Reorganisationsverfahren für Unternehmen. Dieses setzt im Gegensatz zum deutschen Recht bei einem eigenen Antrag des Schuldners keinen Eröffnungsgrund voraus und führt, ohne dass es hierzu einer besonderen gerichtlichen Entscheidung bedarf, zum Stillstand gerichtlicher und Vollstreckungsverfahren. Dem entspricht ein Planinitiativrecht nur für den Schuldner. Dieser beherrscht das Verfahren in der Regel, die Einsetzung eines Insolvenzverwalters ist die Ausnahme.

3. Maßstäbe der Auslegung der gesetzlichen Regelungen

2.40 Für die Auslegung der gesetzlichen Regelungen der §§ 217 bis 269 InsO gelten die allgemeinen Grundsätze.[94] Dagegen hat *Eidenmüller*[95] eine besondere ökonomisch aus-

---

94 Eingehend hierzu *Pawlowski,* DZWIR 2001, 45 ff.
95 MünchKomm-*Eidenmüller,* InsO, 2002, Vor § 217 RdNr. 26.

gerichtete teleologische Auslegung der Gesetzesvorschriften über das Insolvenzplanverfahren gefordert. Er stützt sich dabei auf einen von ihm als „klar" angesehenen Willen des historischen Gesetzgebers von 1993/1999, der das Ziel des Insolvenzplanverfahrens einer **ökonomischen Effizienz nach Pareto-Optimierungsgesichtspunkten**[96] unterworfen habe. Daher seien Auslegung und Fortbildung der Normen des Insolvenzplanverfahrens teleologisch an dem ökonomischen Effizienzkriterium auszurichten.[97] *Eidenmüller*[98] fordert, im Zweifel sei die „Auslegungs- bzw. Fortbildungsalternative" zu bevorzugen, mit der ökonomisch effiziente (effizientere?) Lösungen gefördert würden.[99] Vordergründig kann der Argumentation von *Eidenmüller* kaum etwas entgegengehalten werden. Führt eine Auslegung zu einer weniger wirtschaftlichen Handhabung des Insolvenzplanverfahrens begegnet dies jedenfalls ernsten Bedenken – es kann jedenfalls nicht entgegen *Eidenmüllers* Ansatz gefordert werden, ökonomische Effizienzkriterien außer Acht zu lassen.[100]

Die Frage der Auslegung der Vorschriften über das Insolvenzplanverfahren ist aber **2.41** komplexer, als es der Rekurs auf ökonomische Effizienzgesichtspunkte als legislatorische Zielvorgabe erkennen ließe. Der alleinige Rückgriff auf eine nicht näher bestimmte ökonomische Effizienz reicht nicht aus, um zu handhabbaren – und d. h. im Zweifel justiziablen – Auslegungsmaßstäben zu gelangen. Die Normen des Insolvenzplanverfahrens sind in den systematischen Zusammenhang des Insolvenzrechts eingebettet – worauf im Folgenden im Einzelnen einzugehen sein wird. Das Insolvenzverfahren selbst kann einer ökonomischen Analyse unterworfen werden, für die § 1 S. 1 InsO einen Anhaltspunkt liefert. Die bestmögliche Befriedigung der Gläubiger – also die Erreichung des optimalen wirtschaftlichen Ergebnisses für die Gläubiger – ist ein ausdrückliches Ziel des Insolvenzverfahrens, dessen privatautonom[101] gestaltete Abwicklung im Insolvenzplan von den Beteiligten geregelt wird. Wirtschaftliche *Effizienz* kann sich aber auf völlig andere, heteronome Sachverhalte beziehen, als die Befriedigung der Gläubiger – die sich bei Lichte betrachtet zudem im Regelfall (nicht notwendig im Regelinsolvenzverfahren!) eher als Befriedung wegen des durch das Insolvenzverfahren erreichten Marktaustritts des Schuldners im Wege seiner vermögensrechtlichen Liquidation darstellt, denn als substantielle teilweise Befriedigung der Forderungen, die den Ausnahmefall darstellt. Vor diesem Hintergrund stellt sich die Funktion des Insolvenzverfahrens als der „Zweck" dar, der bei der teleologischen Interpretation der Insolvenzplanvorschriften zugrunde zulegen ist. **Daraus ergibt sich, dass nicht eine allgemeine ökonomische Effizienz** – die selbst wieder der auslegenden Betrachtung zu unterwerfen wäre – zugrunde zulegen ist. Ausgangspunkt ist vielmehr § 217 InsO: **Danach ist der Insolvenzplan Instrument der Erreichung der Ziele des § 1 S. 1 InsO** – bei aller erforderlichen Berücksichtigung ökonomischer Erwägungen gleichsam als Kontrolle gegen Fehlinterpretationen sind Auslegungsmaßstab der §§ 217 ff. InsO die Aufgaben des Insolvenzverfahrens. Die Gleichbehandlung der Gläubiger, die Befriedigungsaufga-

---

96 MünchKomm-*Eidenmüller* (Fußn. *95*), Vor § 217 RdNr. 22.
97 MünchKomm-*Eidenmüller* (Fußn. *95*), Vor § 217 RdNr. 26.
98 MünchKomm-*Eidenmüller* (Fußn. *95*), Vor § 217 RdNr. 26.
99 Vgl. auch *Eidenmüller*, Unternehmenssanierung zwischen Markt und Gesetz, 1999, 59 f.
100 Eine ökonomische Analyse des Insolvenzplanverfahrens bei *Bigus/Eger*, ZInsO 2003, 1 ff.
101 *Bigus/Eger*, ZInsO 2003, 1, 2 ff.

be des Insolvenzverfahrens und in deren Rahmen die Erreichung einer Restschuldbefreiung sind daher die Zwecke, die in eine teleologische Auslegung einzustellen sind.

III. Begrenzung der allgemeinen Regelungen der InsO

2.42 Nach § 217 InsO soll die Sanierung des Unternehmens oder eine Regelung der Liquidation des schuldnerischen Unternehmensträgers durch eine **von den gesetzlichen Regeln
abweichende Festlegung** hinsichtlich der Befriedigung der absonderungsberechtigten
Gläubiger und der Insolvenzgläubiger und hinsichtlich der Haftung des Schuldners
bewirkt werden können. Das Gesetz drückt dies etwas missverständlich aus, indem
§ 217 InsO bestimmt, durch Insolvenzplan könne von den Vorschriften „dieses Gesetzes" – also der InsO – abgewichen werden. Dies ist nur der Fall, soweit die Regelungen
der InsO überhaupt der Gestaltung durch einen zur Vorlage eines Planes Berechtigten
und die Gläubiger disponibel sind. **Zu dem insolvenzplan-dispositiven Insolvenzrecht
zählen (z. T. vorbehaltlich der Zustimmung eines weiteren Beteiligten) die Regeln
der §§ 103 bis 217 InsO**, während die Vorschriften über die allgemeine Verfahrensstruktur, das Eröffnungsverfahren und die Wirkungen des Eröffnungsbeschlusses der
Disposition durch einen Insolvenzplan entzogen sind.[102] Als Instrument der Disposition
über die Art der Verfahrensabwicklung stellt sich der Insolvenzplan als vermögens- und
haftungsrechtlicher Vertrag[103] dar.

IV. Insolvenzplan und Insolvenzgericht: Erweiterte Zuständigkeiten des Rechtspflegers

1. Mehrbelastungen der Justiz

2.43 Die Auseinandersetzung mit den Problemen, die das Insolvenzplanverfahren in sich
birgt, ist dringend geboten, da sie nicht allein die Verwalter, sondern auch die **Justiz**
betreffen: Während bislang die durch die Reform ausgelösten Mehrbelastungen nur im
Kontext des Restschuldbefreiungsverfahrens nach den §§ 286 ff. InsO[104] gesehen und
diskutiert worden sind, ist diese Thematik im Rahmen des Insolvenzplanverfahrens noch
nicht hinreichend erörtert worden. Sie wird innerhalb der Insolvenzgerichte im Wesentlichen die Rechtspfleger treffen:

2.44 Die InsO hat die **Tätigkeitsfelder, die den Rechtspflegern überantwortet werden**, ausgeweitet.
Das legt es nahe, deren Aufgaben in Bezug zu dem verfassungsrechtlich besonderen, als Rechtsprechung ausgewiesenen Bereich zu setzen. Der Gesetzgeber neigt nämlich in zunehmendem
Maße dazu, Rechtspflegern weitreichende Funktionen zu überantworten. An dieser Stelle sei nur an
die vielfältigen neuen Verfahren unter dem Dach des Insolvenzrechts erinnert: Der Rechtspfleger

---

102 HK-*Flessner,* InsO, 3. Aufl., 2003, § 217 RdNr. 8.
103 So die zutreffende Darstellung durch *Häsemeyer,* FS Gaul, 1997, 175 ff.; ebenso *Hess/Obermüller*
(Fußn. 35), RdNr. 5 a; vgl. auch *Smid/Rattunde,* Der Insolvenzplan, 1997, RdNr. 124 ff.; ähnlich
Schiessler, Der Insolvenzplan 1997, 21 ff. (privatautonome Übereinkunft sui generis). Ablehnend
Gottwald-*Braun,* Insolvenzrechtshandbuch, 2. Aufl., 2001, § 66 RdNr. 19; *Eidenmüller,* JbfNPolÖk
Bd. 15 (1996), 164 f. (mehrseitige Verwertungsvereinbarung, die durch Organisationsakt der Gläu-
bigergemeinschaft in Beschlussform zustande kommt).
104 Eingehend *Krug*, Der Verbraucherkonkurs, 1997 (zugleich Diss. Halle 1996).

entscheidet über die bislang im Insolvenzverfahren zu fällenden Entscheidungen hinaus z. B. über die Zulassung des Insolvenzplans (§ 231 InsO), er hat u. U. Stimmrechte festzulegen (§§ 237, 238, 77 Abs. 2 S. 2 InsO, aber Art. 14 Nr. 5 Abs. 3 EGInsO) und den Plan zu bestätigen (§ 248 InsO), um nur wenige Beispiele zu nennen. Dort wird der Rechtspfleger über den Bereich register-rechtlicher Tätigkeiten hinaus mit der Aufgabe betraut, weitreichende Entscheidungen zu fällen. Aber dieser Befund darf nicht zu Missverständnissen Anlass geben. Nur vordergründig scheinen diese neuen rechtspflegerischen Aufgaben das Feld rechtsfürsorgerischer, materiell verwaltender Aufgaben zu überschreiten, die der Justiz anvertraut und dort den Rechtspflegern zugewiesen sind. So liegt es z. B. auf der Hand, dass die Bewertung der Ablehnung eines Insolvenzplans durch betroffene Gläubiger als „Obstruktion" (§ 245 Abs. 1 InsO) die Rechte dieser Gläubiger in er-heblichem Maße zu beeinträchtigen geeignet ist – woraus sich aber nicht unmittelbar Rückschlüsse auf die Struktur des dieser Entscheidung zugrunde liegenden Verfahrens ziehen lassen.

Art. 92 GG behält die Wahrnehmung „der Rechtsprechung" „den Richtern" vor. Herkömm- **2.45**
lich versteht man darunter die Richter nach dem DRiG. Seit Rechtspflegern die Wahrnehmung einer erheblichen Reihe von Aufgaben der Zivilrechtspflege zugewiesen worden ist, haben sich die Unklarheiten darüber nicht ausräumen lassen, wieweit der Bereich genuin „richterlicher Aufgaben" reicht, ob sich ein derartiger Bereich überhaupt ausmachen lässt[105]. Nach Inkrafttreten des Grund-gesetzes stellte sich darüber hinaus noch die Frage, ob nicht auch Rechtspfleger als Richter im verfassungsrechtlichen Sinne des Art. 92 GG anzusehen seien[106] (im Folgenden soll unter Richtern immer das Justizpersonal verstanden werden, das die Voraussetzungen des DRiG erfüllt). Man mag in diesem Zusammenhang versucht sein, sich damit zu beruhigen, die Bestimmung der rechts-pflegerischen Aufgaben („positivistisch") dem Gesetzgeber zu überlassen – ein Blick in das Gesetz, so scheint es, erübrigt eine Diskussion des Feldes der den Richtern überlassenen „materiellen Rechtsprechung". Eine derartige Diskussion ist ebenso umständlich wie sie „rein akademisch" zu sein scheint. Auch wenn die Lektüre sogar der gerichtsverfassungsrechtlichen Literatur diesen Eindruck nährt, ist es doch unerlässlich, die Betrachtung über die positivrechtlichen Regelungen hinaus solchen Strukturprinzipien des Bereichs staatlicher Aktivität zuzuwenden, die wir als Rechtsprechung bezeichnen und der der Disposition des Gesetzgebers nicht zugänglich sein kann. Die Frage nach der Stellung des Rechtspflegers führt daher unmittelbar zu der verfassungs-rechtlichen Justizgewährleistung ebenso wie zu den allgemeinen Strukturprinzipien des Verfah-rensrechts.[107] Es würde in die Irre führen, wollte man die angeführten Beispiele „neuer" Aufgaben des Rechtspflegers im Rahmen des Insolvenzplanverfahrens dadurch zu kennzeichnen versuchen, dass man die vom Rechtspfleger z. B. nach den §§ 231, 248, 251 InsO zu treffenden Entscheidungen an der **Reichweite** messen wollte, die sie für die Beteiligten zeitigen und danach zu unterscheiden, ob sie dem Richter vorbehalten bleiben (oder vorbehalten bleiben „sollten"?) oder ob sie sich dazu eignen, auf Domäne rechtspflegerischer Aktivität zu werden. Denn etwa im Falle der Bestätigung eines Insolvenzplans ist es evident, dass diese Entscheidung die Verfahrensteilnahmerechte (den Anspruch auf rechtliches Gehör) derjenigen Gläubiger in Mitleidenschaft zieht, deren Ablehnung des Planes gem. § 245 InsO als „Obstruktion" gewertet worden ist. Freilich könnte man sich auf die Wahrnehmung rechtsfürsorgerischer Tätigkeiten durch den Rechtspfleger im Bereich des Vormund-schaftsrechts berufen – deren Maßnahmen ebenfalls oft gravierende Auswirkungen für Mündel ebenso wie Vormünder oder Verwandte des Mündels zu zeitigen geeignet sind[108]. Daraus lassen sich aber für unsere Fragestellung keine Schlussfolgerungen ziehen. „Schwerwiegende" Auswirkungen

---

105 Hierzu *Smid*, Rechtsprechung. Zum Verhältnis von Rechtsfürsorge und Prozess, 1990, § 5 III 3 b, 353 ff. et passim.

106 *Smid,* Grundzüge des Insolvenzrechts, 4. Aufl., 2002, 353 m. w. N.

107 *Smid* (Fußn. 106), § 7 I 1a, 398 ff. et passim; *ders.*, KTS 1993, 1, 10 ff.; *ders.* in: *Pawlowski/Smid*, Freiwillige Gerichtsbarkeit, 1993, RdNr. 773 ff.

108 Ausführlich dazu *Pawlowski/Smid* (Fußn. 107), RdNr. 58 ff.

auf das Recht der Betroffenen zeitigen selbstverständlich auch die Entscheidungen des Grundbuchrichters oder des Registergerichts – um nur zwei Bereiche rechtspflegerischer Kompetenz zu erwähnen. Dennoch legt es ein flüchtiger Blick auf unser Recht vordergründig nahe, das Maß möglicher Beschwernis des Rechts der Betroffenen als Kriterium für die Bestimmung der Aufgaben des Rechtspflegers in dieser Weise zu bestimmen. So sieht die Verfassung wegen verschiedener gravierender Grundrechtseingriffe in den Art. 13 Abs. 2, 104 Abs. 2 GG die Zuständigkeit von Richtern vor – womit ebenso wie in Art. 92 GG – Richter i. S. d. DRiG gemeint sind. Die *neben* Art. 92 GG geregelten konstitutionellen Richtervorbehalte sind aber nur deshalb sinnvoll, weil die in ihnen beschriebenen Aufgaben gerade nicht als Rechtsprechungsaufgaben zu bestimmen sind – weil sie einen Bereich richterlicher Tätigkeit von Verfassungs wegen definieren, der nicht identisch ist mit dem materieller Rechtsprechung. Wären die in den besonderen verfassungsrechtlichen Richtervorbehalten aufgeführten Tätigkeiten bereits von der in Art. 92 GG erfassten „Rechtsprechung" umfasst, hätten die Richtervorbehalte nur einen deskriptiven Charakter und wären daher – systematisch betrachtet – überflüssig. Eine derartige Annahme würde aber dem Satz der juristischen Methodenlehre widersprechen, gesetzliche Normen nach Möglichkeit in ihrem eigenen systematischen Rechte als sinnvolle Äußerungen des Gesetzgebers zu verstehen.[109]

Insolvenzgericht

Amtsgericht (am Sitz des Landgerichts), § 2 InsO	Interne Zuständigkeitsverteilung (§ 18 RPflG) • Richter: Eröffnungsphase, Eröffnungsbeschluß/Schuldenbereinigungsplan, RSB • Rechtspfleger: Verfahrensabwicklung einschl. Insolvenzplanverfahren

Rechtsbehelfe:
• Rechtspflegererinnerung, § 11 RPflG, soweit kein anderer Rechtsbehelf
• Richterliche Entscheidung bei Stimmrecht, §§ 77, 237 InsO iVm § 18 Abs. 3 RPflG
• (Sofortige) Beschwerde, § 6 InsO, zum Landgericht, auch gegen Rechtspfl.entscheidungen

Fälle: insbesondere:
- Eröffnungsbeschluss	- Verfahrenseinstellung
- Ablehnungsbeschluss	- Insolvenzplanzurückweisung
- Verwalterentlassung	- Aufhebung der Eigenverwaltung
- Gläubigerversammlung	- Restschuldbefreiung
- Vorläufige Verwaltung	

Keine Fälle: insbesondere: Verfahrensaufhebung, Insolvenzplaninhalt, RSB-versagung
• Rechtsbeschwerde zum BGH, § 7 InsO iVm § 574 ZPO und § 133 GVG

2. Entscheidungskriterien

2.46 Die Beauftragung von Rechtspflegern mit der Entscheidung im Insolvenzplanverfahren ist verfassungsrechtlich unbedenklich. Mit neuen Entscheidungen vermehren sich indes die **Probleme, Maßstäbe für ihre verfahrensrechtliche Umsetzung ebenso wie ihre inhaltliche (materielle) Ausgestaltung** zu finden. Der Zweite Hauptteil dieser Untersuchung versucht daher, Hilfestellung zu leisten.

---

109 *Bydlinski,* Juristische Methodenlehre und Rechtsbegriff, 2. Aufl. 1991, 444 f., 463 f.; *Larenz,* Methodenlehre der Rechtswissenschaft, 3. Aufl. 1983, 320.

Durch die Beauftragung der Insolvenzjustiz, besonders aber des Rechtspflegers, mit betriebswirt- **2.47**
schaftlichen Entscheidungen[110] ist diese erheblichen Herausforderungen, ja vielfach Überforderun-
gen ausgesetzt[111] – auf die im Folgenden an verschiedenen Stellen einzugehen sein wird. Rechtspfleger und Insolvenzrichter haben im Allgemeinen keine betriebswirtschaftliche Vorbildung und
verfügen nicht über betriebliche Erfahrungen. Trotzdem haben sie schon vor der Insolvenz über
Anträge auf Betriebsstilllegungen zu entscheiden, die lediglich betriebswirtschaftlich motiviert sein
können. Im Insolvenzplanverfahren müssen sie Insolvenzpläne auf ihre Umsetzbarkeit und Plausi-
bilität prüfen. Sie müssen erkennen, ob einzelne Gläubiger oder eine ganze Gruppe durch den Plan
schlechter gestellt werden. Sie müssen wissen, ob die zukünftige Ertragslage des Betriebes die
Erfüllung des Insolvenzplans wahrscheinlich macht. Dabei gibt es keine Hilfestellung durch Wirt-
schaftsreferenten und im Prinzip auch keine Unterstützung durch sachkundige Fachleute. Für den
Planverfasser hat dies erhebliche Konsequenzen. Er muss sich darauf einstellen, dass schwierige,
umfangreiche Pläne bei dem Insolvenzgericht möglicherweise nicht auf Gegenliebe stoßen. Da
Entscheidungen im Insolvenzplanverfahren nicht das Spruchrichterprivileg genießen, könnten die
Haftungsrisiken, die das Gericht nicht übersehen kann, dort den Wunsch hervorrufen, die Insolvenz
lieber anders als durch einen Insolvenzplan zu beenden. Pläne werden in der Regel von Insolvenzverwaltern im Einvernehmen mit dem Insolvenzgericht gemacht, wobei Wünsche des Insolvenzgerichts stets respektiert werden. Das bedeutet, dass der Planverfasser einen aussichtsreichen Plan
nur dann vorlegen kann, wenn er inhaltlich verständlich und verfahrenstechnisch unkompliziert ist.
Das bedeutet ferner, dass der Planverfasser von sich aus die betriebswirtschaftlichen Probleme des
Insolvenzplans erläutern muss und dass er dem Insolvenzgericht ggf. Hilfsmittel in die Hand zu
geben hat, um dessen Entscheidungen abzusichern. Die betriebswirtschaftlichen Annahmen, die
Hypothesen und Prognosen sind also zum Beispiel durch Testdaten unabhängiger Sachverständiger
oder Wirtschaftsprüfer zu belegen.

V. Verfahrensgrundsätze

1. Rechtliches Gehör

Soweit das Insolvenzplanverfahren gerichtliches Verfahren ist – soweit dem Insolvenzge- **2.48**
richt Verrichtungen anvertraut sind – hat das Gericht den Beteiligten rechtliches Gehör
gem. Art. 103 Abs. 1 GG zu gewähren. Wie dies zu geschehen hat, regelt die InsO nicht
vollständig. Die von § 10 InsO vorgesehene Anhörung als Form der Tatsachenermittlung
regelt die Gewährung rechtlichen Gehörs nicht abschließend. Vielmehr gehören (unten
RdNr. 9.41 ff.) hierzu noch die **Belehrung über die Ergänzung des Insolvenzplans
gem. § 231 Abs. 1 Nr. 1 InsO** und, wo es an spezialgesetzlichen Regelungen fehlt, über
die Verweisung gem. § 4 InsO[112] die **richterliche Hinweispflicht gem. § 139 ZPO**.
Dabei liegt es nach den einführenden Überlegungen (oben RdNr. 1.3 ff.) nahe, dass es im
Insolvenzverfahren – besonders in seiner Eröffnungsphase – auf eine „mediative"[113]
Handhabung der Angelegenheit durch die Gerichtspersonen ankommt. Weder das Eröffnungsverfahren noch das eröffnete Verfahren gehören der streitigen Zivilgerichtsbarkeit an.[114] Jedenfalls das Insolvenzplanverfahren weist eine deutliche Nähe zur Vertrags-

---

110 Zur Bedeutung betriebswirtschaftlicher Fragen im Insolvenzplanverfahren *Köchling*, DZWIR 2001,
  362 ff.
111 Zu dieser Problematik auch *Lieder*, DZWIR 2004, 452 ff.
112 So zutr. MünchKomm-*Eidenmüller*, InsO, 2002, Vor §§ 217 RdNr. 40.
113 *Schuhmacher/Thiemann*, DZWIR 1999, 441; MünchKomm-*Eidenmüller*, InsO, 2002, Vor §§ 217
  RdNr. 44.
114 Zum Meinungsstand Smid-*Smid*, InsO, 2. Aufl., 2001, § 1 RdNr. 37 ff.

hilfe auf, was ein autoritatives Herangehen des Gerichts an diese vom Gesetzgeber ausdrücklich der Autonomie der Beteiligten geöffnete Sphäre ausschließt.

2.49 Daher verdient es ausdrückliche Zustimmung, wenn *Eidenmüller*[115] unter Verweis auf § 4 InsO die zivilprozessuale Möglichkeit der Anberaumung einer *Güteverhandlung* als eine verfahrensrechtliche Technik der Verfahrensabwicklung aufzeigt. Wegen des damit verbundenen Zeitaufwandes kommt eine Güteverhandlung freilich nur in bestimmten Fällen – etwa Konstellationen im Grenzbereich von Immobiliarzwangsvollstreckung und Insolvenzplan (unten RdNr. 13.109 ff.) – in Betracht.

2. Amtsermittlungsgrundsatz

2.50 Auch im Insolvenzplanverfahren gilt der allgemeine Grundsatz der Untersuchung ex officio gem. § 5 Abs. 1 S. 1 InsO.[116] Die als Gegenmeinung[117] zitierten Autoren beziehen sich auf besondere Fragen der Entscheidung nach § 245 InsO und können nicht als Referenz zur Begründung einer Geltung des Beibringungsgrundsatzes herangezogen werden.

3. „Insolvenzplanspezifische" Verfahrensgrundsätze

2.51 Die wesentlichen Verfahrensgrundsätze im Insolvenzplanverfahren sind der **Minderheitenschutz** und das **Obstruktionsverbot**. Entscheidungen der Gläubiger sind im Insolvenzverfahren grundsätzlich **Mehrheitsentscheidungen**. Forderte man Einstimmigkeit, so gäbe es Sanierung nur noch dann, wenn *alle* Gläubigern und sonstige Verfahrensbeteiligte einverstanden wären, ein gerichtliches Verfahren also obsolet wäre. Mehrheitsentscheidungen benötigen schon aus verfassungsrechtlichen Gründen einen Minderheitenschutz, am Verfahren teilzunehmen und ggf. auch auf ihre Rechte zu verzichten. Dies gilt aber nur dann, wenn ihnen die **Verfahrensteilhaberechte institutionell gewährt** sind. In der InsO kommt der Minderheitenschutz im Grundsatz sachgerechter Gruppenabgrenzung (§ 222 Abs. 2 Satz 2 InsO), im Gleichbehandlungsgrundsatz (§ 226 InsO) und im Mehrheitsprinzip von § 244 Abs. 1 Nr. 1, 2 InsO zum Ausdruck. Die Grenze des Minderheitenschutzes liegt in dem Verbot, die Stellung als Gläubiger zu unlauteren Zwecken zu missbrauchen. Dieses sog. *Obstruktionsverbot* erklärt zum einen den Widerspruch solcher Beteiligter für unbeachtlich, die nach Sinn und Zweck des Insolvenzverfahrens nicht oder nur in geringem Maße schutzbedürftig sind. So ist der Widerspruch nachrangiger Gläubigern gem. § 246 InsO unbeachtlich, wenn schon die nicht nachrangigen Gläubigern nicht voll befriedigt werden können. Entsprechend ist der Widerspruch des Schuldners gem. § 247 InsO ohne Wirkung, wenn er durch den Plan nicht schlechter gestellt wird, als er ohne ihn stünde. Der einzelne nicht nachrangige Gläubiger kann in jeder Gläubigergruppe überstimmt werden, wenn die Mehrheit nach Kopf und Summe sich in der Annahme des Plans einig ist, § 244 InsO. Es ist sogar das Veto einer ganzen Gruppe unbeachtlich, sofern diese Gruppe durch den Plan nicht schlechter gestellt wird und die Mehrheit der Gruppe zugestimmt hat, § 245 InsO. Hier ist freilich noch eine angemessene wirtschaftliche Beteiligung der Gläubigergruppe

---

115 MünchKomm-*Eidenmüller* (Fußn. 112), Vor §§ 217 RdNr. 46.
116 MünchKomm-*Eidenmüller* (Fußn. 112), Vor §§ 217 RdNr. 41.
117 *Braun/Uhlenbruck* (Fußn. 12), 624; KP-*Otte*, InsO, Stand: November 2004, § 245 RdNr. 66.

erforderlich, deren Einzelheiten gem. § 245 Abs. 2 InsO kompliziert sind und später ausführlich dargestellt werden (unten RdNr. 13.1 ff.).

VI. Persönlicher Anwendungsbereich: „Insolvenzplanfähigkeit"

1. Insolvenzverfahrensfähigkeit als Maßstab

Ein Insolvenzplan kann grundsätzlich in all den Fällen eröffnet werden, in denen ein Insolvenz-   **2.52** verfahren über das Vermögen eines Schuldners eröffnet werden kann, weil und soweit dieser vom Gesetz (§§ 11, 12 InsO) für **insolvenzverfahrensfähig** erklärt worden ist. Folglich können Insolvenzpläne erstellt werden in Insolvenzverfahren, die über das Vermögen der AG, der GmbH, der KGaA und der eingetragenen Genossenschaft[118] eröffnet werden. Es kommt nicht darauf an, ob die Gesellschaftsanteile nur einem Gesellschafter gehören[119]. Die Insolvenzfähigkeit der **AG** beginnt mit ihrer Eintragung ins Handelsregister gem. § 41 Abs. 1 AktG. Für die Insolvenzverfahrensfähigkeit der AG sind folgende Besonderheiten zu berücksichtigen: Bei der Verschmelzung zweier AG durch **Aufnahme** gem. § 2 Nr. 1, §§ 4 ff. UmwG ist nurmehr die aufnehmende AG insolvenzfähig[120]. Das Gleiche gilt bei der Verschmelzung durch **Neubildung** gem. § 2 Nr. 2, §§ 36 ff. UmwG für die dann nurmehr neugebildete AG[121]. Wird eine AG in eine andere Form von Kapitalgesellschaft umgewandelt, so sind deren Vorschriften für die Insolvenzfähigkeit maßgeblich[122]. Ferner erfasst sie die **KGaA**. Diese ist indessen bereits deshalb insolvenzverfahrensfähig, weil sie juristische Person ist. Die **GmbH** ist insolvenzverfahrensfähig[123]. Auch die fehlerhaft gegründete GmbH ist insolvenzverfahrensfähig[124]. Sie ist neben der KG in der Insolvenz der **GmbH & Co KG** als deren Komplementärin insolvenzverfahrensfähig. Die **eingetragene Genossenschaft (eG)** erwirbt ihre Rechtsfähigkeit mit dem Zeitpunkt ihrer Eintragung in das Genossenschaftsregister; sie wird dann insolvenzverfahrensfähig[125]. Für die Verschmelzung von Genossenschaften gilt entsprechend das zur AG Ausgeführte: Nur noch die übernehmende Genossenschaft ist insolvenzverfahrensfähig[126]. Vorgenossenschaften sind insolvenzverfahrensfähig, wobei es nicht darauf ankommt, ob die Vorgenossenschaft die Eintragung in das Genossenschaftsregister betreibt[127]. Die nichtige und die für nichtig erklärte Genossenschaft sind insolvenzverfahrensfähig[128], arg. § 97 Abs. 1 GenG, § 11 Abs. 3 InsO. Den juristischen Personen wird nach § **11 Abs. 1 S. 1** InsO der **nichtrechtsfähige Verein** gleich gestellt; er ist also insolvenzverfahrensfähig, was im Hinblick auf die Insolvenzverfahrensfähigkeit der GbR gem. § 11 Abs. 2 Nr. 1 InsO folgerichtig ist. **Personenhandelsgesellschaften**[129] (OHG, KG) sind gem. § 11 Abs. 2 Nr. 1 InsO insolvenzverfahrensfähig; für die zum alten Recht vertretene Auffassung, Insolvenzschuldner seien alle persönlich und unbe-

---

118 Zu den Besonderheiten bei der Insolvenz einer eingetragenen Genossenschaft nach dem GenG *Terbrack*, ZInsO 2001, 1027 ff.; *Beuthien/Titze*, ZIP 2002, 1116 ff.
119 RG, Urt. v. 30. 11. 1937, VII 127/37, RGZ 156, 277 f.
120 Uhlenbruck-*Hirte*, InsO, 12. Aufl., 2003, § 11 RdNr. 50; MünchKomm-*Ott*, InsO, 2002, § 11 RdNr. 31; HK-*Kirchhof*, InsO, 3. Aufl., 2003, § 11 RdNr. 27 .
121 Uhlenbruck-*Hirte* (Fußn. 120), § 11 RdNr. 50; MünchKomm-*Ott* (Fußn. 120), § 11 RdNr. 31.
122 Uhlenbruck-*Hirte* (Fußn. 120), § 11 RdNr. 50; MünchKomm-*Ott* (Fußn. 120), § 11 RdNr. 34.
123 Uhlenbruck-*Hirte* (Fußn. 120), § 11 RdNr. 35; MünchKomm-*Ott* (Fußn. 120), § 11 RdNr. 22; HK-*Kirchhof* (Fußn. 120), § 11 RdNr. 27.
124 Uhlenbruck-*Hirte* (Fußn. 120), § 11 RdNr. 49; HK-*Kirchhof* (Fußn. 120), § 11 RdNr. 9.
125 Uhlenbruck-*Hirte* (Fußn. 120), § 11 RdNr. 35; HK-*Kirchhof* (Fußn. 120), § 11 RdNr. 10.
126 Uhlenbruck-*Hirte* (Fußn. 120), § 11 RdNr. 50; HK-*Kirchhof* (Fußn. 120), § 11 RdNr. 27.
127 Uhlenbruck-*Hirte* (Fußn. 120), § 11 RdNr. 37 ff.
128 Uhlenbruck-*Hirte* (Fußn. 120), § 11 RdNr. 49; HK-*Kirchhof* (Fußn. 120), § 11 RdNr. 9.
129 Eingehend *Armbruster*, Die Stellung des haftenden Gesellschafters in der Insolvenz der Personenhandelsgesellschaft nach geltendem und künftigem Recht, 1996, 23.

schränkt haftenden Gesellschafter der Personenhandelsgesellschaft, lässt § 11 InsO keinen Raum mehr[130]. Diese Vorschrift betrifft zunächst die **Personenhandelsgesellschaften**, also die **OHG** (§§ 105 ff. HGB) und die **KG** (§ 161 Abs. 2 HGB)[131], aber auch die **GmbH & Co KG**[132], da es nicht darauf ankommt, ob es sich bei dem persönlich haftenden Gesellschafter um eine juristische Person handelt. Im Allgemeinen beginnt die Insolvenzverfahrensfähigkeit von OHG und KG mit der Eintragung ins Handelsregister, §§ 123 Abs. 1, 161 Abs. 2 HGB[133]. Ist das Gewerbe hingegen eingestellt oder verpachtet, so liegt ein kaufmännisches Gewerbe nach § 5 HGB nicht mehr vor[134]. § 11 Abs. 2 Nr. 2 InsO ordnet die Insolvenzverfahrensfähigkeit der **GbR**[135], der **Partner-Gesellschaft**[136] und der **EWIV**[137] an[138]. Ebenso wird die **Partenreederei** des § 489 HGB, die starke Ähnlichkeit mit der OHG aufweist, als insolvenzverfahrensfähig anerkannt. Dieser Rechtsform kommt seit einiger Zeit wieder eine gewisse wirtschaftliche Bedeutung zu. Die Mitreeder einer Partenreederei gelten als „persönlich haftende Gesellschafter" i. S. d. § 138 Abs. 2 Nr. 1 InsO. Soweit die Umstrukturierung eines Unternehmens dazu geführt hat, dass es als **Vorgesellschaft** betrieben wird, sieht die überkommene Lehre auch diese bereits als insolvenzverfahrensfähig an[139]. Um solche als insolvenzverfahrensfähig anzusehenden Personifikationen handelt es sich beim **Gründerverein** nach der Errichtung der Satzung der (künftigen) AG (vgl. auch § 213 KO), ebenso wie bei der Vorgesellschaft der GmbH nach Satzungserrichtung und nach der Errichtung des Statuts bei der Vorgesellschaft zur Genossenschaft, da diese bereits ein vollkaufmännisches Gewerbe betreiben und daher von der Insolvenzverfahrensfähigkeit der OHG erfasst werden (§§ 123 Abs. 2, 1 Abs. 2 HGB). Insolvenzverfahrensfähig ist auch gem. § 123 Abs. 2 HGB die auf die Gründung einer OHG gerichtete **Vorgesellschaft**, soweit sie mit ihrem kaufmännischen Geschäftsbetrieb gem. § 1 Abs. 2 HGB in Erscheinung getreten ist[140].

2. Ausschluss der „Insolvenzplanfähigkeit" für Schuldner, die dem Verbraucherinsolvenzverfahren unterworfen sind

2.53 a) Übersicht. Probleme ergeben sich in Falle der Insolvenz natürlicher Personen: Denn es fragt sich in diesen Fällen, ob die Regelungen über das Verbraucherinsolvenzverfahren anwendbar sind. § 312 Abs. 3 InsO schließt für diesen Fall nämlich die Anwendung der Vorschriften über den Insolvenzplan ausdrücklich aus.[141] Das Gesetz sieht nach § 304 Abs. 1 S. 1 InsO die Anwendbarkeit dieser Vorschriften und damit das Fehlen einer „Insolvenzplanfähigkeit" ausdrücklich vor, wenn der Schuldner eine natürliche Person ist, die keine selbstständige wirtschaftliche Tätigkeit ausübt oder ausgeübt hat. In diesem Fall gelten für das Verfahren die allgemeinen Vorschriften nur, soweit – wie durch § 312 Abs. 3 InsO – nichts anderes bestimmt ist. § 304 Abs. 1 S. 1 ist in Fällen anwendbar, in

130 Vgl. *Fehl*, ZGR 1978, 725, 730 m. w. N..
131 Gottwald-*Timm/Körber*, Insolvenzrechtshandbuch, 1990, § 84 RdNr. 1 ff.
132 Uhlenbruck-*Hirte*, InsO, 12. Aufl., 2003, § 11 RdNr. 341 f.; vgl. auch *Uhlenbruck*, Die GmbH & Co KG in Krise, Konkurs und Vergleich.
133 Uhlenbruck-*Hirte* (Fußn. 132), § 11 RdNr. 234.
134 BGH, Urt. v. 19. 5. 1960, II ZR 72/59, BGHZ 32, 307, 313.
135 *Wellkamp*, KTS 2000, 331; hierzu *Fehl*, FS Pawlowski, 243 ff.; *Prütting*, ZIP 1997, 1725 ff.; *M. Beck*, Die Haftung der Gesellschafter bei der BGB-Erwerbsgesellschaft, 1999, bes. 169 ff.
136 Smid-*Smid*, GesO, 3. Aufl., 1997, § 1 RdNr. 57; *Haarmeyer/Wutzke/Förster* (Fußn. 35), I RdNr. 53 aE.
137 BGBl. I, 514 ff.
138 Amtl. Begr., BT-Drucks. 12/2443.
139 *Uhlenbruck/Delhaes*, Konkurs- und Vergleichsverfahren, RdNr. 185.
140 Uhlenbruck-*Hirte* (Fußn. 132), § 11 RdNr. 241.
141 *Schiessler*, Der Insolvenzplan, 1997, 64.

denen der Schuldner eine selbstständige wirtschaftliche Tätigkeit ausgeübt hat, wenn seine Vermögensverhältnisse „überschaubar" sind und gegen ihn keine Forderungen aus Arbeitsverhältnissen bestehen. Das Gesetz definiert in § 304 Abs. 2 InsO die Vermögensverhältnisse als „überschaubar" i S. v. § 304 Abs. 1 S. 2 InsO formal durch die Zahl der Gläubiger eines Schuldners. Hat der Schuldner zu dem Zeitpunkt, zu dem der Antrag auf Eröffnung des Insolvenzverfahrens gestellt wird, weniger als 20 Gläubiger, sind zwingend die Regeln des Verbraucherinsolvenzverfahrens mit der Folge des § 312 Abs. 3 InsO anzuwenden.

b) Verstirbt der **Schuldner vor** Verfahrenseröffnung und wird ein **Nachlassinsolvenz-** **2.54** **verfahren** über sein Vermögen eröffnet, kommt es indes nicht darauf an, ob der lebende Schuldner nach § 304 InsO den Regeln über das Verbraucherinsolvenzverfahren unterworfen worden wäre.[142]

c) Auswirkungen des Insolvenzplans auf Statusrechte des Schuldners.[143]Bereits früh **2.55** hat der Anwaltsenat des BGH[144] entschieden, die Zustimmung der Gläubiger zu einem vom Anwalt vorgelegten Schuldenbereinigungsplan genüge, um seine Vermögensverhältnisse zu ordnen. Davon ist der Notarsenat des BGH abgewichen:

Der insolvenzschuldnerische Antragsteller war seit 1991 Notar in Sachsen. Wie der BGH aus- **2.56** drücklich mitteilt, war seine Amtsprüfung nach dem Prüfungsbericht vom 26.2.2003 nicht zu beanstanden; allerdings war durch Beschluss des zuständigen Insolvenzgerichts vom 29.11.2002 mit Wirkung zum 1.12.2002 über das Vermögen des Notars wegen Zahlungsunfähigkeit das Insolvenzverfahren eröffnet worden. Bei Eröffnung eines Insolvenzverfahrens über das Vermögen eines Notars wird vermutet, dass er sich im Vermögensverfall iSd § 50 Abs. 1 Nr. 6 BNotO befindet.[145] Gestützt hierauf hat die Landesjustizverwaltung mit Schreiben vom 4.12.2002 dem Notar seine Absicht eröffnet, ihn wegen Vermögensverfalls des Amtes zu entheben, was auch am 20.3.2003 geschehen ist. Zuvor hatte am 20.2.2003 in dem über das Vermögen des Notars eröffneten Insolvenzverfahren die Gläubigerversammlung gem. § 157 InsO die vorläufige Fortführung des Notariats durch den Insolvenzschuldner beschlossen. Zudem war der Insolvenzverwalter zur Ausarbeitung eines Insolvenzplans beauftragt worden, der in der Folgezeit von den Gläubigern angenommen und mit Beschluss des Insolvenzgerichts vom 9.7.2003 bestätigt worden ist. Der Insolvenzplan enthält die Bedingung, dass dem Insolvenzschuldner die Fortführung seiner Amtsgeschäfte als Notar aufgrund einer Entscheidung im Verfahren zur Erlangung vorläufigen Rechtsschutzes gegen die Amtsenthebung möglich sei. Mit seinem Antrag auf Aufhebung des Amtsenthebungsbescheides hat der Antrag stellende Notar vor dem zuständigen OLG Erfolg gehabt, dass im Wege der Eilentscheidung noch am 20.3.2003 zugunsten des Antragstellers entschieden hatte. Mit Schreiben des Insolvenzgerichts vom 13.2.2004 wurde weiterhin mitgeteilt, dass gegen die Bestätigung des bedingten Insolvenzplans vom 9.7.2003 keine Rechtsmittel eingelegt wurden und das Insolvenzverfahren gem. § 258 InsO abschlussreif sei.

Der BGH hat auf die sofortige Beschwer des Antraggegners gem. § 111 Abs. 4 BNotO i.V.m. § 42 **2.57** Abs. 4 BRAO entschieden, dass die gesetzliche Vermutung des Vermögensverfalls seitens des Antrag stellenden Notars nicht erfolgreich widerlegt worden ist. Zu einer solchen Widerlegung

---

142 MünchKomm-*Eidenmüller*, InsO, 2002, Vor § 217 RdNr. 32.
143 Vgl. hierzu Schmittmann, ZInsO 2004, 725 ff.
144 BGH, Senat für Anwaltssachen, B. v. 6. 11. 2000, AnwZ (B) 1/00.
145 BT-Drucks. 12/3803, S. 66 f.

ist es nämlich erforderlich, dass der Notar seine Einkommens- und Vermögensverhältnisse unter Aufstellung sämtlicher gegen ihn erhobenen Forderungen umfassend darlegt und nachweist, dass diese Forderungen inzwischen erfüllt sind oder darlegt, wie die Forderung auf Erfolg versprechende Weise in absehbarer Zeit erfüllt werden sollen.[146] Der BGH hat nun in der Tat aufgrund des unstreitigen Sachverhalts festgestellt, es spräche vieles dafür, dass es dem Antrag stellenden Notar aller Voraussicht nach in Erfüllung des Insolvenzplans möglich sein werde, die gegen ihn gerichteten Forderungen in einer Weise zu erfüllen, dass nach Abschluss des Insolvenzplanverfahrens seine Einkommens- und Vermögensverhältnisse wieder als geordnet erscheinen.[147] Somit war nach dem festgestellten Sachverhalt zu erwarten, dass der Antrag stellende Notar in absehbarer Zeit entschuldet sein werde, § 50 Abs. 1 Nr. 8, alt.1 BNotO.[148] Der BGH hat sich aber ausdrücklich geweigert, diesen festgestellten Sachverhalt bei seiner Entscheidung zu berücksichtigen. Dabei rekurriert der erkennende Senat auf seine bisherige Judikatur, in der er ausgeführt hat, materielle Gründe der Rechtssicherheit würden es bei gestaltenden Verwaltungsakten wie der Amtsenthebung des Notars zwingend gebieten, die Überprüfung der Rechtmäßigkeit auf den Anfechtungsantrag hin von späteren Veränderungen der Sachlage unabhängig zu halten.[149] Das nun ist in keiner Weise verständlich.

2.58   Der erkennende Senat des BGH übersieht mit seinem Beschluss, dass die begründete Erwartung der Fähigkeit des Antragstellers, seine Einkommens- und Vermögensverhältnisse wieder zu ordnen und die gegen ihn gerichteten Forderungen zu befriedigen, zu den gesetzlichen Tatbestandsmerkmalen zählt, aufgrund derer der Amtsenthebungsgrund des § 50 Abs. 1 Nr. 8 BNotO widerlegt werden kann. Der Beschluss der Gläubigerversammlung, mit dem der Insolvenzverwalter zur Ausarbeitung eines Insolvenzplans beauftragt worden war, lag einen Monat vor Erlass des Amtsenthebungsbeschlusses. Liegt aber eine derartige Entscheidung der Gläubiger eines Schuldners vor, ist zu erwarten, dass ein Insolvenzplan – wie im vorliegenden Fall denn auch im Ergebnis geschehen – durch die zu bildenden Abstimmungsgruppen angenommen werden wird. Ist dies der Fall, gibt es fast keine stärkere Vermutung, für das zu erwartende Gelingen einer Vermögensreorganisation eines Schuldners. Denn die Transparenz des gerichtlichen Insolvenzplanverfahrens bietet den Betroffenen ein Höchstmaß an möglicher Unterrichtung und Kontrolle für das weitere Verfahren. Dies alles war der Landesjustizverwaltung bekannt. Es wäre absurd, einem in Vermögensverfall geratenen Notar eine Schuldenbereinigung außerhalb eines Insolvenzplanverfahrens zu eröffnen, um die Amtsenthebung abzuwenden, das vom Bundesgesetzgeber im Rahmen der Insolvenzrechtsreform als der außergerichtlichen Reorganisation vorzuziehende Insolvenzplanverfahren aber geradezu als Anlass dafür zu nehmen, eine in diesem Verfahren unter gerichtlicher Kontrolle und Aufsicht zu realisierende Reorganisation nicht nur bei der Beurteilung der Tatbestandsvoraussetzung nach § 50 Abs. 1 Nr. 8 BNotO auszublenden, sondern geradezu als Fallstrick anzusehen. Die vorliegende Entscheidung läuft in eklatantem Maße nicht allein den reformgesetzgeberischen Intensionen zuwider, sondern verfehlt schwerwiegend die einschlägigen notarrechtlichen Rechtsgrundlagen. Der vorliegenden Entscheidung ist denn auch kein langes Leben vergönnt gewesen, da das BVerfG[150] die Vollziehung der Amtsenthebung des Notars im vorliegenden Fall aufgrund einer von ihm eingelegten Verfassungsbeschwerde bis zur Entscheidung über die Verfassungsbeschwerde ausgesetzt hat. Im Hauptsacheverfahren müsse der BGH nämlich, anders als in der vorliegenden Entscheidung geschehen, prüfen, ob die Amtsenthebung im vorliegenden Fall als schwerster Eingriff in die durch Art. 12 Abs. 1 GG geschützte berufliche Stellung des Notars verhältnismäßig sei.

---

146 BGH, B. v. 21.11.1994, AnwZ (B) 40/94, BRAK-MIT.1995, 126.
147 BGH, B. v. 24.10.1994, AnwZ (B) 35/94, BRAK-MIT.1995, 29.
148 BGH, B. v. 20.3.2000, NotZ 19/99, NJW 2000, 2359.
149 BGH, Senat für Notarsachen, B. v. 3.12.2001, NotZ 16/01 = BGHZ 149, 230, 234 f. = NJW 2002, 1349; BGH, B. v. 8.7.2002, NotZ 1/02, NJW 2002, 2791, 2792.
150 BVerfG, 28.4.2004, 1 BvR 912/04, ZIP 2004, 1008.

Die Entscheidung des BVerfG im „Notarfall" wirft im Übrigen ihre Schatten auf eine **2.59**
Judikatur des BFH[151] zur Reichweite des § 46 Abs. 2 Nr. 4 StBerG[152], der den Widerruf
der Bestellung zum Steuerberater bei Vermögensverfall vorsieht. Der VII. Senat des BFH
hat die *Vorlage* eines Insolvenzplans nicht als Grund angesehen, der dem Widerruf der
Bestellung zum Steuerberater entgegengesetzt werden könnte. Die Entscheidung liegt
daher etwas anders als in dem vom BGH entschiedenen Fall, da der vom Steuerberater
vorgelegte Plan anders als der des Notars (noch) nicht von den Gläubigern angenommen
worden war.

3. Sonderfragen
a) Restschuldbefreiung. Soweit nach dem für das Verbraucherinsolvenzverfahren gel- **2.60**
tenden Recht besondere Voraussetzungen an die Einleitung des Verfahrens geknüpft sind,
greifen diese nicht ein, wenn eine natürliche Person einen Insolvenzplan im allgemeinen
Verfahren (Regelinsolvenzverfahren) einreicht, der u. a. vorsieht, dass der Schuldner die
Restschuldbefreiung erlangen soll.[153]

b) Verfahrenskostenstundung und Beiordnung eines Rechtsanwalts. Nach einer in **2.61**
der Judikatur[154] vertretenen Meinung soll die Beiordnung eines Rechtsanwalts nur zur
Wahrnehmung der „Pflichtaufgaben" des Schuldners im Rahmen eines Insolvenzverfahrens möglich sein – wonach sich die Erstellung eines Insolvenzplans, zu der der
Schuldner *berechtigt* ist, gleichsam als „Kür" darstellt, die eine Beiordnung nicht
möglich mache. Dies ist schon deshalb bedenklich, weil dem Schuldner damit u. U.
auch die Möglichkeit einer optimalen Masseverwertung beschnitten werden kann und
schließlich der Erhalt des schuldnerischen Unternehmens gem. § 1 InsO zum gesetzlichen Ziel des Insolvenzverfahrens erhoben wurde.

4. Konzerninsolvenzpläne
Das Thema „Konzerninsolvenz" hat in jüngerer Zeit durch medienwirksame Großinsol- **2.62**
venzen wie die von Holzmann, Herlitz oder KirchMedia Aktualität und Bedeutung
erlangt. Um so mehr erstaunt es, dass das deutsche Recht – anders als andere Rechtsordnungen[155] – keine Regelungen über die Insolvenz verbundener Unternehmen kennt.
Ein Insolvenzplanverfahren bezogen auf das Gesamtvermögen des „Konzerns" ist von
Gesetzes wegen ausgeschlossen.[156] Das Gesetz geht vom Prinzip der Einzelgesellschaft
aus, wonach jedes Rechtssubjekt unabhängig von einer Unternehmensverbindung in
einem einzelnen Insolvenzverfahren abgewickelt wird. Es gelten die Grundsätze:
„Eine Person, ein Vermögen, eine Insolvenz"[157] und „Jedes Unternehmen stirbt seinen
eigenen Tod." Unternehmenszusammenschlüsse können dazu führen, dass sich wirtschaftliche Schwierigkeiten in einem konzernverbundenen Unternehmen auch auf die

---

151 BFH, B. v. 4.12.2003, VII B 121/03, BFH/NV 2004, 824 ff.; vgl. auch Schl.-Holst. FinG, Urt. v.
  16.6.2004, 2 K 86/03, ZVI 2004, 535.
152 Vgl. auch als Vorinstanz FinG Münster, Urt. v. 26.2.2003, 7 K 2451/02 StB, unveröffentlicht.
153 LG München, B. v. 5.9.2003, 14 T 15659/03, ZVI 2003, 473.
154 LG Bochum, B. v. 30.12.2002, 10 T 33/02, ZVI 2003, 23.
155 So z. B. die USA, Frankreich und Spanien.
156 MünchKomm-*Eidenmüller*, InsO, 2002, Vor § 217 RdNr. 34 aE.
157 *Uhlenbruck*, KTS 1986, 419, 425; *K. Schmidt* (Fußn. 68), 89, 221; *Ehricke*, ZInsO 2002, 393.

übrigen Konzerngesellschaften auswirken. Wird die Konzernobergesellschaft insolvent, liegt der Insolvenzgrund häufig auch bei der Mehrzahl der Konzerntochterunternehmen vor. Vor diesem Hintergrund fordert ein Teil der insolvenzrechtlichen Literatur[158] ein gemeinsames Insolvenzverfahren konzernverbundener Unternehmen mit der Begründung, die wirtschaftliche Einheit eines Konzerns verlange eine gemeinsame Insolvenzverwaltung unter Aufsicht eines zuständigen Insolvenzgerichts. Nur auf diese Weise entspreche ein wirtschaftlich orientiertes Insolvenzrecht der Realität am Markt.

2.63 Ein konsolidierter übergreifender Insolvenzplan für den gesamten Konzern, der in der Literatur[159] gefordert wird, ist jedoch unzulässig.[160] Gerät ein Konzern in die Insolvenz sind die Voraussetzungen für die Verfahrenseröffnung für jedes Konzernunternehmen zu prüfen. In jedem eröffneten Verfahren kann dann ein Insolvenzplan vorgelegt werden. Einer Vielzahl von Fällen wird diese Aufteilung auch gerecht: Wird etwa nur eine Tochtergesellschaft, nicht aber ihre Konzernmutter insolvent, scheidet eine konzerneinheitliche Sanierung aus. Anders in den Fällen, in denen die Insolvenz der Muttergesellschaft zur Insolvenz der Tochtergesellschaften führt oder aber sowohl Konzernmutter als auch -tochter insolvent sind. Eine konzerneinheitliche Sanierung, z. B. mittels eines gemeinsamen Insolvenzplans für alle Konzernunternehmen, böte in diesen Fällen den Vorteil, dass die wirtschaftliche Einheit innerhalb des Konzerns gewahrt werden könnte. Daher wäre es mit Blick auf eine Reorganisation der konzernmäßig verbundenen Unternehmen nicht selten wünschenswert, das Instrumentarium des Insolvenzplans in diesen Fällen einzusetzen. *Eidenmüller*[161] schlägt in diesem Zusammenhang die Vorlage inhaltlich abgestimmter Insolvenzpläne vor – was freilich voraussetzt, dass *sowohl* über das Vermögen der Muttergesellschaft als auch das der Tochtergesellschaften das Insolvenzverfahren eröffnet wird. Die Einsetzung verschiedener Insolvenzverwalter durch Insolvenzgerichte an verschiedenen Orten steht der Vorlage solcher abgestimmter Pläne indessen entgegen. Das geltende Recht erleichtert dabei Amtshilfen nicht. Ein **Konzerngerichtsstand** kommt allenfalls unter der Voraussetzung in Betracht, dass eine **zentrale Lenkung der Tochtergesellschaften durch die Muttergesellschaft** erfolgt[162]. Die in der Literatur[163] im Wesentlichen aus Gesichtspunkten der „Verfahrensökonomie" diskutierte darüber hinausgehende Zusammenfassung von Insolvenzverfahren über konzernmäßig verbundene Unternehmen ruft Schwierigkeiten hervor, weil § 3 InsO ausdrücklich *keine* „Gesamtzuständigkeit" nach US-amerikanischem Vorbild normiert hat[164]. Vermeintlich verfahrensökonomische[165] Aspekte müssen zurücktreten. Bedenken gegen die Konstruktion einer solchen Zuständigkeit[166] aus dem Gesichtspunkt des Gebotes des gesetzlichen

158 *Eidenmüller*, Unternehmenssanierung zwischen Markt und Gesetz, 1999, 797 m. w. N.; *Uhlenbruck,* NZI 1999, 41 ff.
159 *Uhlenbruck,* NZI 1999, 41, 44.
160 Zutr. MünchKomm-*Eidenmüller* (Fußn. 156), Vor § 217 RdNr. 36 a. E.
161 MünchKomm-*Eidenmüller* (Fußn. 156), Vor § 217 RdNr. 36.
162 LG Dessau, B. v. 30. 3. 1998, 7 T 123/98, ZIP 1998, 1007.
163 *Ehricke*, Das abhängige Konzernunternehmen in der Insolvenz, 1998, 477 ff.; *ders.,* ZInsO 2002, 393 ff.; *Uhlenbruck,* NZI 1999, 41.
164 Vgl. *Scheel*, Konzerninsolvenzrecht, 1995, 37-39 et passim.
165 Zu den Bedenken: *Smid*, Richterliche Rechtserkenntnis, 1989, 88 ff.
166 Wie sie *Ehricke* (Fußn. 163), 481 ff., befürwortet.; vgl. auch *ders.,* DZWIR 1999, 353, 354 ff. und ZInsO 2002, 393, 397 f.

Richters haben Vorrang. Ein „Konzerninsolvenzverwalter", der sowohl in dem über die Muttergesellschaft als auch in den über die Tochtergesellschaften eröffneten Insolvenzverfahren eingesetzt wird, begegnet erheblichen Bedenken. Dieser **„Konzerninsolvenzverwalter" befindet sich nämlich in ständiger Pflichtenkollision.** Er hat z. B. Forderungen der Muttergesellschaft gegen die Töchter in deren Insolvenzverfahren und umgekehrt anzumelden, was selbstverständlich eine Prüfung ausschließt. Es sind Fälle ruchbar geworden, in denen Konzerninsolvenzverwalter die Verfahren von Tochterunternehmen durch „Umbuchungen" zu „finanzieren" versucht haben. In solchen Fällen ist die Absetzung oder Abwahl des Verwalters notwendig, wenigstens aber die ständige Bestellung von Sonderinsolvenzverwaltern[167]; damit wird auch vermieden, das – systemwidrig – § 181 BGB ausgehöhlt wird[168]. Die Bestellung eines Insolvenzverwalters, der verschiedenen Gläubigergemeinschaften in unterschiedlichen Verfahren gleichermaßen verantwortlich wäre, in einem Konzernverbund ist daher zu vermeiden.

a) Die Insolvenz der Tochtergesellschaft – aa) Die Unternehmensverträge. Gerät eine   **2.64** abhängige Konzerntochter (§ 17 AktG) in die Insolvenz, stellt sich die Frage nach dem Schicksal der mit der Muttergesellschaft geschlossenen Unternehmensverträge. Unternehmensverträge sind gem. § 291 Abs. 1 AktG Beherrschungs- oder Gewinnabführungsverträge. Ein Beherrschungsvertrag liegt vor, wenn ein Tochterunternehmen der Konzernmutter die Leitung ihrer Gesellschaft unterstellt, ein Gewinnabführungsvertrag dann, wenn sich die Tochtergesellschaft verpflichtet, der Obergesellschaft ihren gesamten Gewinn zur Verfügung zu stellen. Da der Gewinnabführungsvertrag nach § 302 AktG eine gesetzliche Verlustübernahmepflicht auslöst, wird üblicherweise zugleich die Verlustübernahme festgelegt. Danach ist der Jahresfehlbetrag zu ersetzen, d. h. der Fehlbetrag, der sich bei der beherrschten Gesellschaft einstellen würde, wenn es die Verlustübernahmepflicht nach § 302 AktG nicht gäbe. Bei der vertraglichen Koppelung von Gewinn- und Verlustübernahme spricht man von einem Ergebnisabführungsvertrag. Solche Verträge haben erhebliche steuerliche Auswirkungen (etwa die körperschaftsteuerliche Organschaft).

Welche Auswirkungen die Insolvenzeröffnung über das Vermögen des Tochterunternehmens auf den Beherrschungsvertrag mit der Muttergesellschaft hat, war schon unter   **2.65** Geltung der Konkursordnung umstritten. Der BGH[169] und der überwiegende Teil des konkursrechtlichen Schrifttums[170] waren der Ansicht, dass Unternehmensverträge mit Eröffnung des Konkursverfahrens über das Vermögen der Tochtergesellschaft automatisch beendet sind. Die Beendigung des Unternehmensvertrages erfolge parallel zu der durch die Konkurseröffnung bedingten Auflösung der Gesellschaft (§ 262 Abs. 1 Nr. 3 AktG a. F.). Dies ergebe sich aus der ergänzenden Vertragsauslegung des Beherrschungs- und Gewinnabführungsvertrages (§ 157 BGB); denn der Gesellschaftszweck sei nicht mehr auf Gewinnerzielung durch Betrieb eines werbenden Unternehmens gerichtet, sondern auf die Verwertung des Gesellschaftsvermögens. Ein Fortbestand des

---

167 Dies sieht auch *Scheel* (Fußn. 164), 39, der aber die Maßstäbe für überzogen hält.
168 Abzulehnen daher LG Ulm, Urt. v. 23. 11. 1999, 2 KfH O 221/99 m. Anm. *Kowalski,* § 21 GmbHG EWiR 1/2000, 29.
169 BGH, Urt. v. 14.12.1987, II ZR 170/87, NJW 1988, 1326, 1327.
170 Vgl. etwa *Kuhn/Uhlenbruck,* KO, 11. Aufl., 1994, Vorbem. K vor § 207.

Beherrschungsvertrages sei mit dem Insolvenzrecht unvereinbar, da der Insolvenzverwalter der Tochtergesellschaft nicht verpflichtet sein könne, den Weisungen der herrschenden Gesellschaft Folge zu leisten.

2.66 Die Eröffnung des Vergleichsverfahrens stellte demgegenüber nach Ansicht des BGH keinen Grund für eine Beendigung der Unternehmensverträge dar. Zur Begründung führte er aus, dass die Eröffnung des Vergleichsverfahrens nicht zur Auflösung der Gesellschaft führe. Zudem sei die Situation mit der des Konkurses nicht vergleichbar, weil dem Vergleichsverwalter im Unterschied zum Konkursverwalter nur eingeschränkte (Mitwirkungs- und Überwachungs-)Rechte zukommen. Es bleibe der herrschenden Gesellschaft daher genügend Raum, ihre Leitungsmacht gegenüber dem beherrschten Unternehmen auszuüben.

2.67 Nach anderer, vor allem von *Karsten Schmidt* schon zur Konkursordnung vertretener Auffassung[171] besteht der Beherrschungsvertrag auch nach Eröffnung des Insolvenzverfahrens fort und kann lediglich aus wichtigem Grund gem. § 297 AktG gekündigt werden. Ein automatischer Wegfall des Beherrschungsvertrages widerspreche der Tatsache, dass die konzernrechtlichen Organisationsstrukturen auch in der Insolvenz des Unternehmens erhalten blieben. Deshalb entfalle nur die vertragliche Konzernleitungsmacht, während der Vertrag selbst weiter bestehe.

2.68 Ob sich die Argumentation des BGH unter Geltung der InsO – seit dem 1.1.1999 – halten lässt, ist zweifelhaft. Neue Rechtsprechung existiert bislang nicht. Teile der aktienrechtlichen Literatur[172] befürworten eine unterschiedslose Übernahme der bisherigen Rechtsgrundsätze auch für Verfahren nach der Insolvenzordnung.

2.69 Diese Auffassung überzeugt nicht. Im Unterschied zur überkommenen Konkursordnung sieht das neue Insolvenzrecht ein verändertes Verfahrensziel vor. Insolvenzverfahren dienen gem. § 1 S. 1 Var. 1 InsO weiterhin der Befriedigung der Gläubiger durch Verwertung des Schuldnervermögens. Neben der Abwicklung von Unternehmen – dies war Verfahrensziel der Konkursordnung – hat das Insolvenzrecht mit dem Sanierungsauftrag (§ 1 S. 1 Var. 2 InsO) zusätzlich auch das Ziel der Vergleichsordnung übernommen: Seit 1.1.1999 existiert ein *einheitliches* Insolvenzverfahren. **Die automatische Beendigung von Unternehmensverträgen widerspricht dem Sanierungszweck.** Sie würde dazu führen, dass in Sanierungsfällen Unternehmensverträge unmittelbar nach ihrer automatischen Beendigung neu abgeschlossen werden müssten, obwohl sie ohnehin bestehen bleiben sollten. Ein derartiges Sanierungshindernis entspricht gerade im Hinblick auf die Sanierung von Großkonzernen durch Insolvenzpläne nicht dem Willen der Vertragsparteien. Soll saniert werden, muss im Gegenteil angenommen werden, dass die Parteien den Fortbestand der Unternehmensverträge wünschen. Aus diesem Grund müssen Unternehmensverträge bei Eröffnung des Insolvenzverfahrens über das beherrschte Unternehmen nach richtiger Ansicht bestehen bleiben. Es ist lediglich eine beiderseitige Kündigungsmöglichkeit aus wichtigem Grund nach § 297 Abs. 1 AktG

---

171 Vgl. *K. Schmidt* (Fußn. 68), 288.
172 MünchKomm-*Altmeppen*, AktG, § 297 RdNr. 103 ff.; *Hüffer*, AktG, § 297 RdNr. 22.

anzunehmen. Dies ergibt sich auch aus den Materialien zur Insolvenzordnung. Der erste Bericht der Kommission für Insolvenzrecht[173] sieht ausdrücklich vor, dass die Insolvenzeröffnung einen Unternehmensvertrag nicht automatisch beendet. Der vorgenannten Auffassung entsprechen auch die Vorschriften der §§ 103 ff. InsO, wonach dem Insolvenzverwalter ein Erfüllungswahlrecht bei gegenseitigen Verträgen zukommt. Wird über das Vermögen eines beherrschten Unternehmens das Insolvenzverfahren eröffnet, kann der Verwalter daher neben § 297 AktG auch auf § 103 InsO zurückgreifen und eine Erfüllung der Unternehmensverträge ablehnen.

bb) Die Verlustausgleichspflicht nach § 302 AktG. Besteht ein Beherrschungs- oder **2.70** Gewinnabführungsvertrag, hat die Tochtergesellschaft gegen ihre Konzernmutter nach § 302 AktG einen Anspruch auf Übernahme ihrer Verluste, der mit Abschluss des Geschäftsjahres entsteht, in dem der Jahresfehlbetrag eintritt. Als Konsequenz dazu, dass Unternehmensverträge mit Eröffnung des Konkursverfahrens endeten, nahm die überwiegende Auffassung unter Geltung der Konkursordnung[174] auch ein Erlöschen der Verlustausgleichspflicht zu diesem Stichtag an. Dies führte dazu, dass der Insolvenzverwalter des Tochterunternehmens lediglich für das vollständige abgelaufene Geschäftsjahr den Verlustausgleichsanspruch geltend machen konnte. Eine Ausgleichsverpflichtung für das ganze, bei Eröffnung des Insolvenzverfahrens laufende Geschäftsjahr bestand jedoch nicht. Der Insolvenzverwalter musste daher das Rumpfgeschäftsjahr abschließen und eine der Gewinnermittlung dienende Zwischenbilanz erstellen, nach der entstandene Verluste auszugleichen waren.

Bestehen nach neuer Rechtslage Unternehmensverträge nunmehr auch nach Insolvenz- **2.71** eröffnung fort, führt dies folgerichtig auch zu einem Fortbestand der Verlustübernahmepflicht nach § 302 AktG. Eine andere Lösung lässt schon der eindeutige Wortlaut des § 302 Abs. 1 AktG nicht zu, der die Pflicht zur Verlustübernahme vom Bestehen eines Beherrschungs- oder Gewinnabführungsvertrages abhängig macht. Dies verkennen Teile des Schrifttums, die zwar vom Fortbestehen der Unternehmensverträge ausgehen, sich gleichwohl aber – ohne Begründung – gegen ein Erlöschen von Gewinnabführungs- und Verlustausgleichspflicht aussprechen[175].

Erforderlich ist der Fortbestand von Gewinnabführungs- und Verlustausgleichspflicht vor **2.72** allem für das Insolvenzsteuerrecht. In Fortführungsfällen bedeutsam ist die Frage nach der Verrechnung von Sanierungsgewinnen mit Verlustvorträgen aus der Zeit vor Insolvenzeröffnung[176]. Das geltende Recht sieht nach Streichung des § 3 Nr. 66 EStG a. F. die Besteuerung von Sanierungsgewinnen vor. Wird ein Unternehmen – z. B. durch einen Insolvenzplan – saniert, bedeutet die Erhebung der Steuer auf einen Sanierungsgewinn für den Steuerpflichtigen eine erhebliche Härte. Aus diesem Grund sieht das Bundesfinanzministerium in seinem Erlass vom 27.03.2003[177] über die ertragsteuerliche

---

173 Vgl. BMJ, Erster Bericht der Kommission für Insolvenzrecht 1985, 292.
174 *Kuhn/Uhlenbruck* (Fußn. 170), Vorbem. K zu § 207 RdNr. 2 a, b.
175 Uhlenbruck-*Hirte*, InsO, 12. Aufl., 2003, § 11 RdNr. 398 ff.
176 Hierzu *Maus*, ZIP 2002, 589 ff.; zur Rechtslage und praktischen Auswirkungen nach dem BMF-Erlass v. 27.3.2003 *Bareis/Kaiser*, DB 2004, 1841.
177 Vgl. BMF-Erlass v. 27.3.2003, RdNr. 8, veröffentlicht unter www.bundesfinanzministerium.de.

Behandlung von Sanierungsgewinnen die Stundung der Steuer mit dem Ziel des späteren Erlasses vor. Gleichzeitig bestimmt der Erlass, dass zwecks Festsetzung der Besteuerungsgrundlage die Verrechnung von Verlusten und Sanierungsgewinnen stattfinden soll. Eine Verrechnung von Verlustvorträgen mit dem Sanierungsgewinn setzt im Konzern voraus, dass weder die Unternehmensverträge noch die Gewinnabführungs- und Verlustausgleichspflicht zwischen Mutter- und Tochtergesellschaft mit Eröffnung des Insolvenzverfahrens enden. Für das Fortbestehen von Gewinnabführungs- und Verlustausgleichspflichten im eröffneten Insolvenzverfahren spricht auch das beiderseitige Kündigungsrecht von Unternehmensverträgen gem. § 297 AktG. Wird gekündigt, fehlt es an einer Voraussetzung des § 302 AktG, so dass auch die Pflicht zur Verlustübernahme erlischt.

2.73 **b) Die Insolvenz der Muttergesellschaft. – aa) Die Unternehmensverträge.** Wird über das Vermögen der herrschenden Gesellschaft das Insolvenzverfahren eröffnet, so endeten nach überkommener Auffassung des Bundesgerichtshofs zur Konkursordnung sowohl der Beherrschungsvertrag als auch der Ergebnisabführungsvertrag ebenfalls automatisch. Dies überzeugt auch für die Insolvenz des herrschenden Unternehmens nicht. Aus den bereits genannten Gründen bestehen Unternehmensverträge nach neuer Rechtslage mit Insolvenzeröffnung fort, können aber beiderseitig gem. § 297 AktG (bzw. durch den Insolvenzverwalter gem. § 103 InsO) gekündigt werden.

2.74 **bb) Die Verlustausgleichspflicht nach § 302 AktG.** Hinsichtlich der Verlustausgleichspflicht des herrschenden Unternehmens wird auf das in RdNr. 2.53 ff. Gesagte verwiesen. Auch in der Insolvenz der Muttergesellschaft bleibt die Verpflichtung zur Verlustübernahme über den Stichtag der Insolvenzeröffnung hinausgehend bestehen und unterliegt nur den beiderseitigen Kündigungsmöglichkeit der § 297 AktG bzw. § 103 InsO.

2.75 **c) Die Insolvenz des (faktischen) GmbH-Konzerns. – aa) GmbH-Konzernrecht.** Das Konzernrecht ist im Aktiengesetz (§§ 15-19; 291-338 AktG) geregelt. Obwohl im GmbH-Gesetz nicht normiert, ist das GmbH-Konzernrecht in Rechtsprechung und Literatur seit Jahren anerkannt[178]. In der Praxis spielt das Konzernrecht der GmbH eine große Rolle. Die Zulässigkeit von Unternehmensverträgen steht – auch wenn eine gesetzliche Regelung fehlt – außer Frage. Die GmbH kann analog §§ 291 ff. AktG als herrschende oder abhängige Gesellschaft Unternehmensverträge schließen. Da die aktienrechtlichen Konzernvorschriften entsprechende Anwendung finden[179], kann im Hinblick auf das Schicksal der Unternehmensverträge in der Insolvenz der Mutter- bzw. Tochtergesellschaft auf die obigen Ausführungen verwiesen werden.

2.76 **bb) Faktische Konzernierung. (1) Einfacher und qualifizierter faktischer Konzern.** Von der Rechtsfigur des vertraglichen Vertragskonzerns ist die des faktischen Konzerns zu unterscheiden. Eine einfache faktische Konzernierung liegt vor, wenn mehrere Unternehmen unter der Leitung eines herrschenden Unternehmens zusammengefasst

178 Vgl. z. B. BGH, B. v. 24.10.1988, II ZB 7/88, BGHZ 105, 324, 330 ff.= ZIP 1989, 29.
179 Siehe BGH, B. v. 24.10.1988, II ZB 7/88, BGHZ 105, 324, 330 ff.= ZIP 1989, 29.

sind, ohne dass ein Beherrschungsvertrag existiert. Die Tochtergesellschaft steuert in diesem Fall ihre Vermögensverhältnisse eigenverantwortlich und ist lediglich an Einzelweisungen des Mutterunternehmens gebunden. Von einem qualifiziert faktischen Konzern spricht man, wenn die abhängige Gesellschaft unter totaler externer Leitungsmacht und Abhängigkeit zur herrschenden Gesellschaft steht und in einem nicht mehr beherrschbaren Ausmaß nachhaltig durch diese beeinträchtigt wird[180].

(2) Insolvenz des faktischen Konzerns. Nach überkommener Auffassung führte auch die **2.77** Insolvenz einer Gesellschaft innerhalb eines faktischen Konzerns zur Beendigung des faktischen Konzernverhältnisses[181]. Begründet wurde dies damit, dass die Überlegungen zur Beendigung von Unternehmensverträgen bei Vertragskonzernen insoweit übertragbar seien. Für die Anwendung der neuen Grundsätze auf den faktischen Konzern gibt es keinen Anlass: Im Unterschied zum Vertragskonzern existiert gerade kein Unternehmensvertrag. Steuerliche Probleme der Verrechnung von Sanierungsgewinnen mit Verlustvorträgen bestehen aus diesem Grund nicht. Es spricht daher vieles dafür, das faktische Konzernverhältnis – wie schon nach altem Recht – mit Verfahrenseröffnung zu beenden.

(3) Haftung im faktischen Konzern. Mit der Haftung im (qualifiziert) faktischen **2.78** GmbH-Konzern haben sich Rechtsprechung[182] und gesellschaftsrechtliche Literatur intensiv beschäftigt. Die insolvenzrechtlichen Konsequenzen sind:

Schon beim einfachen faktischen Konzern ist ein Ersatzanspruch der abhängigen Gesellschaft **2.79** wegen eines Schadens aufgrund einer nachteiligen Einzelweisung anerkannt. Im Fall des qualifiziert faktischen GmbH-Konzerns nahm man darüber hinaus lange – wie beim Vertragskonzern – eine Verlustübernahmepflicht des herrschenden Unternehmens analog § 302 AktG an. Darüber hinaus kam es zu einer speziellen Insolvenzaußenhaftung des herrschenden Unternehmens im qualifiziert faktischen Konzern. Der BGH hatte in verschiedenen Urteilen einen derartigen Gläubigerschutz in Anlehnung an die §§ 303, 302 AktG entwickelt. Dieser Rechtsprechung lag der Gedanke zugrunde, dass die von einem qualifiziert faktischen Konzern ausgehenden Risiken mit denen eines Vertragskonzerns vergleichbar sind. Zum Schutz der Gläubiger musste daher die in § 303 AktG normierte Pflicht, bei Beendigung eines Beherrschungsvertrages Sicherheit zu leisten, für den Fall, dass eine qualifiziert faktische Konzernierung durch Insolvenz der Tochtergesellschaft endet, zu einer sofortigen Ausfallhaftung der Muttergesellschaft gegenüber den Insolvenzgläubigem umgewandelt werden. Voraussetzung für eine derartige Haftung war, dass das herrschende Unternehmen seine Leitungsmacht zu Lasten der abhängigen Gesellschaft in der Weise missbraucht, dass diese ihren Verbindlichkeiten nicht mehr nachkommen und ihre Ansprüche nicht anderweitig durch Einzelmaßnahmen kompensieren kann. In diesem Fall könnten die Gläubiger unmittelbar die Erfüllung ihrer Ansprüche vom herrschenden Unternehmen verlangen.

Seit der Entscheidung „Bremer Vulkan"[183] hat der BGH seine zur faktischen Konzernhaftung **2.80** entwickelten Grundsätze ausdrücklich zurückgenommen. Nunmehr kann es statt der dargestellten Haftung der herrschenden Gesellschaft zu einer Durchgriffshaftung der Gläubiger gegen einzelne

---

180 Vgl. zur Begrifflichkeit *Hüffer*, AktG, § 18 RdNr. 3 ff.
181 Nachweise bei *Kuhn/Uhlenbruck* (Fußn. 170), Vorbem. K vor § 207 RdNr. 5.
182 Vgl. BGH, Urt. v. 19.9.1985, II ZR 275/84, BGHZ 95, 330 = ZIP 1985, 1263 („Autokran"); BGH, Urt. v. 23.9.1991, II ZR 135/90, BGHZ 115, 187 = ZIP 1991, 1354 („Video"); BGH, Urt. v. 29.3.1993, II ZR 265/91, BGHZ 122, 123 („TBB").
183 BGH, Urt. v. 17.9.2001, II ZR 178/99, NJW 2001, 3622, 3627; hierzu *Kessler*, GmbHR 2001, 1095.

Gesellschafter der abhängigen Gesellschaft kommen. Eine solche Haftung ist anzunehmen, wenn ein Gesellschafter in die Rechte einer abhängigen GmbH derartig eingreift, dass deren Existenz vernichtet wird. Beispiele für einen bestandsgefährdenden Eingriff sind das Auslaufenlassen einer GmbH durch Verringerung bzw. Einstellung ihrer Aktivitäten und schrittweisen Abzug der Ressourcen außerhalb einer geordneten Liquidation oder die Belassung nur des defizitären Geschäfts bei der GmbH. In diesen Fällen ist der handelnde Gesellschafter verpflichtet, für sämtliche Verbindlichkeiten der abhängigen Gesellschaft einzustehen[184].

2.81 d) Reformbemühungen und ihre rechtlichen Grenzen. – aa) Die Vorschläge der Kommission für Insolvenzrecht im Reformgesetz von 1985. Schon die vom Bundesjustizminister im Jahre 1978 eingesetzte Reformkommission[185] beschäftigte sich mit der Frage, ob für den Fall der Reorganisation oder Liquidation eines Konzerns das strikte Trennungsprinzip aufgegeben werden sollte. Bei ihren Überlegungen hatte die Kommission zu berücksichtigen, dass das Konzernrecht zu diesem Zeitpunkt höchstrichterrechtlich nur unzureichend bewältigt war und nur fragmentarisch bestand. Eine Reform erschien aus diesem Grund problematisch. Unter anderem deshalb hat die Kommission in ihrem ersten Bericht aus dem Jahre 1985 eine verfahrens- und verwaltungsmäßige Konzentration verschiedener Konzernunternehmen abgelehnt. Der Grundsatz der Haftungstrennung mache es notwendig, die Vermögen sämtlicher von einer Insolvenz betroffener Konzernunternehmen allein im Interesse der Verfahrensbeteiligten getrennt zu verwalten. Ein einheitlicher Konzerngerichtsstand sei mit dem Zweck des Konzernrechts, den Schutz abhängiger Gesellschaften, ihrer Gesellschafter und Gläubiger zu gewährleisten, nicht vereinbar. Für den Fall der Reorganisation einer Tochtergesellschaft räumte die Kommission der Muttergesellschaft allerdings die Möglichkeit ein, bei der Aufstellung des Reorganisationsplans beratend mitzuwirken. Diese Anregung hat der Gesetzgeber nicht aufgegriffen. Bemerkenswerter Weise ist die Rechtslage auch 20 Jahre nach dem ersten Kommissionsbericht unverändert: Ein kodifiziertes Konzerninsolvenzrecht existiert nicht.

2.82 bb) Reformvorschläge aus jüngerer Zeit. – (1) Bildung einer Gesamtvermögensmasse innerhalb eines Konzerns. Fällt die Konzernmutter in die Insolvenz, besteht die Gefahr eines sog. „Domino-Effektes".[186] Die wirtschaftlichen Verflechtungen innerhalb des Gesamtkonzerns führen häufig dazu, dass die Ursachen eines Zusammenbruchs des Tochterunternehmens nicht bei diesem, sondern an anderer Stelle im Konzern, meist bei der Muttergesellschaft, liegen. Nur in den Fällen, in denen eine wirtschaftlich gesunde Tochtergesellschaft eigenständige Kreditfähigkeit bei Dritten besitzt, dürfte es ihr gelingen, in der Insolvenz der Konzernspitze ein eigenes Insolvenzverfahren zu vermeiden. Wird in der Insolvenz der Muttergesellschaft zugleich die Mehrzahl der Konzerntöchter insolvent, liegt es nahe, die Haftungsmassen der Konzernunternehmen zu einer Gesamtmasse zusammen zu legen[187]. Für die Bildung einer Gesamthaftungsmasse spricht, dass die Gläubiger eines Tochterunternehmens vielfach durch Bürgschaften, Patronatserklä-

---

184 So jetzt auch BGH, Urt. v. 24.6.2002, II ZR 300/00, ZIP 2002, 1578, 1580; hierzu *Kessler*, GmbHR 2002, 945, 951.
185 Vgl. Erster Bericht der Kommission für Insolvenzrecht 1985, 290.
186 *Ehricke*, ZInsO 2002, 393, 394.
187 Ausführlich *Ehricke*, DZWIR 1999, 353, 358.

rungen usw. der Muttergesellschaft gesichert sind oder dass ihre der Konzerntochter gegenüber erklärte Darlehenszusage von der Kreditfähigkeit der Konzernspitze abhängig gemacht wurde. Die Zusammenlegung der Haftungsmassen innerhalb eines Konzerns begegnet allerdings rechtlichen Bedenken. Die Bildung einer Gesamtmasse führt zu erheblichen Eingriffen in die Vermögensposition von Gläubigern und zugleich zu einer Verletzung des insolvenzspezifischen Grundsatzes der Gläubigergleichbehandlung. Jeder Gläubiger muss es bei der Befriedigung aus der Gesamtmasse hinnehmen, dass auch die Gläubiger anderer Konzernteile am Vermögen „ihres" Konzernteils partizipieren. Durch die Zusammenlegung von Insolvenzmassen würde jeder Gläubiger faktisch mit einem Schuldner konfrontiert, den er sich nicht in einem privatautonomen Entscheidungsprozess aussuchen konnte.[188] Dies stellt einen unhaltbaren Eingriff in die Privatrechtsordnung dar.

Obwohl praktische Erwägungen für eine Zusammenlegung der Vermögensmassen inner- **2.83** halb eines Konzerns sprechen, ist die Bildung einer Gesamtvermögensmasse daher nicht umsetzbar.

(2) Bündelung konzerninterner Verfahren an einem Insolvenzgericht. Die Zusam- **2.84** menfassung von Insolvenzverfahren eines Konzerns bei einem Insolvenzgericht kann zu einer vereinfachten Abwicklung der Verfahren führen. Im Hinblick auf die Verfahrenskonzentration, ihre Koordinierung und Vereinfachung spricht vieles für die Bündelung konzerninterner Verfahren an einem Insolvenzgericht.[189] Weil häufig dieselben Personen innerhalb eines Konzerns Ansprechpartner sind, könnten Informationen aus einem Verfahren im Verfahren eines anderen Konzernteils verwendet werden. Ferner ist eine schnellere Verfahrensabwicklung zu erwarten, weil sich nur noch ein Richter in die Grundstrukturen des Konzerns einarbeiten muss. Diesen Vorteilen steht § 3 Abs. 1 S. 1 InsO gegenüber, der die örtliche Zuständigkeit des Insolvenzgerichts nach dem allgemeinen Gerichtsstand des Schuldners bestimmt. Dieser ist am Wohnsitz bzw. Unternehmenssitz des Schuldners im Zeitpunkt seines Antrages. Ausnahmsweise liegt der Gerichtsstand gem. § 3 Abs. 1 S. 2 InsO an dem Ort, an dem der Mittelpunkt einer selbstständigen wirtschaftlichen Tätigkeit liegt, also der wesentliche Teil der Geschäfte getätigt und die wesentlichen Entscheidungen über die Geschäfte getroffen werden.

Die Mitgliedschaft in einem Unternehmensverbund könnte eine Gerichtszuständigkeit **2.85** am Sitz der Muttergesellschaft auch in den Fällen begründen, in denen der Mittelpunkt der wirtschaftlichen Tätigkeit am Sitz des Tochterunternehmens liegt. Der BGH[190] lehnt eine sich aus der Mitgliedschaft in einem Unternehmensverbund ergebende Zuständigkeit des Gerichts am Sitz der Konzernspitze ab, wenn keine besonderen Umstände hinzutreten, die eine Zuständigkeit dieses Gerichts begründen könnten. Entscheidend sei auf das operative Geschäft und die damit verbundenen Entscheidungen abzustellen, die im Verkehr nach außen im Vordergrund stünden. Ergebe sich danach, dass sich der wirtschaftliche Schwerpunkt der Betätigung des Tochterunternehmens an ihrem Sitz

---

188 *Ehricke*, ZInsO 2002, 393.
189 MünchKomm-*Ehricke*, InsO, 2002, Art. 102 EGInsO RdNr. 381.
190 Z. B. BGH, Urt. v. 22.1.1998, IX ZR 99/97, ZIP 1998, 477, 480.

befinde, bestehe kein Anlass für eine Zuständigkeit des Gerichts am Sitz der Muttergesellschaft. Schließlich normiere § 3 InsO ausdrücklich keine „Gesamtgerichtszuständigkeit" nach US-amerikanischem Vorbild. Das Modell der Zusammenfassung konzerninterner Verfahren an einem Insolvenzgericht lässt sich gegenwärtig aufgrund der eindeutigen Regelung in § 3 InsO nicht umsetzen. Es bleibt abzuwarten, in welchen Fällen der BGH eine Zuständigkeit des Insolvenzgerichts am Sitz der Muttergesellschaft für die Konzerntochter annehmen wird. Entschieden ist bislang nur, dass die bloße Mitgliedschaft in einem Unternehmensverbund ohne Hinzutreten besonderer Umstände für eine Gesamtgerichtszuständigkeit nicht ausreicht. Welcher Art die genannten Umstände sein müssen, hat der BGH offen gelassen. *Ehricke* sieht einen solchen Umstand offensichtlich im Ziel der Konzernsanierung mittels einer Kombination aus Insolvenzplan und Eigenverwaltung.[191] Zu berücksichtigen ist allerdings, dass eine einheitliche Konzerngerichtsbarkeit zu einer erheblichen Rechtsunsicherheit führen kann, weil einzelne Gläubiger im Vorfeld der Insolvenz nicht absehen können, welches Insolvenzgericht für „ihren" Konzernteil zuständig ist.

2.86 **(3) Bestellung eines Insolvenzverwalters für alle Konzerngesellschaften.** In jüngerer Zeit gibt es Überlegungen, nur einen Insolvenzverwalter für alle Konzerngesellschaften einzusetzen. Hierfür spricht, dass eine Verfahrensvereinfachung sowie eine Steigerung der Masse zu erwarten ist, wenn sich nur ein Verwalter in die häufig komplizierte Konzernstruktur einarbeiten muss. Zudem könnten Konkurrenzen zwischen mehreren Insolvenzverwaltern innerhalb eines Konzerns vermieden werden.

2.87 Diese Vorschläge haben praktische Grenzen: § 56 InsO bestimmt, dass zum Insolvenzverwalter eine für den jeweiligen Einzelfall geeignete, insbesondere geschäftskundige und von den Gläubigern und dem Schuldner unabhängige natürliche Person zu bestellen ist. Nach dieser Regelung wäre es möglich und sinnvoll, dass das Gericht im Rahmen der Ausübung seines Ermessens nur einen Verwalter für alle Konzerngesellschaften bestellen würde. In diesem Fall bestünde zwar die Gefahr von Interessenkollisionen, wenn ein Verwalter hinsichtlich mehrerer Massen von insolventen Konzerngesellschaften die Vermögensbeziehungen untereinander ordnen oder auflösen muss. Diese ließe sich durch Sonderinsolvenzverwalter vermeiden. Eine Verpflichtung zu einem derartigen Vorgehen im Sinne von einer „Ermessensreduzierung auf Null" lässt sich allerdings aus § 56 InsO nicht ableiten. Solange der Gesetzgeber keine Regelung in die InsO aufnimmt, welche die Zentralisierung der Bestellung des Insolvenzverwalters anordnet, würde die Bestellung eines Verwalters für mehrere Konzerngesellschaften keine Rechtssicherheit schaffen: Es kommt immer auf die faktischen Entscheidungen des zuständigen Insolvenzgerichts an.

5. Konzernübergreifende Sanierung durch Insolvenzpläne in Verbindung mit der Eigenverwaltung

2.88 Im Mittelpunkt der gegenwärtigen Diskussion um ein einheitliches Konzerninsolvenzrecht stehen Vorschläge zur Konzernsanierung mit Hilfe des durch die InsO neu eingeführten Insolvenzplanverfahrens sowie der Eigenverwaltung. Zur Durchführung einer

---

191 *Ehricke*, ZInsO 2002, 393, 397.

konzerneinheitlichen Sanierung wird das Insolvenzplanverfahren vorgeschlagen[192]. Dabei soll in der Insolvenz des herrschenden Unternehmens ein sog. Master-Insolvenzplan ausgearbeitet werden, der die Sanierung des gesamten Konzerns festgelegt und auf den die Insolvenzpläne der Tochtergesellschaften Bezug nehmen sollen. Diesem Vorschlag steht entgegen, dass sich das Planverfahren nur auf das Vermögen *eines* Schuldners bezieht und Regelungen, die das Vermögen eines anderen Schuldners betreffen, eine unzulässige Vereinbarung zu Lasten Dritter – hier der Konzerntöchter – darstellen würden. Im Übrigen zählt § 217 InsO die Vorschriften auf, von denen durch einen Insolvenzplan abgewichen werden kann; die §§ 11, 12 InsO zählen nicht dazu.

Ein gesondertes Konzerninsolvenzrecht ist nicht erforderlich, weil sein Effekt auch durch **2.89** sinnvolle Koordination einzelner Verfahren innerhalb eines Konzerns erzielt werden kann. Eine erfolgreiche Unternehmenssanierung setzt vor allem ein *positives Insolvenzklima* voraus. Es entsteht, wenn die Sanierungsbeteiligten ihr Verhalten früh auf den Eintritt der Insolvenz einstellen und ihr aufgeschlossen gegenüberstehen. Erforderlich ist eine frühzeitige Kommunikation zwischen den Beteiligten. Sanierung beruht auf Konsens: Zwischen Gläubigern, Schuldner, Insolvenzgericht und Verwalter müssen frühzeitige Gespräche – möglichst noch vor Antragstellung – über ein gemeinsames Sanierungskonzept stattfinden. Auf diese Weise kann ein Konzern-Sanierungskonzept gemeinschaftlich und unter Berücksichtigung aller Interessen erarbeitet werden.

Die Kombination verschiedener Sanierungsinstrumente innerhalb eines Konzerns steht **2.90** dem Sanierungserfolg nicht entgegen. Beim Berliner Herlitz-Konzern[193] wurde z. B. für beide Muttergesellschaften jeweils ein unabhängiger Insolvenzplan erstellt. Die Tochtergesellschaften wurden teilweise im Wege der übertragenden Sanierung abgewickelt, teilweise aber auch mittels eines „Zwangsvergleichs" aus der Insolvenzmasse freigegeben. Einige Konzerntöchter fielen nicht in die Insolvenz. Das AG Charlottenburg setzte für Mutter- und Tochtergesellschaften verschiedene Insolvenzverwalter ein, welche die Sanierung des Konzerns aufgrund ihres persönlichen und räumlichen Kontaktes zueinander erfolgreich durchführen konnten. Eine Koordination der Verfahren im Sinne einer „faktischen Parallelität" wurde auf diese Weise erreicht.

Der dargestellte Effekt einer Konzernsanierung ist auch in Fällen der Eigenverwaltung **2.91** möglich. In der Rechtspraxis zwar Ausnahme, liegt ihr Vorteil bei einer Konzernsanierung in dem psychologischen Reiz für den Schuldner und seinen Geschäftsführer. Die Eigenverwaltung (§§ 270 ff. InsO) sieht nämlich vor, dass der Schuldner selbst – wenn auch unter Aufsicht eines Sachwalters – zur Verwaltung und Verfügung über die Insolvenzmasse in der Lage ist. Kommt es auf seine speziellen Sach- und Branchenkenntnisse an, spricht vieles für die Anordnung der Eigenverwaltung.

Kürzlich hat das AG Duisburg im Eröffnungsbeschluss des Insolvenzverfahrens über das **2.92** Vermögen der „Babcock Borsig AG"[194] entschieden, dass im Fall der Eigenverwaltung

---

192 Vgl. *Ehricke*, ZInsO 2002, 393 ff.; MünchKomm-*Ganter*, InsO, 2002, vor §§ 217-269 RdNr. 34 ff.
193 Näher *Rattunde*, ZIP 2003, 596, 600.
194 B. v. 1.9.2002, ZIP 2002, 1636, 1641.

mit der Eröffnung des Insolvenzverfahrens alle konzernrechtlichen Weisungsbefugnisse des herrschenden gegenüber dem beherrschten Unternehmen zum Ruhen kommen. Ein einheitliches Konzerninteresse trete im Insolvenzfall hinter dem Liquidationszweck der einzelnen Gesellschaften zurück. Während der Dauer des Insolvenzverfahrens bleibe für eine Konzernleitungsmacht rechtlich kein Raum. Das ist, sofern eine Konzernsanierung angestrebt wird, sehr zweifelhaft. Eine Koordination der Verfahren ist, innerhalb der Vermögensgrenzen jedes Schuldners, durchaus sinnvoll. Auch Eigenverwaltungsfälle sind nicht über ein Konzerninsolvenzrecht zu lösen. Wie bei der Fremdverwaltung bezieht sich die Insolvenz auf das einem bestimmten Träger zugeordnete Vermögen.

6. Steuerrechtliche Gesichtspunkte

2.93   a) Besteuerung von Sanierungsgewinnen. Ein Insolvenzplan als Sanierungsinstrument ist gegenüber der übertragenden Sanierung aber auch aus steuerrechtlichen Gründen vorzugswürdig. Das erklärt sich mit der Besteuerung des Sanierungsgewinns gem. § 3 Nr. 66 EStG. Denn der Erlass von Verbindlichkeiten führt steuerbilanzrechtlich zu einem Sanierungsgewinn beim Schuldner, der einer Besteuerung unterworfen ist. Das BMF hat nach 5 Jahren der Besteuerung von Sanierungsgewinnen indes erkannt, dass die im Jahr 1998 eingeführte Änderung des § 3 EStG zu einem Zielkonflikt mit der die Sanierung von schuldnerischen Unternehmensträgern fördernden Insolvenzrechtsreform geführt hat. Im Zusammenhang der dabei angestellten Überlegung hat das BMF freilich erkannt und mit Schreiben vom 27.3.2003 sich darauf festgelegt, dass Sanierungsgewinne vielfach aufgelaufene steuerliche Verluste ausgleichen, die als Verlustvortrag die Bilanz des schuldnerischen Unternehmens belasten. Sofern also bei einem Schuldner bilanzmäßig Verlustvorträge ausgewiesen sind, können nach dem zitierten Schreiben des BMF in einem komplizierten Identifizierungs- und Verrechnungsverfahren die übrigen Steuern erlassen werden. In Fällen einer Konzerninsolvenz ruft dieser Erlass freilich Probleme eigener Art hervor. Nach der überkommenen gesellschaftsrechtlichen Judikatur des BGH führt die Eröffnung des Insolvenzverfahrens zur Unterbrechung konzernrechtlicher Beziehungen zwischen den beteiligten Unternehmensträgern. Die Gewinn- und Verlustübernahme, Ergebnisabführungsverträge, Organschaftsverträge erlöschen, da nach überkommener Auffassung diese Verträge Geschäftsbesorgungs- bzw. Vollmachtscharakter haben und daher den Regelungen der §§ 115, 116 InsO unterworfen sind. In diesem Fall brechen steuerliche Organschaften zusammen, die für Konzernverlustverrechnungen conditio sine qua non sind. Liegt eine typische Konzernsituation derart vor, dass an der Spitze des Konzerns die Mutter einen steuerlichen Verlust von 100 Mio. Euro hat, die daraus resultieren, dass ihre Tochter T diesen Verlust im Laufe der Jahre erwirtschaftet hat, dann ist dieser hohe Verlust über den Ergebnisabführungsvertrag ausgebildet. Das führt dazu, dass die Konzernverluste bei der Mutter akkumuliert werden, ebenso wie die erzielten Gewinne. Dadurch wird den Beteiligten eine Verrechnungsmöglichkeit geschaffen, die ihnen bestimmte Finanzierungschancen eröffnet. Würde die überkommene Auslegung der §§ 115, 116 InsO zutreffend sein, ergäbe sich im Rahmen einer Unternehmenssanierung folgendes Bild: Die Tochter T, die gar keinen steuerlichen Verlust hat, haftet bei den Banken und würde ggf. im Rahmen einer Sanierung von diesen Verbindlichkeiten gem. § 227 InsO befreit. Auf diese Weise würde in der Person der Tochter T ein Sanierungsgewinn entstehen. Der steuerliche Verlust, der „körperlich" bei der Mutter M liegt, würde durch den Sanierungsgewinn nicht berührt. Das zitierte Schreiben des BMF verlangt nun eine Saldierung des Sanierungsgewinns, der auf gleicher Ebene mit den Verlustvorträgen entsteht. Das ist aber steuerlich nur dann möglich, wenn das steuerliche Organschaftsverhältnis von Konzernmutter und Konzerntochter als fortbestehend behandelt werden kann. In der Literatur hat allein aus rechtshistorischen Bewegungen der Auslegung der konkurs- bzw. insolvenzrechtlichen Vorschriften über den Auftrag und die Vollmacht Marotzke eine teleologische Reduktion dieser Vorschriften vorgeschlagen. Die Praxis behilft sich in diesen Fällen mit Abreden zwischen dem Planinitiator (regelmäßig dem Insolvenzverwalter) und der OFD, die in den Insolvenzplan aufgenommen wird: darin wird vereinbart, dass bei einem aufgrund der überkommenen Auslegung der §§ 115, 116 InsO Auseinanderfallen von Sanierungsgewinnen und Verlustvortrag zwischen den bis zur Eröffnung des Insolvenzverfahrens konzernmäßig verbundenen Unternehmen gleichwohl eine steuerliche Verrechnung von den Beteiligten anerkannt wird. In Sanierungsfällen zeigt dies allerdings das Bedürfnis auf, dass Bilanzzusammenhänge des Konzerns gewahrt werden können und konzernbilanziell weiter bilanziert werden kann. Denn aus den beschriebenen steuerrechtlichen Gründen ist ein Konzernabschluss erforderlich.

b) Körperschaftssteuerliche Anforderungen an Verlustnutzungen. Im Insolvenzplan- **2.94** verfahren muss besonderes Augenmerk auf die körperschaftssteuerlichen Anforderungen an die Nutzung von Verlustvorträgen gerichtet werden. Wird im Sanierungszeitraum ein Gewinn erzielt, kann dieser nach den §§ 8 KStG, 10 d Abs. 2 EStG zwar durch den verbleibenden Verlustabzug aus vorangegangenen Veranlagungszeiträumen gemindert werden[195]. Anteilsübertragungen an Kapitalgesellschaften im Rahmen von Unternehmenssanierungen finden aber eine steuerliche Grenze in § 8 Abs. 4 KStG, der neue Kriterien für die Inanspruchnahme des Verlustvortrags nach erfolgter Anteilsübertragung definiert[196]. Die Vorschrift verfolgt den Zweck, Missbrauch durch den Handel mit sog. „Firmenmänteln"[197] zu unterbinden[198].

Voraussetzung für die Inanspruchnahme von Verlustvorträgen ist nach § 8 Abs. 4 KStG, **2.95** dass zwischen der verlustverursachenden und der verlustnutzenden Gesellschaft eine wirtschaftliche Identität vorliegt. Liegt keine wirtschaftliche Identität vor, dürfen Verluste, die bis zum Zeitpunkt des Verlusts der wirtschaftlichen Identität entstanden sind, mit danach entstandenen Gewinnen weder ausgeglichen noch abgezogen werden. Nach § 8 Abs. 4 KStG in der Fassung des Unternehmenssteuerreformgesetzes wird der Verlust der wirtschaftlichen Identität fingiert: Sie liegt insbesondere dann *nicht* mehr vor, wenn eine wesentliche Änderung in der Gesellschafterstruktur eingetreten ist, also mehr als 50 % der Anteile übergegangen sind *und* die Gesellschaft ihren Betrieb mit wesentlich neuem Betriebsvermögen fortführt oder wieder aufnimmt.

Die Zuführung neuen Betriebsvermögens ist allerdings nach der sog. Sanierungsklausel **2.96** in § 8 Abs. 4 S. 3 KStG unschädlich, wenn sie allein der Sanierung des Geschäftsbetriebs dient, der den verbleibenden Verlustabzug i S. d. § 10 d Abs. 3 S. 2 EStG verur-

---

195 Vgl. BMF-Erlass v. 27.3.2003, IV A 6 – S 2140 – 8/03.
196 Derzeit ist fraglich, ob die Norm wirksam zustande gekommen ist. Der BFH, B. v. 18.7.2001-I R 38/ 99, BStBl. II 2002, 27, hat diese Frage dem BVerfG zur Prüfung vorgelegt.
197 Vgl. *Bareis/Kaiser*, DB 2004, 1841.
198 *Hölzle*, FR 2004, 1193, 1208.

sacht hat, und die Körperschaft den Geschäftsbetrieb in einem nach dem Gesamtbild der wirtschaftlichen Verhältnisse vergleichbaren Umfang in den folgenden 5 Jahren fortführt.

2.97 Die gesetzliche Fiktion des Verlusts der wirtschaftlichen Identität hängt also im wesentlichen von zwei Tatbestandsmerkmalen ab: Von der Veränderung des sog. personalen Substrats, des Austauschs von mehr als 50 % der Geschäftsanteile, sowie von der Zuführung überwiegend neuen Betriebsvermögens, dem sog. sachlichen Substrat. Die Frage, wie mittelbare Anteilsübertragungen und wie der Wechsel des rechtlichen, aber personenidentischen Anteilseigners mit Blick auf § 8 Abs. 4 KStG zu behandeln sind, hat der BFH jüngst mit 2 Urteilen beantwortet[199]. Maßgeblich für den Verlust der wirtschaftlichen Identität ist danach allein die zivilrechtliche Betrachtungsweise. Anteilsübertragungen, die auf Gesellschafterebene unmittelbar stattfinden, sind vom Anwendungsbereich des § 8 Abs. 4 KStG erfasst. Dies gilt selbst dann, wenn es sich um Anteilsübertragungen in einem Konzern handelt[200] und die Anteile – wie im vom BFH entschiedenen Fall – durch eine weitgehend personenidentische KG übernommen werden[201]. Mittelbare Anteilsübertragungen wie die Veräußerung einer GmbH, die wiederum an der (Enkel-)Gesellschaft beteiligt ist, führen nach Auffassung des BFH für die Enkelgesellschaft hingegen nicht zu einer Anwendung des § 8 Abs. 4 KStG[202].

2.98 Nach welchen Kriterien im Sinne des sachlichen Substrats überwiegend neues Betriebsvermögen zugeführt wird, ist nicht abschließend geklärt[203]. Nach der Auffassung der Finanzverwaltung ist dies der Fall, wenn das neuzugeführte Betriebsvermögen mehr als das vorhandene Aktivvermögen beträgt[204]. Vergleichsgrößen bilden die Teilwerte des vorhandenen Aktivvermögens im Zeitpunkt des Anteilseignerwechsels sowie das im Zeitraum von fünf Jahren ab diesem Wechsel neu zugeführte Aktivvermögen[205]. Nach Auffassung des BFH[206] kommt bei der Berechnung der Zuführung überwiegend neuen Betriebsvermögens eine Saldierung von Zu- und Abgängen zum Aktivvermögen nicht in Betracht[207]. Ein Aktivtausch soll vielmehr unbeachtlich sein und nach einer gegenständlichen Betrachtung jede Zuführung von Aktivvermögen in die Addition einbezogen werden[208]. Unklar ist indes, ob der BFH in seine gegenständliche Betrachtung auch Zugänge zum Umlaufvermögen einbezieht[209]. Die Frage ist wegen der Einbeziehung eines Aktivtausches in die Berechnung und der gleichzeitigen Nichtberücksichtigung von Abgängen im Rahmen der gegenständlichen Betrachtungsweise von großer Bedeutung[210]. Eine diesbezügliche Entscheidung des BFH bleibt abzuwarten.

---

199 BFH, Urt. v. 20.8.2003 – I R 81/02 und IR 61/02, DStR 2003, 1921.
200 Vgl. *Pannen/Deuchler/Kahlert/Undritz*, Sanierungsberatung, RdNr. 444 ff.
201 BFH, Urt. v. 20.8.2003 – I R 81/02, DStR 2003, 1921, hierzu *Gosch*, DStR 2003, 1917.
202 BFH, Urt. v. 20.8.2003 – I R 61/02, DStR 2003, 1921, hierzu Bock, GmbHR 2003, 497.
203 Vgl. *Gosch*, DStR 2003, 1917; *Pannen/Deuchler/Kahlert/Undritz* (Fußn. 200), RdNr. 455.
204 Vgl. BMF-Schreiben vom 11.6.1990, veröffentlicht unter www.bundesfinanzministerium.de; *Pannen/Deuchler/Kahlert/Undritz* (Fußn. 200), RdNr. 458.
205 BMF-Schreiben v. 16.4.1999 – IV C 6 – S 2745 – 12/99, veröffentlicht unter www.bundesfinanzministerium.de.
206 BFH, Urt. v. 8.8.2001 – IR 29/00, DStR 2001, 1974.
207 A.A. die Finanzverwaltung, die eine Saldierung vornimmt, vgl. BMF BStBl I 1999, 455 RdNr. 9.
208 BFH, Urt. v. 8.8.2001 – IR 29/00, DStR 2001, 1974.
209 Hierzu *Hölzle*, FR 2004, 1193, 1209.
210 *Pannen/Deuchler/Kahlert/Undritz* (Fußn. 200), RdNr. 469.

Jüngst hat der BFH mit Urteil vom 26.5.2004[211] die Tatbestandsmerkmale des § 8 Abs. 4 **2.99** KStG konkretisiert und entschieden, dass bloße Umschichtungen der Finanzanlagen einer Körperschaft keine Zuführung neuen Betriebsvermögens i S. d. § 8 Abs. 4 KStG darstellen.

Problematisch ist indes, wann die Zuführung von Betriebsvermögen der Sanierung i S. d. **2.100** § 8 Abs. 4 S. 2 KStG dient und damit unschädlich ist. Das BMF hat die Anforderungen an die Sanierungsklausel des § 8 Abs. 4 S. 3 KStG in seinem Erlass vom 16.4.1999[212] konkretisiert.

Die Zuführung neuen Betriebsvermögens dient nur dann der Sanierung, wenn die **2.101** Kapitalgesellschaft sanierungsbedürftig ist und das zugeführte Betriebsvermögen den für das Fortbestehen des Geschäftsbetriebs notwendigen Umfang nicht wesentlich überschreitet. Als Indizien für die Fortführung des Verlustbetriebs in einem vergleichbaren Umfang dienen der Erhalt von Arbeitsplätzen, der Umsatz, das Auftragsvolumen und das Aktivvermögen[213]. Ein Abschmelzen des verlustverursachenden Geschäftsbetriebs um mehr als die Hälfte seines Umfangs führt zum Verlust des Verlustvortrags[214]. Neben dem Kriterium der Sanierungsbedürftigkeit kam es bislang auf eine Sanierungsabsicht und Sanierungsfähigkeit, wie sie das BMF nun neuerdings im Sanierungserlass vom 27.3.2003[215] beschreibt, nicht an. Es bleibt abzuwarten, ob die Finanzverwaltung ihre Auffassung zu § 8 Abs. 4 KStG dem Sanierungserlass anpassen wird[216].

Die Ausdehnung der Vermutungskriterien gegen die wirtschaftliche Identität auch auf **2.102** Fälle, in denen der Geschäftsbetrieb noch nicht eingestellt war, übersteigt die gesetzgeberischen Ziele bei der Neufassung des § 8 Abs. 4 KStG erheblich. Die engen Voraussetzungen treffen in weiten Teilen Kapitalgesellschaften, die keinen Missbrauch durch den Transfer von Firmenmänteln beabsichtigen, sondern neues Betriebsvermögen durch Sanierungen zuführen wollen[217]. Die Sanierungsklausel, die an die Verpflichtung geknüpft ist, den verlustbringenden Unternehmensteil nach dem Gesamtbild der wirtschaftlichen Verhältnisse in den folgenden 5 Jahren fortzuführen, vermag Verlustvorträge vielfach nicht retten zu können. Anteilseignern wird im Rahmen einer Sanierung nur schwerlich die Verpflichtung auferlegt werden können, die verlustverursachenden Unternehmensteile 5 Jahre lang im gleichen wirtschaftlichen Umfang fortzuführen wie bisher. Um Verlustvorträge nutzen zu können, sollte bei der Gestaltung von Insolvenzplänen unter Vermeidung der Erfüllung einzelner Tatbestandsmerkmale des § 8 Abs. 4 KStG die dort aufgestellte Vermutung für das Nichtvorhandensein einer wirtschaftlichen Identität der verlustleidenden Körperschaft widerlegt werden.

---

211 BFH DStR 2004, 1866.
212 IV C 6 – S-2745-12/99, veröffentlicht unter www.bundesfinanzministerium. de.
213 BMF-Schreiben v. 16.4.1999, IV C 6 – S-2745-12/99, veröffentlicht unter www.bundes-finanzministerium. de.
214 BMF-Schreiben v. 16.4.1999 – IV C 6 – S-2745-12/99, veröffentlicht unter www.bundes-finanzministerium. de.
215 IV A 6 – S 2140 – 8/03, veröffentlicht unter www.bundesfinanzministerium.de.
216 Hierzu *Bareis/Kaiser*, DB 2004, 1841, 1844; Hölzle, FR 2004, 1193, 1209; *Pannen/Deuchler/ Kahlert/Undritz* (Fußn. 200), RdNr. 476.
217 So auch *Bareis/Kaiser*, DB 2004, 1841; *Hölzle*, FR 2004, 1193, 1208.

Dies kann etwa durch den Nachweis, dass nicht überwiegend neues Betriebsvermögen zugeführt wird, gelingen.

2.103 **c) Umwandlungssteuerliche Gesichtspunkte.** Der Gesetzgeber hat weiterhin auch die Voraussetzungen eingeschränkt, unter denen ein Verlustvortrag bei Unternehmensverschmelzungen genutzt kann. Nach überkommener Rechtslage konnte ein im Zeitpunkt einer Verschmelzung bestehender Verlustvortrag der übertragenden auf die übernehmende Körperschaft übergehen. Voraussetzung hierfür war gem. § 12 Abs. 3 S. 2 UmwStG a. F., dass die übertragende Körperschaft ihren Geschäftsbetrieb im Zeitpunkt der Eintragung des Vermögensübergangs im Handelsregister noch nicht eingestellt hatte. Nach der neuen Fassung des § 12 Abs. 3 UmwStG erfordert der Übergang von Verlustvorträgen, dass der verlustverursachende Betrieb oder Betriebsteil über den Verschmelzungsstichtag hinaus in einem vergleichbaren Umfang in den folgenden fünf Jahren fortgeführt wird[218].

2.104 Soweit Insolvenzpläne Verschmelzungsmaßnahmen vorsehen, ist die vorgenannte Restriktion zu beachten, um möglicherweise entstehende erhebliche Steuerbelastungen zu vermeiden.

2.105 **d) Forderungsverzicht und Rangrücktritt. – aa) Forderungsverzicht durch Gesellschafter.** Typisches bilanzielles Sanierungsmittel ist der Forderungsverzicht durch Gesellschafter. Ein einer Kapitalgesellschaft gegenüber ausgesprochener gesellschaftsrechtlich veranlasster Forderungsverzicht stellt eine verdeckte Einlage dar, die den Gewinn der Gesellschaft nicht erhöht und beim Gesellschafter zur Erhöhung der Anschaffungskosten führt[219]. Die durch den Wegfall der Verbindlichkeiten gegenüber den Gesellschaftern bewirkte Vermögensmehrung löste in der Vergangenheit nach einhelliger Auffassung bei Kapitalgesellschaften keine Steuerpflicht aus. Dies deshalb, weil die Vermögensmehrung erfolgsneutral mit ihrem Nennwert als Einlage der Gesellschafter, mithin als Mehrung des Eigenkapitals behandelt wurde[220]. Hieran äußerte die Finanzverwaltung erhebliche Zweifel[221]. Sie vertrat die Auffassung, dass Gesellschafterdarlehen, die in der Krise „stehen gelassen" werden, nur in Höhe des im Zeitpunkt noch werthaltigen Teiles der Forderung zu einer verdeckten Einlage führen[222].

2.106 Der Große Senat des BFH hat sich in seiner Entscheidung vom 9.6.1997[223] der Ansicht der Finanzverwaltung angeschlossen. Eine Einlage kann mithin nur in Höhe des im Zeitpunkt des Verzichts werthaltigen Teils der Forderung angenommen werden. Dies hat zur Folge, dass nur noch in Höhe des werthaltigen Teils der Forderung, der in Sanierungsfällen in der Regel Null beträgt[224], eine steuerneutrale Einlage vorliegt, im übrigen

---

218 *Pannen/Deuchler/Kahlert/Undritz* (Fußn. 200), RdNr. 503 f.
219 BFH, B. v. 9.6.1997, DB 1997, 1693.
220 Vgl. *Hoffmann*, BB 1991, 737; *Hölzle*, FR 2004, 1193, 1206.
221 Vgl. OFD Düsseldorf v. 8.10.1990, DB 1990, 2298.
222 OFD Düsseldorf v. 8.10.1990, DB 1990, 2298.
223 BFH, B. v. 9.6.1997, GrS 1/94, DB 1997, 1693.
224 Vgl. *Olbing*, Sanierung durch Steuergestaltung, 2. Aufl. 2001, RdNr. 329 ff.

ein ertragsteuerlich wirksamer Gewinn entsteht[225]. Beim verzichtenden Gesellschafter kann der Forderungsverzicht steuerlich als Zufluss von Einnahmen bei der Ermittlung von Überschusseinkünften zu behandeln sein, wenn es sich bei ihm um eine natürliche Person handelt und die Forderung beim Gesellschafter bisher noch nicht gem. § 4 Abs. 3 EStG ertragswirksam geworden ist[226].

Für die steuerliche Gestaltung von Insolvenzplänen bedeutet diese Rechtsprechung, dass **2.107** bestehende Verlustvorträge möglicherweise bereits durch einen früheren Forderungsverzicht der Gesellschafter gemindert sein können. Dem Planverfasser obliegt bei der Gestaltung weiterer Darlehensverzichte der Gesellschafter im Insolvenzplan eine saubere Prüfung der Auswirkung dieser auf die bestehenden Verlustvorträge.

bb) Rangrücktritt. Weiteres Mittel der bilanziellen Sanierung in einem Insolvenzplan **2.108** ist eine Rangrücktrittserklärung der Gesellschafter. Der Rangrücktritt ist eine Vereinbarung zwischen der Gesellschaft und dem Gesellschafter über die Durchsetzbarkeit und Qualität einer dem Gesellschafter zustehenden Forderung[227]. Soll der Anspruch des Gesellschafters gegen die Gesellschaft ausdrücklich für die Dauer der Krise als Eigenkapital der Gesellschaft gelten, liegt eine sog. qualifizierte Rangrücktrittsvereinbarung vor. Hingegen räumt der sog. einfache Rangrücktritt der Forderung lediglich einen Nachrang im Insolvenzverfahren gem. § 39 Abs. 2 InsO ein.

Beim qualifizierten Rangrücktritt verpflichtet sich der Gesellschafter, seine Forderung **2.109** erst gleichzeitig mit den Einlagenrückgewähransprüchen der übrigen Gesellschafter geltend zu machen[228]. Dementsprechend wird sie frühestens im Rahmen der Schlussverteilung vom Insolvenzverwalter befriedigt; dies nur dann, wenn die hierzu erforderlichen Mittel nach vollständiger Befriedigung aller anderen Gläubiger noch vorhanden sind (§ 199 S. 2 InsO)[229].

Ob eine einfache Rangrücktrittsvereinbarung die Überschuldung einer Kapitalgesell- **2.110** schaft vermeiden kann, ist wegen § 39 Abs. 2 InsO sehr fraglich[230]. Gem. § 39 Abs. 2 InsO ist vorgesehen, dass Forderungen, für die zwischen Gläubiger und Schuldner der Nachrang im Insolvenzverfahren vereinbart worden ist, im Zweifel nach den in Abs. 1 bezeichneten Forderungen berichtigt werden. Da somit Forderungen, für die ein einfacher Rangrücktritt vereinbart wurde, am Insolvenzverfahren teilnehmen, könnte in diesen Fällen eine überschuldungsverhindernde Wirkung nicht mehr gegeben sein. Um eine Überschuldung durch eine Rangrücktrittsvereinbarung erreichen zu können, wird es für erforderlich gehalten, einen Erlass aufschiebend bedingt für den Fall der Eröffnung des Insolvenzverfahrens auszusprechen. Soweit die Frage der Überschuldungsbeseitigung bei einfachem Rangrücktritt nicht abschließend geklärt ist, dürfte der aufschiebend bedingte Erlass aus Sicherheitsgründen weiterhin erforderlich bleiben.

---

225 *Pannen/Deuchler/Kahlert/Undritz* (Fußn. 200), RdNr. 695 ff.
226 BFH, B. v. 9.6.1997, DB 1997, 1693; näher *Olbing* (Fußn. 224), RdNr. 336 ff.
227 *Pannen/Deuchler/Kahlert/Undritz* (Fußn. 200), RdNr. 597; *Wittig*, NZI 2001, 169.
228 BGHZ 146, 264, 271.
229 *Pannen/Deuchler/Kahlert/Undritz* (Fußn. 200), RdNr. 599.
230 Vgl. *Olbing* (Fußn. 224), RdNr. 329 ff.

2.111   Steuerrechtlich hat eine Rangrücktrittsvereinbarung keine unmittelbaren Rechtsfolgen, weil sie auf die Existenz der Forderung zunächst keinen Einfluss hat. Sie ist daher weiterhin zu passivieren[231]. Beim Gesellschafter kann ein Rangrücktritt möglicherweise Anlass für eine Teilwertabschreibung gem. § 6 Abs. 1 Nr. 2 EStG sein[232]. Besteht eine begründete Sanierungsabsicht, hat eine Rangrücktrittserklärung den Vorteil, dass die Darlehen verzinst werden können. Infolgedessen kann der als Darlehensgeber auftretende Gesellschafter die Rückzahlung dieser Zinsen nach Erholung der wirtschaftlichen Lage verlangen[233].

2.112   **cc) Forderungsverzicht mit Besserungsschein.** Dem Sicherungsinteresse des an einem Insolvenzplan teilnehmenden Gläubigers kann durch einen Forderungsverzicht mit Besserungsschein Rechnung getragen werden. Hierbei handelt es sich um einen echten Verzicht im Wege des Erlasses. Der Erlass kann dabei unter einer auflösenden Bedingung stehen oder vorsehen, dass bei Eintritt einer Bedingung eine neue Forderung entsteht. Als Bedingung wird üblicherweise vereinbart, dass sich die wirtschaftliche Situation der Gesellschaft wieder bessert[234]. Ein Forderungsverzicht mit Besserungsschein bewirkt, dass die erlassene Schuld nicht mehr in die Überschuldungs- bzw. Handelsbilanz der Gesellschaft aufzunehmen ist[235].

2.113   Die Wirkung des Eintritts des Besserungsfalles hängt davon ab, ob der Verzicht von einem Gläubiger oder einem Gesellschafter erklärt worden ist. Tritt der Besserungsfall nach Verzichtserklärung durch einen Gläubiger ein, so ist die Forderung entsprechend den im Besserungsschein getroffenen Regelungen wieder zu passivieren[236]. Der Gläubiger hat in diesem Fall entsprechende Einkünfte.

2.114   Verzichtet der Gesellschafter gegenüber seiner Gesellschaft mit Besserungsschein, so ist die Verbindlichkeit bei der Gesellschaft wieder zu passivieren, sobald entsprechende Gewinne erwirtschaftet werden[237]. Soweit der Wert der Forderung Null beträgt, besteht kein Unterschied zwischen einem Forderungsverzicht eines Gesellschafters und dem eines Gläubigers.

2.115   **dd) Gestaltungsmöglichkeiten im Insolvenzplan.** Um den dargestellten ungünstigen steuerlichen Auswirkungen entgegenzuwirken, sind verschiedene Möglichkeiten der Gestaltung des Insolvenzplans denkbar. Eine interessante Gestaltungsmöglichkeit stellt vor allem der oben dargestellte Forderungsverzicht gegen Besserungsschein dar. Es empfiehlt sich etwa folgende Formulierung im Insolvenzplan:
„Dieser Verzicht erfolgt jeweils unter der auflösenden Bedingung, dass bei ggf. teilweiser Befriedigung der Forderungen einschließlich der Zinsen und Kosten während des Ver-

---

231 *Olbing* (Fußn. 224), RdNr. 313, für qualifizierten Rangrücktritt str., Nachw. bei *Pannen/Deuchler/ Kahlert/Undritz* (Fußn. 200), RdNr. 609.

232 *Olbing* (Fußn. 224), RdNr. 314.

233 *Pannen/Deuchler/Kahlert/Undritz* (Fußn. 200), RdNr. 604.

234 *Hölzle*, FR 2004, 1193, 1207.

235 *Pannen/Deuchler/Kahlert/Undritz* (Fußn. 200), RdNr. 760.

236 *Olbing* (Fußn. 224), RdNr. 348.

237 Vgl. BMF-Schreiben vom 07.11.1990, veröffentlicht unter www.bundesfinanzministerium.de.

zichts keine Gefährdung der Ansprüche der anderen, insbesondere der neuer Gläubiger, eintritt, das heißt, die Gläubiger können eine Begleichung der Forderungen nur aus zukünftigen Jahresüberschüssen oder sonstigen künftigen Aktivvermögen, das die Verbindlichkeiten übersteigt, verlangen. Die Gläubiger können die Begleichung der Forderungen im Falle einer Liquidation, einer Insolvenz oder einer sonstigen Beendigung der Schuldnerin nur verlangen, wenn sämtliche übrigen, insbesondere die neuen Gläubiger befriedigt sind. Bei Eintritt des Besserungsfalles sind die vertraglichen oder gesetzlichen zwischen Wirksamwerden dieses Planes und Eintritt des Besserungsfalles angefallenen Zinsen ebenfalls zu zahlen. Eine Befriedigung ist ausgeschlossen, soweit der Besserungsfall nicht innerhalb von 5 Jahren seit Rechtskraft der Bestätigung des Planes eingetreten ist".

Steuerlich günstig ist auch der an ein Besserungsversprechen gekoppelte Verzicht von **2.116** Gesellschaftern auf Darlehensforderungen gegenüber der Gesellschaft. Wie dargelegt, führt dies auf der Ebene der Gesellschaft zur Entstehung steuerpflichtiger Gewinne. Die steuerpflichtigen Gewinne zehren vorhandene Verlustvorträge auf. Der Insolvenzplan kann vorsehen, dass die Anteile an neue Gesellschafter abgetreten werden. Mit abgetreten werden in diesem Fall die möglichen zukünftigen Ansprüche aus dem Besserungsversprechen. Die spätere Bedienung der Besserungsvereinbarung führt zu gewinnbringenden Betriebsausgaben. Gelingt die Sanierung, baut sich der durch den Forderungsverzicht zunächst verloren gegangene Verlustvortrag wieder auf. Interessant ist diese Gestaltung insbesondere deshalb, weil die Einschränkung des Übergangs des Verlustvortrags durch § 8 Abs. 4 KStG nicht zum tragen kommt. Die durch den Forderungsverzicht entstandenen steuerpflichtigen Gewinne führten nämlich zu einem weitestgehenden Aufbrauchen des Verlustvortrags. § 8 Abs. 4 KStG kann daher allenfalls auf den verbleibenden Restbetrag Auswirkung haben.

7. Europäische grenzüberschreitende Insolvenzverfahren nach der EuInsVO

Gem. Art. 3 Abs. 1 Satz 1 EuInsVO sind bei einem europäisch grenzüberschreitenden **2.117** Insolvenzverfahren die Gerichte des Mitgliedsstaats der EU zur Eröffnung des sog. Hauptinsolvenzverfahrens zuständig, in dessen Gebiet der Schuldner den Mittelpunkt seiner hauptsächlichen Interessen hat. Der Mittelpunkt des hauptsächlichen Interesses ermittelt sich nach wirtschaftlichen Gesichtspunkten[238]. Maßgeblich ist insoweit der effektive Verwaltungssitz, nicht der satzungsmäßige Sitz, der allerdings nach Art. 3 Abs. 1 Satz 2 EuInsVO[239] als Interessensmittelpunkt vermutet wird. Nach Art. 3 Abs. 2 EuInsVO können die Gerichte eines anderen Mitgliedsstaats, in dessen Gebiet sich eine Niederlassung des Schuldners befindet, ein auf das Gebiet ihres Staats beschränkt wirkendes sog. Sekundärinsolvenzverfahren nach Eröffnung des Hauptinsolvenzverfahrens bzw. davor unter den weiteren Voraussetzungen des Art. 3 Abs. 4 EuInsVO[240] als sog. Partikularinsolvenzverfahren eröffnen. Unter der Niederlassung i S. d. Art. 2 h), 3 Abs. 2 EuInsVO[241] ist allerdings nur ein rechtlich unselbstständiger

238 *Leipold,* in: Stoll, 190.
239 *Smid,* Deutsches und Europäisches Internationales Insolvenzrecht, 2004, Art. 3 RdNr. 11.
240 *Smid* (Fußn. 239), Art. 3 RdNr. 22.
241 *Smid* (Fußn. 239), Art. 2 RdNr. 20.

Stützpunkt des Schuldners, nicht hingegen ein zwar „konzernmäßig" beherrschtes, rechtlich aber selbstständiges (Tochter-)Unternehmen zu verstehen.

2.118 Eine Auslegung der vorwiegend kollisionsrechtlich geformten EuInsVO, nach der bei Konzerninsolvenzen über die abhängigen, aber rechtlich selbstständigen Rechtsträger Sekundärinsolvenzverfahren eröffnet werden könnten, so dass zwischen den Verwaltern von Haupt- und Sekundärinsolvenzverfahren die weitreichenden Kooperations- und Koordinationspflichten der Art. 27 ff. EuInsVO[242] bestünden, würde den gemeinschaftsrechtlichen Verhältnismäßigkeitsgrundsatz verletzen[243]. Die EuInsVO würde dann nicht mehr nur eine Vereinheitlichung des Kollisionsrechts der Mitgliedsstaaten bewirken, sondern die nationalen Insolvenzordnungen sachlichrechtlich beeinflussen. Bei Eröffnung eines Sekundärinsolvenzverfahrens in Deutschland über ein rechtlich selbstständiges, aber „konzernmäßig" verbundenes Unternehmen würde der hiesige Insolvenzverwalter durch die Beschränkungen und Pflichten der Art. 31 ff. EuInsVO eingeschränkt werden, z. B. wäre er im Hinblick auf die Befugnis, Sanierungsmaßnahmen[244] zu ergreifen wegen Art. 34 EuInsVO beschränkt und dies, obwohl die deutsche InsO kein spezifisches Konzerninsolvenzrecht kennt. Die EuInsVO soll sich ausweislich ihrer Begründung auf solche „Vorschriften beschränken, die die Zuständigkeit für die Eröffnung von Insolvenzverfahren und für Entscheidungen regeln, die unmittelbar aufgrund des Insolvenzverfahrens ergehen und in engem Zusammenhang damit stehen[245]." Dieser vom europäischen Gesetzgeber intendierten beschränkten Wirkung der Verordnung läuft die Auslegung der EuInsVO in Richtung auf ein universelles Konzerninsolvenzrecht als nicht mit den Insolvenzordnungen aller Mitgliedsstaaten konformes Gemeinschaftsrecht zuwider. Die universelle Wirkung des Hauptinsolvenzverfahrens über das Vermögen der Konzernmutter erstreckt sich daher nicht auf das Vermögen von rechtlich selbstständigen Tochterunternehmen, über das auch kein entsprechendes Sekundärinsolvenzverfahren eröffnet werden darf. Vielmehr muss über das Vermögen eines „konzernmäßig" abhängigen Tochterunternehmens ein eigenes Hauptinsolvenzverfahren eröffnet werden. Die lex fori concursus (Art. 4 Abs. 1 EuInsVO[246]) für dieses Verfahren bestimmt sich dann wieder nach Art. 3 Abs. 1 EuInsVO. Freilich kann es sein, dass der effektive Verwaltungssitz des abhängigen Unternehmensträgers mit dem der Konzernmutter zusammenfällt, da diese von ihrem Sitz aus alle strategischen und operativen Entscheidungen trifft. Trotz dieses möglichen Zusammenfallens der lex fori concursus in beiden Verfahren sind diese voneinander rechtlich unabhängig. Die Bestellung ein und derselben Person zum (Haupt-)Insolvenzverwalter im Insolvenzverfahren über das Vermögen der Konzernmutter und zum (Haupt-)Insolvenzverwalter über das Vermögen der Konzerntochter ist insbesondere deshalb bedenklich, weil die Gläubiger der einzelnen Rechtssubjekte durchaus unterschiedliche Interessen, insbesondere im Hinblick auf die Verwertung der Masse im Verfahren über die Konzerntochter, haben können. Allerdings birgt das Fehlen einer positivrechtlichen Regelung über die einheitliche Behandlung von Kon-

---

242 *Smid* (Fußn. 239), Art. 2 RdNr. 23 ff.
243 *Smid,* Europäisches Internationales Insolvenzrecht, 32.
244 *Smid/Rühle,* in Knops/Bamberger/Maier-Reimer, Handbuch zum Recht der Sanierungsfinanzierung, 2005, § 17 RdNr. 33 ff.
245 Einleitende Gründe (6, 1) zur EuInsVO.
246 *Smid* (Fußn. 239), Art. 4 RdNr. 5 f.

zerninsolvenzen auch Gefahren in sich, insbesondere wenn verschiedene Insolvenzordnungen parallel zur Anwendung kommen. Die von den Insolvenzverfahren Betroffenen, also etwa die Gesellschafter sowohl der konzernabhängigen Rechtsträger als auch die der herrschenden Gesellschaft sowie Konzerngläubiger könnten dann versuchen, Vermögensgegenstände bzw. Rechtsstreitigkeiten von einem Mitgliedsstaat in einen anderen zu verlagern, um auf diese Weise eine verbesserte Rechtsstellung zu erlangen (sog. „forum shopping"). Zwecks Abwendung dieser Gefahren kann ein abgestimmtes Vorgehen der verschiedenen Insolvenzverwalter geboten sein, die überdies freilich nicht die Interessen „ihrer" Gläubiger vergessen dürfen.

VII. Insolvenzplan bei Massearmut?

1. Unzulässigkeit bei Masselosigkeit

Ein Insolvenzverfahren, das das Ziel der Gläubigerbefriedigung nicht (mehr) erreichen **2.119** kann, ist sinnlos. Aus diesem Grunde hat das Insolvenzgericht nach §§ 26 Abs. 1, 207 Abs. 1 Satz 1 InsO das Verfahren einzustellen, wenn die Insolvenzmasse nicht ausreicht, um die Kosten des Verfahrens zu decken. Die Vorlage eines Insolvenzplans ist dann in aller Regel ohne Aussicht auf Erfolg, denn das Insolvenzgericht hat einen Insolvenzplan schon von Amts wegen nach § 231 Abs. 1 Nr. 2 Alt. 2 InsO[247] zurückzuweisen, wenn die Masseverbindlichkeiten offensichtlich nicht voll befriedigt werden können[248]. Das leuchtet unmittelbar ein, da anderenfalls nicht die Gewähr bestünde, dass nach rechtskräftiger Bestätigung des Insolvenzplans die Masseansprüche berichtigt und gesichert würden. Obgleich eine ausdrückliche Regelung des Zurückweisungsgrundes für den Fall der Masselosigkeit fehlt, ergibt sich dieser im Wege eines *argumentum a fortiori* aus § 258 Abs. 2 InsO[249]. Bei bestehender Masselosigkeit hat also das Insolvenzgericht den eingereichten Plan als unzulässig zurückzuweisen.

2. Zulässigkeit bei Masseunzulänglichkeit

Fraglich ist, ob ein Insolvenzplan eingereicht werden kann, wenn Masseunzulänglichkeit **2.120** vorliegt. Der Unterschied zwischen Masselosigkeit und Masseunzulänglichkeit besteht darin, dass bei letzterer die Masse wenigstens noch die Kosten des Insolvenzverfahrens i S. d. § 54 InsO zu decken in der Lage ist (vgl. §§ 207, 208 InsO). In diesen Fällen hat der Insolvenzverwalter dem Insolvenzgericht anzuzeigen, dass Masseunzulänglichkeit vorliegt. Der Gesetzgeber hatte ursprünglich (vgl. § 323 Abs. 2 RegEInsO) ausdrücklich die Zulässigkeit eines Insolvenzplans in diesen Fällen der Massenzulänglichkeit vorgesehen. Diese Vorschrift ist aber im weiteren Verlauf des Gesetzgebungsverfahrens durch den RechtsA des Deutschen Bundestages gestrichen worden und damit nicht Gesetz geworden.

---

247 So das LG Neubrandenburg, B. v. 21.2.2002, 4 T 361/01, ZInsO 2002, 296.
248 Smid-*Smid/Rattunde,* InsO, 2. Aufl., § 231 RdNr. 46; *Smid,* WM 1998, 1313, 1322.
249 Allerdings ist § 258 Abs. 2 InsO nach Ansicht des LG Stuttgart, Urt. v. 11.12.2002, 27 O 295/02, DZWIR 2003, 171, nicht auf Fälle der Aufhebung des Insolvenzverfahrens nach Bestätigung eines Insolvenzplans anwendbar.

2.121 Der Gesetzgeber hat damit aber keine Entscheidung *gegen* die Zulässigkeit der Einreichung von Insolvenzplänen in diesen Fällen verbunden. Vielmehr hat der RechtsA[250] die Entscheidung dieser Frage ausdrücklich der Rechtsprechung überantwortet. Die von Anfang an vorliegende oder im Laufe des Verfahrens auftretende Masseunzulänglichkeit sollte einer planmäßigen Verwertung der schuldnerischen Haftungsmasse nicht entgegenstehen. Gleichwohl bedarf es einer besonderen Regelung nicht. § 208 Abs. 3 InsO bestimmt, dass die Pflicht des Verwalters zur Verwaltung und Verwertung der Masse selbst dann fortbesteht, wenn die Masseunzulänglichkeit angezeigt wurde. Dies spricht für die Zulässigkeit eines Insolvenzplans trotz bestehender Masseunzulänglichkeit. Zwar betrifft § 208 Abs. 3 InsO nur die Abwicklung nach der gesetzlichen Haftungsordnung. Gleichwohl lässt sich eine unterschiedliche Behandlung im Insolvenzplanverfahren vor dem Hintergrund des Gleichlaufs beider Abwicklungsmodi gemäß § 1 S. 1 InsO kaum rechtfertigen. Trotz bestehender Masseunzulänglichkeit ist deshalb der Insolvenzplan zulässig.[251]

VIII. Erfahrungen mit Insolvenzplänen

2.122 Wenige Monate nach Inkrafttreten der InsO wurde in der Presse die Auffassung vertreten, Insolvenzpläne seien kein geeignetes Instrument der Unternehmenssanierung[252]; im Anschluss an die wissenschaftliche Literatur vertrat *Kübler*[253] die Meinung, das Verfahren der §§ 217 ff. InsO berge zu viele Unwägbarkeiten, als dass es zur Sanierung krisenbefallener Unternehmensträger sinnvoll beitragen könne. Und es wurde nicht zuletzt die Meinung geäußert, ebenso wenig wie nach bisher geltendem Recht sei die Sanierung eines Unternehmensträgers im Wege eines Insolvenzplans möglich, wenn nicht wenigstens die Hausbank der Schuldnerin hinter deren Reorganisation stehe.

1. Cram-down-Entscheidung des LG Traunstein

2.123 Mit einem Beschluss des LG Traunstein vom 27. 8. 1999 scheinen viele dieser Zweifel wie weggewischt. In dem zugrunde liegenden Fall war es gerade die Hausbank der Schuldnerin, die sich dem Insolvenzplan widersetzt hat. Das LG hat als Beschwerdegericht die Bestätigung eines von der Schuldnerin vorgelegten Insolvenzplans durch das AG Mühldorf/Inn[254] als Insolvenzgericht gehalten. Die vorliegende Entscheidung betrifft die zentralen Probleme des neuen Rechts eines Insolvenzplanverfahrens zur Sanierung des schuldnerischen Unternehmensträgers. Das LG Traunstein hat eine Reihe von Fragen angeschnitten, die im Vorfeld des Inkrafttretens der InsO im Schrifttum[255] gestellt worden

---

250 RechtsA, BT-Drucks 12/7302, 180.
251 So auch *Braun/Uhlenbruck* Unternehmensinsolvenz, 1997, 520; *Maus,* in: Kölner Schrift zur InsO, 2. Aufl., 2000, 931, 964.
252 *Leoprechting,* DZWIR 2000, 67.
253 Handelsblatt vom 27. 5.1999, 27.
254 B. v. 27. 7. 1999, 1 IN 26/99; NZI 1999, 422.
255 Namentlich *Braun/Uhlenbruck* (Fußn. 251), 423 ff.; *Smid/Rattunde,* Der Insolvenzplan, 1998; *Smid,* FS Pawlowski, 1996, 387 ff.; ders., InVo 1996, 314 ff.; *Häsemeyer,* Insolvenzrecht, 2. Aufl., 1998, RdNr. 27.01 ff., 28.01 ff.; *Schiessler,* Der Insolvenzplan, 1997; *Kersting,* Die Rechtsstellung der Gläubiger im Insolvenzplanverfahren, 1999; *Fassbach,* Die cram down power des amerikanischen Konkursgerichts nach Chapter 11 des Bankruptcy Codes, 1997; *Kemper,* Die US-amerikanischen Erfahrungen mit „Chapter 11", 1996; *Rauls,* Das Reorganisationsverfahren der USA gemäß

sind und die sich binnen kürzester Zeit als außerordentlich praxisrelevant erwiesen haben.

Der Beschluss des LG Traunstein ist außerordentlich problematisch. Er hat in der Literatur **2.124** Zustimmung[256], aber auch nachhaltige Ablehnung[257] erfahren: Er hat die schlimmsten Schrekkensbilder, die im Vorfeld des Inkrafttretens der InsO gemalt worden sind, in die Wirklichkeit umgesetzt. Die Bank wird durch den Beschluss dazu gezwungen, die Schuldnerin gegen ihren Willen weiter zu kreditieren, und die übrigen Gläubiger, die wirtschaftlich an einer Verwertung des schuldnerischen Unternehmens nicht interessiert sind – die Arbeitnehmer, die Gemeinde, die Lieferanten – setzen auf die Unternehmensfortführung auf Kosten der kreditierenden Bank! Das ist eine neue Erscheinung – das frühere Recht von Vergleich und Zwangsvergleich sah solche Möglichkeiten nicht vor, da die gesicherte Bank zu befriedigen war. Das Beschwerdegericht mutet es der Bank zu, ggf. später auf ihre – dann schließlich durch Abnutzung etc. abgewerteten – Sicherheiten zuzugreifen und meint, ein Unternehmen mit 102 Arbeitnehmern, das materiell insolvent sei, könne künftig wirtschaftlich effizient arbeiten. Gestützt auf die „Expertise" des Wirtschaftsprüfers der Gemeinschuldnerin(!) wischen Insolvenz- und Beschwerdegericht die Weigerung der Bank, die Gemeinschuldnerin fürderhin zu kreditieren, mit einem – wenngleich breiten – Federstrich beiseite – und es bedarf noch nicht einmal der Diskussion der seit langem offenen Frage, ob die schlichte juristische Ausbildung genügt, um Insolvenzrichtern (und Beschwerdegerichten) die Beurteilung komplexer wirtschaftlicher Fragen zu überlassen, da im vorliegenden Fall die wirtschaftliche Entscheidungslage für die Beteiligten recht einfach war. Im Grunde genommen handelt es sich um die faktische Enteignung der Bank durch das Insolvenzgericht zugunsten der Schuldnerin und den an deren Verwertung nicht interessierten Gläubigern. Die Beschlüsse rufen erhebliche Zweifel hervor. Dass das Insolvenz- und das Beschwerdegericht sich dabei auf Versicherungen der Gemeinschuldnerin und ihres Wirtschaftsprüfers gestützt haben, lässt diese Zweifel nicht geringer werden.

Die beteiligten Gerichte haben allerdings versucht, ihre drakonischen Eingriffe in die Rechts- **2.125** stellung der Bank mit rechtsdogmatischen Erwägungen zu rechtfertigen. Es wird im Folgenden (unten Kapitel 13 zum sog. Obstruktionsverbot des § 245 InsO) zu zeigen sein, auf welche Schwierigkeiten die Gerichte dabei getroffen sind. Die zur Rechtsanwendung berufenen Gerichte scheinen mit den hochkomplexen Regelungen der InsO – legt man die Erfahrungen des LG Traunstein zugrunde – überfordert zu sein. Und man ist versucht anzunehmen, dass schlechte Gesetze eine problematische Rechtspraxis geradezu zwingend hervorrufen.

2. Der „Fall Herlitz"

Wirken alle Beteiligten zusammen und herrscht ein „positives Sanierungsklima", nimmt **2.126** ein Insolvenzplanverfahren einen völlig anderen Lauf: Nicht nur im juristischen Schrifttum ist die Sanierung des Berliner Unternehmens Herlitz als positiver Anwendungsfall der Regeln über den Insolvenzplan dargestellt worden[258].

Auch nach der Insolvenzrechtsreform werden Großinsolvenzen fast ausnahmslos als **2.127** Regelinsolvenzverfahren abgewickelt. Die Anordnung von Eigenverwaltung ist auf

---

Chapter 11 BC im Deutschen Internationalen Privatrecht, 1995; *Weisemann/Holz,* in: *Weisemann/ Smid,* Handbuch Unternehmensinsolvenz, 1999, 567 ff.
256 *Braun,* NZI 1999, 473.
257 *Smid,* InVo 2000, 1 ff.
258 Vgl. das Pressearchiv auf der Website www.Herlitz.de.

wenige spektakuläre Fälle beschränkt geblieben. Insolvenzpläne bei Großunternehmen fehlten bislang. Deshalb enden solche Verfahren regelmäßig in Zerschlagung oder übertragender Sanierung. Dass es auch anders geht, zeigt der erfolgreiche Abschluss der Insolvenzplanverfahren im Konzern der Herlitz AG in Berlin, deren Insolvenzpläne im Sommer 2002 beschlossen, bestätigt und – nach Aufhebung der Insolvenzverfahren – planmäßig erfüllt wurden und werden.

2.128 Der Berliner Herlitz-Konzern[259] ist europaweit Marktführer auf dem Gebiet von Papier-, Bürobedarfs- und Schreibwaren. Er besteht aus einer börsennotierten Finanzholding-Gesellschaft, der Herlitz AG, und zahlreichen Konzerntochterunternehmen, insbesondere der Herlitz PBS AG (Papier-, Büro- und Schreibwaren), bei der das operative Geschäft liegt. Ferner hat der Konzern etwa 60 Tochtergesellschaften im In- und Ausland, u. a. in Polen, Tschechien, Brandenburg und Sachsen. Er beschäftigt rund 3000 Arbeitnehmer und machte im Jahr 2001 etwa eine halbe Milliarde Euro Umsatz.

2.129 Bis in die 90er Jahre war der Herlitz-Konzern ein solide geführtes, wirtschaftlich gesundes Berliner Traditionsunternehmen. Die Ursache der Insolvenz lag in erster Linie darin, dass das Unternehmen sehr hohe Kredite in Anspruch nahm, die aus dem operativen Geschäft nicht getragen werden konnten, um Immobilieninvestitionen zu finanzieren, denen keine entsprechenden Umsätze gegenüberstanden. Daher ließen sich die erworbenen Produktionsflächen im eigenen Unternehmen nicht nutzen. Sanierungsversuche schlugen fehl; zuletzt übernahmen die 15 Gläubigerbanken im Jahr 2001 die Aktienmehrheit, ohne das angeschlagene Unternehmen zu retten. Am 3.4.2002 stellten der Vorstand der Herlitz AG und der Herlitz PBS AG beim Amtsgericht Berlin Charlottenburg Insolvenzantrag.[260]

2.130 Das Amtsgericht bestellt am Tag der Antragstellung den Berliner Rechtsanwalt *Peter Leonhardt* zunächst zum schwachen vorläufigen Insolvenzverwalter der Herlitz AG und der Herlitz PBS AG. Die Entscheidung für ein Insolvenzplanverfahren fiel schnell: Eine übertragende Sanierung, bei der Größe des Konzerns mit erheblichem zeitlichen und organisatorischem Aufwand verbunden, schied aus, weil es an einem finanzstarken Investor, der sofort zur Verfügung hätte stehen müssen, fehlte. Ziel des Insolvenzverwalters war es, die Planverfahren innerhalb der gesetzlichen Mindestfristen abzuwickeln: Zeit und Liquidität sind ausschlaggebend[261]. Um den Betrieb fortzuführen, musste sofort Liquidität zugeführt werden, ein Massedarlehen der beteiligten Gläubigerbanken in Höhe von 15 Mio. €, welches nach Planbestätigung in den Rang des § 264 (Kreditrahmen) überführt wurde. So wurde die bei Lieferanten und Kunden aufgetretene Verunsicherung behoben.

2.131 Am 11.4.2002, eine Woche nach Insolvenzantragstellung, bestellte das Amtsgericht Charlottenburg einen vorläufigen Gläubigerausschuss.[262] Mitglieder waren Vertreter der Banken, des Betriebsrates, der institutionellen Gläubiger, der Kreditversicherer und des Pensionssicherungsvereins. Dies ermöglichte die Kommunikation mit den wesentlichen Gläubigern. Sie hatten während des gesamten Verfahrensverlaufs Gelegenheit, ihre Vorstellungen in die Diskussion über den Inhalt der Insolvenzpläne einzubringen.

---

259 Vgl. www.Herlitz.de
260 Az. 109 IN 1653/02 sowie 109 IN 1654/02.
261 Ausführlich zur Bedeutung der Zeitkomponente bei der Planrealisierung *Herzig* Das Insolvenzplanverfahren, 2001, 129 ff.
262 Zulässig, vgl. AG Köln, B. v. 29.6.2000, 72 IN 178/00, ZIP 2000, 1350 = NZI 2000, 443, dazu EWiR 2000, 1115 (*Undritz*).

Nach sechs Tagen, am 17.4.2002, ordnete das Gericht die starke vorläufige Insolvenzverwaltung **2.132**
durch allgemeines Verfügungsverbot gem. § 21 Abs. 2 Nr. 1, 2 InsO an. Dies war aus praktischen
Gründen unverzichtbar. Anderenfalls hätten sich Probleme im Bestellwesen des Konzerns, der am
Tag zwei Mio. € Umsatz machte, ergeben. Es war nicht möglich, jede Bestellung mit einer
Zahlungszusage des vorläufigen Verwalters zu versehen und einen praktikablen Gerichtsbeschluss
herbeizuführen, der nach neuer Rechtsprechung des BGH[263] erforderlich gewesen wäre.

Die Insolvenzverfahren über das Vermögen der Herlitz AG und das der Herlitz PBS AG wurden am **2.133**
5.6.2002 eröffnet. Die Entscheidung über den Eröffnungstermin fiel gegen eine Ausschöpfung des
Insolvenzgeldzeitraums (bis Ende Juli 2002) aus.[264] Im Insolvenzeröffnungsverfahren haben Arbeitnehmer gem. § 183 SGB III bis zu drei Monate einen Anspruch auf Zahlung von Insolvenzgeld
gegen die Bundesanstalt für Arbeit; deren Vorfinanzierung generiert wertvolle Liquidität, ja Ertrag
für das Unternehmen. Die 3000 Mitarbeiter des Herlitz-Konzerns hatten Ansprüche von etwa eine
Mio. Euro pro Woche. Gegen eine Ausschöpfung des Insolvenzgeldzeitraums sprach die Zeit:
Unternehmen sind unter Insolvenzbedingungen schwer zu führen, Großkunden drohen abzuspring-
gen, Lieferanten sperren sich, Arbeitnehmer wollen Gewissheit über den Erhalt ihrer Arbeitsplätze.
So sprach mehr dafür, das Verfahren möglichst schnell zu eröffnen und die Sanierung umzusetzen.

Unmittelbar nach Verfahrenseröffnung wurden dem Gericht die Insolvenzpläne vorgelegt. Sie **2.134**
wurden – § 234 InsO – mit 9 Ordnern Anlagen in der Geschäftsstelle zur Einsicht der Beteiligten
niedergelegt.

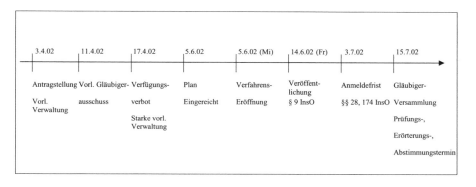

Veröffentlichungstag im Amtsblatt war der 14.6.2002.[265] Mit Eröffnung des Verfahrens konnte der **2.135**
Verwalter sämtliche nicht notwendigen oder ungünstigen Verträge nach §§ 103 ff. InsO kündigen,
in erster Linie Mietverträge, Unternehmensverträge mit Tochtergesellschaften und logistische
Verträge. Hierdurch fand eine insolvenzrechtliche Sanierung statt, die außergerichtlich nicht
möglich gewesen wäre.

Die Immobilien waren eines der wesentlichen Probleme des Unternehmens. Im Insolvenzplan **2.136**
wurden sie aus Käufergesellschaften ausgegliedert und zu einem marktgerechten Mietzins und

---

263 Urt. V. 18.7.2002 – IX ZR 195/01, ZIP 2002, 1625, 1630 (m. Bespr. *Prütting/Stickelbrock*, 1608) =
     ZInsO 2002, 819, 825, dazu EWiR 2002, 919 (*Spliedt*).
264 Vgl. demgegenüber AG Hamburg, B. v. 16.12.2002, 679 IN 419/02, ZIP 2003, 43.
265 Das Berliner Amtsblatt erfordert einen Vorlauf von mind. 9 Tagen und hat mittwochs Redaktions-
     schluss.

reduzierten Flächen zurückgemietet, um die entsprechenden Kredite zu reduzieren. Überflüssige Mietverhältnisse hat der Insolvenzverwalter mit Verfahrenseröffnung nach § 109 InsO beendet.

2.137 Auch über das Vermögen einiger Produktionstochtergesellschaften wurde das Insolvenzverfahren eröffnet. Wesentliche Teile deren betriebsnotwendigen Anlage- und Umlaufvermögens konnten von der Herlitz PBS AG erworben werden. Übertragende Sanierungen waren daher Teil der Konzerninsolvenz. Zum größten Teil konnten Insolvenzen der Töchter aber vermieden werden. Praktisch ist also ein Konzern-Insolvenzplan nicht erforderlich, man kommt mit einer Kombination von Insolvenzplänen, übertragenden Sanierungen und share-deals zurecht.

2.138 Unter Einhaltung der Anmeldefrist sowie der Monatsfrist des § 235 InsO fanden am 15.7.2002 nacheinander jeweils die Gläubigerversammlung, der Prüfungs-, Erörterungs- und Abstimmungstermin[266] im Fabrikgebäude mit jeweils ca. 200 Beteiligten statt. Zwischen Verfahrenseröffnung und diesem Termin lagen nur noch sechs Wochen. In diesem Termin wurden die Insolvenzpläne von allen erschienenen Gläubigern bestätigt. Nach Eintritt der Rechtskraft der gerichtlichen Betätigung der Insolvenzpläne beschloss das Gericht Ende August 2002 schließlich die Aufhebung der Insolvenzverfahren, was am 16.9.2002 im Amtsblatt veröffentlicht wurde. Ende 2002 wurden die ersten, im ersten Quartal 2003 die zweiten Erfüllungszahlungen geleistet. Gem. § 260 InsO wird die Erfüllung des Plans überwacht. Wesentliche Rechtsgeschäfte der Schuldnerin unterliegen der Zustimmung des Sachwalters. Die Überwachung der Planerfüllung endete am 31.3.2004.

2.139   **Herlitz PBS Aktiengesellschaft**

Insolvenzplan
Plangliederung
1. **Darstellender Teil**
    1.1. Überblick
        1.1.1. Intention des Planes
        1.1.2. Der Konzern im Überblick
        1.1.3. Zahlen, Daten und Anschriften
    1.2. Gruppenbildung
        1.2.1. Kriterien der Gruppenabgrenzung
        1.2.2. Angabe der Gruppen
    1.3. Darstellung des Sanierungskonzeptes
        1.3.1. Unternehmen
            1.3.1.1. Kurzbeschreibung des Unternehmens
            1.3.1.2. Rechtliche Verhältnisse
            1.3.1.3. Wirtschaftliche Verhältnisse
                1.3.1.3.1. Ertragslage und Erfolgsfaktoren
                1.3.1.3.2. Vermögens- und Finanzlage
            1.3.1.4. Wesentliche Verträge
            1.3.1.5. Steuerliche Verhältnisse
            1.3.1.6. Risiken
        1.3.2. Unternehmenskrise
        1.3.3. Leitbild des sanierten Unternehmens
    1.4. Darstellung der bisher ergriffenen Maßnahmen
    1.5. Darstellung der zur Erreichung des Planerfolges notwendigen Maßnahmen
        1.5.1. Überblick
        1.5.2. Maßnahmen, die die Rechtsstellung der Gläubiger berühren

---

266 Die Verbindung dieser Termine ist gem. §§ 235, 236 InsO möglich.

Im darstellenden Teil wird beschrieben, welche Maßnahmen nach Eröffnung des Insolvenzverfah- **2.140** rens getroffen worden sind oder noch getroffen werden sollen, um die Grundlage für die geplante Gestaltung der Rechte der Beteiligten zu schaffen. Der darstellende Teil der Herlitz-Insolvenzpläne hat einen Umfang von jeweils etwa 20 Seiten. Inhaltlich beschreibt er die rechtlichen, wirtschaftlichen und steuerlichen Verhältnisse des Herlitz-Konzerns. Hierzu zählt eine Übersicht über die Ertragslage und die Erfolgsfaktoren, die Vermögens- und Finanzlage sowie über die wesentlichen Verträge des Unternehmens. Es folgt die Darstellung des Sanierungskonzepts mit den geplanten leistungswirtschaftlichen und bilanziellen Sanierungsmaßnahmen. Den Abschluss des darstellenden Teils bilden die einzelnen Gläubigergruppen, deren Rechte durch die Maßnahmen des Plans beeinflusst werden.

Der gestaltende Teil der Insolvenzpläne mit einem Umfang von jeweils etwa zehn Seiten legt die **2.141** Änderung der Rechte je Gläubigergruppe fest. Gleichzeitig verweist er auf sonstige vorzunehmende Maßnahmen wie etwa die Kreditverlängerung der Konsortialbanken und die Planüberwachung. Insgesamt bestanden beide Insolvenzpläne aus jeweils nur 30 Seiten. Die Einzelheiten des Konzerns finden sich in den neun Anlagenordnern zum Insolvenzplan. Die wesentliche Zusammenfassung i S. d. § 235 Abs. 3 S. 2 InsO passt auf zwei Seiten – ein Blatt – und blieb bis zum Schluss unverändert.

§ 222 Abs. 1 InsO bestimmt, dass bei der Festlegung der Rechte der Beteiligten im Insolvenzplan **2.142** Gruppen zu bilden sind. Die Verfasser der Herlitz-Insolvenzpläne haben insgesamt sieben Gläubigergruppen statuiert.

Gruppenbildung im Planverfahren der Herlitz AG und der Herlitz PBS AG
Gruppe 1:   Gläubiger mit Absonderungsrechten (außer Kreditinstitute)
Gruppe 2:   Arbeitnehmer
Gruppe 3:   Institutionelle Unternehmen
Gruppe 4:   Verbundene Unternehmen
Gruppe 5:   Sonstige nicht-nachrangige Gläubiger

Gruppe 6:   Kreditinstitute mit Absonderungsrechten am Mobiliarvermögen und an Beteiligungen der PBS AG
Gruppe 7:   Nachrangige Gläubiger

2.143   Überlegungen, die Einteilung der Gruppen mit Rücksicht auf Mehrheitsverhältnisse und zu erwartende Zustimmung zu wählen, haben sich letztlich als nicht erforderlich erwiesen. Die Insolvenzpläne wurden von allen Gläubigergruppen bestätigt.

2.144   Die Ausarbeitung der Planentwürfe begann *sofort*. Obwohl der Plan dem zuständigen Gericht erst mit eröffnetem Verfahren vorgelegt werden kann, war es förderlich, einen Planentwurf bereits in der Zeit der vorläufigen Verwaltung an die wesentlichen Gläubigergruppen zu verteilen. Diese Gläubiger haben die Planentwürfe und grundsätzlichen Sanierungsziele von Anfang an akzeptiert. Der Teufel steckte in der Detailarbeit: Die wesentlichen Gläubigergruppen, vertreten durch Rechtsberater und selbst oft an interne Vorschriften gebunden, brachten fortwährend z. T. kollidierende Änderungsvorschläge ein. Diesen wurde nach Möglichkeit Rechnung getragen.

2.145   Die Gläubiger erhielten die wesentliche Zusammenfassung der Pläne (vgl. § 235 Abs. 3 Satz 2 InsO), um sie über die Planverfahren zu informieren. Dem überwiegenden Teil der Gläubiger genügte dies. Rückfragen oder Änderungsvorschläge kamen von kaum einem der Kleingläubiger. Die Zusammenfassung war so formuliert, dass eine Änderung des Planentwurfs nicht mehrfach mitgeteilt werden musste. Nach Verfahrenseröffnung hatte jeder interessierte Gläubiger ohnehin die Möglichkeit, die Insolvenzpläne samt Anlagen auf der Geschäftsstelle des zuständigen Amtsgerichts einzusehen.[267] Die endgültige zweite Fassung der Insolvenzpläne erhielten die Beteiligten bei der Gläubigerversammlung ausgehändigt. Mit wesentlichen Gläubigern fand eine stetige Diskussion über die Pläne statt. Zahlreiche Änderungsvorschläge führten zu fortlaufender Aktualisierung. Für die Kommunikation zwischen Planerstellern und Gläubigern war es hilfreich, dass das Gericht sofort nach Antragstellung einen vorläufigen Gläubigerausschuss konstituierte, um auf die konkreten Bedürfnisse der wesentlichen Gläubiger einzugehen. Die Planautoren konnten auf diese Weise der Obstruktion entgegentreten. Informationsdefizite sind Einfallstore für obstruierende Gläubiger. Haben die wesentlichen Gläubiger die Möglichkeit zu Information, Diskussion und Änderungswünschen, wird das Risiko einer möglichen Obstruktion in der Gläubigerversammlung vermindert. Die endgültige Planfassung war das Ergebnis der Diskussionen. Das Abstimmungsergebnis bestätigte dies. Obstruktion und Rechtsbehelfe blieben – obwohl angekündigt – aus.

2.146   Die Gläubiger der Herlitz AG und der Herlitz PBS AG haben innerhalb der vorgeschriebenen Frist insgesamt etwa 1000 Forderungen mit einem Gesamtvolumen von ca. 300 Mio. € zur Insolvenztabelle angemeldet, die innerhalb der Wochenfrist des § 29 Abs. 1 Nr. 2 InsO geprüft wurden. Die größte Gruppe der absonderungsberechtigten Gläubiger hat ihre Sicherungsrechte im Wesentlichen behalten, die Kredite – soweit die Sicherung werthaltig war – dem Unternehmen weiterhin zur Verfügung gestellt und erhielt im Übrigen wie institutionelle Gläubiger, verbundene Konzernunternehmen sowie die nachrangigen Gläubiger eine Quote von 0%; die restlichen nicht-nachrangigen Gläubiger wurden bei der Herlitz PBS AG mit einer Quote von 10 % bedient.

2.147   Der Herlitz-Konzern konnte durch zwei Insolvenzpläne saniert werden. Das Unternehmen blieb erhalten und Arbeitsplätze gesichert. Bestandteil der Planverfahren waren übertragende Sanierungen und Liquidationen oder Ausgliederungen von Konzerntöchtern. Dass das Planverfahren in diesem Fall die richtige Verfahrensart war, zeigt ein Vergleich mit einem möglichen Zerschlagungs-

---

267 In je 9 Anlagenordnern. Allerdings machten nur weniger als 10 Gläubiger von dieser Möglichkeit Gebrauch.

fall: Der Veräußerungswert der Mobilien hätte sich bei Zerschlagung des Unternehmens von 84,2 Mio. auf 14,7 Mio. reduziert. Damit wäre eine freie, für die Ausschüttung zur Verfügung stehende Masse in Höhe von lediglich etwa 3,9 Mio. € entstanden. Sonstige Masseverbindlichkeiten hätten lediglich in Höhe von 1% bezahlt werden können; Insolvenzgläubiger wären vollständig leer ausgegangen. Die Sanierung durch einen Insolvenzplan hat den Gläubigern eine bessere Quote gesichert, und sie behielten ihre Kunden, Lieferanten oder Arbeitgeber.

2. Hauptteil: Allgemeine Regeln und Grundsätze des Inhalts und der Ausarbeitung von Insolvenzplänen

Kapitel 3: Die Planvorlageberechtigten

I. Planvorlage als Verfahrenshandlung

Die Planvorlage stellt sich als Verfahrenshandlung[1] dar. Im Schrifttum[2] wird dazu aus- **3.1** geführt, hierauf seien die allgemeinen Regeln über bestimmende Schriftsätze anzuwenden. Dies ist aber wenig aussagekräftig. Denn im Gegensatz zu allgemeinen prozessualen Erklärungen können die Regelungen des Insolvenzplanes mit Bedingungen versehen werden. Zudem ist ein weiter Bereich von Möglichkeiten der Abänderung des vorgelegten Planes eröffnet.

II. Planvorlage des Insolvenzverwalters als Novum gegenüber dem Vergleichsrecht

Liest man allein den Wortlaut des Gesetzes, so ergibt sich das Bild eines einheitlichen **3.2** Sanierungsverfahrens, dessen *dramatis personae* die **Gläubiger, das Gericht und „der Vorlegende"** sind. Das „Einheitsdogma" des Gesetzgebers erstreckt sich so auf das Insolvenzplanverfahren. Das ist freilich gegenüber dem bisherigen Recht nicht neu. Der Gesetzgeber hat abweichend vom überkommen Vergleichsrecht neben das Vorschlagsrecht des Schuldners eine Befugnis des Verwalters gestellt, einen Insolvenzplan vorzulegen.

Es war in den Ergebnissen der Reformkommission[3] ursprünglich ein weites Planinitiativrecht **3.3** vorgesehen. Ursprünglich hatte auch jeder Gläubiger das Recht, einen Insolvenzplan vorzulegen. Verkürzt gesagt, wäre es dann bei der Abstimmung über den Insolvenzplan zu einem Wettkampf unterschiedlicher Sanierungsmodelle gekommen. Nach der geltenden Regelung sind nur der Insolvenzverwalter oder der Schuldner befugt, den Gläubigern Abstimmungsvorschläge zu unterbreiten. Die eigentlich betroffenen Gläubiger können allenfalls gem. § 218 Abs. 2 InsO den Insolvenzverwalter beauftragen, einen Plan auszuarbeiten, ohne inhaltlichen Einfluss nehmen zu können. Der Gläubigerausschuss wirkt lediglich beratend mit, § 218 InsO. **Die Gläubiger können somit, wenn eine Einigung mit dem (vorläufigen) Insolvenzverwalter oder dem Schuldner nicht möglich ist, den Plan nur als Ganzes annehmen oder ablehnen.** Enthält der Insolvenzplan

---

1 MünchKomm-*Eidenmüller*, InsO, 2002, § 218 RdNr. 9, 10.
2 MünchKomm-*Eidenmüller* (Fußn. 1), § 218 RdNr. 9, 10.
3 Vgl. Uhlenbruck-*Lüer*, InsO, 12. Aufl., 2003, Vor §§ 217-269 RdNr. 7 ff.

eine Abfindungsquote für Gläubiger, wie dies meist der Fall sein wird, so können die Gläubiger also nicht etwa eine höhere Quote beschließen, auch wenn dies nach dem Plan und seiner Begründung möglich wäre. Sie können die Sanierung nur insgesamt scheitern lassen oder, wenn sie die Sanierung wollen, sich mit dem Vorschlag zufrieden geben, der ihnen vom Planverfasser angeboten wird. Der Planverfasser erhält hierdurch weitreichende Macht, die rechtlichen Verhältnisse des Schuldners und seine wirtschaftliche Lage ordnen zu können.

3.4   Es wird sich im Verlauf dieser Untersuchung erweisen, dass strikt bei der Analyse der Bedeutung der gesetzlichen Vorschriften darauf zu achten sein wird, *wer* in die Rolle des „Vorlegenden" geschlüpft ist. Denn es macht einen **gravierenden Unterschied, ob der Verwalter oder ob der Schuldner einen Insolvenzplan vorlegt** (initiiert – zu den Initiativbefugnissen gem. § 218 InsO vgl. RdNr. 3.5 ff.). Im ersten Fall der Verwalterinitiative stellt der Insolvenzplan eine Alternative zur übertragenden Sanierung (§ 157 InsO) dar. Insoweit geht es darum, dem Verwalter ein weiteres Instrument zur Einbeziehung der Gläubiger in den Sanierungsvorgang und damit zur Verringerung seiner Haftungsprobleme zu schaffen. Im Falle der Schuldnerinitiative geht es dagegen um eine neue Form des alten Vergleichs- bzw. Zwangsvergleichsvorschlags des Schuldners, der durch das neue Recht des Insolvenzplanverfahrens Gestaltungsmöglichkeiten eingeräumt erhält, die er zu Lasten der Gläubiger zu nutzen in der Lage sein wird.

III. Planvorlagebefugnis des Insolvenzverwalters aus eigenem oder abgeleitetem Recht der Gläubiger?

3.5   Der in der Literatur geführte **Streit darüber, ob dem Verwalter ein genuin-eigenes Initiativrecht zur Vorlage eines Insolvenzplans zusteht** oder ob er hierzu allein auf dem Wege einer Beauftragung durch die Gläubigerversammlung gem. § 157 InsO berechtigt ist, wird um ein Scheinproblem geführt. Dabei bedarf es nicht eines positivistischen Rekurses auf § 218 InsO, der dem Insolvenzverwalter nach seinem Wortlaut ein „eigenes" Planvorlagerecht vindiziert[4]. Soll ein Insolvenzplan überhaupt irgendeine Aussicht auf Realisierung haben, dann liegt es nahe, dass die gesamte Anlage des Verfahrens auf die Vorlage, Erörterung, Abstimmung und Bestätigung des Planes hin ausgerichtet ist. Man kann dies auch anders formulieren und sagen, dass ein Insolvenzplan ein organisiertes Insolvenzverfahren voraussetzt; das ist im Übrigen kein Spezifikum des „Verwalterplans", sondern trifft selbredend auch auf den vom Insolvenzschuldner vorgelegten „pre-packaged plan" zu. Arbeitet der Insolvenzverwalter einen Insolvenzplan aus – was zweckmäßigerweise bereits während des Eröffnungsverfahrens weithin vorzubereiten sein wird – wird er dies nicht ohne eine vorherige Abstimmung mit wenigstens den wesentlichen Gläubigern des Insolvenzschuldners tun. Denn wie immer man auch das Vorlagerecht des Verwalters gem. § 218 InsO bestimmt, ändert dies doch nichts an der **Grundbefugnis der Gläubigerversammlung gem. § 157 InsO im Berichtstermin über die Weichenstellung des Verfahrens** zu entscheiden – und damit darüber, ob ein Insolvenzplanverfahren durchgeführt wird. Beschließt daher die Gläubigerversammlung eine Liquidation des schuldnerischen Unternehmens ohne bzw. außerhalb eines Insolvenzplanverfahrens, ist der Verwalter hieran gebunden. Unabhängig davon, dass er Träger eines

---

4 *Happe*, Die Rechtsnatur des Insolvenzplans, 2004, 92.

begründeten privaten Amtes und nicht Vertreter der Gläubiger ist, bleibt er doch an die Beschlüsse der Gläubigerversammlung gebunden. Und dies gilt auch dann, wenn er gegen den ursprünglichen Beschluss im Berichtstermin einen „planfreundlichen" Beschluss über die Intervention des Insolvenzgerichts gem. § 78 Abs. 1 InsO herbeiführt. In allen Fällen muss der Verwalter durch das Nadelöhr des Berichtstermins, um „seinen" Insolvenzplan vorlegen zu können. Die Berichte aus der Praxis[5] betonen daher zu Recht das Zeitmoment, das dem erfolgreichen Insolvenzplanverfahren innewohnt. Der Berichtstermin muss den Weg für den Plan freimachen und daher zügig erfolgen. Dies scheint für den vom Insolvenzschuldner initiierten Plan nicht zu gelten. Aber der erste Anschein trügt. Auch der „Schuldnerplan" wird in aller Regel nicht gegen den im Berichtstermin gebildeten und formulierten Willen der Gläubiger verfahrensrechtlich umgesetzt. Die Einflussnahme des Berichtstermins ist in diesem Fall aber eher eine mittelbare. Sie schlägt sich in der Zulassungs-Entscheidung des Insolvenzgerichts gem. § 231 Abs. 1 Nr. 2 InsO nieder. Lehnt die Gläubigergemeinschaft im Berichtstermin nämlich die Verfahrensabwicklung nach einem Insolvenzplan ab und beschließt sie eine andere Form des Procedere, wird das Insolvenzgericht nur in Ausnahmefällen davon ausgehen, dass der Plan Aussicht auf Realisierung hat. Beiden – Insolvenzschuldner und Insolvenzverwalter – steht daher ein „Initiativrecht" zu. **Der Verwalter darf seinen Insolvenzplan indes nicht gegen den Willen der Gläubiger verfolgen; der Schuldner kann es nicht.**

IV. Planvorlagebefugnis des vorläufigen Insolvenzverwalters?

Das Insolvenzgericht kann nach § 21 Abs. 2 Nr. 1 InsO nach Antragstellung einen **3.6** vorläufigen Insolvenzverwalter bestellen. Die InsO unterscheidet in § 22 zwischen dem vorläufigen Verwalter, auf den die Verwaltungs- und Verfügungsbefugnis über das schuldnerische Vermögen übergehen (§ 21 Abs. 2, 1. Var., § 22 Abs. 1 InsO, man spricht ungenau vom „starken vorläufigen Verwalter") und dem vorläufigen Verwalter ohne Verwaltungs- und Verfügungsbefugnis (§ 21 Abs. 2, 2. Var., § 22 Abs. 2 InsO, sog. schwacher vorläufiger Verwalter).

Relevanz hat die Frage nach einer „starken" oder „schwachen" vorläufigen Verwaltung vor allem **3.7** für das Konzernsteuerrecht. Ob ein Konzern die Insolvenzantragstellung und die Anordnung einer vorläufigen Verwaltung übersteht, ist zu Beginn einer Sanierung kaum vorhersehbar. Ist ein vorläufiger Verwalter mit Verwaltungs- und Verfügungsbefugnis über das schuldnerische Vermögen für alle Konzernunternehmen tätig, können die konzernrechtlichen Verträge, Eingliederungen und die Leitungsmacht aufgrund personeller Identität in aller Regel fortgesetzt werden. Auf diese Weise besteht durch eine starke vorläufige Verwaltung die Möglichkeit, Verlustvorträge zu retten und Sanierungsgewinne zu erzielen.

In der Praxis ist **in aller Regel der vorläufige Insolvenzverwalter Planverfasser**, auch **3.8** wenn der Gesetzgeber hierfür den (endgültigen) Insolvenzverwalter in § 218 Abs. 1 InsO vorgesehen hat[6]. Eine Vergütung ist für den vorläufigen Insolvenzverwalter als

---

5 *Rattunde*, ZIP 2003, 596.

6 KP-*Otte*, InsO, Stand November 2004, § 218 RdNr. 11; MünchKomm-*Eidenmüller*, InsO, 2002, § 218 RdNr. 31 ff., der sich daher gegen ein Planvorlagerecht des vorläufigen Insolvenzverwalters ausspricht.

Planverfasser – anders als für den endgültigen Verwalter, vgl. § 3 Abs. 1 e) InsVV[7] – nicht vorgesehen. Scheitert der von ihm eingereichte Planentwurf, erhält der vorläufige Verwalter für seine Tätigkeit daher keine Vergütung.

3.9 Der vorläufige Verwalter sollte zügig vor der Verfahrenseröffnung auf die Konstituierung eines vorläufigen Gläubigerausschusses hinwirken. Die InsO sieht die Einsetzung eines Gläubigerausschusses (§ 67 InsO) zwar erst nach Eröffnung des Insolvenzverfahrens vor. Die Rechtsprechung hat die Einsetzung eines vorläufigen Gläubigerausschusses schon während der vorläufigen Verwaltung jedoch für zulässig erklärt[8]. Im Insolvenzplanverfahren bietet es sich an, einen vorläufigen Gläubigerausschuss schon während der vorläufigen Verwaltung zu bilden, um mit den repräsentierten Gläubigergruppen sofort mit der Kommunikation über den Insolvenzplan beginnen zu können.

3.10 Den Insolvenzplan reicht entweder der Schuldner oder der (endgültige) Verwalter beim Insolvenzgericht ein (§ 218 Abs. 1 InsO). Sofern der (endgültige) Verwalter von der Gläubigerversammlung gem. § 218 Abs. 2 InsO den Auftrag zur Ausarbeitung eines Insolvenzplans erhält, ist der (endgültige) Verwalter auch zur Vorlage des Plans berechtigt. Der vorläufige Verwalter ist hingegen nicht berechtigt, den Insolvenzplan einzureichen; er kann sich nur des Entwurfes bedienen.

3.11 Der (endgültige) Verwalter mag „offiziell" den Insolvenzplan einreichen. Er sollte aber bereits in der Phase der vorläufigen Insolvenzverwaltung versuchen, mit dem Gericht Verfahrensabsprachen in Bezug auf Termine und Fristen zu treffen und dem Gericht vorab den Planentwurf zur Kenntnis zu bringen. Anderenfalls läuft er Gefahr, den Sanierungserfolg durch Zeitverluste zu beeinträchtigen.

V. Planvorlagebefugnis des eigenverwaltenden Schuldners aufgrund Beschlusses der Gläubigerversammlung

3.12 Es ist bereits eingangs darauf aufmerksam gemacht worden, dass eine erfolgreiche Abwicklung eines Insolvenzplans in vielen Fällen die Mitwirkung des Schuldners bzw. der Organe des schuldnerischen Unternehmensträgers voraussetzt. Mit der **Anordnung der Eigenverwaltung**[9] hat der Gesetzgebers ein – von der Justiz zu Unrecht nicht hinreichend genutztes – Instrument geschaffen, dem Schuldner die Gelegenheit zu einer ebenso kostengünstigen wie effizienten, weil motivierten Insolvenzabwicklung zu geben. Der Schuldner fungiert dort als *debtor in possession*, worunter zu verstehen ist, dass er als „Amtswalter in eigenen Angelegenheiten" die beschlagnahmte Masse zugunsten der Gläubiger verwaltet.

---

7 *Eickmann*, InsVV, 2. Aufl. 2001, § 3 RdNr. 31; MünchKomm-*Nowak*, InsO, 2001, § 3 InsVV RdNr. 11.
8 AG Köln, B. v. 29.6.2000, 72 IN 178/00, ZIP 2000, 1350.
9 *Wehdeking*, in: Flöther/Smid/Wehdeking, Eigenverwaltung, 2005, Kap. 2.

In diesem Fall der **Anordnung der Eigenverwaltung gem. § 270 InsO**[10] ergeben sich   **3.13**
aus Sicht des **Sachwalters** Besonderheiten. Der Sachwalter, der eine dem vorläufigen
Zustimmungsverwalter (§ 21 Abs. 2 Nr. 2, 1. Alt. InsO) vergleichbare Stellung ein-
nimmt, kann im Berichtstermin mit der Ausarbeitung eines Planes beauftragt werden;
insoweit stellt die Eigenverwaltung freilich keinen Unterschied zum „Regelinsolvenzverfahren" dar. Anders verhält es sich demgegenüber mit dem eigenverwaltenden
Schuldner, der Amtswalter in eigenen Angelegenheiten ist: Es ist keine Paradoxie,
dass der eigenverwaltende Schuldner sub specie seiner Planinitiativbefugnis nach Anordnung der Eigenverwaltung stärkeren Bindungen unterliegt als die, die im „Regelinsolvenzverfahren" auferlegt sind![11] Bringt eine Abstimmungsmehrheit der Gläubiger
im Berichtstermin freilich den vom eigenverwaltenden Schuldner vorgelegten Plan zu
Fall, wird damit regelmäßig die Grundlage der Anordnung der Eigenverwaltung prekär,
auch wenn sich die von § 272 InsO gefordert Mehrheit bei Beendigung der Eigenverwaltung nicht finden sollte. § 272 Abs. 1 Nr. 3 InsO gibt dem eigenverwaltenden
Schuldner aber die im Regelinsolvenzverfahren dem Insolvenzverwalter zustehende
Befugnis, gem. § 78 Abs. 1 InsO das Insolvenzgericht zur Korrektur eines derartigen
Beschlusses anzurufen – der schließlich durchaus auch auf zufällig erlangten Mehrheiten
beruhen kann.

Nach alledem ist der Insolvenzverwalter, aber auch der eigenverwaltende Schuldner,   **3.14**
nicht allein an die Beschlüsse der Gläubigermehrheit im Berichtstermin „dem Grunde
nach" in dem Sinne gebunden, dass die Insolvenzgläubiger und absonderungsberechtigten Gläubiger über das „überhaupt" eines Insolvenzplans entscheiden. Im Gegenteil: Es
ist schlechthin ernsthaft keine Konstellation denkbar, in der die Gläubiger im Berichtstermin den Verwalter oder den eigenverwaltenden Schuldner pauschal mit der Ausarbeitung eines Planes beauftragen würden, auch wenn dies natürlich nach der Art der
Anlage des Gesetzes nicht ausgeschlossen ist. Wenigstens der Bericht des Verwalters
bzw. des eigenverwaltenden Schuldners – wenn nicht der „fertige" pre-packaged plan –
bildet die Grundlage des Ermächtigungsbeschlusses. Ebenso, wie sich die Entscheidung
nach § 157 InsO über das „überhaupt" des Insolvenzplanverfahrens regelmäßig auf
einen konkreten Plan bezieht, spricht vordergründig nichts dagegen, dass die Gläubigerversammlung im Berichtstermin Insolvenzverwalter oder eigenverwaltende Schuldner
mit der Vorlage eines konkreten pre-packaged Plan beauftragt.[12]

---

10 Vgl. *Happe* (Fußn. 4), 96.
11 Dies ergibt sich zwanglos daraus, dass der eigenverwaltende Schuldner die den Gläubigern haftungsrechtlich zugewiesene Masse verwaltet; eingehend hierzu *Wehdeking*, Die Masseverwaltung des
   insolventen Schuldners, 2005.
12 A. A. *Happe* (Fußn. 4), 97, 98; *Hess/Obermüller*, Insolvenzplan, Restschuldbefreiung und Verbraucherinsolvenz, 3. Aufl., 2003, RdNr. 46; Uhlenbruck-*Lüer,* InsO, 12. Aufl., 2003, § 218 RdNr. 16.

3.15   Die Planvorlageberechtigten

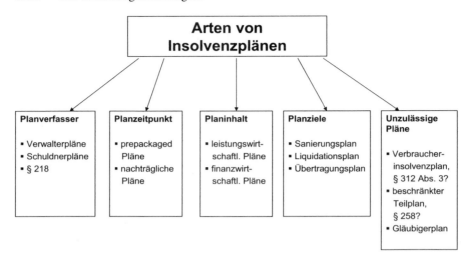

3.15 Davon ist aber die Frage zu unterscheiden, ob die Gläubigerversammlung den Verwalter oder den eigenverwaltenden Schuldner dazu verpflichten kann, einzelne Regelungen in dem Insolvenzplan vorzusehen, was den Vorlegenden im Einzelfall nicht allein dazu zwingen könnte, einen in sich widersprüchlichen Plan vorzulegen, sondern sich auch sehenden Augen nicht unerheblichen Widersprüchen auszusetzen.

Kapitel 4: Planvorbereitung, Eigenverwaltung und drohende Zahlungsunfähigkeit

I. Planvorlagebefugnis des eigenverwaltenden Schuldners aufgrund Beschlusses der Gläubigerversammlung

1. Planbarkeit der „Sanierung durch Insolvenz"

Sanierungsfälle müssen von den Beteiligten „anders" behandelt werden als „normale" **4.1** Zerschlagungsinsolvenzen. Grundsätzlich ist dies möglich: Denn ob eine Sanierung des gesamten Unternehmens oder eines Betriebsteils in Betracht kommt, wissen die wesentlichen Beteiligten (Großgläubiger, Kunden, Lieferanten, Arbeitnehmer, die Betriebsführung und die Anteilseigner) meistens vorher und können es dem Insolvenzgericht und dem Verwalter sagen. Grundsätzlich ist dies auch sinnvoll: In Sanierungsfällen sollte die Insolvenz in einem gewissen Rahmen planbar sein, will man ein Sanierungskonzept nicht dem Zufall preisgeben. Deshalb bedarf es eines **positiven Insolvenzklimas**[1], einer besonderen Auswahl sanierungsgeeigneter und sanierungsbereiter Verwalter und einer offenherzigen Kommunikation zwischen allen Beteiligten, schon im Vorfeld der Insolvenz und in der Antragsphase. Damit hier kein Missverständnis entsteht: Natürlich können auch bei einer ungeplanten Zufallsinsolvenz vernünftige Sanierungserfolge herauskommen und kommen häufig genug heraus. Aber jeder Intensivmediziner wird bestätigen, dass die Überlebenschancen eines Patienten bei einer ordentlich vorbereiteten Behandlung größer sind als bei einer Notoperation.

Die Insolvenzsituation kann nur durch **Beseitigung sämtlicher Insolvenzursachen** behoben wer- **4.2** den. Hierzu bedarf es eines „positiven Insolvenz- bzw. Sanierungsklimas". Es entsteht, wenn die an einer Unternehmenssanierung Beteiligten ihr Verhalten früh auf den Eintritt der Insolvenz einstellen, z. B. durch einen frühzeitigen Insolvenzantrag, möglichst schon bei drohender Zahlungsunfähigkeit (§ 18 InsO). Hinzu kommen muss die Bereitschaft der Beteiligten, einer Sanierung aufgeschlossen gegenüberzustehen und die rechtlichen und wirtschaftlichen Möglichkeiten eines Insolvenzverfahrens vorzubereiten sowie ein gemeinschaftliches Sanierungskonzept zu erstellen. Kommunikation zwischen den Beteiligten ist für ein positives Insolvenzklima und den Eintritt eines späteren Sanierungserfolges wichtig. Hierzu gehört, dass nicht alle Beteiligten von der Insolvenz überrascht werden (oder so tun, als ob). Häufig genug spielt es sich tatsächlich so ab: Die Geschäftsleitung stellt – frühestens unter dem Eindruck der ablaufenden Drei-Wochen-Frist – Insolvenzantrag und hat, mit Tunnelblick auf die außergerichtliche Sanierung, nichts vorbereitet (es gibt keinen Insolvenzplan, keine insolvenzmäßige Liquiditätsplanung). Kunden, Mitarbeiter und Lieferanten erfahren den Insolvenzeintritt vom vorläufigen Insolvenzverwalter, den das Amtsgericht notgedrungen spontan ausgewählt hat. Der vorläufige Verwalter kennt das Unternehmen als einziger der Beteiligten überhaupt nicht, aber er muss jetzt in wenigen Tagen nachholen, was seit Monaten absichtsvoll unterblieb. Dabei war die tödliche Krankheit des Patienten lange bekannt.

---

1 *Rattunde*, ZIP 2003, 2103, 2108.

2. Die Wahl des „richtigen" Insolvenzverwalters[2]

4.3 Dem Insolvenzverwalter kommt in Sanierungsfällen eine Schlüsselrolle zu. Dies ergibt sich aus den zahlreichen Aufgaben, die ihm die InsO zuschreibt: Schon der vorläufige Verwalter soll das schuldnerische Unternehmen fortführen, § 22 Abs. 1 Satz 2 Nr. 2 InsO, der endgültige möge es sanieren, also ein Sanierungskonzept entwickeln und durchsetzen. Hierzu gehört zuerst, zur Fortführung des Betriebs die Liquidität zu sichern, z. B. in Form von Massekrediten, Insolvenzgeldfinanzierungen oder der Inanspruchnahme von Sicherheiten. Hierfür braucht er das besondere Vertrauen der Kreditgeber oder Berechtigten. Der Insolvenzverwalter hat später die Aufgabe, das gerichtliche Verfahren mit der Wahrnehmung von Terminen, der Tabellenführung, der Berichts- und Rechnungslegungspflicht durchzuführen, er muss be- und verwerten, Verträge erfüllen oder kündigen (§§ 103 ff. InsO) und steuerliche, sozialrechtliche, handels- und arbeitsrechtliche Pflichten erfüllen. Er haftet jederzeit persönlich (§ 60 InsO). Er muss alle Beteiligten mit ihren unterschiedlichen Interessen in das Verfahren einbinden und für eine funktionierende Kommunikation sorgen. Nach alledem setzt ein Sanierungserfolg in erster Linie eines voraus: die Auswahl des richtigen Verwalters.[3] Dieser muss nicht nur die Kompetenz haben, sondern von den Betroffenen auch akzeptiert werden, denn **Sanierung verlangt Konsens und Vertrauen.**

4.4 Die Verwalterauswahl steht seit längerem in der insolvenzrechtlichen Diskussion.[4] Das Gesetz verlangt in § 56 InsO eine „für den jeweiligen Einzelfall geeignete, insbesondere geschäftskundige und unabhängige natürliche Person". Diese Messlatte liegt in Sanierungsverfahren zu niedrig. **Ideen, die Beauftragung von Insolvenzverwaltern schematisch oder nach Verfahrenslisten vorzunehmen,**[5] sollten nicht verwirklicht werden.[6] Immer wieder gibt es Versuche, die Entscheidungsprärogative des Amtsrichters in Insolvenzsachen seitens des Schuldners, der Gläubiger oder eines interessierten Verwalterprätendenten auszuhebeln. Solche Versuche sind – wie die erwähnten Beispiele einiger Großinsolvenzen gezeigt haben – manchmal nur Ausdruck von Hilflosigkeit der Verfahrensbeteiligten angesichts der richterlichen Unabhängigkeit. Diese wiederum ist jedoch kein Selbstzweck, sie soll keine Willkürentscheidungen ermöglichen. Sie dient der optimalen Entscheidung, indem sie sachfremde, verfahrensfremde Erwägungen neutralisiert. So ist z. B. das oft gehörte[7] Argument, vorgeschlagene Insolvenzverwalterprätendenten seien per se nicht zu bestellen, sachfremd: Es orientiert sich nicht am Sanierungserfolg, am optimalen Verfahrensablauf, sondern an der Entscheidungsruhe des Gerichts, die mit dem Sanierungsergebnis nichts zu tun hat. *Uhlenbruck*, von dem diese Meinung früher auch vertreten wurde,[8] hat sie inzwischen ausdrücklich aufgegeben.[9] Nach seiner Meinung haben die Kreditgeber wegen des Massekredits, die Banken

---

2 *Smid* beim 6. Leipziger Insolvenzrechtstag am 7. Februar 2005.
3 Vgl. *Jaeger*, KO, 6./7. Aufl., § 78 Anm. 7: „Schicksalsfrage".
4 Meinungsstand bei *Pannen/Füchsl/Rattunde*, ZInsO 2002, 414, 416; ausführlich auch MünchKomm-*Graeber*, InsO, 2001, § 56 Rz. 47 ff.
5 So z. B. *Holzer/Kleine-Cosack/Prütting*, Die Bestellung des Insolvenzverwalters, 2001, 3 ff., 63 ff.; BVerfG, B. v. 3.8.2004, 1 BvR 135/00, 1 BvR 1086/01, ZIP 2004, 1649.
6 So auch *Graf-Schlicker*, ZIP 2002, 1166, 1177, u. jetzt BMJ-DiskE, ZInsO 2003, 359.
7 Auch von richterlichen Teilnehmern der Fachtragung selbst.
8 *Uhlenbruck*, KTS 1989, 229, 233.

wegen ihrer Sicherheiten und der Schuldner alle ein anerkennenswertes Interesse daran, den Verwalter zu bekommen, den sie wollen, weil ohne ihre Akzeptanz, ihr Vertrauen die Sanierung scheitern wird. Eine Verwalterauswahl, die nicht nur formal, sondern auch inhaltlich zufriedenstellend ist, können die Beteiligten mit einem offenen Gespräch unter Einschluss von Gericht und Verwalterprätendenten erreichen. Darauf läuft auch der Vorschlag der Justizministerkonferenz des Bundes und der Länder hinaus, im Vorfeld der Insolvenz ein Diskussionsforum zwischen den Beteiligten unter Leitung des Insolvenzgerichts zu schaffen.[10]

Unter dem Eindruck der anhaltenden Diskussion um die Auswahl des Insolvenzverwalters durch das Insolvenzgerichts, die in die jüngste **Entscheidung der 2. Kammer des 1. Senats des BVerfG**[11] gemündet ist, haben eine Reihe von Insolvenzgerichten Bemühungen aufgenommen, die Beteiligung der Gläubiger im Vorfeld der Verfahrenseröffnung zu verstärken. Das „Detmolder Modell"[12] ist hierfür beispielhaft. Von diesen Bemühungen können hilfreiche Impulse für die Stärkung von Sanierungsverfahren ausgehen, die auf solche institutionelle frühzeitige Einbindung von Beteiligten in den insolvenzgerichtlichen Entscheidungsprozess angewiesen sind. **4.5**

Sanierungsversuche scheitern häufig daran, dass die Kommunikation zwischen den Verfahrensbeteiligten nicht funktioniert. Unstimmigkeiten, persönliche Eitelkeiten und Konflikte sind die Ursache. Es wird verkannt, dass Sanierung auf Konsens beruht. Die Verfasser sind daher der Auffassung, dass – neben einem positiven Insolvenzklima und der Wahl des richtigen Verwalters – Kommunikation den wesentlichen Erfolgsgrund einer Sanierung darstellt. Sie plädieren für frühzeitige Gespräche zwischen den Beteiligten, nicht nur in Bezug auf die Verwalterauswahl. Bereits vor Antragstellung sollten wesentliche Gläubiger – insbesondere Banken, Gericht und Verwalter bzw. Prätendent – Chancen und Risiken einer Sanierung diskutieren. Auf diese Weise kann ein Sanierungskonzept gemeinschaftlich und unter Berücksichtigung aller Interessen erarbeitet werden. Gleichzeitig wird vermieden, dass sich Beteiligte aus Angst oder persönlichen Animositäten nicht in das Verfahren einbringen. Frühzeitige Gespräche bauen Berührungsängste ab und versprechen einen schnellen Konsens. **4.6**

Um Unternehmensinsolvenzpläne erfolgreich zu institutionalisieren, ist eine systematische Vorbereitungsarbeit erforderlich. Zu einer umfassenden Vorarbeit gehört, dass alle Daten, Zahlen, Fakten, Vermögensverzeichnisse, Verträge, Liquidationsplanungen, Bewertungen von Sicherheiten im Zerschlagungs- und Fortführungsfall vorliegen. Ferner müssen die wesentlichen Entscheidungsträger auf Arbeitnehmer-, Banken- und Lieferantenseite, Gesellschafter und Vermieter bekannt sein. Zu beklagen ist, dass der Einstieg in die Insolvenzplanung häufig daran scheitert, dass diese für eine Sanierung notwendigen Informationen nicht vorhanden sind. Außergerichtliche Sanierer wie etwa Unternehmensberater stellen sich nämlich zumeist nicht auf den Insolvenzfall ein. Trifft der Insolvenzverwalter im Unternehmen ein, so findet er daher in aller Regel keine Vorarbeit, auf der er aufbauen kann[13]. Begrüßenswert wäre es daher, wenn außerge- **4.7**

---

9 Uhlenbruck-*Uhlenbruck*, InsO, 12. Aufl., 2003, § 56 RdNr. 11.

10 *Graf-Schlicker*, ZIP 2002, 1166, 1177.

11 BVerfG, B. v. 3.8.2004, 1 BvR 135/00, 1 BvR 1086/01, ZIP 2004, 1649.

12 Vgl. *Busch*, DZWIR 2004, 353.

13 Zur Rechtsstellung des Insolvenzverwalters im Planverfahren *Kluth,* ZInsO 2002, 258, 258.

richtliche Sanierer mit Alternativblick auf die Insolvenzsituation arbeiten würden, um eine zügige Insolvenzvorbereitung zu fördern.

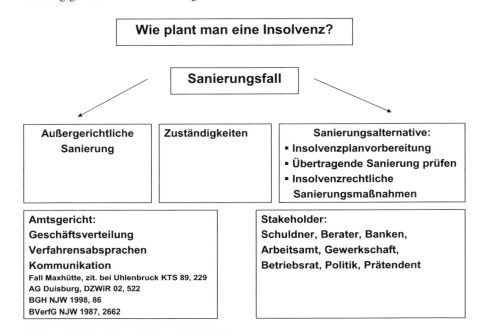

Wie plant man eine Insolvenz?

Sanierungsfall

Außergerichtliche Sanierung	Zuständigkeiten	Sanierungsalternative: • Insolvenzplanvorbereitung • Übertragende Sanierung prüfen • Insolvenzrechtliche Sanierungsmaßnahmen
Amtsgericht: Geschäftsverteilung Verfahrensabsprachen Kommunikation Fall Maxhütte, zit. bei Uhlenbruck KTS 89, 229 AG Duisburg, DZWiR 02, 522 BGH NJW 1998, 86 BVerfG NJW 1987, 2662		**Stakeholder:** Schuldner, Berater, Banken, Arbeitsamt, Gewerkschaft, Betriebsrat, Politik, Prätendent

3. Sprachliche Vermittelbarkeit des Plans

4.8 Zuwenig werden augenscheinlich in der Praxis Probleme berücksichtigt, die gleichsam auf einer sprachlichen Verständigungsebene angesiedelt sind. Die Vernachlässigung der Vermittlung der Planinhalte hat nicht zuletzt den Grund, dass die komplexe gesetzliche Regelung scheinbar komplexe Sprachmonster erzwingt. Das Gegenteil ist der Fall:

4.9 Der Plan sollte sprachlich so knapp und präzise wie möglich verfasst werden. Ein sprachlich gelungener Insolvenzplan schafft Transparenz für die Gläubiger, die Voraussetzung für Akzeptanz und Konsens ist. Da Sanierung auf Konsens beruht, sei an eine verständliche Sprache appelliert. Es ist ein „Gebrauchsanweisungs-Stil" zu bevorzugen: die wesentlichen Maßnahmen sind in gebotener Kürze zu fassen, es ist auf die Plananlagen zu verweisen und kein Juristendeutsch zu gebrauchen. Ähnlich einer gelungenen Gebrauchsanweisung sollen nur wirklich wichtige Informationen wiedergegeben werden. Der Verzicht auf ein Übermaß an Details erleichtert es dem Nichtjuristen, dem womöglich nur eine geringe Forderung zusteht, den Insolvenzplan zu verstehen und – ohne zuvor einen Rechtsanwalt konsultieren zu müssen – diesem seine Stimme bei der Abstimmung zu geben.

Sprache

- so knapp und präzise wie möglich

- Verweis auf Anlagen

- Gebrauchsanweisungsstil

- kein Juristendeutsch

- Überzeugung und Ehrlichkeit

**Sanierung beruht auf Konsens,
Konsens erfordert Akzeptanz,
Akzeptanz setzt Transparenz voraus!**

II. Stimmbindungsverträge

1. Ausgangslage

Die erheblichen Aufwendungen bei der Vorbereitung eines Insolvenzplans wären unver- **4.10**
tretbar, müsste sich der Initiator der Unsicherheit eines in seinem Ergebnis unabsehbar
offenen Verfahrens aussetzen. Allerdings ist das Insolvenzplanverfahren kein Ritual,
dessen Ergebnis von vornherein feststeht – was sich allein aus den oben (RdNr. 2.43 ff.)
beschriebenen Verfahrensmaximen ergibt. In der Literatur[14] wird daher die Auffassung
vertreten, Abreden, die eine Bindung des verfahrensrechtlichen Verhaltens der Beteiligten zum Gegenstand hätten, unterfielen dem gesetzlichen Verbotstatbestand des § 134
BGB und seien folglich nichtig.

In dieser Allgemeinheit kann jedenfalls nicht von einer Nichtigkeit von Stimmrechtsbindungsver- **4.11**
trägen an sich ausgegangen werden. Stimmrechtsbindungsverträge werden allerdings dann als
sittenwidrig (§ 138 InsO) angesehen, wenn der Verpflichtete zu dem Schluss kommt, durch die
entsprechende Vereinbarung zu einer gegen gesellschaftsrechtliche Treuepflichten verstoßenden
Stimmabgabe gezwungen zu werden.[15]

---

14 *Eidenmüller*, Unternehmenssanierung zwischen Markt und Gesetz, 1999, 443 Fn. 374.
15 *Overrath*, Die Stimmrechtsbindung, 1973; MünchKomm-*Mayer-Maly/Armbruster*, BGB, 4. Aufl.,
2001, § 138 RdNr. 83 m. w. N.

2. Schutz des par conditio-Grundsatzes vor vereitelnden Verträgen

4.12 Ein *ausdrückliches* gesetzliches *allgemeines* Verbot von Stimmrechtsbindungsverträgen im Insolvenzplanverfahren liegt im Rahmen des geltenden Insolvenzrechts nicht vor. Stimmrechtsbindungsverträge wären freilich dann allgemein als sittenwidrig und nichtig anzusehen, wenn sie einen Tatbestand verwirklichten, der dem eines gesetzlichen Verbotes angenähert wäre.[16]

4.13 Allerdings bestimmt **§ 226 Abs. 3 InsO** die Nichtigkeit jeden Abkommens des Insolvenzverwalters, des Schuldners oder anderer Personen mit einzelnen Beteiligten, durch das diesen für ihr Verhalten bei Abstimmungen oder sonst im Zusammenhang mit dem Insolvenzverfahren ein nicht im Plan *vorgesehener Vorteil* gewährt wird. Die Gewährleistung der Gläubigergleichbehandlung innerhalb der Abstimmungsgruppen darf nicht durch solche Vereinbarungen unterlaufen werden, aufgrund derer einzelnen Gläubigern Vorteile gegenüber den anderen Gläubigern gewährt werden. Jede Art von Vereinbarung kann dies sein, so sie sich nur als kollusives Handeln gegen die Gleichbehandlung darstellt[17]. Ausgeschlossen sind daher insbesondere auf das Abstimmungsverhalten im Insolvenzplanverfahren, aber auch vor dem Insolvenzplanverfahren in der Gläubigerversammlung bezogene, mit *einer Bevorzugung verknüpfte* Stimmrechtsvereinbarungen. Ein sonstiger Zusammenhang mit dem Insolvenz- oder Insolvenzplanverfahren kann darin bestehen, dass der Gläubiger sich seinen Widerspruch gegen einen Planentwurf „abkaufen" lässt. Dabei ist freilich zu beachten, dass im Plan offen gelegte Klauseln bzw. Vermögenszuwendungen zulässig sein können[18]. Der versprochene Vorteil muss sich auf die Beteiligung an dem aus dem Verfahren für den Gläubiger bezogenen Erlös beziehen, den er unter Zurücksetzung anderer Gläubiger erhält. **Parteien** der vom Verbot des § 226 Abs. 3 **InsO erfassten Vereinbarungen** sind der verbots- und gleichheitswidrig besser gestellte Gläubiger einerseits und der Verwalter, Schuldner oder Dritte andererseits. § 226 Abs. 3 InsO ordnet als **Rechtsfolge des Verstoßes** gegen das Verbot die Nichtigkeit der verbotswidrig geschlossenen Vereinbarung an. Der IX. Zivilsenat des BGH[19] hat in Anlehnung an eine über 50 Jahre zurückreichende Judikatur des BGH zu § 8 Abs. 3 VerglO[20] die Reichweite des § 226 Abs. 3 InsO im Lichte der Vorschrift des § 250 Nr. 2 InsO – des Verbotes einer unlauteren Herbeiführung des Insolvenzplans – weit gefasst. In dem vom IX. Zivilsenat entschiedenen Fall ging es um folgenden Sachverhalt: Die Schuldnerin war bis zur Eröffnung am 15.9.2005 des Insolvenzverfahrens über ihr Vermögen Marktführerin im sog. Golfplatzmarketing. Um die in Verträgen mit Golfplatzbetreibern liegenden Vermögenswerte zu erhalten, legte die Schuldnerin einen Insolvenzplan vor, der u. a. einen Fortbetrieb in Kooperation mit der von Schuldnerin mit Beteiligten zu 2) gegründeten „b" vorsah. Um den Plan gegen den opponierenden Beteiligten zu 2) durchzusetzen, erwarb die „b" von zahlreichen, aber nicht allen Insolvenzgläubigern deren Forderungen zu Quoten von ca.

---

16 Zur methodischen Technik der „Ausfüllung" der Generalklausel des § 138 Abs. 1 BGB vgl. *Pawlowski,* Methodenlehre, 3. Aufl., 1999, RdNr. 188 ff.

17 *Kilger/K. Schmidt,* VerglO, 17. Aufl., 1997, § 8 Anm. 4; *Kilger/K. Schmidt,* KO, 17. Aufl., 1997, § 181 Anm. 3.

18 Amtl. Begr. zu § 269 RegEInsO, BT-Drucks. 12/2443, 201.

19 BGH, B. v. 3. 3. 2005, IX ZB 153/04, ZIP 2005, 719.

20 BGHZ 6, 232, 239 f.

50 %; die durch den Plan vorgesehene Quote sollte bei ca. 16 % im Vergleich zu der Quote bei Abwicklung ohne Plan in Höhe von ca. 7 % liegen. In den Verträgen zwischen „b" und den von ihr angesprochenen Insolvenzgläubigern wurden u. a. Forderungskauf und Forderungsabtretung unter der aufschiebenden Bedingung der rechtskräftigen Bestätigung des Insolvenzplans, weiter die Erteilung einer Stimmrechtsvollmacht der Insolvenzgläubiger an die „b" und Verschwiegenheit hierüber vereinbart. Nachdem der Plan mit Mehrheit von Dreivierteln der Stimmen angenommen wurde, begehrte der Insolvenzverwalter wegen des ihm bekannt gewordenen „Stimmenkaufs", dem Plan die Bestätigung zu versagen. Gegen Stimmen im Schrifttum, denen zufolge ein „Stimmenkauf" nicht „unlauter" i S. v. § 250 Nr. 2 InsO sei[21], da Forderungen grundsätzlich frei verkäuflich seien und die Motive des Erwerbers außer Betracht zu bleiben hätten und einer weiteren Meinung, die davon ausgeht, der Forderungserwerb im gerichtlichen Reorganisationsverfahren durch einen Dritten zum Verfolg seiner eigenen Ziele sei nicht unlauter[22], unterwirft der IX. Zivilsenat des BGH Fälle wie den ihm vorliegenden Sachverhalt dem § 250 Nr. 2 InsO (unten RdNr. 12.17), weil er diese Vorschrift in ihrem systematischen Zusammenspiel mit § 226 Abs. 3 InsO versteht. Denn sofern dadurch den betreffenden Insolvenzgläubigern als Verkäufern eine Befriedigung gewährt wird, deren Quote höher liegt als die durch den Plan vorgesehene, versteht der IX. Zivilsenat den Vertrag, mit dem der Forderungskauf vereinbart wird, als Abkommen i S. d. § 226 Abs. 3 InsO, mit dem ein die durch § 226 Abs. 1 InsO geforderte und gewährleistete Gleichbehandlung der Rechte der Insolvenzgläubigern nach dem Insolvenzplan verletzt wird. Voraussetzung hierfür ist, dass nicht außerhalb des Insolvenz- bzw. Insolvenzplanverfahrens *alle* Forderungen *aller* Insolvenzgläubiger erworben zu werden. Denn dann würde die insolvenzrechtlich geforderte Gläubigergleichbehandlung in einer Weise durch den personell und sächlich „umfassenden" Forderungskauf außerhalb des Insolvenzverfahrens in einer Weise verwirklicht, die Bedenken ausschließen würde – was in praxi dann nicht umsetzbar ist, wenn, wie in dem vom BGH entschiedenen Fall, sich ein Gläubiger ohnedies gegen den Plan wendet und die Forderungskaufoperation ohne ihn und ihm gegenüber verdeckt durchgeführt werden muss. Diesen Vertrag verstößt m. a. W. gegen den Grundsatz par condicio creditorum, dessen Geltung sich auch auf die inhaltliche Ausgestaltung des Insolvenzplans erstreckt. Dieser Verstoß aber aufgrund der gesetzlichen Anordnung des § 226 Abs. 3 InsO hat die Nichtigkeit dieses Vertrages zur Rechtsfolge – wobei es nach zutreffender Ansicht des BGH nicht darauf ankommt, ob die von den Beteiligten des Forderungskaufs angestrebten Ziele offen oder heimlich verfolgt werden.

Aus dem Gedanken des Schutzes der Gläubigergleichbehandlung gilt daher: Wird dem vertrags- **4.14** schließenden Gläubiger ein nicht im Plan vorgesehener Vorteil gewährt, greift § 134 BGB.[23] Im Übrigen sind aber diejenigen Stimmrechtsbindungsverträge, die allein der Absicherung des Abstimmungsergebnisses und damit der Verwirklichung der im Plan vorgesehenen Leistungen an den Gläubiger dienen, nicht deshalb als sittenwidrig zu qualifizieren, weil sie den Gläubiger überhaupt

---

21 NR-*Braun*, § 250 RdNr. 13; *Wimmer/Jaffé*, § 250 RdNr. 25; zum alten Recht des Zwangsvergleichs *Skrotzki*, KTS 1958, 105, 106.
22 Krebs, NJW 1951, 788, 759.
23 BGH, B. v. 3. 3. 2005, IX ZB 153/04, ZIP 2005, 719.

binden. Denn das prozessuale Verhalten eines Beteiligten in einem Gerichtsverfahren kann überhaupt zum Gegenstand von vertraglichen Bindungen gemacht werden.[24]

3. Ankauf fauler Kredite

4.14a Von den Abreden zur Vorbereitung eines Insolvenzplans sind Fälle des Ankaufs „fauler Kredite" zu unterscheiden: Neuerdings entsteht, hauptsächlich zwischen Kreditinstituten und institutionellen Investoren oder private equity groups, ein Markt für sog. non performing loans (npl); die Terminologie ist schillernd: distressed debts, distressed asset products usw. Dieser Geschäftszweig wurde unter erheblichem Medienaufwand[25] in Deutschland in wenigen Monaten populär. Die Rechtsprechung hat sich mit ihm bereits unter dem Gesichtspunkt des Bankgeheimnisses befasst, das durch den Erwerb fauler Bankkredite durch Investoren möglicherweise tangiert[26] oder nicht tangiert[27] sei. Der Gesetzgeber will dem Kredithandel durch eine einfachere Form der Sicherheitenübertragung auf Registerwege, abweichend vom sachenrechtlichen Spezialitäts- und Publizitätsgrundsatz, Erleichterung verschaffen[28]. Kennzeichnend für diese Geschäfte ist der Erwerb ganzer Forderungsbestände, und zwar im Wesentlichen auf zwei Arten: von einem Gläubiger gegen viele Schuldner oder von vielen Schuldnern gegen einen Gläubiger. Fast sämtliche Wirtschafts- und Fachpublikationen zu dem Thema haben die insolvenzrechtliche Seite des Geschäftszweigs bisher nicht thematisiert[29]. Falls nicht besondere Umstände hinzutreten, ist der Erwerb von npl grundsätzlich nicht als unlauter i. S. v. § 226 Abs. 3 InsO anzusehen. Der erwerbende Gläubiger hat nämlich im Regelfall keineswegs die bevorzugende Schuld im Sinn, sondern meint, dass er durch Abwendung des Insolvenzverfahrens oder, falls der Erwerb im Insolvenzverfahren oder in sicherer Erwartung eines solchen erfolgt, dass er eine höhere Quote erzielen könne, als der veräußernde Gläubiger es für sich befürchtet. Der entscheidende Unterschied zu dem soeben vom BGH[30] entschiedenen Fall ist der, dass ein Insolvenzplan, der eine bestimmte Quote ausweist, die durch den Forderungserwerber überboten werden könnte, zu diesem Zeitpunkt nicht einmal vorbereitet, geschweige denn erörtert, beschlossen oder gar bestätigt sein wird. Die Unlauterbarkeit, die der Entscheidung des BGH vom 3.3.2005 zugrunde lag, bestand aber gerade darin, dass den Gläubigern durch den Plan nur eine bestimmte Quote, durch den unlauteren Forderungserwerber aber eine höhere Quote versprochen wurde; dies aber nur unter der Bedingung einer Annahme des Plans. Im Unterschied hierzu erwirbt der distressed-debt-dealer Forderungen ohne den Vorbehalt eines Insolvenzplans unbedingt und zu einer bestimmten Quote, zu der im Augenblick des Erwerbs keine festgelegte Insolvenzplanquote als Vergleichsmaßstab existiert. In der Rechtspraxis ist bisher, soweit bekannt, nur ein einziger Fall des Erwerbs von nlp zu Beginn eines Insolvenzplanverfahrens bekannt geworden. Hierbei handelt es sich um die Berliner Insolvenz der Senator Entertainment

---

24 Vgl. MünchKomm-*Lüke*, ZPO, 2. Aufl., Vor § 253 RdNr. 13.
25 Der Spiegel v. 5. 2. 2005, v. 20. 12. 2004, Manager-Magazin v. 18. 10. 2004.
26 OLG Frankfurt/Main, Az.: 8 U 84/04.
27 LG Koblenz v. 25.11.2004, Az.: 3 O 496/03.
28 § 22a ff. KWG-Entwurf September 2004.
29 Vgl. *Rinze/Heda*, WM 2004, 1557; *Hofmann/Walter*, WM 2004, 1566; *Totu/Feher/Schick*, ZIP 2004, 499.
30 BGH, B. v. 3. 3. 2005, IX ZB 153/04, ZIP 2005, 719.

AG[31]. Unmittelbar nach Insolvenzantragstellung kam es zu einer Veräußerung sämtlicher Bankverbindlichkeiten (rd. 90 % aller Verbindlichkeiten) an ein internationales Investorenkonsortium unter Führung einer Londoner Investmentbank. Der Verf. als Insolvenzverwalter sah sich vor die neuartige Aufgabe gestellt, den mit diesen Gläubigerwechsel verbundenen „Kulturschock" angloamerikanischen Rechtsdenkens im deutschen Insolvenzverfahren zu überwinden. Der letztlich erfolgreiche Versuch, ein deutsches Insolvenzplanverfahren den Bedürfnissen internationaler Investoren anzupassen, ist von der Fachwelt mit erheblicher Aufmerksamkeit beobachtet worden[32]. Hierbei wurde es zugleich ermöglicht, erstmals eine börsennotierte Aktiengesellschaft über mehrere Hauptversammlungen, zwei Kapitalerhöhungen, einer Aktienemission an der Börse während des laufenden Geschäftsbetriebs nahezu vollständig zu entschulden und damit zu sanieren[33]. Der Fall zeigt die Notwendigkeit auf, bei der Insolvenz juristischer Personen eine Unterscheidung zum „gewöhnlichen" Liquidations-Insolvenzverfahren dann vorzunehmen, wenn es sich um ein ausgesprochenes und beschlossenes Insolvenzplanverfahren handelt. Unterschiede in der Abwicklung zeigen sich insbesondere im Pflichtenkanon der Insolenzverwalteraufgaben. So ist es z. B. normalerweise nicht Aufgabe eines Insolvenzverwalters, Hauptversammlungen vor weltweit gestreuten Aktionären bei börsennotierten Aktiengesellschaften zu organisieren. Im Insolvenzplanverfahren kann allerdings hierfür ein begründeter Anlaß bestehen, was den Insolvenzverwalter sowohl berechtigen (Hauptversammlungskosten als Massekosten) als auch verpflichten dürfte, dergleichen zu unternehmen. Dasselbe gilt für die diesbezüglichen Pflichten nach dem Wertpapierhandelsgesetz: ad-hoc-Mitteilungen, Informationspflichten der BAFin, Emittentenverpflichtungen nach dem WpHG[34].

4. Zulässigkeit von Stimmrechtsbindungsverträgen

Wird dem Gläubiger als „Entgelt" seines Abstimmungsverhaltens daher kein weiterer Vorteil „außerhalb" des Planes versprochen, ist der Stimmrechtsbindungsvertrag wirksam. **4.15**

III. Beschaffung der Informationen für die Aufstellung des Insolvenzplans

1. Relevante Informationsquellen

Insolvenzpläne werden im Wesentlichen auf der Grundlage der Unterlagen der internen und externen Rechnungslegung des insolvenzschuldnerischen Unternehmensträgers erstellt, die jedenfalls dann bereits vor Eröffnung des Insolvenzverfahrens (noch) vorliegen, wenn das Unternehmen noch soweit intakt ist, dass es über eine funktionierende Buchhaltung verfügt. Zu diesen Unterlagen gehören nach der **informativen Liste des IDW**, auf dessen Empfehlungen im Folgenden eingehend hingewiesen wird: **4.16**

- Verträge und sonstige Unterlagen zu den wirtschaftlichen und finanziellen Grundlagen des Unternehmens sowie deren Analyse,
- Jahresabschlüsse und Lageberichte im Mehrjahresvergleich,

---

31 AG Charlottenburg, Az.: 105 IN 17704/04.
32 Vgl. *Wittig*, NZI 2004, Heft 11, Editorial.
33 AG Charlottenburg, Az.: 105 IN 17704/04.
34 Vgl. *Rattunde/Berner*, WM 2003, 1313.

4.17, 4.18 Planvorbereitung, Eigenverwaltung u. drohende Zahlungsunfähigkeit

- Unternehmenskonzept (Umgestaltungskonzept bei Fortführungs- bzw. Liquidationsstrategie) gemäß der *Stellungnahme FAR 111991*,
- Überschuldungsstatus/Überschuldungsrechnung gemäß der *Stellungnahme FAR 111996: Empfehlungen zur Überschuldungsprüfung bei Unternehmen* und
- aktuelle Finanz- und Liquiditätsplanung.[35]

4.17 Wird der Insolvenzplan durch den Insolvenzverwalter oder nach Verfahrenseröffnung durch den Insolvenzschuldner vorgelegt, stehen zusätzlich zu diesen Unterlagen weitere Datensätze zur Verfügung, auf die zugegriffen wird:
- Masseverzeichnis gem. § 151 InsO als Inventar der aktivischen Massegegenstände mit i. d. R. doppelter Wertangabe: Fortführungswerte und Regelabwicklungswerte (sog. „Stilllegungswerte")
- Gläubigerverzeichnis gem. § 152 InsO als Inventar der passivischen Posten und
- Vermögensübersicht gem. § 153 InsO als aus Masseverzeichnis und Gläubigerverzeichnis verdichtete Ist-Vermögensübersicht zum Zeitpunkt der Verfahrenseröffnung.[36]

2. Rekursive Plangestaltung durch ständige Informationsverarbeitung

4.18 Die einzelnen im Vorangegangenen aufgelisteten Informationsinstrumente sind aufgrund der von ihnen dokumentierten Lagen in vielfältiger Weise verzahnt; deren Interdependenzen bieten für den Plan erhebliche Hilfen.[37] Diese "Verzahnungen" und Interdependenzen machen ein **"flexibles, konsistentes und integriertes Planungsinstrumentarium"** (IDW) möglich – und erzwingen es zugleich. Das Planungsinstrumentarium muss die fortlaufende Aktualisierung der Datenbasis, die Durchführung von Sensitivitätsanalysen und Szenariobetrachtungen bei erfolgskritischen Faktoren sowie eine Optimierung der im Insolvenzplan abgebildeten Insolvenzstrategie ermöglichen[38]; hierauf wird im Folgenden näher zurückzukommen sein. Denn die Verbindung von Plan und Datengrundlage macht es erforderlich, die verschiedenen Teile des Plans so auszugestalten, dass der Plan erörterungs- und abstimmungsfähig auch dann bleibt, wenn seine Datengrundlage den allfälligen Veränderungen Rechnung trägt.
- Das **Masseverzeichnis gem. § 151 InsO** führt die einzelnen aktivischen Gegenstände der Insolvenzmasse auf. Dabei liefern Handelsbilanz und Überschuldungsstatus die erforderlichen Ausgangsinformationen für die anzugebenden Wertalternativen; dies gilt insbesondere, wenn bereits bei der Überschuldungsprüfung alternative Verwertungskonzepte geprüft wurden und entsprechende Bewertungen erfolgt sind.
- Das **Gläubigerverzeichnis gem. § 152 InsO** enthält alle aus dem Rechnungswesen, den Handelsbriefen und sonstigen Angaben des Schuldners sowie den Anmeldungen der Gläubiger zusammengestellten Informationen zu den passivischen Posten; Aus- und Absonderungsrechte sind aus den zugrunde liegenden Verträgen abzuleiten und ggf. zu überprüfen.
- Die **Vermögensübersicht gem. § 153 InsO** greift auf das Masseverzeichnis und das Gläubigerverzeichnis zurück und stellt Vermögens- und Schuldposten einander verdich-

---

35 IDW S 2 Nr. 3 (11).
36 IDW S 2 Nr. 3 (12).
37 IDW S 2 Nr. 3 (14).
38 IDW S 2 Nr. 3 (15).

tet gegenüber; dabei enthält die Vermögensübersicht gem. § 153 InsO als Ist-Vermögensübersicht auf den Zeitpunkt der Verfahrenseröffnung Angaben zu den Handelsbilanzwerten, den Fortführungswerten und den Regelabwicklungswerten. Durch diese Verzahnung der Rechnungslegungsinstrumente liefert die Vermögensübersicht gem. § 153 InsO wesentliche Hinweise auf mögliche Gestaltungsoptionen im Insolvenzplan.

* Die **Vermögensübersicht gem. § 229 InsO** ist eine Plan-Vermögensübersicht auf den Zeitpunkt des In-Kraft-Tretens des Insolvenzplans; in ihr sind die aus den Planprämissen (i. d. R. Fortführung; alternativ Verwertung) abgeleiteten Werte der Vermögens- und Schuldposten bei Wirksamwerden des Insolvenzplans aufzuführen; ergänzend empfiehlt sich im Hinblick auf § 245 Abs. 1 Nr. 1 InsO, § 251 Abs. 1 Nr. 2 i.V. m. § 248 InsO die zusätzliche Nennung der Regelabwicklungswerte.
* Die auf den Zeitpunkt des In-Kraft-Tretens des Insolvenzplans fortgeschriebene Handelsbilanz liefert die Ausgangswerte des Ergebnisplans und des Finanzplans gem. § 229 InsO.

IV. Europarechtliche Fragen: Beihilferechtliche Problemstellungen

1. Insolvenzbedingte Sanierungsmaßnahmen als unzulässige Beihilfen?

Im Insolvenz(plan)-verfahren können neue Beihilfen entstehen, wenn z. B. öffentliche **4.19** (Alt)gläubiger auf Forderungen unter Verletzung des Grundsatzes des Verhaltens des (idealtypischen) Gläubigers der Marktwirtschaft Verzichte aussprechen oder bei ähnlichen Konstellationen. Der Plan selbst stellt keine Beihilfe dar, er ist danach trotz seines Charakters als Vertrag zwischen der Masse und den Gläubigern, der als Folge des Abstimmungsverfahrens zustande kommt, weder nichtig noch schwebend unwirksam. Die Beihilfemaßnahme ist nach Meinung *Cranshaws*[39] stets nur die Willenserklärung des Beihilfegebers, der dem Plan zustimmt oder ergänzende Erklärungen (z. B. nach § 230 Abs. 3 InsO) abgibt.

Die Frage neuer Beihilfen im Insolvenz(plan)verfahren selbst wird nach der Analyse **4.20** *Cranshaws* mangels ausdrücklicher Beantragung staatlicher Subventionen zur Überwindung der Krise, die nach den Rckte Beihilferisiken geprägt (S. 1199 ff., 1207 ff.). Ein Schwerpunkt sind nicht marktkonforme Maßnahmen öffentlicher Gläubiger wie Verzichte auf zum Zeitpunkt der Eröffnung bestehende Forderungen (insbesondere auf Steuern und Sozialversicherungsansprüche) u. ä. Besonders problematisch erscheint in diesem Zusammenhang der Verzicht auf Ansprüche, die als Masseverbindlichkeiten im Verfahren selbst anfallen, denn die Vorschriften über den Insolvenzplan sehen dergleichen Maßnahmen gerade nicht vor.

Die Meinung des LG Magdeburgs[40], die Anwendung des Gemeinschaftsrechts stehe **4.21** einer Bestätigung eines Insolvenzplans nicht entgegen, dessen Regelungen dazu führten, dass Darlehen nicht zurückzuführen seien, da dies nicht als Beihilfe anzusehen sei, ist demgegenüber verkürzt.

---

39 *Cranshaw,* Einfluss des europäischen Rechts, insbesondere des Beihilferechts auf das Insolvenzverfahren und das Insolvenzplanverfahren, passim, Diss. Halle/Saale 2004, in Vorbereitung für 2006.
40 LG Magdeburg, B. v. 25.4.2001, 3 T 12/01, NZI 2001, 326.

4.22 Besondere Schwierigkeiten bereitet die **Nutzung des Insolvenzgeldes zu Sanierungszwecken** (S. 1229 ff.), deren beihilferechtliche Relevanz *Cranshaw* mit Sorge betrachtet. Entgegen der Auffassung des BAG bzw. des BSG und der insolvenzrechtlichen Literatur ist die Vorfinanzierung des Insolvenzgeldes mit anschließender Herabstufung der auf die Bundesagentur für Arbeit übergegangenen Arbeitnehmerforderungen aus seiner Sicht vermutlich selektiv i. S. d. Art. 87 EG. Ferner sieht der Autor, wenn ein „starker" vorläufiger Insolvenzverwalter eingesetzt wurde, in der Vorfinanzierung einen Systembruch, da vom „starken" vorläufigen Verwalter begründete Forderungen in sonstigen Fällen nach der allgemeinen Gesetzessystematik Masseverbindlichkeiten sind. Zudem habe die BA einen Beurteilungsspielraum, ob sie die Vorfinanzierung genehmigt oder nicht. Schließlich war die Anknüpfung des Insolvenzgeldzeitraumes an den Insolvenzantrag bis zur RL 2002/74/EG europarechtswidrig (Urteil Mau) und dies belegt, so der Verfasser, die über das Ziel hinausschießende Verwendung des Insolvenzgeldes als Sanierungsinstrument. Da all diese Aspekte für beihilferechtliche Risiken sprechen, ist aus seiner Sicht die **Notifizierung der der Sanierung dienenden Maßnahmen unter Nutzung des Insolvenzgeldes zur Risikominimierung dringend zu empfehlen.** Maßnahmen der Beschäftigungsförderung zur Vermeidung oder dem Abbau von Arbeitslosigkeit, die den Arbeitgeber, nicht den Arbeitnehmer begünstigen, sind Beihilfen, die mit der Beschäftigungs- und der AusbildungsbeihilfenVO[41] kompatibel sein müssen.

4.23 **Beihilferechtlich kritisch** beurteilt der Autor auch die **Steuerbefreiung des Sanierungsgewinns** (S. 1266 ff.), die nunmehr durch den Erlass des BMF vom 27.03.2003 geregelt wird. Mit einzelnen kritischen Stimmen und entgegen der seines Erachtens wenig sensibilisierten Mehrheitsmeinung in der Literatur rät er besorgt die Notifizierung dringend an, da aus seiner Sicht nicht unerhebliche beihilferechtliche Risiken bestehen: Die Steuerbefreiung im Erlasswege steht aus seiner Sicht nicht im Einklang mit dem Steuersystem (Wegfall des § 3 Nr. 66 EStG!) und ist daher Beihilfe, wenn nicht der Grundsatz der Besteuerung nach Leistungsfähigkeit verletzt sei. Zudem bestehe ein Beurteilungsspielraum der Finanzbehörden, ein weiteres beihilferechtliches Risiko im Hinblick auf die Selektivität der Maßnahme.

2. Strategien zur Vermeidung des Beihilfeverdachts bei Insolvenzplänen

4.24 Als Konsequenz des insgesamt marktwirtschaftlich zu beurteilenden Zwangsakkords der Gläubiger ist auch die Zustimmungsfiktion nach § 245 InsO (S. 1137 ff.) keine Verletzung des europäischen Beihilferechts, wenn der Beihilferückforderungsberechtigte trotz fehlender Dispositionsmöglichkeit über seinen Anspruch der Kürzung durch den Plan unterworfen wird. § 245 InsO ist danach entgegen anderer Literaturmeinung zugleich Ausdruck der Neutralität des Insolvenzrechts. Gerade die Ergebnisoffenheit des Insolvenzplans unterstreicht dessen marktwirtschaftlichen Charakter. Zur Vermeidung eines Beihilfeverdachts auf Seiten der Kommission, die Insolvenzpläne konsequent auf mögliche Beihilfen untersucht (z. B. im Fall Herlitz, 2003), sind aber, so *Cranshaw*[42], **Pläne,**

---

41 Verordnung (EG) Nr. 69/2001 der Kommission für die Ausbildungsbeihilfen, ABl. L 10 v. 13.1.2001, S. 20.
42 *Cranshaw* (Fußn. 39).

die vom Insolvenzschuldner und nicht vom Verwalter herrühren, eher problematisch. Kritisch sind nach ihm auch übertragende Sanierungen, wenn der „übernehmende" Rechtsträger mit dem Insolvenzschuldner oder dessen Gesellschaftern verbunden ist, insbesondere, wenn eine Beihilferückforderung besteht oder droht. *Cranshaw* steht daher aus Gründen des europäischen Beihilferechts dem prepackaged plan des Schuldners kritisch gegenüber. Sinnvoll erscheint nach Ansicht *Cranshaws* ein Planaufbau, der den Anforderungen eines Umstrukturierungsplanes nach den R&U-Leitlinien entspricht. Die für Wirtschaftsprüfer geltenden Standards S 2 bzw. FAR 1/1991 sollten, so die Anregung des Autors, um die nach den Leitlinien notwendigen Elemente ergänzt werden. Der Plan sei und müsse maßgeblich leistungswirtschaftlich bestimmt sein. **In den Plan und die Plananlagen sind danach sämtliche beihilferechtlich relevanten Gesichtspunkte aufzunehmen und transparent abzuhandeln,** insbesondere die Marktgerechtheit der Beiträge der öffentlichen Gläubiger, die Fortführungsbeschlüsse zur Weiterführung des Insolvenzschuldners, die Kapitalmaßnahmen, die Behandlung von Beihilferückforderungen und andere Aspekte. Darzustellen sind aber aus Sicht des Verfassers auch mittelbar wirkende Angaben, wie diejenigen zur Gruppenbildung (§ 222 InsO), zum Kreditrahmen (§ 264 InsO), zur Restschuldbefreiung (§ 227 InsO) und die Erklärungen nach §§ 228, 230 InsO, um Willkürfreiheit und Schlüssigkeit des Plans belegen zu können. *Cranshaw*[43] will damit die Möglichkeit verbessern, beihilferechtliche Konkurrentenbeschwerden bei der Kommission so schnell als möglich entkräften zu können. Diese Anforderungen sollten nach Meinung des Verfassers nicht zu erheblichen Problemen führen, da die Ähnlichkeit zwischen Insolvenzplan und Umstrukturierungsplan sehr groß sei. Die Unterschiede betreffen aus seiner Sicht im Wesentlichen Umfang und Erforderlichkeit von Marktstudien und die Maßnahmen zum Marktaustritt im Interesse der Konkurrenten.

3. Planrisiken durch Richtlinien für die Kreditwirtschaft

Planrisiken werden nach Auffassung *Cranshaws*[44] (u. a.) durch die Verzinsung etwaiger **4.25** Beihilferückforderungen mit Zinskapitalisierung hervorgerufen, da sich die Rückforderung dadurch stetig erhöht. Weitere beihilferechtliche Risiken für den Plan könnten nach Meinung *Cranshaws* durch die bevorstehenden Änderungen der Eigenkapitalvorschriften für Kreditinstitute entstehen (Basel II und Umsetzung durch die EU). Dadurch werden die Kreditgeber gehalten sein zu prüfen, ob die Beteiligung am Plan oder die Liquidation im Einzelfall die bessere Lösung ist, wenn sich die Eigenkapitalunterlegung für Kredite an die betroffenen Unternehmen in Schwierigkeiten ändert und sich daraufhin die Sanierungsbeiträge für diese Gläubigergruppe erhöhen. Beihilferechtlich würde aber etwa die Verzinsung unter dem hieraus resultierenden Marktzins keine Rolle spielen, da nur die öffentlichen Banken überhaupt betroffen sein könnten und es dort bei Beteiligung an der Sanierung regelmäßig am Kriterium der Zurechenbarkeit zum Staat fehlt; dies ohnehin nur, wenn nicht der Grundsatz des Handelns des idealtypischen privaten Gläubigers der Marktwirtschaft eingehalten ist.

---

43 *Cranshaw* (Fußn. 39).
44 *Cranshaw* (Fußn. 39).

4. Übertragende Sanierung trotz bestehender Beihilferückforderungen

4.26 Bestehende Beihilferückforderungen stehen einer übertragenden Sanierung nach Meinung des Verfassers, der der überwiegenden Literaturmeinung widerspricht, nicht entgegen, ebenso wenig einer Sanierung des insolventen Rechtsträgers, da der Insolvenzplan marktwirtschaftlich die Gläubiger optimal befriedigen wolle und damit über eine faktische Teilliquidation die Wettbewerbsverzerrung beseitigt werde.

Kapitel 5: Inhalt des darstellenden und des gestaltenden Teils des Insolvenzplans sowie die Plananlagen

I. „Vollstreckungsform" des Regelungsgehalts von Insolvenzplänen

1. Rechtsgestaltungen durch den bestätigten Insolvenzplan

a) Übersicht über die Regelungen der §§ 254 ff. InsO. Um rechtliche Wirkungen **5.1** entfalten zu können, bedarf der Insolvenzplan der gerichtlichen Bestätigung (§ 248 InsO). Wird diese *formell* rechtskräftig, ist sie also nicht mehr anfechtbar oder ist die gegen sie eingelegte, durch § 253 InsO eröffnete sofortige Beschwerde abgewiesen[1], treten eine Reihe von Rechtsfolgen ein. Dabei handelt es sich um **sehr unterschiedliche Wirkungen, die an den unanfechtbar bestätigten Plan geknüpft sind.** Ihnen ist es gemeinsam, dass sie sich auf die im gestaltenden Teil des Planes getroffenen Festlegungen beziehen.

Der sog. darstellende Teil des Insolvenzplans (§ 220 InsO) hat die Aufgabe, die **Vor- 5.2 aussetzungen zu erläutern, unter denen die Krise und die beabsichtigte Sanierung des Insolvenzschuldners stehen.** In der Amtlichen Begründung[2] heißt es, im darstellenden Teil des Planes werde das Konzept dargelegt und im Einzelnen erläutert, das den Rechtsänderungen zugrunde liegt, die der gestaltende Teil des Plans vorsehe und die durch die Bestätigung des Plans konstitutiv verwirklicht werden sollen. Zunächst beruht der darstellende Teil daher auf einem *Sachbericht* über die Lage des Schuldners und die Ursachen, die in diese Lage geführt haben. Sofern ausnahmsweise der Verwalter den Plan vorlegen sollte, hat er ohnedies insoweit der Gläubigerversammlung zu berichten (§ 156 Abs. 1 S. 1 InsO), wobei das Gesetz den Bericht über die wirtschaftliche Lage des Schuldners und ihre Ursachen ausdrücklich mit dem über die Sanierungsaussichten mit oder ohne Insolvenzplan verbindet (§ 156 Abs. 1 S. 2 InsO). Im Falle der Planinitiative des Schuldners, von der, wie gezeigt, erwartet werden kann, dass sie den Regelfall darstellen wird, muss auch der Schuldner seinem Planentwurf einen derartigen Sachbericht voranstellen. Dessen Ordnungsmäßigkeit wird durch den gleichwohl zu erstattenden Bericht des Verwalters zu überprüfen sein. Das wird ggf. zu einer Zurückweisung der Planinitiative gem. § 231 Abs. 1 Nr. 1 InsO führen[3]. Im verwalterlosen Verfahren der Eigenverwaltung unter Aufsicht eines Sachwalters trifft den Schuldner ohnedies gem. § 270 InsO die Pflicht, die Gläubigerversammlung über seine Lage und die Ursachen, die zu ihr geführt haben, zu unterrichten. Über die „historische" Darstellung der Ursachen der Krise und die des „Ist"-Zustandes hinaus hat der darstellende Teil noch die Aufgabe, die der Gesetzgeber als Konzeption der beabsichtigten Maßnahmen beschreibt. Dabei handelt es sich der Sache nach um die Begründung der im gestaltenden Teil vorzunehmenden Rechtsgestaltungen.

---

1 Vgl. zur Problemstellung *Carl*, Teilnahmerechte im Konkurs, Diss. Halle 1997, 170 ff.
2 Amtl. Begr. RegEInsO, BT-Drucks. 12/2443, 196 (zu § 258).
3 Siehe unten Kapitel 7.

Bestandteile eines Insolvenzplans

---

1. Planverfasser

- Schuldner oder Verwalter

2. Gesetzlich vorgesehener Aufbau

- Darstellender Teil inkl. bewertender Teil, § 220 InsO
- Gestaltender Teil, § 221 InsO
- Einteilung der Gläubiger in Gruppen, § 222 InsO

3. Zusammenfassung des wesentlichen Inhalts (§ 235 InsO)

4. Plananlagen, § 229: Vermögensübersicht, Ergebnis- und Finanzplanung

---

5.3 b) Regelungsgegenstände nach § 258 RegEInsO. Die im Gesetzgebungsverfahren „übriggebliebene" Vorschrift des § 220 InsO ist relativ wenig ausführlich. Die ursprünglich vorgesehenen, aber im Gesetzgebungsverfahren weggelassenen Formulierungen der „Vorläufervorschrift" – § 258 RegEInsO – zeigen indessen, was sich der Gesetzgeber im Hinblick auf die Leistungen und Festlegungen eines Insolvenzplans für Vorstellungen gemacht hat: § 258 Abs. 2 RegEInsO war wesentlich ausführlicher als die heutige Fassung des § 220 InsO. Die Vorschrift führte beispielhaft eine Reihe von Maßnahmen auf, die bei der Sanierung eines Unternehmens häufig zu treffen sind und die der Gesetzgeber damit beschrieb, die **Wiederherstellung der Ertragskraft eines insolventen Unternehmens** werde „regelmäßig" organisatorische und personelle Maßnahmen erfordern wie die Stilllegung einzelner Betriebe oder Betriebsteile und die Entlassung von Teilen der Belegschaft (§ 258 Abs. 2 Nr. 1 RegEInsO)[4]. Die Nr. 2 sollte nach Vorstellung des Gesetzgebers über den Umfang der entstehenden Sozialplanforderungen Klarheit schaffen. Um den Gläubigern über die Reichweite der arbeitsrechtlichen Maßnahmen Kenntnis zu geben, sollte ein Sozialplan, der alle mit der Sanierung verbundenen Betriebsänderungen berücksichtigt, möglichst vor der Abstimmung der Gläubiger über den Plan vorliegen, wenigstens sollte der voraussichtliche Gesamtbetrag der Sozialplanforderungen nach dem Stand der Verhandlungen zwischen Betriebsrat und Insolvenzverwalter angegeben werden, um die Bereitschaft der Gläubiger zur Annahme des Plans zu fördern. Darzustellen sollte nach Vorstellung des Gesetzgebers auch ggf. eine bereits

---

4 Amtl. Begr. RegEInsO, BT-Drucks. 12/2443, 196 (zu § 258).

getroffene Rahmenvereinbarung für künftige Sozialpläne sein. Unrealistisch war die Nr. 3 des § 258 Abs. 2 RegEInsO: Danach sollten Darlehen, die der Verwalter während des Verfahrens aufgenommen hat, darzustellen sein, da sie in voller Höhe aus der Insolvenzmasse zurückgezahlt werden müssen und ein Risiko für die Befriedigung der Insolvenzgläubiger bedeuten, über das diese Gläubiger vor der Entscheidung über einen Plan unterrichtet werden müssen. Unrealistisch war dies, da eine Sanierung nach längerem Lauf des Verfahrens nicht in Betracht kommen wird; es kann sich insoweit wohl regelmäßig allenfalls um vom vorläufigen Verwalter begründete Masseverbindlichkeiten handeln. Darüber hinaus sollten nach der Vorstellung des Gesetzgebers bei einer beabsichtigten Unternehmenssanierung alle geplanten Eingriffe in die Vermögens-, Finanz- und Ertragssituation und die zu erwartenden Auswirkungen dieser Eingriffe ausführlich dargestellt werden.

c) Verhältnis von darstellendem und gestaltendem Teil des Insolvenzplans. Beide   **5.4** Elemente, Schilderung der Lage des Schuldners und Darstellung der vorgesehenen Maßnahmen, lassen sich am ehesten mit dem Tatbestand und den Gründen eines Urteils vergleichen. Weder an den Tatbestand noch an die Gründe eines Urteils sind unmittelbar Rechtsfolgen geknüpft. Sie „begründen" vielmehr gemeinsam „das Urteil" – den Ur-teils*ausspruch*. Soweit man die Elemente des Insolvenzplans überhaupt einzuordnen versuchen will, fällt bei diesem (gewiss „hinkenden") Vergleich auf, dass es der ge-staltende Teil des Insolvenzplans ist, der dem **Tenor des Urteils** entspricht. Aus ihm allein ergibt sich, in welcher Weise der Insolvenzplan Eingriffe in die Rechte der Beteiligten vorsieht.

2. Wirkung des bestätigten Plans gegenüber dem Insolvenzschuldner

Der Plan stellt sich zum einen gegenüber dem *Schuldner* als **Novation der Titel** dar,   **5.5** soweit diese von Gläubigern vorkonkurslich erstritten worden sind. Soweit Dritte – Bürgschaftsgeber, aber auch Gesellschafter[5] usf. – sich ohne Vorbehalt der Vorausklage im Rahmen des Planes verpflichtet haben, ist der Plan nach § 257 Abs. 2 InsO Vollstre-ckungstitel, wobei diese Dritten mit der Drittwiderspruchsklage gem. § 771 ZPO geltend machen können, sie seien nicht am Verfahren beteiligt gewesen. *Last but not least* treten die Gestaltungswirkungen des Planes (vgl. § 221 InsO) mit dessen Bestätigung gem. § 254 Abs. 1 S. 1 InsO ein. Im Einzelnen sind darunter materiellrechtliche Regelungen wie Erlass, Verzicht, Stundung, Fristverlängerungen usf. zu verstehen[6].

Im Zusammenhang mit § 228 S. 2 InsO steht eine Änderung des § 925 Abs. 1 Satz 3 BGB, die   **5.6** durch Art. 33 Nr. 26 EGInsO[7] vorgenommen worden ist. Sie ermöglicht es, die **Auflassung in einem Insolvenzplan** zu erklären. Die Regelungen, die in der Vorschrift für dingliche Rechte getroffen werden, gelten entsprechend für Vormerkungen, die einen Anspruch auf Eintragung oder Aufhebung eines solchen Rechts sichern[8].

---

5 Zu deren Stellung im Verfahren unten Kapitel 9.

6 *Bork*, in: Leipold (Hrsg.) Insolvenzrecht im Umbruch, 1991, 51, 52.

7 Zu den Motiven vgl. Begründung des RegE eines Einführungsgesetzes zur InsO, BT-Drucks. 12/3803, 78 (zu Art. 31 Nr. 26) und Beschlussempfehlung des RechtsA, BT-Drucks. 12/7303, 111 (zu Art. 31 Nr. 26).

8 Amtl. Begr. RegEInsO, BT-Drucks. 12/2443, 202 f. (zu § 271).

II. Insolvenzplan als Normkomplex zur Gestaltung der Rechte der Verfahrensbeteiligten[9]

1. Plan und Vollstreckungsform

5.7 Komplizierter stellt sich die Beurteilung der **Funktion des Planes** dar, wenn man ihn hinsichtlich der nachkonkurslichen Durchsetzung der Forderungen der Insolvenzgläubiger betrachtet. Die zu § 194 KO vertretene Auffassung, nicht der (bestätigte) Zwangsvergleich sei Titel, sondern der *Tabelleneintrag* der angemeldeten und unbestritten eingetragenen Forderung[10], stellt sich im neuen Insolvenzrecht etwas anders dar. **Denn § 257 Abs. 1 S. 1 InsO bestimmt, dass die Gläubiger die Zwangsvollstreckung aus dem Plan „in Verbindung mit der Eintragung in die Tabelle" (vgl. §§ 175, 178 Abs. 2 S. 1 InsO) betreiben.**

5.8 Anders als § 194 KO verweisen die §§ 254 ff. InsO nicht (ausdrücklich) auf die §§ 724 bis 793 ZPO; § 257 Abs. 3 InsO spricht aber davon, unter welchen Voraussetzungen der wegen erheblicher Rückstände vollstreckende Gläubiger die Klausel (§§ 724 ff. ZPO) erlangt, woraus zweifelsfrei zu ersehen ist, dass der Gesetzgeber davon ausgeht, dass mit dem durch Zwangsvergleich erlangten Titel nach den §§ 724 ff. ZPO zu verfahren ist. Allerdings legt es die zitierte Formulierung des Gesetzes („Zwangsvollstreckung aus dem Plan in Verbindung mit der Eintragung in die Tabelle") nahe, dass damit eine Reihe von Fragen erledigt sind, die sich nach dem bisherigen Recht daraus ergeben haben, dass Titel der Tabelleneintrag war. Denn daraus wurde der Schluss gezogen[11], in der Vollstreckungsklausel sei zu vermerken, wie der Zwangsvergleich die **Zwangsvollstreckung aus der durch Tabelleneintrag titulierten Forderung** modifiziere[12]. Schon nach altem Recht war der Zwangsvergleich dem Tabellenauszug vorzuheften[13]. Die gesetzliche Unterscheidung zwischen darstellendem und gestaltendem Teil des Insolvenzplans entlastet das Klauselerteilungsverfahren.

5.9 Auf der anderen Seite bedarf es wegen der Zwangsvollstreckung gegen Dritte gem. § 257 Abs. 2 InsO allein der zum Plan genommenen Erklärung dieser Dritten, etwa wegen bestimmter, durch den Plan festgeschriebener Ansprüche zu haften, ohne dass § 257 Abs. 2 InsO etwa die formgerechte (§ 794 Abs. 1 Nr. 5 ZPO) Unterwerfung unter die sofortige Zwangsvollstreckung vorsähe: Der bestätigte Insolvenzplan stellt sich ebenso wie der Zwangsvergleich gem. § 194 KO als **„gerichtlicher Vergleich"** dar. Daher

---

9 *Depré*, Die anwaltliche Praxis in Insolvenzsachen, 1997, RdNr. 936.
10 Das RG, 27. 11. 1903, VII 312/03, RGZ Bd. 56, 70, 73, spricht vom Tabellenauszug als dem „eigentlichen Vollstreckungstitel" – in dieser zur Begründung der heute vertretenen Qualifikation zitierten Entscheidung wird freilich *auch* in den *tragenden* Gründen ausgeführt, vollstreckt werde „aus dem Zwangsvergleich" (es ging um die Unterwerfung eines Vergleichsbürgen unter die sofortige Zwangsvollstreckung; der Zwangsvergleich war unter der Bedingung der Bürgschaftsübernahme geschlossen worden); vgl. zur heutigen Lehre nur *Kuhn/Uhlenbruck*, Konkursordnung, 11. Aufl., 1994, § 194 RdNr. 1.
11 *Kuhn/Uhlenbruck*, Konkursordnung, 11. Aufl., 1994, § 194 RdNr. 2.
12 Vgl. *Uhlenbruck/Delhaes*, HRP-Konkurs- und Vergleichsverfahren, 5. Aufl. 1990, RdNr. 1051 ff.
13 § 15 Nr. 8 Aktenordnung v. 28. 11. 1934, vgl. *Kuhn/Uhlenbruck*, Konkursordnung, 11. Aufl., 1994, § 194 RdNr. 2; vgl. das Beispiel bei *Uhlenbruck/Delhaes*, HRP-Konkurs- und Vergleichsverfahren, 5. Aufl. 1990, RdNr. 1052.

tituliert der Insolvenzplan („in Verbindung mit dem Tabelleneintrag") die Forderungen der Gläubiger, die sie unter dem durch die Regelungen des Planes etablierten „Akkordregime" geltend machen können, § 257 Abs. 1 InsO.

Soweit Rechte an Gegenständen begründet, geändert, übertragen oder aufgehoben oder **5.10** Geschäftsanteile einer Gesellschaft mit beschränkter Haftung abgetreten werden sollen, gelten die in den Plan aufgenommenen **Willenserklärungen der Beteiligten** als in der vorgeschriebenen Form abgegeben, § 254 Abs. 1 S. 2 InsO; entsprechendes gilt für die in den Plan aufgenommenen Verpflichtungserklärungen, die einer Begründung, Änderung, Übertragung oder Aufhebung von Rechten an Gegenständen oder einer Abtretung von Geschäftsanteilen zugrunde liegen.

2. Abänderung des bestätigten Insolvenzplans?

Bislang sind die Fragen nach dem zulässigen Inhalt des Insolvenzplans und die nach **5.11** seinen Wirkungen getrennt voneinander behandelt worden. Letztere gehört dem – verfahrensrechtlichen – Bereich der Probleme an, die sich auf die **Spannung zwischen formeller Rechtskraft (Unanfechtbarkeit) gerichtlicher Verfügungen im Rahmen nichtstreitiger Verfahren auf der einen und der Abänderung solcher Entscheidungen** aufgrund „besserer" Einsicht oder des Eintritts von *facta supervenientia*[14] beziehen.[15]

Eine *Abänderung* des den Insolvenzplan bestätigenden Beschlusses freilich kommt nicht **5.12** in Betracht. Die Bestätigung des Insolvenzplans durch das Insolvenzgericht beendet das Insolvenzverfahren (§ 258 InsO)[16]. Aufgrund eigener Erkenntnisse ist das Insolvenzgericht nicht zur Abänderung berechtigt. Soweit sich eine **veränderte Sachlage** aufgrund der Planüberwachung ergibt, liegt es bei den Gläubigern, ob sie durch Stellung eines Antrags ein neues Insolvenzverfahren einleiten.

III. Inhalt des „darstellenden" Teils des Insolvenzplans

1. Darstellung der Lage des Unternehmens

Nachvollziehbarkeit und Akzeptanz des Insolvenzplans setzen voraus, dass die entschei- **5.13** dungserheblichen Informationen eingehend im darstellenden Teil des Planes dargelegt werden. Dazu gehören insbesondere die Darstellung der bisherigen Unternehmensentwicklung, die rechtlichen, finanzwirtschaftlichen und leistungswirtschaftlichen Verhältnisse, organisatorische Grundlagen, umweltrelevante Sachverhalte sowie Ereignisse nach Stellung des Insolvenzantrags im Rahmen der Beschreibung des Unternehmens.[17]

---

14 Zu diesen Fragen *Smid,* JuS 1996, 49, 51 ff.

15 Ein besonderes Thema ist der aus der Verbindlichkeit des Planes folgende Einwendungsausschluss gegenüber denjenigen Gläubigern, die nicht am Verfahren teilgenommen haben, vgl. *Smid,* in: FS E. Schneider, 1997, 379 ff., insbes. 387 f.

16 Zu der Frage, ob auch bei Beendigung des Verfahrens nach § 258 InsO vom Verwalter Schlussrechnung zu legen ist (§ 66 Abs. 1 InsO) *Grub,* DZWIR 2004, 317.

17 IDW S 2 Pkt. 4.3.1. (Nr. 25).

5.14   Der **IDW-Standard**[18] führt dabei zu Recht aus, zwingender und wesentlicher Bestandteil des Umgestaltungskonzeptes sei eine **übersichtsartige Darstellung des durch den Insolvenzplan umzugestaltenden Unternehmens.** In diesem Zusammenhang kommt es im Wesentlichen darauf an, dass der Plan die Vorgehensweisen und Potenziale jedenfalls übersichtsartig schildert, die dem Unternehmen im verfolg der angestrebten Sanierungsbemühungen Wettbewerbsfähigkeit verleihen können und ihm voraussichtlich die Möglichkeit eröffnen werden, in Zukunft nachhaltige Einnahmeüberschüsse zu erwirtschaften und das finanzielle Gleichgewicht zu sichern.

5.15   Geht man mit der herrschenden Meinung davon aus, dass der darstellenden Teils des Insolvenzplans ein Schema enthalten soll, welches das IDW entwickelt hat, so ist damit nicht viel mehr gesagt, als dass die Einhaltung einer bestimmten Gliederung sinnvoll ist. Bei der sprachlichen Fassung des darstellenden Teils handelt es sich um eine juristisch literarische Aufgabe, die ebenso abstrakt dargestellt und gelehrt werden kann wie z. B. die Verfassung einer Klageschrift, eines Vertrags, eines Verwaltungsakts oder eines Urteils. Ebenso wie diese Typen juristischer Schriftsätze herkömmliche Gliederungsschemata haben, die in Lehrbüchern, an Universitäten oder in Behörden gelehrt werden, hat sich für den darstellenden Teil des Insolvenzplans bereits heute das Gliederungsschema des IDW in der veröffentlichten Praxis der Insolvenzpläne durchgesetzt. Auch die von den Verfassern selbst gefertigten Pläne, die teilweise in diesem Buch zitiert werden, orientieren sich daran. Nach der festen Überzeugung der Verfasser ist allerdings bei der Fertigung juristischer Schriftsätze, also auch von Insolvenzplänen, qualitativ und quantitativ hochwertige Arbeit zu leisten. Man verlangt von juristischen Texten Stringenz, Überzeugungskraft, Lesbarkeit, Prägnanz und Präzision. Ein juristischer Text muss sprachlich geschliffen, logisch aufgebaut und mit präzisen Begriffen versehen sein. Es darf keinen Raum für Allgemeinplätze geben. Kein überflüssiges Wort, keine Missverständlichkeit sollte geduldet werden.

5.16   Von diesen Anforderungen an die Qualität juristischer Texte handelt die Vorgabe des IDW freilich nicht. Was die Verfasser damit meinen, wird zum einen klar, wenn man die im Anhang zitierten Musterinsolvenzpläne nimmt. Zudem ist es erforderlich, sich den Sinn und Zweck des darstellenden Teils des Insolvenzplans vor Augen zu halten, wenn man ihn „richtig" formulieren will. **Der darstellende Teil wendet sich an das Gericht, an die Gläubiger und an den Schuldner und seine „stakeholder",** also die Arbeitnehmer, Aktionäre oder sonstigen Beteiligten. Dem Gericht, welches im Normalfall das schuldnerische Unternehmen nicht kennt und seine Situation nicht beurteilen kann, muss zunächst grundlegend hierüber informiert werden. Es sei an dieser Stelle erneut darauf hingewiesen, dass nicht alle Rechtspfleger oder Insolvenzrichter eine betriebswirtschaftliche Vorbildung haben. Der Text muss also so verfasst sein, dass auch ein Nichtökonom ihn versteht. Ihn mit Anglizismen, betriebswirtschaftlichen Fachbegriffen oder Ausdrücken aus dem „Managerdeutsch" zu spicken, verbietet sich aus diesem Grund. Zugleich darf nicht vergessen werden, dass sich fast alle Adressaten des Insolvenzplans mit dem Fall nicht so lange und so intensiv befassen werden wie der Planautor selbst. Es ist daher notwendig, dass schon die erste Lektüre des Insolvenzplans die Beteiligten zu über-

---

18 IDW S 2 Pkt. 4.3.3. (Nr. 28).

zeugen vermag. Zweifel, die aus Unverständlichkeiten resultieren, bergen das Risiko einer Ablehnung des Plans.

Klare und verständliche Formulierungen im Insolvenzplan sind insbesondere für „Klein- **5.17** gläubiger" (zur Kritik dieses Begriffes vgl. freilich RdNr. 7.9 ff.) notwendig, die am Insolvenzverfahren aufgrund ihrer zumeist geringen Forderung ohnehin wenig Interesse haben. Aber auch größere Gläubiger, vertreten durch ihre Rechtsabteilungen, Sachbearbeiter und Rechtsanwälte, verlangen schon deshalb einen Insolvenzplan, der den Qualitätsanforderungen eines juristischen Textes genügt, weil für sie das Insolvenzverfahren regelmäßig persönlich keineswegs existenziell ist. Schafft der Plan es nicht, das Verständnis und die Sympathie auch eines oberflächlichen Lesers zu wecken, sinken seine Chancen. Man bemühe sich also um Kürze, eine verständliche Sprache, Prägnanz, um die Vermeidung von Juristen- und Ökonomendeutsch, um einen logischen Aufbau und – noch einmal – um Kürze.

a) Vermögensstatus, Gläubiger- und Schuldnerverzeichnis. Der darstellende Teil **5.18** beschreibt zunächst die Situation des Unternehmens. Er enthält mindestens die **Angaben, die allgemein im Insolvenzverfahren erforderlich sind**. Das sind die Angaben nach § 20 InsO, § 100 KO, § 2 GesO. Vermögensstatus, Gläubiger- und Schuldnerverzeichnis, Verzeichnis des wesentlichen Anlage- und Umlaufvermögens, Darstellung der rechtlichen, tatsächlichen und wirtschaftlichen Verhältnisse der Gesellschaft. Das Gläubigerverzeichnis bildet die Grundlage der durch den Plan vorzunehmenden Einteilung der Gläubiger in Abstimmungsgruppen gem. § 222 InsO. Daher sind im Plan sowohl die durch ihn betroffen, für die Abstimmungsgruppen gem. §§ 222, 237, 238 InsO relevanten als auch die von ihm nicht beeinträchtigten („unimpaired") Gläubigerforderungen[19] zu berücksichtigen.

b) Ursachen der Insolvenz. Daneben enthält der Insolvenzplan in seinem darstellenden **5.19** Teil Angaben über die **Ursachen der Insolvenz**. Anzugeben sind die Gründe für die Verluste, den Aufbau der Verbindlichkeiten und der historische Werdegang, der zur Zahlungsunfähigkeit oder zur Überschuldung geführt hat oder voraussichtlich führen wird. Die Ursachen sind möglichst genau zu beschreiben und zu analysieren, z. B. durch eine Gewinn- und Verlustrechnung zur Darstellung einer Überschuldungslage; so ist im Einzelnen zu analysieren, welche Einnahmen zu gering, welche Ausgaben zu hoch waren, um etwa einen Gewinn zu ermöglichen. Haben außerordentliche Betriebsergebnisse den Insolvenzgrund herbeigeführt, müssen die Gründe hierfür im Einzelnen aufgeführt werden.

c) Darstellung anfechtbarer Rechtsgeschäfte. Der darstellende Teil des Insolvenzplans **5.20** muss sich auch mit **anfechtungsrelevanten Vorgängen** beschäftigen. Auch der Schuldner muss im Insolvenzplan angeben, ob er im Sinne früherer Vergleichswürdigkeit den Untergang seines Unternehmens selbst verschuldet hat oder ob Vermögensverschiebungen vorgenommen wurden.

---

19 Vgl. auch *Weintraub/Resnick*, Bankruptcy Law Manual, rev. edit. 1985, 8 – 87 zu 11 USC § 1123 (a)(2).

2. Darstellung der erforderlichen Maßnahmen zur weiteren Verfahrensabwicklung

5.21 Mit dem Insolvenzplan kann – und wird regelmäßig – von den allgemeinen gesetzlichen Regelungen der Soll-Masse abgewichen werden. Mit der Wirksamkeit des Eröffnungsbeschlusses ist gem. § 35 InsO rückwirkend zu dem im Eröffnungsbeschluss angegebenen Zeitpunkt das gesamte pfändbare Vermögen (vgl. § 36 InsO) einschließlich aller im Besitz des Schuldners befindlicher Sachen und der von ihm genutzten Grundstücke oder Gebäude beschlagnahmt[20]. Für den Regelfall ordnet § 159 InsO an, dass der Insolvenzverwalter nach dem Berichtstermin unverzüglich das zur Insolvenzmasse gehörende Vermögen zu verwerten hat, soweit die Beschlüsse der Gläubigerversammlung nicht entgegenstehen. Zur Verwertung des Schuldnervermögens hat der Verwalter Verfügungen vorzunehmen, zu denen er grundsätzlich nach § 80 InsO aufgrund seiner Bestellung befugt ist.[21] Im „Innenverhältnis" zu den Gläubigern, denen das Schuldnervermögen als Haftungsverband zugewiesen ist, bedarf er jedoch in einer Reihe von Fällen der Zustimmung des Gläubigerausschusses, sofern dieser bestellt worden ist. **Es liegt im Ermessen des Verwalters, die geeignete Verwertungsart festzulegen**[22]. Dabei hat er kaufmännische Gesichtspunkte zu berücksichtigen. Der Verwalter hat danach für die optimale Masseverwertung, d. h. die Erzielung des höchstmöglichen Ertrages mit möglichst geringem Aufwand zu sorgen[23]. Daraus folgt[24], dass der Verwalter nicht verpflichtet ist, unter Eingehung kaufmännischer Risiken z. B. ein sicheres Kaufangebot für das schuldnerische Unternehmen auszuschlagen, um eine unsichere, eventuell ertragreichere Exspektanz weiterzuverfolgen[25]. Wählt er den „sichereren" Weg, können daraus keine Haftungsfolgen nach § 60 InsO abgeleitet werden. Vom Verwalter wird die Orientierung am Markt verlangt, also eine Objektanalyse des zu veräußernden Wirtschaftsguts und eine Nachfrageanalyse zur Feststellung des Preisspielraums[26]. Nach § 160 Abs. 1 S. 1 InsO hat der Insolvenzverwalter die Zustimmung des Gläubigerausschusses einzuholen, wenn er Rechtshandlungen vornehmen will, die für das Insolvenzverfahren von besonderer Bedeutung sind. Ist ein Gläubigerausschuss nicht bestellt, ordnet § 160 Abs. 1 S. 2 InsO an, dass die Zustimmung der Gläubigerversammlung einzuholen ist; § 160 Abs. 2 InsO normiert einen Katalog von Geschäften, die das Gesetz stets dem Zustimmungsvorbehalt unterwirft. § 162 Abs. 1 InsO bestimmt überdies, dass die Veräußerung des Unternehmens oder eines Betriebs nur mit Zustimmung der Gläubigerversammlung zulässig ist, wenn der Erwerber oder eine Person, die an seinem Kapital zu mindestens einem Fünftel beteiligt ist, entweder (1) zu den Personen gehört, die dem Schuldner nahe stehen (§ 138 InsO), oder (2) ein absonderungsberechtigter Gläubiger oder ein nicht nachrangiger Insolvenzgläubiger ist, dessen Absonderungsrechte und Forderungen nach der Schätzung des Insolvenzgerichts zusammen ein Fünftel der Summe erreichen, die sich aus dem Wert aller Absonderungsrechte und den Forderungsbeträgen aller nicht nachrangigen Insolvenzgläubiger ergibt.

---

20 *Kilger/K. Schmidt*, GesO, 17. Aufl., 1997, § 7, Anm. 2 a; *Mothes*, Die Beschlagnahme nach Wesen, Arten und Wirkungen, 1903, 46 ff.

21 Smid-*Smid*, InsO, 2. Aufl., 2001, § 159 RdNr. 3.

22 *Smid/Nellesen*, InVo 1998, 113, 115.

23 *Heni*, Konkursabwicklungsprüfung, 1988, 187 ff.

24 *Heni* (Fußn. 23), 191.

25 Vgl. aber BGH, Urt. v. 22. 1. 1985, VI ZR 131/83, ZIP 1985, 423.

26 *Heni* (Fußn. 23), 199.

Diese gesetzlichen Regelungen können durch einen Insolvenzplan abgeändert oder **5.22** abbedungen werden.[27] Das ist nicht nur sachgerecht, sondern wird auch dem Schutz der betroffenen Gläubiger gerecht. Denn die durch den Plan vorgesehene Abweichung von den gesetzlichen Regelungen über die Masseverwertung greift nur unter der Voraussetzung, dass der Plan von den betroffenen Gläubigern angenommen wird. Soweit einem Gläubiger volle Befriedigung zugesagt wird, bedarf es der Verwertung gem. § 159 InsO ebensowenig wie im Fall des Eingriffs in die Rechte der Gläubiger nach Maßgabe der §§ 223, 224 InsO. Die Vorschriften, aufgrund derer die Masseverwertung unter Zustimmungsvorbehalte gestellt bzw. eine insolvenzgerichtliche Kontrolle statuiert wird, können abbedungen werden, da nach der Annahme und insolvenzgerichtlichen Bestätigung des Insolvenzplanes einem Schutzbedürfnis der Gläubiger durch die im Plan vorzusehende Anordnung der Planüberwachung Rechnung getragen werden kann.
Dies alles setzt freilich voraus, dass an die Stelle der für den Regelfall vom Gesetz geforderten „unverzüglichen" Verwertung von Massegegenständen (§ 159 InsO) eine sehr zügige Durchführung des Insolvenzplanverfahrens tritt.

a) Grundsatz. Der IDW-Standard[28] zeigt plastisch, dass die Beschreibung des Unter- **5.23** nehmens, Analyse des Unternehmens und Leitbild als Darstellung des Ist-Zustandes des Unternehmens über die „sachlogische Brücke" der zusammenfassenden Darstellung der für die Realisierung des Insolvenzplans nötigen Maßnahmen auf den Soll-Zustand des Unternehmens verweist. In diesem Zusammenhang empfiehlt das IDW eine Differenzierung nach folgenden Punkten:

Vor und nach Insolvenzantragstellung bereits ergriffene Maßnahmen, mit dem Insol- **5.24** venzplan beabsichtigte Maßnahmen, sonstige Maßnahmen/Überwachung der Planerfüllung (§§ 260 ff. InsO, Verweis auf gestaltenden Teil) sowie Hinweise zum Obstruktionsverbot (§ 245 InsO) und zum Minderheitenschutz (§ 251 InsO). Der darstellende Teil enthält daher eine **Beschreibung der Maßnahmen, die erforderlich sind, um das Unternehmen zu sanieren**, und die Grundlagen für den gestaltenden Teil darstellen. Im Einzelnen sind folgende Fragenkreise zu nennen. Mit den „vor und nach Insolvenzantragstellung bereits ergriffenen Maßnahmen" ist regelmäßig auf die Tätigkeit des vorläufigen Insolvenzverwalters einzugehen.[29] Soweit dem vorläufigen Insolvenzverwalter die (allgemeine) Verwaltungs- und Verfügungsbefugnis über das Vermögen des Schuldners zusteht, wird dabei die Erfüllung der Pflichten aus § 22 Abs. 1 S. 2 Nr. 1-3 InsO (Sicherung und Erhalt des Vermögens des Schuldners; Fortführung des Unternehmens des Schuldners, soweit nicht das Insolvenzgericht einer Stilllegung zustimmt; Prüfung, ob das Vermögen des Schuldners die Kosten des Verfahrens decken wird) zu erörtern sein.

b) Autonome Sanierungsmaßnahmen. – aa) Übersicht. Dies sind solche, die das **5.25** Unternehmen aus sich heraus vornehmen kann, ohne dass besondere Hilfsmittel des Insolvenzrechts greifen. Solche Sanierungsmaßnahmen werden nur in sehr geringem

---

27 MünchKomm-*Eidenmüller*, InsO, 2002, § 217 RdNr. 113, 114.
28 IDW S 2 Pkt. 4.3.4. (Nr. 29).
29 IDW S 2 Pkt. 4.3.4. (Nr. 30).

Umfang zur Verfügung stehen, wenn etwa der Antrag bei leichter Überschuldung selbst gestellt wurde, um der Antragspflicht zu genügen und wenn das Unternehmen **aus eigener Kraft sanierungsfähig** ist. Hier sind dann organisatorische Maßnahmen, solche der Kapitalbeschaffung auf dem Markt, Verbesserung der Absatzstrukturen, des Marketings, Erhöhung der Umsätze, Ermäßigung der Kosten oder sonstige Maßnahmen zu bedenken, durch die die Gesellschaft und/oder ihre Gesellschafter an sich auch ohne das Insolvenzrecht zu einer Unternehmenssanierung gekommen wären. Da in der Regel solche Dinge versucht wurden, werden diese Mittel in der Regel allein kaum ausreichen. Sie sind aber regelmäßig auch dann erforderlich, wenn heteronome Insolvenzmittel zusätzlich in Gebrauch kommen. In diesen Fällen kann es unter Umständen nützlich oder erforderlich sein, ein Gutachten eines Wirtschaftsprüfers oder einer Unternehmensberatung vorzulegen, aus der sich ein autonomes Sanierungskonzept ergibt. Sofern dies nicht vorgelegt werden kann, sind die Finanz- und Ertragslage, die Organisation, der Absatz, die Warenfluss- und Kapitalflussströme etc. im Einzelnen von dem Entwurfsverfasser darzustellen. Denn wenn auch die Insolvenz in der Regel nicht ohne heteronome Maßnahmen auskommt, so sollten doch wenigstens die autonomen mitgenutzt werden.

5.26 bb) **Autonome Sanierungsmaßnahmen im Einzelnen.** Es existieren Sanierungshandbücher, aus denen man **Maßnahmenkataloge** übernehmen kann. Das geht von der Aufdeckung stiller Reserven bis zum kontinuierlichen Personalabbau. An die Auswechslung der Geschäftsführer, die Suche nach einem finanzkräftigen Investor, alle betriebswirtschaftlichen gebotenen oder erforderlichen oder nützlichen Maßnahmen ist hier zu denken.

5.27 Im Einzelnen sind zu nennen: Nach § 220 Abs. 2 InsO soll der darstellende Teil alle Angaben zu den Grundlagen und den **Auswirkungen des Plans** erhalten, die erheblich sein können. Ferner soll gem. § 220 Abs. 1 InsO beschrieben werden, welche Maßnahmen bereits nach der Eröffnung des Insolvenzverfahrens getroffen worden sind oder noch getroffen werden sollen. Dieser denkbar weite Beschrieb des darstellenden Teils ist zunächst konkretisierungsbedürftig. Sicherlich ist Planbestandteil das, was der Schuldner schon gem. § 20 Abs. 1 i. V. m. §§ 97 f., 101 Abs. 1 Satz 1, 2, Abs. 2 InsO an Auskünften zu erteilen verpflichtet ist. Dies sind alle „das Verfahren betreffende Verhältnisse", § 97 Abs. 1 S. 1 InsO. Auf eine Konkretisierung, wie etwa § 3 GesO für das ostdeutsche Gesamtvollstreckungsverfahren vorgesehen hat (Gläubiger- und Schuldnerliste, Vermögensverzeichnis etc.), und die sich schon in § 4 Nr. 2 VerglO fand, hat das Gesetz verzichtet. Mit einigem Recht, da aufgrund der Vielgestaltigkeit möglicher Insolvenzen dem Schuldner vom Gesetz nicht allgemein vorgeschrieben werden kann, was im Einzelfall verfahrensrelevant sein könnte. Schon § 100 KO sah, mit derselben Formulierung, nur eine allgemeine Auskunftspflicht vor. Insolvenzplanvoraussetzung ist ferner, was der Insolvenzverwalter weiter nach Maßgabe der §§ 151 ff. InsO an Rechenwerken zu erstellen hat:

– Verzeichnis der Massegegenstände mit Fortführungs- und Liquidationswert, § 151 InsO.
– Liste der Gläubiger mit Absonderungsrechten, Gläubigerrang und Gläubigerdaten, § 152 InsO;
– Vermögensverzeichnis auf den Zeitpunkt der Verfahrenseröffnung, § 153 InsO;
– Insolvenztabelle mit Forderungsinhaber, -grund und -betrag; § 175 InsO

5.28 Hieraus ist zu schlussfolgern, dass der Insolvenzverwalter aufgrund der ihm zu erteilenden Auskunft jedenfalls in der Lage sein muss und wird, Inventar und Bilanz (§§ 151, 153 InsO) zu erstellen. Da dies allgemein essentiale Voraussetzung des Insolvenzverfahrens ist, muss es auch Voraussetzung des Insolvenzplanverfahrens sein. Legt der Schuldner, wie etwa in unserem Musterfall, mit dem Insolvenzantrag zugleich einen Insolvenzplan vor, so wird er die **entsprechenden Vermögensverzeichnisse** ohne weiteres beizufügen haben. Wird der Insolvenzplan nachgereicht oder vom Verwalter verfasst, so muss der Schuldner den Verwalter in den Besitz der entsprechenden Informationen setzen, damit dieser seinen insolvenzrechtlichen Rechnungslegungspflichten nachkommen kann[30]. Hiermit werden aber nur die Eckdaten einer Sanierung erfasst.

Für die Erarbeitung eines betriebswirtschaftlichen Sanierungskonzepts sind **weitere 5.29 Analysen und Angaben** vonnöten. Der Planverfasser sieht sich Aufgaben gegenüber, die der Unternehmensakquisiteur im Rahmen seiner **„due dilligence"** zu erfüllen hätte oder die ein Wirtschaftsprüfer im Rahmen der Prüfung eines handelsrechtlichen Jahresabschlusses gem. § 316 ff. HGB vorzunehmen hätte. Nach § 320 HGB hat sich der Abschlussprüfer einer Kapitalgesellschaft den Jahresabschluss, den Lagebericht, die Bücher und Schriften der Gesellschaft, die Vermögensgegenstände und Schulden, die Kasse, die Wertpapier- und Warenbestände anzusehen und sie zu prüfen. Mindestens dies wird man von dem Planverfasser verlangen müssen, der sich nicht nur wie ein Prüfer einen Überblick über das Unternehmen verschaffen, sondern hieraus Schlussfolgerungen für die Zukunft und zu treffende Maßnahmen ziehen will. Das legt es, nebenbei bemerkt, für jeden verantwortungsbewussten Planverfasser nahe, sich von einem etwa vorhandenen Abschlussprüfer bei der Ausarbeitung eines Sanierungsplans wenigstens gründlichst beraten, noch besser vertreten zu lassen. Jedenfalls wird das Insolvenzgericht gut daran tun, den vorgelegten Insolvenzplan einem Abschlussprüfer gem. § 232 Abs. 2 InsO zur Stellungnahme zu übersenden. Über diese Prüferdaten hinaus ist eine analytische Betrachtung des Unternehmens für die Ausarbeitung eines Insolvenzplans unerlässlich, wie sie z. B. von Unternehmensberatern oder Wirtschaftsprüfern erstellt wird. Einen kurzen praktischen Überblick über die dabei aufgeworfenen Fragen bietet etwa das Formular von *Koch*[31]. Natürlich ist einem Formular entgegenzuhalten, dass der von *Koch* angewandte Schematismus sich bei einer Unternehmensanalyse von selbst verbietet. Aber immerhin kann so, wenigstens in einfachen Fällen, für den Planverfasser eine abzuarbeitende Liste möglicher Fragestellungen erreicht werden. Der Analyst hat sich hiernach aufgrund der erarbeiteten Daten insbesondere zu befassen mit
– Unternehmensstruktur
– Unternehmensorganisation
– Personalstruktur
– Führungsstil
– Marketing
– Umsatz
– Bonität
– Liquidität
– Marktfaktoren[32].

---

30 Eingehend *Kunz/Mundt*, DStR 1997, 620 ff., 664 ff.
31 *Koch*, Prüfung der Sanierungsfähigkeit von Unternehmen, 1996.
32 Vgl. *Koch* (Fußn. 31), 16 ff.

5.30 Hieran kann sich etwa eine **Analyse der Finanzlage** (Vermögensstruktur, Kapitalstruktur, Liquidität)[33], der Ertragssituation[34] sowie des Managements[35] anschließen. Überlegungen zur Lage des Unternehmens im Hinblick auf seine Produktion, seine Kosten und seine Umgebung schließen die Analyse ab.[36]

5.31 **cc) Autonome Sanierungsmaßnahmen im Einzelnen.** Aus dieser Krisenursachenanalyse[37] folgen zugleich die möglichen Sanierungsmaßnahmen, die der Planverfasser zu berücksichtigen und vorzuschlagen hat. Solche lassen sich nach **autonomen oder heteronomen Sanierungsmaßnahmen** unterscheiden. Eine Übersicht über mögliche autonome Maßnahmen des Produktionsbetriebs bietet **beispielhaft** etwa *Böckenförde*[38]. Folgendes kommt demnach in einem Produktionsbetrieb in Betracht:
(1) *Produktion*
– Übergang zu Einschichtbetrieb
– Überprüfung des Qualitätsniveaus
– Verringerung der Durchlaufzeiten
– Durchführung von Reparaturen mit eigenen Kräften
– Verbesserung der Termintreue
– Abbau von Zwischenlagern
– Durchführung von Sparprogrammen im Hinblick auf Materialverbrauch und Energieverbrauch
– Verstärkte Nutzung von Wertanalyse, Typung, Normung
(2) *Absatz*
– Preis-/Rabattveränderungen, Erhöhung/Abbau von Serviceleistungen
– Prämienaussetzung für Verkäufer
– Durchführung von Werbeaktionen
– Verringerung der Versandzeiten
– Ausweitung/Straffung von Lager- u. Auslieferungsfunktionen
– Intensivierung der Öffentlichkeitsarbeit
– Absicherung der Produzentenhaftung
– Prüfung der Bonität von Kunden
(3) *Beschaffung*
– Abbau von Lagerbeständen
– Ermittlung neuer Beschaffungsquellen
– Veränderung der Bestellmengen
– Einholung von Vergleichsangeboten
– Verringerung der Bezugszeiten
– Senkung der Transport-/Lagerkosten
– Abwälzung der Lagerung bestellter Waren auf Lieferanten
– Verstärkter Einsatz von Wertanalyse/ABC-Analyse
(4) *Personal*

---

33 Vgl. *Koch* (Fußn. 31), 19 ff.
34 Vgl. *Koch* (Fußn. 31), 26.
35 Vgl. *Koch* (Fußn. 31), 36.
36 Vgl. *Koch* (Fußn. 31), 28 ff, 41 ff. vgl. auch *Kunz/Mundt,* DStR 1997, 620, 622.
37 Begriff von *Kunz/Mundt,* DStR 1997, 620, 621.
38 *Böckenförde*, Unternehmenssanierung, 2. Aufl., 1996, 91.

– Einstellungsstopp
– Kurzarbeit
– Abbau der Überstunden
– Entlassungen
– Abbau freiwilliger sozialer Leistungen
– Nichtbesetzung freiwerdender Arbeitsplätze
– Abfindung für Kündigungen
– Werksurlaub
– Durchführung vorzeitiger Pensionierungen
– Lohn- und Gehaltsstop
(5) *Finanzen*
– Beschleunigung des Forderungseinzugs
– Nutzung des Factorings
– Verzögerungen von Auszahlungen
– Erhöhung der Kreditlinie
– Einholung von Patronatserklärungen
– Bessere Nutzung von Skonti
– Ausnutzung von Lieferantenkrediten
– Stundung
– Absicherung von Währungsrisiken
Darüber hinaus können autonome Finanzierungsmaßnahmen ergriffen werden[39]:

(1) *Liquiditätsfördernde Maßnahmen*   **5.32**
– Verflüssigung von Aktiva (auch durch Forfaitierung, Sale-and-lease-back)
– Zuführung von Eigenkapital durch die Gesellschafter
– Zuführung von Fremdkapital durch die Gesellschafter
(2) *Bilanzbereinigende Maßnahmen*
– Auflösung von Rücklagen (einschließlich stiller Reserven)
– Kapitalherabsetzung
Die betriebswirtschaftliche Management-Literatur zur Unternehmenssanierung ist schlechthin unübersehbar. Dies ist in Krisenzeiten, wie den heutigen, auch nicht anders zu erwarten.[40]

c) Maßnahmen, die das Insolvenzrecht selbst zur Verfügung stellt (heteronome **5.33**
Maßnahmen). – aa) Übersicht. Von solchen heteronomen Sanierungsmaßnahmen spricht man, wenn das Unternehmen sie nicht allein, sondern nur unter Einschaltung Dritter durchführen kann. Grundsätzlich sind heteronome Sanierungsmaßnahmen auch denkbar, wenn sie sich außerhalb eines gerichtlichen Konkurs-, Vergleichs-, Gesamtvollstreckungs- oder Insolvenzverfahrens abspielen. Die **Grenzen zwischen** **autonomen und heteronomen Maßnahmen sind natürlich insofern fließend**, als z.B. eine Veränderung der Personalstruktur des Unternehmens, Veränderungen der Ein- oder Verkaufsbedingungen etc. denklogisch ebenfalls Reaktionen außenstehender

---

39 Nach *Böckenförde,* Unternehmenssanierung, 2. Aufl. 1996, 139.
40 Eine gute Übersicht über die betriebswirtschaftliche Sanierungsliteratur bietet *Böckenförde,* Unternehmenssanierung, 2. Aufl. 1996, 195 ff.

Dritter erfordern oder ermöglichen. Doch hat bei diesen Maßnahmen, die erforderlichen finanziellen Ressourcen vorausgesetzt, es das Unternehmen i. d. R. selbst in der Hand, solche Maßnahmen durchzusetzen. Heteronome Sanierungsmaßnahmen außerhalb eines Insolvenzverfahrens richten sich in erster Linie gegen Gläubiger. Kreditlinien können erhöht, Kredite in Eigenkapital oder nachrangig haftendes Fremdkapital umgewandelt werden. Aus Lieferanten oder Kunden können Gesellschafter werden, die Kapitalbeiträge zu leisten haben. Gläubiger können zu Forderungsverzichten veranlasst werden, bis hin zu einem außergerichtlichen Vergleich. Schließlich kann sogar der Staat, durch die Gewährung von Subventionen oder den Erlass von Abgabeverbindlichkeiten, oder die staatlichen Behörden (vgl. etwa die Eingliederungsbeihilfen der Bundesanstalt für Arbeit oder die Sanierungsbeiträge der Treuhandanstalt) Träger heteronomer Sanierungsmaßnahmen werden. Auch bisher gänzlich unbeteiligte Dritte, etwa als Investoren gewonnen, können zur Unternehmenssanierung beitragen[41]. Für unsere Betrachtung sind von größerer Bedeutung die heteronomen Sanierungsmaßnahmen, die das Insolvenzrecht selbst zur Verfügung stellt.

5.34 **Spezifisch insolvenzrechtliche Maßnahmen zur Sanierung stellen das Kernstück des betreffenden darstellenden Teils des Insolvenzplans dar.** Ihr Eingreifen setzt die Eröffnung eines Insolvenzverfahrens voraus.

5.35 In der Regel hat der Insolvenzplan **Zwangsvergleichsbestandteile.** Durch den Schulderlass wird die Bilanz in Ordnung gebracht, und die Überschuldung beseitigt. In leichten Sanierungsfällen kann dies, verbunden mit den Maßnahmen die unter a) genannt worden sind, schon ausreichen. Solche Fälle haben sich auch nach altem Recht ereignet und sind im gerichtlichen Vergleichsverfahren oder im Zwangsvergleichsverfahren erledigt worden.

5.36 **bb) Maßnahmen zur Verbesserung der Personalstruktur.** Durch die **insolvenzarbeitsrechtlichen Maßnahmen individualvertraglicher oder betriebsverfassungsrechtlicher Natur** kann ein Personalabbau und eine hiermit einhergehende Kostenverbesserung, zugleich eine Produktivitätsverbesserung erreicht werden.

5.37 **cc) Behandlung nicht erfüllter Verträge.** Die Eröffnung des Insolvenzverfahrens wirkt sich in Fällen **beiderseitig noch nicht erfüllter Verträge** auf das Synallagma aus[42]: Die Verpflichtung des Insolvenzschuldners, beiderseitig noch nicht erfüllte gegenseitige Verträge zu erfüllen, entfällt; der Insolvenzverwalter erhält ein Wahlrecht, durch dessen Ausübung er in die Lage versetzt wird, die Erfüllung dieser Verträge verlangen zu können[43]. Dies bietet Gestaltungsspielraum für den Insolvenzverwalter, Verlustquellen zu verstopfen und gleichzeitig Vertragsquellen oder notwendige Betriebsessentialien zu erhalten.

---

41 Eine Übersicht über heteronome Sanierungsmaßnahmen gibt *Böckenförde* (Fußn. 39), 158 ff.
42 Zum Strukturproblem: *Häsemeyer,* KTS 1973, 2 ff; *Rühle,* Gegenseitige Verträge nach Aufhebung des Insolvenzverfahrens, Diss., Kiel, Kap. A.III., B.II. [in Vorbereitung].
43 Vgl. *Kreft,* in: Festschrift für Fuchs, 1996, 115 ff.

Das Erfüllungswahlrecht des Insolvenzverwalters bei gegenseitigen Verträgen gem. **5.38**
§ 103 ff. InsO ist grundsätzlich eine sanierungsfreundliche Regelung, denn es erlaubt
dem Verwalter, sich innerhalb kürzester Zeit von allen für das Unternehmen ungünstigen
Verträgen zu lösen. Übt der Verwalter sein Wahlrecht derart aus, dass er sich gegen die
Erfüllung des Vertrags entscheidet, entstehen in Sanierungsfällen neuerdings möglicherweise Probleme. Nach früherer ständiger Rechtsprechung des BGH bewirkte die Verfahrenseröffnung das Erlöschen der gegenseitigen, noch offenen Erfüllungsansprüche
(sog. Erlöschenstheorie)[44]. Die Ausübung des Wahlrechts des Verwalters begründete die
Schuldverhältnisse neu. In seiner Entscheidung vom 25.4.2002 hat der BGH seine
Rechtsprechung zur Erlöschenstheorie ausdrücklich aufgegeben[45]. Nach neuer Rechtsprechung bewirkt die Verfahrenseröffnung nicht das Erlöschen gegenseitiger Verträge,
sondern verhindert lediglich ihre Durchsetzbarkeit. Für Insolvenzplanverfahren hat diese
Rechtsprechungsänderung nachhaltige Folgen. Lehnt der Verwalter die Erfüllung eines
gegenseitigen, noch beiderseits nicht (vollständig) erfüllten Vertrages ab, so ist die
zwischen Schuldner und seinem Vertragspartner bestehende Rechtslage nach Aufhebung
des Insolvenzverfahrens nach § 258 Abs. 1 InsO problematisch[46].

Als Konsequenz der Erlöschenstheorie könnte der Vertragspartner nach Verfahrensauf- **5.39**
hebung nur noch die Befriedigung der „Forderung wegen der Nichterfüllung" entsprechend den Festsetzungen des gestaltenden Teils des Insolvenzplans verlangen, denn die
ursprünglichen Erfüllungsansprüche wären ja schon infolge der Verfahrenseröffnung
erloschen und könnten nicht ohne eine entsprechende Rechtsgrundlage wiederaufleben[47]
(arg. e contr. zu § 255 InsO). Inkonsequent war indes der Versuch, die Wirkung des
Erlöschens auf das Insolvenzverfahren zu beschränken[48], da das Erlöschen als techni-
scher Rechtsbegriff gerade den dauerhaften, materiellrechtlichen Untergang eines Anspruchs beschreibt. Praktischer Hintergrund der dogmatisch verfehlten Konstruktion der
Erlöschenstheorie war das Bestreben, im Falle der Erfüllungswahl ein nur ex nunc
wirkendes „Wiederaufleben" der Erfüllungsansprüche annehmen zu können, welches
dazu führt, dass gegen den Erfüllungsanspruch der Masse nicht mit einer Insolvenzforderung aufgerechnet werden kann (§ 96 Abs. 1 Nr. 1 InsO) und dass vor Verfahrenseröffnung vorgenommene Verfügungen – insb. Sicherungsabtretungen – des Schuldners
„gegenstandslos" werden. Der Ausschluss der Aufrechnung gegen den Erfüllungsanspruch der Masse bzw. die Wirkungslosigkeit einer Vorausverfügung des Schuldners
lässt sich allerdings nur insoweit mit dem Sinn und Zweck des § 103 InsO rechtfertigen,
als dass sich dieser Anspruch nicht als vertragliches Äquivalent für eine vom Schuldner
vor Verfahrenseröffnung erbrachte Teilleistung darstellt[49].

Geht man hingegen mit der neueren Judikatur vom Fortbestand der ursprünglichen **5.40**
Erfüllungsansprüche trotz der Verfahrenseröffnung und der Erfüllungsablehnung aus,

---

44 Vgl. statt vieler BGH, Urt. v. 11.2.1988, IX ZR 36/87, ZIP 1988, 322.
45 BGH, Urt. v. 25.4.2002, IX ZR 313/99, ZIP 2002, 1093.
46 Ausführlich hierzu *Rühle* (Fußn. 42), Kap. E.II.2.
47 Der BGH ging allerdings von einem Wiederaufleben der Erfüllungsansprüche infolge der Erfüllungswahl durch den Insolvenzverwalters aus.
48 Vgl. MünchKomm-*Kreft,* InsO, 2002, § 103 RdNr. 18.
49 Vgl. BGH, Urt. v. 4.5.1995, IX ZR 256/93, BGHZ 129, 336; *Rühle* (Fußn. 42), Kap.C.VI.4. m. w. N.

so sind die gegenseitigen, noch unerfüllten Primäransprüche nach der „normalen" Verfahrensaufhebung gem. § 200 Abs. 1 InsO wieder durchsetzbar, wenn nicht der Vertragspartner durch Anmeldung seiner „Forderung wegen der Nichterfüllung" das Vertragsverhältnis in diese umgestaltet hat[50] bzw. vom Vertrag zurückgetreten ist. Dies ist insofern interessengerecht, als die InsO als Haftungsrecht das zwischen Schuldner und seinem Vertragspartner bestehende Schuldverhältnis nur solange „überlagern" darf, wie sich dies durch den Insolvenzzweck par conditio creditorum rechtfertigen lässt[51]. Ist es während des Insolvenzverfahrens nicht zu einer materiellrechtlichen Umgestaltung des Schuldverhältnisses gekommen und wird das Verfahren durch Beschluss gem. § 258 Abs. 1 InsO aufgehoben, so ist der Vertragspartner nichtsdestotrotz von den Festsetzungen des gestaltenden Teils des Insolvenzplans betroffen (vgl. § 254 Abs. 1 S. 3, 1 InsO), es sei denn der Insolvenzverwalter hatte die Erfüllung des gegenseitigen Vertrages verlangt[52]. Der Versuch, die Planbetroffenheit des Vertragspartners abzulehnen, der sich bei einer Erfüllungsablehnung des Insolvenzverwalters nicht durch Anmeldung einer „Forderung wegen der Nichterfüllung" am Verfahren beteiligt hat, würde nicht nur der ausdrücklichen Regelung des § 254 Abs. 1 S. 3 InsO widersprechen, sondern auch dem Gleichbehandlungsgebot[53]. Fraglich ist allerdings, in welcher Weise der Vertragspartner vom Insolvenzplan betroffen wird. Entweder man sieht die „Forderung wegen der Nichterfüllung" oder den ursprünglichen Erfüllungsanspruch des Vertragspartners als planbetroffen an. Gegen erstere Alternative spricht allerdings schon der Umstand, dass nicht zu Gunsten eines jeden Vertragspartners ein positiver Saldo in Form der „Forderung wegen der Nichterfüllung" besteht. Bei der letzteren Alternative – Planbetroffenheit des ursprünglichen Erfüllungsanspruchs – fragt es sich, wie der Vertragspartner vor der Unbilligkeit geschützt werden kann, einerseits selbst voll leisten zu müssen und im Gegenzug nur die im Plan vorgesehene Quote auf den eigenen Erfüllungsanspruch verlangen zu können. Um dies zu verhindern, wird vertreten, der Schuldner müsse nach der Verfahrensaufhebung gem. § 258 Abs. 1 InsO an die vorherige Erfüllungsablehnung des Insolvenzverwalters gebunden sein[54]. Eine solche Sichtweise verkennt allerdings die bloß verfahrensrechtliche Bedeutung der Erfüllungsablehnung, die nicht in der Lage ist, das zwischen Schuldner und seinem Vertragspartner bestehende Schuldverhältnis umzugestalten. Die Bindung des Schuldners an die Erfüllungsablehnung des Insolvenzverwalters würde nämlich de facto einer materiellrechtlichen Umgestaltung des Schuldverhältnisses gleichkommen, denn keine der Parteien hätte dann die Möglichkeit nach Verfahrensaufhebung auf die ursprünglichen Erfüllungsansprüche zurückzugreifen. Außerdem könnte eine derartige Bindungswirkung den zumeist mit dem Insolvenzplan verfolgten Sanierungszweck dann beeinträchtigen, wenn sich die Erfüllung des Vertrages nach Verfahrensaufhebung gem. § 258 Abs. 1 InsO als für den Schuldner günstig erweist[55].

---

50 *Rühle* (Fußn. 42), Kap.D.II.3. m. w. N.
51 *Rühle* (Fußn. 42), Kap. A.III.
52 Dann ist der Vertragspartner nämlich gem. § 55 Abs. 1 Nr. 2 1. Var. InsO Massegläubiger und als solcher nicht planbetroffen.
53 *Rühle* (Fußn. 42), Kap.E.II.2.a).
54 *Marotzke*, Gegenseitige Verträge im neuen Insolvenzrecht, 3. Aufl., 2001, RdNr. 12.18.
55 *Rühle* (Fußn. 42), Kap.E.II.2b)bb).

Angenommen der Insolvenzverwalter lehnt die Erfüllung eines nicht erfüllten Kauf- **5.41** vertrages über Betriebsmittel gegenüber einem Lieferanten ab, da er die Liquidation des Unternehmens befürchtet und der Vertrag bei der Zugrundelegung von Zerschlagungswerten für die Gläubiger nachteilig ist. Einigen sich die Gläubiger später über die Sanierung des Schuldners durch einen Insolvenzplan und wird das Verfahren schließlich nach Inkrafttreten eines solchen Plans aufgehoben, so kann es sein, dass sich die Erfüllung des Vertrages auf einmal als für den Schuldner günstig darstellt. Was gilt nun, wenn sich der Vertragspartner nicht durch Anmeldung einer „Forderung wegen der Nichterfüllung" oder anders (etwa durch Rücktritt) von seiner vertraglichen Primärpflicht gelöst hat? Freilich kann der Schuldner nun mit diesem oder mit anderen Lieferanten neue Kaufverträge abschließen. Was aber, wenn der Schuldner einseitig auf die günstigen Konditionen des alten Vertrages zurückgreifen möchte? Kann er dies auch ohne Mitwirkung des anderen Teils? Wie wird der andere Teil davor geschützt, voll leisten zu müssen und im Gegenzug nur die Quote auf seinen Anspruch verlangen zu können?

Auf die Einrede des nicht erfüllten Vertrages gem. § 320 BGB kann sich der Vertrags- **5.42** partner allerdings – soweit es um die vollständige Erfüllung seines Anspruchs auf die Gegenleistung geht – nicht berufen, denn sein Erfüllungsanspruch besteht über die Quote hinaus nur noch in Form einer Naturalobligation, ist also insoweit nicht mehr als Einrede nutzbar. Die Konstruktion der „Insolvenzplanfestigkeit" des § 320 BGB ist dogmatisch mehr als bedenklich[56]. Vorzugswürdiger erscheint eine Analogie zu § 103 InsO dergestalt, dass nun der Schuldner darüber entscheiden kann, ob der gegenseitige Vertrag beiderseits voll erfüllt wird, der Vertragspartner wie ein Massegläubiger behandelt wird oder ob letzterer nur einen etwaigen, in der „Forderung wegen der Nichterfüllung" verkörperten positiven Saldo entsprechend den Festsetzungen des Insolvenzplans durchsetzen kann[57]. Wer hiergegen einwendet, das Wahlrecht sei durch die Erfüllungsablehnung des Insolvenzverwalters „verbraucht", verkennt die Beschränkung desselben auf das Insolvenzverfahren, also auf die Frage, ob der Vertragspartner (ausnahmsweise) aus der Masse befriedigt werden soll, damit die ihm obliegende Gegenleistung der Masse zugute kommt[58]. Das Verwalterwahlrecht beschränkt sich also auf die Frage der Haftung der Masse und beeinflusst nicht die Schuld der Vertragsparteien. Gegen ein Wahlrecht des Schuldners trotz vorangegangener Erfüllungsablehnung durch den Insolvenzverwalter spricht auch nicht das Interesse des Vertragspartners an einer Beseitigung der „Schwebelage", kurzum an Rechtssicherheit. Dieser hat nämlich, wenn zu seinen Gunsten ein positiver Saldo bestand, das Geschäft also für ihn günstig war, die Möglichkeit eine „Forderung wegen der Nichterfüllung" anzumelden und hierdurch den Schwebezustand zu beenden. Aber auch wenn dies nicht der Fall ist, kann sich der Vertragspartner jedenfalls nach der Erfüllungsablehnung wieder entsprechend den Vorschriften des BGB – insb. durch Rücktritt – vom Vertrag lösen[59]. Angesichts der Regelung des § 323 Abs. 4 BGB, der selbst bei fehlender Fälligkeit des Anspruchs des Gläubigers den Rücktritt

---

56 *Rühle* (Fußn. 42), Kap. E.II.2.b).
57 *Marotzke* (Fußn. 54), RdNr. 12.22 ff., allerdings nur für den Fall der unterlassenen Wahlrechtsausübung des Verwalters.
58 *Rühle* (Fußn. 42), Kap.E.II.2.b)bb).
59 *Marotzke*, KTS 2002, 1, 29.

zulässt, wenn offensichtlich ist, dass die Voraussetzungen für diesen eintreten werden, wird der Vertragspartner häufig vom Vertrag zurücktreten können. Sollte auch dies nicht möglich sein, so beruht der Schwebezustand des Vertrages nicht bloß auf dem Insolvenzverfahren, sondern auf der vertraglichen Vereinbarung selbst[60]. In solchen Fällen ist dann auch für den Vertragspartner zumutbar, von dem Schuldner nach Verfahrensaufhebung gegen Erbringung der vollen Gegenleistung in Anspruch genommen zu werden. Der Vertragspartner hat zudem analog § 103 Abs. 2 S. 2, 3 InsO die Möglichkeit den Schwebezustand zu beenden[61]. Die Überantwortung des Wahlrechts darüber, ob der gegenseitige, beiderseits noch nicht vollständig erfüllte Vertrag entsprechend der ursprünglichen Vereinbarung abgewickelt werden soll oder nicht, entspricht dem mit Insolvenzplänen meist verfolgten Sanierungszweck. Ein Blick auf die Regelung des § 279 InsO, die dem eigenverwaltenden Schuldner das Wahlrecht aus § 103 InsO überträgt, bekräftigt dies. Ebenso wie bei der Eigenverwaltung soll auch der Schuldner nach Aufhebung des Insolvenzverfahrens (vorbehaltlich einer etwaigen Planüberwachung) selbst entscheiden, welche gegenseitigen Verträge durchzuführen sind, damit er künftig wieder „schwarze Zahlen" schreibt[62]. Eine Bindung des Schuldners an die Erfüllungsablehnung durch den Insolvenzverwalter würde diese gesetzliche Intention vereiteln.

5.43 Zugleich haben der Verwalter oder im Falle der Eigenverwaltung der Schuldner die **Möglichkeit der Erfüllungswahl.** Dadurch wird gesichert, dass bestimmte Ertragsquellen des Unternehmens und bestimmte Umsatzerwartungen erhalten bleiben bzw. realisiert werden. Von Bedeutung ist (oder könnte sein), dass entgegenstehende vertragliche Vereinbarungen unwirksam sind, die das Erfüllungswahlrecht des Verwalters ausschließen. Der Gesetzgeber hat zwar die entsprechenden Sondervorschriften nach § 22 Abs. 2 RegEInsO gestrichen, hat aber die Kernvorschrift des § 108 Abs. 1 InsO beibehalten. § 22 Abs. 2 RegEInsO war lediglich eine Ausprägung des (heutigen) § 108 Abs. 1 InsO, so dass der Regelungsgehalt der Streichung, weniger aber der Inhalt des schließlich verabschiedeten § 108 Abs. 1 InsO fraglich ist. Nimmt man die Vorschrift wörtlich, so ist das Erfüllungswahlrecht des Verwalters auch in den Fällen gegeben, in denen ein vertragliches Kündigungsrecht besteht. Dies ist z. B. bei Bauverträgen regelmäßig nach VOB (§ 8 Pkt. 2 Abs. 1[63]) der Fall, aber auch nach § 648 BGB möglich. Der Unterschied besteht in der Vergütungshöhe: Die Kündigung nach BGB wird dem Vertragspartner nichts nützen.

5.44 Gegen § 8 Pkt. 2 Abs. 1 VOB ist freilich schon bisher von der insolvenzrechtlichen Lehre[64] argumentiert worden: Der Einwand gegen die Argumentation aus § 103 InsO, es sei ohnedies an eine Gleichbehandlung der Gläubiger im Insolvenzverfahren nicht zu denken[65], überzeugt schon im Ansatz nicht. Die insolvenzrechtliche Kritik hat sich daher zu Recht in der Reform durchgesetzt.

---

60 *Rühle* (Fußn. 42), Kap.E.II.2.b)bb).
61 *Marotzke* (Fußn. 54), RdNr. 12.24, allerdings wieder nur für den Fall der unterlassenen Wahlrechtsausübung des Verwalters.
62 *Rühle* (Fußn. 42), Kap.E.II.2.b)bb).
63 Vgl. *Ingenstau/Korbion,* VOB Kommentar, § 8 RdNr. 46 ff.
64 *Jaeger/Henckel,* KO, 9. Aufl., § 17 RdNr. 214.
65 So *Ingenstau/Korbion,* VOB Kommentar, § 8 RdNr. 51.

Für Mietverhältnisse gilt dies für die Erfüllungswahl des Insolvenzverwalters, denn die **5.45** **Mietverhältnisse** bestehen fort. Entgegenstehende vorkonkurslich getroffene vertragliche Vereinbarungen wären unwirksam. Nach der gesetzlichen Begründung kann der andere Vertragsteil lediglich unter den Verzugsfolgen kündigen, also nicht, wenn das Insolvenzverfahren bei laufenden Mietzahlungen keinen zusätzlichen Kündigungsgrund liefert, vgl. §§ 112, 119 InsO. Im Falle des Kaufs unter **Eigentumsvorbehalt** kann der Verwalter durch Ausübung seines Erfüllungswahlrechts als Käuferverwalter das Anwartschaftsrecht zum Vollrecht erstarken lassen.

dd) Sicherheiten: Aussonderungsrecht, §§ 47, 48 InsO. Die schuldrechtliche Seite der **5.46** vorgenannten Verträge wird durch die entsprechende dingliche Kürzung der sich als besitzlose Mobiliarsicherheiten erweisenden **Eigentumsansprüche** des anderen Vertragsteils begleitet. Der Eigentumsvorbehaltsverkäufer kann zwar nach h. M.[66] aussondern. Jedoch kann der **Insolvenzverwalter Erfüllung wählen** (vgl. §§ 103, 107 Abs. 2 InsO) und dann den Eigentumsvorbehalt ablösen.

Der Vermieter einer Sache kann nur aussondern, wenn kein Recht des Insolvenzschuld- **5.47** ners zum Besitz infolge **Mietvertragskündigung** (§ 986 Abs. 1 BGB) besteht. Die Kündigung wegen vorkonkurslich getroffener vertraglicher Abreden eines besonderen Kündigungsrechts wegen Insolvenz des Mieters ist im Insolvenzfall nach § 119 InsO nicht mehr möglich. Ein Aussonderungsanspruch besteht aber, wenn der Mietvertrag bereits vor Verfahrenseröffnung wirksam gekündigt werden konnte und gekündigt worden ist.

Für den Leasinggeber gelten diese Ausführungen entsprechend. Der Verwalter kann am **5.48** **Leasingvertrag** festhalten, wenn er die restlichen Leasingraten zahlt. Ein Aussonderungsanspruch besteht nur, wenn der Leasingvertrag gekündigt war. Handelt es sich aber um einen Leasingvertrag mit Kaufoption oder liegt sonst ein Fall des Übergangs des wirtschaftlichen Eigentums auf den Leasingnehmer vor, so wird man auch hier dem Verwalter ein Auslösungsrecht zugestehen müssen.

ee) Sicherheiten: Absonderungsrecht, §§ 49 – 51 InsO. Sind Gegenstände zur **Siche-** **5.49** **rung übereignet**, besteht kein Aussonderungsrecht, § 51 Nr. 1 InsO. Der Gläubiger kann in diesem Fall nur die abgesonderte Befriedigung nach Maßgabe des § 166 Abs. 1 InsO verlangen.

Entsprechendes gilt für die **Sicherungszession**, entweder für die Globalzession gegen **5.50** einen Bankkredit, für die normale Sicherungszession sowie für die Vorauszession bei

---

66 RG, B. v. 16.1.1908, VI 436/07, RGZ 67, 347; RG, Urt. v. 4.4.1933, VII 21/33, RGZ 140, 226; BGH, Urt. v. 21.5.1953, IV ZR 192/52, BGHZ 10, 69; BGH, Urt. v. 1.7.1970, VIII ZR 24/69, 72; 54, 218; *Kuhn/Uhlenbruck*, KO, 11. Aufl., 1994, § 43 RdNr. 28; *Gottwald*, Insolvenzrechtshandbuch, 1990, § 45 RdNr. 6; Staudinger-*Honsell*, BGB, 12. Aufl. 1978, § 455 RdNr. 49, 2. Absatz; *Stracke*, Das Aus- und Absonderungsrecht des Vorbehaltseigentümers im Konkurs des Vorbehaltskäufers, Diss. 1972; Smid-*Zeuner*, GesO, 3. Aufl., 1997, § 12 RdNr. 20. Krit. dagegen *Häsemeyer*, Insolvenzrecht, 3. Aufl., 2002, 221 f.

verlängertem Eigentumsvorbehalt. Der Gläubiger kann in diesem Fall nur die abgesonderte Befriedigung nach Maßgabe des § 166 Abs. 2 InsO verlangen.

5.51 Besteht nach Vorstehendem nur ein Absonderungsrecht, so kann der Verwalter oder der den Plan initiierende Schuldner mit entsprechenden Regelungen im Insolvenzplan die Sicherungsrechte „kürzen" und zwar auf den **tatsächlichen Zeitwert der Ware**; entweder indem er eine entsprechende Veräußerung vornimmt oder indem er durch die Meistbegünstigungsklausel auf die Absonderungsberechtigten entsprechende Werte verteilt. Im darstellenden Teil des Plans sind diese Rechte und die zur Sanierung erforderlichen Eingriffe zu beschreiben.

5.52 **d) Insolvenzanfechtung.** Das Insolvenzanfechtungsrecht rundet die Maßnahmen zur Sicherung des Schuldnervermögens ab, indem Restitutionsansprüche oder Einreden gewährt, **unseriöse Verschiebungen** rückgängig gemacht oder veränderte oder Vermögensbeeinträchtigungen ausgeglichen werden. Hier sehen die §§ 130, 131 InsO grundsätzlich die kongruente (§ 130 InsO) und die inkongruente (§ 131 InsO) Sicherungsbzw. Deckungsanfechtung vor. Im Einzelnen kann im darstellenden Teil des Plans erläutert werden, dass die Situation für den zu sanierenden Insolvenzschuldner sich durch Insolvenzanfechtungen positiv gestalten lässt; durch die günstigere Regelung der Beweislast etc. haben sich im künftigen Recht die Chancen für die Masse stark verbessert, auch sind die Fristen „verwalterfreundlich" gestaltet.

5.53 Die **Anfechtbarkeit der Aushöhlung der Kapitalbasis** durch die Rückgewähr kapitalersetzender Darlehen (§ 135 InsO), die Absichtsanfechtung (§ 133 InsO) und die Schenkungsanfechtung (§ 134 InsO) verhindern Abflüsse, denen eine echte Gegenleistung gar nicht gegenübersteht oder nie gegenüber gestanden hat.

5.54 Sowohl im Hinblick auf die Verbesserung der Stellung des anfechtenden Insolvenzverwalters oder Sachwalters als auch im Lichte der Beschränkung der Anfechtung wegen kongruenter Deckung im Zuge der Umsetzung der EU-Finanzrichtlinie[67] stellt sich die Benachteiligungsanfechtung gem. § 132 Abs. 2 InsO dar, die einen **Auffangtatbestand für Rechtshandlungen oder Unterlassungen des Schuldners** bietet, die das Vermögen beschädigt haben, ohne dass auf der anderen Seite eine Vermögensmehrung oder eine Inkongruenz gegeben sein muss. Hierzu kann z. B. das Verlieren eines Prozesses (Kopf in den Sand – § 132 Abs. 2 InsO[68]), aber auch möglicherweise die Nichtzahlung von Mieten, die zur Vertragskündigung und damit zu Aussonderungsansprüchen führt, gerechnet werden. Es handelt sich dabei offenbar um eine Art Wiedereinsetzungsrecht des Verwalters in eine frühere Rechtsposition des Schuldners.

5.55 **e) Auswechseln der Gesellschafter der Insolvenzschuldnerin?** Schließlich ist **an Maßnahmen im Gesellschafterbestand** zu denken. Der Gesetzgeber hat dies ursprünglich vorgeschlagen, die entsprechenden Vorschriften im Gesetzgebungsverfahren aber

---

67 Richtlinie 2002/47/EG.
68 *Zeuner,* Die Anfechtung in der Insolvenz, 1999, RdNr. 160; *Hess/Weis,* Das neue Anfechtungsrecht, 1996, RdNr. 339 (ohne Auseinandersetzung mit der dieser Vorschrift innewohnenden Problematik).

wieder gestrichen; dabei haben verfassungsrechtliche Bedenken eine Rolle gespielt (vgl. Art. 14 GG), auf die im Folgenden noch näher einzugehen sein wird. Dem gestaltenden Teil kann aber eine entsprechende **Willenserklärung der Betreffenden** beigefügt werden, die eventuell durch Androhung einer sonst möglichen übertragenden Sanierung erzwungen werden kann.

f) Auffang- und Übernahmegesellschaften[69] sind gegenüber dem schuldnerischen **5.56** Unternehmensträger rechtlich eigenständige juristische Personen oder Personifikationen. § 260 Abs. 3 InsO gibt eine Legaldefinition: Danach handelt es sich um eine Übernahmegesellschaft, wenn eine juristische Person oder Gesellschaft ohne Rechtspersönlichkeit nach der Eröffnung des Insolvenzverfahrens gegründet worden ist, um das Unternehmen oder einen Betrieb des Schuldners zu übernehmen und weiterzuführen (Übernahmegesellschaft). Eine solche Auffang- oder Übernahmegesellschaft ist nicht von Gesetzes wegen Beteiligter des Insolvenzplanverfahrens.[70] **Daher kann sie zwangsweisen Regelungen durch den Insolvenzplan nicht unterworfen werden.**[71] Zwar bestimmt § 229 S. 1 InsO, dass dem Insolvenzplan eine Vermögensübersicht beizufügen ist, in der die Vermögensgegenstände und die Verbindlichkeiten, die sich bei einem Wirksamwerden des Plans gegenüberstünden, mit ihren Werten aufgeführt werden, wenn die Gläubiger aus den Erträgen des von einem Dritten fortgeführten Unternehmens befriedigt werden sollen – womit Auffang- oder Übernahmegesellschaften gemeint sind. Deren im Plan beurkundete Verpflichtungen beruhen aber nicht auf dem oktroi des mit den erforderlichen Mehrheiten angenommenen Planes, sondern bedürfen freiwilliger Übernahme der Verpflichtungen durch die Gesellschaft. Aus § 229 S. 1 InsO lässt sich dagegen nicht ableiten, dass durch einen Plan der Auffang- und Übernahmegesellschaft zwangsweise Verpflichtungen auferlegt werden können; etwas anderes ergibt sich auch nicht aus der Erstreckung der Planüberwachung auf die Ansprüche der Gläubiger gegen Übernahmegesellschaften gem. § 260 Abs. 3 InsO. Der Plan wirkt insofern nicht als Vertrag zu Lasten der Übernahmegesellschaft als Dritter.

g) Gleichenfalls sind dem Plan allein aufgrund freiwilliger Übernahme von Verpflich- **5.57** tungen **Mitschuldner** und **Bürgen** unterworfen. Deren Vermögen ist massefremd.[72] Regelungen des Planes wirken allenfalls mittelbar auf die Verpflichtungen dieser in Mithaftung stehenden Personen.

3. Der „bewertende" Teil des Insolvenzplans
a) Bewertung der Sanierungsfähigkeit des Schuldners. Integraler Bestandteil des **5.58** darstellenden Teils ist eine **Bewertung der Aussagen und Beschreibungen durch den darstellenden Teil** in mehrfacher Hinsicht. Zunächst muss eine Bewertung dahingehend erfolgen, dass das Unternehmen **sanierungsbedürftig, aber auch sanierungsfähig** ist. Eine zweite Bewertung hat zu erfolgen, ob und inwieweit die vorgeschlagenen Maßnahmen die Sanierung des Unternehmens ermöglichen, ihr nützen oder ihr jedenfalls

---

69 *Lieder,* DZWIR 2004, 452.
70 MünchKomm-*Eidenmüller,* InsO, 2002, § 217 RdNr. 92. A.A. *Noack,* Gesellschaftsrecht 1999, RdNr. 137; *Häsemeyer,* Insolvenzrecht, 3. Aufl., 2003, RdNr. 28.58, 28.59.
71 So zutr. MünchKomm-*Eidenmüller* (Fußn. 70), § 217 RdNr. 92.
72 MünchKomm-*Eidenmüller* (Fußn. 70), § 217 RdNr. 93.

nicht widersprechen. Eine Bewertung der **Erforderlichkeit der Maßnahmen** ist im Hinblick auf andere mögliche Sanierungsmaßnahmen unbedingt notwendig. So ist mit Blick auf etwaige Eingriffe in Rechte beteiligter Gläubiger explizit zu prüfen, ob nicht durch eine übertragende Sanierung ein günstigeres Ergebnis für die Gläubiger erreicht werden kann als etwa bei einem Insolvenzplan. Denn hier ist auch ohne die noch näher zu schildernden im Insolvenzplanverfahren auftretenden Schwierigkeiten eine Auswechslung der Gesellschafter möglich, die die Misere möglicherweise verschuldet haben. Außerdem würden Werte realisiert, die sonst nur geschätzt werden können, stille Reserven würden aufgedeckt werden etc.

5.59   **b) Bewertung der Tauglichkeit einzelner Maßnahmen.** Sieht danach der Insolvenzplan eine Sanierung des Unternehmensträgers zu Recht vor, muss eingeschätzt werden, warum diese, nicht aber andere Maßnahmen erfolgversprechend sind. Wenn z. B. geplant ist, einen bestimmten Betriebszweig stillzulegen und eine andere Sparte zu stärken (etwa: Stilllegung der Stahlproduktion, aber Ausbau des Engagements auf dem Sektor der Mobilfunkkommunikation), dann ist zu bewerten, welche wirtschaftlichen Gründe der vorgesehenen Maßnahme unterlegt sind.

5.60   **c) Bewertungen zur Vorbereitung der insolvenzgerichtlichen Bestätigung des Planes. – aa) §§ 245, 246 InsO.** Schließlich ist eine Bewertung vonnöten, die dem Gericht den Erlass einer Obstruktionsentscheidung gem. §§ 245, 246 InsO ermöglicht. Hier muss anhand der Kriterien von § 245 InsO gleichsam die Gerichtsentscheidung antizipiert werden. Das Gericht hat nur **beschränkte Erkenntnisquellen**, nur beschränkte Mittel und nur beschränkte Zeit. Wird nicht durch entsprechende Bewertung untermauert, dass die vorhersehbare Verweigerung der Zustimmung einer bestimmten Gläubigergruppe obstruktiv ist, wird das Gericht es schwer haben, eine beschwerdefeste Obstruktionsentscheidung (unten Kapitel 8) zu treffen. Daher könnte für jede vorgeschlagene Gläubigergruppe von vornherein eine „**Alternativplanung**" für den Fall der Nichtannahme des Plans gemacht werden, um die Obstruktion einer möglichen Negativentscheidung darzulegen, wenn im alternativen Fall deren „Karten" noch schlechter wären.

5.61   **bb) § 251 InsO.** Mit Blick auf mögliche Einwendungen einzelner Gläubiger muss eine entsprechende Bewertung dem Gericht eine **nachvollziehbare Bestätigungsentscheidung** gem. §§ 248, 251 InsO erleichtern. Dies ist insbesondere dann der Fall, wenn Gläubiger Widerspruch zu Protokoll erklärt oder angekündigt haben. Auch hier muss eine Alternativrechnung für denkbare Einzelgläubiger gemacht werden. Allgemein schließlich ist eine Bewertung erforderlich, die die **Angemessenheit des Plans** und seine Erfolgsaussichten, die Einteilung der Gläubiger in bestimmte Gruppen sowie deren Sachgemäßheit beurteilt.

4. Anlagen zum darstellenden Teil des Insolvenzplans

5.62   Um in das Insolvenzplanverfahren die betroffenen Gläubiger einzubinden, bedarf der vorgelegte Insolvenzplan einer zustimmenden Vorprüfung durch das Insolvenzgericht. Da es sich mithin um ein gerichtliches Verfahren handelt, muss der in dem Plan enthaltene Vortrag des Planinitiators „belegt" (untechnisch gesprochen: glaubhaft gemacht) werden. Daher sieht das Gesetz vor, dass die entsprechenden Gutachten, also diejenigen

– der Bewerter von Anlage- und Umlaufvermögen,
– der Bewerter von Grundstücken,
– der Berechner von Ertragskraft, Gewinn und Verlust
– (also: Unternehmensberater)
von vornherein dem Insolvenzplan beizufügen sind.

IV. Der „gestaltende" Teil: Übersicht

1. Grundsatz

Während der darstellende Teil die tatsächlichen Maßnahmen, die nach dem Plan zur **5.63**
Verfahrensabwicklung ausgeführt werden sollen, enthält (oben RdNr. 21 ff.), sieht der
gestaltende Teil des Insolvenzplans die **rechtlichen Maßnahmen** vor, soweit sie durch
den darstellenden Teil vorgeschlagen, durch den bewertenden Teil für gut befunden
worden sind und im gestaltenden Teil rechtskonstitutiv enthalten sein können.

2. Einzelne Bestandteile des gestaltenden Teils des Insolvenzplans

a) Beschlüsse der Selbstverwaltungsorgane der Gläubiger. In den gestaltenden Teil **5.64**
können jedenfalls die Beschlüsse aufgenommen werden, die **dem Insolvenzverwalter
bestimmte Handlungen erlauben.** Dies sind etwa Maßnahmen der Betriebsfortführung,
der übertragenden Sanierung, der Entlassung von Arbeitnehmern, der Kreditaufnahme,
der Veräußerung oder Belastung von Grundstücken etc. Im Einzelnen sind Entscheidungen nach den §§ 157, 158 Abs. 1, 160, 162, 163 InsO zu nennen.

b) Verrichtungen des Insolvenzgerichts. In den gestaltenden Teil können ferner die **5.65**
Maßnahmen des Insolvenzgerichts aufgenommen werden, die für den Verwalter etwa
eine Genehmigung, eine Befreiung oder eine Erlaubnis beinhalten.

c) Sanierungsprogramm. In den gestaltenden Teil können – gleichsam als „Firmen- **5.66**
gegenstand" des Insolvenzverfahrens – die Maßnahmen organisatorischer und struk-
tureller Art etc. (**Sanierungsprogramm**) aufgenommen werden, damit Insolvenzverwalter, eigenverwaltender Schuldner und Sachwalter eine Richtlinie haben, an der sie ihr
Handeln ausrichten können. Hier sind insbesondere die autonomen Sanierungsmaßnahmen zu nennen.

aa) Schulderlass oder Stundungen. In den gestaltenden Teil werden ferner aufgenom- **5.67**
men die **Willenserklärungen der Beteiligten** über einen Schulderlass oder eine Schuldstundung.
Ähnlich einem Urteilstenor muss der Planverfasser die Rechtsänderungen juristisch
sauber und präzise formulieren. Entfällt z. B. auf jede Gläubigergruppe 10 % ihrer
Forderungen, so muss im gestaltenden Teil des Insolvenzplans der Verzicht jeder
Gläubigergruppe auf 90 % ihrer Forderungen, Zinsen und Verfahrenskosten erklärt
werden. Die Formulierung kann in diesem Fall z. B. lauten:
*„Die Gläubiger der Gruppen eins bis fünf verzichten auf 90 % ihrer Forderungen zuzüglich
sämtlicher Zinsen sowie der Kosten der Teilnahme am Verfahren."*

5.68 bb) Weitere Willenserklärungen. Darüber hinaus können Willenserklärungen von Sicherungsnehmern aufgenommen werden, die eine **Begründung, Änderung oder Aufhebung ihrer Rechte** beinhalten. Hier ist zu denken an die Übertragung von Sicherungseigentum, die Begründung oder die Freigabe von Grundschulden, die Bildung eines Sicherheitenpools (Poolvertrag), der Verzicht auf Aussonderungs- oder Absonderungsrechte in Begründung eines neuen Vertragsverhältnisses mit einem Verfahrensbeteiligten.

Häufig enthält der gestaltende Teil des Insolvenzplans deutlich kompliziertere Regelungen. Verzichtet etwa eine Bank auf die Durchsetzung der ihr nach dem Insolvenzplan zustehenden Forderung, muss im gestaltenden Teil des Plans eine vertragliche Grundlage für das Stehenlassen der Forderung geschaffen werden. Eine solche kann der bisherige Kreditvertrag sein. Die Formulierung kann in diesem Fall z. B. lauten:

„Die Gläubiger der Gruppe 1 erklären:
Der Konsortialkredit bleibt für die bestehen bleibenden Teilforderungen sowie für die als Sacheinlage vorgesehene Teilforderung vertragliche Grundlage. Die zwischenzeitlich erklärten Kündigungen nehmen wir zurück. Ferner verzichten wir auf das Recht, den Konsortialkreditvertrag vor dem 31.12.2005 ordentlich zu kündigen".

5.69 Ist der bisherige Kreditvertrag als vertragliche Grundlage für die bestehen bleibenden Forderungen nicht geeignet, kann im gestaltenden Teil des Insolvenzplans ein neuer Kreditvertrag mit folgender Formulierung begründet werden:

5.70 „Die Konsortialbanken geben folgende Erklärung ab: Für die bestehen bleibenden Teilforderungen verlängern und erweitern wir unseren Konsortialkreditvertrag vom ...., soweit nicht einvernehmlich anderweitige Kreditverträge abgeschlossen werden. Die Einzelheiten werden in dem zwischen der Insolvenzschuldnerin und dem Bankenkonsortium abzuschließenden Kredit- und Sicherheitenvertrag geregelt, der mit Zustimmung der Gläubiger im Insolvenzplanverfahren wirksam wird (vgl. Plananlage)".

5.70a d) Willenserklärungen des Insolvenzverwalters. In den gestaltenden Teil können Willenserklärungen des Insolvenzverwalters **oder des eigenverwaltenden Schuldners und ggf. des Sachwalters** aufgenommen werden, die sich auf die Begründung, Änderung oder Aufhebung eines Rechts, eine Anfechtung, einen Verzicht etc. beziehen[73].

5.71 e) Willenserklärungen Dritter[74]. Schließlich können in den gestaltenden Teil Willenserklärungen oder sonstige Rechtshandlungen eines Dritten (**Nicht-Beteiligten**) aufgenommen oder diesem Teil beigefügt werden, die mit der Willenserklärung des Verwalters oder eines Verfahrensbeteiligten korrespondieren (Begründung eines neuen Mietvertrages, Erwerb oder Freigabe von Sicherungsgut etc.). Die gesetzlichen Einzelvorgaben zum gestaltenden Teil sind daher die folgenden:

---

73 KP-*Otte*, InsO, Stand November 2004, § 254, RdNr. 9 ff.; MünchKomm-*Breuer*, InsO, 2002, § 228 RdNr. 2 ff.
74 MüchKomm-*Huber*, InsO, 2002, § 254 RdNr. 14.

Gesetzliche Einzelvorgaben zum gestaltenden Teil im Überblick			
§§ InsO		§§ InsO	
221	Festlegung der Änderung der Rechtstellung der Beteiligten („Definition" des gestaltenden Teils)	228 S. 1	Willenserklärungen der Beteiligten zur Änderung sachenrechtlicher Verhältnisse
222 I	Bildung der Gläubigergruppen	228 S.2, 3	Sonderangaben bei Grundstücken, Schiffen, Luftfahrzeugen
222 II	Kriterien der Gruppenbildung	249	Bedingung vor Planbestätigung
223 II	Sonderausgaben, soweit ins Recht zur Befriedigung Absonderungsberechtigter aus den entspr. Gegenständen eingegriffen wird: - Bruchteil der Kürzung der Rechte - Zeitraum der Stundung - Sonstige Regelungen	260 I	Anordnung der Überwachung der Planerfüllung
224	Regelangaben für „normale" Ins-Gläubiger - Bruchteil der Kürzung der Forderungen - Zeitraum der Stundung - Sonstige Regelungen	260 III	Reichweite der Überwachung bei übertragender Sanierung
225 I	Festlegung einer vom normalerweise erfolgenden Erlass abweichenden Regelung für nachrangige Gläubiger	263	Definition zustimmungsbedürftiger Rechtsgeschäfte
225 II	Soweit Regelungen gem. § 225 I getroffen werden: Angaben gem. § 224 auch für nachrangige Gläubiger	264 I	Festlegung eines bevorrechtigten Kreditrahmens
227 I	Soweit nichts anderes bestimmt, Restschuldbefreiung abweichend von den §§ 286 ff.		

3. Insolvenzplan als Titel

Die erste Frage nach dem zulässigen Inhalt des gestaltenden Teils des Insolvenzplans **5.72** eröffnet demgegenüber den Blick auf die scheinbar geradezu unendliche Weite des Feldes möglicher rechtlicher Maßregeln, die zu treffen sind, will man eine erfolgreiche Reorganisation des schuldnerischen Unternehmens versuchen. Beide Fragenkreise sind indessen in vielfältiger Weise miteinander verknüpft. Denn die *Wirkung* des bestätigten Insolvenzplans stellt sich gleichsam als die Form **der Durchsetzung** der sanierungsrechtlichen Maßnahmen dar. Nur soweit die Regelungen der §§ 254 ff. InsO dem sogenannten gestaltenden Teil des Insolvenzplans (§ 221 InsO) unmittelbar materiellrechtliche Wirkungen beimessen oder den aus seinen Regelungen Berechtigten dadurch den Zugang zum Verfahren der Individualzwangsvollstreckung eröffnen, dass der bestätigte Insolvenzplan *Titel* ist, vermag eine Rechtsgestaltung durch den Plan überhaupt sinnvoll zu sein.

§ 257 InsO bestimmt, dass die *Insolvenzgläubiger* (vgl. § 38 InsO[75]), deren Forderungen **5.73** festgestellt und nicht vom Schuldner im Prüfungstermin bestritten worden sind, aus dem rechtskräftig bestätigten Insolvenzplan in Verbindung mit der Eintragung in die Tabelle wie aus einer vollstreckbaren Urkunde gem. § 794 Abs. 1 Nr. 1 ZPO die **Zwangsvollstreckung gegen den Schuldner** betreiben können.

---

75 Die Vorschrift entspricht inhaltlich § 3 Abs. 1 KO: vgl. Amtl. Begr. RegEInsO, BT-Drucks. 12/2443, 123 (zu § 45).

5.74 Diese Vorschrift ist ohne wesentliche Änderung des Inhalts dem überkommenen Recht des Zwangsvergleichs entnommen (§ 194 KO und § 16 Abs. 6 GesO sowie §§ 85, 86 VerglO)[76]. Für die **Vollstreckbarkeit einer Forderung** verlangt § 257 Abs. 1 S. 1 InsO, dass die Forderung im Prüfungstermin „festgestellt", also angemeldet und weder vom Insolvenzverwalter noch von einem Insolvenzgläubiger bestritten worden ist. Die neue Vorschrift folgt insoweit der Regelung des § 194 KO, während nach der VerglO, die kein förmliches Prüfungsverfahren kennt, das Bestreiten durch einen Gläubiger für die Vollstreckbarkeit unerheblich ist (vgl. § 85 Abs. 1 VerglO). In § 257 Abs. 1 S. 2 InsO wird im Übrigen klargestellt, dass auch eine bestrittene Forderung tituliert wird, wenn der Widerspruch gegen die Forderung im Wege der Klage oder durch Rücknahme des Widerspruchs ausgeräumt worden ist.[77]

5.75 Über den Bereich der Zwangsvollstreckung gegen den Schuldner hinaus sieht § 257 Abs. 2 InsO vor, dass aus dem Plan die **Zwangsvollstreckung gegen einen Dritten** betrieben werden kann. Dies betrifft nach der Vorstellung des Gesetzgebers den Fall, dass der Dritte die Verpflichtungen gegenüber den Insolvenzgläubigern in einer dem Plan als Anlage beigefügten Erklärung[78] übernommen hat – also die Inanspruchnahme eines Garanten der beabsichtigten Reorganisation und Sanierung des schuldnerischen Unternehmens. Sie erfasst aber auch eine in anderer Weise beim Insolvenzgericht eingereichte, etwa im Erörterungstermin übergebene Erklärung (im überkommenen Vergleichsrecht § 85 Abs. 2 Hs. 2 VerglO).

5.76 Aufgrund seiner Funktion, Titel einer Individualvollstreckung zu sein, müssen die inhaltlichen – gestaltenden – Regelungen des Planes gem. § 221 InsO **Elemente des Individualvollstreckungsrechts** insofern in sich aufnehmen, als aufgrund der Art der Festlegungen durch den Insolvenzplan zweierlei gewährleistet sein muss: Zum einen muss sich aus dem Plan selbst zweifelsfrei erkennen lassen, wer Adressat seiner Regelungen ist, wer also m. a. W. dem aus dem Titel berechtigten *Gläubiger* die bestimmte Leistung *schuldet*. Zum anderen müssen die Festlegungen im gestaltenden Teil des Planes dem *numerus clausus* der *Formen*[79] entsprechen, die das Recht der Individualzwangsvollstreckung vorschreibt. Ebenso wie jeder andere vollstreckbare gerichtliche oder notariell beurkundete Vergleich müssen also die Rechtsgestaltungen, die der Insolvenzplan vornimmt, überhaupt *vollstreckungsfähig* sein. Welche Eingriffe der Insolvenzplan in Rechte zulässt, wird vom Gesetz nicht im Rahmen der Vorschriften über die (äußere) Gliederung des Plans geregelt; nicht anders als im allgemeinen Verfahrensrecht, dessen Vollstreckungsform den Entscheidungsinhalt wesentlich mitbestimmt, liegt es aber im Insolvenzplanverfahren: Was daher *materiell* mit dem Insolvenzplan gestaltet werden kann, hängt wesentlich von der Vollstreckungsform ab, die der Plan darstellt.

5.77 Diese Voraussetzungen rufen eine Reihe von Fragen auf den Plan, deren Beantwortung alles andere als unproblematisch ist. Zunächst ist zweifelhaft, **welcher Personenkreis**

---

76 Amtl. Begr. RegEInsO, BT-Drucks. 12/2443, 214 (zu § 304).

77 Amtl. Begr. RegEInsO, BT-Drucks. 12/2443, 214 (zu § 304).

78 Amtl. Begr. RegEInsO unter Verweis auf § 274 Abs. 3, BT-Drucks. 12/2443, 214.

79 Vgl. *Rosenberg/Gaul/Schilken*, Zwangsvollstreckungsrecht, 11. Aufl. 1997, § 5 IV 1, § 10 II 1a, § 16 I 4.

überhaupt von den Wirkungen des Plans erfasst wird, namentlich ob die Gesellschafter einer GmbH, die Aktionäre einer AG oder – über § 101 GenG hinaus – die Genossenschafter einer eG an die *bezüglich ihrer Anteile* getroffenen Festlegungen im Plan nach dessen Bestätigung gebunden sind. Darüber hinaus wirft die Verbindung von insolvenzrechtlicher Sanierung und individualzwangsvollstreckungsrechtlicher Form eine Reihe von Problemen auf, die von der Frage reichen, ob z. B. durch den Plan gesellschaftsrechtliche Formvorschriften wie die des § 133 HGB erfüllt werden, bis hin zur Frage, wieweit sich der durch die (nach § 254 Abs. 1 S. 2 InsO vorgesehene) Fiktion der Abgabe von Willenserklärungen Betroffene gegen die im Insolvenzplanverfahren vorgenommenen Eingriffe in seine Rechte in einem ordentlichen Verfahren verwahren kann, da im Gegensatz zu § 894 ZPO in diesem Fall kein ordentlicher Prozess der Fiktion der Abgabe der Willenserklärung vorausgegangen ist.

4. Kreditaufnahmen[80]

a) Übersicht über die Regelung des § 264 Abs. 1 InsO. Vor diesem Hintergrund lassen **5.78** sich eine Reihe von Fragen zwanglos beantworten: Eine wesentliche Vorschrift in diesem Zusammenhang stellt § 264 Abs. 1 InsO dar. Dieser Vorschrift liegen Erwägungen zugrunde, die in der folgenden Form ihren Niederschlag in der Amtlichen Begr. des RegE gefunden haben:

Der Gesetzgeber hat gesehen, dass es für das Gelingen einer Sanierung regelmäßig **5.79** entscheidend ist, dass dem Unternehmen nach der Bestätigung des Sanierungsplans und der Aufhebung des Insolvenzverfahrens Kredite gewährt werden. Die Vergabe solcher Kredite an das zu sanierende Unternehmen in dem erforderlichen Umfang hängt aber davon ab, dass der Kreditgeber einigermaßen sicher sein kann, dass er auch im Falle eines Scheiterns der Sanierung und der Eröffnung eines neuen Insolvenzverfahrens seinen Rückzahlungsanspruch durchsetzen kann. Zwar ist die Besicherung neuer Kredite durch die Bestellung von Grundpfandrechten oder besitzlosen Sicherheiten in dem Maße möglich, wie in vorkonkurslich begründete Sicherheiten durch den Plan eingegriffen worden ist; es ist aber realistisch, wenn der Gesetzgeber davon ausgeht, dass dies nicht immer genügen wird, um dem **Sicherheitsbedürfnis von Sanierungskreditoren** Rechnung zu tragen[81]. Daher eröffnet § 264 Abs. 1 InsO die Möglichkeit, durch eine Regelung im Plan die Forderungen, die den Insolvenzgläubigern nach dem Plan zustehen, im Rang zurücktreten zu lassen gegenüber den Forderungen aus Krediten, die während der Zeit der Exekution des Plans – in der Terminologie der Amtlichen Begründung: der Überwachung des Plans – aufgenommen worden sind[82]. § 264 Abs. 1 InsO stellt diesen Krediten gleich diejenige Kredite, die schon während des Insolvenzverfahrens vom Verwalter aufgenommen worden sind und bei denen der Gläubiger bereit ist, die Rückzahlung über den Zeitpunkt der Aufhebung des Verfahrens hinauszuschieben, den Kredit also in die Zeit der Überwachung hinein „stehen zu lassen". § 264 Abs. 3 InsO stellt im Übrigen klar, dass der Nachrang, der Forderungen aus kapitalersetzenden Darlehen eines Gesellschafters und gleichgestellten Forderungen nach § 39 Abs. 1 Nr. 5 InsO zukommt,

---

80 *Franke,* KTS 1983, 37, 50 ff; *Bieder,* ZInsO 2000, 531.
81 MünchKomm-*Drukarczyk,* InsO, 2002, § 264 RdNr. 1 f.
82 *Bieder,* ZInsO 2000, 531 (532).

nicht durch Aufnahme solcher Forderungen in den Kreditrahmen beseitigt werden kann[83]. Dies würde dem Ziel einer ordnungsgemäßen Kapitalausstattung der sanierten Gesellschaft widersprechen.

5.80 Den aus den ihm **plangemäß eingeräumten Rangvorrecht** erwachsenden Schutz für nach § 264 Abs. 1 InsO aufgenommene Kredite erstreckt § 265 S. 1 InsO auch auf den Kreditgeber. Dieser Schutz greift auch im Verhältnis zu den Gläubigern von vertraglichen Forderungen, die während der Zeit der Überwachung neu begründet werden[84]. Damit wird Manipulationen seitens des Schuldners oder einer Übernahmegesellschaft vorgebeugt, die es andernfalls in der Hand hätten, durch die Aufnahme neuer, nicht in den Kreditrahmen fallender Kredite gleichrangige Forderungen zu begründen. Die von § 265 InsO betroffenen Neugläubiger müssen dies hinnehmen, da die Tatsache der Überwachung und der Kreditrahmen öffentlich bekannt gemacht und ins Handelsregister eingetragen werden (§ 267 Abs. 2 Nr. 3 InsO). Ansprüche aus Dauerschuldverhältnissen, die vor der Überwachung vertraglich begründet worden sind, stellt § 265 S. 2 InsO neu begründeten Ansprüchen insoweit gleich, als der Gläubiger nach Beginn der Überwachung durch Kündigung die Entstehung der Ansprüche hätte verhindern können[85].

5.81 Der Gesetzgeber hat in der Amtl. Begr. zu § 311 RegE die Grenzen der aus § 264 InsO hervorgehenden **Rangprivilegierung** dargestellt. Forderungen aus einem gesetzlichen Schuldverhältnis, die während der Zeit der Überwachung begründet werden oder für diese Zeit aus einem Dauerschuldverhältnis entstehen, werden von der Vorschrift nicht erfasst. Sie sind daher auch nicht nachrangig gegenüber den Forderungen aus Krediten, die nach Maßgabe des § 264 InsO aufgenommen worden sind. Ein Gläubiger beispielsweise, den der Schuldner während der Zeit der Überwachung durch eine unerlaubte Handlung geschädigt hat, ist in einem während der Überwachung eröffneten Insolvenzverfahren gleichrangig mit den begünstigten Kreditgebern. Gegenüber einem solchen Gläubiger ist eine Anwendung der Vorschrift selbstverständlich nicht gerechtfertigt.

5.82 **b) Aufgaben des Insolvenzverwalters.** § 264 Abs. 2 InsO normiert die Voraussetzungen, unter denen dieser „automatische" Rangrücktritt funktioniert[86]. Danach muss der Schuldner oder die Übernahmegesellschaft mit jedem Gläubiger, dem die Vorteile des Kreditrahmens zugute kommen sollen, „genau" vereinbaren, dass und in welcher Höhe die Rückzahlungsforderung nach Kapital, Zinsen und Kosten innerhalb des Kreditrahmens liegen soll. Diese Vereinbarung, die ja vor Aufhebung des Insolvenzverfahrens auf die Bestätigung des Insolvenzplans hin (!) geschlossen werden muss, bedarf der **schriftlichen Bestätigung des Insolvenzverwalters**. Aufgabe des Verwalters soll es nach Vorstellung des Gesetzgebers dabei nicht sein, die Zweckmäßigkeit des aufgenommenen Kredits zu beurteilen, sondern zu prüfen, ob der Kreditrahmen ausreicht, um den neuen Kredit abzudecken. Darüber hinaus soll der Verwalter darauf zu achten haben, dass die getroffene Vereinbarung einen eindeutigen Inhalt hat. Diese Beschränkung ist nicht ganz

---

83 *Bieder,* ZInsO 2000, 531.

84 Amtl. Begr. RegEInsO 12/2443, 216 (zu § 312).

85 MünchKomm-*Wittig,* InsO, 2002, § 265 RdNr. 8; KP-*Otte,* InsO, Stand: November 2004, § 264 RdNr. 2.

86 MünchKomm-*Drukarczyk*, InsO, 2002, § 264 RdNr. 7, 8.

überzeugend. Denn selbstverständlich hat der Verwalter während des laufenden Insolvenzverfahrens – und ebenso selbstverständlich auch während des laufenden Insolvenzplanverfahrens – die Aufgabe und *Pflicht*, nicht allein *formalia* des gestaltenden Teils des vom Schuldner vorgelegten Planes zu überprüfen, sondern er hat im Interesse der optimalen Befriedigung der Gläubiger die wirtschaftliche Zweckmäßigkeit der im gestaltenden Teil des Planentwurfs vorgesehenen Maßnahmen zu prüfen[87]. Es wäre schlechthin widersinnig, wollte man den Verwalter daran hindern, eine Wirtschaftlichkeitskontrolle wegen so gravierender Maßnahmen wie einer Kreditaufnahme vorzunehmen, während doch im Übrigen das Insolvenzplanrecht in unheilvoller Weise ein Denken in ökonomischen Zweckmäßigkeitskategorien durchzieht. Gerade dem Verwalter obliegt diese Wirtschaftlichkeitsprüfung zum Schutz der Gläubiger!

V. Dokumentierender Teil: Anlagen zum Insolvenzplan gem. §§ 229, 230 InsO

1. Grundsatz

Der Unterschied zwischen dem prototypischen Schuldnerplan und einem vom Insolvenzverwalter initiierten Insolvenzplan kommt insbesondere auch im Zusammenhang der Anforderungen an die Dokumentation des Planentwurfs – seine Anlagen – zum Ausdruck. Denn eine Reihe von besonderen Anforderungen ergibt sich bei dem vom Schuldner initiierten Plan einfach schon daraus, dass im Falle der Anordnung der Eigenverwaltung die – im untechnischen Sinne **„prüffähige"** – **Dokumentation** der Lage des Unternehmens nicht vorliegen muss. **5.83**

Der vom Schuldner initiierte und vorgelegte Plan muss daher notwendig die folgenden Anlagen aufweisen – da er andernfalls nach Maßgabe des § 231 Abs. 1 Nr. 1 InsO zurückzuweisen wäre (vgl. § 17 Nr. 1 VerglO); der Insolvenzplan erhält also in jedem Fall **wenigstens folgende Anlagen**: **5.84**
- **Vermögensstatusunterlagen** (Bilanz, GUV, Listen von Gläubigern und Schuldnern und Anlagevermögen und Umlaufvermögen etc. – vgl. im überkommenen Recht § 4 Abs. 1 Nr. 1 VerglO);
- **sanierungsbezogene Unterlagen** (Sanierungskonzept, Ertragsberechnungen, Unternehmensbewertungen und Prognosen, Marktanalysen etc.);
- **Gutachten zum bewertenden Teil** (Bewertungen von Grundstücken und Vermögen), Bewertungen von Unternehmensberatern und Wirtschaftsprüfern, Alternativrechenmodelle etc.;
- **sonstige Anlagen** (Verträge, Unterlagen, Erklärungen, Beweismittel); Willenserklärungen von Nichtverfahrensbeteiligten – vgl. bisher § 4 Abs. 1 Nr. 4 VerglO).

Fraglich ist, ob entsprechend **§ 4 Abs. 1 Nr. 5 VerglO** vom Schuldner eine Erklärung über die Bereitschaft zur Abgabe der eidesstattlichen Versicherung verlangt werden kann und muss. Grundsätzlich muss wie im früheren Recht der Insolvenzschuldner gem. § 153 Abs. 2 S. 1 InsO auch beim Eigenantrag auf Antrag des Insolvenzverwalters oder von **5.85**

---

87 MünchKomm-*Drukarczyk*, InsO, § 264 RdNr. 8.

Gläubigern eine eidesstattliche Versicherung ablegen. Dem Sachwalter steht im Falle der Eigenverwaltung diese Antragsbefugnis indessen nicht zu, arg. § 274 Abs. 1 InsO. Die Gläubiger haben aber auch dort die allgemeinen Befugnisse nach § 153 Abs. 2 S. 1 InsO: Zur Abwehr von Gefahren für die Gläubiger sollte der Schuldner dem von ihm vorgelegten Plan eine Erklärung über die Bereitschaft zur Abgabe der eidesstattlichen Versicherung entsprechend § 4 Abs. 1 Nr. 5 i. V. m. § 69 Abs. 2 VerglO beifügen.

2. Anlagen gem. § 229 InsO im Einzelnen

5.86 Wie eingangs diesen Kapitels ausgeführt sind nach den §§ 153, 229 InsO betriebswirtschaftliche Planungsrechnungen im Rahmen der Insolvenzrechnungslegung ausdrücklich gesetzlich vorgeschrieben.[88] In chronologischer Sicht ist zwischen Plananlagen auf den Zeitpunkt der Verfahrenseröffnung und Plananlagen auf den Zeitpunkt des In-Kraft-Tretens des Insolvenzplans zu differenzieren.[89]

Plananlagen

=>Anlagen nach § 229 InsO:

- Vermögensübersicht
- Ergebnisplan
- Finanzplan

=> Weitere Anlagen

- Vermögensstatus: Bilanz, GUV, Kreditoren- u. Debitorenlisten, Anlage- u. Umlaufvermögen
- Sanierungsbezogene Unterlagen
- Bewertungen von Grundstücken, Anlage- u. Umlaufvermögen etc.
- Sonstige Anlagen (Verträge, Unterlagen, Erklärungen etc.)
- Beim Verwalterplan (§ 230 InsO):
  Fortführungserklärung des Schuldners bzw. Fortsetzungsbeschluss der Gesellschafter

5.87 a) Plananlagen bezogen auf den Zeitpunkt der Verfahrenseröffnung. Hier sind mit den Standardempfehlungen des IDW[90] zu nennen:
- Vermögensübersicht gem. § 153 InsO als Ist-Vermögensübersicht auf den Zeitpunkt der Verfahrenseröffnung zu Regelabwicklungswerten und ggf. zu Fortführungswerten (§ 151 Abs. 2 S. 2 InsO)
- Handelsbilanz auf den Zeitpunkt der Verfahrenseröffnung als Schlussbilanz/Eröffnungsbilanz gem. § 155 Abs. 2 Satz 1 InsO
  Auf den Zeitpunkt der Verfahrenseröffnung ist gem. § 155 Abs. 2 Satz 1 InsO eine

---

88 IDW Pkt. 6.2. (Nr. 50).
89 IDW Pkt. 6.2. (Nr. 51).
90 IDW Pkt. 6.2. (Nr. 51).

Handelsbilanz als Schlussbilanz/Eröffnungsbilanz zu erstellen. Dabei ist insbesondere der Grundsatz des Bilanzzusammenhangs (§ 252 Abs. 1 Nr. 1 i.V. m. Abs. 2 HGB) zu beachten. Sämtliche handelsrechtlichen Prinzipien, wie z. B. Anschaffungskosten-, Imparitäts-, Realisations- und Vorsichtsprinzip sind zu beachten.

• Überleitungsrechnungen für Zeitraum zwischen Verfahrenseröffnung und In-Kraft-Treten des Insolvenzplans: Durch nachvollziehbare Überleitungsrechnungen sollte dafür Sorge getragen werden, dass die Unterschiede zwischen der Ist-Vermögensübersicht gem. § 153 InsO und der Plan-Vermögensübersicht gem. § 229 InsO sowie die Unterschiede zwischen der Handelsbilanz auf den Zeitpunkt der Verfahrenseröffnung und der Handelsbilanz auf den Zeitpunkt des In-Kraft-Tretens des Insolvenzplans transparent und nachvollziehbar werden.

b) Plananlagen bezogen auf den Zeitpunkt des In-Kraft-Tretens des Insolvenzplans. **5.88**
Hierunter fallen:

• Vermögensübersicht gem. § 229 InsO als Plan-Vermögensübersicht auf den Zeitpunkt des In-Kraft- Tretens des Insolvenzplans zu Planprämissenwerten (i. d. R. Fortführungswerte) und ergänzend zu Regelabwicklungswerten

• Planbilanzen auf Basis des Handelsrechts auf den Zeitpunkt des In-Kraft-Tretens des Insolvenzplans und für Zeitpunkte nach In-Kraft-Treten des Insolvenzplans

• Ergebnisplan (Plan-Gewinn- und Verlustrechnungen) auf Basis des Handelsrechts für Zeiträume nach In-Kraft-Treten des Insolvenzplans Finanzplan (Plan-Liquiditätsrechnungen) für Zeiträume nach In-Kraft-Treten des Insolvenzplans.

c) Zur Steigerung von Transparenz und Nachvollziehbarkeit der vorgelegten Plananlagen **5.89**
wird vom IDW empfohlen[91], Arbeitspapiere des Planerstellers z. B. zur Ermittlung der Regelabwicklungswerte, Fortführungswerte, Planprämissenwerte und der Quotenberechnung jeweils auf den Zeitpunkt der Verfahrenseröffnung und auf den Zeitpunkt des In-Kraft-Tretens des Insolvenzplans ergänzend zur Verfügung zu stellen.

3. Anlagen gem. § 230 InsO im Einzelnen

a) Werden abweichend vom Gleichbehandlungsgrundsatz (§ 226 Abs. 1 InsO) den **5.90**
Beteiligten innerhalb einer Gruppe unterschiedliche Rechte angeboten, so sind dem Insolvenzplan gem. § 226 Abs. 2 InsO die zustimmende Erklärung eines jeden betroffenen Beteiligten beizufügen.[92]

b) Gem. § 230 InsO sind dem Insolvenzplan im Übrigen ggf. weitere Anlagen bei- **5.91**
zufügen:

• Zustimmung des Schuldners zur Fortführung des Unternehmens (§ 230 Abs. 1 InsO). Ist im Insolvenzplan vorgesehen, dass der Schuldner sein Unternehmen fortführt und ist der Schuldner eine natürliche Person, so ist dem Insolvenzplan die Erklärung des Schuldners beizufügen, dass er zur Fortführung des Unternehmens auf der Grundlage des Insolvenzplans bereit ist, sofern nicht der Schuldner selbst den Insolvenzplan

---

91 IDW Pkt. 6.2. (Nr. 53).
92 IDW Pkt. 6.3. (Nr. 54).

vorgelegt hat; entsprechendes gilt bei Personengesellschaften und bei Kommanditgesellschaften auf Aktien für die Erklärung der persönlich haftenden Gesellschafter.

- Erklärung der betroffenen Gläubiger, falls Gläubiger Anteils- oder Mitgliedschaftsrechte oder Beteiligungen übernehmen sollen (§ 230 Abs. 2 InsO)
- Erklärung des Dritten, falls der Dritte für den Fall der Bestätigung des Insolvenzplans Verpflichtungen gegenüber den Gläubigern übernommen hat (§ 230 Abs. 3 InsO).

Kapitel 6: Beteiligte, in deren Rechte durch Insolvenzplan eingegriffen werden kann

I. Vorbemerkung: Rechtfertigung von Eingriffen in Rechte aus der Struktur („Rechtsnatur") des Insolvenzplans

1. Die „Vertragstheorie" und ihre Kritik

Bekanntlich ist die Rechtsnatur des Instituts des Zwangsvergleichs umstritten geblieben[1]. **6.1** Immerhin hatte sich folgende Art der Qualifikation „weithin" „durchgesetzt", ohne aber unwidersprochen geblieben zu sein: Der Zwangsvergleich gem. §§ 173 ff. KO, § 16 GesO wird seinem Inhalt nach als Vertrag des bürgerlichen Rechts behandelt[2]. Der Grundansatz dieser **„Vertragstheorie"** ist deshalb überzeugend, weil die Gegenmeinung, die sog. **„Urteilstheorie"**[3] zwar an dem Akt der gerichtlichen *Bestätigung* des Zwangsvergleichs anknüpfen, aber die Legitimationsbedingungen des damit verbundenen Eingriffs in die geschmälerten Gläubigerrechte nicht erklären konnte.

Happe[4] stellt vertragstheoretische Konstruktionen des Insolvenzplans vor dem Hintergrund des **6.2** Verlustes der Verwaltungs- und Verfügungsbefugnis des Schuldners im eröffneten Insolvenzverfahren gem. §§ 80 ff. InsO in Frage. Denn § 81 Abs. 1 S. 1 InsO bestimmt, dass Verfügungen des Schuldners über Gegenstände der Masse absolut unwirksam sind. Diese Bedenken sind indessen schon deshalb nicht überzeugend, weil § 218 InsO von Gesetzes wegen dem Schuldner die Befugnis zur Vorlage eines Insolvenzplans einräumt.

Wie alle vermeintlich „abstrakten" Themen hat die Frage nach der rechtlichen Qualifika- **6.3** tion des Insolvenzplans bislang wenig Aufmerksamkeit in der kärglichen Literatur zum neuen Insolvenzrecht gefunden, zumal das neue Rechtsinstitut „interessantere" Fragen aufzuwerfen scheint. Im Recht des Zwangsvergleichs ergab sich dessen Vertragsqualität daraus, dass er zum **Zwecke der Verfahrensbeendigung** *vom Gemeinschuldner* (nicht den Gläubigern) vorgeschlagen und seine Bestätigung beantragt werden konnte. Der Zwangsvergleich konnte daher durchaus materiellrechtlich als ein Vertrag zwischen dem Gemeinschuldner und seinen Gläubigern dargestellt werden, woraus sich bekanntlich im Hinblick auf die Anfechtbarkeit der ihm zugrunde liegenden Willenserklärungen eine Reihe von Folgen ergeben, die indes hier nicht von Interesse sind. Allein der Tatbestand der gerichtlichen *Bestätigung* des Zwangsvergleichs ist es nicht, der an seiner Vertragsnatur Zweifel nährt; vielmehr ist es die Mehrheitsbildung in ihrer verfahrensrechtlichen Einbettung. Sie hat bekanntlich zu „vermittelnden" Theorien[5] geführt.

---

1 Siehe schon *Oetker*, FS Windscheid, 1888, 38 ff.
2 *Kuhn/Uhlenbruck*, Konkursordnung, 11. Aufl. 1994, § 173 RdNr. 4.
3 *Schultze*, Das Deutsche Konkursrecht in seinen juristischen Grundlagen, 1880, 114 ff.
4 *Happe*, Die Rechtsnatur des Insolvenzplans, 85 ff.
5 *Kisch*, Grundriß des Deutschen Konkursrechts, 12./13. Aufl. 1935, § 54 III („zusammengesetzter Akt"); *Bötticher* ZZP Bd. 86 (1973) 373, 386 ff. und *Baur/Stürner*, Zwangsvollstreckungsrecht, 1996, RdNr. 24.2. (richterliche Vertragshilfe); krit. *Jauernig*, Zwangsvollstreckungs und Insolvenz-

2. Probleme einer Einordnung des Insolvenzplans

6.4 Die Qualifikation des Insolvenzplans als Vertragsakt zwischen Schuldner und Gläubigern ist aufgrund des Initiativrechts des Verwalters[6] für den Insolvenzplan jedenfalls nicht mehr so einfach darstellbar, wie es im überkommenen Recht der Fall war[7]. Sah sich schon nach dem bisherigen Recht die „Vertragstheorie" Angriffen ausgesetzt, stellt sich die Lage nach neuem Recht verändert dar.

6.5 Ein Vergleich der Regelungen des Zwangsvergleichs mit denjenigen des Insolvenzplans macht indessen deutlich, dass sich beide Institute im Wesentlichen in zwei Punkten unterscheiden, nämlich im spezifischen Abstimmungsmodus, den die §§ 222, 235 ff. InsO mit der dort angeordneten Gruppenbildung vorsehen, und dem Obstruktionsverbot, das dazu dienen soll, **Akkordstörungen auszuschließen**. Die Sachprobleme, vor deren Hintergrund die vertragsrechtliche Beurteilung des Zwangsvergleichs nahe gelegen hat, kommen auch beim Insolvenzplan zum Tragen: Denn es handelt sich auch dabei um einen Zwangsakkord, der z. B. unter bestimmten Voraussetzungen von einem der betroffenen Gläubiger angefochten werden kann[8]. Dies gilt auch für *Dritte*, die sich in den Insolvenzplan eingebunden haben. Freilich lässt sich dieser Akkord nicht mehr einfach als Annahme eines Angebots des Schuldners begreifen, wie es im überkommenen Recht der Fall war, da das Gesetz mit § 247 Abs. 1 InsO dem Schuldner gegen den durch die Gläubiger mehrheitlich angenommenen Plan ein eigenes Widerspruchsrecht einräumt[9] (vgl. Kapitel 9). Aber auch das tut der vertragsrechtlichen Konzeption nicht notwendig Abbruch; es handelt sich beim Insolvenzplan gleichsam um einen Vertrag mit partiellem Abschlusszwang.

6.6 Allerdings erscheint eine solche Qualifikation schließlich „gekünstelt": Denn im Insolvenzplanverfahren obliegt dem Insolvenzgericht, wie noch eingehend zu zeigen sein wird (Kapitel 8, 9 und 10), mit der **Beurteilung der Versagung der Zustimmung zum Plan** unter dem rechtlichen Aspekt der „Obstruktion" und den Regelungen über den sog. Minderheitenschutz eine Sachprüfungskompetenz hinsichtlich der Ausgestaltung des Planes, die wenigstens nach den Intentionen des Gesetzgebers weit über die formelle Rechtmäßigkeitskontrolle nach überkommenem Recht hinausgeht (vgl. §§ 186 ff. KO). Aber selbst wenn man auch die damit verbundenen Prüfungen von der Bürde eigenen ökonomischen Kalküls des Insolvenzgerichts entlastet – was einer der Fragestellungen dieser Untersuchung entspricht – werden Zweifel an einer vertragsrechtlichen Konstruktion des Insolvenzplans aus einem anderen Grunde genährt: Wenn nämlich das Insolvenzgericht aus § 231 InsO eine weitreichende Vorprüfungskompetenz hinsichtlich des Planes hat *und* der Schuldner die Befugnis hat, Mängel des Planes zu beheben (§ 231 Abs. 1 Nr. 1 InsO, im Übrigen unter der „engen" Voraussetzung des § 231 Abs. 2 InsO[10]), so nimmt das Insolvenzgericht über die bloße Rechtmäßigkeitskontrolle hinaus „materiell" eigenen Einfluss auf den Inhalt des Plans.

---

recht, 21. Aufl. 1999, § 58 VIII 2; *Kuhn/Uhlenbruck,* Konkursordnung, 11. Aufl., 1994, § 173 RdNr. 1e: Rechtsgebilde „eigener Art".

6 *Smid*, Grundzüge des neuen Insolvenzrechts, 4. Aufl., 2002, § 21, RdNr. 4.

7 Vgl. hierzu auch unten Kapitel 9.

8 Hierzu *Smid*, DZWIR 1997, 309.

9 Vgl. Kapitel 9.

10 *Haarmeyer/Wutzke/Förster*, Handbuch des Insolvenzrechts, 3. Aufl., 2001, V, RdNr. 381.

3. Schlussfolgerung

Aus diesem eher „theoretischen" Exkurs lassen sich Schlussfolgerungen ableiten, die für **6.7** die Insolvenzpraxis relevant sind. Denn die vorstehenden Erwägungen haben deutlich werden lassen, dass sich die Rechts*wirkungen*, die vom gestaltenden Teil eines Insolvenzplans ausgehen, jedenfalls **nicht aus Gesichtspunkten eines wechselseitigen Konsenses freiwillig kontrahierender Parteien** begründen bzw. legitimieren lassen. Die dargestellten weitreichenden *eigenen* Gestaltungsbefugnisse des Insolvenzgerichts lassen vielmehr den *Eingriffscharakter* der durch den Plan projektierten Rechtsgestaltungen gegenüber den betroffenen Gläubigern („impaired claims" im US-amerikanischen Recht) deutlich hervortreten.

Die Rechtfertigung von Eingriffen in Rechte betroffener Gläubiger ist daher im Verfah- **6.8** rensrecht – in ihrer **Teilnahme am Insolvenzverfahren** selbst – zu suchen, was eine Reihe von gestaltenden Eingriffen von vornherein als fragwürdig erscheinen lässt oder gar ausschließt: Denn die richterlichen Eingriffe im Insolvenzplanverfahren sind überhaupt nur insoweit hinnehmbar, wie die Betroffenen am Verfahren beteiligt sind (Art. 103 Abs. 1 GG).

II. Reorganisation des Insolvenzschuldners durch „Austausch" von Gesellschaftern

1. Änderung der Rechtsstellung „der Beteiligten" durch den Insolvenzplan, § 221 InsO

Im früheren Recht war es nicht problematisch, die **am Vergleichs- oder Zwangsver- 6.9 gleichsverfahren Beteiligten** zu bestimmen. Der durch sie konstituierte Kreis war identisch mit dem der Konkursgläubiger gem. § 3 KO, also derjenigen, die einen bei Verfahrenseröffnung begründeten Vermögensanspruch gegen den Schuldner hatten, § 25 Abs. 1 VerglO[11]. Dazu zählten nicht die aussonderungsberechtigten Gläubiger[12], aber anders als im Insolvenzplanverfahren (arg. § 217 InsO) gem. § 27 VerglO *auch* nicht die absonderungsberechtigten Gläubiger hinsichtlich der ihnen zustehenden Sicherheiten.[13]

§ 221 InsO bestimmt, dass im gestaltenden Teil des Insolvenzplans festgelegt werden **6.10** soll, wie die *Rechtsstellung der Beteiligten* durch den Plan *zu ändern* ist. Dem Gesetzgeber schwebten dabei weitreichende Eingriffe nicht allein in die Rechte besonders der absonderungsberechtigten Gläubiger, sondern auch in die der **an der Insolvenzschuldnerin beteiligten Gesellschafter** vor. Zu den Motiven wurde ausgeführt, die „Beteiligten", deren Rechtsstellung geändert werden könne, seien die absonderungsberechtigten Gläubiger, die Insolvenzgläubiger, der Schuldner und darüber hinaus, wenn es sich beim Schuldner nicht um eine natürliche Person handle, die am Schuldner beteiligten Personen.[14]

---

11 *Häsemeyer*, Insolvenzrecht, 1992, 661.
12 *Häsemeyer* (Fußn. 11), 662.
13 *Häsemeyer* (Fußn. 11), 663 f.
14 Amtl. Begr., BT-Drucks. 12/2443, 199 (zu § 264).

2. Formell am Insolvenzverfahren und nach Maßgabe der Eingriffe in ihre Rechtsstellung am Insolvenzverfahren beteiligte Gläubiger

6.11 Nach § 217 InsO können am Insolvenzplanverfahren dinglich gesicherte, also absonderungsberechtigte Gläubiger nach den §§ 49 bis 51 InsO, Insolvenzgläubiger mit vorkonkurslich begründeten persönlichen Forderungen gegen den Insolvenzschuldner gem. § 38 InsO und nachrangige Insolvenzgläubiger gem. § 39 Abs. 1 Nr. 1 InsO beteiligt und nach Maßgabe der §§ 223 bis 225 InsO Eingriffen in ihre Rechtsstellung unterworfen werden. Dies ist weitgehend unproblematisch. Die Verfahrensbeteiligung ergibt sich unproblematisch bereits aus § 1 S. 1, 1. Hs. InsO, im Übrigen aus den §§ 74, 165 ff., 174 ff. InsO.

3. Formelle Beteiligung des Insolvenzschuldners

6.12 Dass der *Insolvenzschuldner* am Insolvenzverfahren, jedenfalls aber **am Insolvenzplanverfahren formell beteiligt** ist, zeigen bereits die Normierung der Schuldenbereinigungsfunktion des Insolvenzverfahrens (§ 1 S. 2 InsO) ebenso wie das Initiativrecht des Insolvenzschuldners gem. § 218 InsO[15] und das dem Insolvenzschuldner gegen die Bestätigung des Planes zustehende Rechtsmittelrecht (§ 253 InsO).

4. Keine Eingriffe in Rechte der Gesellschafter insolvenzschuldnerischer Gesellschaften

6.13 Sicher wäre es unter verschiedenen wirtschaftlichen Gesichtspunkten zweckmäßig, wenn durch einen Insolvenzplan auch gegen den Willen der betroffenen Gesellschafter in *deren Geschäftsanteile* eingegriffen und etwa eine Abtretung (§ 254 Abs. 1 S. 2 InsO) herbeigeführt werden könnte.[16] Denn die Einflussnahme von Gesellschaftern, die das Vertrauen der kreditierenden Banken oder der Lieferanten verloren haben, würde dadurch unterbunden, dass dieser Gesellschafter aus der Gesellschaft ausgeschlossen und neue, kreditwürdige Gesellschafter zur Förderung der Sanierung aufgenommen werden könnten. Nun wird der Beteiligtenbegriff aber nicht durch pragmatische Wunschvorstellungen des Gesetzgebers konstituiert, auch wenn diese seinen (ursprünglich) verfolgten Zwecken entsprechen. In der Tat war es ein wichtiges Anliegen der Kommission für Insolvenzrechtsreform[17], dem nach damaliger Vorstellung die Sanierungsaufgaben wahrnehmenden Insolvenzrichter Mittel an die Hand zu geben, auch *gegen* den Willen der Gesellschafter in deren Rechte eingreifen zu können, um eine Reorganisierung des Unternehmens durchführen zu können.

6.14 Dabei konnte sich die Kommission auch auf US-amerikanische Vorbilder stützen. In den Anfängen des nordamerikanischen Insolvenzrechts standen sich Gruppen von Aktionären und Gläubigern gegenüber[18]. Die Reorganisation im amerikanischen Recht erfasst, wie *Flessner*[19] ausführt, „sämtliche Kapital- und Kreditgeber", also Gläubiger ebenso wie Anteilseigner. Während das in England

---

15 Dazu *Smid,* WM 1996, 1249 ff.
16 Zur rechtspolitischen Kritik vgl. MünchKomm-*Eidenmüller,* InsO, § 217 RdNr. 2. In der Praxis werden Geschäftsanteile regelmäßig aufgrund einschlägiger Satzungsbestimmungen gegen Abfindung eingezogen, *Treffer,* GmbHR 2002, 205.
17 Erster Bericht der Kommission für Insolvenzrecht, Bundesministerium der Justiz (Hrsg.) 1985, Leitsätze 2.4.9.5., 2.4.9.6. (59) und deren Begründung (282 f.).
18 *Flessner,* Sanierung und Reorganisation, 1982, 40 ff. et passim, 273 (rechtspolitisch zur Notwendigkeit der Einbeziehung der Aktionäre).
19 *Flessner* (Fußn. 18), 40 ff. et passim, 273.

im 19. Jahrhundert entwickelte Modell des receivership-Verfahrens[20] darauf gerichtet ist, im Sicherungsfall für die gesicherten Gläubiger die assets des Schuldners im Wesentlichen zum Zwecke einer Verwertung auf einen receiver zu übertragen, entwickelte sich die nordamerikanische Sanierungspraxis auf dem Boden der Vorstellung, das krisenbefallene Unternehmen seinen Gläubigern als (neuen) Gesellschaftern in die Hand zu geben.

Das Fehlen von Eingriffsmöglichkeiten in Gesellschaftsrechte ist ein **Nachteil** des Insolvenzplan- **6.15** verfahrens. Das aus Art. 14 GG resultierende Argument des verfassungsrechtlichen Bestandsschutzes von Aktionärsrechten mag dogmatisch zwingend sein, doch überzeugt es im Rahmen einer Abwägung der Interessen der Verfahrensbeteiligten in der Regel nicht. In der Insolvenz verlieren Arbeitnehmer ihren Arbeitsplatz, Gläubiger ihren Schuldner, Vermieter ihren Mieter und der Schuldner sein ganzes Unternehmen. Deshalb erscheint es sinnlos, wenn die einzige verfassungsrechtlich geschützte Position die des Aktionärs ist. Der Gläubiger, dem die Verfassung zumutet, entschädigungslos auf seine Forderungen zu verzichten, hat hierfür wenig Verständnis.

Häsemeyer[21] scheint die Möglichkeit der Unterwerfung der Gesellschafter unter den **6.16** Insolvenzplan § 247 InsO zu entnehmen, dessen Abs. 2 Nr. 1 er so liest, dass der Widerspruch (des Schuldners!) gegen den Plan unbeachtlich sei, wenn **kein** Gesellschafter **durch den Plan schlechter gestellt** werde, als er ohne einen Plan stünde. Davon ist aber im *Wortlaut* der Vorschrift nicht *mehr*[22] die Rede! § 247 Abs. 2 InsO, der die Voraussetzungen für eine Unbeachtlichkeit des Widerspruchs näher regelt, soll nach Vorstellung des Gesetzgebers die Grundgedanken des Obstruktionsverbots nach § 245 InsO auf den Widerspruch des Schuldners übertragen[23]. Der Schuldner wird unangemessen benachteiligt, wenn der Plan seine Rechtsstellung verschlechtert – z. B. ihm eine weitergehende Haftung auferlegt als die gesetzliche Regelung – oder wenn der wirtschaftliche Wert, der durch den Plan realisiert wird, so verteilt wird, dass einzelne Gläubiger mehr erhalten, als sie zivilrechtlich zu beanspruchen haben. Die Vorschrift gewährleistet dies dadurch, dass sie in Abs. 1 nurmehr *dem Schuldner* das Recht einräumt, dem Plan im Abstimmungstermin zu widersprechen, und in Abs. 2 näher festlegt, unter welchen Voraussetzungen eine unangemessene Benachteiligung des Schuldners vorliegt.

In § 293 Abs. 1 S. 2 RegEInsO hieß es freilich noch, dass, wenn es sich beim Schuldner nicht um **6.17** eine natürliche Person handle, auch die Kapitalmehrheit der an ihm beteiligten Personen zum Widerspruch gegen den Plan berechtigt seien. Dabei sollte „wie in anderen Vorschriften des Sechsten Teils des Entwurfs der InsO (vgl. § 255 Abs. 1 Nr. 2, § 298 Abs. 1) auf die Beteiligung am Kapital – nicht etwa auf das Stimmrecht – abgestellt" werden[24]. Die **Hast, in der die Verabschiedung der InsO 1994** eilig über die Bühne gebracht wurde, fordert hier ihren Zoll: Ein bedeutendes wirtschaftsrechtliches Gesetz hat eine amtliche Begründung gefunden, die nicht nur in der Zählung der Paragraphen vom beschlossenen Gesetz massiv abweicht. Mehr noch. Die

---

20 Vgl. *Starnecker,* Englische Insolvenzverfahren: Administrative Receivership und Administration Order vor dem Hintergrund der deutschen Insolvenzordnung, 1995.

21 *Häsemeyer,* ZHR Bd. 160 (1996) 109, 131.

22 Vgl. noch den Wortlaut des § 293 RegEInsO; zur Motivation der Änderung siehe die Beschlussempfehlung des RechtsA zum RegE einer InsO, BT-Drucks. 12/7302, 184 (zu § 293) und 181 (zu § 253).

23 Amtl. Begr. RegEInsO, BT-Drucks. 12/2443, 210 (zu § 293).

24 Amtl. Begr. RegEInsO, BT-Drucks. 12/2443, 210 (zu § 293).

6.18–6.21 Eingriff in die Beteiligtenrechte

Amtliche Begründung zu § 274 RegEInsO differenziert im Hinblick auf die notwendig dem Plan beizufügenden Unterlagen in signifikanter Weise zwischen der Behandlung des Insolvenzschuldners und derjenigen seiner persönlich haftenden Gesellschafter[25]. Legt der Insolvenzschuldner den Plan vor (§ 230 Abs. 1 S. 3 InsO), muss er diesem keine Erklärung hinsichtlich der Übernahme der persönlichen Haftung vorlegen; für die persönlich haftenden Gesellschafter gilt diese Ausnahme nicht.

6.18 Abhängig von der jeweiligen besonderen Situation der Gesellschaft und den Intentionen des Planerstellers können im Plan ggf. ergänzende Regelungen vorgesehen werden[26]. In diesem Zusammenhang kommen als Regelungsinhalte z. B. Kapitalmaßnahmen, Besserungsabreden und Vereinbarung von Kreditrahmen gem. §§ 264 ff. InsO in Betracht. Darüber hinaus können sonstige Maßnahmen der Geschäftsführung wie z. B. Investitionen und Maßnahmen zur Berücksichtigung des Minderheitenschutzes dargestellt werden.[27]

6.19 Wo im Übrigen die InsO die den Insolvenzschuldner treffenden verfahrensrechtlichen Lasten und Grundrechtseingriffe auch auf die vertretungsberechtigten persönlich haftenden Gesellschafter erstreckt (§ 101 InsO), greift dies nur im Hinblick auf die §§ 97 bis 99 bzw. 100 InsO; eine **allgemeine Auslegungsregel**, dass unter dem „Schuldner" i. S. d. InsO auch dessen Gesellschafter zu verstehen seien, lässt sich daraus *selbstverständlich* nicht ableiten[28].

6.20 Dabei sind allerdings Sonderregelungen zu beachten. Die Regelungen des Insolvenzplans sind bei der „Gesellschaft ohne Rechtspersönlichkeit" oder bei einer Kommanditgesellschaft auf Aktien jedenfalls für die persönliche Haftung der Gesellschafter relevant[29]. Insofern ordnet nämlich § 227 Abs. 2 InsO an, dass persönlich haftende Gesellschafter mit der im gestaltenden Teil vorgesehenen Befriedigung der Insolvenzgläubiger von ihren restlichen Verbindlichkeiten gegenüber diesen Gläubigern befreit werden, sofern im Insolvenzplan nichts anderes bestimmt ist. Diese Gesetzesvorschrift mag wegen der Anordnung der Restschuldbefreiung für den persönlich haftenden Gesellschafter „vorteilhaft" anmuten. Die Regelungen im gestaltenden Teil des Planes gehen aber auch *zu seinen Lasten*. Das ist vor dem Hintergrund des Art. 103 Abs. 1 GG allerdings nicht problematisch, soweit der persönlich haftende Gesellschafter durch seine Geschäftsführung das Handeln der Gesellschaft im Insolvenzverfahren mitbestimmt. Denn darüber nimmt er nicht weniger Einfluss auf den Umfang der ihn für die Verbindlichkeiten der Gesellschaft treffenden persönlichen Haftung, als er ihn außerkonkurslich geltend machen könnte.

6.21 Wenn daher in der Literatur[30] davon die Rede ist, der Gesellschafter sei in diesen Fällen dem Plan „zwangsunterworfen", führt diese Art der Darstellung in die Irre. Denn den

---

25 Amtl. Begr. RegEInsO, BT-Drucks. 12/2443, 203 (zu § 274).
26 *Eidenmüller*, ZGR 2001, 680, 689 ff.
27 IDW S 2 Pkt. 5.4. (Nr. 45).
28 *Eidenmüller*, ZGR 2001, 680, 682.
29 *Sassenrath*, ZIP 2003, 1517, 1518.
30 MünchKomm-*Eidenmüller*, InsO, 2002, § 217 RdNr. 68; *Eidenmüller*, ZGR 2001, 680, 681 f.

Gesellschafter trifft aus *gesellschaftsrechtlichen* Gründen, die selbst nicht aus dem Insolvenzplan herrühren, die persönliche Haftung für die Verbindlichkeiten der Gesellschaft. Diese gesellschaftsrechtlichen Gründe können in den §§ 128 f. HGB ebenso wie in anderen Gesichtspunkten eines „Durchgriffs" auf das Vermögen des Gesellschafters liegen.[31] Darüber hinausgehende Verpflichtungen kann der Insolvenzplan gegen den Gesellschafter nur unter der Voraussetzung titulieren, dass der Gesellschafter eine entsprechende in den Plan aufzunehmende Erklärung abgibt, § 230 InsO.

Entsprechendes gilt für die Stellung der Genossen in der Insolvenz der eingetragenen **6.22** Genossenschaft. Hierzu bestimmt § 105 Abs. 1 S. 2 GenG[32], dass die Genossen im Falle eines rechtskräftig bestätigten Insolvenzplans insoweit eine Nachschusspflicht trifft, als diese im gestaltenden Teil des Plans vorgesehen ist.

Wären auch die Gesellschafter insolventer juristischer Personen *als Verfahrensbeteiligte* zu qualifi- **6.23** zieren und daher Eingriffen in ihre Rechtsstellung unterworfen, würde dies die Frage aufwerfen, ob die Gläubigergemeinschaft oder das den Insolvenzplan bestätigende Insolvenzgericht *überhaupt* die Befugnis haben *kann*, in die **Anteilsrechte der Gesellschafter** der Insolvenzschuldnerin einzugreifen. Um diese Frage zu beantworten, bedarf es einer verfassungsrechtlich untermauerten „Hilfsüberlegung".

Der GmbH-Anteil, die aktienrechtliche Beteiligung oder die Stellung des Genossen- **6.24** schafters stellen sich einer **verfassungsrechtlichen Betrachtungsweise nach** als grundrechtlich durch Art. 14 Abs. 1 GG geschützte Eigentumspositionen dar[33]. In das Eigentum kann nur unter bestimmten Voraussetzungen eingegriffen werden. Erforderlich ist, dass Eingriffe durch Gesetz vorgesehen sind – was im Zusammenhang der InsO wegen der kaum bestimmten und bestimmbaren Art der Eingriffe kaum der Fall sein dürfte – *und* es bedarf der gesetzlichen Bestimmung einer *Entschädigung* (Art. 14 Abs. 3 S. 2 GG), woran es hier überhaupt fehlt. Die noch näher darzustellende Regelung der InsO, die solche Eingriffe schon von ihrem Regelungsgehalt her *nicht* zulässt, erspart die Mühe, den Kanon von Folgeproblemen aufzulisten, der an solche „enteignenden Entscheidungen" durch Gläubigergemeinschaft oder Insolvenzgericht geknüpft wäre[34]. Ihren *insolvenzrechtlichen* Hintergrund haben diese Erwägungen darin, dass zwar die *Insolvenzgläubiger* in einer durch das Prinzip *par conditio creditorum* begründeten Gemeinschaft miteinander verbunden sind, deren Gleichbehandlung aber nicht die Gesellschafter unterworfen sind, deren Stellung von der Haftungsbeschränkung der als juristische Person organisierten Insolvenzschuldnerin definiert wird. Daran ändert sich auch dann nichts, wenn man die Ansicht vertritt, das Insolvenzrecht der Unternehmen müsse sich aus einem konkursrechtlich-vollstreckungsrechtlichen Denken lösen und gesellschaftsrechtlichen Wertungen anpassen. Denn sowohl im vollstreckungsrechtlich

---

31 MünchKomm-*Eidenmüller* (Fußn. 30), § 217 RdNr. 131.
32 MünchKomm-*Eidenmüller* (Fußn. 30), § 217 RdNr. 137; *Eidenmüller,* ZGR 2001, 680, 686.
33 *Carl,* Teilnahmerechte im Konkurs, 1997, 137 f.; *Sassenrath,* ZIP 2003, 1517, 1523 f.
34 U. a. wäre dann zu prüfen, wieweit den betroffenen Gesellschafter der Rechtsweg gegen solche Entscheidungen zu eröffnen wäre – wobei das Insolvenzverfahren selbst nicht bereits einen hinreichenden verfahrensrechtlichen Rahmen hierfür bereitstellen würde, vgl. *Carl* (Fußn. 33), 138 ff.; *Smid,* Rechtsprechung. Zur Unterscheidung von Rechtsfürsorge und Prozess, 1990, § 1 IV, V (111 ff.) § 8 III (490 ff.) et passim.

verstandenen Insolvenzrecht wie in Ansätzen einer gesellschaftsrechtlichen Betrachtungsweise des Konkurses ist jedenfalls eine **„wirtschaftliche" Betrachtungsweise** fehl am Platz, aus deren Sicht der Anteil an einem im Konkurs befindlichen Unternehmen ggf. ökonomisch außerordentlich niedrig und daher nicht schützenswert sein mag.[35]

6.25   Gegen die Eingriffe in Beteiligungsrechte am insolvenzschuldnerischen Unternehmensträger durch Insolvenzgericht oder durch die Gläubigergemeinschaft sind daher z. T. schon früh Bedenken artikuliert worden, die sich wie folgt zusammenfassen lassen: *Zum einen* stellen sich derartige Eingriffe als rechtfertigungsbedürftig dar, da die in Anspruch genommenen Rechtspositionen dem **verfassungsmäßigen Schutz des Art. 14 Abs. 1 GG** unterliegen[36] und ihre *Aufhebung* auch zum „guten Zweck" der Sanierung des schuldnerischen Unternehmens nicht ohne weiteres vorgenommen werden darf. Banaler noch: Die InsO sieht *zum anderen* solche Eingriffe nicht vor.

6.26   Die Ermöglichung solcher Eingriffe in – scheinbar – „wertlose" Gesellschaftsanteile war freilich eines der *zentralen* Reformziele[37], das aber im Verlauf des Gesetzgebungsverfahrens aufgegeben worden ist. Gegen sie hat sich die von *K. Schmidt*[38] früh geäußerte Kritik durchgesetzt, die auf verfassungsrechtliche Hindernisse (Art. 14 GG) aufmerksam gemacht hat, die derartigen Eingriffen im Wege stehen. Diese grundrechtlichen Bedenken haben auch noch eine pragmatische Seite. Wird z. B. der mit einer Insolvenzplaninitiative und einem Antrag nach § 270 InsO verbundene Eigenantrag der insolvenzschuldnerischen GmbH von allen Geschäftsführern gemeinsam gestellt (§ 15 Abs. 2 S. 1 InsO), bedarf es wie nach bisherigem Recht keiner Glaubhaftmachung des Insolvenzgrundes[39] – was ja zumal dann nahe liegt, wenn der Antrag auf den Vortrag drohender Zahlungsunfähigkeit gem. § 18 InsO gestützt wird. Damit wird aber in den Fallgestaltungen, um die es im Insolvenzplanverfahren geht, die Frage manipulativer **Eingriffe in fremde Rechte** durch die den Eigenantrag stellenden Planinitiatoren aufgeworfen: Ließe man Eingriffe in Beteiligungen durch den Insolvenzplan zu, würde sich damit das Problem stellen, wie ein Missbrauch des Verfahrens zu Zwecken der Verdrängung unliebsamer Mitgesellschafter und Anteilseigner vermieden werden könnte – was weitere komplizierte und aufwändige gerichtliche Verfahrensschritte aufs Feld riefe. Es ist zu begrüßen, dass der Gesetzgeber schließlich doch all diesen Missständen aus dem Weg gegangen ist.

---

35   Zumal dies, würde man auf eine wirtschaftliche Bewertung abstellen, infinite Probleme auf die Tagesordnung riefe, die sich im Verfahren in der Gestalt zahlloser Sachverständigengutachten niederschlagen würden. Denn die Bestimmung des *wirtschaftlichen* Wertes des Anteils am insolventen Unternehmensträger ist den Schwierigkeiten ausgesetzt, denen auch die Bewertung des Unternehmens unterworfen ist. Die US-amerikanische *Judikatur* hat in einem anderen Zusammenhang (dem der *claim classification*, also der Gruppenbildung: hierzu *Smid*, in: Pawlowski-Festschrift, 1996, 387, 423 ff., 429 ff. et passim) ausdrücklich die Orientierung an einer wirtschaftlichen Bewertung von Forderungen und Rechten abgelehnt.

36   *K. Schmidt*, Gutachten zum 54. DJT D 83; *Papier* in: *Maunz/Dürig*, Grundgesetz, Bd. II, 1994, Art. 14 RdNr. 193; BVerfG, Entsch. v. 7.8.1962, 1 BvL 16/60, BVerfGE 14, 263, 276 ff.; BVerfG, Entsch. v. 7.5.1969, 2 Bvl 15/67, BVerfGE 25, 371, 407; BVerfG, Urt. v. 1.3.1979, 1 BvR 532/77, 1 BvR 533/77, 1 BvR 419/78, 1 BvL 21/78, BVerfGE 50, 290, 341 ff.

37   *Balz*, Sanierung von Unternehmen oder von Unternehmensträgern?, 1986, 63 ff.; *Landfermann*, DStZ 1985, 391, 395; krit. bereits *Uhlenbruck*, AnwBl. 1982, 345.

38   Fußn. 57; vgl. auch *Flessner*, ZRP 1982, 245, 246.

39   Vgl. zum Problem *Kuhn/Uhlenbruck*, KO, 11. Aufl., 1994, § 208 RdNr. 4.

Dies ist bereits unter dem überkommenen Recht im Gesamtvollstreckungsverfahren in das Ver- **6.27** mögen der **„Sachsenmilch-AG"** in Dresden erörtert worden. Dort hat es das OLG Dresden[40] mit zutreffenden Argumenten abgelehnt, aus einer vermeintlich geringen **Werthaltigkeit der Beteiligungen der Kleinaktionäre**, wie sie sich aus einer wie auch immer anzusetzenden „ökonomischen Analyse" ergäbe, darauf zu schließen, diese Aktionäre seien gegenüber einer, sie im Ergebnis rechtlos stellenden, dramatischen isolierten Kapitalherabsetzung schutzlos. Die Erwägungen des OLG Dresden beschränken sich freilich nicht darauf, eine derartige wirtschaftliche Betrachtungsweise zurückzuweisen und bleiben im Rahmen des Aktienrechts; ihre „Grundtendenz" lässt sich indessen in den Zusammenhang des Insolvenzrechts überführen. Der „Sachsenmilch"-Fall zeigt freilich auch eindrucksvoll, wo das *wirtschaftliche* Interesse an einer Rettung des Unternehmensträgers liegen kann – nämlich dort, wo dieser einem Investor oder Erwerber von Anteilen oder Anteilsrechten durch **steuerliche Verlustvorträge** wirtschaftliche Vorteile verschaffen kann.

5. Form der Beteiligung von Gesellschaftern insolventer Gesellschaften am Insolvenzverfahren und am Insolvenzplan

Der Gesellschafter als Adressat von durch den Plan festgelegten gestaltenden Zwangs- **6.28** eingriffen in die von ihm gehaltenen Anteile ist m. a. W. nicht zufällig aus dem Gesetzeswortlaut verschwunden. Dass in Anteilsrechte an juristischen Personen durch Festlegungen des Planes eingegriffen werden könne, ist die *Prämisse*, von der § 254 Abs. 1 S. 2 InsO (Willenserklärungen *„der Beteiligten"* wegen der Abtretung von Gesellschaftsanteilen) und die (überholten!) Motive des Gesetzgebers[41] ausgehen[42]. Der Gesetzes*wortlaut* indessen bestimmt an verschiedenen Stellen, dass der Plan Eingriffe durch Gestaltung der Rechte „der *Beteiligten"* vorsehen kann: Der darstellende Teil[43] soll die (tatsächliche?!) „Grundlage" dieser Eingriffe in die Rechte „der *Beteiligten"* schaffen, nach § 221 InsO soll festgelegt werden, „wie die Rechtsstellung *der Beteiligten* durch den Plan geändert werden soll" und § 228 InsO bestimmt, dass zur Begründung, Änderung, Übertragung oder Aufhebung von Rechten an Gegenständen (sic!) „die erforderlichen Willenserklärungen *der Beteiligten* in den gestaltenden Teil des Insolvenzplans aufgenommen werden".

Betroffene Rechte können danach im Einzelnen die Rechte der Absonderungsberechtig- **6.29** ten (§ 223 InsO), die der Insolvenzgläubiger (§ 224 InsO) und die nachrangiger Insolvenzgläubiger (§ 225 InsO) sein. Geht man zunächst einmal „grammatikalisch" von dem *Wortlaut* der zitierten Vorschriften aus, sind mit „Beteiligten" *nicht* die von einer gestaltenden Rechtsänderung *materiell Betroffenen* gemeint, sondern der Begriff der „Beteiligten" verweist auf die verfahrensrechtliche Stellung im Insolvenzverfahren in den §§ 38, 52, 39 InsO: Denn nach der „Grundsatzvorschrift" des § 217 InsO kann der Insolvenzplan die Befriedigung der am Planverfahren zu beteiligenden *absonderungsberechtigten Gläubiger* und die der Insolvenzgläubiger, die Haftung des Schuldners und die Art der Verteilung der Masse nach ihrer Verwertung an „die Beteiligten" abweichend vom gesetzten Recht regeln. Auch in Ansehung der Verteilung sind gem. §§ 187, 190 InsO die Insolvenzgläubiger und die absonderungsberechtigten Gläubiger „Beteiligte".

---

40 OLG Dresden, Urt. v. 18. 9. 1996, 12 U 1727/96, ZIP 1996, 1780, 1786.
41 Amtl. Begr. RegEInsO, BT-Drucks. 12/2443, 195 f. (zu § 254).
42 *Eidenmüller,* ZGR 2001, 680, 682.
43 Eingehend oben Kapitel 3 III.

6.30 Eine Gleichsetzung des Beteiligtenbegriffs des § 254 Abs. 1 S. 2 InsO mit dem einer „**materiellen Betroffenheit**" verbietet sich aber darüber hinaus auch noch, weil das Gesetz einen derartigen Beteiligtenbegriff im Übrigen nicht kennt *und* durch ihn der 2. Halbsatz des § 254 Abs. 1 S. 2 InsO seines Gegenstandes und Sinnes beraubt würde, in dem ausdrücklich von den Erklärungen Dritter hinsichtlich ihrer durch den Insolvenzplan betroffenen Rechte die Rede ist, was voraussetzt, dass diese nicht bereits wegen ihrer materiellen Betroffenheit Verfahrensbeteiligte des Insolvenzplanverfahrens sind.

6.31 Etwas anderes ergibt sich auch nicht aus § 227 Abs. 2 InsO[44]. Diese Vorschrift bezieht sich darauf, dass § 227 Abs. 1 InsO die Vermutung normiert, dem Schuldner seien seine restlichen Verbindlichkeiten erlassen, sofern er die Gläubiger in der durch den gestaltenden Teil des Planes vorgesehenen Weise befriedigt[45]. Abs. 2 dieser Vorschrift erstreckt die Regelung des Abs. 1 auf **persönlich haftende Gesellschafter der Insolvenzschuldnerin**, wenn es sich bei dieser um eine Gesellschaft ohne Rechtspersönlichkeit handelt. Wenn der Plan nichts anderes vorsieht, wirkt ein Erlass von Forderungen gegenüber dem Schuldner auch im Verhältnis zu dessen persönlich haftenden Gesellschaftern. Das entspricht § 109 Abs. 1 Nr. 3 VerglO und § 211 Abs. 2 KO. All diese Regelungen hätten aber keinen angebbaren Sinn, wenn die Gesellschafter einer KG bereits *per se* Verfahrensbeteiligte wären. Sie sind es nicht. Dass die Gesellschafter der GmbH, Aktionäre oder Genossenschaftsmitglieder umso weniger Beteiligte sind, erschließt sich schon *a maiore ad minus*.

6.32 Schließlich ergibt sich eine **Beteiligtenstellung der Gesellschafter juristischer Personen** in dem über das Gesellschaftsvermögen eröffneten Insolvenzverfahren auch nicht aus § 39 Abs. 1 Nr. 5 InsO. Dort erkennt das Insolvenzrecht die Stellung von Gesellschaftern als *Insolvenzgläubiger* an, sofern sie Forderungen aus **kapitalersetzenden Gesellschafterdarlehen** (vgl. § 32 a GmbHG, § 135 InsO) im Verfahren geltend machen. Aufgrund § 39 Abs. 1 Nr. 5 InsO werden nur diejenigen Gesellschafter beteiligte Gläubiger, die überhaupt kapitalersetzende Darlehen hingegeben haben und nur in dieser besonderen Funktion als Darlehensgläubiger. § 39 Abs. 1 Nr. 5 InsO hat demgegenüber nicht die Funktion[46], die Anteilsrechte der Gesellschafter Eingriffen im Insolvenzplanverfahren zu unterwerfen. Andernfalls würde das Insolvenzplanverfahren nicht nur die bereits vielfach gerügten[47] **Manipulationsmöglichkeiten der Insolvenzschuldnerin** gegenüber den Gläubigern eröffnen. Vielmehr wäre das den Eigenantrag unter Präsentation eines Insolvenzplanentwurfs (§ 218 Abs. 1 S. 1 und 2 InsO[48]) stellende Organ (§§ 13 Abs. 1 i. V. m. 101 Abs. 1 InsO) der Insolvenzschuldnerin dazu in der Lage, durch Einflussnahme auf die Zusammensetzung der Gesellschafter die Unternehmenspolitik durch ein gerichtliches Sanierungsverfahren zu beeinflussen. Mit dem Instrumentarium des Insolvenzplanverfahrens können also die gesellschaftsrechtlichen Formen ebensowenig unterlaufen werden, wie der „Zweck" einer Sanierung den gesellschafts-

---

44 *Eidenmüller,* ZGR 2001, 680, 682.
45 Amtl. Begr. RegEInsO, BT-Drucks. 12/2443, 202 (zu § 270); *Eidenmüller,* ZGR 2001, 680, 685.
46 Vgl. Amtl. Begr. RegEInsO, BT-Drucks. 12/2443, 123 f. (zu § 46).
47 *Smid,* DZWIR 1994, 278, 283.
48 Zum Planinitiativrecht: *Smid,* WM 1996, 1249 ff.

rechtlichen Minderheitenschutz auszuhebeln geeignet ist. **Die Regelungen der InsO lassen jedenfalls** *derartige Manipulationen nicht zu.*

6. Freiwillige Beteiligung der Gesellschafter als Garanten der Planerfüllung

Freiwillig können sich die Gesellschafter allerdings am Insolvenzplanverfahren ebenso **6.33** beteiligen, wie dies im Falle anderer Dritter möglich und im Interesse der Absicherung einer Sanierung auch erwünscht ist. Das ergibt sich nicht allein aus der bereits zitierten Vorschrift des § 257 Abs. 2 InsO, sondern darüber hinaus aus der „Rechtsnatur" des Insolvenzplans.

Nach der amtlichen Begründung zu §§ 249 ff. InsO ist der Beschluss der Gesellschafter der Musterfall **6.34** für einen bedingten Plan. Insolvenzpläne können vorsehen, dass zum Beispiel ein Gesellschafterwechsel stattfindet oder ein Kapitalschnitt durchgeführt wird (Senator-Fall). Nach geltendem Recht kann dies zwar nicht erzwungen, aber als Bedingung in den Plan verankert werden. Erforderlich ist hierbei allerdings, Anreize für die Gesellschafter zu schaffen, solche Beschlüsse zu fassen, weil sie sonst eine sehr starke Verhandlungsposition haben. Ein solcher Anreiz kann darin bestehen, dem Gesellschafter einen Teil seiner Rechtsposition zu erhalten. Dies kann freilich wiederum nur auf Kosten der Gläubiger geschehen, die sich auch damit einverstanden erklären müssen. Im Fall der Berliner Senator Entertainment AG hat der Verfasser noch vor Eröffnung des Insolvenzverfahrens einen Kapitalschnitt durchführen lassen, der den Aktionären 90% ihrer Aktien nahm. Diese waren damit nur deshalb einverstanden, weil ihnen glaubhaft erklärt werden konnte, dass die Gläubiger einen ähnlichen Schnitt hinnehmen mussten und umgekehrt. Die Aktionäre standen also vor der Alternative, entweder zuzustimmen und einen Teil ihrer Aktien zu behalten, oder alles zu verlieren. Verfährt man in der umgekehrten Reihenfolge, ist also der Insolvenzplan zum Zeitpunkt der Hauptversammlung schon geschlossen, so besteht die Gefahr einer Erpressung durch die Aktionäre.

III. Eingriffe in Rechte aussonderungsberechtigter Gläubiger[49]

1. Grundsatz

Rechte der aussonderungsberechtigten Gläubiger können durch einen Insolvenzplan **6.35** naturgemäß nicht beeinträchtigt werden; die „Vertragsparteien" des Insolvenzplans haben nicht die Befugnis, fremdes Eigentum umzugestalten – das Insolvenzgericht ist schon aus Art. 14 Abs. 1 GG gehindert, derartigen Umgestaltungen durch Bestätigung eines entsprechenden Insolvenzplans rechtliche Wirksamkeit zu verleihen. Einem aussonderungsberechtigten Gläubiger steht insoweit ein Gläubiger gleich, dessen Anspruch auf Übereignung eines unbeweglichen Gegenstands der Insolvenzmasse gerichtet und durch eine Vormerkung gesichert ist; denn solche Gläubiger können wie Aussonderungsberechtigte die volle Erfüllung ihrer Ansprüche aus der Insolvenzmasse verlangen.[50]

2. Sonderfall Eigentumsvorbehalt

Eine entsprechende Situation scheint vorzuliegen, wenn der Schuldner eine Sache nutzt, **6.36** die ihm unter Eigentumsvorbehalt geliefert worden ist[51]. Bekanntlich lag in einem

---

49 Vgl. zur ökonomischen Analyse *Drukarczyk*, KTS 1983, 183 ff. m.umf.w.N.
50 Amtl. Begr. RegEInsO 12/2443, 195 (zu § 253); vgl. auch § 106 InsO (= § 120 RegEInsO).
51 Vgl. zur Rechtslage im US-amerikanischen Recht *Weintraub/Resnick*, Bankruptcy Law Manual, rev. edit. 1985, 8 – 49.

derartigen Fall bereits nach der hL[52] zum überkommenen Recht ein Aussonderungsrecht des Verkäufers vor. Dies ist auch unter der Geltung der InsO so[53]. Auch durch den Plan würde – unterstellt man die Richtigkeit dieser Prämisse – nicht in dieses Aussonderungsrecht eingegriffen werden können. So ist wegen **§ 107 InsO** zwar eine Bestimmung des Planes zulässig, aufgrund derer die Erfüllung eines gegenseitig noch nicht vollständig erfüllten Vertrages über einen Kauf unter Eigentumsvorbehalt vorgesehen wird. Schließlich würde auch dem Verwalter die Befugnis zur Wahl der Erfüllung des Vertrages zustehen. Indes ermöglicht eine derartige Bestimmung keinen Eingriff in das Aussonderungsrecht des Verkäufers.

6.37 Hätte der Verkäufer vorgeleistet und damit das Konkursrisiko unverkürzt auf sich genommen, könnte seine Insolvenzforderung durch den Plan wie bereits durch einen Vergleich oder Zwangsvergleich verkürzt werden. Im Falle des Verkaufs unter Eigentumsvorbehalt sieht das deshalb anders aus, weil die Erfüllungswahl durch den Verwalter keine persönliche Forderung des Vorbehaltsverkäufers, sondern eine **Masseforderung** begründet. Daran kann der Insolvenzplan nicht rühren, da andernfalls in das Eigentum des Vorbehaltsverkäufers eingegriffen würde.

6.38 Der Teufel liegt aber wie immer im Detail. Man stelle sich den folgenden Fall vor:
Der Insolvenzschuldner betreibt eine Druckerei, in der er u. a. Spezialaufträge auf zwei Druckmaschinen erledigt, die ihm unter Eigentumsvorbehalt geliefert worden sind. Wegen inniger Geschäftsbeziehungen zur Konkurrenz des Schuldners hat der Druckmaschinenhersteller ein (wirtschaftliches) Interesse daran, dass der Schuldner im Insolvenzverfahren liquidiert wird. Der Druckmaschinenhersteller geht daher aus seinem Eigentumsvorbehalt (ohne dass dies zunächst nach bürgerlich-rechtlichen Maßstäben zu beanstanden wäre) gegen den Insolvenzschuldner bzw. gegen dessen Insolvenzverwalter vor und verlangt Herausgabe der Maschinen. Gesetzt, der Insolvenzverwalter ist (noch) nicht in der Lage, nach § 107 Abs. 2 InsO vorzugehen und Erfüllung des Kaufvertrages zu wählen – weil hierfür nicht hinreichend Masse vorhanden ist, bedarf aber der Druckmaschine, um durch die Bearbeitung vorliegender Aufträge erforderliche Masse zu erwirtschaften, so befindet er sich ersichtlich in einem Dilemma, das u. U. dann in die Aufhebung des Insolvenzverfahrens mangels Masse führt, wenn der Druckmaschinenhersteller auf der Herausgabe der Maschinen besteht.

6.39 Diese Probleme, mit denen sich der Verwalter konfrontiert sieht, legen es nahe, danach zu fragen, ob **Eingriffe in den Eigentumsvorbehalt** des Druckmaschinenherstellers **durch Insolvenzplan** zulässig sind. Geht man freilich von der h. L.[54] aus, liegt eine negative und damit wenig befriedigende Antwort scheinbar unausweichlich auf der Hand. Denn danach begründet der (einfache) Eigentumsvorbehalt, um den es in dem dargestellten Beispielsfall geht, ein Aussonderungsrecht des Gläubigers. Die h. L. begründet dieses Aussonderungsrecht damit, es müsse im Konkursfall das Eigentum an schuldnerfremden in der Ist-Masse vorgefundenen Sachen vor dem Zugriff der Insolvenzgläubiger ge-

---

52 *Hess,* KO, 6. Aufl., 1998, § 43 RdNr. 23.
53 *Marotzke,* ZZP Bd. 109 (1996) 429, 457.
54 BGH, Urt. v. 21.5.1953, IV ZR 192/52, BGHZ 10, 69, 72; RG, Urt. v. 2.6.1931, VII 461/30, RGZ 133, 42; RG, Urt. v. 4.4.1933, VII 21/33, RGZ 140, 226; *Kuhn/Uhlenbruck,* 11. Aufl. 1994, § 43 RdNr. 28; *Stracke,* Das Aus- und Absonderungsrecht des Vorbehaltseigentümers im Konkurs des Vorbehaltskäufers, 1972.

schützt werden. Träfen die Prämissen und die dogmatischen Schlussfolgerungen der h. L. zu, wäre auch einem Eingriff in die dem Eigentumsvorbehaltsverkäufer zustehende Rechtsstellung durch den Plan aus den oben genannten Gründen ausgeschlossen. Ebenso wie gegenüber dem Vermieter, Verpächter, Verleiher usf. wären Eingriffe in das vorbehaltene Eigentum des Vorbehaltsverkäufers durch einen Insolvenzplan unzulässig.

Demgegenüber ist aber mit guten Gründen darauf aufmerksam gemacht worden[55], dass die von der **6.40** h. L. getroffene Unterscheidung etwa zwischen einfachem Eigentumsvorbehalt und dem das Recht auf abgesonderte Befriedigung begründenden Sicherungseigentum wenig stichhaltig ist – denn in beiden Fällen handelt es sich zivilrechtlich gesprochen zweifelsohne um *Eigentum*. Die Differenzierung zwischen Aussonderungsrecht und dem Recht auf abgesonderte Befriedigung führt *Häsemeyer* daher auf spezifisch insolvenzrechtliche Fragen der durch den Konkurs geschaffenen besonderen Haftungslage zurück. Danach ist ausschlaggebend, ob ein Dritter der Masse nur Nutzungspotenzial an der in seinem Eigentum stehenden Sache zur Verfügung gestellt hat. Dies ist in den dargestellten Gebrauchsüberlassungsverträgen der Fall, in denen dem Gläubiger ein Aussonderungsrecht zusteht. Hat der Gläubiger aber dadurch die Kreditlage des schuldnerischen Unternehmens vorkonkurslich beeinflusst, dass er dem späteren Insolvenzschuldner die *Substanz* seines Eigentums zur Verfügung gestellt hat, stellt sich die Rechtslage anders dar. Denn in diesem Fall stellt sich das Eigentum des Gläubigers als Sicherungsmittel für dem Schuldner gegebene Kredite dar; es geht dann nicht um die Herausgabe der Sache, sondern gerade im Verhältnis zu anderen Gläubigern um die Minimierung von Insolvenzrisiken. Daraus folgert *Häsemeyer*[56] konsequent und überzeugend, dass auch der **einfache Eigentumsvorbehalt kein Aussonderungsrecht** begründe, sondern allein das Recht zur abgesonderten Befriedigung. So ketzerisch diese Art der Darstellung anmuten mag, so überzeugend ist sie vor dem Hintergrund der modernen Kreditsicherungsmechanismen. Denn sowohl dem Sicherungseigentum als auch dem Eigentumsvorbehalt auch in seiner „einfachen" Form ist die Heimlichkeit **der Aushöhlung der Masse** eigen.[57] Demgegenüber ist es wenig überzeugend, dem Sicherungseigentum eine „indirekte", dem Vorbehaltseigentum demgegenüber eine „direkte" **Sicherungsfunktion** zu vindizieren[58]: Damit wird auf außerkonkursliche Verwertungsmechanismen verwiesen, die durch die konkursliche Haftungsordnung außer Vollzug gesetzt werden.

Die folgenden Erwägungen müssen diese – wenngleich aus systematisch-rechtsdogmati- **6.41** schen Gesichtspunkten – zustimmungsbedürftige Ansicht *Häsemeyers* hintanstellen; bekanntlich haben der IX. Zivilsenat des BGH[59] und der Reformgesetzgeber an der überkommenen Qualifikation des Eigentumsvorbehalts als zur Aussonderung berechtigendes Recht festgehalten. Für die erfolgreiche Gestaltung von Insolvenzplänen hat der Planinitiator hierauf Rücksicht zu nehmen.

Aus alledem ergeben sich „nur" wirtschaftliche Probleme der Verfahrensabwicklung, **6.42** soweit sich genau bestimmen lässt, welche Gegenstände der Ist-Masse[60] Aus- und welche Absonderungsgut sind. In diesen Fällen kann durch den Insolvenzplan in Rechte der

---

55 *Häsemeyer*, Insolvenzrecht, 3. Aufl., 2003, RdNr. 11.10, 18.27a.
56 *Häsemeyer* (Fußn. 55), RdNr. 11.10, 18.35 ff. Vgl. einschränkend *Paulus,* ZIP 1985, 1449, 1458 f.
57 So überzeugend *Kohler,* KTS 1988, 241, 249.
58 So aber *Huber,* ZIP 1987, 750, 752.
59 BGH, Urt. v. 9.5.1996, IX ZR 244/95, NJW 1996, 2233, 2235.
60 Vgl. *Smid* (Fußn. 6), § 6 RdNr. 3.

Aussonderungsberechtigten eingegriffen werden, soweit diese eine entsprechende Zustimmungserklärung gem. § 230 InsO abgeben und diese zum Plan genommen wird.

6.43 Lässt sich diese Unterscheidung nicht treffen, hilft der Rückgriff auf die jüngere Judikatur des IX. Zivilsenats des BGH weiter.

6.44 Der IX. Zivilsenat des BGH[61] hat Vereinbarungen zwischen Aussonderungsberechtigtem und Insolvenzverwalter zur Geltendmachung und Durchsetzung von Aussonderungsrechten durch den Insolvenzverwalter auch unter Geltung des neuen Rechts für zulässig erachtet, da insbesondere die Reichweite der gesetzlichen Verwertungsbefugnis des Insolvenzverwalters zweifelhaft und daher eine rechtsgeschäftliche Klärung zwischen Sicherheitengläubiger und Verwalter vorteilhaft sein kann.[62]

IV. Gestaltung der schuldrechtlichen Beziehungen aus gegenseitigen Verträgen durch Insolvenzpläne?

6.45 Vertragspartnern des Schuldners gegenüber, deren Zustimmung hierzu nicht erlangt werden kann, sind Regelungen des Insolvenzplans unwirksam, die die Erfüllung der Rechtsgeschäfte betreffen.[63]

1. Sicherung von Nutzungspotenzialen für die Masse

6.46 Fraglich ist, ob der Insolvenzplan das geeignete **Instrument** darstellt, **um der Masse für eine Betriebsfortführung erforderliche Nutzungspotenziale sicherzustellen.** Denn es gilt für das deutsche Recht, was *Benjamin Weintraub* und *Alan Resnick*[64] im Kontext des US-amerikanischen Insolvenzrechts zu der Behandlung des Themenkreises „Problems with Landlords" festgestellt haben: „Termination of the debtor's lease an eviction will destroy any idea of salvaging a failing business in most cases." Im US-amerikanischen Recht schützt das Rechtsinstitut des *automatic stay*[65] regelmäßig vor der Erzwingung der Räumung der Mietsache im Wege staatlicher Zwangsvollstreckungsmaßnahmen, wenn nicht die Kündigung des Mietverhältnisses bereits vorkonkurslich ausgesprochen worden ist[66] – ohne dass es in diesem Zusammenhang auf Billigkeitserwägungen ankäme, die dem Richter Gestaltungsspielräume eröffneten[67].

6.47 Ein Beispiel mag zeigen, worum es im deutschen Recht geht:
Man stelle sich vor, dass die Insolvenzschuldnerin mit achthundert Arbeitnehmern seit sehr langer Zeit in einem zentralen großstädtischen Bereich ein Büro- und Gewerbegebäude angemietet hat. Der Absatz der Produkte ist zufriedenstellend, und „eigentlich" scheint das Unternehmen gut dazustehen. Auf eine Finanzierungslücke reagiert die gleichwohl besorgte Geschäftsleitung mit einem Vergleichsantrag, das Vergleichsverfahren wird eröffnet; der vorgeschlagene Vergleich ist so

---

61 BGH, Urt. v. 15. 5. 2003, IX ZR 218/03, ZIP 2003, 1256, 1257.
62 BGH, Urt. v. 15. 5. 2003, IX ZR 218/03, ZIP 2003, 1256, 1258.
63 MünchKomm-*Eidenmüller,* InsO, 2002, § 217 RdNr. 118.
64 *Weintraub/Resnick* (Fußn. 51), 8-29.
65 *Kennedy,* The Automatic Stay in Bankruptcy, 11 U. Mich. J. Law. Rev. 170, 247 (1978).
66 Vgl. etwa In Re Racing Wheels, Inc., 5 BR 309 (MD Fla. 1980).
67 *Kennedy,* The Automatic Stay in Bankruptcy, 11 U. Mich. J. Law. Rev. 170, 247 (1978)..

beschaffen, dass er Aussicht auf Annahme hat. Nun kündigt der Vermieter unter Berufung auf eine Klausel im Mietvertrag, nach der er im Falle der Eröffnung eines Vergleichsverfahrens oder des Konkurses über den Mieter zur fristlosen Kündigung berechtigt sei. Der Betrieb kann nicht fortgeführt werden, da eine Verlagerung von Produktion und Verwaltung kurzfristig nicht möglich ist. Nach früherem Recht löste dieser Fall erhebliche Schwierigkeiten für die Abwicklung des Verfahrens aus. Denn in der Tat ist der Vermieter bislang berechtigt, sich wegen des eröffneten Insolvenzverfahrens vom Vertrage zu lösen.

Während der BGH[68] mietvertragliche Klauseln der **Kontrolle nach § 307 BGB n. F. (vormals § 9** **6.48** **AGBG)** unterwirft, die eine fristlose Kündigung – auch im Insolvenzverfahren – ohne die strengen Voraussetzungen des § 543 Abs. 2 Nr. 3 BGB n. F. (§ 554 BGB a. F.) zulassen, waren bisher Klauseln möglich und wurden von der Rechtsprechung für zulässig gehalten, die dem Vermieter ein Kündigungsrecht wegen Verschlechterung der Vermögensverhältnisse des Mieters[69] gaben. Die Wirksamkeit[70] derartiger Klauseln wurde aus § 321 BGB hergeleitet. Die **Wirksamkeit von Auflösungsklauseln** wird nunmehr ausdrücklich durch § 112 Nr. 2 InsO ausgeschlossen[71]. Umstritten ist, ob vorkonkurrsliche Auflösungsklauseln durch § 119 InsO ausgeschlossen werden. Der heutige § 119 InsO entspricht dem früheren § 137 Abs. 1 RegEInsO; § 137 Abs. 2 RegEInsO ordnete *ausdrücklich* die Unwirksamkeit von Umgehungsklauseln an – diese Vorschrift ist aber im Verlauf des Gesetzgebungsverfahrens auf Initiative des Rechtsausschusses des Deutschen Bundestags[72] nicht beschlossen worden. Sie sei sanierungsfeindlich (!), weil sie die Bereitschaft zur vertraglichen Bindung an konkursgefährdete Unternehmen herabsetzen würde. Daher meinen einige Autoren[73], die §§ 112, 119 InsO stünden der Wirksamkeit von Auflösungsklauseln nicht entgegen. Diese Auslegung ist aber nicht zwingend. Die – überzeugende – Gegenmeinung[74] hat gezeigt, dass § 119 InsO für *alle* gegenseitigen Verträge gilt, während § 112 InsO lex specialis für die Miet- und Pachtverträge ist.

Es ist zweifelhaft, ob ein Insolvenzplan mit den in der Tat erheblich komplexeren **6.49** Regelungsmechanismen geeignet sein kann, **in die Vertragsbeziehungen zwischen der Insolvenzschuldnerin als Mieterin und dem Vermieter** einzugreifen. So könnte man sich auf den Standpunkt stellen, es sei nicht zulässig, durch den Plan dem Vermieter – der jedenfalls materiell Beteiligter i. S. v. § 221 InsO ist – das vertraglich vereinbarte Kündigungsrecht zu nehmen. Zwar würde darin ebenso ein „Eingriff" liegen wie in „Eingriffen" in Absonderungsrechte; der Unterschied beider Fälle liegt auch nicht darin, dass der Vermieter *für die Zukunft* dazu gezwungen würde, ggf. auch gegen seinen Willen dem Mieter ein Darlehen einzuräumen; das gilt ja auch für den Absonderungsberechtigten, der aufgrund des Plans seines Rechtes ggf. gänzlich verlustig geht. Eine solche Kritik überzeugt nicht. Durch die *vertragliche Vereinbarung der Verfahrensbeteiligten* im angenommenen Insolvenzplan kann der Vermieter daher entweder – folgt man der Ansicht von *Hess* und *Pape*[75] – zur Aufrechterhaltung und Fortsetzung von Verträgen gezwungen werden. Eine solche Anordnung im Insolvenzplan hätte entweder die Funk-

68 BGH, Urt. v. 25. 3. 1987, VIII ZR 71/86, ZIP 1987, 916 m. Anm. *Eckert,* EWiR 1987, 665.
69 BGH, Urt. v. 8. 10. 1990, VIII ZR 176/89, BGHZ 112, 288 = ZIP 1990, 1406 m. Anm. *Martinek,* EWiR 1990, 1145.
70 *Eckert,* ZIP 1996, 897 ff.
71 *Eckert,* ZIP 1996, 897, 899, 902; *Depré,* Die anwaltliche Praxis in Insolvenzsachen, 1997, RdNr. 922.
72 BT-Drucks. 12/7302.
73 *Hess/Pape,* InsO und EGInsO, 1995, RdNr. 340.
74 *Eckert,* ZIP 1996, 897, 902.
75 *Hess/Pape*, InsO und EGInsO, 1995, RdNr. 340..

tion, die zur Sanierung erforderlichen Voraussetzungen in Form der Bereitstellung unverzichtbaren Nutzungspotenzials im Wege der *Gestaltung* der Miet- und Pachtverträge zu gewährleisten *oder* – folgt man *Eckert*[76] – die entsprechende Regelung im Insolvenzplan hat zwar keine gestaltende Funktion, dient aber der Gewährleistung eines reibungslosen Ablaufs der Sanierung durch Streitvermeidung durch *Feststellung* des Eintritts der Wirkung der §§ 112, 119 InsO.

6.50   Die **Schranke des durch Plan möglichen gestaltenden Eingriffs in miet- und pachtrechtliche Beziehungen** liegt dort, wo dem Vermieter bzw. Verpächter nicht allein die Fortsetzung des Dauerschuldverhältnisses zugemutet wird, sondern darüber hinaus die dem Vermieter/Verpächter von Gesetzes wegen zustehende Masseansprüche wegen des zu leistenden Miet- oder Pachtzinses verkürzt werden.

6.51   Der **Unterschied zum Eingriff in Absonderungsrechte** liegt darin, dass Sicherheiten in Bezug auf die vorkonkurslich getätigten Rechtsgeschäfte mit dem späteren Insolvenzschuldner getätigt werden: Der Eingriff in Sicherheiten wird durch die vorkonkurslich getätigte Einflussnahme auf den Schuldner gerechtfertigt[77]. Der Vermieter oder Verpächter hat aber einen solchen vorkonkurslichen Einfluss nicht in einer der dem Sicherungsnehmer publizitätsloser Sicherheiten vergleichbaren Weise auf das Geschick des insolvenzschuldnerischen Unternehmens genommen. Es mag daher vor dem Hintergrund des Art. 14 GG gerechtfertigt sein, ihm ein Festhalten am Vertrag mit dem Schuldner zuzumuten. Er braucht sich aber für die Zukunft z. B. nicht auf einen niedrigeren Mietzins festlegen lassen. Soweit der Vermieter oder Verpächter aufgrund des Planes oder von Gesetzes wegen zur Fortsetzung des Vertragsverhältnisses gezwungen wird, darf doch nicht in seinen Gegenleistungsanspruch eingegriffen werden.

2. Arbeitsrechtliche Rechtsgestaltung durch den Plan?[78]

6.52   **a) Fragestellung.** Zu den zentralen Sanierungsmaßnahmen gehört oft auch ein **Abbau der Belegschaft**. Im Großen und Ganzen bedarf es hierzu aber keines Insolvenzplans. In Anlehnung an § 22 Abs. 1 KO und § 51 Abs. 2 VerglO gibt § 113 Abs. 1 InsO dem Insolvenzverwalter bereits, ohne dass es eines Insolvenzplanes bedürfte, das Recht, Dienstverhältnisse mit der gesetzlichen Frist zu kündigen. Umgekehrt bedarf es zur Fortführung des Betriebes besonders dann der Bindung der besten und qualifiziertesten Mitarbeiter an den Betrieb, wenn man das Unternehmen sanieren will[79]. Der Ansatzpunkt für Fragen nach der Leistungsfähigkeit von Insolvenzplänen im Hinblick auf arbeitsrechtliche Fragestellungen liegt aber gleichwohl an dieser Stelle. Ist nämlich eine etwaig vertraglich vereinbarte Kündigungsfrist kürzer als die gesetzliche Frist, so steht das besondere insolvenzbedingte Kündigungsrecht gem. § 113 Abs. 1 InsO einer Kündigung mit der kürzeren vertraglichen Frist nicht entgegen[80]. Insofern fragt es sich, wieweit die **gesetzlichen Kündigungsfristen durch einen Insolvenzplan verkürzt und Lohn- und Gehaltsforderungen für die Vergangenheit und die Zukunft reduziert** werden können: Die Beantwortung dieser Frage ruft eine Reihe nicht unkomplizierter individual- und kollektivarbeitsrechtlicher Probleme hervor, die sich nur dann angemessen beant-

---

76 *Eckert*, ZIP 1996, 897.
77 *Häsemeyer* (Fußn. 55), 2.24 ff.
78 *Lohkemper,* KTS 1996, 1, 16 f.
79 *Weintraub/Resnick* (Fußn. 51), 8-55.
80 Amtl. Begr. RegEInsO, BT-Drucks. 12/2443, 148 (zu § 127).

worten lassen, wenn man im Blick behält, wem gegenüber Eingriffe in Rechtspositionen aufgrund der *Beteiligtenstellung* im Insolvenzplanverfahren durch Rechtsgestaltungen im Insolvenzplan vorgenommen werden dürfen.

b) Eingriffe in die Insolvenzforderungen der Arbeitnehmer. Die (betroffenen) Arbeitnehmer sind als Insolvenzgläubiger Verfahrensbeteiligte (vgl. §§ 38, 222 Abs. 3 S. 1 InsO). In ihre persönlichen (Insolvenz-)forderungen kann nach den §§ 217, 254 Abs. 1 InsO durch den Plan eingegriffen werden. **6.53**

c) Gestaltende Eingriffe in die Arbeitsverträge für die Zukunft? Grundsätzlich ist es nicht möglich, dem Arbeitnehmer aufgrund Mehrheitsentscheidung für die Zukunft arbeitsrechtliche Verpflichtungen aufzuerlegen, deren Konditionen er widerspricht. **Lohnsenkungen** durch mehrheitlich beschlossenen Insolvenzplan sind daher nicht *per se* aufgrund der *insolvenzrechtlichen* Bestimmungen der §§ 217, 254 Abs. 1 InsO zulässig. Denn strukturell stellt die Bereitschaft der Arbeitnehmer, unter (regelmäßig: finanziell) „schlechteren" Bedingungen ihre Tätigkeit fortzusetzen, nicht nur ein Nachgeben aufgrund des (teilweisen) Verzichts auf die Vergütung erbrachter Vorleistungen, sondern einen „Kredit" zugunsten des Sanierungsprojekts dar. Lohnsenkungen im und durch den Plan sind daher nur unter der Voraussetzung zulässig und wirksam, dass sie **individualarbeitsvertraglich** mit den betroffenen Arbeitnehmern ausgehandelt und dem Plan entsprechende Erklärungen der Betroffenen beigefügt werden – was vielfach ersichtlich wenig praktikabel sein wird. Eine Grenze findet aber auch dieses Verfahren noch im geltenden **Tarifvertragsrecht**: Im Falle der *Tarifgebundenheit* des Schuldners (vgl. § 3 Abs. 1 TVG) oder der Erklärung eines Tarifvertrages für *allgemeinverbindlich* (vgl. § 5 TVG) sind Probleme eigener Art zu berücksichtigen: Solange für den Schuldner die allgemeinen Bindungsvoraussetzungen gem. § 3 Abs. 1 TVG gelten, kann der Insolvenzplan die normative Kraft des Tarifvertrages nicht unterlaufen. Auch durch Austritt (vgl. zu dessen insolvenzrechtlichen Voraussetzungen § 103 InsO) aus dem Arbeitgeberverband vermag sich der Schuldner nach allgemeinen tarifvertragsrechtlichen Grundsätzen der Bindungswirkung des Tarifvertrages nicht zu entziehen; die durch § 3 Abs. 3 TVG ausgesprochene tarifvertragsrechtliche Unbeachtlichkeit der „Flucht" aus dem Arbeitgeberverband gilt auch unter Bedingungen der Insolvenz des „Flüchtlings" mit der Rechtsfolge der Weitergeltung des Tarifvertrages bis zu seinem Ablauf oder seiner Kündigung. Dass allgemeinverbindlich erklärte Tarifverträge durch Insolvenzpläne nicht unterlaufen werden können, liegt im Übrigen auf der Hand. **6.54**

d) Einschränkung des § 613 a BGB durch Insolvenzplan? Zu denken ist daher auch nicht daran, dass durch den Plan diejenigen Probleme minimiert werden könnten, die sich daraus für eine „übertragende" Sanierung des Unternehmens ergeben, dass der Gesetzgeber es nicht vermocht hat, den sanierungsfeindlichen § 613 a BGB (oben Kapitel 2) zu reformieren[81]: **§ 613 a Abs. 4 S. 1 BGB** stellt sich zwar nicht bereits aus europarechtlichen Gründen[82] als zwingendes Recht dar. § 613 a Abs. 4 S. 1 BGB **6.55**

---

81 *Lohkemper*, KTS 1996, 1, 27 ff.
82 Vgl. 77/187/EWG.

verbietet aber zweifellos die insolvenzbedingte Kündigung; dieses *gesetzliche* Verbot kann durch den Insolvenzplan nicht modifiziert werden.

3. Sonderregelungen für den Pensionssicherungsverein

6.56 Nach dem Gesetz zur Verbesserung der betrieblichen Altersversorgung vom 19.12.1997, auch Betriebsrentengesetz genannt und BetrAVG abgekürzt, haben frühere Mitarbeiter eines Unternehmens Ansprüche gegen ihren Arbeitgeber aus Pensionszusagen. Diese genießen unter bestimmten Voraussetzungen Insolvenzschutz. Wird über das Vermögen eines Arbeitgebers das Insolvenzverfahren eröffnet, mangels Masse nicht eröffnet oder das Unternehmen in einem außergerichtlichen Vergleich liquidiert oder saniert, so tritt für bestimmte Betriebsrenten-Anwartschaften in bestimmter Höhe der Pensionssicherungsverein auf Gegenseitigkeit, Köln, (PSVaG) ein. Dieser finanziert seine Leistungen aus einer Umlage, die von allen – derzeit fast 40.000 – Unternehmen erhoben wird, die Versorgungszusagen gegeben haben und bei denen eine Insolvenz von Rechts wegen nicht ausgeschlossen werden kann (anders als etwa bei Kirchen, Rundfunkanstalten, etc., vgl. § 12 InsO.). Das derzeitige Beitragsvolumen beträgt über ½ Milliarde € jährlich.

6.57 Gerät der versorgungpflichtige Arbeitgeber in die Insolvenz, tritt also der Versicherungsfall ein, so wird der Insolvenzschutz für die gegenwärtigen und zukünftigen Pensionäre dadurch gewährleistet, dass unverfallbare Versorgungsanwartschaften und Betriebsrenten durch den PSVaG weitergezahlt werden (vgl. im Einzelnen § 7 BetrAVG)[83]. Im Gegenzug geht durch eine cessio legis die Anwartschaft der Berechtigten auf den PSVaG über, der sie als unbedingte Insolvenzforderung gem. § 45 InsO beim Insolvenzverwalter zur Tabelle anmeldet, § 9 Abs. 2 BetrAVG. Der PSVaG nimmt also für den Fall der Liquidation eines Unternehmens in einem Insolvenzverfahren wie jeder andere nicht nachrangige Insolvenzgläubiger quotal an der Verwertung des Vermögens durch den Insolvenzverwalter teil. Abgesehen davon, dass das BetrAVG erhebliche Regelungen zu den Details der betrieblichen Altersversorgung enthält, weil u. a. das Verhältnis zu Pensionsfonds, Lebensversicherungen und Unterstützungskassen, die Vermeidung von Missbräuchen, überhöhten Renten und nur kurzfristigen Versicherungsverträgen geregelt werden muss, ist die Beteiligung des PSVaG im Insolvenz-Liquidationsverfahren keine besondere. Er ist insofern ein Gläubiger wie jeder andere auch. Dem entspricht es, dass die InsO keine besonderen Regelungen für die betriebliche Altersversorgung oder für den PSVaG enthält.

6.58 Im BetrAVG wird das Verhältnis der Insolvenzsicherung zum Insolvenzverfahren geregelt. Dies betrifft im Wesentlichen zwei Punkte:

6.59 § 9 BetrAVG (Mitteilungspflicht, Forderungs- und Vermögensübergang) regelt in seinem Absatz 5:
Dem Träger der Insolvenzsicherung steht gegen den Beschluss, durch den das Insolvenzverfahren eröffnet wird, die sofortige Beschwerde zu.

---

83 Ausführlich zu den Voraussetzungen des gesetzlichen Insolvenzschutzes *Langohr-Plato*, ZInsO 1998, 368 ff.

Die Vorschrift ist bereits durch EGInsO vom 5.10.1994 (Artikel 91) in das Gesetz aufgenommen worden und seitdem unverändert geblieben. Die amtliche Begründung hierzu ist lapidar:

Mit Eröffnung des Insolvenzverfahrens tritt der PSVaG in die Verpflichtung des Schuldners aus einer betrieblichen Altersversorgung ein. Die Eröffnung des Verfahrens hat für den PSVaG also unmittelbare rechtliche Wirkungen von erheblicher wirtschaftlicher Tragweite. Es erscheint daher sachgerecht, ihm das Recht zur sofortigen Beschwerde gegen den Eröffnungsbeschluss zuzugestehen[84].

Mit dieser Begründung hätte man jedem Gläubiger ein Beschwerderecht gegen die Insolvenzeröffnung geben können, weil diese für jenen in jedem Fall weitreichende wirtschaftliche Folgerungen hat. Dies ist freilich nicht geschehen; gem. § 34 Abs. 2 InsO hat das Beschwerderecht gegen die Insolvenzeröffnung nur der Schuldner. Das Beschwerderecht des PSVaG soll nach den Kommentaren zum BetrAVG verhindern, dass sich der Schuldner durch die Eröffnung des Insolvenzverfahrens, die die Eintrittspflicht des PSVaG nach sich zieht, allzu leicht von seiner betrieblichen Altersversorgung befreien kann[85].

Zum Insolvenzplan enthält das BetrAVG drei Bestimmungen: **6.60**
§ 10 Abs. 1 BetrAVG sieht vor:
In einem Insolvenzplan, der die Fortführung eines Unternehmens oder eines Betriebes vorsieht, kann für den Träger der Insolvenzsicherung eine besondere Gruppe gebildet werden.
§ 7 Abs. 4 Sätze 3 und 5 BetrAVG bestimmen (die Satzreihenfolge wäre besser umgekehrt):
Sieht der Insolvenzplan vor, dass der Arbeitgeber oder sonstige Träger der Versorgung die Leistungen der betrieblichen Altersversorgung von einem bestimmten Zeitpunkt an selbst zu erbringen hat, entfällt der Anspruch auf Leistungen gegen den Träger der Insolvenzsicherung von diesem Zeitpunkt an. Im Insolvenzplan soll vorgesehen werden, dass bei einer nachhaltigen Besserung der wirtschaftlichen Lage des Arbeitgebers die vom Träger der Insolvenzsicherung zu erbringenden Leistungen ganz oder zum Teil vom Arbeitgeber oder sonstigen Träger der Versorgung wieder übernommen werden.
Schließlich regelt § 9 Abs. 4 Satz 2 BetrAVG für den Fall, dass die Sanierung misslingt:
Sofern im Insolvenzplan nichts anderes vorgesehen ist, kann der Träger der Insolvenzsicherung, wenn innerhalb von drei Jahren nach der Aufhebung des Insolvenzverfahrens ein Antrag auf Eröffnung eines neuen Insolvenzverfahrens über das Vermögen des Arbeitgebers gestellt wird, in diesem Verfahren als Insolvenzgläubiger Erstattung der von ihm erbrachten Leistungen verlangen.

Die Vorschriften sind bereits durch das Einführungsgesetz zur InsO geschaffen worden;   **6.61**
es hat nur ganz kleine sprachliche Verbesserungen gegeben (z. B. „Insolvenzplan" statt

---

84 Vgl. *Berenz*, Gesetzesmaterialien zum Betriebsrentengesetz, 2003, 287.
85 *Höfer*, BetrAVG, 1992, § 9 RdNr. 3096.12; *Kemper/Kisters-Köllkes/Behrens/Bode/Kühler*, BetrAVG, 2003, § 9 RdNr. 33; *Ahrendt/Förster/Rühmann/Schumann*, 2003, BetrAVG, § 9 RdNr. 12, *Blomeyer/Otto*, BetrAVG, 1984, § 9 RdNr. 106.

„Plan" durch das Rentenreformgesetz vom 16.12.1997). Der Sinn der beiden Regelungen ist nach den gesetzlichen Motiven der folgende:

6.62 *Die Anfügung des Absatzes 4 Satz 1 trägt den besonderen Interessen des PSVaG im Insolvenzverfahren Rechnung. Die Verpflichtungen des PSVaG erstrecken sich über lange Zeiträume; sie sind im Falle der Sanierung auf der Grundlage eines Insolvenzplanes nach Maßgabe des neuen § 7 Abs. 4 in besonderer Weise gegenüber den Verpflichtungen des Schuldners oder des sonstigen Trägers der Versorgung abzugrenzen. Der allgemeine Grundsatz, dass bei der Festlegung der Rechte der Beteiligten in einem Insolvenzplan nur Beteiligte mit gleicher Rechtsstellung und gleichartigen wirtschaftlichen Interessen zusammenzufassen sind (§ 265 Abs. 1 Satz 1 des Entwurfs der Insolvenzordnung), kann daher hier konkretisiert werden: Für den PSVaG ist stets eine besondere Gruppe zu bilden, wenn eine Fortführung eines Unternehmens oder eines Betriebes vorgesehen ist. Nur bei Stilllegung und Liquidation des gesamten Unternehmens kann sich das Interesse des PSVaG auf eine möglichst hohe Liquidationsquote beschränken und insoweit mit dem der übrigen Gläubiger übereinstimmen; in einem solchen Liquidationsplan kann daher auch der PSVaG mit anderen Gläubigern in einer gemeinsamen Gruppe zusammengefasst werden. Die Regelung gewährleistet damit, dass der PSVaG im Falle einer Sanierung nicht zum Nachteil der von ihm vertretenen Solidargemeinschaft von anderen Gläubigern überstimmt werden kann; auf der anderen Seite ist durch das Obstruktionsverbot des § 290 des Entwurfs der InsO sichergestellt, dass ein Sanierungsplan, der die vom PSVaG vertretenen Interessen angemessen berücksichtigt, trotz eines Widerspruchs des PSVaG bestätigt werden kann*[86].

6.63 Das Gesetz hatte bis zur EGInsO lediglich den Fall geregelt, dass in einem Vergleich die Versorgungsanwartschaften „vertikal aufgeteilt" würden: der Arbeitgeber übernimmt in Höhe der Quote, im Übrigen zahlt der PSVaG. Jetzt gilt:
Für den Fall eines Planes im Insolvenzverfahren wird im neuen Satz 3 zusätzlich die Möglichkeit angesprochen, dass im Plan anstelle – oder in Kombination mit – der „vertikalen Aufteilung" die „horizontale Aufteilung" der Versorgungsrechte vorgesehen wird: Der Träger der Insolvenzsicherung übernimmt die Leistungen der betrieblichen Altersversorgung für einen bestimmten Zeitraum in voller Höhe und wird nach Ablauf dieses Zeitraums von den Leistungspflichten frei (es folgt eine ausführliche Darlegung der für beide Seiten, Arbeitgeber und PSVaG, positiven und negativen Aspekte dieser Regelung. Dann heißt es weiter zu Abs. 4 Satz 5): *Damit wird einer wiederholten Forderung der Wirtschaft und des PSVaG Rechnung getragen. Die am Insolvenzverfahren Beteiligten werden dazu angehalten, in einem Sanierungsfall in einem Sanierungsplan das Erlöschen der Einstandspflicht des PSVaG für den Fall zu vereinbaren, dass sich die wirtschaftliche Lage des Arbeitgebers nachhaltig bessert (Besserungsklausel). Enthält ein Insolvenzplan keine solche Bestimmung, ohne dass dies durch besondere Umstände gerechtfertigt ist, so hat das Insolvenzgericht den Plan von Amts wegen zurückzuweisen (§ 275 Abs. 1 Nr. 1 des Entwurfs der Insolvenzordnung)*[87].

---

86 Zitiert nach *Berenz* (Fußn. 84), 286.
87 Vgl. *Berenz* (Fußn. 84), 233 ff.

Die in den amtlichen Begründungen zitierten §§ 265 und 275 der Entwürfe zur InsO **6.64** entsprechen an den zitierten Stellen den heutigen §§ 222 InsO (Gruppenbildung) und 231 InsO (Zurückweisung).

Das Beschwerderecht des PSVaG ist, soweit ersichtlich, bisher praktisch nicht relevant **6.65** geworden, und wäre im Übrigen rechtlich unproblematisch. Der PSVaG müsste in einer sofortigen Beschwerde gegen die Verfahrenseröffnung darlegen, dass die Insolvenz mutwillig, ja rechtsmissbräuchlich herbeigeführt worden sei und das Unternehmen, seiner eigenen Darlegung entgegen, nicht zahlungsunfähig und überschuldet wäre. In den USA, wo das Betriebsrentenproblem praktisch durchweg unter Inanspruchnahme von chapter 11 des US bankruptcy code gelöst wird, soll es derartige rechtsmissbräuchliche Insolvenzanträge zu Hauf geben. Die US-amerikanischen Pensionskassen haben nach neuen Schätzungen ein Defizit von insgesamt 192 Milliarden Dollar. Missbräuchliche Insolvenzanträge führten dazu, dass die „Pension Benefit Guaranty Corp", eine dem deutschen PSVaG ähnliche staatliche Behörde, mit der Übernahme von 192 bankrotten Pensionskassen im Jahr 2004 eine Unterdeckung von 23,2 Milliarden Dollar aufweist[88]. Hier sind solche missbräuchlichen Insolvenzanträge noch nicht bekannt geworden.

Im Übrigen handelt es sich bei den insolvenzrechtlichen Vorschriften des BetrAVG **6.66** einerseits um Kann-Vorschriften (Gruppenbildung, Zweitinsolvenz), bei der Besserungsklausel handelt es sich um eine Soll-Vorschrift. Zwingendes Recht sind die Vorschriften nicht: dem Gesetzesverfasser dürfte anderes vorgeschwebt haben, wenn er die Sondergruppe für den Fortführungsplan sicherstellen wollte und das Fehlen der Besserungsklausel ohne Begründung sogar für einen Zurückweisungsgrund hält.

Arbeitsrechtliche Rechtsprechung ist zu den Vorschriften bisher nicht veröffentlicht **6.67** worden. Die Kommentarliteratur zum BetrAVG zitiert und paraphrasiert im Wesentlichen den Gesetzestext und seine amtliche Begründung und äußert ihre Meinungen nur im Folgenden Umfang:

Blomeyer hält die Merkmale einer „nachhaltigen Besserung der wirtschaftlichen Lage" **6.68** für problematisch und schlägt vor, dass das Unternehmen über mehrere Jahre hindurch einen Bilanzgewinn ausweisen muss[89]. Die PSVaG-Sondergruppe hält er dafür nicht für zwingend, zumal eine zwingende Gruppenbildung nur für Gläubiger unterschiedlicher Rechtstellung vorgesehen sei, gleichartige wirtschaftliche Interessen lediglich fakultativ gruppiert werden sollten[90].

Schoden folgert aus der Besserungsklausel, der PSVaG werde einem Insolvenzplan nur **6.69** zustimmen, wenn eine solche Klausel vereinbart würde[91]. Er sieht die Vorschrift im Zusammenhang mit der Bundesverwaltungsgericht-Entscheidung vom 23.5.1995 (betrifft den AEG-Vergleich)[92]. Dort war der PSVaG mit seiner Rechtsauffassung, die

---

88 Vgl. „US-Firmen fliehen in Insolvenz", Welt am Sonntag v. 21.11.2004.
89 *Blomeyer/Otto*, BetrAVG, 1984, § 7 RdNr. 261.
90 *Blomeyer/Otto*, BetrAVG, 1984, § 9 RdNr. 115.
91 *Schoden*, BetrAVG Betriebliche Altersversorgung, 2. Aufl., 2003, § 7 RdNr. 19e.
92 BVerwG, Urt. v. 23.5.1995, 1 C 32, 33.92, AuR 1995, 265.

Versorgungspflicht lebe im Falle eines gerichtlichen Vergleichs bei Besserung der wirtschaftlichen Verhältnisse ipso iure wieder auf, unterlegen. Somit sieht er in der Vorschrift wohl eine Ausnahme zum Obstruktionsverbot, weil der PSVaG, als eigene Gruppe, seine Zustimmung verweigern kann, ohne obstruktiv zu sein[93].

6.70 Die insolvenzrechtliche Literatur – Rechtsprechung ist, soweit ersichtlich, auch hier bisher nicht veröffentlicht – nimmt zu den Fragen wie folgt Stellung:

6.71 *Braun* hält den PSVaG „unzweifelhaft immer in unterschiedliche wirtschaftliche Gruppen einordbar[94]", entsprechend aber vielen anderen Gruppen, wie Banken, Lieferanten, Steuern, die Bundesagentur, die BfA. Konsequenzen zieht er hieraus nicht. *Flessner* nimmt den PSVaG als Beispiel für eine Ein-Gläubiger-Gruppe[95]. *Uhlenbruck/Lüer* stellen die gesetzliche Regelung dar: „Kann"[96]. *Eidenmüller* im Münchener Kommentar weist ausdrücklich darauf hin, dass im Zuge der Gesetzgebung die Stellung des PSVaG von der Pflichtgruppe zur Kann-Gruppe heruntergestuft wurde: *„... die schließlich Gesetz gewordene Fassung der Vorschrift (weicht) insofern von der Fassung des RegE ab, als dieser noch – auf der Linie der im § 265 Abs. 1 Satz 1 RegE zur InsO ursprünglich vorgesehenen Pflichtunterscheidung zwischen Gruppen ... eine Pflicht zur Gruppenbildung für den Pensions-Sicherungs-Verein vorgesehen hatte. Auf Empfehlung des Rechtsausschusses wurde daraus – der Ausschuss-Konzeption einer fakultativen Gruppenbildung bei gleichartigen wirtschaftlichen Interessen entsprechend – eine* **Kann-Vorschrift.**"[97] *Eidenmüller* unterscheidet: *„... bei einer offensichtlichen Identität der wichtigsten insolvenzbezogenen wirtschaftlichen Interessen des Pensions-Sicherungs-Vereins und anderer Beteiligter kann der Planarchitekt eine Gruppenbildung nicht auf § 9 Abs. 4 Satz 1 BetrAVG stützen. Soweit die offensichtliche Interessenidentität reicht (Pensions-Sicherungs-Verein/andere Beteiligte) scheidet eine differenzierende Gruppenbildung aus. ... Dieser Fall dürfte kaum praktisch werden ... Im Übrigen versteht der Gesetzgeber auch § 9 Abs. 4 Satz BetrAVG als Vorschrift, die ... eine Gruppenbildung ermöglichen soll, diese aber nicht erzwingt. Grund ... ist dieses Gruppenbildungsermessen reduziert (mit der Folge einer Pflicht zur Separierung des Pensions-Sicherungs-Vereins von den übrigen Gläubigern), sofern sich die wichtigsten Insolvenz bezogenen wirtschaftlichen Interessen des Pensions-Sicherungs-Vereins offensichtlich von denjenigen der übrigen Gläubiger unterscheiden. Dies ist ... im Einzelfall durchaus denkbar.*[98]" *Jaffé* weist im Frankfurter Kommentar ebenfalls darauf hin, *„der Regierungsentwurf hat die Bildung einer besonderen Gruppe für den PSVaG noch als zwingende Regelung vorgesehen. Zwar hat der Gesetzgeber auf Empfehlung des Rechtsausschusses des Bundestags diese Regelung zur Verfahrensvereinfachung und wegen der veränderten Ausgestaltung des § 265 InsO zur Kann-Vorschrift abgeschwächt. Zugleich wurde aber in den Gesetzesmaterialien klargestellt, dass die Bildung einer besonderen Gruppe für*

---

93 *Schoden* (Fußn. 91), § 7 RdNr. 19e.
94 Braun-*Braun*, InsO, 2. Aufl., 2004, § 222 RdNr. 8.
95 HK-InsO-*Flessner*, 3. Aufl., 2003, § 222 RdNr. 1.
96 Uhlenbruck-*Lüer*, InsO, 12. Aufl., 2003, § 222 RdNr. 34.
97 MünchKomm-*Eidenmüller*, InsO, 2002, § 222 RdNr. 35.
98 MünchKomm-*Eidenmüller*, InsO, 2002, § 222, RdNr. 35.

die auf den PSVaG übergegangenen Ansprüche und Anwartschaften auf Betriebsrenten nicht nur in den Fällen des § 9 Abs. 4 A.1 BetrAVG zweckmäßig sein kann.[99]".

Nach dem Willen des BetrAVG soll dem PSVaG in der Insolvenz des Versorgungs- **6.72** pflichtigen eine Sonderrolle zukommen. Nach diesem gesetzlichen Modell kann sich der PSVaG schon gegen die leichtfertige Verfahrenseröffnung wehren. Im Insolvenzplan kann er eine Besserungsklausel verlangen, anderenfalls als eigene Gruppe dem Plan widersprechen.

Der InsO ist solches Denken fremd. Sie basiert auf der grundsätzlichen Gleichbehand- **6.73** lung aller gleichrangigen Gläubiger und verbietet sogar ausdrücklich, einen Gläubiger ohne seine Zustimmung schlechter zu behandeln als einen gleichrangigen oder gar nachrangigen Gläubiger. Jede überstimmte Gläubigergruppe kann dem Plan widersprechen, so dass er nach § 244 InsO abgelehnt ist, wenn nicht diese Gruppe genauso behandelt wird wie alle gleichrangigen und die nachrangigen Gläubiger nichts bekommen (§ 245 Abs. 2 Nr. 2, 3 InsO). Jeder überstimmte Gläubiger hat ein Widerspruchsrecht gegen den Plan nach § 251 InsO und kann gegen die Bestätigung des Plans Beschwerde einlegen, § 253 InsO.

Nach den praktischen Erfahrungen bei der Erstellung von Insolvenzplänen kann es **6.74** keinem Zweifel unterliegen, dass bei der Erstellung des Planes und seiner Diskussion mit allen beteiligten Gläubigern größte Sorgfalt und das ständige Bemühen um Ausgewogenheit, Gerechtigkeit und Gleichbehandlung erforderlich ist. Nach der Erfahrung des Verfassers ist das Gleichgewicht bei der Planerstellung und bei der Abstimmung darüber stets ein labiles, es kann schon durch Kleinigkeiten aus der Balance geraten. Jeder Verdacht irgendeiner Bevorzugung ist in langwierigen Gesprächen in der Gläubigerversammlung (Erörterungstermin), im Gläubigerausschuss und in Einzelgesprächen mit den Gläubigern zu beseitigen. Sowohl nach den Materialien des Gesetzes als auch nach der einhelligen Meinung aller Kommentare und sonstiger Äußerungen zum Insolvenzplanverfahren liegt in der Beachtung der verfahrensmäßigen Vorschriften einerseits, in der Ausgewogenheit und Gläubigergleichbehandlung andererseits der Schwerpunkt des Insolvenzplanverfahrensrechts. Der Grundsatz des *par conditio creditorum* ist der tragende Pfeiler aller deutschen Insolvenzordnungen.

Insofern gibt das BetrAVG dem PSVaG Steine statt Brot, wenn es ihn einerseits gegen- **6.75** über anderen Gläubigern bevorzugen will, dies aber nicht durch zwingendes Recht, sondern durch unverbindliche Kann- oder Soll-Vorschriften geschieht. Wie soll sich der Planverfasser, Schuldner oder Verwalter richtig verhalten? Folgt er den allgemeinen insolvenzrechtlichen Prinzipien, so hat er den PSVaG wie jeden anderen Gläubiger zu behandeln. Er darf ihn nicht schlechter, aber auch nicht besser behandeln als diese und die übrigen Gläubiger werden, wenn dies nicht geschieht, dem Plan ihre Zustimmung versagen (§ 244 InsO), dem Plan widersprechen (§ 251 InsO) und sofortige Beschwerde einlegen (§ 253 InsO). Stellt er aber das Einvernehmen mit den übrigen Gläubigern her, so vernachlässigt er seine Möglichkeiten aus den Kann-Bestimmungen und verstößt

---

99 FK-*Jaffé*, InsO, 3. Aufl., 2002, § 222 RdNr. 77.

gegen die Soll-Vorschrift. Und die Gläubiger, dem Souverän des Insolvenzplanverfahrens, binden die Vorschriften ohnehin nicht.

6.76 Dem Gesetzgeber zu unterstellen, er hätte – entsprechend den Materialien zur EGInsO – eigentlich zwingendes Recht schaffen wollen, und dies nur in die Form einer Soll- bzw. Kann-Vorschrift gekleidet, ist nicht tragfähig. Kein Gläubiger, der hierdurch benachteiligt wird, wird sich darauf einlassen, sondern verlangen, dass im gegebenen Fall eine Ausnahme von der Soll-Vorschrift gemacht und die Kann-Vorschrift nicht angewendet werde. Dass auch die Interessen dieser Gläubiger berechtigte sind, steht außer Zweifel. Konflikte unter den jeweils berechtigten Interessen der Gläubiger werden nicht durch den Planverfasser oder das Amtsgericht entschieden, sondern durch die Abstimmungsregeln im Insolvenzplanverfahren. Danach entscheiden die Gläubiger nach Kopf und Summe innerhalb der einzelnen Gruppen und nach Gruppen über den Gesamtplan. Und dass bei Einteilung der Gläubiger in Gruppen im Rahmen der Sachgerechtigkeit der Verfasser des Plans sich davon leiten wird, in welcher Konstellation der Plan die größte Realisierungschance hat, ist legitim, und zwar anerkanntermaßen. Hätte der Gesetzgeber ein eindeutiges PSVaG-Vorrecht gewollt, so hätte er es bestimmen müssen.

6.77 Danach ergibt sich: Der PSVaG kann verlangen, dass ihm eine eigene Gruppe eingeräumt wird und dass der Insolvenzplan eine Besserungsklausel bekommt. Geschieht dies nicht, so wäre ein Widerspruch des PSVaG nach dem gesetzlichen Modell des BetrAVG nicht obstruktiv. Wirkungen hätte er freilich nur, wenn dem PSVaG nicht nur der Besserungsschein, sondern auch die Gruppe versagt wird. Nur für den Widerspruch einer Gruppe kommt es auf die Obstruktion dieser Gruppe an (§ 245 InsO). Der Widerspruch eines einzelnen Gläubigers ist nur dann beachtlich, wenn er durch den Plan schlechter gestellt wird, als er ohne diesen Plan stünde (§ 251 InsO). Dies dürfte regelmäßig nicht ohne weiteres der Fall sein. Für den PSVaG ist es daher die entscheidende Frage, ob er den Anspruch auf Einordnung in eine eigene Gruppe durchsetzen kann. Da nicht Gläubiger, sondern nur Schuldner oder Verwalter Insolvenzpläne vorlegen dürfen (§ 218 Abs. 1 Satz 1 InsO), und sich einzelne Gläubiger gegen einen Insolvenzplan nie wehren können, ist dies nur der Fall, wenn anderenfalls die Vorschriften über „den Inhalt des Plans nicht beachtet" wären (§ 231 Abs. 1 Nr. 1 InsO) oder Verfahrensvorschriften verletzt sind (§ 250 Nr. 1 InsO). In diesen Fällen hätte das Gericht von Amts wegen oder auf die sofortige Beschwerde eines Gläubigers den Plan zurückzuweisen oder seine Bestätigung zu versagen. Ein Recht, dem Plan eine bestimmte Gestaltung zu geben, gibt es dagegen nicht.

6.78 Es müsste sich bei der Vorschrift über die Eigengruppe daher um eine solche „über den Inhalt des Plans" handeln oder die Bildung einer eigenen Gruppe für den PSVaG müsste ordnungsgemäßem Verfahren entsprechen. Dagegen aber bestehen durchgreifende Bedenken, weil die Eigengruppe nicht nur nicht als Muss-Vorschrift, nicht einmal als Soll-Vorschrift, sondern als bloße Kann-Vorschrift ausgestaltet ist. Die Bildung einer eigenen Gruppe für den PSVaG ist daher erlaubt, sie wäre, mit Blick auf § 222 Abs. 2 InsO, jederzeit sachgerecht und würde ihrerseits nicht die Möglichkeit einer Beschwerde eines anderes Gläubigers eröffnen. Die Verletzung einer Kann-Vorschrift kann aber niemals von Amts wegen zur Planversagung führen.

Der PSVaG wird daher, wenn er sachgerecht mit anderen gleichrangigen Gläubigern in einer Gruppe zusammengefasst wird, hiergegen nichts unternehmen können. Und innerhalb dieser Gruppe muss er gleichbehandelt werden, § 226 InsO. **6.79**

Die Besserungsklausel ist hingegen als Soll-Vorschrift ausgestaltet. Dies hat zunächst einmal zur Folge, dass ihr Fehlen einen Widerspruch des PSVaG nicht als obstruktiv erscheinen lässt. Dies würde dem PSVaG freilich nur helfen, wenn er eine eigene Gruppe oder in seiner Gruppe die Mehrheit hätte. Gewiss gehört § 7 Abs. 4 Satz 5 BetrAVG zu den Vorschriften über den Inhalt des Insolvenzplans, so dass seine Verletzung grundsätzlich von Amts wegen oder auf Beschwerde zu prüfen ist. Hier geht der Gesetzgeber davon aus, dass eine Verletzung „durch besondere Umstände gerechtfertigt" sein könnte, ohne diese Umstände auch nur im Geringsten zu spezifizieren. Im Prinzip wird dem Planverfasser daher nicht mehr abverlangt als eine mehr oder weniger floskelhafte Begründung, etwa, dass der Betrieb wegen seiner geringeren Größe zukünftig keine Betriebsrenten mehr werde zahlen können, oder – was durchweg zutreffen wird – dass die übrigen Gläubiger einem Insolvenzplan mit Besserungsklausel nicht zustimmen würden. Dies versteht sich jedenfalls in den Fällen im Grunde von selbst, wo die Gläubiger ganz oder teilweise dem Unternehmen mittelfristig verbunden bleiben, wie etwa Arbeitnehmer, Lieferanten, Banken (deren Sicherheiten im Unternehmen bleiben), etc. In diesen Fällen ist das Interesse dieser Gläubiger auf eine nachhaltige Sanierung des Unternehmens, auch über den 3-Jahreszeitraum hinaus, gerichtet. Sie, denen der Insolvenzplan selbst häufig erhebliche Verzichte auferlegt, wollen diesen Verzicht nur im eigenen Interesse leisten, damit sie gegenwärtig oder zukünftig möglichst hohe Erträge aus dem schuldnerischen Unternehmen ziehen. Denn es ist nicht die Aufgabe von Insolvenzplänen, Wohltaten zu verteilen. Vielmehr dienen Insolvenzpläne der bestmöglichen Gläubigerbefriedigung. Der verzichtende Gläubiger stimmt im eigenen Interesse zu, nicht um den anderen, dem Schuldner oder dem PSVaG zu helfen. Nach der InsO ist dies legitim. Und da der Widerspruch der Gläubigermehrheit niemals einer Begründung bedarf, ist es allen übrigen Gläubigern und Gläubigergruppen nicht verwehrt, ihre Zustimmung an die Bedingung zu knüpfen, dass der PSVaG nicht weniger, aber auch nicht mehr erhalte als sie selbst. Anderenfalls wollen diese Gläubiger lieber die Zerschlagung als die übertragende Sanierung. Doch gibt es für den PSVaG nie einen Besserungsschein. Somit erweist sich bei Lichte betrachtet das Vorrecht des PSVaG nach den §§ 7, 9 BetrAVG als bloße Schimäre. Der Gesetzgeber der EGInsO hat das Problem nicht gelöst, sondern lediglich die Verantwortung für seine Lösung auf andere Schultern übertragen: die des Planverfassers und der Gläubiger. Für den PSVaG ist es sicherlich bitter, wenn das Gesetz, wie seine Verfasser meinen, Beteiligte zu einem dem PSVaG gegenüber wohlwollenden Verhalten bloß „anhalten" wolle, ohne dass hieran Rechtsfolgen geknüpft sind. Für die Praxis können aber nur folgende Konsequenzen gezogen werden: **6.80**

– Dem PSVaG kann, muss aber nicht eine eigene Gruppe eingeräumt werden. Bedeutung hat dies in den Fällen, in denen der PSVaG, ohne eigene Gruppe, von anderen gleichrangigen Gläubigern überstimmt werden würde, wenn er eine Sonderbehandlung durchsetzen möchte. **6.81**
– Bildet der PSVaG eine eigene Gruppe, wird man seiner Forderung nach einem Besserungsschein nicht mit dem Obstruktionsverbot begegnen können.

– Hat der PSVaG keine eigene Gruppe, so kann er auch nicht besser gestellt werden als andere Gläubiger, weil dies nach § 226 InsO verboten ist. Ein Besserungsschein könnte also auf Beschwerde eines überstimmten Gläubigers derselben Gruppe zur Aufhebung des Plans führen.

– Hat der PSVaG keine eigene Gruppe, so kann er dem Plan nicht wegen des Fehlens einer Besserungsklausel widersprechen. Ob man ihn auf § 226 InsO verweist oder eine „Begründung" für das Fehlen des Besserungsscheins fordert, ist zweifelhaft.

6.82 Dem Planverfasser ist anzuraten, sich mit dem PSVaG über dessen Rechtsstellung zu einigen. Dem PSVaG ist für den Fall, dass seinen Wünschen aus dem BetrAVG nicht Rechnung getragen wird, zu raten, die Frage einer höchstrichterlichen Klärung zuzuführen.

Kapitel 7: Bildung von Abstimmungsgruppen im Insolvenzplan durch den Planinitiator

I. Überblick über die Funktion der Gruppenbildung

1. Vorbemerkung

Die Verabschiedung des vorgelegten Plans soll nach verfahrensrechtlichen Regelungen **7.1** erfolgen, die sich von denen des alten Konkurs- und Vergleichsrechts nicht unerheblich unterscheiden. An die Stelle einer Abstimmung in der Gläubigerversammlung und einer mehrheitlichen Beschlussfassung für oder gegen Sanierungsmaßnahmen tritt im Insolvenzplanverfahren die Abstimmung nach Gläubiger*gruppen* (§ 243)[1]. Die Gläubigerversammlung wird in einzelne Gruppen fraktioniert. Oder, anders ausgedrückt: Die Form, in der über einen Plan abgestimmt wird, hängt in weiten Bereichen von den im (noch nicht beschlossenen) Plan getroffenen Festlegungen ab. Diese Möglichkeit, in das *procedere* der Ausübung der Gläubigerautonomie einzugreifen, verleiht einer Planinitiative Gewicht und Durchschlagskraft. Dass diese Regelung Missbrauchsmöglichkeiten nachgerade auf den Plan ruft, zeigt sich daran, dass sich schon heute eine Literatur entwickelt hat, die Hinweise zur Vermeidung der Bildung „planfeindlicher" Gruppen zu liefern versucht.[2] Das deutsche Recht des gerichtlichen Reorganisationsverfahrens sieht gem. § 222 InsO ebenso wie chapter 11 des US-amerikanischen bankruptcy code die Abstimmung nach Maßgabe der Einteilung der Gläubiger in Gruppen (claim classification) vor.[3] Die Einteilung der Gläubiger in Abstimmungsgruppen dient der Erreichung zweier Ziele. Zum einen soll sie es dem Planinitiator ermöglichen, das Abstimmungsergebnis durch eine taktisch vorteilhafte Einteilung der Gruppen im Sinne einer Annahme des Planes zu beeinflussen. Dabei kommt es darauf an, dass die Einteilung der Gläubigergruppen zum anderen dazu dient, eine Ungleichbehandlung der durch den Insolvenzplan in ihren Rechten betroffenen Gläubiger dadurch zu ermöglichen[4], dass eine Gleichbehandlung von Gläubigern gleicher Gruppenzuordnung im Unterschied zur Ungleichbehandlung der Gläubiger mit unterschiedlichen Gruppenzugehörigkeiten (arg. § 226 Abs. 1 InsO[5]) vorgesehen wird.

---

1 *K. Schmidt*, Gutachten zum 54. DJT, 1982, D 86.

2 *Braun/Uhlenbruck*, Unternehmensinsolvenz, 1997, 602.

3 *Smid/Rattunde*, Insolvenzplan, 1998, RdNr. 432 ff.; eingehend *Hänel*, Gläubigerautonomie und das Insolvenzplanverfahren, 2000, 130 ff.

4 Die Meinung von *Bilgery*, DZWIR 2001, 316, 318, wonach eine Ungleichbehandlung auch dann zur Ablehnung der Bestätigung des Planes führen müsste, wenn Gläubiger verschiedener Gruppenzugehörigkeit, aber gleicher Rechtsstellung (z. B. nicht nachrangige Insolvenzgläubiger) ungleich behandelt werden, findet im Gesetz keine Grundlage; sie ist deshalb nicht wirklich überzeugend, weil die durch den Planinitiator vorgenommene Differenzierung sachgerecht sein muss. Das kann z. B. in einer Ungleichbehandlung von Insolvenzforderung aus gegen den Schuldner gezogenen Bürgschaften gegenüber Insolvenzforderungen aus Werklohnforderungen und dergleichen mehr der Fall sein, weil die vorkonkurslich von den Insolvenzgläubigern zur Masse gebrachten „Opfer" sich unterscheiden.

5 Smid-*Smid*, InsO, 2. Aufl., 2002, § 226 RdNr. 2.

165

7.2 Daher kommt es für die Erfolgsaussichten eines Insolvenzplans neben dem in der Literatur[6] geforderten Verhandlungsgeschick auf zwei Faktoren an. Zum einen muss der Planinitiator eine sowohl für die bevorstehende Abstimmung erfolg-, weil Mehrheiten versprechende als auch der Zulassung durch das Insolvenzgericht nach § 231 Abs. 1 InsO angemessene, weil den Rechtmäßigkeitsanforderungen des § 222 InsO entsprechende Art der Einteilung der Gruppen seiner Gläubiger vornehmen. Zum anderen müssen die Regelungen des Plans betreffend die Behandlung der einzelnen Gläubiger und Gläubigergruppen so gestaltet sein, dass die Zustimmung einer Gruppe durch das Insolvenzgericht nach § 245 InsO ersetzt werden kann, wenn in der Abstimmung (§ 243 InsO) in der Gruppe die nach § 244 InsO erforderliche Mehrheit verfehlt wird.

2. Motive des Gesetzgebers

7.3 Die Verabschiedung des vorgelegten Plans wird sich daher mit dem Verfahren der **Abstimmung nach Gläubigergruppen** von den verfahrensrechtlichen Regelungen des überkommenen Rechts erheblich unterscheiden. Wie die Stände der Reichstage des alten Reichs zur getrennten Beratung auseinander gegangen sind, wird die Gläubigerversammlung zur Abstimmung über den Insolvenzplan in einzelne Gruppen fraktioniert[7], denen diejenigen Gläubiger angehören, in deren Rechte durch den Plan eingegriffen wird.

7.4 Soweit der Insolvenzverwalter eine übertragende Sanierung wie im bisherigen Recht durchzuführen beabsichtigt, beschließt darüber ebenso wie im überkommenen Recht die **Gläubiger**versammlung **mit den in § 76 Abs. 2 InsO vorgesehenen Mehrheiten**[8]; eine *itio in partes* von wie auch immer gearteten Gläubigergruppen findet dabei nicht statt. Die Abstimmung über den Insolvenzplan nach Gruppen soll der *Heterogenität* der (wirtschaftlichen) Interessen der Gläubigerschaft Rechnung tragen[9]. Diese Annahme, auf der der Gesetzgeber den von ihm eingeschlagenen Weg gegründet hat, wird noch im Folgenden näher zu diskutieren sein. Hier geht es vorerst darum, diese Prämisse nachzuvollziehen.

3. Funktion der Gruppenbildung

7.5 Die Unterscheidung der Gläubiger in Gruppen soll es ermöglichen, **wirtschaftlich sinnvolle und nachvollziehbare Entscheidungen über den Insolvenzplan** herbeizuführen. Letzteres dient nach der Vorstellung des Gesetzgebers der Vorbereitung der Entscheidung des Insolvenzgerichts über die Bestätigung des Insolvenzplans, mittels derer eine Ablehnung des vorgelegten Plans durch einzelne, aber auch durch eine Mehrheit von Gläubigergruppen ggf. gem. § 245 InsO als „obstruktiv" und damit unbeachtlich zu bewerten ist[10]. Auf der Grundlage dieses, im Folgenden eingehend zu erörternden „Ob-

---

6 *Braun/Uhlenbruck* (Fußn. 2), 597.

7 *Mertens* (ZGR 1984, 542, 548) hat zu den Vorschlägen der Kommission angemerkt, es handle sich um ein Reorganisationsverfahren mit Zügen der Gruppenuniversität – und wer davon eine auch nur vage Vorstellung hat, mag ermessen, was das heißt . . . Grundsätzlich anders die Bewertung (wohl nicht der Gruppenuniversität, aber) der legitimatorischen Wirkung der Strukturierung privatrechtlicher Mitwirkung im Gestaltungsverfahren: *K. Schmidt*, ZGR 1986, 178, 198.

8 Siehe die Darstellung in *Smid/Rattunde*, Der Insolvenzplan, 1998, RdNr. 42 ff.

9 Amtl. Begr. RegEInsO, BT-Drucks. 12/2443, 199 (zu § 265).

10 Zu den verfahrenstechnischen Problemen der Umsetzung des „Obstruktionsverbots" und der Notwendigkeit seiner einschränkenden Auslegung vgl. *Smid*, in: FS Pawlowski, 1996, 387 ff.

struktionsverbots" ist es möglich, einen wirtschaftlich sinnvoll erscheinenden Plan auch gegen eine Mehrheit dissentierender Gläubiger durch gerichtliche Bestätigung in Kraft zu setzen, sofern nur *eine* Gläubigergruppe dem Plan zugestimmt hat.

II. Definition der Gläubigergruppen durch den Schuldner und gerichtliche Kontrolle gem. § 231 InsO

Das Planinitiativrecht gem. § 218 InsO steht – wie eingangs (Kapitel 3) gezeigt – dem **7.6** Insolvenzschuldner sowie dem Insolvenzverwalter zu[11]. Während das Planinitiativrecht des Insolvenzverwalters in die Gläubigerselbstverwaltung eingebunden ist (arg. § 157 InsO), hat der Gesetzgeber – ebenso wie im US-amerikanischen Recht (11 USC § 1121 (a))[12] – *dem Insolvenzschuldner* mit der Befugnis zur Planinitiative ein Mittel an die Hand gegeben, **erheblichen Einfluss auf den Gang des Verfahrens** zu nehmen, der durch die Aufteilung der Gläubigergemeinschaft in Abstimmungsgruppen noch verstärkt werden kann. Die Abstimmung nach den durch den Plan gebildeten Gruppen setzt allerdings voraus, dass der Planentwurf nicht durch das Insolvenzgericht gem. § 231 Abs. 1 InsO vorab zurückgewiesen wird. Die Entscheidung des Insolvenzgerichts wird also nicht allein die Aufsicht über die Ausübung der Gläubigerselbstverwaltung darstellen, sondern mehr noch die Kontrolle eines Schuldners verwirklichen, dem durch das künftige Insolvenzplanverfahren vielfältige Gestaltungsmöglichkeiten eingeräumt sind, die *auszuschließen* bislang die vornehmste Aufgabe des Insolvenzverwalters war[13]. Das galt übrigens auch für das Vergleichsverfahren[14]. Im „Kölner Vergleichsverfahren"[15] wurde die Mitverwaltung des Vermögens dem Vergleichsverwalter übertragen[16], um das Vertrauen der Gläubiger in die Kreditwürdigkeit des zu sanierenden Unternehmens wiederherstellen zu können. Der Gesetzgeber der InsO geht mit dem Modell der Eigenverwaltung gem. §§ 270 ff. InsO im Übrigen einen entgegengesetzten Weg.

Die Zurückweisung des Plans hat gem. § 231 Abs. 1 Nr. 1 InsO zu erfolgen, wenn die **7.7** Vorschriften über den Inhalt des Plans nicht beachtet worden sind. Hierzu gehört § 222 InsO. Die Gruppenbildung und die Entscheidung nach § 231 InsO werden nach alledem voraussichtlich künftig zu den Problemkreisen gehören, die über das **Schicksal des Insolvenzverfahrens** entscheiden werden. Denn an dieser Stelle wird sich entscheiden, ob es insbesondere dem einen Planentwurf vorlegenden Schuldner möglich sein wird, durch die Einleitung eines Insolvenzplanverfahrens die gleichmäßige Befriedigung[17] der Gläubiger im Insolvenzverfahren (§ 1 S. 1 InsO) zu torpedieren.

---

11 Hierzu *Smid,* WM 1996, 1249 ff.
12 Näher *Smid,* WM 1996, 1249, 1251; *Kemper,* Die US-amerikanischen Erfahrungen mit „Chapter 11", 1996, 137, 153.
13 Eingehend dazu *Rattunde,* in: Smid, Gesamtvollstreckungsordnung, 3. Aufl. 1997, § 8 RdNr. 5 ff., 18 ff.
14 *Papke,* in: FS Knorr, 1968, 1 ff.
15 *Berges,* KTS 1955, 2 ff.; *ders.,* KTS 1956, 113 ff.; *ders.,* KTS 1957, 183 ff.
16 Die Stellung des Verwalters im künftigen Insolvenzverfahren stellt sich gegenüber dem überkommenen Vergleichs- und Konkursrecht durchaus differenziert dar, vgl. *Smid,* in: *Weisemann/Smid,* Handbuch Unternehmensinsolvenz, 1999, § 3.
17 *Gerhardt,* in: *Leipold* (Hrsg.), Insolvenzrecht im Umbruch, 1990, 1 ff.

7.8 Unten (Kapitel 9) ist eingehend auf Verfahren und Maßstäbe bei der insolvenzgerichtlichen Entscheidung einzugehen; an dieser Stelle sind vorerst allein die Maßstäbe zu erörtern, die der Planinitiator bei der Gruppenbildung im Plan anzulegen hat.

III. Maßstäbe der Gruppenbildung

1. Gesetzlich vorgesehene Gruppen, § 222 Abs. 1 InsO

Gruppen im Insolvenzplan	
Gesetzliche Gruppen, § 222 I 2 InsO	**Gruppen gleicher Rechtsstellung, § 222 II 2 InsO**
• **Absonderungsberechtigte Gläubiger** • **Nicht-nachrangige Gläubiger** - Arbeitnehmer bei nicht unerheblichen Insolvenzforderungen, § 222 III InsO - PSV, § 9 IV 1 BetrAVG - Kleingläubiger, § 222 III 2 InsO • **Nachrangige Gläubiger**	• **Gleichartige wirtschaftliche Interessen** § 222 II 1 InsO • **Sachgerechte Abgrenzung, § 222 II 2** • **Aufteilungsstrategie** • **Abstimmungsreihenfolge** • **„gemischte" Gruppen?** • **Nachranggläubiger, § 222 I 3, 225 I** • **Nichterscheinen? § 246 Nr.3**

7.9 **a) Allgemeine gesetzliche Regelung.** § 222 InsO trifft **Regelungen, nach denen diese Einteilung der Gläubiger in Gruppen zu erfolgen hat**[18]. Nach § 222 Abs. 1 S. 2 InsO sind *im Plan* als „gesetzliche" Gläubigergruppen **zwingend** vorgesehen die Gruppe der absonderungsberechtigten Gläubiger, in deren Rechte durch den Plan eingegriffen wird (Nr. 1), die nicht nachrangigen Insolvenzgläubiger (Nr. 2), einzelne Rangklassen nachrangiger Insolvenzgläubiger (Nr. 3) und die der Arbeitnehmer gem. § 222 Abs. 3 S. 1 InsO, wenn sie mit nicht unerheblichen Forderungen beteiligt sind. Eine „natürliche" Gruppentypologie[19] ist allerdings kein geeignetes Kriterium; es geht um normative Kriterien.

---

18 *Bork*, Einführung in das neue Insolvenzrecht, 3. Aufl., 2002, RdNr. 321; *Hess/Pape*, InsO und EGInsO, 1995, RdNr. 799.

19 NR-*Braun*, InsO, Stand: März 2004, § 222 RdNr. 62 aE.

Der Planinitiator hat im Rahmen der Gruppenbildung die von ihm gewählte Vorgehensweise zur **7.10** definitorischen Abgrenzung der einzelnen Gruppen darzustellen und zu begründen.[20] Bei dieser Gruppenbildung ist es hilfreich, auf die nach Gläubigergruppen differenzierten Gläubigerverzeichnisse gem. § 152 InsO zu verweisen, in denen absonderungsberechtigte Gläubiger und nicht nachrangige Gläubiger mit ihren Adressen aufgelistet sowie Grund und Betrag der jeweiligen Forderung genannt sind.

Die zitierte Nr. 1 des § 222 Abs. 1 S. 2 InsO impliziert materiellrechtlich je nach Art der **7.11** Festlegungen im gestaltenden Teil des Plans nicht notwendig die Bildung ggf. *zweier* Gruppen absonderungsberechtigter Gläubiger.

b) Arbeitnehmerforderungen. Mit § 222 Abs. 3 S. 1 InsO hat der Gesetzgeber ver- **7.12** sucht, auf die besondere Situation der Arbeitnehmer einzugehen. Dem liegt folgende Erwägung zugrunde: Auch wenn die Arbeitnehmer mit Forderungen auf rückständiges Arbeitsentgelt, die nicht durch Insolvenzausfallgeld gedeckt sind[21], als Insolvenzgläubiger am Verfahren beteiligt sind, weicht ihre Interessenlage im Allgemeinen von den Interessen der anderen Insolvenzgläubiger ab. Denn die Arbeitsverhältnisse bestehen regelmäßig über den Zeitpunkt der Verfahrenseröffnung hinaus fort (vgl. §§ 113 ff. InsO), da häufig erst im Verfahren über die Erhaltung der Arbeitsplätze entschieden werden kann. Der Gesetzgeber hat daher angeordnet, dass, sofern den Arbeitnehmern nicht nur unerhebliche Insolvenzforderungen zustehen, im Insolvenzplan regelmäßig eine besondere Gruppe der Arbeitnehmer zu bilden sei[22].

c) Berücksichtigung von Ausfallforderungen gem. § 52 InsO. Im Schrifttum ist unklar **7.13** geblieben, wie die Gruppenbildung gem. § 222 Abs. 1 Nr. 1 und Nr. 2 InsO in dem regelmäßig auftretenden Fall vorzunehmen ist, dass die Absonderungsberechtigten zugleich Inhaber einer persönlichen Forderung gegen den Schuldner sind. Der Gesetzgeber ist nicht der Kommission für Insolvenzrecht gefolgt und hat die Absonderungsberechtigten als bevorrechtigte (vorrangige) Insolvenzgläubiger in das Verfahren einbezogen – was ähnlich wie im US-amerikanischen Insolvenzrecht klargestellt hätte, dass die gesicherten Gläubiger aufgrund ihres Absonderungsrechts nur in den Gruppen von „senior claims" zu berücksichtigen wären. Vielmehr nehmen die Absonderungsberechtigten eine verfahrensrechtlich nicht immer klare Stellung ein, wie sich z. B. in der von *Häsemeyer*[23] kritisierten Regelung der „Mitteilung" von Absonderungsrechten (§ 28 Abs. 2 InsO) zum Ausdruck kommt. In der Literatur[24] wird die Ansicht vertreten, gesicherte persönliche Forderungen der absonderungsberechtigten Gläubiger seien „vollumfänglich" im Rahmen des § 222 Abs. 1 Nr. 2 InsO zu berücksichtigen. Daraus würde nach dieser Meinung indes nicht zwingend folgen, dass die absonderungsberechtigten Gläubiger in vollem Umfang gleichsam dadurch „zweifach" auf den Plan Einfluss zu nehmen berechtigt wären, dass sie sowohl in einer Gruppe nach § 222 Abs. 1 Nr. 1 InsO

---

20 IDW S 2 Pkt. 5.2. (Nr. 38).
21 *Obermüller/Hess*, InsO, 1995, RdNr. 20, 591.
22 Amtl. Begr. RegEInsO 12/2443, 200 (zu § 265).
23 Vgl. *Häsemeyer*, Insolvenzrecht, 3. Aufl., 2003, RdNr. 18.73; *Smid*, Kreditsicherheiten in der Insolvenz des Sicheurngsgebers, 2003, § 9 RdNr. 10.
24 MünchKomm-*Eidenmüller*, InsO, 2002, § 222 RdNr. 53, 54.

als auch (als Insolvenzgläubiger) in einer nach § 222 Abs. 1 Nr. 2 InsO Stimmrechte ausüben könnten. Denn die Zugehörigkeit zu einer Gläubigergruppe sei von der Frage nach der Ausübung von Stimmrechten gem. §§ 237, 238 InsO zu unterscheiden.[25] Dies ist nicht völlig von der Hand zu weisen: Soweit die Gläubiger einer Gruppe *überhaupt nicht* durch die Regelungen des Planes betroffen werden, genießen die Gläubiger kein Stimmrecht, §§ 237 Abs. 2, 238 Abs. 2 InsO. Die Bedeutung einer „vollumfänglichen" Berücksichtigung[26] der gesicherten persönlichen Forderung bei der Gruppenbildung bleibt damit dunkel und macht die Dinge keineswegs klarer. Denn § 222 Abs. 1 Nr. 1 InsO sieht jedenfalls für die absonderungsberechtigten Gläubiger eine „Gruppenbildung" vor, „wenn durch den Plan in deren Rechte eingegriffen wird" – jedenfalls soweit handelt es sich bei dieser Gruppe nicht allein um eine allgemeine Klassifizierung, sondern um die Bildung einer verfahrensrechtlich relevanten Abstimmungsgruppe. Das gilt auch für die nicht nachrangigen Insolvenzgläubiger. Denn, wie sich noch zeigen sein wird, muss in die Rechtsstellung dieser Gläubiger eingegriffen werden, soweit nicht die absonderungsberechtigten Gläubiger vollständige Befriedigung erhalten; auch die soweit vorzunehmende Gruppenbildung betrifft daher eine Abstimmungsgruppe i.S. v. § 237 InsO. Die Abstimmungsgruppen berücksichtigen aber die betroffenen Gläubiger in dem Umfang – und nur in dem Umfang – in dem die ihnen angehörenden Gläubiger mit zu gestaltenden Rechten am Verfahren teilnehmen.[27]

7.14 Soweit die absonderungsberechtigten Gläubiger bei oder aus der Verwertung des Pfandgegenstandes einen Erlös erzielen, müssen sie sich dies unabhängig von einer materiellrechtlichen Tilgungswirkung verfahrensrechtlich entgegenhalten lassen: **§ 52 S. 2 InsO lässt nur die Berücksichtigung ihrer Ausfallforderung zu.**[28] Damit kristallisiert sich aber heraus, dass die Art der Teilnahme der absonderungsberechtigten Gläubiger am Insolvenz*plan*verfahren sich nicht von den allgemeinen Regelungen unterscheidet: Während im Regelinsolvenzverfahren die absonderungsberechtigten Gläubiger gem. § 52 S. 2 InsO mit ihrem Ausfall als Inhaber persönlicher Forderungen berücksichtigt werden, scheint der Wortlaut des Gesetzes (§ 223 Abs. 2 InsO spricht von den *Rechten,* in die eingegriffen wird, nicht zugleich von den gesicherten persönlichen Forderungen) dafür zu sprechen, dass die absonderungsberechtigten Gläubiger jedenfalls mit ihrer Ausfallforderung im Insolvenzplan in der Gruppe der nicht nachrangigen Insolvenzgläubiger zu berücksichtigen sind.[29] Dagegen spricht aber zum einen, dass **im Falle „akzessorischer",** zur abgesonderten Befriedigung berechtigender **Sicherheiten durch den Insolvenzplan über Recht und Forderung zugleich zu entscheiden ist**; zum anderen die spezifische sich aus § 245 Abs. 1 Nr. 2 InsO (unten RdNr. 13.109 ff.) ergebende Struktur der Rechtsbeziehungen der Gläubiger untereinander: Sieht der Insolvenzplan daher keine Eingriffe in die Sicherungsrechte vor, sind die Absonderungsberechtigten als Insolvenz-

---

25 MünchKomm-*Eidenmüller* (Fußn. 24), § 222 RdNr. 54, 26.
26 MünchKomm-*Eidenmüller* (Fußn. 24), § 222 RdNr. 54.
27 So z.B. der Insolvenzplan in Sachen Herlitz PBS AG zu Berlin (AG Charlottenburg 109 IN 1653/02, mitgeteilt von Rechtsanwalt Peter Leonhardt) oder Berliner RunderneuerngsWerk GmbH (AG Charlottenburg 101 IN 4096/02, mitgeteilt von Rechtsanwalt Andrew Seidl).
28 So ausdrücklich für § 222 Abs. 1 Nr. 2 InsO: Uhlenbruck-*Lüer,* InsO, 12. Aufl., 2003, § 222 RdNr. 20 aE.
29 Uhlenbruck-*Lüer* (Fußn. 28), § 222 RdNr. 20 aE.

gläubiger mit ihrem Ausfall bei der Bildung der Gruppe nach § 222 Abs. 1 Nr. 2 InsO zu berücksichtigen. Im Übrigen sind die absonderungsberechtigten Gläubiger nicht mit dem Ausfall in der Gruppe nach § 222 Abs. 1 Nr. 2 InsO zu berücksichtigen, wenn durch den Insolvenzplan in ihre Rechte gem. § 223 Abs. 2 InsO eingegriffen wird: Dies ist dann eine abschließende Regelung und die betroffenen Absonderungsberechtigten treten allein in der Gruppe gem. § 222 Abs. 1 Nr. 1 InsO in Erscheinung.[30]

Ausschlaggebend für die Stellung absonderungsberechtigter Gläubiger im Regelinsol- **7.15** venzverfahren wie auch im Insolvenzplan ist die Art, wie sie im Verfahren zu berücksichtigen sind. Hierzu bestimmt § 190 Abs. 1 InsO, dass die absonderungsberechtigten Gläubiger nur nach erfolgtem Nachweis des Verzichts auf die Befriedigung aus dem Absonderungsgut oder des Ausfalls mit ihrer Forderung berücksichtigt werden. Absonderungsrecht und Forderung sind daher immer aufeinander bezogen, unabhängig davon, ob Sicherungsrecht und Forderung *materiellrechtlich* akzessorisch sind. Ebenso wie § 190 Abs. 1 InsO insolvenzrechtlich wegen der gesicherten Forderung die Doppelberücksichtigung ausschließt, geschieht dies wegen der Befriedigung aus der Sicherheit durch die insolvenzrechtliche „Akzessorietät" von Sicherheit und Forderung. Bezogen auf das Insolvenzverfahren des Sicherungsgeber gleichsam „abstrakt" sind demgegenüber nur solche Absonderungsrechte, die eine Forderung des Sicherungsnehmers gegen *einen Dritten* sichern – was es im Übrigen nahe legt, insoweit nach § 220 Abs. 2 InsO zu verfahren. Dinglich oder obligatorisch „akzessorische" Sicherungsrechte stellen den Regelfall in dem über das Vermögen des Sicherungsgebers eröffneten Insolvenzverfahren dar. Greift der Insolvenzplan in die Ausfallforderung gem. § 190 Abs. 1 InsO als Insolvenzforderung i S. d. § 52 InsO ein, stellt sich kein Problem aus der Sicht einer insolvenzrechtlichen Sonderstellung des gesicherten Gläubigers; insoweit würde der Plan „das Absonderungsrecht" nämlich nicht berühren. Beschränkt der Plan allerdings den durch ihn vorgesehenen „Eingriff" nicht auf die Ausfallforderung, weil er die gesicherte Forderung selbst erfasst, kommt die insolvenzrechtliche „Akzessorietät" von Sicherheit (Absonderungsrecht) und Forderung zum Tragen. Dies mögen Beispiele deutlich werden lassen: Wird die Forderung gestundet, kann die Bank aus der Grundschuld (heute) nicht mehr vorgehen; wird die Forderung gekürzt, valutiert die Grundschuld nurmehr in dem entsprechenden Umfang – mit den „Eingriffen" in die Forderung wird damit zugleich „in das Absonderungsrecht eingegriffen".

d) „Mischgruppen". In Rechtsprechung[31] und Literatur[32] bislang ungeklärt ist die Frage, **7.16** ob gemischte Gruppen aus Gläubigern gesicherter und ungesicherter Forderungen möglich sind. Teilweise wird dies mit der Begründung verneint, der Gesetzgeber habe die Aufteilung in § 222 InsO kategorisch vorgenommen. Aus diesem Grund sei es erforderlich, getrennte Gruppen aus gesicherten und ungesicherten Gläubigern zu bilden[33]. Diese Auffassung überzeugt indes nicht vollständig: Gemischte Gruppen können nach zutreffender Ansicht gebildet werden, soweit dadurch keine Bevorzugung der ungesicherten

---

30 So zutreffend HK-*Flessner*, InsO, 3. Aufl., 2003, § 222 RdNr. 8.
31 LG Berlin, B. v. 20.10.2004, 103 IN 5292/03.
32 MünchKomm-*Eidenmüller*, InsO, 3. Aufl., 2002, § 222 RdNr. 27.
33 MünchKomm-*Eidenmüller* (Fußn. 32), § 222 RdNr. 27; so jetzt auch LG Berlin, B. v. 20.10.2004, 103 IN 5292/03.

Gläubiger in der gemischten Gruppen gegenüber den anderen nicht nachrangigen Gläubigern, mithin eine Ungleichbehandlung unter den Gläubigern, entsteht.

2. Gruppe der „Kleingläubiger", § 222 Abs. 3 S. 2 InsO

7.17 Besonders die **Gruppe der „Kleingläubiger"** eröffnet dem Planinitiator ein erhebliches Verhandlungspotenzial, das er zur Durchsetzung seines Planentwurfs nutzen kann. Denn er wird regelmäßig in der Lage sein, diesen Gläubigern mit dem Plan wenigstens die Befriedigungsaussichten zu versprechen, die sie unter der Voraussetzung einer Liquidation haben. Wenn er einen entsprechenden Kreditgeber im Rücken hat, wird er in der überwiegenden Zahl der Fälle sogar in der Lage sein, die Kleingläubiger evident besser zu stellen, als sie im Falle einer Zerschlagung des Vermögens des Schuldners stünden. Die gesetzliche Einrichtung einer derartigen Abstimmungsgruppe gewährt dem planinitiierenden Schuldner daher in der überwiegenden Zahl der Fälle eine sehr große Chance, eine Abstimmungsgruppe auf seine Seite zu ziehen – wobei er freilich darauf achten muss, dass der Plan *überhaupt* eine Kürzung der angemeldeten Forderungen dieser Gläubiger vorsieht, da ansonsten (wie im Hinblick auf jede andere Abstimmungsgruppe) ein Ausschluss des Stimmrechts gem. § 237 Abs. 2 InsO die Folge wäre – und die Mühe, die Kleingläubiger auf seine Seite zu ziehen, vergebens bliebe!

7.18 Dass „Kleingläubiger" eine eigene Abstimmungsgruppe sollen bilden können, leuchtet unmittelbar ein – insofern ist nämlich auch plausibel, dass angesichts von Sanierungsversuchen diese Gläubiger eine besondere Berücksichtigung erfahren müssen. Fälle wie derjenige des Dr. *Jürgen Schneider* haben nämlich auch in der Öffentlichkeit die Brisanz deutlich werden lassen, die von den „*peanuts*" ausgeht, als die sich in den Augen mancher die Forderungen von Kleingläubigern darstellen mögen. Für die Kleingläubiger stellt sich eine Insolvenz ihres Schuldners in aller Regel als wirtschaftliche Katastrophe dar. Weder dürfen sie unter den Tisch fallen, denn dem kleinen Handwerker fügt auch der scheinbar geringe Forderungsausfall erhebliche wirtschaftliche Schmerzen zu, noch dürfen wegen geringer Forderungsbeträge Sanierungsversuche scheitern, wenn es möglich erscheint, die Rechte der Kleingläubiger zu wahren. Gerade die „Kleingläubiger" bilden tatsächlich eine Gruppe, auf deren Eigenheiten mittels einer entsprechenden Abgrenzung eingegangen werden muss, die selbst hochsensibel ist, da an ihren Grenzen eine Bruchstelle der legitimen Ungleichbehandlung ungesicherter Insolvenzgläubiger im Sanierungsverfahren verläuft. Die Bildung einer Gruppe von Kleingläubigern fragmentiert daher die Gläubigergemeinschaft nicht nur nicht, sondern dient im Gegenteil der **Verwirklichung rechtlichen Gehörs im Sanierungsverfahren** dadurch, dass die Problemstellungen der Kleingläubiger in einer Form dargestellt werden, die sie gegenüber den Positionen von einflussreichen Gläubigergruppen deutlicher werden lässt. Das setzt freilich voraus, dass dem kollektiven Interesse der Kleingläubiger tatsächlich Gewicht gegeben werden kann. Daran besteht aber angesichts des Obstruktionsverbots gem. § 245 InsO Zweifel. Es empfiehlt sich nicht, ein „Sonderrecht" für Kleingläubiger durch eine Ungleichbehandlung im Kontext des Obstruktionsverbots zu schaffen.

7.19 Ausgangspunkt einer **Abgrenzungsmöglichkeit** der Gruppe von „Kleingläubigern" i. S. v. § 222 Abs. 3 S. 2 InsO ist, dass gewiss unstreitig sein wird, dass *Bagatellforderungen* (vgl. § 495 a Abs. 1 ZPO) in diese Gruppe fallen werden. Aus den dargestellten Gründen wurden während des Vergleichsverfahrens aufgenommene Darlehen, mittels derer „Kleingläubiger" befriedigt werden sollten[34], durch § 106 VerglO privilegiert[35]. Der zu den „Kleingläubigern" zu zählende Personenkreis wurde aber nicht näher abgegrenzt, so dass der legislatorische Hinweis auf **§ 106 VerglO** in den Motiven zu § 265 RegEInsO[36] wenig hilfreich ist. Denn die Verletzung der gesetzlich vorgesehenen Zwekke der Darlehensaufnahme gem. § 106 VerglO wurde als unschädlich angesehen[37]; es kam mithin nicht auf die genauere Bestimmung derjenigen an, die als „Kleingläubiger" anzusehen seien. Betrachtet man Anknüpfungspunkte, die sich aus der Rechtsordnung für die Bestimmung von „Kleingläubigern" ergeben können, lassen sich zunächst verschiedene Punkte ausmachen. Ungeeignet erscheint freilich ein bloßer Ansatz bei den Bagatellforderungen i. S. v. § 495 a ZPO. Denn führt man sich den Sinn des § 222 Abs. 3 InsO S. 2 vor Augen, so fällt auf, dass die Konstitution einer eigenen Gruppe von Kleingläubigern dazu dient, die völlige oder doch weitgehende Befriedigung dieser Gläubiger im Sanierungsverfahren zu ermöglichen, um die Ursachen ausschalten zu können, die einer etwaigen Akkordstörung zugrunde liegen könnten[38]. Der Wertmaßstab des § 495 a ZPO ist zur Erreichung dieses Ziels zu niedrig; zu viele kleine Gewerbetreibende würden aus der Gruppe des § 222 Abs. 3 S. 2 InsO herausfallen. Andere, aus dem Bereich der Streitwertzuständigkeit herrührende Wertgrenzen sind demgegenüber wenig plausibel; sie lassen nämlich außer Betracht, dass eine der amtsgerichtlichen Zuständigkeit unterfallende Forderung den Gläubiger in sehr unterschiedlicher Weise betreffen und „interessieren" kann je nachdem, um wen es sich denn bei dem Gläubiger dieser „niedrigen" Forderung handelt. Daher empfiehlt es sich, über den Bereich der Betrachtung der Forderung hinauszugehen.

Ansatzpunkt könnte dagegen die Art des Gläubigers selbst sein. Würde man z. B. bei **7.20** umsatzsteuerrechtlichen Qualifikationen eines Steuerschuldners als Kleingewerbetreibenden ansetzen, ließe sich zweierlei erreichen. Zum einen wäre die Wertigkeit einer Forderung für den Gläubiger Maßstab seiner Klassifikation, zum anderen ließe sich auf der Grundlage einer objektivierbaren Unterscheidung die besonders „akkordstörungsträchtige" Gruppe abgrenzen und einer besonderen Berücksichtigung zuführen. Dabei kann es im Einzelfall vorkommen, dass die *Forderungen* der Gläubiger dieser Gruppe sich nachdrücklich in ihrem Nennwert unterscheiden, was aber vor dem Hintergrund der Zwecke des § 222 Abs. 3 S. 2 InsO vertretbar, ja unschädlich erscheint. Allerdings genügt die Anknüpfung allein an umsatzsteuerrechtliche Gesichtspunkte wohl nicht. Zu den „Kleingläubigern" sind auch alle **unterhaltsrechtlichen Forderungen** (vgl. § 40 InsO)[39] zu zählen, da sie von ihrer Interessenlage her derjenigen der anderen Kleingläubiger verwandt sind. In beiden Fällen geht es bei der Durchsetzung der Forderung um nicht mehr und nicht weniger als die zu erlangende Subsistenz. Formelartig ausgedrückt: Zur Gruppe gem. § 222 Abs. 3 S. 2 InsO können Kleingewerbetrei-

---

34 *Kilger/K. Schmidt*, VerglO, 17. Aufl., 1997, § 8 Anm. 1.
35 *Bley/Mohrbutter*, VerglO, 1981, § 106 Anm. 1; *Kilger/K. Schmidt*, VerglO, 17. Aufl., 1997, § 106 Anm. 1 a.
36 Amtl. Begr. zu § 265 RegEInsO, BT-Drucks. 12/2443, 199, 200.
37 *Bley/Mohrbutter*, VerglO, 1981, § 106 Anm. 1.
38 Amtl. Begr. zu § 265 RegEInsO, BT-Drucks. 12/2443, 199, 200.
39 Smid-*Smid*, InsO, 2. Aufl., 2001, § 40 RdNr. 2.

bende i. S. d. § 19 UStG nebst Gläubigern von Unterhaltsforderungen zusammengefasst werden.

7.21 Zurechnung der Kleingläubiger zu den Insolvenzgläubigern. Wird keine Gruppe nach § 222 Abs. 3 S. 2 InsO durch den Planentwurf vorgesehen, sind die betreffenden Gläubiger der Gruppe ungesicherter Insolvenzgläubiger gem. § 222 Abs. 1 S. 2 Nr. 2 InsO zuzurechnen. Demgegenüber ist es unzulässig, aus den betreffenden Gläubigern eigene Gruppen gem. § 222 Abs. 2 InsO zu kreieren. Die Einrichtung einer Gruppe der unterhaltsberechtigten nichtehelichen Kinder ist ebenso unzulässig wie diejenige der ehemaligen – geschiedenen – Ehefrauen des Schuldners, da es sowohl an abgrenzbaren Kriterien der Gruppenbildung fehlt, als auch für all diese Gläubiger mit § 222 Abs. 3 S. 2 von Gesetzes wegen eine bestimmte Gruppe vorgesehen ist.

7.22 Es sollte klargestellt werden: Sind Kleingläubiger Gläubiger mit kleinen Forderungen (die Deutsche Bank bekommt zwei Euro), dann ist der Satz falsch, dass für diese Gläubiger die Insolvenz eine wirtschaftliche Katastrophe sei. Oder sind es kleine Gläubiger (der Handwerker bekommt 100.000 €), dann ist die Gruppe rein sozial zu bestimmen. Aber soll es wirklich darauf ankommen, ob ein Handwerker reich oder arm ist? Vor diesem Hintergrund erscheint die gesetzliche Zulassung einer derartigen Gruppe sinnlos, mit Ausnahme einer Fallgestaltung, bei der bestimmte kleine Schulden massenhaft auftreten, zum Beispiel bei einem Anlagebetrüger, der zehntausende Menschen um je einen Euro geschädigt hat. Das erscheint als ein „Sammelklageprinzip". Die Gruppe gem. § 222 Abs. 3 S. 2 InsO hat denn auch einen spezifisch „planrechtlichen" Hintergrund. Es geht um die Differenzierung von Interessengruppen.

3. Rechtliche Grenzen der Gruppenbildung

7.23 Im Folgenden soll daher danach gefragt werden, welches die **Grenzen der Gruppenbildung** durch den Insolvenzplan gem. § 222 InsO sind und in welcher Weise sie sich aus der Systematik des Gesetzes ergeben. Daraus folgt dann unmittelbar die Frage nach den Maßstäben, unter Anlegung derer die Insolvenzgerichte nach § 231 Abs. 1 InsO über die Zulassung der Insolvenzplaninitiative zu entscheiden haben, wobei in dem hier interessierenden Zusammenhang sowohl die Fallgruppe der Nr. 1 als auch die der Nr. 2 des § 231 Abs. 1 InsO in Betracht kommen. Geht man allein vom Wortlaut des Gesetzes aus, führt dies zu wenig befriedigenden Ergebnissen – das Gericht hat dann nämlich keinerlei effektive Handhabe, abusiven Gruppenbildungen durch den Insolvenzplan entgegenzutreten. In dem oben gebildeten Beispielsfall käme – legt man den bloßen Wortlaut des Gesetzes zugrunde – eine Zurückweisung des Plans nach § 231 Abs. 1 Nr. 1 InsO nicht in Frage. Denn diese Vorschrift erfasst nach den Gesetzesmaterialien[40] zunächst solche Fälle, in denen Vorschriften über das Recht der Vorlage oder den Inhalt des Plans nicht beachtet und auf richterlichen Hinweis nicht in der gerichtlich gesetzten Frist mittels einer Korrektur berücksichtigt worden sind. Nun gehört zu dem Inhalt des gestaltenden Teils des Plans die durch ihn vorgesehene Ausgestaltung der Abstimmungsgruppen, die aber – geht man wiederum allein vom Gesetzeswortlaut aus – in unserem Beispielsfalle nicht im Widerspruch zu § 222 InsO stehen. Und die Voraussetzungen für

---

40 Amtl. Begr. RegEInsO, BT-Drucks. 12/2443, 204 (zu § 275).

eine Zurückweisung des Plans nach § 231 Abs. 1 Nr. 2 InsO liegen erst recht nicht vor, da wegen der Art der Gruppenbildung nicht nur nicht zu erwarten ist, dass der Plan nicht angenommen werde, sondern ganz im Gegenteil dessen Annahme nachgerade *vorprogrammiert* erscheint.

Die Gruppenbildung gem. § 222 InsO darf daher nicht zur „Entwertung" der Verfahrensteilnah- **7.24** merechte der betroffenen Gläubiger führen. Damit wird die (weitere) Aufspaltung von Inhabern rechtlich und strukturell gleichartiger Forderungen unzulässig, da für die Gläubiger durch die Fragmentierung in „Kleinstgruppen" die Gefahr einer Bewertung ihrer ablehnenden Entscheidung zuungunsten des Insolvenzplans als Obstruktion gem. § 245 Abs. 1 Nr. 3 InsO[41] steigt. Denn die (willkürliche, sachlich nicht gebotene) Erhöhung der Zahl von Abstimmungsgruppen kann den Angehörigen einer so individualisierten Gruppe in eine Minderheitenlage bringen, in der er sich in einer Gläubigerversammlung nicht in dieser Weise befinden würde. Damit werden Fragen berührt, die weniger rechtlichen als vielmehr „abstimmungspsychologischen" Charakter haben.

4. Weitere Gruppenbildung gem. § 222 Abs. 2 InsO
a) Rechtmäßigkeit der Gruppenbildung i S. v. § 222 Abs. 1 und 2 InsO. Soweit die in **7.25** den Abs. 1 und 3 des § 222 InsO vorgesehenen Gruppen formiert werden, bestehen im Allgemeinen keine **Einwendungen gegen das Verfahren der Gruppenbildung.** Denn insoweit mag es durchaus sinnvoll sein, dass seitens *des Gesetzgebers* nach typisiert und damit nach gleichförmig erfassten Interessenlagen eine Gliederung des Abstimmungsverfahrens vorgenommen worden ist[42]. Problematisch sowohl unter dem *allgemeinen* Gesichtspunkt der Gleichbehandlung der Gläubiger im Verfahren als auch im Hinblick auf die Anforderungen, die an die insolvenzgerichtliche Kontrollentscheidung nach § 231 InsO gerichtet sind, ist dagegen die durch § 222 Abs. 2 InsO dem Planinitiator eingeräumte weitgehende Gestaltungsbefugnis. Folgt die Gruppenbildung der gesetzlich vorgesehenen Einteilung der Gläubiger in die Gruppen gem. § 222 Abs. 1 InsO, ergeben sich daher für die Zulassung des Insolvenzplans gem. § 231 Abs. 1 InsO jedenfalls keine Zweifel. Mit dem Verzicht auf weitere Unterscheidungen begibt sich der Planinitiator allerdings des für die Abstimmung *und* für eine etwaige cram-down-procedure entscheidenden Vorteils, auf die unterschiedlichen rechtlichen Interessen der Grundpfandgläubigern eingehen und damit ihr Abstimmungsverhalten beeinflussen zu können. Greift der Planinitiator zu dem ihm durch § 222 Abs. 2 InsO eröffneten Mittel einer weiteren, über die Gruppenbildung gem. § 222 Abs. 1 InsO hinausgehenden Differenzierung, tritt er in eine rechtsdogmatische Grauzone ein. Die weitere Differenzierung bei der Gruppenbildung setzt zweierlei voraus. Zum einen muss der Planinitiator die Gruppenbildung anhand „gleichartiger wirtschaftlicher Interessen" vollziehen (§ 222 Abs. 2 S. 1 InsO), zum anderen muss er die Gruppen „sachgerecht voneinander abgrenzen", wie es im Gesetz (§ 222 Abs. 2 S. 2 InsO) heißt. Für all dies muss der Planinitiator im Plan Kriterien angeben, da dieser sonst vom Insolvenzgericht zurückzuweisen wäre.[43]

---

41 Zur Kritik dieser Vorschrift *Smid*, in: FS Pawlowski, 1997, 387, 421 ff.

42 So bereits Erster Bericht der Kommission für Insolvenzrecht, Bundesministerium der Justiz (Hrsg.), 1985, Leitsatz 2. 2. 16. (41) und dessen Begründung (183).

43 Der dagegen von *Hess* und *Weis* (Anfechtungsrecht, 2. Aufl., 1999) vorgetragene Einwand, das Insolvenzgericht habe mit § 231 InsO eine Eilentscheidung zu treffen und daher den vorgelegten Plan nicht nach den in § 231 Abs. 1 InsO genannten Kriterien zu prüfen, geht daran vorbei, dass verfahrensrechtlich nur an dieser Stelle eine solche Prüfung zur Abwendung des zeit- und kostenintensiven

7.26 **b) Probleme der Gruppenbildung gem. § 222 Abs. 2 InsO.** Diese Anforderungen bleiben zu allgemein, um daraus konkrete Erkenntnisse ziehen zu können. Denn die Schwierigkeiten liegen im Detail. Die aus der Sicht des Insolvenzschuldners als Planinitiator wünschenswerte Differenzierung nach § 222 Abs. 2 InsO muss sich nicht allein an den Kriterien des § 222 Abs. 2 InsO – der wirtschaftlichen Gleichartigkeit der Stellung der Gläubiger einer Gruppe und der Sachgerechtigkeit der gewählten Abgrenzung – messen lassen, sondern ebenso an dem in § 226 Abs. 1 InsO statuierten Gleichbehandlungsgebot.

7.27 Durch die Regelungen des Insolvenzplans dürfen den Gläubigern einer Gruppe – also Gläubigern gleicher Rechtsstellung oder solchen Gläubigern, die sich in Rechtsstellung *und* in ihren wirtschaftlichen Interessen gleichen – keine ungleichen Leistungen gewährt bzw. für sie ungleiche Behandlungen vorgesehen werden: § 226 Abs. 1 InsO bestimmt daher ausdrücklich, dass innerhalb jeder Gruppe allen Beteiligten „gleiche Rechte anzubieten" sind. Hiervon lässt § 226 Abs. 2 S. 1 InsO nur die im Allgemeinen für das Recht des Insolvenzplans geltende Ausnahme zu. Danach ist eine Ungleichbehandlung unter der Voraussetzung zulässig, dass die unterschiedliche Behandlung der Beteiligten einer Gruppe mit Zustimmung *aller betroffenen Beteiligten* erfolgt.[44] Wie oben (RdNr. 7.1) gezeigt worden ist, gewährleistet § 226 Abs. 1 InsO nicht die Gleichbehandlung der Gruppen untereinander.[45]

7.28 Eine **rechtsvergleichende** Betrachtung der Regelungen des deutschen Rechts macht das Problem deutlicher, um das es geht. Die substantielle Vergleichbarkeit der Gläubigerforderungen wird negativ so formuliert, dass nicht mehr als ein Gläubiger mit Sicherheiten bezüglich eines oder verschiedener Vermögensbestände eine Klasse (Gruppe) konstituieren soll[46]: Grundsätzlich bildet nach der Gerichtspraxis der USA jeder gesicherte Gläubiger eine Klasse gem. 11 US C. § 1123 (a)[47]. Schließlich können Bagatellforderungen (*small unsecured claims*) in einer eigenen Klasse zusammengefasst werden, sofern dies der Erleichterung der Masseverwaltung dienlich erscheint.[48] **Impairment** liegt nach der gerichtlichen Praxis der USA bereits im Falle von „any modification of rights . . . regardless of wether the value of the rights are enhanced"[49] vor. M. a. W. haben die Gerichte sich seit einer Reihe von Jahren ausdrücklich *nicht* von einer ökonomischen Betrachtungsweise leiten lassen, die sich an der Frage orientiert, ob die von der planmäßigen Modifikation betroffene Forderung „werthaltig" war oder nicht. In dem zugrunde liegenden Fall[50] war die Veräußerung des vom Gläubiger finanzierten und durch das Kaufobjekt besicherten Gegenstandes vorgesehen, ohne dass der Darlehensgeber auf die Person des neuen Erwerbers und Sicherheitengebers sollte Einfluss nehmen können. Hier hätte man sagen können, angesichts der Insolvenz des früheren Darlehensschuldners sei die Veräußerung des Kaufobjekts und der damit verbundene Eintritt des Erwerbers in die Finanzierung allenfalls eine Verbesserung der wirtschaftlichen Lage des Darlehensgebers. Auf diese Art der Betrachtungsweise haben sich die Gerichte

---

Planverfahrens erfolgen kann.
44 Wobei dem Insolvenzplan die zustimmende Erklärung eines jeden betroffenen Beteiligten beizufügen ist, § 226 Abs. 2 S. 2 InsO.
45 Smid-*Smid*, InsO, 2. Aufl., 2001, § 226 RdNr. 4.
46 *In re* Holthoff, 14 C.B.C. 2d 620 (B. Ct., E. D. Ark. 1985).
47 *Buchbinder*, A practical guide to bankruptcy, 293.
48 *Weintraub/Resnick*, Bankrutcy Law Manual, 8–87.
49 *In re* Barrington Oaks Gen. Partnership, 15 BR 952, 956 (D. Utah 1981).
50 *In re* Barrington Oaks Gen. Partnership, 15 BR 952, 956 (D. Utah 1981).

indessen nicht eingelassen, sondern eine strikt an der Veränderung der rechtlichen Lage ausgerichtete Behandlung der Dinge greifen lassen.

Für die Behandlung von Gläubigern bei der Gruppenbildung gem. § 222 InsO erfolgt die **7.29** Einteilung der Gläubiger durch den Plan ebenso wie in den USA aufgrund ökonomisch begründeter Zweckmäßigkeitserwägungen des Planinitiators. Anknüpfungspunkt für die Beurteilung von Differenzierungen durch die Gruppenbildung ist daher die rechtliche Beschaffenheit der Forderungen. Daher ist z. B. daran zu denken, dass der PSVaG mit Besserungsscheinansprüchen oder neben Arbeitnehmeransprüchen auf Lohn und Gehalt solche aus vorkonkurslich begründeten Alt-Sozialplanforderungen eigene Gruppen bilden kann.

Die (voraussichtliche) **wirtschaftliche Werthaltigkeit** einer persönlichen Forderung **7.30** oder einer Sicherheit ist **kein sachliches Kriterium** für deren Zuordnung zu einer bestimmten Gläubigergruppe. Maßstab der Unterscheidung ist die rechtliche Grundlage der angemeldeten Forderung. Demgegenüber ist die Werthaltigkeit einer Sicherheit ein Unterscheidungskriterium im Rahmen der gesetzlichen Gruppe gem. § 222 Abs. 1 Nr. 1.

c) Gesetzlich vorgesehene Fälle der Bildung besonderer Gläubigergruppen. § 116 **7.31** **Nr. 3 GenG** bestimmt für den Fall einer **Genossenschaftsinsolvenz**, dass bei der Gruppenbildung nach Abs. 3 zwischen denjenigen Insolvenzgläubigern, die nicht Genossenschaftsmitglieder sind, und denjenigen Insolvenzgläubigern, die der Genossenschaft als Mitglieder angehören, unterschieden werden kann[51].

Gläubiger wegen öffentlich-rechtlicher Forderungen. Steuergläubiger haben regel- **7.32** mäßig ein gemeinsames wirtschaftliches Interesse[52]. Diese Gläubiger handeln regelmäßig nicht kaufmännisch-rational; die Parteidisposition gelangt kaum zum Zuge. Ebenso festgelegt auf die Wahrnehmung öffentlicher Interessen ist die **Bundesanstalt für Arbeit** wegen Forderungen aus der Gewährung von Insolvenzgeld[53] oder die Stellung der Sozialversicherungsträger[54].

5. Ein-Gläubiger-Gruppen
Grundsatz. Anders als im US-amerikanischen Insolvenzverfahren kann dies aber nicht **7.33** dazu führen, sogar jedem gesicherten Gläubiger wegen der Individualität des Rechtsgrundes seiner Forderung und des ihm sicherungsweise zugewiesenen Haftungsgegenstandes eine eigene Gruppe zuzuweisen. Diese Technik entspricht dem aktionenrechtlichen Ansatz des nordamerikanischen Konkursprozesses, ist aber ungeeignet, geht man vom deutschen modernen Insolvenzverfahren aus. Während eine starke Aufsplitterung in Gruppen im US-amerikanischen Recht der Rechtsdurchsetzung durch die einzelnen Gläubiger eher dienlich erscheint, würde sie im deutschen Insolvenzverfahren die Verwirklichung des Grundsatzes der Gläubigergleichbehandlung eher erschweren. Denn der Grundsatz *par conditio creditorum* erfordert verfahrensrechtlich die Bildung einer Gläu-

---

51 *Scheibner*, DZWIR 1999, 5, 6.
52 NR-*Braun*, InsO, Stand: März 2004, § 222 RdNr. 98.
53 NR-*Braun* (Fußn. 52), § 222 RdNr. 99.
54 NR-*Braun* (Fußn. 52), § 222 RdNr. 100.

bigergemeinschaft zwecks Bündelung der Exekution. Anders als im Prozess hat daher im Insolvenzplanverfahren deutscher Prägung aus guten Gründen die *Individualität* der Forderungen und Sicherheiten der Gläubiger außer Betracht zu bleiben; die im Hinblick auf die Selbstverwaltungskompetenzen der Gläubiger vorzunehmenden Abgrenzungen sind daher durch die Typen unterschiedlicher Stellung von Gläubigern im Insolvenzverfahren begrenzt. Kriterium der Sachgerechtigkeit der Gruppenabgrenzung ist also zunächst einmal die Differenzierung zwischen den Insolvenzgläubigern, die das Gesetz selbst trifft und die in § 222 InsO zum Ausdruck gekommen ist.

7.34 Nicht nur in Fällen[55] „kleinerer" Verfahren (die Gastwirtschaft, der selbstständige Bauhandwerker) kann es allerdings vorkommen, dass überhaupt **nur ein gesicherter Gläubiger** auftritt (im Beispiel des Bauhandwerkers etwa deshalb, weil dessen Kunden nach § 16 VOB-B durch Bürgschaften gesichert sind). In einer derartigen Konstellation *erzwingt § 222 Abs. 1 Nr. 1 InsO* nachgerade **die Bildung einer „Ein-Gläubiger-Gruppe"** von Gesetzes wegen! Aber auch dort, wo mehrere absonderungsberechtigte Gläubiger auftreten, kann die Aufspaltung der gesetzlichen Gruppe der absonderungsberechtigten Gläubiger gem. § 222 Abs. 1 Nr. 1 InsO in „Ein-Gläubiger-Gruppen" i. S. v. § 222 Abs. 2 S. 2 und 3 InsO „sachgerecht" sein. Es liegt auf der Hand, dass die kreditierende Bank und die Lieferanten oftmals nicht nur unterschiedliche wirtschaftliche Interessen im Verfahren verfolgen werden, sondern auch dann, wenn sie Sicherungen unterschiedlicher Art (z. B. Grundpfandrechte gem. § 49 InsO auf der einen, Sicherungseigentum bzw. erweiterten und verlängerten Eigentumsvorbehalt gem. § 51 Nr. 1 InsO auf der anderen Seite) halten, auch rechtlich im Hinblick auf die den ihnen begebenen Sicherheiten zugrunde liegenden Rechtsgründen unterschiedliche Stellungen einnehmen: All dies rechtfertigt im Allgemeinen die Gruppendifferenzierung nach § 222 Abs. 2, ohne dass diese sich als „manipulativ" darstellen würde.

7.35 Wegen der ungesicherten Gläubiger erscheint eine „Ein-Gläubiger-Gruppe" nicht als schlechthin ausgeschlossen. Dafür sprechen nämlich eine Reihe von Gesichtspunkten: Zum einen kann – freilich ist dies eine allenfalls theoretische Möglichkeit – ein Verfahren denkbar sein, in dem nur ein einzelner einfacher Insolvenzgläubiger auftritt, der sodann eine „Ein-Gläubiger-Gruppe" nach § 222 Abs. 1 Nr. 2 InsO bilden würde. Gegenüber dieser eher bizarr anmutenden Fallgestaltung ist aber darauf aufmerksam zu machen, dass der Gesetzgeber selbst eine „Ein-Gläubiger-Gruppe" in **§ 9 Abs. 4 S. 1 BetrAVG idF. d. Art. 91 Nr. 2, 4 EGInsO**[56] von Gesetzes wegen vorgesehen hat (oben RdNr. 6.56 ff.). Danach kann der Pensionssicherungsverein eine eigene Gruppe bilden[57]: Da es sich aber beim PSVaG nunmehr um einen (einfachen ungesicherten) Insolvenzgläubiger handelt, scheint sich eine Einbruchsstelle für Ein-Gläubiger-Gruppen zu finden. Aus § 9 Abs. 4 S. 1 BetrAVG idF. d. Art. 91 Nr. 2, 4 EGInsO ist aber der gegenteilige Schluss zu ziehen. Wäre es *im Allgemeinen* nämlich zulässig, dass „Ein-Gläubiger-Gruppen" im Rahmen der claim classification (im deutschen Recht: der

---

55 Die auch künftig die Vielzahl eröffneter Verfahren bilden werden, sofern nicht ohnedies Masseunzulänglichkeit vorliegt (vgl. *Smid*, WM 1998, 1313 ff.).

56 *Grub*, DZWIR 2000, 223, 227; *Smid*, Grundzüge, 4. Aufl., 2002, § 21 RdNr. 22.

57 Das Gegenteil findet sich im US-amerikanischen Recht, vgl. *Smid/Rattunde*, Der Insolvenzplan, 1998, 473.

Gruppeneinteilung nach § 222 Abs. 2 InsO) gebildet werden, bedürfte es der Vorschrift des § 9 Abs. 4 S. 1 BetrAVG idF. d. Art. 91 Nr. 2, 4 EGInsO *nicht*. Insbesondere *neue, kürzlich in Kraft getretene* Gesetze wie die InsO und das EGInsO sind indessen so auszulegen, dass Vorschriften sich nicht als redundant darstellen: Dann liegt der spezifisch insolvenzrechtlich-systematische Sinn des § 9 Abs. 4 S. 1 BetrAVG idF. d. Art. 91 Nr. 2, 4 EGInsO darin, die Bildung der Ein-Gläubiger-Gruppe des PSVaG zu erlauben, weil im Übrigen die Konstitution von „Ein-Gläubiger-Gruppen" durch das Gesetz nicht vorgesehen ist.

Kapitel 8: Rechtliche Folgerungen für die „taktische" Ausgestaltung des Insolvenzplans

I. Berücksichtigung des Gleichbehandlungsgebots, § 226 InsO

Mit dem Plan können die ihn annehmenden Gläubiger das allgemeine Insolvenzver- **8.1** fahren, nicht aber die durch die Grundprinzipien des Insolvenzrechts konstituierten Grundstrukturen abbedingen. Kern des Insolvenzrechts ist aber die Gleichbehandlung der Insolvenzgläubiger – der Grundsatz *par condicio creditorum*. Die vorliegende Vorschrift bindet das Insolvenzplanverfahren in diesen tragenden Grundsatz des Insolvenzrechts ein. Die Regelungen der Vorschrift dienen dazu, den insolvenzrechtlichen Gleichbehandlungsgrundsatz in den Kontext des Planverfahrens zu transformieren. Der Gesetzgeber hat dies so ausgedrückt[1]: „Wenn der Plan, wie es § 222 InsO vorschreibt, in jeder Gruppe Beteiligte mit gleicher Rechtsstellung und gleichartigen wirtschaftlichen Interessen zusammenfasse, habe jeder Beteiligte einen Anspruch darauf, mit den übrigen Beteiligten seiner Gruppe gleichbehandelt zu werden (Abs. 1)". § 226 Abs. 2 InsO stellt klar, dass Abweichungen vom Gleichbehandlungsgrundsatz mit Zustimmung der betroffenen Beteiligten zulässig sind. Abs. 3 erklärt Sonderabkommen, d. h. abweichende Vereinbarungen unter Verfahrensbeteiligten oder mit Dritten außerhalb des Insolvenzplanes für unzulässig.

Innerhalb jeder Gruppe des § 222 InsO müssen den Gläubigern durch den Plan gleiche **8.2** Rechte angeboten werden. Für die Insolvenzgläubiger, § 38 InsO, die nach § 222 Abs. 1 Nr. 2 InsO eine eigene Gruppe bilden, bedeutet dies, dass der Grundsatz *par condicio creditorum* zu wahren ist. Gleiches gilt für die nachrangigen Gläubiger (§ 39 InsO). Schwierigkeiten löst der Gleichbehandlungsgrundsatz für die gesicherten – absonderungsberechtigten – Gläubiger deshalb aus, weil ihre Sicherheiten oftmals unterschiedlicher Art sind, was bereits in der möglichen Unterscheidung zwischen Lieferanten und Geldkreditgebern deutlich wird. Zwar sieht § 222 Abs. 2 InsO insofern Differenzierungsmöglichkeiten vor. Diese führen aber dazu, dass diese Gläubiger u. U. erheblichen Ungleichbehandlungen bei gleichen Rechten innerhalb ihrer jeweiligen Gruppen unterliegen. Dies gilt auch im Verhältnis zwischen Arbeitnehmern (§ 222 Abs. 3 S. 1 InsO) und Kleingläubigern (§ 222 Abs. 3 S. 2 InsO) auf der einen und den übrigen Insolvenzgläubigern auf der anderen Seite. Demgegenüber gewährleistet Abs. 1 **nicht die Gleichbehandlung der Gruppen untereinander.**

Nach Abs. 2 S. 1 ist eine Ungleichbehandlung der Angehörigen einer Gruppe insoweit **8.3** **zulässig**, als diejenigen Gläubiger, die von der Ungleichbehandlung betroffen sind, der durch den Plan vorgesehenen Regelung zustimmen. Nach Ansicht des Gesetzgebers[2] wird im Interesse der Rechtsklarheit verlangt, dass in diesem Fall dem Plan die **Zustim-**

---

1 Amtl. Begr. zu § 269 RegEInsO, BT-Drucks. 12/2443, 201.
2 Amtl. Begr. zu § 269 RegEInsO, BT- Drucks. 12/2443, 201.

mungserklärungen der Betroffenen als Anlagen beigefügt werden. Allerdings beruht dies bereits darauf, dass der Gleichbehandlungsgrundsatz geltendes Schutzrecht jeden Gläubigers ist, in das durch den gestaltenden Teil des Plans nur dann eingegriffen werden darf, wenn eine entsprechende Willenserklärung des Betroffenen vorliegt. Als „betroffen" wird bei unterschiedlichen Leistungen innerhalb einer Gruppe im Grundsatz jeder Gruppenangehörige anzusehen sein; nur wenn einige Beteiligte eindeutig besser gestellt werden als andere, wird lediglich die Zustimmung der Benachteiligten zu verlangen sein[3].

II. Salvatorische Klauseln

1. Die Vorstellung des Gesetzgebers

8.4   Bereits der Gesetzgeber hat sich von der Überzeugung leiten lassen, die Planinitiatoren seien in der Lage, die dem Widerspruchsrecht nach § 251 InsO innewohnenden Gefahren entkräften zu können. In der Amtl. Begr. zu § 298 RegE[4] heißt es dazu, mit § 251 InsO sei „ein nicht immer leicht zu kalkulierendes Risiko für das Zustandekommen der einvernehmlichen Regelung verbunden". Es sei „möglich, dass ein Plan, der nach langwierigen Verhandlungen ausformuliert worden ist und anschließend die erforderlichen Zustimmungen der Mehrheiten in den Gläubigergruppen erhalten hat, dennoch nicht bestätigt wird, weil nach Auffassung des Gerichts die für einzelne widersprechende Beteiligte vorgesehenen Leistungen dem Mindeststandard nicht entsprechen. Dieses Risiko kann jedoch dadurch ausgeschlossen oder vermindert werden, dass im Plan zusätzliche Leistungen an solche Beteiligte vorgesehen werden, die den Plan widersprechen und den Nachweis führen, dass sie ohne solche Zusatzleistungen durch den Plan schlechter gestellt werden als ohne einen Plan. Enthält der Plan eine solche Bestimmung, ist die Finanzierung der Leistungen gesichert und ist eindeutig, dass im Falle der zusätzlichen Leistungen der Mindeststandard erreicht wird, so soll nach der Überzeugung des Gesetzgebers der Minderheitenschutz der Bestätigung des Plans nicht entgegenstehen. Dadurch soll das Insolvenzverfahren von aufwändigen Feststellungen entlastet werden, wie die Amtliche Begründung fortfährt: „Ob die zusätzlichen Leistungen zu erbringen sind, kann dann außerhalb des Insolvenzverfahrens geklärt werden" – was seit langem in Teilen der Literatur wiederholt wird.

8.5   In der Literatur[5] ist das Model salvatorischer Klauseln begrüßt worden. Der salvatorischen Klausel werden weitreichende Wirkungen zugesprochen. Sie sollen ein umfassend wirkendes Mittel gegen die Unbilligkeiten des Planes sein[6], sie sollen die sofortige Beschwerde des Gläubigers ausschließen usf. Die systematische *Einordnung* salvatorischer Klauseln in das Instrumentarium des Insolvenzplans ist dabei indes verfehlt, ja weithin sogar ausgeblendet worden. Weder wurde bislang danach gefragt, ob salvatorische Klauseln im Hinblick auf *alle* am Insolvenzplanverfahren beteiligten Gläubiger in Betracht kommen noch in Frage gestellt, ob sich aus allgemeinen insolvenzrechtlichen Gesichtspunkten Schranken ergeben, die dem Einsatz salvatorischer Klauseln im Wege stehen.

---

3 Vgl. *Kuhn/Uhlenbruck*, KO, 11. Aufl., 1994, § 181 RdNr. 2.
4 Amtl. Begr. zu § 298 RegEInsO, BT-Drucks. 12/2443, S. 212.
5 *Eidenmüller,* Unternehmenssanierung zwischen Markt und Gesetz, 1999, 443 Fn. 374, 182 ff.
6 *Eidenmüller* (Fußn. 5), 183.

Der Reformgesetzgeber und die zitierten Stimmen in der Lehre haben die Prämisse fraglos **8.6** angenommen, dass salvatorische Klauseln ein rechtlich zulässiges Instrument seien, um Insolvenzpläne vor individuell zulässigem Widerspruch zu retten. Diese Prämisse ist bedenklich, wenn nicht gar falsch. Bevor dies (im Folgenden und unter RdNr. 15.15 ff.) dargestellt wird, soll zunächst eine „immanente" Kritik an der Konzeption geübt werden, die dem Rettungsmodell „salvatorische Klauseln" zugrunde liegt. Wenn dem Gläubiger sein Widerspruch durch salvatorische Klauseln *im* Plan „abgekauft" werden soll, ist doch § 257 Abs. 1 S. 1 InsO zu beachten: Wie oben dargestellt, fungiert der gestaltende Teil des Plans gem. § 257 Abs. 1 S. 1 InsO in Verbindung mit dem Tabelleneintrag wegen der nicht bestrittenen Forderungen als *Titel*. Salvatorische Klauseln können überhaupt nur insoweit einen Sinn haben, wie es um die Berücksichtigung festgestellter Forderungen geht. Festgestellt werden die nach § 174 Abs. 1 InsO anzumeldenden persönlichen Forderungen der Insolvenzgläubiger. Nun sind absonderungsberechtigte Gläubiger – und um die Beschneidung deren Forderungen geht es im Insolvenzplan im Wesentlichen – nur wegen ihres Ausfalls nach § 52 InsO Insolvenzgläubiger. Soweit aber der Plan vermittels einer salvatorischen Klausel anstelle der dem Gläubiger zustehenden Sicherheiten Ausgleichszahlungen vorsieht, kann es sich nur um Verbindlichkeiten handeln, die gegen die Masse begründet werden – denn es liegt auf der Hand, dass es sich auch beim Insolvenzplan trotz der ihm vom Gesetzgeber zugeschriebenen Eigenschaften nicht um einen Vertrag zu Lasten Dritter handeln kann. Ob sich Dritte für die Einhaltung der Verpflichtungen verbürgen, kann insoweit dahingestellt bleiben. Damit haben die durch salvatorische Klauseln verbrieften Ansprüche keine andere Stellung als persönliche (Insolvenz-) Forderungen.

Der Gesetzgeber scheint dies anders zu sehen, wenn er von der Feststellung dieser Forderungen in **8.7** „einem anderen Verfahren" spricht. Aber ist denn eine salvatorische Klausel zur Behebung der auftretenden Probleme geeignet, die eine Schlechterstellung des betroffenen Gläubigers entweder dem Grunde und der Höhe nach oder doch wenigstens allein der Höhe nach tatsächlich nur dadurch „beseitigt", dass man ihm das Risiko eines Prozesses nach Bestätigung und während laufender Exekution des Planes zumutet? Im Plan Leistungen festzustellen, ohne damit dem Berechtigten einen Titel zu verschaffen, stellt einen groben Systembruch dar. Wie im gesamten Gesetzgebungswerk der InsO kommt auch in der Vorschrift des § 251 InsO ein eigentümliches „Geben- und Nehmen" durch den Reformgesetzgeber zum Ausdruck. Dies indes scheint der Gesetzgeber nicht so zu sehen. Damit spiegelt sich die Halbherzigkeit der Radikalität, die das gesamte Insolvenzplanprojekt durchzieht, in dem „Minderheitenschutz" des § 251 InsO: Für unverzichtbar gehalten wird er letztendlich dadurch desavouiert, dass der Rechtsschutz suchende Gläubiger auf das Abstellgleis eines kostenträchtigen Leistungsprozesses gegen den Schuldner geschoben wird.[7]

Auch eine salvatorische Klausel wäre ein Element des gestaltenden Teils des Insolvenzplans und **8.8** unterliegt mit ihm dem Angriff im Wege des Widerspruchs des Gläubigers nach § 251 InsO. Das Vorliegen einer salvatorischen Klausel enthebt das Insolvenzgericht der Nachprüfung, ob eine Schlechterstellung vorliegt oder nicht daher nur in dem Fall, in dem die Befriedigung der angemeldeten Forderung zu einhundert Prozent gesichert wird, was – wie sogleich zu zeigen sein wird – mit anderen Grundprinzipien des Insolvenzrechts ebenso schwer zu vereinbaren sein wird wie mit geltenden Rechtsnormen. Die Aufhebung der Universalexekution durch die Bestätigung des Insolvenzplans (§ 258 Abs. 1 InsO) mit der grundsätzlichen Restitution der Verwaltungs- und Verfügungsbefugnis des Schuldners (§ 259 Abs. 1 S. 2 InsO) kann aber nicht anders als im überkommenen Recht nicht den Sinn haben, einen Gläubiger, dessen Rechte im Verfahren Einbußen erlitten haben, nach erfolgter Sanierung des Schuldners auf den ordentlichen Rechtsweg zu verweisen!

---

7 So ohne weitere Überlegung *Eidenmüller* (Fußn. 5), 258.

2. „Abkauf" von Widersprüchen

8.9 Das dem § 251 unterlegte „Abkaufmodell" würde häufig dazu führen, dass der Insolvenzplan nicht realistisch finanzierbar ist. Das „Abkaufmodell" wird damit das Insolvenzgericht durchaus nicht in dem Umfang entlasten, der dem Gesetzgeber vorschwebt. Vielmehr hat das Insolvenzgericht im Zusammenhang seiner **Vorprüfung nach § 231 Abs. 1 Nr. 3** InsO danach zu fragen, ob die in den salvatorischen Klauseln vorgesehenen Leistungen erfüllt werden können. Auch derjenige Gläubiger, dessen Widerspruch gem. § 251 durch eine salvatorische Klausel abgekauft werden soll, ist gem. §§ 237, 238 InsO stimmberechtigtes Mitglied einer Gruppe. Die salvatorische Klausel bewirkt daher m. a. W. nicht, dass die von den Regelungen des Insolvenzplans vorgesehene Behandlung des aus ihr berechtigten Gläubigers nicht unter das Gleichbehandlungsgebot des § 226 Abs. 1 InsO fällt.

8.10 Salvatorische Klauseln sind entgegen einer früher in der Literatur geäußerten Vermutung freilich nur ein marginaler Anwendungsbereich der Bedingungsregeln des Insolvenzplanrechts. In den bislang bekannt gewordenen Fällen beziehen sich Bedingungen in einem Plan stets auf das Verhalten von Dritten, das nach der Verabschiedung des Insolvenzplans durch die betroffenen Gläubiger noch eingetreten sein muss, damit der Plan einer Bestätigung unterworfen werden kann. Folgende Beispiele sind in diesem Zusammenhang aufgetreten: Zulässige Bedingung eines Planes kann es sein, dass die Versammlung der Genossen einer e.G. die Fortsetzung der Genossenschaft gem. § 116 GenG beschließt. In einem anderen Fall (vgl. Anhang C) war die Bedingung in den Plan aufgenommen worden, dass in der Hauptversammlung der schuldnerischen AG nach Verabschiedung des Planes durch die Gläubiger eine Kapitalerhöhung beschlossen wurde. In beiden Fällen ist das gesellschaftsrechtliche Verhalten der „Eigentümer" des insolvenzschuldnerischen Unternehmens als Bedingung in den Insolvenzplan geschrieben worden, damit nicht das Verfahren nach Bestätigung des Insolvenzplans aufgehoben wird und dann seitens der wieder vollumfänglich in ihre Verwaltungs- und Verfügungsbefugnis gesetzten organschaftlichen Vertreter des insolvenzschuldnerischen Unternehmens anders verfahren wird, als vom Insolvenzplan vorausgesetzt.

8.11 Im Insolvenzplan dürfen den Gläubigern einer Gruppe – also Gläubigern gleicher Rechtsstellung oder solchen Gläubigern, die sich in Rechtsstellung und in ihren wirtschaftlichen Interessen gleichen – keine ungleichen Bedingungen gewährt werden: § 226 Abs. 1 InsO bestimmt, dass innerhalb jeder Gruppe allen Beteiligten gleiche Rechte anzubieten sind. Hiervon lässt § 226 Abs. 2 InsO nur eine begrenzte Ausnahme zu. Eine Ungleichbehandlung ist nämlich nur unter der Voraussetzung zulässig, dass eine unterschiedliche Behandlung der Beteiligten einer Gruppe mit Zustimmung *aller betroffenen Beteiligten* erfolgt, wobei dem Insolvenzplan die zustimmende Erklärung eines jeden betroffenen Beteiligten beizufügen ist. Der Plan soll das allgemeine Insolvenzverfahren und damit seine durch das Insolvenzrecht gesetzte Ordnung abbedingen[8]. Kern des Insolvenzrechts ist aber die Gleichbehandlung der Insolvenzgläubiger – der Grundsatz *par condicio creditorum*. Die Vorschrift dient dazu, den insolvenzrechtlichen Gleichbehandlungsgrundsatz in das Planverfahren zu übertragen.

---

8 *Smid*, ZInsO 1998, 347.

Ist es zwingend, dass der einzelne Gläubiger, dessen Widerspruch abgekauft werden soll, **8.12**
Mitglied einer Gruppe ist – das ergibt sich ohne weiteres aus den §§ 222, 243, 244 InsO –,
ist die salvatorische Klausel nicht notwendig ausgeschlossen, weil damit eine gruppenin-
terne Ungleichbehandlung denknotwendig verwirklicht werden würde. Denn Ein-Gläubiger-Gruppen sind im Rahmen der durch § 222 InsO gezogenen Grenzen zulässig. Dem
die „Ein-Gläubiger-Gruppe" konstituierenden Gläubiger könnte, ohne dass dies an § 226
Abs. 1 InsO scheitern müsste, im Rahmen einer salvatorischen Klausel vollständige
Befriedigung zugesagt werden. Daran wird indes deutlich, wie gefährlich diese Technik
ist: Sie fordert nachgerade den Widerspruch heraus, um in den Genuss des „Abkaufs" zu
gelangen. Im Hinblick auf den gesicherten Gläubiger ist dies aber durchweg plausibel.
Denn die salvatorische Klausel stellt sich dort gleichsam als eine Konsequenz aus Art. 14
Abs. 1 GG dar: Während durch den Plan in die Sicherheiten des Gläubigers eingegriffen
werden darf (§§ 217, 223 Abs. 1 InsO) und der Dissens der betroffenen Gruppe der
cram-down-procedure – dem Obstruktionsverbot – unterworfen sein kann, dient der
Widerspruch des einzelnen Gläubigers dem Schutz seiner Sicherheit vor den durch
den Plan vorgesehenen Rechtsgestaltungen. Die salvatorische Klausel bewirkt dann,
dass der Gläubiger die aus seiner Sicherheit fließenden Befriedigungschancen nicht
verliert. Das dabei zu beschreitende Verfahren ist zwar extrem kostspielig und zeitaufwändig, führt aber in seinem Ergebnis zu nichts anderem, als der aus dem überkommenen Zwangsvergleich bekannten Befriedigung der absonderungsberechtigten Gläubiger.
Da regelmäßig gerade diese Gläubiger zur Finanzierung des Zwangsvergleichs – in neuer
Diktion des Sanierungsplans – herangezogen werden müssen, bedeutet die Abkaufs-
trategie der salvatorischen Klausel schließlich nur, dass im Insolvenzplanverfahren ohne
Zustimmung *jedes einzelnen* absonderungsberechtigten Gläubigers „nichts geht". Das
übrigens ist nicht das Resultat einer wie auch immer motivierten Auslegung des Gesetzes, sondern Konsequenz der eigenen Prämissen des Reformgesetzgebers[9] und der
ihm folgenden Literatur[10].

3. Ausschluss von vorteilsgewährenden Vereinbarungen, § 226 Abs. 3 InsO

§ 226 Abs. 3 InsO bezieht sich auf § 226 Abs. 1 InsO: Die Gewährleistung der Gläubi- **8.13**
gergleichbehandlung innerhalb der Abstimmungsgruppen darf nicht durch solche Vereinbarungen unterlaufen werden, aufgrund derer einzelnen Gläubigern Vorteile gegenüber den anderen Gläubigern gewährt werden. Jede Art von Vereinbarung kann dies sein,
so sie sich nur als kollusives Handeln gegen die Gleichbehandlung darstellt[11]. Ausgeschlossen sind daher insbesondere auf das Abstimmungsverhalten im Insolvenzplanverfahren, aber auch vor dem Insolvenzplanverfahren in der Gläubigerversammlung
bezogene, mit einer Bevorzugung verknüpfte Stimmrechtsvereinbarungen. Ein sonstiger
Zusammenhang mit dem Insolvenz- oder Insolvenzplanverfahren kann darin bestehen,
dass der Gläubiger sich seinen Widerspruch gegen einen Planentwurf „abkaufen" lässt.
Dabei ist freilich zu beachten, dass im Plan offen gelegte Klauseln bzw. Vermögenszuwendungen zulässig sein können[12]. Der versprochene Vorteil muss sich auf die

---

9 *Smid*, ZInsO 1998, 347.
10 *Smid*, ZInsO 1998, 347.
11 *Kilger/K. Schmidt*, VerglO, 17. Aufl., 1997, § 8 Anm. 4; *ders.*, KO, 17. Aufl., 1997, § 181 Anm. 3.
12 Amtl. Begr. zu § 269 RegEInsO, BT-Drucks. 12/2443, 201, 202.

Beteiligung an dem aus dem Verfahren für den Gläubiger bezogenen Erlös beziehen, den er unter Zurücksetzung anderer Gläubiger erhält. **Parteien der** vom Verbot des § 226 Abs. 3 InsO **erfassten Vereinbarungen** sind der verbots- und gleichheitswidrig bessergestellte Gläubiger einerseits und der Verwalter, Schuldner oder Dritte andererseits. Abs. 3 ordnet als **Rechtsfolge des Verstoßes** gegen das Verbot die Nichtigkeit der verbotswidrig geschlossenen Vereinbarung an.

8.14 Nach § 226 Abs. 3 InsO ist jedes Abkommen des Insolvenzverwalters, des Schuldners oder anderer Personen mit einzelnen Beteiligten, durch das diesen für ihr Verhalten bei Abstimmungen oder sonst im Zusammenhang mit dem Insolvenzverfahren ein nicht im Plan vorgesehener Vorteil gewährt wird, nichtig[13]. Der versprochene Vorteil muss sich auf die Beteiligung an dem aus dem Verfahren für den Gläubiger bezogenen Erlös beziehen, den er unter Zurücksetzung anderer Gläubiger erhält. Insoweit lässt sich aber bereits sagen, dass Abreden über die Gewährung von Vorteilen aufgrund salvatorischer Klauseln jedenfalls gefährlich sind, da sie zur Nichtigkeit der entsprechenden Regelungen führen und damit Annahme und Bestätigung des Insolvenzplans (vgl. **§ 250 InsO**) in Frage stellen.

4. Pool dinglich berechtigter Gläubiger
8.15 Soweit die Absonderungsberechtigten oder einzelne Absonderungsberechtigte durch den Insolvenzplan in ihren Rechten gem. § 223 Abs. 2 betroffen werden, fallen alle Abreden über die Verteilung des Erlöses, der Aufteilung der Sicherheiten (der dinglichen Zuordnung zur sachenrechtlichen Konkretisierung) unter das Verbot des § 226 Abs. 3 InsO[14].

---

13 *Smid*, ZInsO 1998, 347.
14 *Berner*, Sicherheitenpools der Lieferanten und Banken im Insolvenzverfahren, § 18 II.

3. Hauptteil: Verfahren der Vorprüfung, Erörterung, Abstimmung und Bestätigung des Insolvenzplans

Kapitel 9: Vorprüfung und Zulassung oder Zurückweisung des Insolvenzplans durch das Insolvenzgericht gem. § 231 InsO

I. Insolvenzgerichtliche Aufgabe

1. Übersicht

Bereits im Zusammenhang der Erörterung der Gruppenbildung (oben Kapitel 6) haben **9.1** die Betrachtungen zu der eigenen Aufgabe des Insolvenzgerichts geführt, den von seinem Initiator eingereichten Insolvenzplan vorzuprüfen.

§ 231 InsO verlangt eine Vorprüfung des vorgelegten Plans durch das Insolvenzgericht. **9.2** Das Gericht hat von Amts wegen tätig zu werden[1]. Die gesetzlichen Bestimmungen über das Vorlagerecht (§ 218 Abs. 1 InsO) und den Inhalt des Plans (§§ 219 bis 230 InsO) müssen beachtet werden; z. B. müssen die im Plan vorgesehenen Gruppen der Gläubiger nach sachgerechten, im Plan angegebenen Kriterien voneinander abgegrenzt sein (§ 222 Abs. 2 InsO). Bei behebbaren Mängeln hat das Gericht zunächst Gelegenheit zur Beseitigung der Mängel zu geben (§ 231 Abs. 1 Nr. 1 InsO). Im Falle der Planinitiative des Schuldners[2] ist ein Plan auch dann zurückzuweisen, wenn offensichtlich keine Aussicht besteht, dass die Voraussetzungen für das Wirksamwerden des Plans (§§ 244–246, 248) eintreten werden (§ 231 Abs. 1 Nr. 2 InsO), oder wenn dieser nach der Vermögenslage des Schuldners und den sonstigen Umständen des Falles offensichtlich nicht erfüllt werden kann (§ 231 Abs. 1 Nr. 3 InsO). Durch das Wort „offensichtlich" wird zum Ausdruck gebracht, dass nur in *eindeutigen* Fällen von der Befugnis zur Zurückweisung Gebrauch gemacht werden darf; andernfalls würde das Gericht der Entscheidung der Gläubiger (gemäß ihrer Gläubigerautonomie in ihrer Ausprägung durch die besonderen Regelungen der §§ 242 ff. InsO) in ungerechtfertigter Weise vorgreifen[3]. Hierbei ist in erster Linie an die Fälle zu denken, in denen der Schuldner

---

1 *Braun/Uhlenbruck*, Unternehmensinsolvenz, 1997, 517; *Schiessler*, Der Insolvenzplan, 1997, 130.
2 Die Beschränkung auf die Initiative des Schuldners beruht auf der Beschl.-Empf. des RechtsA zu § 275 RegEInsO, BT-Drucks. 12/7302, 182 f.
3 Amtl. Begr. zu § 275 RegEInsO, BT-Drucks. 12/2443, 204; Braun-*Braun,* InsO, 2. Aufl., 2004, § 232 RdNr. 5; MünchKomm-*Breuer,* InsO, 2002, § 231 RdNr. 18

einen Plan vorlegt, der ihm die Fortführung des Unternehmens ermöglichen soll, obwohl sich die Gläubigerversammlung bereits mit großer Mehrheit gegen eine Fortführung des Unternehmens durch den Schuldner ausgesprochen hat[4], oder aber in dem er zur Abwendung der Einzelverwertung seines Vermögens den Gläubigern Leistungen zusagt, von denen bei objektiver Betrachtung feststeht, dass sie nicht erbracht werden können[5]. § 231 Abs. 2 InsO zielt darauf ab, zu vermeiden, dass die Regelung des § 218 InsO durch den Schuldner zur Verfahrensverschleppung missbraucht wird[6]. Wenn das dort geregelte Initiativrecht des Schuldners zum zweiten Male ausgeübt wird, hat das Gericht diesen Plan zurückzuweisen, sofern der Insolvenzverwalter und der Gläubigerausschuss – falls ein solcher bestellt ist – es übereinstimmend verlangen. Die Regelung lehnt sich inhaltlich eng an § 176 KO an, der das Recht des Gemeinschuldners zur wiederholten Vorlage eines Zwangsvergleichsvorschlags einschränkte[7]. Wegen der Bedeutung der Entscheidung über die Zurückweisung des Plans sieht § 231 Abs. 3 InsO die Statthaftigkeit der sofortigen Beschwerde vor.

2. Funktionelle Zuständigkeit

9.3 Die funktionelle Zuständigkeit für die Vorkontrolle des Planentwurfs liegt– vorbehaltlich des Richtervorbehalts gem. § 18 Abs. 2 RPflG – im allgemeinen beim **Rechtspfleger (Art. 14 Nr. 5 EGInsO)**, dem damit weitere tiefgreifende Einflussnahmen auf den Gang des Verfahrens und damit auf die Realisierung der Rechte der Gläubiger eingeräumt werden[8]. Dies gilt auch für die Einreichung eines sog. prepackaged-plans. Denn auch in diesem Fall wird das Insolvenzplanverfahren erst im eröffneten Insolvenzverfahren eingeleitet.

9.4 Im Falle des prepackaged-plans hat der Planinitiator freilich regelmäßig ein Interesse daran, vom Insolvenzgericht – d. h. von dem zuständigen Richter bzw. dem zuständigen Rechtspfleger – Hinweise auf die zu erwartende Entscheidung nach § 231 InsO zu erhalten. Denn der Planinitiator ist in diesem Fall in besonderem Maße daran interessiert, dass nach dem Erlass des Eröffnungsbeschlusses das Verfahren zügig durchgeführt wird, um den Erfolg des Insolvenzplans nicht durch eine dilatorische Handhabung zu gefährden. Würde er darauf verwiesen, erst im eröffneten Verfahren gem. § 231 Abs. 1 InsO vom Insolvenzgericht auf Mängel des Planes hingewiesen und zu deren Behebung aufgefordert zu werden, wären damit zwangsläufige Verzögerungen verbunden; die damit verbundenen Risiken können allein durch eine Abstimmung mit dem Insolvenzgericht im Vorfeld des Verfahrens abgewehrt werden.

9.5 Entscheidend ist, dass gem. § 4 InsO der Insolvenzrichter grundsätzlich auch im Eröffnungsverfahren rechtliches Gehör zu gewähren hat; dabei trifft das Insolvenzgericht

---

4 KP-*Otte,* InsO, Stand: November 2004, § 231 RdNr. 16; krit. HK-*Flessner,* InsO, 3. Aufl., 2003, § 231 RdNr. 8; MünchKomm-*Breuer* (Fußn. 3), § 231 RdNr. 18.
5 Amtl. Begr. zu § 275 RegEInsO, BT-Drucks. 12/2443, 204.
6 Braun-*Braun* (Fußn. 3), § 231 RdNr. 2; KP-*Otte* (Fußn. 4), § 231 RdNr. 22; MünchKomm-*Breuer* (Fußn. 3), § 231 RdNr. 2.
7 Braun-*Braun,* InsO, 2. Aufl., 2004, § 231 RdNr. 2; KP-*Otte,* § 231 RdNr. 22.
8 Zur Verfassungskonformität dieser Zuständigkeitsübertragung schon unter Kapitel RdNr. 2.43 ff. m. w. N.; vgl. auch *Herzog* in: *Maunz/Dürig,* Grundgesetz, Bd. IV, 1994, Art. 92 RdNr. 81 ff.

ebenso wie das Prozessgericht die Hinweispflicht des § 139 ZPO[9]. Diese Hinweispflicht wird aber durch § 231 Abs. 1 InsO als lex specialis modifiziert. Während die Zurückweisung eines Insolvenzplans im Eröffnungsverfahren nicht erfolgen kann – da zu diesem Zeitpunkt noch nicht feststeht, ob überhaupt ein Insolvenzverfahren durchgeführt und ggf. nach dem Insolvenzplan abgewickelt wird – und § 231 Abs. 1 InsO daher nicht unmittelbar zum Zuge kommt, ist das Insolvenzgericht doch zu entsprechenden, wenigstens **die förmliche Richtigkeit des Insolvenzplans betreffenden Hinweisen** verpflichtet.

Dies gilt aber auch für die Frage, ob das Insolvenzgericht der Ansicht ist, dem Insol- **9.6** venzplan fehle die Aussicht auf Annahme durch die Insolvenzgläubiger. Denn dabei handelt es sich um eine Rechtsfrage (unten RdNr. 9.15 ff.), über die zwischen Planinitiator und Insolvenzrichter ein Rechtsgespräch geführt werden kann.

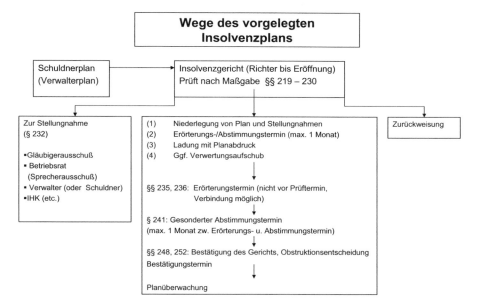

II. Maßstäbe der Entscheidung gem. § 231 InsO

1. Übersicht
Bereits im Zusammenhang der Erörterung der Gruppenbildung (oben RdNr. 7.1 ff.) **9.7** haben die Betrachtungen auf die eigene Aufgabe des Insolvenzgerichts, den von seinem Initiator eingereichten Insolvenzplan vorzuprüfen, geführt.

---

9 MünchKomm-*Breuer,* InsO, 2002, § 231 RdNr. 6.

9.8 Das Gericht hat den ihm zur Vorprüfung zugeleiteten Plan zurückzuweisen, wenn einer oder mehrere der Zurückweisungsgründe des § 231 Abs. 1 InsO oder des § 231 Abs. 2 InsO vorliegen. Dabei übt das Insolvenzgericht nicht nur „Notarfunktionen" aus[10]. Die Zulassung des vorgelegten Plans stellt sich nicht nur als verfahrensleitende Verrichtung des Insolvenzgerichts, sondern als gegenüber den Verfahrensbeteiligten wirksame förmliche Entscheidung dar, die als Beschluss ergeht. Dies gilt, wie § 231 Abs. 3 InsO zeigt, auch für den Zurückweisungsbeschluss. Zur Vorbereitung der Entscheidung hat das Insolvenzgericht ggf. ein Sachverständigengutachten gem. § 5 Abs. 1 InsO einzuholen[11]; von dieser Möglichkeit ist indes sparsam Gebrauch zu machen, um nicht im Rahmen des Insolvenzplanverfahrens die den Gläubigern haftende Masse sowie wertvolle Zeit zu verschwenden.

9.9 Die Zurückweisungsgründe sind im Gesetz abschließend geregelt. Strebt z. B. eine natürliche Person mit dem über ihr Vermögen eröffneten Insolvenzverfahren die Restschuldbefreiung durch einen von ihr vorgelegten Insolvenzplan an, liegt (*selbstverständlich*) nicht etwa deshalb ein Zurückweisungsgrund vor, weil der Schuldner die Voraussetzungen der Einleitung eines Verbraucherinsolvenzverfahrens nicht erfüllt hat, wie das LG München[12] entscheiden musste.

2. Einhaltung der Rechtsvorschriften über die Formalia des Insolvenzplans, § 231 Abs. 1 Nr. 1 InsO

9.10 **a) Tatbestand.** Der Tatbestand des § 231 Abs. 1 Nr. 1 InsO formuliert eine Ordnungsvorschrift, aufgrund derer die gem. § 218 Abs. 1 InsO Vorlageberechtigten zur Einhaltung der Formalia bei der Vorlage eines Plans angehalten werden sollen. Darüber hinaus soll die Vorprüfung des Plans durch das Insolvenzgericht nach Ansicht des Gesetzgebers[13] aber überhaupt nur sicherstellen, dass die gesetzlichen Bestimmungen über das Vorlagerecht sowie den Inhalt des Plans beachtet und insbesondere die im Plan vorgesehenen Gruppen der Gläubiger nach sachgerechten, im Plan angegebenen Kriterien voneinander abgegrenzt werden[14]. Zu diesen Vorschriften gehört aber mit Blick auf § 218 Abs. 1 S. 2 InsO auch die Einhaltung der Vertretungsregeln des § 15 InsO, insbesondere dessen Abs. 3 InsO. Zu den gesetzlichen Vorschriften über den Inhalt des Plans zählen die §§ 220, 221 InsO, aber auch die der §§ 228 bis 230 InsO. Auch der Schuldner muss seinem Planentwurf einen Sachbericht voranstellen. Dessen Ordnungsmäßigkeit wird durch den gleichwohl zu erstattenden Bericht des Verwalters zu überprüfen sein. Das wird ggf. zu einer Zurückweisung der Planinitiative gem. § 231 Abs. 1 Nr. 1 InsO führen. Zudem hat das Insolvenzgericht eine Elementarkontrolle der gem. § 229 InsO dem Plan beizufügenden Rechnungen und Belege durchzuführen[15] –

---

10 So aber *Braun/Uhlenbruck* (Fußn. 1), 517.
11 A.A. HK-*Flessner*, InsO, 3. Aufl., 2003, § 231 RdNr. 12; MünchKomm-*Breuer*, InsO, 2002, § 231 RdNr. 5; Uhlenbruck-*Lüer*, InsO, 12. Aufl., 2003, § 231 RdNr. 5.
12 LG München, B. v. 5. 9. 2003, 14 T 15659/03, ZVI 2003, 473.
13 Amtl. Begr. zu § 275 RegEInsO, BT-Drucks. 12/2443, 204.
14 In diese Richtung geht auch die Argumentation *Brauns* trotz seiner grundsätzlich anderen Strukturbeschreibung der Stellung des Insolvenzgerichts bei der Entscheidung nach § 231 Abs. 1, *Braun/Uhlenbruck* (Fußn. 1), 518.
15 *Braun/Uhlenbruck* (Fußn. 1), 518; KP-*Otte*, InsO, Stand: November 2004, § 231 RdNr. 12; Münch-

was freilich zu erheblichen Verzögerungen und bei Einschaltung eines Sachverständigen (gem. § 5 Abs. 1 InsO) zu nachhaltigen Kosten führen wird, die den angestrebten Sanierungserfolg in Frage zu stellen geeignet sind (der US-amerikanische Richter, den z. B. *Braun* herbeizitiert, verfügt ja ex officio über einen großen Stab von sachverständigen Mitarbeitern, der deutsche bekanntlich nicht). Im verwalterlosen Verfahren der Eigenverwaltung unter Aufsicht eines Sachwalters trifft den Schuldner ohnedies gem. § 270 InsO die Pflicht, die Gläubigerversammlung über seine Lage und die Ursachen, die zu ihr geführt haben, zu unterrichten[16].

b) Verfahrensökonomische Erwägungen. Bei der Bestimmung der Prüfungsmaßstäbe **9.11** des § 231 Abs. 1 InsO ist darauf zu achten, dass diese Kontrolle in einem einfachen und effizienten Verfahren zu gewährleisten ist. Denn jede Auslegung der Vorschriften der InsO, aufgrund derer die Durchführung des Insolvenzverfahrens zeitlich verzögert und mit Kostenfolgen erschwert wird, muss erheblichen Bedenken begegnen. Dieses Postulat der insolvenzrechtlichen Verfahrensökonomie[17] kann indessen nicht zur Folge haben, dass die Prüfung des Insolvenzgerichts nach § 231 InsO sich positivistisch auf den engen Wortlaut des § 231 Abs. 1 Nr. 1 und 2 InsO beschränkt und auf eine materielle Überprüfung des Planentwurfs verzichtet. Damit würde zwar die insolvenzgerichtliche Aufgabenstellung erheblich vereinfacht, aber doch um den Preis, § 231 InsO zu einem Instrument zu reduzieren, das ausschließlich dazu dienen würde, evident materiell aussichtslose oder aufgrund grober Formverstöße unzulässige Planinitiativen im Vorfeld des aufwändigen Abstimmungsverfahren abzublocken. Das ist z. B. dann der Fall, wenn ein Plan nicht in darstellenden und gestaltenden Teil gegliedert oder wenn die Form des gestaltenden Teils nicht beachtet wird. Während daher die Nrn. 2 und 3 des § 231 Abs. 1 InsO so verstanden werden können, sie in einem summarischen Verfahren anzuwenden, das dem Eilcharakter des Insolvenzverfahrens gerecht wird[18], stellen sich Fragen wegen der Prüfung des Planentwurfes nach § 231 Abs. 1 Nr. 1 InsO durch das Insolvenzgericht. § 231 Abs. 1 Nr. 1 InsO ist insofern „unkomplizierter", als diese Vorschrift keine prognostische Betrachtungsweise vorschreibt. Die Unklarheiten beziehen sich indes auf den Umfang der dem Insolvenzgericht anvertrauten rechtlichen Prüfung des Planentwurfs.

c) Keine Zurückweisung des Verwalterplans wegen fehlender Konsultation gem. 9.12 § 218 Abs. 3 InsO. Hat der Verwalter die in § 218 Abs. 3 InsO genannten Stellen bei der Aufstellung des von ihm erarbeiteten Planes nicht konsultiert, führt dies nicht zur Zurückweisung des Planes nach § 231 Abs. 1 Nr. 1 InsO[19]. Würde man etwa die Konstruktion eines „Beirats"[20] als eines weiteren insolvenzrechtlichen Gremiums ernst

---

Komm-*Breuer*, InsO, 2002, § 231 RdNr. 13; a. A. *Hess/Weis*, InVo 1998, 64, 65; Uhlenbruck-*Lüer*, InsO, 12. Aufl., 2003, § 231 RdNr. 30.

16 Smid-*Smid*, InsO, 2. Aufl., 2001, § 270 RdNr. 12; Flöther/Smid/Wehdeking-*Wehdeking*, Die Eigenverwaltung in der Insolvenz, 2005, Kap. 2 RdNr. 17.

17 *Smid*, in: FS Pawlowski, 1997, 387, 406 ff.

18 *Maus*, in: Kölner Schrift zur InsO, 2. Aufl., 2000, 931, 951 (RdNr. 74).

19 So auch Uhlenbruck-*Lüer*, InsO, 12. Aufl., 2003, § 231 RdNr. 11; a. A. MünchKomm-*Breuer*, InsO, 2002, § 231 RdNr. 9.

20 Amtl. Begr. zu § 254 RegEInsO, BT-Drucks. 12/2443, 196.

nehmen, dessen Nichtbeteiligung zur Ausübung von Kontrollmaßnahmen des Insolvenzgerichts gem. § 231 Abs. 1 Nr. 1 InsO führt, würde dies im Ergebnis zu einer Verlagerung von Entscheidungsbefugnissen des Gläubigerausschusses als Organ der Gläubigerselbstverwaltung auf Gremien der betriebsverfassungsrechtlichen Mitbestimmung und – nicht zuletzt – auf den Schuldner führen. Das würde freilich im Rahmen der sehr eigenen Logik der Regelungen über das Insolvenzplanverfahren liegen, die an die Stelle der konkursrechtlichen Entmachtung des Schuldners Maßregeln setzen, mittels derer er *gegen* die Gläubiger seine Entschuldung betreiben kann; die Stärkung von Mitbestimmungsorganen (und d. h. der lokalen Gewerkschaftsstellen) erscheint dabei als eine notwendige Konzession, um dem Schuldner gegenüber dem Verwalter „politisches" Gewicht im Verfahren zu verleihen. Eine derartige Entscheidung nach § 231 Abs. 1 Nr. 1 InsO wäre schon aus Gesichtspunkten der Haftung des Insolvenzrichters überhaupt nur dann möglich, wenn wenigstens eine dem § 232 InsO entsprechende Regelung für das bei einer Beteiligung des Beirats bzw. der ihn konstituierenden Interessenvertreter zu berücksichtigende Verfahren getroffen wäre. Dies ist aber nicht der Fall.

9.13 d) Überprüfung der Gruppenbildung gem. § 222 InsO[21]. Abstimmungsgruppen. Regelmäßig – legt man den bloßen Wortlaut des Gesetzes zugrunde – kommt eine Zurückweisung des Plans nach § 231 Abs. 1 Nr. 1 InsO nicht in Betracht. Denn diese Vorschrift erfasst nach den Gesetzesmaterialien[22] zunächst solche Fälle, in denen Vorschriften über das Recht der Vorlage oder den Inhalt des Plans nicht beachtet und auf richterlichen Hinweis nicht in der gerichtlich gesetzten Frist mittels einer Korrektur berücksichtigt worden sind. Hat der Initiator sich an § 222 InsO orientiert, kann es zweifelhaft sein, ob die Gruppenbildung die von § 231 Abs. 1 Nr. 1 InsO geforderten Formalia eingehalten hat. Die Voraussetzungen für eine Zurückweisung des Plans nach § 231 Abs. 1 Nr. 2 InsO liegen nach dem Wortlaut dieser Vorschrift nicht vor, da wegen der Art der Gruppenbildung nicht nur nicht zu erwarten ist, dass der Plan nicht angenommen werde, sondern ganz im Gegenteil dessen Annahme nachgerade *vorprogrammiert* erscheint. Soweit die in den Abs. 1 und 3 des § 222 InsO vorgesehenen Gruppen formiert werden, bestehen wenig Einwendungen gegen das Verfahren der Gruppenbildung. Denn insoweit mag es durchaus sinnvoll sein, dass seitens *des Gesetzgebers* typisiert und damit nach gleichförmig erfassten Interessenlagen eine Gliederung des Abstimmungsverfahrens vorgenommen worden ist[23]. Problematisch sowohl unter dem *allgemeinen* Gesichtspunkt der Gleichbehandlung der Gläubiger im Verfahren als auch im Hinblick auf die Anforderungen, die an die insolvenzgerichtliche Kontrollentscheidung nach § 231 InsO gerichtet sind, ist dagegen die durch § 222 Abs. 2 InsO dem Planinitiator eingeräumte weitgehende Gestaltungsbefugnis. Geht man allein vom Wortlaut des Gesetzes aus, führt dies zu wenig befriedigenden Ergebnissen – das Gericht hat dann nämlich keinerlei effektive Handhabe, abusiven Gruppenbildungen durch den Insolvenzplan entgegenzutreten[24]. Die vielfältigen Missbrauchsmöglichkeiten hätten es

---

21 Vgl. HK-*Flessner*, InsO, 3. Aufl., 2003, § 231 RdNr. 4.

22 Amtl. Begr. zu § 275 RegEInsO, BT-Drucks. 12/2443, 204.

23 So bereits Erster Bericht der Kommission für Insolvenzrecht, Leitsatz 2. 2. 16. (41) und dessen Begründung (183).

24 FK-*Jaffé,* InsO, 3. Aufl., 2002, § 231 RdNr. 11 ff.

erwarten lassen, dass der Gesetzgeber ausdifferenzierte Kontrollmechanismen einge-richtet hätte. Das Gegenteil ist indes der Fall, was im Hinblick auf den summarischen Charakter des Insolvenzverfahrens auch durchaus nicht unverständlich erscheint. Der deutsche Gesetzgeber hat denn auch die Probleme einer Kontrolle der Gruppenbildung im und durch den Plan nicht näher entwickelt – obwohl dazu angesichts der nord-amerikanischen Insolvenzpraxis[25] in erheblichem Maße Anlass bestanden hätte.

Angelpunkt des § 222 InsO ist die gerichtliche Kontrolle möglichen Missbrauchs der **9.14** Gruppenbildung zu Zwecken manipulativer Beeinflussung der Entscheidung durch die Gläubigergemeinschaft gem. § 243 InsO[26]. Würde man § 231 Abs. 1 S. 1 InsO eng auslegen, hätte die insolvenzgerichtliche Prüfung der durch den Plan vorgesehenen Gruppenbildung allein festzustellen, ob die Gruppen des § 222 Abs. 1 InsO vorgesehen worden sind, ob eine Arbeitnehmer- und eine Kleingläubigergruppe nach § 222 Abs. 3 InsO gebildet worden und schließlich, ob etwaige weitere Gruppen aufgrund der recht-lichen Heterogenität des Rechtsgrundes der repräsentierten Forderungen sachgerecht abgegrenzt sind. Aus dieser Prüfung würde der Gesichtspunkt herausfallen, ob die konkret vorgenommene Gruppenbildung trotz sachgerecht erscheinender Abgrenzung von Gruppen gem. § 222 Abs. 2 InsO *manipulativen Handhabungen* des Initiators (also meist: des Schuldners, vgl. Kapitel 7) Vorschub zu leisten geeignet ist. Bleibt man allein bei den Erwägungen stehen, die den Gesetzgeber geleitet haben, entgehen diese Prob-leme der Aufmerksamkeit. Die Motive vertrauen zwar auf Selbstkontrollmechanismen der Gläubigerselbstverwaltung. Das erscheint aber nicht ausreichend[27].

3. Zurückweisung des Insolvenzplans nach § 231 Abs. 1 Nr. 2 oder 3 InsO
a) Umfang der Prüfung. Über die „materiellen" Maßstäbe, die das Insolvenzgericht **9.15** bei der Überprüfung der Sachgerechtigkeit der Abgrenzung anzulegen hat, schweigt der Gesetzgeber im Übrigen. Hinweise liefern die Gesetzesmaterialien[28] allein dazu, in welchen Fällen der Plan zurückzuweisen ist, weil offensichtlich keine Aussicht besteht, dass die Voraussetzungen für das Wirksamwerden des Plans erfüllt werden (§ 231 Abs. 1 Nr. 2 InsO). Dies soll z. B. dann der Fall sein können, wenn der Schuldner einen Plan vorlegt, der ihm die Fortführung des Unternehmens ermöglicht, obwohl sich eine Gläubigerversammlung bereits mit großer Mehrheit gegen die Fortführung des Unter-nehmens durch den Schuldner ausgesprochen hat[29]. Oder wenn ein vom Insolvenzver-walter im Auftrag der Gläubigerversammlung vorgelegter Plan, der einem redlichen Schuldner die Restschuldbefreiung verweigert, offensichtlich keine Aussicht auf Zustim-mung durch den Schuldner und damit auf Bestätigung durch das Gericht hat oder wenn ein Plan vorgelegt wird, der nach der Vermögenslage des Schuldners und den sonstigen Umständen des Falles offensichtlich nicht erfüllt werden kann (§ 231 Abs. 1 Nr. 3 InsO).

---

25 *Smid/Rattunde*, Der Insolvenzplan, 1998, RdNr. 464 ff.
26 Im Ergebnis wie hier *K. Schmidt/Uhlenbruck-Maus*, Die GmbH in Krise, Sanierung und Insolvenz, 2. Aufl. 1999, RdNr. 1078.
27 FK-*Jaffé*, InsO, 3. Aufl., 2002, § 231 RdNr. 11 ff.; *Smid*, InVo 1997, 169, 177; a. A. *Kaltmeyer*, ZInsO 1999, 255, 263; MünchKomm-*Breuer*, InsO, 2002, § 231 RdNr. 11; Uhlenbruck-*Lüer*, InsO, 12. Aufl., 2003, § 231 RdNr. 26.
28 Amtl. Begr., BT-Drucks. 12/2443, 204 (zu § 275).
29 Str., vgl. oben Fußn. 4.

9.16 Dabei ist zu berücksichtigen, dass es sich auch bei der Entscheidung nach § 231 Abs. 1 InsO keinesfalls um ein Urteil in einer Rechtssache handelt, wegen derer das **Spruchrichterprivileg des § 839 Abs. 2 BGB**[30] eingriffe. Solange daher der Argumentationshaushalt der Richter und Rechtspfleger im Hinblick auf die Entscheidung nach § 231 InsO nicht durch die Rechtsdogmatik aufbereitet und angereichert worden ist, ist zu erwarten, dass die Gerichte von § 231 InsO nur einen sparsamen Gebrauch machen werden, da die Verzögerung eines Sanierungsversuchs seiner Verhinderung gleich zu achten ist, was drohende Haftungssituationen wahrscheinlich macht.

9.17 Wegen der in den Nrn. 2 und 3 des § 231 Abs. 1 InsO niedergelegten Maßstäbe hat das Insolvenzgericht in eine **summarische** Prüfung einzutreten: Bei der Prüfung nach § 231 Abs. 1 Nr. 3 InsO kann sich das Gericht neben erkennbaren Widersprüchen im darstellenden Teil des Planentwurfes auf den Bericht des Verwalters stützen, im Fall der gem. § 270 InsO angeordneten **Eigenverwaltung** auf die Stellungnahme des Sachwalters. Die Zurückweisung des Planentwurfs nach § 231 Abs. 1 Nr. 2 InsO setzt voraus, dass ein Beschluss der Gläubigerversammlung über Liquidation oder übertragende Sanierung gefällt worden ist. Allein ablehnende Stellungnahmen des Gläubigerausschusses genügen den Anforderungen des § 231 Nr. 2 InsO nicht und sind daher nicht geeignet, eine Zurückweisung des Planentwurfs zu rechtfertigen. Denn in einem Votum allein des Gläubigerausschusses können sich durchaus Meinungen einzelner Gläubiger spiegeln, die schließlich nicht zu einer mehrheitlichen Ablehnung des Planes führen würden.

9.18 **b) Generalklauseln.** Die Tatbestände des § 231 Abs. 1 Nrn. 2 und 3 InsO formulieren Generalklauseln, aufgrund derer das Insolvenzgericht die Zurückweisung des **vom Schuldner vorgelegten**[31] Planes auszusprechen hat; die Zurückweisung ist freilich gem. § 231 Abs. 3 InsO mit der sofortigen Beschwerde anfechtbar. Damit stellt sich die Frage, nach welchen rechtlichen Maßstäben die generalklauselartigen Formulierungen dieser Tatbestände „auszufüllen" sind. Dabei bietet es sich an, das überkommene (Vergleichs-)Recht auf Mittel hin zu prüfen, die bei der Auslegung hilfreich sein können. So hat es das Insolvenzgericht zu berücksichtigen, wenn es Kenntnis von einer **drohenden Gewerbeuntersagung** gem. § 35 Abs. 1 S. 1 GewO erhält, die zu einer Vereitelung der intendierten Sanierung führt.[32]

9.19 Keine Aussicht auf Bestätigung durch das Insolvenzgericht hat der Insolvenzplan, wenn er nichtig ist. Dies kann nach § 779 Abs. 1 BGB[33] der Fall dann sein, wenn der nach seinem Inhalt zugrunde gelegte Sachverhalt der Wirklichkeit nicht entspricht. § 779 Abs. 1 InsO findet auch auf Prozessverträge Anwendung.[34]

9.20 Eine **ergänzende Auslegung** des § 231 InsO **durch die Tatbestände der §§ 17, 18 VerglO** ist nicht deshalb ausgeschlossen, weil nach der Zuständigkeitsordnung des § 18 RPflG i. d. F. des Art. 14 Nr. 5 EGInsO der Rechtspfleger für die Zulassung der Plan-

---

30 Vgl. *Smid,* Jura 1990, 225 ff.
31 OLG Dresden, B. v. 21. 6. 2000, 7 W 0951/00, ZIP 2000, 1303, 1305; vgl. auch FK-*Jaffé,* InsO, 3. Aufl., 2002, § 231 RdNr. 29.
32 AG Siegen, B. v. 28. 12. 1999, 25 IN 161/99, NZI 2000, 236; *Smid,* Freigabeerklärungen des Insolvenzverwalters, III 3., S. 8; *Tettinger/Wank,* GewO, 6. Aufl., 1999, § 12 RdNr. 2.
33 MünchKomm-*Eidenmüller,* InsO, 2002, § 217 RdNr. 43.
34 Vgl. allein *Wagner,* Prozessverträge, 1999, 159.

vorlage zuständig sein kann. Das wäre nur dann anders, wenn die Versagung der Zulassung der Planvorlage einen sanktionierenden Charakter hätte. Hätte die Versagung einen quasi-strafrechtlichen Charakter, wäre daran zu denken, dass diese Entscheidung dem Insolvenzrichter vorbehalten wäre. Dies war aber schon nach bisherigem Recht nicht der Fall, da die Sperre des Zugangs zum Sanierungsverfahren allein gläubigerschützende Funktionen hat.

Die Sanierung war im früheren Vergleichsrecht nur dem „vergleichswürdigen" (§ 2 VerglO) **9.21** Schuldner vorbehalten. Das neue Recht (§§ 217 ff. InsO) scheint dies anders zu definieren: Das geltende Recht sieht eine Sanierung des Schuldners im neuen Insolvenzplanverfahren nach dem Wortlaut des Gesetzes unabhängig von einer „Sanierungswürdigkeit" vor. Zu den Erwägungen, die den Reformgesetzgeber hierzu bewogen haben, ist noch unten Stellung zu nehmen. Rein verfahrenstechnisch betrachtet liegt der Hintergrund dieser Abkehr von einer Prüfung der „Sanierungswürdigkeit" in der Konstruktion eines einheitlichen Insolvenzverfahrens. Das Verfahren eröffnet ebenso die Option der Liquidation wie die einer Sanierung des schuldnerischen Unternehmensträgers. Die Lage beim Eigenantrag des Schuldners stellt sich daher wie folgt dar: Liegen Insolvenzgründe vor und trägt die Masse die Verfahrenskosten bzw. ist ein Kostenvorschuss erbracht, ist das Verfahren unabhängig davon zu eröffnen, ob der Schuldner das Insolvenzverfahren erkennbar zur Durchführung seiner Sanierung nutzen will und das Gericht den Schuldner für sanierungswürdig hält oder nicht. Und der Schuldner kann auch dann einen Eigenantrag stellen und ihn mit der Vorlage eines Insolvenzplans verbinden, wenn keiner der herkömmlichen Insolvenzgründe vorliegt, sondern sich ein Sanierungsbedarf aus dem „Drohen" des Eintritts der Zahlungsunfähigkeit ergibt. Im Unterschied zum früheren Recht des Vergleichs und Zwangsvergleichs sieht, wie oben (RdNr. 1. 1.21 ff.) eingehend erörtert worden ist, das geltende Recht zudem vor, dass der Verwalter eine Sanierung des Insolvenzschuldners (des Unternehmensträgers) durch Erarbeitung und Vorlage eines Insolvenzplans initiieren kann.

Die gravierende Neuerung, die in der Statuierung von Verfahrenszwecken durch den **9.22** Reformgesetzgeber liegt, findet sich in § 1 S. 2 InsO, wonach dem **redlichen Schuldner** mit Abschluss des Verfahrens eine Restschuldbefreiung zu gewähren ist. Diese Vorschrift hat zunächst Bedeutung für das neue Verfahren der Klein- und Verbraucherinsolvenz, das im Folgenden aber weithin ausgeblendet bleiben soll. Der Wortlaut des § 1 S. 2 InsO beschränkt seinen Geltungsbereich aber nicht auf Insolvenzverfahren über das Vermögen natürlicher Personen. Juristische Personen und Personenhandelsgesellschaften scheinen indes überhaupt kein Problemfeld im Hinblick auf konkursliche Nachforderungsrechte darzustellen, die durch eine Restschuldbefreiung ausgeschlossen werden sollen[35], da sie regelmäßig mit Abschluss eines Insolvenzverfahrens aufgrund ihrer Liquidation gelöscht werden. Für diesen Kreis von Insolvenzschuldnern, die für die Unternehmensinsolvenz typisch sind, hat der *Programmsatz* der Gewährung von Restschuldbefreiung in § 1 S. 2 InsO aber gleichwohl Funktion, die sich in dem durch § 1 S. 1, 2. Hs. InsO umrissenen Raum entfaltet. Dort wird der Erhalt des Unternehmens insbesondere im Wege der Aufstellung von *Insolvenzplänen* (§§ 217 ff. InsO[36]) angestrebt. Ein Insolvenzplan kann besondere Formen der Liquidation vorsehen[37]; regelmäßig wird er aber zu dem Zweck ausgearbeitet werden, der Sanierung des schuldnerischen Unternehmens*trägers*

---

35 Vgl. *Smid*, in: Leipold (Hrsg.), Insolvenzrecht im Umbruch, 1991, 139, 141.
36 Eingehend *Smid/Rattunde* (Fußn. 25).
37 Vgl. MünchKomm-*Eidenmüller*, InsO, 2002, § 217 RdNr. 112 ff.

zu dienen. Die Sanierung aufgrund eines Insolvenzplans dient m. a. W. dem Erhalt durch Sanierung des Schuldners, was regelmäßig wenigstens teilweise die Befreiung von seinen Verbindlichkeiten voraussetzt.

9.23 Die Auslegung des § 231 InsO darf daher nicht dazu führen, dass durch eine Wiederbelebung von ausdrücklich abgeschafften Ausschlustatbeständen das legislatorische Ziel der Erleichterung von Sanierungen[38] konterkariert wird[39]. Damit ist aber nicht der Blick auf das Problempotenzial versperrt, das den §§ 17 und 18 VerglO zugrunde liegt und in dem Fragen aufgeworfen werden, die den Schutz der Gläubiger vor manipulatorischen Maßregeln des Schuldners unter dem Deckmantel der Sanierung betreffen.

9.24 Betrachtet man die Zurückweisungstatbestände des § 231 InsO näher, fällt auf, dass in ihnen Elemente der §§ 17 und 18 VerglO „versteckt" sind, obwohl sich das Planverfahren auch im Falle der Planinitiative des Schuldners strukturell vom Vergleichsverfahren unterscheidet: Auf die Planinitiative des Verwalters können die Tatbestände der Vergleichsunwürdigkeit a priori nicht Anwendung finden. Entwirft der Verwalter daher aus eigener Initiative oder aufgrund Auftrags der Gläubigerversammlung einen Plan, kommt § 231 Abs. 1 Nr. 1 InsO als Ordnungsvorschrift zur Einhaltung der Formalia des Planes zum Zuge, schon dem Wortlaut des Gesetzes nach aber nicht die Vorschriften der § 231 Abs. 1 Nr. 2, 3 und des Abs. 2. In *deren* Rahmen stellt sich die Frage, wie die dort angelegten Zurückweisungstatbestände konkreter zu fassen sind.

9.25 Zum Teil sind einzelne Tatbestände der §§ 17, 18 VerglO schon deshalb obsolet, weil sie auf ein zweistufiges Verfahren des Vergleichs mit Anschlusskonkurs zugeschnitten sind und in ein einheitliches Insolvenzverfahren nicht „passen": So bedarf es des Kriteriums des § 17 Nr. 6 VerglO deshalb nicht, weil die Massesuffizienz bereits im Rahmen der allgemeinen Verfahrenseröffnung nach § 26 InsO zu prüfen ist. Wird das Insolvenzverfahren schon deshalb nicht eröffnet, ist zwangsläufig kein Raum für ein Insolvenzplanverfahren. Ebenfalls kein Raum bleibt für § 17 Nr. 4 VerglO. An seine Stelle tritt das Verfahren nach Abs. 2. Schließlich ist an die Stelle des § 18 Nr. 3 und 4 VerglO der § 231 Abs. 1 Nr. 3 InsO getreten.

9.26 Die Abkehr von einer moralisierenden Betrachtungsweise des die Sanierung seines Unternehmens im Vergleichsverfahren betreibenden Schuldners ist grundsätzlich zu begrüßen[40]. Im einheitlichen Insolvenzverfahren geht es um die Sicherstellung der Befriedigung der Gläubiger (§ 1 S. 1); ist dies durch die Sanierung des Schuldners zu erreichen, soll ihr auch dann nichts im Wege stehen, wenn der Schuldner moralische Unwerturteile auf sich gezogen hat[41], was bekanntlich in einer pluralistischen Gesellschaft der Medienöffentlichkeit jedem so gehen kann, mag er sich auch anständig verhalten haben. Und problematisch wird ein „Unwerturteil" erst Recht im Rahmen der Unternehmensinsolvenz, bei der ja regelmäßig juristische Personen die Insolvenz-

---

38 Amtl. Begr. zum RegEInsO, Allg. 3 a, BT-Drucks. 12/2443, 77.
39 KP-*Otte,* InsO, Stand: November 2004, § 231 RdNr. 6.
40 Vgl. auch *Häsemeyer,* Insolvenzrecht, 3. Aufl., 2002, RdNr. 28.14.
41 Amtl. Begr. zum RegEInsO, BT-Drucks. 12/2443, 28; vgl. *Smid,* Rpfleger 1997, 501, 503.

schuldnerrolle einnehmen. Moralisch lässt sich nicht über eine GmbH urteilen, sondern allenfalls über deren Geschäftsführer – und der lässt sich ersetzen.

4. Zurückweisung des Plans bei Gefährdung der Gläubigerbefriedigung
a) Schutz der Gläubiger als Aufgabe des Insolvenzgerichts. Der Versuch, die Zurück- **9.27** weisungstatbestände des § 231 InsO von den §§ 17, 18 VerglO ausgehend mit konkretem Inhalt zu füllen, setzt daher voraus, dass man ein Unterscheidungskriterium einführt, mittels dessen die „brauchbaren" von den „unbrauchbaren" Elementen des überkommenen Vergleichsrechts geschieden werden können. Allgemeine Werturteile über den Schuldner sind dabei auszuscheiden, da sie allenfalls im Verfahren der Insolvenz einer natürlichen Person relevant sein können und zudem den Aspekt des Gläubigerschutzes aus dem Blick verlieren. Verallgemeinert man aber diesen Gesichtspunkt der spezifischen Schutzbedürftigkeit der Gläubiger, so fällt auf, dass dieser Schutz durch das allgemeine Insolvenzrecht verwirklicht wird. Das allgemeine Insolvenzrecht aber normiert besondere Verhaltenspflichten des Schuldners, die in Bezug auf die Haftungsverwirklichung zugunsten seiner Gläubiger im Verfahren zu verstehen sind. Soweit die §§ 17 und 18 VerglO solche spezifischen insolvenzrechtlichen Pflichten des Schuldners zum Maßstab der Beurteilung seiner Vergleichswürdigkeit gemacht haben, kann ihr Grundgedanke im Rahmen des § 231 InsO dazu herangezogen werden, die Voraussetzungen einer Zurückweisung des vom Schuldner vorgelegten Planentwurfs zu prüfen. Die §§ 17 und 18 VerglO können daher im Zusammenhang des § 231 InsO gleichsam als „Regelbeispiele" dienen. Verletzt der Schuldner die in den „Regelbeispielen" genannten Verfahrenspflichten, so macht er damit die Sanierung entweder aufgrund Versagung eigener geeigneter Mitwirkung unmöglich oder er setzt durch sein Verhalten besondere Gefahren für die Gläubiger, die typischerweise nicht hingenommen werden können.[42]

In diesen Fällen der Verwirklichung von „Regelbeispielen" gefährdenden Verhaltens ist **9.28** typischerweise davon auszugehen, dass die Gläubiger vernünftigerweise dem vom Schuldner vorgelegten Plan die **Zustimmung versagen** werden, § 231 Abs. 1 Nr. 2 InsO.

b) Fallgruppen. § 231 Abs. 1 Nr. 1 InsO entspricht dem früheren § 17 Nr. 1 VerglO: **9.29** Bessert der Schuldner auf Hinweis des Insolvenzgerichts den Plan nicht nach, ist die Initiative zurückzuweisen. Dieser Zurückweisungsgrund betrifft nämlich die spezifischen Verfahrenspflichten, die den Schuldner treffen: Er hat einen den verfahrensrechtlichen Vorschriften des Gesetzes entsprechenden Plan zu präsentieren; unterlässt er dies, kann er eine Sanierung nicht verlangen.

Wollen die Gläubiger sich dem Sanierungsversuch des Schuldners anschließen, können **9.30** sie den Verwalter zur Vorlage eines eigenen Plans unter Verwendung des Entwurfs des Schuldners unter Beachtung der gesetzlichen Formvorschriften verpflichten, § 157 InsO.[43]

---

42 *Häsemeyer*, Insolvenzrecht, 1. Aufl., 1992, 679; *Baur/Stürner*, Zwangsvollstreckungs-, Konkurs- und Vergleichsrecht, Bd. II, 1991, RdNr. 26.9.
43 Vgl. Smid-*Smid*, InsO, 2. Aufl., 2001, § 157 RdNr. 10 f.

9.31 Verweigert der Schuldner einem gem. § 21 Abs. 2 Nr. 1 InsO eingesetzten vorläufigen Verwalter, aber auch im Falle der Eigenverwaltung dem Sachwalter, die Mitwirkung, insbesondere die im Rahmen ihrer Ermittlungen gem. § 22 Abs. 3 bzw. § 274 Abs. 2 S. 2 i. V. m. § 22 Abs. 3 InsO zu erteilenden Auskünfte, so vereitelt der Schuldner dadurch die „Prüffähigkeit" seines Planentwurfs. Es entspricht seinen verfahrensrechtlichen Pflichten, den Gläubigern die Prüfung der Lage des Unternehmens durch einen unabhängigen Gutachter und die fortlaufende Unterrichtung über den Stand der Dinge zu ermöglichen (vgl. §§ 20, 97 InsO).

9.32 Dies galt auch für § 17 Nr. 7 VerglO: Eine Verletzung seiner Offenlegungs- und Unterrichtungspflichten lag nach dem Gesagten natürlich auch dann vor, wenn seine geschäftlichen Aufzeichnungen so mangelhaft waren, dass seine Vermögenslage nicht zu beurteilen war, § 17 Nr. 8 VerglO. Bei aller Kritik am überkommenen Vergleichsrecht muss man doch sehen, dass in diesem Tatbestand kein moralisches Unwerturteil über den Schuldner liegt – vielmehr ist unter diesen Umständen von vornherein davon auszugehen, dass man eine Sanierung besser unterlässt! Ohne hinreichende Informationen über den schuldnerischen Geschäftsbetrieb ist eine Sanierung nämlich nicht „plan"-bar.

9.33 Hat der Schuldner im Übrigen unter Verstoß gegen vorläufige Maßnahmen des Insolvenzgerichts gem. § 21 Abs. 2 Nr. 2 InsO Vermögensgegenstände veräußert, Schecks kassiert und dergleichen mehr getan, um der Masse Vermögensgegenstände zu entziehen oder einfach nur sich der Kontrolle durch das Insolvenzgericht zu widersetzen, liegt wie in § 17 Nr. 9 VerglO ein Zurückweisungsgrund gem. § 231 Abs. 1 Nr. 1 InsO wegen – gravierenden! – Verstoßes gegen verfahrensrechtliche Pflichten vor. Es hat keinen Sinn, ein Sanierungsverfahren mit einem Schuldner aufgrund seiner Initiative durchzuführen, der seine Bereitschaft zu rechtswidrigem Handeln offen an den Tag gelegt hat. Auch insofern bleibt es den Gläubigern schließlich unbenommen, eine eigene Initiative auf dem Weg über eine Auftragserteilung an den Verwalter zu starten.

9.34 Schwieriger sind schon nach überkommenem Recht diejenigen Tatbestände, die den Nrn. 2 und 3 des § 231 Abs. 1 InsO entsprechen: So ist der durch Leichtsinn des Schuldners, Preisschleuderei oder Unredlichkeit herbeigeführte Vermögensverfall (§ 18 Nr. 1 VerglO)[44] kaum geeignet, eine Zurückweisung nach § 231 InsO zu begründen. Denn dieser Leichtsinn wird von konkurrierenden Gläubigern regelmäßig behauptet werden, die sich durch im Rahmen der Krise des Schuldners vorgenommene Notverkäufe beeinträchtigt fühlen werden. Die Auswechslung der Geschäftsleitung nimmt solchen Vorwürfen im Unternehmenskonkurs ohnedies den Wind aus den Segeln. Dies galt im Übrigen auch für § 17 Nr. 5 VerglO[45]: Zwar ist die eidesstattliche Versicherung eines Schuldners ein Zeichen dafür, dass eine von ihm initiierte Sanierung schwierig werden kann – aber insofern unterscheidet sich die Lage nach Eröffnung des Insolvenzverfahrens von der durch Individualvollstreckungen gekennzeichneten Situation. § 17 Nr. 5 VerglO taugt daher nicht als Maßstab zur Prüfung der Zurückweisung der Insolvenzplaninitiative. Die schuldhafte Verzögerung des Vergleichsantrages (§ 18 Nr. 2 VerglO) ist eben-

---

44 *Bley/Mohrbutter,* VglO, 4. Aufl., 1979, § 18 RdNr. 3-5.
45 *Bley/Mohrbutter* (Fußn. 44), § 18 RdNr. 13.

falls kein geeigneter Maßstab, denn insofern ging es weniger um Pflichten des Schuldners als um solche seiner Organe, die Schadenersatzpflichten auslösen und im Rahmen eines Sanierungsverfahrens berücksichtigt werden können, ihm aber nicht im Wege stehen.

Ferner ergeben sich Probleme im Zusammenhang mit der Frage danach, welche Rolle **9.35** der Tatbestand des § 17 Nr. 2 VerglO künftig spielen wird. Dabei lässt sich aber bereits nach den oben geschilderten Prüfkriterien sagen, dass das bloße „Sich-Verborgenhalten" des Schuldners (§ 17 Nr. 2 VerglO) noch keinen Grund zur Zurückweisung seines Planes darstellen kann. Es kommt vielmehr darauf an, ob das „Sich-Verborgenhalten" spezifisch insolvenzrechtliche Pflichten verletzt. Hält sich der Schuldner z. B. wegen eines Abgabendelikts in der Schweiz verborgen, die ihn deshalb nicht ausliefert, oder um Nachstellungen aus Eifersucht zu entgehen usf. und ermöglicht er durch seinen mit allen erforderlichen Vollmachten und Informationen ausgestatteten Rechtsanwalt den Gläubigern ein Vorgehen, als sei er in persona zugegen, besteht kein Grund, seine Planinitiative zurückzuweisen. Etwas anderes galt, wenn er einer Vorladung des Insolvenzgerichts nicht gefolgt ist (§ 17 Nr. 2 VerglO). Eine solche Vorladung kann das Insolvenzgericht gem. § 97 Abs. 3 InsO[46] erlassen. Die Nichtbefolgung einer solchen Anordnung stellt sich wie im Falle des § 17 Nr. 9 VerglO evident als Verletzung einer spezifisch insolvenzrechtlichen Pflicht des Schuldners dar und kann daher auch die Zurückweisung seiner Sanierungsinitiative begründen.

Am schwierigsten stellt sich die Beantwortung der Frage nach einer Übertragbarkeit des **9.36** Grundsatzes des § 17 Nr. 3 VerglO in das Insolvenzrecht dar. Dabei geht es nicht um die moralische Bewertung von Konkursstraftaten. Ausschlaggebend ist die potenzielle Gefahr, die für die Gläubiger von Sanierungsinitiativen solcher Schuldner ausgehen, die wegen Insolvenzstraftaten vorbestraft sind oder gegen die wegen solcher Taten ermittelt wird. Die Gläubiger müssen in diesen Fällen von vornherein davor geschützt werden, dass der Schuldner sich mit den Instrumentarien von Gruppenbildung und Obstruktionsverbot durch eine Insolvenzplaninitiative in die Offensive begeben kann. Aber auch insofern gilt: Wollen die Gläubiger diesen Schutz nicht, dann können sie selber gem. § 157 InsO[47] initiativ werden und dem Schuldner – vermittelt durch einen Auftrag an den Verwalter! – Handlungsspielräume eröffnen.

5. Judikatur

Die Unerfüllbarkeit des Insolvenzplanes hat ihre Ursachen häufig in den öffentlich- **9.37** rechtlichen Rahmenbedingungen, die der wirtschaftlichen Betätigung in Deutschland zur Last fallen: Bekanntlich hat der Steuerrechtsreformgesetzgeber kurz nach dem Votum des Insolvenzrechtsreformgesetzgebers den Sanierungsgewinn einer Besteuerung unterworfen.[48] In einem vom LG Bielefeld zu entscheidenden Fall hatte vorinstanzlich das Insolvenzgericht den ihm vorgelegten Insolvenzplan nach § 231 Abs. 1 Nr. 3 InsO

---

46 MünchKomm-*Passauer,* InsO, 2001, § 97 RdNr. 35, 36; Smid-*Smid,* InsO, 2. Aufl., 2001, § 97 RdNr. 11, 12; *Kübler/Prütting,* Stand: November 2004, § 97 RdNr. 9-15.
47 Smid-*Smid/Rattunde,* InsO, 2. Aufl., 2001, § 231 RdNr. 29.
48 Vgl. aber jetzt das Schreiben des BMF v. 27. 3. 2003, BStBl. 2003, S. 240.

zurückgewiesen, weil die Sanierung der Schuldnerin möglicherweise durch die Besteuerung des Sanierungsgewinns gefährdet war. Das LG Bielefeld[49] hat den Zurückweisungsbeschluss mit der Begründung aufgehoben, ungeklärte Rechtsfragen wie diejenige der Besteuerung des Sanierungsgewinns gehörten zu den allgemeinen Planungsrisiken, die nicht spezifisch die Zurückweisung eines Insolvenzplanes tragen könnten und von den Gläubigern hinzunehmen seien. Diese „wohlwollende" Prüfung[50] kommt der Sanierung von Unternehmensträgern entgegen. Es ist aber fraglich, ob sie der Aufgabe des § 231 Abs. 1 Nr. 3 InsO gerecht werden kann. Denn es kommt im Rahmen dieser Vorschrift nicht darauf an, welche Gründe dazu führen, dass sich der vom Schuldner vorgelegte Insolvenzplan als voraussichtlich unerfüllbar darstellt. Die Gläubiger sollen nicht an Bord einer riskanten und im Lichte einer ordentlich angestellten Prognose zum von Anbeginn an zum Scheitern verurteilten Unternehmung gezwungen werden können – unabhängig davon, aus welchem Kontext die Risiken, die dieses Scheitern wahrscheinlich machen, herrühren.

9.38   Der Entscheidung des LG Bielefeld ist zuzustimmen. Wenn das Risiko bekannt ist, so ist es nicht Aufgabe des Insolvenzgerichts, an Stelle der Gläubiger zu entscheiden, ob man das Risiko eingehen will oder nicht. Wenn es den Gläubigern zu ungewiss ist, ob der Plan eine Realisierungschance hat, so mögen sie ihn ablehnen. Sie verdienen aber die Chance, dies selbst zu entscheiden. Im Übrigen hat sich gezeigt, dass die Besteuerung des Sanierungsgewinns bisher nicht zum Scheitern von Insolvenzplänen geführt hat. Weder im Senator-Fall noch bei Herlitz kam es zu einer solchen Besteuerung. Inzwischen liegt das Schreiben des Bundesministeriums der Finanzen vom 27.3.2003 vor, nachdem im Regelfall der Sanierungsgewinn steuerfrei bleiben kann. Die Entscheidung des Amtsgerichts Bielefeld scheint uns eher Ausdruck der allgemeinen Besorgnis zu sein, der die Insolvenzjustiz ausgesetzt ist und auf Grund derer sie Insolvenzpläne mit Skepsis gegenübertritt. Mitunter sucht man nach Gründen, einen Plan scheitern zu lassen.

9.39   Dies macht ein weiterer Fall deutlich: Das AG Siegen[51] hatte einen durch eine Schuldnerin vorgelegten Insolvenzplan vorzuprüfen, die eine Gaststätte betrieb. Der Schuldnerin drohte konkret die Gewerbeuntersagung wegen Unzuverlässigkeit in Ansehung ihrer steuerlichen Pflichten gem. § 35 Abs. 1 S. 1 GewO. Hieraus zog das AG Siegen den Schluss, der Insolvenzplan habe keine Aussicht auf Annahme durch den Fiskus als Gläubiger, daher komme § 231 Abs. 1 Nr. 2 InsO zur Anwendung. *Dies* ist *insoweit* nicht frei von Bedenken, als die Frage des Schicksals der Steuerforderungen von den Gestaltungen des Insolvenzplans gem. § 224 InsO abhängt. Nachvollziehbar ist die Entscheidung aber, soweit die Zurückweisung des Planes im konkreten Fall auf § 231 Abs. 1 Nr. 3 InsO gestützt wurde. Denn die Gewerbeuntersagung hätte der wirtschaftlichen Tätigkeit der Schuldnerin den Boden unter den Füßen entzogen und damit die Chancen der Erfüllung des Planes zerstört: Das Insolvenzgericht muss keine schwierigen Prognosen anstellen, um zu erkennen, dass die gaststättenbetreibende Insolvenzschuldnerin keine Erwerbschancen mehr hat, wenn ihr öffentlich-rechtlich ihre Tätigkeit künftig

---

49 LG Bielefeld, B. v. 30.11.2001, 23 T 365/01, ZInsO 2002, 198.
50 So *Paul*, ZInsO 2004, 72.
51 AG Siegen, B. v. 28. 12. 1999, 25 IN 161/99, NZI 2000, 236 f.

nicht mehr erlaubt ist. Eine Ausnahme mag dann vorliegen, wenn die Gaststättenbetreiberin ihr Hauptgeschäft im Nahrungsmittelgroßhandel o.ä. hat und die Gaststätte nur nebenbei betreibt. Bei alledem kommt es auf Folgendes an: Ob der Insolvenzplan Erfolg haben wird oder nicht kann auf ganz unterschiedliche Art und Weise prognostiziert werden. In der Vorprüfung nach § 231 Abs. 1 Nr. 3 InsO soll das Insolvenzgericht aber allein die betroffenen Gläubiger davor schützen, in den Strudel verfahrensrechtlicher Weiterungen involviert zu werden, der sie ggf. zu einem von vornherein aussichtslosen Ergebnis führt. Liegen daher gerichtsbekannte Fakten vor, die das Fehlschlagen des Planes als zwingend wahrscheinlich ansehen lassen, hat das Gericht den Plan nach § 231 Abs. 1 Nr. 3 InsO zu verwerfen. Im Übrigen ist es Sache der Gläubiger, darüber zu entscheiden, ob sie das Risiko des Planes in Kauf nehmen wollen oder nicht.

6. Sonderfall der Masseunzulänglichkeit

Zu den bislang nicht höchstrichterlich entschiedenen Streitfällen gehört die Frage, ob ein **9.40** Insolvenzplan zurückzuweisen ist, wenn das Verfahren masseunzulänglich ist.[52] Hierfür sprechen aber die oben (RdNr. 2.119 ff.) angeführten Erwägungen.

III. Besondere richterliche Hinweispflicht nach § 231 Abs. 1 InsO

1. Übersicht

Sowohl vor und im Verlauf der gerichtlichen Zulassungsprüfung des Planentwurfs gem. **9.41** § 231 InsO als auch im Beratungs- und Abstimmungsverfahren stellt sich die Frage, wie gegenüber dem Planinitiator zu verfahren ist, wenn sich eine Lage einstellt, die der beschriebenen Situation entspricht. Besonders im Regelfall der Vorlage des Insolvenzplans durch den Schuldner wird dem Planinitiator häufig die *Mangelhaftigkeit* des Plans nicht auffallen. Das wird beinahe immer vor der richterlichen Prüfung gem. § 231 InsO der Fall sein. Aber auch nach Zulassung des Plans zum Verfahren wird dem Planinitiator das sich abzeichnende Scheitern seiner Initiative aufgrund angekündigten Widerspruchs von Gläubigern oftmals nicht vollständig klar sein. Eine derartige Erkenntnis wird ihm insbesondere dann verborgen bleiben, wenn er aufgrund der in seinem Planentwurf vorgenommenen Bewertungen davon ausgehen zu können glaubt, der Dissens einzelner Gläubiger oder Gläubigergruppen sei vom Insolvenzgericht als Obstruktion zu qualifizieren und daher dem Plan die gerichtliche Bestätigung zu erteilen.

Nach § 4 InsO sind im Insolvenzverfahren die Vorschriften der ZPO insoweit entsprechend **9.42** anzuwenden, wie dies aufgrund der strukturellen Vergleichbarkeit der Lage geboten ist[53]. Dabei kommt es nicht auf die Einordnung des Insolvenzverfahrens in die streitige oder die nichtstreitige Gerichtsbarkeit an; ausschlaggebend ist vielmehr Folgendes: Insbesondere gelten auch im Insolvenzverfahren die Grundsätze der Gewährung rechtlichen Gehörs (Art. 103 Abs. 1 GG)[54]. Es begegnet daher keinen Zweifeln, dass die Vorschriften über die richterliche Leitung der mündlichen

---

52 LG Neubrandenburg, B. v. 21. 2. 2002, 4 T 361, ZInsO 2002, 296.
53 *Hahn*, Die gesammten Materialien zur Konkursordnung, 1881, 297 ff.
54 BVerfG, B. v. 25.2.1988, 2 BvR 1289/87, ZIP 1988, 1410; HK-*Kirchhof*, InsO, 3. Aufl., 2003, § 4 RdNr. 22; MünchKomm-*Ganter*, InsO, 2001, § 5 RdNr. 76 ff.; Uhlenbruck-*Uhlenbruck*, InsO, 12. Aufl., 2003, § 5 RdNr. 6; ausführlich *Vallender*, in: Kölner Schrift zur InsO, 2. Aufl., 2001, 249.

Verhandlung (§§ 136 bis 144 ZPO) zur Anwendung gelangen[55]. Zu deren Kern gehört die sog. richterliche Aufklärungspflicht gem. § 139 ZPO, deren Inhalt im Wesentlichen darin besteht, den Antragsteller dazu zu bewegen, seinen Anträgen eine „sachdienliche" Form zu verleihen[56]. **§ 139 ZPO, der zwingend eingreift**[57] und dem Richter keinen Ermessensspielraum[58] eröffnet, löst richterliche Hinweispflichten aus, wenn der Vortrag des Beteiligten Lücken oder Mängel aufweist und zu erwarten ist, dass er auf den Hinweis hin diese Lücken schließen bzw. die Mängel beseitigen kann[59]. Wird z. B. im Insolvenzplanverfahren ein Insolvenzplan vorgelegt und weist das Gericht den Planinitiator im Zuge der Vorbereitung der Entscheidung auf Mängel gem. Abs. 1 S. 1 hin, so sieht die Norm ausdrücklich eine Hinweispflicht vor und bestimmt, dass ihm eine „Nachbesserung" zugestanden wird.

9.43 Aus dieser expliziten Bestimmung der richterlichen Hinweispflicht im Falle des § 231 Abs. 1 Nr. 1 InsO ist aber nicht zu folgern, dass der Gesetzgeber in den Fällen des § 231 Abs. 1 Nr. 2 und 3 InsO eine richterliche Hinweispflicht gegenüber dem planinitiierenden Schuldner (der allein von diesen Vorschriften erfasst wird) ausschließen wollte. Weder ergibt sich dies aus den Materialien des Gesetzes[60] noch wäre dies vor dem Hintergrund des Art. 103 Abs. 1 GG frei von schweren Bedenken. Eine solche Beschränkung des Rechts des Schuldners auf Gehör im Prüfungsverfahren gem. § 231 InsO durch Einschränkung des Geltungsbereichs des § 139 ZPO folgt auch nicht aus „verfahrensökonomischen" Gesichtspunkten[61]: Behandelt man – was im Falle des Insolvenzplanverfahrens sehr fern liegt! – das Insolvenzverfahren als quasi-streitiges Verfahren[62], ergibt sich dies bereits aus der dann zu gewährenden bzw. herzustellenden Waffengleichheit der „Parteien". Qualifiziert man das Insolvenzverfahren zutreffend als nichtstreitiges Verfahren[63], folgt hieraus eine Einschränkung des Rechts auf Gehör und eine Begrenzung richterlicher Hinweispflichten auf Nachbesserungsmöglichkeiten des Schuldners in den Fällen des § 231 Abs. 1 Nr. 2 und 3 InsO auch deshalb nicht, weil hierdurch das – eilbedürftige – Verfahren verzögert und damit ggf. verteuert würde. Denn das materielle Recht des Schuldners, im Verfahren ggf. durch Initiierung eines Insolvenzplans eine Verbesserung seiner Haftungssituation und ggf. eine Restschuldbefreiung zu erreichen (§ 1 S. 1, 2. Var. und S. 2; § 217 InsO), findet seinen *verfahrensrechtlichen* Ausdruck darin, dass die Verfolgung dieses Rechts durch die Gewährung von rechtlichem Gehör gestützt wird. Auch das Fehlen einer dem § 10 VerglO[64] entsprechenden Vorschrift der InsO spricht nicht gegen die hier vertretene Auffassung: § 10 VerglO ist auf die Funktion des Vergleichsantrages hin zugeschnitten, den eigentlich zu eröffnenden Konkurs *abzuwenden*. Der Antrag ist daher oft „eilbedürftig", so dass für seine Vervollständigung nicht selten „Nachholbedarf" bestehen kann. Davon unterscheidet sich die Lage im Insolvenzplanverfahren strukturell insofern, als es ja nach der Vorstellung des

---

55 MünchKomm-*Ganter* (Fußn. 54), § 4 RdNr. 47.
56 MünchKomm-*Peters*, ZPO, 2. Aufl., 2000, § 139 RdNr. 2 zum Normzweck.
57 MünchKomm-*Peters* (Fußn. 56), § 139 RdNr. 6.
58 MünchKomm-*Peters* (Fußn. 56), § 139 RdNr. 7.
59 MünchKomm-*Peters* (Fußn. 56), § 139 RdNr. 17.
60 Vgl. Amtl. Begr. zu § 275 RegEInsO, BT-Drucks. 12/2443, 204.
61 Zu deren Kritik *Smid*, Richterliche Rechtserkenntnis, 1989, 86 ff.
62 Vgl. allein Uhlenbruck-*Uhlenbruck* (Fußn. 54), § 4 RdNr. 1 m. w. N.
63 Vgl. hier allein Smid-*Smid*, InsO, 2. Aufl., 2001, § 4 RdNr. 3 ff.
64 *Baur/Stürner* (Fußn. 42), RdNr. 26. 4.

Gesetzgebers eine Variante des einheitlichen Insolvenzverfahrens[65] ist. Hier geht es nach der (freilich im Gesetzgebungsverfahren teilweise obsolet gewordenen)[66] Vorstellung des Gesetzgebers[67] um ein Aushandeln, wenigstens aber um die Herstellung eines komplexen Sanierungskonzepts, was nachhaltige Änderungen eines Insolvenzplanentwurfs im Einzelfall geradezu erforderlich erscheinen lassen kann.

2. Hinweispflichten in den Fällen des § 231 Abs. 1 Nr. 2 und 3 InsO

Gem. Abs. 1 Nr. 2 und 3 erfolgt im Übrigen die Zurückweisung des Planentwurfs **9.44** aufgrund „offensichtlicher" Mängel, deren Evidenz auf schlichten behebbaren Fehlern des Planinitiators beruhen kann. Auch in diesen Fällen ist daher der planinitiierende Schuldner vor der zurückweisenden Entscheidung entsprechend hinzuweisen, zu hören und ihm Gelegenheit zur Nachbesserung zu geben.

Zu den Hinweispflichten, die das Insolvenzgericht im Fortgang des Verfahrens nament- **9.45** lich im Erörterungstermin treffen vgl. unten Kapitel 11.

IV. Zurückweisung des Schuldnerplanes gem. § 231 Abs. 2 InsO

Einen Sonderfall der Zurückweisung des vom Insolvenzschuldner vorgelegten Insol- **9.46** venzplanes wegen mangelnder Erfolgsaussicht (§ 231 Abs. 1 Nr. 2 InsO) typisiert das Gesetz in § 231 Abs. 2 InsO. Dort heißt es, dass das Insolvenzgericht auf einen (ggf. mit Zustimmung des Gläubigerausschusses) gestellten Antrag auf Zurückweisung durch den Insolvenzverwalter einen **neuen Plan** des Insolvenzschuldners zurückzuweisen hat, wenn der Insolvenzschuldner in dem Insolvenzverfahren bereits einen Plan vorgelegt hatte, der von den Gläubigern abgelehnt, vom Insolvenzgericht nicht bestätigt oder vom Schuldner nach der öffentlichen Bekanntmachung des Erörterungstermins zurückgezogen worden ist. In diesem Fall ist nämlich zu erwarten, dass der neue Schuldnerplan keine Aussicht auf Erfolg haben wird und seine Zulassung allein zu einer Verfahrensverzögerung führen würde[68].

Ein Ermessens- oder Beurteilungsspielraum ist dem Gericht insofern nicht einge- **9.47** räumt[69]. Die Zurückweisung hat im Falle eines zulässigen Antrags bei Vorliegen der Zurückweisungsgründe stets zu erfolgen[70]. Sofern kein Gläubigerausschuss bestellt wurde, ist der Antrag des Insolvenzverwalters auch ohne Mitwirkung der Gläubigerschaft zulässig.

---

65 Amtl. Begr. zum RegEInsO,Allg. 4 a) aa, BT-Drucks. 12/2443, 77 f.
66 Vgl. die Beschränkung des Planinitiativrechts auf Schuldner und Verwalter zur Vermeidung praktischer Schwierigkeiten konkurrierender Pläne, Beschl.-Empf. des RechtsA zu §§ 254, 255 RegEInsO, BT-Drucks. 12/7302, 181 f.
67 Amtl. Begr. zum RegEInsO, Allg. 4 e) aa, bb, BT-Drucks. 12/2443, 90, 92.
68 Vgl. MünchKomm-*Breuer*, InsO, 2002, § 231 RdNr. 20.
69 *Schiessler*, Der Insolvenzplan, 1997, 132 f.
70 A.A. NR-*Braun*, InsO, Stand: März 2004, § 231 RdNr. 32; MünchKomm-*Breuer*, InsO, 2002, § 231 RdNr. 21: nur für den Fall, dass es keine sachlichen Gründe für die Rücknahme und die Neueinreichung gibt.

9.48 Materielle Voraussetzung der Zurückweisung ist, dass alternierend entweder ein vom Schuldner vorgelegter Plan von den Gläubigern abgelehnt wurde, das Insolvenzgericht dem Plan die Bestätigung (nach § 251 InsO, da die Versagung der Bestätigung gem. § 250 InsO die Annahme durch die Gläubiger voraussetzt) versagt hat oder der Schuldner nach der öffentlichen Bekanntmachung des Erörterungstermins (§ 235 Abs. 2 InsO) den Plan zurückgezogen hat.

V. Fällt das Insolvenzgericht eine „positive" Zulassungsentscheidung gem. § 231 Abs. 2 InsO?

1. Fragestellung

9.49 Wie die ausdrückliche Eröffnung von Rechtsmitteln gegen Zurückweisung des Insolvenzplans (§ 231 Abs. 3 InsO) zeigt, erfolgt dies durch förmlichen Beschluss des Insolvenzgerichts. Das Gesetz schweigt demgegenüber zu der Frage, ob das Insolvenzgericht für den Fall, dass es davon ausgeht, dass dem weiteren Verfahren Hinderungsgründe nach § 231 Abs. 1 oder Abs. 2 InsO nicht entgegenstehen, ebenso eine förmliche – „positive" – Zulassungsentscheidung zu fällen hat. Der *Gesetzeswortlaut* gibt hierfür nichts her. Das „Schweigen" des Gesetzes schließt allerdings die Diskussion über eine Zulassungsentscheidung ebenso wenig aus wie der Umstand, dass gegen eine solche Entscheidung nach § 6 InsO Rechtsmittel nicht eröffnet wären[71].

2. Klarstellender Zulassungsbeschluss

9.50 Die InsO sieht in diesem Zusammenhang allein eine verfahrens*technische* Bestimmung vor. § 232 Abs. 1 InsO ordnet an, dass das Insolvenzgericht den Insolvenzplan bestimmten Gremien bzw. Amtsträgern und Personen zuleitet (unten Kapitel 10), wenn der Insolvenzplan nicht zurückgewiesen wird – was vordergründig gegen einen Zulassungsbeschluss spricht, der mit Mehrarbeit zu Lasten des Insolvenzgerichts verbunden wäre. Die Frage danach, ob das Insolvenzgericht verfahrensfehlerhaft handelt, wenn es unterlässt, einen förmlichen Zulassungsbeschluss zu fällen, ist danach zu verneinen.

9.51 Das Insolvenzgericht ist aber nicht daran gehindert, einen Zulassungsbeschluss zu erlassen.[72] Dies kann sich als sinnvoll erweisen, um Unklarheiten für das weitere Verfahren auszuräumen. Gegen den Insolvenzplan können sich nämlich Gläubiger nach dessen Bestätigung durch das Insolvenzgericht mit der sofortigen Beschwerde gem. § 253 InsO wenden. Es liegt auf der Hand, dass dies den Erfolg eines Insolvenzplans zu beeinträchtigen geeignet sein kann. Ein Zulassungsbeschluss, in dem unter Angabe von Rechtsgründen die Konformität des vorgelegten Planes mit den gesetzlichen Regeln über seine Form und seinen Inhalt bestätigt wird, kann dazu beitragen, spätere Rechtsmittel auszuschließen bzw. die Befassung der Beschwerdekammer mit der Sache

---

71 Braun-*Braun*, InsO, 2. Aufl., 2004, § 231 RdNr. 8; MunchKomm-*Breuer*, InsO, 2002, § 231 RdNr. 23.

72 Der hier vertretenen Ansicht folgend: MünchKomm-*Eidenmüller* (Fußn. 71), Vor §§ 217 RdNr. 51; a. A. HK-*Flessner*, InsO, 3. Aufl., 2003, § 231 RdNr. 15; Uhlenbruck-*Lüer*, InsO, 12. Aufl., 2003, § 231 RdNr. 41.

zu erleichtern, was zur Verfahrensbeschleunigung beiträgt. Ein solcher positiver Zulassungsbeschluss kann aber auch dem Insolvenzgericht selbst bei der Leitung des weiteren Verfahrensganges helfen. Nach § 250 Nr. 1 InsO hat das Insolvenzgericht nämlich trotz einer Annahme des Planes durch alle Abstimmungsgruppen die Bestätigung von Amts wegen zu versagen, wenn die Vorschriften über den Inhalt und die verfahrensmäßige Behandlung des Insolvenzplans in einem wesentlichen Punkt nicht beachtet worden sind und der Mangel nicht behoben werden kann, was jedenfalls dann der Fall ist, wenn bereits die Voraussetzungen einer Zurückweisung des Planes nach § 231 Abs. 1 InsO oder § 231 Abs. 2 InsO vorgelegen haben.

Ein „positiver" Zulassungsbeschluss hilft daher den Verfahrensbeteiligten bei der Be- **9.52** urteilung des Verfahrensstandes; er dient weiterhin dem Insolvenzgericht[73] dabei, im weiteren Verlauf des Verfahrens den Sach- und Rechtsstand zügig beurteilen und bearbeiten zu können.

3. „Widerruf" der Zulassung und Beendigung des Insolvenzplanverfahrens durch das Insolvenzgericht?

Fraglich ist, ob das Insolvenzgericht aufgrund nachträglich – nach erfolgter Weiterlei- **9.53** tung des eingereichten Insolvenzplans an die zur Stellungnahme berufenen Gremien gem. § 232 InsO – auftretender Zweifel hinsichtlich des **Nichtvorliegens von Zurückweisungsgründen** gem. § 231 Abs. 1 InsO seinen Zulassungsbeschluss *aufheben* kann. Diese Frage hat der Gesetzgeber nicht gestellt und sie ist bislang in der Literatur nicht erörtert worden. Das kann seinen Grund freilich darin haben, dass die Befugnis des Insolvenzgerichts zur nachträglichen Aufhebung der Zulassung des Zulassungsbeschlusses begrenzt oder gar ausgeschlossen sein könnte. Voraussetzung dafür wäre aber eine „innerprozessuale" Bindungswirkung dieses Beschlusses.

Stellt sich der Zulassungsbeschluss hingegen als *rein verfahrensleitende* Verfügung des **9.54** Insolvenzgerichts dar, könnte an seiner **Abänderbarkeit und Aufhebbarkeit** kein Zweifel aufkommen. Bereits gegenüber den beteiligten Gläubigern bestehen aber Bedenken daran, den Zulassungsbeschluss als rein verfahrensleitende Verfügung zu qualifizieren, weil sie durch die Zulassung in ihren Verfahrensteilnahmerechten betroffen sein können – dies weil sie gem. § 222 InsO in Abstimmungsgruppen eingeteilt werden, wodurch die Chancen der Geltendmachung ihrer Rechtspositionen u. U. beeinträchtigt werden (näher unten Kapitel 11). Insofern aber können die dadurch betroffenen Gläubiger ihre Rechte im Verfahren der sofortigen Beschwerde gem. § 253 InsO gegen die Planbestätigung geltend machen. Jedenfalls gegenüber dem planinitiierenden Schuldner hat der Zulassungsbeschluss über bloße verfahrensleitende Verfügungen hinaus „Außenwirkungen": Das ergibt sich schon aus § 231 Abs. 3 InsO, der dem Planinitiator die Befugnis zur Einlegung der sofortigen Beschwerde gegen die Zurückweisung des Plans einräumt.

---

73 Zu denken ist etwa an einen Fall, in dem das Personal des Insolvenzgerichts während des Verfahrens wechselt.

9.55 Mit der Feststellung, dass der Zulassungsbeschluss nicht bloß verfahrensleitende Aufgaben hat, ist die Frage nach seiner Abänderbarkeit aber noch nicht entschieden. Ausschlaggebend ist dafür vielmehr die Funktion dieses Beschlusses. Mit ihm wird in einem nichtstreitigen Verfahren dem Planinitiator, also meist dem Schuldner, der Weg zu einer besonderen Form der Schuldenregulierung geöffnet, wenn die vom Gesetz hierfür aufgestellten Voraussetzungen gegeben sind. Der Zulassungsbeschluss erwächst daher nicht in Rechtskraft und bindet das Insolvenzgericht auch nicht entsprechend § 318 ZPO.

Kapitel 10: Das Verfahren bis zur Erörterung des Planes

I. Anhörung gem. § 232 InsO

1. Einholung der Stellungnahme von den in § 232 Abs. 1 InsO vorgesehenen Stellen

Bereits im vorangegangenen Kapitel ist darauf hingewiesen worden, dass § 232 InsO **10.1** Regelungen für das weitere Verfahren für den Fall trifft, dass das Insolvenzgericht den vorgelegten Plan nicht nach § 231 InsO zurückweist. Die Regelung lehnt sich zum Teil an das frühere Recht an (vgl. § 177 KO: Stellungnahme des Gläubigerausschusses zum Zwangsvergleichsvorschlag; § 14 VerglO: Anhörung der Berufsvertretung).[1]

Nach der Zulassung des vorgelegten Insolvenzplans hat die **Weiterleitung** an die in **10.2** § 232 Abs. 1 InsO genannten Stellen **zur Stellungnahme** innerhalb der dazu eingeräumten Frist (§ 232 Abs. 3 InsO, unten RdNr. 10.6) zu erfolgen. Die Stellungnahmen sollen die Entscheidung der Beteiligten über den Plan vorbereiten.

Im Einzelnen ist der Planentwurf zuzuleiten: **10.3**
– dem Gläubigerausschuss, sofern ein solcher bestellt ist; dem Betriebsrat und dem Sprecherausschuss der leitenden Angestellten, sofern diese bestehen (Nr. 1);
– dem Schuldner im Falle eines vom Verwalter vorgelegten Planes (Nr. 2);
– dem Verwalter im Falle eines vom Schuldner vorgelegten Planes (Nr. 3). Im Falle der Anordnung der Eigenverwaltung (§ 270 Abs. 1 InsO) tritt der Sachwalter gem. § 274 InsO an die Stelle des Verwalters; ihm ist dann der Plan zuzuleiten. Dies ist nicht wegen § 284 InsO verzichtbar, weil diese Vorschrift nur das Verfahren betrifft, wenn der Schuldner nicht bereits mit seinem Eigenantrag einen Plan gem. § 218 Abs. 1 S. 2 InsO vorgelegt hat.

2. Stellung der genossenschaftlichen Prüfungsverbände in der Genossenschaftsinsolvenz

In der **Genossenschaftsinsolvenz** ist der zugelassene Insolvenzplan gem. **§ 116 Nr. 4** **10.4** **GenG** dem **genossenschaftlichen Prüfungsverband** zuzuleiten.[2]

3. Stellungnahmen weiterer Stellen

§ 232 Abs. 2 InsO sieht vor, dass noch **weiteren Stellen Gelegenheit zur Äußerung** **10.5** gegeben werden kann. Diese Vorschrift räumt dem Insolvenzgericht einen Ermessensspielraum ein; das Gericht hat zu berücksichtigen, dass weitere, über Abs. 1 hinausgehende Stellungnahmen andere relevante Gesichtspunkte einbringen, aber auch zu einer Unübersichtlichkeit des Verfahrens beitragen können. Regelmäßig kommt ein Verfahren nach § 232 Abs. 2 InsO nur im Falle eines vom Schuldner initiierten Planes in Betracht. Im Einzelnen handelt es sich bei den Stellen um Industrie- und Handelskammern,

---

1 Amtl. Begr. zu § 276 RegEInsO, BT-Drucks. 12/2443, 204.
2 *Scheibner*, DZWIR 1999, 5, 6.

Handwerkskammern, Landwirtschaftskammern. „Weitere sachkundige Stellen" können Berufsverbände sein, z. B. Ärztekammern, Architektenkammern, Rechtsanwaltskammern sowie Unternehmensberatungsinstitute, Wirtschaftsprüfungsinstitute, etc[3].

4. Frist zur Stellungnahme

10.6 Bei der Bemessung der Frist, die nach dessen Abs. 3 den von § 232 InsO erfassten Stellen zur Stellungnahme vom Insolvenzgericht zu setzen ist, hat der Rechtspfleger (nach § 18 RPflG i. d. F. des Art. 14 Nr. 5 EGInsO) darauf Rücksicht zu nehmen, dass Verfahrensverzögerungen tunlichst vermieden werden.[4] Die Frist zur Stellungnahme sollte daher ebenfalls nicht unter einer Woche, aber auch nicht über einen Monat bemessen werden.

5. Einholung der Stellungnahmen vor Eröffnung des Insolvenzverfahrens?

10.7 Es hat sich bereits oben (RdNr. 3.5) gezeigt, dass es für das Gelingen eines Insolvenzplans neben anderen Faktoren wesentlich auf die zügige Verfahrensabwicklung ankommt. Bedenkt man, dass *nach* Einholung der Stellungnahmen gem. § 232 InsO der Plan gem. § 234 InsO niederzulegen und erst innerhalb einer mit diesem Zeitpunkt beginnenden weiteren Frist, die nicht länger als einen Monat betragen *soll* (§ 235 Abs. 1 S. 2 InsO), Termin zur Erörterung und Abstimmung anzuberaumen ist, wird deutlich, dass „eigentlich" jeder Tag, der mit dem Einholen der Stellungnahmen nach § 232 InsO verstreicht, den Insolvenzplan gefährdet. Zugleich ist nicht zu übersehen, dass die Einbeziehung der zur Stellungnahme berufenen Stellen in das Insolvenzplanverfahren für dessen Gelingen sehr förderlich ist.

10.8 Daher stellt sich die Frage, ob die von § 232 InsO geforderten Stellungnahmen bereits *vor* Eröffnung des Insolvenzverfahrens eingeholt werden können – was freilich dem im Gesetz verankerten Ablauf des Insolvenzplanverfahrens widerspricht.

10.9 In diesem Zusammenhang ist daran zu erinnern, dass für den vom Insolvenzverwalter auszuarbeitenden Plan von § 218 Abs. 3 InsO angeordnet wird, dass bei der Aufstellung des Plans der Gläubigerausschuss, wenn ein solcher bestellt ist, der Betriebsrat, der Sprecherausschuss der leitenden Angestellten und der Schuldner beratend mitwirken. Es ist oben (RdNr. 9.12) darauf hingewiesen worden, dass die fehlende Konsultation dieser Stellen nicht zur Zurückweisung des Planes nach § 231 Abs. 1 Nr. 1 InsO führt.

10.10 Soweit § 232 InsO die Einholung von Stellungnahmen solcher Gremien verlangt, die unabhängig von der Eröffnung eines Insolvenzverfahrens bestehen, ist es möglich, die Durchführung des Verfahrens mit einem prepackaged-plan durch vor Erlass des Eröffnungsbeschlusses eingeholte Stellungnahmen zu beschleunigen. Der Vorlegende kann dabei das Risiko, dass eine Zurückweisung durch das Insolvenzgericht nach Verfahrenseröffnung erfolgt, dadurch reduzieren, dass er eine entsprechende Stellungnahme (des Insolvenzgerichts) bereits im Eröffnungsverfahren erbittet (zum Verfahren oben RdNr. 3.6 ff.).

---

3 MünchKomm- *Breuer,* InsO, § 232 RdNr. 7.
4 Amtl. Begr. zu § 276 RegEInsO, BT-Drucks. 12/2443, 204.

Problematischer ist dagegen die Einholung der Stellungnahme des Gläubigerausschus- **10.11**
ses, der regelmäßig erst mit Verfahrenseröffnung einberufen wird, § 67 Abs. 1 InsO.
Seine Stellungnahme scheint daher ex definitione nicht vor Erlass des Eröffnungsbeschlusses eingeholt werden zu können. Ob im **Eröffnungsverfahren** bereits ein Gläubigerausschuss vom Insolvenzgericht berufen werden kann, ist nicht unumstritten.[5] Anders
als die Gläubigerversammlung, deren Einberufung die Verfahrenseröffnung zwingend
voraussetzt, kann der Gläubigerausschuss bereits vorher konstituiert werden. Das zeigt
sich aus den Regelungen, die für die Zusammensetzung des Gläubigerausschusses
maßgeblich sind. § 67 Abs. 2 InsO ordnet hierzu an, dass im Gläubigerausschuss die
absonderungsberechtigten Gläubiger, die Insolvenzgläubiger mit den höchsten Forderungen und die Kleingläubiger vertreten sein sollen. Ferner soll dem Gläubigerausschuss
ein Vertreter der Arbeitnehmer angehören, wenn diese als Insolvenzgläubiger mit nicht
unerheblichen Forderungen beteiligt sind. Sowohl Absonderungsberechtigte und Großgläubiger lassen sich im Eröffnungsverfahren ermitteln; gleiches gilt für die Benennung
von Vertretern der Kleingläubiger und Arbeitnehmer. Das Insolvenzgericht ist daher rein
tatsächlich nicht an der Einberufung des Gläubigerausschusses im Eröffnungsverfahren
gehindert, zumal dessen Zusammensetzung durch die erste Gläubigerversammlung
geändert werden kann, § 68 Abs. 2 InsO. Daher wird vertreten, jedenfalls dann, wenn
der vorläufige Verwalter die Aufgabe der Betriebsfortführung hat, sei die Einsetzung
eines vorläufigen Gläubigerausschusses[6] rechtlich möglich.[7] Darüber hinaus gilt dies im
Allgemeinen in solchen Fallkonstellationen, in denen Aufgaben des Gläubigerausschusses sinnvoller Weise bereits während des Laufs des Eröffnungsverfahrens erledigt
werden. Hierzu gehört die Abgabe der Stellungnahme nach § 232 InsO. Wird daher
ein prepackaged-plan im Eröffnungsverfahren vorbereitet, sollte das Insolvenzgericht
dies durch die frühe Einberufung eines Gläubigerausschusses flankieren.

II. Niederlegung des Insolvenzplans, § 234 InsO

Der Insolvenzplan ist gem. § 234 InsO mit seinen Anlagen und den eingegangenen **10.12**
Stellungnahmen in der Geschäftsstelle zur Einsicht der Beteiligten niederzulegen. Die
Niederlegung des Plans in der Geschäftsstelle des Insolvenzgerichts ermöglicht es allen
Beteiligten, sich über den Inhalt des Plans genau zu unterrichten. Eine **Übersendung** des
vollständigen Plans an alle Beteiligten wäre im Regelfall aus Kostengründen ausgeschlossen. Sie kann daher – wie der Gesetzgeber betont[8] – zwar im Einzelfall erfolgen,
soll jedoch nicht generell vorgeschrieben werden.

Beteiligte sind die **Abstimmungsberechtigten**[9]. Soweit beteiligte Absonderungsberech- **10.13**
tigte oder Insolvenzgläubiger in ihrer Rechtsstellung durch den Insolvenzplan nicht

---

5 Dafür AG Köln, 29.6.2000, 72 IN 178/00, ZInsO 2000, 406; MünchKomm-*Gößmann,* InsO, 2002,
   § 67 RdNr. 2; dagegen: *Pape,* ZInsO 1999, 675, 676; Uhlenbruck-*Uhlenbruck,* InsO, 12. Aufl., 2003,
   § 67 RdNr. 5 ff. m. w. N.
6 AG Köln, 29.6.2000, 72 IN 178/00, ZInsO 2000, 406. Anders *Marotzke,* Das Unternehmen in der
   Insolvenz, 2000, 42 ff.
7 Smid-*Smid,* InsO, 2. Aufl., 2001, § 67 RdNr. 2 aE.
8 Amtl. Begr. zu § 278 RegEInsO, BT-Drucks. 12/2443, 205.
9 NR-*Braun,* InsO, Stand: März 2004, § 234 RdNr. 5.

betroffen werden, sind sie nicht Beteiligte i. S. d. Vorschrift. Anhörungsberechtigt ist aber beim **Schuldnerplan** der **Insolvenzverwalter** und beim **Verwalterplan** der **Schuldner**.

10.14 Nach zutreffender Ansicht[10] hat die Justizbehörde wegen der Nichtöffentlichkeit des Verfahrens zu gewährleisten, dass die Planunterlagen nur von den vorbenannten Beteiligten eingesehen und **Geschäftsgeheimnisse** usf. vor dem Zugriff sonstiger Dritter gewahrt bleiben.

III. Insolvenzgerichtliche Aussetzung von Verwertung und Verteilung

1. Funktion der Verwertungsaussetzung

10.15 Die Insolvenzplaninitiative des Schuldners bewahrt ihn nicht nur vor Individualzwangsvollstreckungsmaßnahmen einzelner Gläubiger, sondern auch vor der Universalexekution durch Verwertungsmaßnahmen des Verwalters. § 233 InsO bestimmt nämlich, dass das Insolvenzgericht auf Antrag des Schuldners oder des Verwalters die Aussetzung der Verwertung und Verteilung anordnet, soweit die Durchführung eines vorgelegten Insolvenzplans durch die Fortsetzung der Verwertung und Verteilung der Insolvenzmasse gefährdet würde (§ 233 S. 1 InsO); diese Aussetzung der Verwertung soll den „Regelfall"[11] darstellen. Der Gesetzgeber hat diese Vorschrift damit motiviert, das Recht des Schuldners und des Verwalters zur Vorlage eines Plans drohe ausgehöhlt zu werden, wenn der Insolvenzverwalter die Verwertung und Verteilung der Insolvenzmasse stets ohne Rücksicht auf den vorgelegten Plan fortsetzen dürfte oder gar müsste. Denn durch Verwertungsmaßnahmen würde dem Plan geradezu zwangsläufig die tatsächliche Grundlage entzogen werden, noch bevor die Gläubiger Gelegenheit hätten, über die Annahme des Plans zu entscheiden[12]. Das scheint darauf zu verweisen, dass durch die Aussetzung der Verwertung die Gläubigerautonomie im Interesse der intendierten Deregulierung des Insolvenzverfahrens geschützt werden soll.

2. Antrag des Insolvenzverwalters

10.16 § 159 InsO sieht vor, dass der Insolvenzverwalter im eröffneten Verfahren die Masse unverzüglich zu verwerten hat, was durch Zerschlagung oder übertragende Sanierung geschehen kann. Die Normierung einer Befugnis des *Insolvenzverwalters* zur Beantragung der **Anordnung der Aussetzung der Verwertung** trägt *dessen* Schutzbedürfnissen Rechnung, da er andernfalls befürchten müsste, haftungsrechtlich[13] von den Gläubigern in Anspruch genommen zu werden, wenn er aussichtsreich erscheinende Verwertungsmaßnahmen zugunsten der in der Umsetzung eines Insolvenzplanes liegenden Exspektanzen nicht durchführt.[14] Auch eine übertragende Sanierung wird der Verwalter unter diesen Voraussetzungen kaum in die Tat umsetzen dürfen. Denn er läuft ansonsten

---

10 NR-*Braun* (Fußn. 9), § 234 RdNr. 12 f.; Uhlenbruck-*Lüer* (Fußn. 5), § 234 RdNr. 6.
11 *Haarmeyer/Wutzke/Förster*, Handbuch der InsO, 3. Aufl. 2001, V RdNr. 383.
12 Amtl. Begr. zu § 277 RegEInsO, BT-Drucks. 12/2443, 204 f.
13 Hierzu *Schiessler*, Der Insolvenzplan, 1997, 137.
14 Zu diesem Aspekt *Schiessler* (Fußn. 13), 137; *Braun/Uhlenbruck*, Unternehmensinsolvenz, 1997, 638 f.; krit. Uhlenbruck-*Lüer,* InsO, 12. Aufl., 2003, § 233 RdNr. 4 ff.

Gefahr, gegenüber einem Erwerbsinteressenten in Haftung aus dem Gesichtspunkt der *culpa in contrahendo* (jetzt: § 311 Abs. 2 BGB n. F.) zu geraten, wenn er diesem wegen einer in Aussicht genommenen Sanierung im Planverfahren z. B. zu Vermögensdispositionen Anlass gibt.

Der Gesetzgeber sieht keinen Grund für eine besondere Aussetzungsanordnung des **10.17** Gerichts in dem Fall der Beauftragung des Verwalters mit der Ausarbeitung eines Insolvenzplans. In der Amtlichen Begründung[15] heißt es insoweit, die Pflicht des Verwalters zur zügigen Verwertung der Insolvenzmasse sei den Beschlüssen der Gläubigerversammlung untergeordnet. Das ist eine *quaestio facti* und daher in dieser Allgemeinheit nicht richtig. Denn auch in diesem Fall dient die Beantragung der Aussetzungsanordnung der haftungsrechtlichen Absicherung des Insolvenzverwalters. Die These des Gesetzgebers ist zudem falsch, weil die Gläubigerversammlung im Zweifelsfall des Eigenantrags des Schuldners, der mit einer Insolvenzplaninitiative verbunden wird, durch die Verlagerung der Abstimmung auf die Gruppen nach § 220 InsO *als Organ* der Gläubigerselbstverwaltung *entmachtet* wird und daher keinen Einfluss mehr auf den Verlauf der Dinge wird nehmen können.

3. Antrag des Insolvenzschuldners

Auch dem **Schuldner** steht die **Befugnis zur Beantragung** der Aussetzung der Verwer- **10.18** tung zu. Andernfalls würde er Gefahr laufen, dass ein von ihm vorgelegter Insolvenzplan dann leer laufen würde, wenn keine Eigenverwaltung angeordnet worden ist und der Insolvenzverwalter sich den Schuldnerplan nicht zu Eigen macht, sondern die Masse gem. § 159 InsO zu verwerten beginnt.

Außerhalb des Insolvenzplanverfahrens gibt § 161 InsO dem Schuldner die Befugnis, beim In- **10.19** solvenzgericht zu beantragen, dass durch das Insolvenzgericht gegenüber dem Insolvenzverwalter die „Vornahme der Rechtshandlung" vorläufig untersagt wird[16]. Gibt das Insolvenzgericht dem Antrag statt, hat es eine **Gläubigerversammlung einzuberufen,** die anstelle des Gläubigerausschusses über die Zweckmäßigkeit der Vornahme der Handlung entscheidet. Die Regelung ist insoweit an § 135 KO angelehnt. Das gleiche Antragsrecht wird auch qualifizierten Minderheiten von Gläubigern gegeben, wobei sie ebenso definiert sind wie in der Vorschrift über das Recht, die Einberufung einer Gläubigerversammlung zu erzwingen (§ 75 Abs. 1 Nr. 3 und 4 InsO). Nach § 163 Abs. 1 InsO wird dem Insolvenzschuldner eine Möglichkeit eingeräumt, die Verwertung des Unternehmens im Wege der übertragenden Sanierung ernsthaft zu beeinflussen – bis hin zu einer Gefährdung dieser effizienten Verwertungsform. Der Schuldner kann beim Insolvenzgericht den Erlass einer Anordnung beantragen, dass die Veräußerung des Unternehmens nur mit Zustimmung der Gläubigerversammlung zulässig sei. § 163 Abs. 1 InsO stellt damit eine Umkehrung der Regelung des § 162 InsO dar[17]. Dort wird aus der Veräußerung an „Insider" gefolgert, dass typischerweise eine Veräußerung des Betriebes unter Wert vorliege; § 163 Abs. 1 InsO gibt umgekehrt gerade dem Schuldner Rechtsbehelfe, um außerhalb des Insolvenzplanverfahrens auf die übertragende Sanierung Einfluss nehmen zu können, zumal er die Kosten dieses Rechtsbehelfs aus der Masse nehmen kann. § 163 InsO hatte ursprünglich einen völlig anderen Inhalt, wie sich aus

---

15 Amtl. Begr. zu § 277 RegEInsO, BT-Drucks. 12/2443, 204 f.
16 Smid-*Smid,* InsO, 2. Aufl., 2001, § 161 Rdnr. 3; Kübler/Prütting-*Onusseit,* InsO, 2004, § 161 RdNr. 5; MünchKomm-*Görg,* InsO, 2002, § 161 RdNr. 11-16.
17 MünchKomm-*Görg* (Fußn. 16), § 163 RdNr. 1, 2.

der Begründung zum RegEInsO[18] ergibt: Die Vorschrift stand im Zusammenhang mit dem vom Gesetzgeber ursprünglich präferierten Insolvenzplanverfahren. Heute hat sie keinen sinnvollen Inhalt mehr. Dem Schuldner wird durch sie aber jedenfalls mittelbar dadurch ein unangemessener Einfluss auf das Verfahren eingeräumt, dass er gegenüber der Gläubigerversammlung durch gegenstandslose Anträge die Insolvenzverwaltung zu diskreditieren versuchen kann und in die Lage versetzt wird, zugunsten seines gutachtenden Unternehmensberaters die Masse zu plündern[19].

4. Aufhebung der Aussetzung durch insolvenzgerichtliche Entscheidung nach § 233 S. 2 InsO

10.20   Von verschiedenen Autoren[20] wird der mit der Aussetzung der Verwertung verbundene **Verzögerungseffekt** des Insolvenzplanverfahrens nachgerade als dessen Vorzug angesehen. Das Insolvenzplanverfahren droht dann aber zum kontraproduktiven Selbstzweck zu degenerieren. § 233 S. 2 InsO bietet in diesem Zusammenhang den Ansatz zur Korrektur von Fehlentwicklungen. Das Insolvenzgericht sieht danach von der Aussetzung ab oder hebt sie auf, soweit mit ihr die **Gefahr erheblicher Nachteile für die Masse** verbunden ist oder soweit der Verwalter mit Zustimmung des Gläubigerausschusses oder der Gläubigerversammlung die Fortsetzung der Verwertung und Verteilung beantragt.

10.21   Der Gesetzgeber hat Gefahren einer Verzögerungstaktik des Insolvenzschuldners gesehen, zumal ihm bewusst war, dass bis zum Erörterungstermin und insbesondere bis zum Abstimmungstermin, der Klarheit über die Annahme des Plans bringt, dann eine nicht unerhebliche Zeitspanne wird liegen können, wenn es dem Schuldner als Planinitiator nicht bereits im Eröffnungsverfahren gelingt, wenigstens mit dem wesentlichen Gläubigern ein gemeinsames Vorgehen wegen der beabsichtigten Reorganisation herbeizuführen. In der Amtlichen Begründung heißt es: „Hätte die Vorlage eines Plans stets die Aussetzung der Verwertung und Verteilung zur Folge, so könnte z. B. der Schuldner eine bereits ausgehandelte, für die Gläubiger günstige Unternehmensveräußerung durch die Vorlage eines Fortführungsplans für beträchtliche Zeit blockieren und dadurch möglicherweise ganz zum Scheitern bringen". Daher soll nach Vorstellung des Gesetzgebers die Anordnung unterbleiben oder wieder aufgehoben werden, wenn der Insolvenzverwalter mit Zustimmung des Gläubigerausschusses oder der Gläubigerversammlung einen entsprechenden Antrag stellt.

10.22   Dem Insolvenzgericht wird insoweit **kein Ermessensspielraum** eingeräumt. Wenn daher der Verwalter *und* ein Organ der Gläubiger übereinstimmend der Auffassung sind, dass die Verwertung und die Verteilung nicht länger aufgeschoben werden sollten, hat das Gericht seinen Beschluss über die Aussetzung der Verwertung aufzuheben.

10.23   Ist kein Gläubigerausschuss bestellt, besteht der Gesetzgeber in der Amtl. Begründung zu § 277 RegEInsO auf eine **Einberufung der Gläubigerversammlung**. Er ist der Meinung, dass dies „kurzfristig" möglich sei. In der Tat kann der Verwalter die Einberufung

---

18 Amtl. Begr. ReferentenE InsO, 1989, 196 (zu § 173); *Smid/Nellessen,* InVo 1998, 113, 115, 116.
19 *Smid/Nellessen,* InVo 1998, 113, 116.
20 *Eidenmüller,* Jf.NPolÖk Bd. 15 (1996) passim; *Warrikoff,* KTS 1996, 489, 503; *Balz,* ZIP 1988, 273, 274 ff.

der Gläubigerversammlung nach § 75 Abs. 1 Nr. 1 InsO *beantragen*[21]. Und es ist auch damit zu rechnen, dass das Insolvenzgericht einem solchen Antrag im Regelfall Folge leisten wird. § 75 Abs. 2 InsO bestimmt, dass die Einberufung dann in einer Frist von zwei Wochen nach Eingang des Antrags erfolgen soll, wodurch der Gesetzgeber den Einfluss der Gläubiger auf den Ablauf des Insolvenzverfahrens verstärken will.[22] Die Regelung des § 233 S. 2 InsO lehnt sich deutlich an die früheren Regelungen zum Zwangsvergleich an. Dort war freilich die **Ausgangslage** eine andere; das neue Recht des Insolvenzplanverfahrens verkehrt das Regel-Ausnahmeverhältnis.

Probleme entstehen immer dann, wenn sich sogar die kurze Frist des § 75 Abs. 2 InsO **10.24** (deren Einhaltung schon aus technischen Gründen problematisch sein wird) im Hinblick auf die Perfektion einer möglichen übertragenden Sanierung oder anderer bedeutsamer Verwertungsmaßnahmen als zu lang erweist *oder* wenn der Insolvenzverwalter von der kurzfristig einberufenen Gläubigerversammlung in ihrer *konkreten Zusammensetzung* keine Zustimmung erhält. Erscheint kein Gläubiger – was nach den Erfahrungen der Praxis keinen Ausnahmefall darstellen muss, stellt sich wie im allgemeinen Verfahren die Frage, wie das „Schweigen" der Gläubigerversammlung zu werten sein wird. Dabei ist entscheidend, ob die Gläubigerversammlung bereits nach § 157 InsO die Verwertung der Masse beschlossen hat – was in den hier interessierenden Fällen eines Konflikts mit einem vom Schuldner initiierten Insolvenzplan regelmäßig der Fall sein wird.

Ausschlaggebend ist, dass die **Pflichtenstellung des Verwalters** erheblich weiter ist, als **10.25** sie sich mit der Ausarbeitung und Exekution von Insolvenzplänen beschreiben ließe. Wenn sich nämlich dem Verwalter bereits in seiner Eigenschaft als Gutachter und vorläufigen Verwalter eine Situation dargestellt hat, in der sich die Möglichkeit einer übertragenden Sanierung abzeichnet – häufig kann *nur deshalb* überhaupt das Verfahren eröffnet werden; andernfalls wäre die Eröffnung mangels Masse abzuweisen, würde sich die Einleitung eines Insolvenzplanverfahrens auf Beschluss der Gläubigerversammlung hin als *explizit masseschädigend* darstellen. Dem Verwalter obliegt es wie nach bisher geltendem Recht in derartigen Fällen, gem. § 78 Abs. 1 InsO einem solchen Beschluss zu widersprechen und seine Aufhebung durch das Insolvenzgericht zu betreiben[23]. Denn der Insolvenzverwalter ist zwar in dem Sinne im Dienste der Gläubigergemeinschaft tätig, als er deren Vermögensinteressen treuhänderisch zu wahren verpflichtet ist; als Inhaber seines Amtes hat er aber darüber hinaus eine eigene insolvenzrechtliche Organstellung inne, vermöge derer er die Masse auch vor schädigenden Beschlüssen der Gläubiger zu schützen verpflichtet ist. In einem solchen Fall wäre aber der Antrag auf Aussetzungsanordnung wenig hilfreich; der Verwalter will ja nicht nur einen abweisenden Beschluss des Insolvenzgerichts, sondern angesichts des Beschlusses der Gläubigerversammlung die ausdrückliche *Genehmigung der Fortsetzung von Verwertungsmaßnahmen.* Aus einem *Umkehrschluss* aus § 233 S. 1 InsO folgt aber, dass er auch hierzu berechtigt ist, um im Hinblick auf die zu treffenden Verwaltungsmaßnahmen Rechts-

---

21 MünchKomm-*Ehricke*, InsO, 2002, § 75 RdNr. 6; Smid-*Smid,* InsO, 2. Aufl., 2001, § 75 RdNr. 2; Uhlenbruck-*Uhlenbruck,* InsO, 12. Aufl., 2003, § 75 RdNr. 3.
22 Amtl. Begr. BT-Drucks. 12/2443, 133 (zu § 86).
23 Vgl. MünchKomm-*Ehricke,* InsO, 2002, § 78 RdNr. 4; Uhlenbruck-*Uhlenbruck,* 12. Aufl., 2003, § 78 RdNr. 3.

klarheit herzustellen. Dies gilt selbstverständlich umso mehr für Verfahren, in denen der *Insolvenzschuldner* einen Insolvenzplanentwurf vorlegt.

10.26 In diesen Fällen kann der Insolvenzverwalter daher die **Aufhebung der Verwertungs-aussetzung** auch dann beantragen, wenn dies *nicht* zugleich von einem Organ der Gläubigerselbstverwaltung beantragt wird. Das Gericht hat diesen Antrag nicht etwa deshalb sogleich abschlägig zu verbescheiden, weil das Tätigwerden von Gläubigeraus-schuss oder Gläubigerversammlung fehlt.

10.27 Das Insolvenzgericht hat in diesem Fall den Antrag des Insolvenzverwalters *zu prüfen*. Aus dem **Eilcharakter der Entscheidung** folgt, dass diese Prüfung nicht auf der Grundlage einer eingehenden wirtschaftlichen Abwägung erfolgen kann, da dies zu teuer und zu zeitaufwändig wäre. Vielmehr sind formale Kriterien der Prüfung zugrunde zu legen. Dabei sind drei Fallgestaltungen zu unterscheiden:
- Handelt es sich um die *Planinitiative des Insolvenzverwalters*, dann ist davon auszu-gehen, dass der Verwalter mit seinem Antrag auf Aufhebung der Verwertungsaus-setzung seine Pflichten erfüllen will: Denn die Aussetzungsanordnung dient seiner **haftungsrechtlichen Absicherung**.
- Ist der Insolvenzverwalter von der Gläubigerversammlung **zur Ausarbeitung eines Plans beauftragt** worden und hat er diesem Beschluss in der Versammlung wider-sprochen, hat das Gericht die Aussetzungsanordnung aufzuheben, wenn der Verwalter darlegt, dass die in Aussicht genommenen Verwertungshandlungen zu einem Erlös führen, der die Befriedigungschancen der Gläubiger aus einem Plan übertrifft. Denn aus diesem Grund muss es auch den Beschluss der Gläubigerversammlung nach § 78 Abs. 1 InsO aufheben! Das Gericht hat dann die Aussetzung der Verwertung auf-zuheben, denn primäres Ziel des Verfahrens ist die Verwirklichung der Haftung des Schuldners. Das Gericht hat die Angaben des Verwalters auch nicht näher zu prüfen, da der Verwalter für die Richtigkeit seiner Angaben haftet.
- Im Falle der **Planinitiative des Schuldners** kann nicht daran vorbeigegangen werden, dass § 1 S. 2 InsO *auch* eine *Entschuldungsfunktion* des Insolvenzverfahrens anord-net. Diese Entschuldungsfunktion tritt zwar hinter die der Haftungsverwirklichung zurück[24], wird aber gerade dort nicht irrelevant, wo es gerade um die Effizienz derjenigen Instrumentarien geht, die dem Insolvenzschuldner zur Erreichung dieses Ziels vom Gesetzgeber zur Verfügung gestellt worden sind. Aber auch in diesem Fall verbietet es die Eilbedürftigkeit der insolvenzgerichtlichen Entscheidung, sie von materiellen Wirtschaftlichkeitserwägungen abhängig zu machen. § 233 S. 2 InsO lässt aber den Schluss auf einen materiellen Maßstab zu. Ausschlaggebend muss sein, ob das Maß der durch die Durchführung der Verwertung zu erzielende Erfolg der Befriedigung der Gläubiger auch dann *gesichert* wird, wenn die Verwertung im Interesse der Verabschiedung und Durchführung des Planes eingestellt wird. Es gilt, dass der Spatz in der Hand allemal besser ist als Tauben auf dem Dach – und erst Recht besser als Flausen im Kopf des Schuldners! Dies – nämlich die Sicherung des Grades der Gläubigerbefriedigung, der durch die Verwertung erreicht würde – muss der Schuldner *vortragen*. Auf den Antrag des Verwalters nach § 233 S. 2 InsO ist dem

---

24 Vgl. *Gerhardt*, in: Leipold (Hrsg.), Insolvenzrecht im Umbruch, 1991, 1, 2.

Schuldner Gehör zu gewähren; er hat also Gelegenheit, die Sicherung der Gläubiger-befriedigung darzustellen. Wenn es sich aber nachdrücklich verbietet, den Streit um die Aussagefähigkeit wirtschaftswissenschaftlich begründeter Prognosen in dieser Frage vor dem Insolvenzgericht auszutragen, dann obliegt es dem Schuldner, etwas anderes als bloß einen Vergleich prognostischer Werte vorzubringen. Daher genügt der Schuldner seiner Darlegungslast nur unter der Voraussetzung, dass er nachweist, die Gläubiger hinsichtlich ihrer aus einer fortgesetzten Verwertung folgenden Befriedi-gungschance bereits zum Zeitpunkt der Verhandlung über den Aufhebungsantrag des Verwalters zu sichern. Dies kann er z. B. durch Nachweis einer entsprechenden selbstschuldnerischen Bürgschaft eines Zoll- oder Steuerbürgen oder durch Beibrin-gung sonstiger beschlagfreier Sicherheiten erreichen.

Man wird gegen diese rigoros erscheinende Auslegung einwenden, darin läge eine **Erschwerung** **10.28** **des Zugangs des Schuldners zum Insolvenzplanverfahren**, die der Entschuldungsfunktion des Insolvenzverfahrens gem. § 1 S. 2 InsO zuwiderlaufe. Dieser Einwand ist indes nicht stichhaltig. Denn der Schuldner muss *ohnedies* zwangsläufig – will er *überhaupt* mit der von § 231 InsO geforderten Aussicht auf Zustimmung durch die Gläubiger ein Insolvenzplanverfahren betreiben – Kreditgeber mobilisieren, die u. a. auch den (übrigen) Gläubigern wenigstens soviel zu bieten imstande sind, wie sie es aus einer (anderweitigen) Verwertung begründet erwarten können.

Kapitel 11: Vorbereitung und Ablauf von Erörterungs- und Abstimmungstermin

I. Vorbereitung des Erörterungs- und Abstimmungstermins durch das Insolvenzgericht

1. Gesetzliche Regelung

Der vom Insolvenzgericht zugelassene Plan bedarf sowohl der Erörterung durch die – **11.1** abstimmungsberechtigten (§§ 237, 238 InsO) – Gläubiger als auch der Annahme oder Ablehnung durch die Gläubiger. § 235 InsO trifft Regelungen hinsichtlich der Terminierung (§ 235 Abs. 1 InsO), der Bekanntmachung der Termine (§ 235 Abs. 2 InsO) und der Ladung zu ihnen (§ 235 Abs. 3 InsO).

Der Gesetzgeber ging ursprünglich von zwei getrennten Terminen zur Erörterung und Abstimmung **11.2** aus, zwischen denen ein Zeitraum von nicht mehr als einem Monat liegen sollte (vgl. §§ 279, 285 Abs. 1 RegEInsO), die vom Insolvenzgericht verbunden werden können sollten (§ 286 RegEInsO). Auf Initiative des RechtsA[1] wurde dieses Regel-Ausnahme-Verhältnis umgekehrt: Nur in Ausnahmefällen soll ein getrennter Abstimmungstermin (§ 241 InsO) stattfinden, in welchem auch der Plan (nochmals) erörtert werden kann, sofern dies wegen Änderungen erforderlich ist[2]. Im Übrigen blieb es bei der Möglichkeit, eine Verbindung mit dem Prüfungstermin (§ 236 InsO)[3] und darüber hinaus mit dem Berichtstermin herzustellen (§ 29 Abs. 2 InsO).

Die Erörterung dient der **Erläuterung des Plans** durch den Vorlegenden (Insolvenzver- **11.3** walter oder Insolvenzschuldner). **Verhandlungen über eine inhaltliche Änderung** des Plans werden ermöglicht. Der Erörterungstermin hat weiterhin eine **verfahrensrechtliche Funktion**. Denn in diesem Termin wird das **Stimmrecht der Gläubiger** festgelegt. Damit schafft die Erörterung die Grundlagen für die endgültige Entscheidung der Beteiligten, die durch eine Abstimmung (§§ 243 ff. InsO) erfolgt.

2. Terminsbestimmung

Nach § 235 Abs. 1 S. 1 InsO kann und soll das Insolvenzgericht über den Plan im **11.4** Erörterungstermin abstimmen lassen. Nach dem Wortlaut des § 241 Abs. 1 S. 1 InsO liegt aber die Anberaumung eines *besonderen* Abstimmungstermins im Ermessen des Gerichts[4]. Die Zeit zwischen den Terminen bietet den Beteiligten dann Gelegenheit zu weiteren Überlegungen und Beratungen, wie sie insbesondere in größeren Fällen von Unternehmensinsolvenzen erforderlich sein können. Aus Gründen der Verfahrensstraffung wollte der Gesetzgeber jedoch darauf hinwirken, dass **Erörterungs- und Abstim-**

---

1 Amtl. Begr. zu § 278 RegEInsO, BT-Drucks. 12/2443, 205.
2 Beschl.-Empf. des RechtsA zu § 285 RegEInsO, BT-Drucks. 12/7302, 104.
3 So schon § 280 RegEInsO.
4 *Braun/Uhlenbruck*, Unternehmensinsolvenz, 1997, 629; Uhlenbruck-*Hintzen,* InsO, 12. Aufl., 2002, § 241 RdNr. 2.

mungstermin möglichst nach § 235 Abs. 1 InsO verbunden werden[5]. Sofern dies nicht geschieht, soll der Abstimmungstermin wenigstens ohne großen zeitlichen Abstand auf den Erörterungstermin folgen[6]. Im Falle **konkurrierender Pläne** kann das Insolvenzgericht einen **gemeinsamen Erörterungstermin** anberaumen.[7]

11.5   Die Verbindung von Erörterungs- und Abstimmungstermin nach § 235 Abs. 1 S. 1 InsO ruft in ganz besonderem Maße die **Gefahr einer Überrumpelung der Gläubiger** hervor. Die Gläubiger verfügen nämlich in einer derartigen Lage kaum über hinreichend Zeit, das komplexe Gebilde des Plans auch in seinem durch evtl. Änderungen (vgl. § 240 InsO) geschaffenen Zustand auf die von ihm ausgehenden Rechtsfolgen hin in zureichendem Maße zu durchdringen. Sie können indessen Vertagungsanträge stellen[8].

11.6   Den Gefahren einer Überraschung der Gläubiger muss daher durch eine vernünftige Vorbereitung des Termins, insbesondere der Übersendung einer korrekten wesentlichen Zusammenfassung (i. S. d. § 235 Abs. 3 S. 2) begegnet werden. Eine Vertagung kommt nur in Betracht, wenn der Plan in wesentlichen Punkten geändert wird, es sich bei dem zur Abstimmung gestellten Plan daher nicht mehr um den ursprünglich eingereichten Plan, der den Gläubigern bekannt gemacht wurde, handelt. Es liegt auf der Hand, dass nur derjenige seine Rechte im Planverfahren wahrnehmen kann, der auch zum Termin selbst erscheint. Er wird dann auch nicht überrumpelt. Erscheint er nicht, so muss er bei ordnungsgemäßer Ladung damit rechnen, dass auch zu seinem Lasten ein Insolvenzplan beschlossen wird.

11.7   Eine fakultative, aber empfehlenswerte Plananlage ist die wesentliche Zusammenfassung des Insolvenzplans, vgl. § 235 Abs. 3 S. 2 InsO. Sie enthält nur den Plankern, zu dem die Gruppeneinteilung, die Quoten, die Vergleichsrechnung, Fristen und Bedingungen zählen. Dieser Plankern besteht bis zum Erörterungs- und Abstimmungstermin unverändert fort. Idealerweise sollte die wesentliche Zusammenfassung nicht über zwei Seiten hinausgehen. Doppelseitig gedruckt, wird sie allen Gläubigern mit der Ladung zum Erörterungs- und Abstimmungstermin übersendet. Dies hat den Vorteil, dass nicht allen Gläubigern der Plan selbst geschickt werden muss. Auf diese Weise kann neben organisatorischem Aufwand vor allem vermieden werden, dass Änderungswünsche bei einzelnen Formulierungen im Plan Berücksichtigung finden müssen, obwohl das Verfahren so zügig wie möglich beendet werden soll. Die Erfahrung des Verfassers zeigt, dass die überwiegende Zahl der Gläubiger gar nicht über den Inhalt der wesentlichen Zusammenfassung hinaus informiert werden möchte. Die großen, wesentlichen Gläubiger werden ohnehin von Anfang an in die Plangestaltung eingebunden. Sollte es kleinere Gläubiger mit Informationsbedarf über den Plankern hinaus geben, haben auch diese die Möglichkeit, auf der Geschäftsstelle des Amtsgerichts Einsicht in den Plan nebst Anlagen zu nehmen.

---

5 Beschl.-Empf. des RechtsA zu § 279 RegEInsO, BT-Drucks. 12/7302, 102.
6 Amtl. Begr. zu § 285 RegEInsO, BT-Drucks. 12/2443, 207.
7 Braun-*Braun,* InsO, 2. Aufl., 2004, § 235 RdNr. 7; NR–*Braun,* InsO, Stand: März 2004, § 235 RdNr. 13; vgl. HK-*Flessner,* InsO, 3. Aufl., 2003, § 235 RdNr. 11 m. w. N.
8 *Braun/Uhlenbruck* (Fußn. 4), 626 ff.

Der Erörterungstermin soll binnen einer **Frist von** höchstens **einem Monat** seit Ablauf **11.8**
der Frist zur Stellungnahme nach § 232 Abs. 3 InsO (oben RdNr. 10.6) anberaumt
werden. Überschreitet das Insolvenzgericht diese Monatsfrist ohne Grund, kann dies
Amtshaftungsansprüche auslösen. § 235 Abs. 1 S. 2 InsO lässt eine längere Frist als
einen Monat allein dann zu, wenn die Unterrichtung der Abstimmungsberechtigten dies
erfordert.[9] Ein Grund der Überschreitung kann in der besonderen Komplexität des Plans
liegen.

3. Öffentliche Bekanntmachung

Das Verfahren der durch § 235 Abs. 2 S. 1 InsO vorgeschriebenen öffentlichen Be- **11.9**
kanntmachung des Erörterungs- und des Abstimmungstermins folgt § 9 InsO. Die
öffentliche Bekanntmachung erfolgt daher i. d. R. durch Veröffentlichung des Termins
im Amtsblatt des Gerichts oder in einem für das Gericht bestimmten elektronischen
Informations- und Kommunikationssystem[10].

Nach § 235 Abs. 2 S. 2 InsO ist in der öffentlichen Bekanntmachung darauf hinzu- **11.10**
weisen, dass der Plan nebst eingegangenen Stellungnahmen gem. § 234 InsO niedergelegt worden ist und in der Geschäftsstelle des Insolvenzgerichts eingesehen werden
kann.

4. Ladung

Die in § 235 Abs. 3 S. 1 InsO angeordnete Ladung folgt den Regeln des § 8 InsO. Die **11.11**
Ladungen werden demzufolge den Insolvenzgläubigern, die Forderungen angemeldet
haben, den absonderungsberechtigten Gläubigern, dem Insolvenzverwalter, dem Schuldner sowie einem etwaigen Betriebsrat und Sprecherausschuss der leitenden Angestellten
von Amts wegen zugestellt.

Sie kann vom Insolvenzgericht nach § 8 Abs. 3 InsO dem Verwalter aufgegeben werden. **11.12**
Da im Plan die Rechte aller Insolvenzgläubiger (§ 38 InsO) und zusätzlich die Rechte der
absonderungsberechtigten Gläubiger (§§ 49 ff. InsO) geregelt werden können, sind alle
diese Gläubiger zum Erörterungstermin zu laden. Nachrangige Gläubiger, die auch im
Erörterungs- und Abstimmungstermin kein Stimmrecht haben (vgl. § 77 Abs. 1 S. 2
InsO), sind nicht gesondert zu laden. Weiterhin ordnet § 235 Abs. 3 S. 1 InsO an, dass in
Unternehmen, die einen Betriebsrat und einen Sprecherausschuss der leitenden Angestellten haben, an diese Gremien ebenfalls Ladungen zu ergehen haben – was im übrigen
sowohl im Hinblick auf deren besonderes Beteiligungsrecht nach § 232 InsO als auch
wegen § 217 Abs. 3 InsO nicht nur – wie der Gesetzgeber meint – „zweckmäßig"[11],
sondern geboten ist.

Der **Schuldner ist zu laden**, da er das Recht hat, im Abstimmungstermin dem Plan durch **11.13**
Erklärung zu Protokoll zu widersprechen (vgl. § 247 Abs. 1 S. 1 InsO). Dies gilt auch,
wenn es sich beim Schuldner um keine natürliche Person handelt: In diesem Falle sind

---

9 A.A. NR–*Braun* (Fußn. 7), § 235 RdNr. 4: „Muss"–Vorschrift.
10 Vgl. KP-*Prütting,* InsO, Stand: November 2004, § 9 RdNr. 5a ff.
11 So die Amtl. Begr. zu § 279 RegEInsO, BT-Drucks. 12/2443, 206.

die an ihm beteiligten Personen von Amts wegen zu laden, da ihnen das gleiche Recht zum Widerspruch zusteht (arg. § 101 InsO). Die Erwägung des Gesetzgebers[12], es sei diesen Personen zuzumuten, sich im Falle eines beabsichtigten Widerspruchs selbst beim Insolvenzgericht über den Abstimmungstermin zu informieren, verkennt die Reichweite des Art. 103 Abs. 1 GG.

11.14 § 235 Abs. 3 S. 2 InsO ordnet an, dass den Ladungen nach § 235 Abs. 3 S. 1 InsO eine **Abschrift des Planes beizufügen** sei; die Abschrift muss vollständig sein[13]. Das erscheint vor dem Hintergrund des Art. 103 Abs. 1 GG deshalb geboten, weil zum Verständnis des Planes nicht selten erheblicher Zeitaufwand erforderlich sein wird; allein seine Einsichtnahme in der Geschäftsstelle des Insolvenzgerichts wird daher regelmäßig nicht ausreichend sein.

11.15 Das Gesetz räumt die Möglichkeit ein, anstelle des Plans eine „Zusammenfassung seines wesentlichen Inhalts" zu übersenden.

11.16 Es liegt auf der Hand, dass es völlig unhaltbar wäre, einen umfangreichen Plan auf Kosten der Masse zu vervielfältigen und zu verschicken. Aber auch mit der Erstellung und Vervielfältigung der Planzusammenfassung sind erhebliche Kosten verbunden; zudem geht es nicht an, dem Schuldner durch die Zusammenfassung eine unkontrollierte Einflussnahme auf die Meinungsbildung der Gläubiger einzuräumen. Der insolvenzrechtlich richtige Weg ist es, Missbräuchen dadurch vorzubeugen, dass man den Insolvenzverwalter oder im Falle der Anordnung der Eigenverwaltung den Sachwalter (arg. § 284 Abs. 1 S. 2 InsO) mit der Prüfung und, sofern veranlasst, mit der Korrektur der vom Schuldner vorgelegten Zusammenfassung beauftragt.

11.17 Daher ist es auch **nicht** die **Aufgabe des Insolvenzgerichts**, eine **Zusammenfassung** des Insolvenzplans **zu erstellen**: Zu einem anderen Ergebnis kann man auch nicht gelangen, wenn es sich um eine Insolvenzplaninitiative des Verwalters handelt. Denn es ist ersichtlich die eigene Aufgabe des Verwalters, eine Zusammenfassung seines Planentwurfs zu erstellen. Und im Falle einer hinter dem Verwalterplan stehenden Planinitiative von Gläubigern kann es nicht zum Pflichtenbereich des Gerichts gehören, den Entwurf zusammenzufassen. Umso weniger wäre dies im Falle der Planinitiative des Schuldners der Fall.

11.18 Im „typischen" Fall des Eigenantrags des Schuldners, der mit der Insolvenzplaninitiative und dem Antrag gem. § 270 InsO auf Anordnung der Eigenverwaltung gekoppelt wird (oben RdNr. 1.12), ist zu erwarten, dass der Schuldner die nähere (kostenträchtige!) Prüfung seines Antrags durch das Gericht gem. §§ 20 ff. InsO zu vermeiden trachten wird. Legt er nach § 20 S. 1 InsO z. B. in seinem Antrag die Voraussetzungen des § 18 Abs. 2 InsO – drohende Zahlungsunfähigkeit – dar, so bedarf es dann etwa keiner Einsetzung und Beauftragung eines Gutachters gem. § 22 Abs. 2 Nr. 3 InsO, wenn

---

12 Amtl. Begr. zu § 285 RegEInsO, BT-Drucks. 12/2443, 207.
13 MünchKomm-*Hintzen,* InsO, 2002, § 235 RdNr. 17. Abw. OLG Dresden, B. v. 21. 6. 2000, 7 W 0951/00, ZIP 2000, 1303, 1304.

und soweit der Schuldner zeitgleich mit seinem Eigenantrag einen Massekosten-vorschuss in zweifelsfrei ausreichender Höhe leistet; eine Abweisung des Antrags auf Eröffnung des Verfahrens kann dann nicht mehr erfolgen[14]. Das kann sich schon deshalb für ihn lohnen, weil er während des Verfahrens wie nach überkommenem Recht die Insolvenzforderungen nicht verzinsen muss (§ 39 InsO) und die Zinsforderungen im Plan wegen §§ 225, 246 InsO „erledigt" werden können. Für das *Insolvenzgericht* folgt daraus aber, dass es die aus der Planzusammenfassung oder deren Prüfung durch den Insolvenzverwalter oder den Sachwalter entstehenden *besonderen* Kosten beim Massekostenvorschuss zu berücksichtigen hat.

Ist schon bei der Erstellung des darstellenden Teils sehr auf Prägnanz und Kürze zu achten (s.o. RdNr. 4.9), so gilt dies erst recht bei der Verfassung der Zusammenfassung des wesentlichen Inhalts. Sie sollte nicht länger als eine oder zwei Seiten sein. Konzerninsolvenzpläne wie etwa von Herlitz oder Senator haben gezeigt, dass dies auch bei größeren Insolvenzen machbar ist. Die wesentliche Zusammenfassung soll die Grundidee des Plans enthalten. Details sind nicht zu erwähnen. Das Unternehmen und seine wirtschaftliche Lage sind mit wenigen Sätzen zu schildern, ferner ist das Planprinzip vorzustellen (zum Beispiel die Quoten). Es ist kurz zu erläutern, warum keine Gruppe durch den Plan schlechter gestellt wird. Es ist jede einzelne Gruppe in möglichst nur einem Satz vorzustellen. Im Übrigen ist auf den Plan und die auf der Geschäftsstelle niedergelegten Plananlagen zu verweisen. Die wesentliche Zusammenfassung ist optimal, wenn sie im Beratungstermin auch noch stimmt, obwohl in der Zwischenzeit Plandetails geändert worden sind. Damit soll freilich nicht eine Beliebigkeit der Zusammenfassung angenommen werden. Zu großer Verallgemeinerung kann dadurch begegnet werden, dass der Hinweis gegeben wird, der Plan werde an interessierte Gläubiger übersandt oder im Internet veröffentlicht. **11.19**

II. Ablauf des Erörterungstermins

Den Ablauf des Erörterungstermins regeln die Vorschriften über die Gläubigerversammlung. Zwar nehmen nicht zwingend alle, sondern nur die vom Insolvenzplan betroffenen Gläubiger an der Erörterung des Planes teil. § 76 Abs. 1 InsO ist aber entsprechend anzuwenden. **11.20**

Die Leitung der Gläubigerversammlung kann danach vom Richter oder vom Rechtspfleger wahrgenommen werden[15]. Nach § 4 InsO kommen die Regelungen der **ZPO** (§§ 136–144, 156) über die Verhandlungsleitung zur entsprechenden Anwendung, obwohl es sich bei der Gläubigerversammlung als einem Organ der insolvenzrechtlichen Gläubigerselbstverwaltung zwar nicht um eine Sitzung vor dem erkennenden Gericht i. S. v. § 169 GVG handelt[16], aber die genannten Vorschriften über diesen Bereich hinaus allgemeine Regelungen und Ermächtigungen für alle richterlichen Verhandlungsleitungen enthalten.[17] Dem Insolvenzgericht obliegt nach Abs. 4 S. 1 InsO i. V. m. **11.21**

---

14 *Depré*, Die anwaltliche Praxis in Insolvenzverfahren, 1997, RdNr. 907.

15 Braun-*Kind*, InsO, 2. Aufl., 2004, § 76 RdNr. 3; HK-*Eickmann*, InsO, 3. Aufl., 2003, § 76 RdNr. 2.

16 *Hess*, KO, 6. Aufl. 1998, § 76 RdNr. 14.

17 *Uhlenbruck/Delhaes*, Handbuch der Rechtspraxis, Konkurs- und Vergleichsverfahren, 5. Aufl., 1999, RdNr. 595.

§ 176 GVG die Wahrnehmung der **Sitzungspolizei,** die es gem. § 178 GVG durch Verwarnungen bei ungebührlichem oder störendem Verhalten, die **Festsetzung von Ordnungsgeld** bis zu € 1 000, – oder Ordnungshaft bis zu einer Dauer von einer Woche ausüben kann[18]; der Rechtspfleger kann indessen nur Geldstrafen verhängen, § 4 Abs. 2 S. 2 RPflG, Art. 104 Abs. 2 GG[19]. Die Sitzung ist (arg. § 169 GVG) grundsätzlich nicht öffentlich, da sie die Belange der Gläubiger bzw. der übrigen zugelassenen Verfahrensbeteiligten einschließlich des Verwalters betrifft. Das Gericht hat daher durch **Eingangskontrollen,** ggf. auch durch Zuweisung von Sitzplätzen und dergleichen mehr sicherzustellen, dass keine Unbefugten an der Sitzung teilnehmen können. Der **Presse**[20] ist gem. § 175 Abs. 2 GVG grundsätzlich auch zu sonst nichtöffentlichen Sitzungen der Zutritt zu gestatten[21]. Das gilt auch für die Gläubigerversammlung, die insofern im Rahmen der Gesamtvollstreckung tagt und hinsichtlich deren Verlaufs ein Informationsbedürfnis der breiten Öffentlichkeit bestehen kann[22]. Störende **Ton-, Lichtbild- oder Filmaufnahmen** können im Rahmen seiner Sitzungspolizei vom Gericht indessen untersagt werden. Zur Sitzung sind ferner **Rechtsreferendare**[23] am Insolvenzgericht zugelassen. Das Gericht darf freilich nicht im Rahmen seiner Sitzungspolizei Gläubigern die Teilnahme an der Sitzung untersagen, weil es die angemeldeten Forderungen für unbegründet hält. Denn auch diese Gläubiger genießen in der Gläubigerversammlung Stimmrechte (vgl. § 77 InsO). Das Insolvenzgericht leitet ein Verfahren, in dem Forderungen *nichtstreitig* festgestellt werden; es hat dagegen nicht die Befugnis, seinerseits im Streitfall über Bestehen oder Nichtbestehen von Forderungen Aussagen zu treffen, und zwar auch dann nicht, wenn es hierüber dezidierte Rechtsansichten vertreten sollte. Dies folgt aus der Zugehörigkeit des Konkursverfahrens zum Bereich nichtstreitiger freiwilliger Gerichtsbarkeit. Im Gesetz selbst hat dies unmittelbar seine Grundlage in § 178 ff. InsO. Daraus folgt aber, dass das Insolvenzgericht aufgrund seiner Rechtsansicht über Bestehen oder Nichtbestehen einer Forderung jedenfalls keine derartigen verfahrensrechtlichen Folgerungen ableiten darf, die dem betreffenden Gläubiger jede Teilnahme am Verfahren verwehren. Der Gang der Gläubigerversammlung sowie die Namen der Anwesenden sind zu **protokollieren,** wobei auf die Stimmliste als Anlage zum Protokoll Bezug genommen werden kann. Sodann sind im Einzelnen in Form eines Inhaltsprotokolls die Verhandlungen darzustellen und die Ergebnisse der gefassten Beschlüsse festzuhalten. Zur Vereinfachung der Arbeit des Gerichts (und zur Erleichterung der Selbstkontrolle) kann es sich dabei Formularen bedienen. Die Protokollierung ersetzt die notwendige Beurkundung hinsichtlich der Schriftform, soweit diese gesetzlich vorgeschrieben ist[24]. Das Gericht hat die Anwesenheit des Verwalters und des Schuldners sowie durch die **Auslegung einer Stimmliste** (zweckmäßigerweise im Zusammenhang mit einer Ausweis- und Einlasskontrolle[25]) die der Gläubiger festzustellen.

11.22 Zunächst ist dem Vorlegenden, dann dem gem. § 232 InsO Stellungnahmeberechtigten Gelegenheit zur Stellungnahme zu geben. Sodann erhalten die Abstimmungsberechtigten das Wort. Darauf folgend hat der Planinitiator Gelegenheit zur Abänderung des Planes gem. § 240 InsO. Sofern die Abstimmungsberechtigten sich hierzu äußern wollen, ist ihnen dazu Gelegenheit zu geben. Wenn sich Abstimmungsberechtigte dazu im Termin außer Stande sehen, aber Gelegenheit zur Stellungnahme wünschen, ist der Erörterungstermin ggf. zu vertagen.

18 *Uhlenbruck/Delhaes* (Fußn. 17), RdNr. 598.
19 *Uhlenbruck/Delhaes* (Fußn. 17), RdNr. 45 a.
20 LG Frankfurt/M., B. v. 8. 3. 1983, 2/9 T 222/83, ZIP 1983, 344.
21 Uhlenbruck-*Uhlenbruck,* InsO, 12. Aufl., 2003, § 4 RdNr. 40.
22 Uhlenbruck/Delhaes (Fußn. 17), RdNr. 597; Uhlenbruck-*Uhlenbruck* (Fußn. 21), § 4 RdNr. 40.
23 *Huntemann,* in *Huntemann/Graf Brockdorf,* Der Gläubiger im Insolvenzverfahren, 1999, 260.
24 RG, Urt. v. 8. 11. 1940, VII ZS 40/40, RGZ 165, 162.
25 *Uhlenbruck/Delhaes* (Fußn. 17), RdNr. 596 a. E.

Da der der Beratungstermin erst nach dem Prüfungstermin stattfinden darf, ist zu fordern, **11.23** dass bis zu dem Erörterungstermin die angemeldeten Forderungen geprüft sind. Zweckmäßigerweise werden den Gerichten von den Verwaltern zeitnah vor den Terminen eine aktuelle Insolvenztabelle und eine vorbereitete Stimmliste übermittelt, die eine Aufteilung der bekannten Forderungen auf die einzelnen Gruppen enthält. Im Erörterungstermin ist in der Regel nicht die Zeit, solche Listen noch zu fertigen.

III. Änderungen des Insolvenzplans im Erörterungstermin

1. Übersicht

Der Insolvenzplan sollte durch seinen Initiator in ständigem Kontakt mit den anderen **11.24** Verfahrensbeteiligten möglichst so vorbereitet werden, dass sich wesentlich neue Gesichtspunkte im Erörterungstermin nicht mehr ergeben. Dennoch ist nicht auszuschließen, dass selbst bei äußerster Verfahrensbeschleunigung im Erörterungstermin neue Gesichtspunkte vorgebracht werden. Die möglicherweise erst im Erörterungstermin ersichtlich werdenden unterschiedlichen Ziele der Verfahrensbeteiligten und komplizierten rechtlichen oder tatsächlichen Gegebenheiten können **Modifikationen des eingereichten Plans** notwendig erscheinen lassen. § 240 InsO sieht für diese Fälle vor, dass der Initiator berechtigt sei, aufgrund der zum Plan ausgearbeiteten Stellungnahmen (§§ 232, 234 InsO) oder aufgrund der Erörterung den Plan zu ändern. Zur Beschleunigung des schwerfälligen Insolvenzplanverfahrens soll im gleichen Termin noch eine Abstimmung über den geänderten Plan erfolgen können.

Der Gesetzgeber hat diese Regelung als Instrument einer diskursiven Aushandelung von konkur- **11.25** rierend vorgelegten Insolvenzplänen durch die versammelten Verfahrensbeteiligten begriffen: Alle Verfahrensbeteiligten sollten Planentwürfe einreichen können, § 255 RegEInsO. In der Diskussion um den „richtigen" Plan sollte sich herauskristallisieren, welches die optimale Lösung der ökonomisch sich im konkreten Insolvenzfall stellenden Aufgaben sei[26]. Dieses Bild, das mehr soziologischen Diskursmodellen als der insolvenzrechtlichen Erfahrung verpflichtet war, hat sich nicht durchgesetzt[27]; es macht aber plausibel, weshalb das Abänderungsrecht zur Berücksichtigung des Diskurses von großer Bedeutung war.

Die drastische Beschränkung der Initiativrechte der Gläubiger im Insolvenzplanverfahren auf die **11.26** Beauftragung des Insolvenzverwalters nach den §§ 157 S. 2, 218 Abs. 1 InsO hat die weitere Komplizierung des Verfahrens vermeiden sollen.[28] Die **Plankonkurrenz**, von der einmal im Gesetzgebungsverfahren ausgegangen wurde[29], ist damit unwahrscheinlich geworden. Sofern der Schuldner mit seinem Eigenantrag die Initiative zu einem Insolvenzplan ergreift, bleibt zwar die abstrakte Möglichkeit bestehen, dass in Fällen, in denen nicht die Eigenverwaltung angeordnet wird, der Verwalter durch die Gläubigerversammlung zur Ausarbeitung eines konkurrierenden Plans beauftragt wird. Freilich ist mehr als fraglich, ob derartige Projekte je in die Tat umgesetzt werden. Der Verwalter wird regelmäßig die Pflicht haben, einen derartigen Beschluss der Gläubigerversammlung durch das Insolvenzgericht überprüfen zu lassen. Die verbleibenden Fälle stellen eine *quantité neglegiable* dar. Eine **Planhypertrophie** ist unwahrscheinlich. Die – im Übrigen

---

26 Amtl. Begr. zu § 283 RegEInsO, BT-Drucks. 12/2443, 207.
27 Beschl.-Empf. des RechtsA zu §§ 254, 255 RegEInsO, BT-Drucks. 12/7302, 181 f.
28 Beschl.-Empf. des RechtsA zu §§ 254, 255 RegEInsO, BT-Drucks. 12/7302, 94 f.
29 Amtl. Begr. zu § 255 RegEInsO, BT-Drucks. 12/2443, 196; vgl. auch § 294 RegEInsO.

bereits aus Kostengründen naive – Vorstellung, die lange Zeit während des Gesetzgebungsverfahrens[30] vorherrschte, die Gläubiger würden im Erörterungstermin (§§ 235 Abs. 1, 241 Abs. 1 InsO) verschiedene Pläne gegeneinander abwägen, ist schon aufgrund des Wortlauts des Gesetzes nicht Wirklichkeit geworden. In der amtlichen Begründung zu § 284 RegEInsO[31] heißt es zu der in S. 1 statuierten Abänderungsbefugnis lapidar, es sei ein Ziel des besonderen Erörterungstermins, dem Vorlegenden zu ermöglichen, den Plan auf Grund der Verhandlungen im Termin zu ändern. Der Gesetzgeber hatte dabei im Auge, den zügigen Fortgang des Verfahrens nicht zu gefährden. Ursprünglich sollte in § 284 Abs. 1 RegEInsO vorgesehen werden, dass eine Änderung des Plans nur nach Ankündigung im Erörterungstermin und innerhalb einer vom Gericht gesetzten angemessenen Frist zulässig ist; diese Vorschrift ist nicht Gesetz geworden[32]. Die Fassung des § 284 RegEInsO unterschied sich also erheblich von der des heutigen § 240 InsO, er betraf auch die Befugnis des Gerichts zur Zurückweisung des Plans.

2. Mängelbeseitigung im Planverfahren: Absolute und relative Mängel

11.27 Zur Vorbereitung des Erörterungstermins finden in aller Regel Diskussionen zwischen dem Planverfasser, dem Schuldner, dem Verwalter, dem Gericht und den Gläubigern statt. In praxi ergeben sich eine Vielzahl von Änderungswünschen. Diese können auch auf Mängeln des Plans beruhen, die Änderungen oder Ergänzungen entsprechend den Vorstellungen der Beteiligten erforderlich machen. Man kann im Wesentlichen drei Kategorien von Mängeln unterscheiden:

11.28 **a) Absolute Mängel**, die gem. § 231 InsO zur Zurückweisung des Plans führen. Solche Mängel liegen nur vor, wenn das Vorlagerecht (Nr. 1) verletzt ist, der Planinhalt unzulässig ist (z. B., weil er in Schuldnerrechte eingreift), der Plan offensichtlich aussichtslos (Nr. 2.) oder offensichtlich unerfüllbar ist (Nr. 3) oder es sich um den zweiten Plan des Schuldners handelt, der erste Plan des Schuldners von den Gläubigern abgelehnt, vom Gericht nicht bestätigt oder vom Schuldner nach der öffentlichen Bekanntmachung des Erörterungstermins zurückgezogen worden ist und wenn der Insolvenzverwalter die Zurückweisung mit Zustimmung eines etwaigen Gläubigerausschusses beantragt (Abs. 2). In allen anderen Fällen ist der Plan zulässig.

11.29 **b) Verfahrensmängel** führen gem. § 250 InsO zur Bestätigungsversagung. Hier handelt es sich um inhaltliche Mängel, die nicht behoben worden sind bzw. nicht behoben werden können (Nr. 1). Außerdem geht es um die Verfahrensvorschriften, insbesondere bei der Annahme des Planes durch die Gläubiger oder der Zustimmung durch den Schuldner sowie den Fall der Gläubigerbegünstigung. Wegen der Regelung in § 250 InsO gilt es, bei der Erarbeitung des Insolvenzplans sorgfältig auf die Vermeidung von Verfahrensfehlern zu achten. Verfahrensfehler, insbesondere bei der Gruppeneinteilung, bergen zudem die Gefahr von Rechtsbehelfen. Im Fall der Berliner „Konsum"-Insolvenz führte die falsche Gruppeneinteilung etwa dazu, dass der sofortigen Beschwerde von Gläubigern gegen die Planbestätigung stattgegeben wurde[33]. Wird die Entscheidung des Landgerichts über die Beschwerde rechtskräftig, führt dies dazu, dass das Verfahren in den Status vor der Abstimmung zurückgesetzt wird. Der Insolvenzplan muss geändert, ggf. neu gestaltet werden. Gegen die Entscheidung des Landgerichts kann zwar Rechtsbeschwerde beim BGH eingelegt werden. Nach § 250 InsO sind freilich nicht der Planverfasser, sondern nur die Gläubiger beschwerdeberechtigt. Zur Beschwerdeberechtigung des Planverfassers aus Gesichtspunkten des fairen Verfahrens unten Kapitel 15.

---

30 Amtl. Begr. zu § 255 RegEInsO, BT-Drucks. 12/2443, 196.
31 Amtl. Begr. zu § 283 RegEInsO, BT-Drucks. 12/2443, 207.
32 Siehe die Beschl.-Empf. des RechtsA zu § 284 RegEInsO, BT-Drucks. 12/7302, 183.
33 LG Berlin, B. v. 20.10.2004, 103 IN 5292/03.

c) Relative Mängel sind gem. § 240 InsO behebbar. Dies sind etwa die Fälle der Schlechterstellung **11.30** einzelner Gläubiger oder Gläubigergruppen, die auf Widerspruch zur Obstruktionsentscheidung führen. Es besteht eine Hinweispflicht nach § 241 Abs. 2 InsO. Die Mängel sind grundsätzlich bis zum Abstimmungstermin durch den Planverfasser abänderbar, nicht aber etwa durch das Gericht oder den Kritiker. Nach dem Wortlaut von § 240 InsO können „einzelne Regelungen" des Plans noch im Verhandlungstermin geändert werden. Ob eine Änderung nur einzelne Regelungen oder den Wesenskern des Planes insgesamt treffen, hängt von den Umständen des Einzelfalles ab. Wird der Wesenskern des Plans betroffen, dürften Änderungen nicht mehr vorgenommen werden, der Plan wäre vielmehr als ein neuer Plan zu behandeln und müsste einem neuen Verfahren unterliegen. In diesem Falle wären die Termine aufzuheben. Da das Gesetz grundsätzlich von der Änderungs-möglichkeit ausgeht, ist die Regelung des § 240 InsO weit auszulegen. Eine Verfahrenswieder-holung kommt wohl nur in Betracht, wenn die Änderung zu derartig gravierenden Neuregelungen führt, dass die ursprüngliche Planidee vollständig aufgehoben wird. Ein Fall könnte etwa der Übergang vom Sanierungsplan zur Unternehmenszerschlagung oder Auffanggesellschaft sein. Die bloße Änderung der Quote, die Vereinbarung oder die Auflösung von Sicherheiten, sogar der Übergang von der Insolvenzplansanierung zu übertragender Sanierung bei vergleichbaren Quoten für die Gläubiger dürfte noch als unschädlich anzusehen sein.

Mängelbeseitigung im Planverfahren

§ 231: Absolute Mängel = Zurückweisung	§ 250: Verfahrensmängel = Bestätigungsversagung	§ 240: Relative Mängel = behebbar
▪ Nr. 1: Vorlagerecht	▪ Nr. 1:	▪ Grundsätzlich unbeachtlich
▪ Nr. 1:	Unbehebbare Inhaltsmängel	
Planinhalt unzulässig		▪ Ausnahmen:
Bsp: Eingriff in	▪ Vorschriften über	- Gruppenschlechterstellung
- Schuldnerrechte?	- „verfahrensmäßige Be-	- individ. Schlechterstellung
- Gesellschaftsrechte?	handlung des Plans"	- Schuldnerbenachteiligung
- Gestaltungswirkungen?	- Annahme durch Gläubiger	- Fehlen von Bedingungen
	- Zustimmung des Schuldners	
▪ Nr. 2:		▪ Grundsätzlich änderbar
Offensichtlich aussichtslos	▪ Unlautere Planannahme,	- bis zum Abstimmungstermin,
(„Obstruktionsplan")	Gläubigerbegünstigung	- durch Planverfasser
		- nur „einzelne" Regelungen
▪ Nr. 3:		- ab wann Verfahrenswdh.?
Offensichtlich unerfüllbar		
		▪ Hinweispflicht nach § 241 II
Abs. 2: Schuldnerzweitplan		

3. Verhältnis zur insolvenzgerichtlichen Vorprüfung des Insolvenzplans gem. § 231 InsO

Die insolvenzgerichtliche Vorprüfung des Planentwurfs nach § 231 und das „Nach- **11.31** besserungsrecht" des § 240 InsO fallen nunmehr verfahrensrechtlich auseinander. Der vom Insolvenzgericht für aussichtsreich gehaltene Planentwurf kann daher auch dann noch gravierende Änderungen erfahren, wenn er seine konkrete Gestalt aufgrund in-solvenzgerichtlicher Hinweise gem. § 231 Abs. 1 InsO erhalten hat. Die insolvenzge-richtliche Vorprüfung droht – liest man allein den Gesetzeswortlaut des § 240 InsO –

unterlaufen werden zu können. Die Befugnis zur Vornahme dieser Änderungen ist nämlich nicht auf bestimmte Abteilungen des Planentwurfes beschränkt. Der Initiator kann somit z. B. zunächst im Planentwurf eine „unverdächtige" Einteilung der Gläubiger in die von § 222 Abs. 1 InsO und 3 InsO vorgesehenen Gruppen vornehmen (oben RdNr. 7.1 ff.), die, nachdem sie die gerichtliche Kontrolle „passiert" hat (oben RdNr. 7.6 ff.), durch eine Änderung „verschärft" wird. Aber auch andere Änderungen sind möglich, wie etwa die „Korrektur" des darstellenden Teils: Ob der Plan dazu dient, eine seriöse Sanierung zu ermöglichen hängt im Wesentlichen davon ab und kann überhaupt nur dann ernsthaft vom Insolvenzgericht beurteilt werden, wenn der darstellende Teil die Entwicklung und die Lage des Schuldners einigermaßen zutreffend, wenigstens in Grundzügen richtig beschreibt.

11.32 Die „Korrektur" des darstellenden Teils auf der Grundlage der nach § 232 InsO eingeholten Stellungnahmen eröffnet Manipulationen vielleicht keinen großen Spielraum; die Möglichkeit des Schuldners, fraudulös Einfluss auf den Gang des Verfahrens zu nehmen, besteht aber. Nicht minder groß ist indessen die Möglichkeit, durch Nachbesserungen im gestaltenden Teil auf das Verfahren einzuwirken.

4. Vermeidung von missbräuchlichen Abänderungen

11.33 Teile der Literatur[34] haben diese, der Abänderungsbefugnis nach § 240 InsO innewohnende Gefahr gesehen und zu ihrer Abwehr vorgeschlagen, die Abänderungsbefugnis mit dem Gesetzeswortlaut auf die Modifikation „einzelner Regelungen" zu beschränken und dadurch zu entschärfen, dass der „Plan in seinem Kern" nicht geändert werden dürfe[35]. Ein im „Kern" nach § 240 InsO modifizierter Plan dürfte danach nicht nach § 248 InsO vom Insolvenzgericht bestätigt werden.[36] All diesen Einwänden gegen die gesetzliche Regelung lässt sich nicht entgegenhalten, es werde schon nicht so schlimm kommen: Die Gläubigergemeinschaft könne im Erörterungstermin **Manipulationen** aufdecken und im Abstimmungstermin[37] dem geänderten Plan eine Absage erteilen. Dieses Gegenargument zieht aber nicht, legt man ohne weiteres den Gesetzeswortlaut zugrunde:

11.34 Die Gläubiger können nur dann wirksam die Änderungen des Plans verfolgen und überprüfen, wenn sie hierzu Gelegenheit erhalten. Das bedarf angesichts der gesetzlichen Regelung besonderer Erwähnung. Nach § 235 Abs. 1 S. 1 InsO soll das Insolvenzgericht nämlich über den Plan im Erörterungstermin abstimmen lassen. Nach dem Wortlaut der Vorschrift des § 241 Abs. 1 S. 1 InsO liegt die Anberaumung eines *besonderen* Abstimmungstermins dagegen im Ermessen des Gerichts. Grundsätzlich wenig aussichtsreich erscheint es im Übrigen, den durch eine Planmodifikation „überfahrenen" Gläubiger oder ggf. den Verwalter im Falle der Planinitiative des Schuldners darauf zu verweisen, sein Heil in einem verfahrensrechtlichen **Vertagungsantrag** zu suchen[38]. Denn ob ein

---

34 *Haarmeyer/Wutzke/Förster*, Handbuch zur InsO, 3. Auf., 2001, IX RdNr. 11.

35 Ebenso auch die Amtl. Begr. zu § 284 RegEInsO, BT-Drucks. 12/2443, 207.

36 *Haarmeyer/Wutzke/Förster* (Fußn. 34), IX RdNr. 11, gehen freilich nach ihren Prämissen ungenau auf die Situation der Planrealisierung ein, wobei sie verkennen, dass zwischen dem Schuldner- und dem Verwalterplan strikt zu unterscheiden sein wird.

37 Mit der Ladung zum gesonderten Abstimmungstermin ist zudem auf Änderungen hinzuweisen, § 241 Abs. 2 S. 2 InsO.

38 So *Braun/Uhlenbruck* (Fußn. 4), 631.

derartiger Antrag hilfreich, weil erfolgversprechend ist, hängt von der Grundstruktur der seitens des Insolvenzgerichts zu fällenden Entscheidungen ab.

Weiter ist **kritisch** anzumerken, dass sich kaum eine Grenze zwischen einer im Kern den **11.35** Plan verändernden Modifikation, also einer „neuen" Planinitiative auf der einen Seite und der Veränderung einzelner Regelungen ausmachen lässt. Problematisch sind in diesem Zusammenhang auch die vom Gesetzgeber für zulässig gehaltenen **salvatorischen Klauseln**[39]: Werden derartige Klauseln nachträglich in einen Planentwurf nach § 240 InsO eingefügt, kann damit das Gefüge des im Übrigen unverändert bleibenden Plans „im Kern" geändert werden. Kurz: Was „Kern" des Plans ist, lässt sich von („marginalen"?) Einzelregelungen kaum sinnvoll abgrenzen.

Missbrauchsmöglichkeiten lassen sich jedoch durch eine genauere Bestimmung des dem **11.36** Insolvenzgericht bei der Terminierung des Abstimmungstermins eingeräumten Ermessens (vgl. § 241 InsO) minimieren. Stellt sich im Erörterungstermin heraus, dass der initiierende Schuldner von seiner Nachbesserungsbefugnis Gebrauch macht, so **„reduziert" dieser Umstand das Ermessen des Insolvenzgerichts „gegen Null".** Den Gläubigern ist in diesem Fall dadurch Gelegenheit zur Überprüfung der Reichweite der Änderungen zu geben, dass ein *gesonderter* Abstimmungstermin anberaumt werden *muss*. Dogmatische Grundlage dieser Beschränkung des insolvenzgerichtlichen Ermessens ist der Anspruch der Gläubiger auf Gewährung rechtlichen Gehörs im Insolvenzverfahren (Art. 103 Abs. 1 GG[40]).

Damit wären aber Verfahrensverzögerungen verbunden, die nur unter der Voraussetzung **11.37** erträglich sind, dass der Plan vom Schuldner im Regelinsolvenzverfahren vorgelegt worden ist. Denn dort kann davon ausgegangen werden, dass die Rechte der Gläubiger durch vom Insolvenzverwalter gem. § 159 InsO durchgeführte Vermögensliquidation hinreichend geschützt werden.

Schon wegen seiner Haftung mit seinem persönlichen Vermögen (§ 60 InsO) liegen die **11.38** Dinge anders, wenn der Insolvenzplan vom Insolvenzverwalter vorgelegt wird. Handelt es sich bei dem im Erörterungstermin abzuändernden Insolvenzplan dagegen um einen vom eigenverwaltenden Schuldner vorgelegten Plan, werden die Interessen der Gläubiger durch den Sachwalter geschützt, vgl. § 284 Abs. 1 S. 2 InsO[41].

5. Einschränkende Auslegung des § 240 InsO
a) Ausschluss der „Nachbesserung" hinsichtlich der Gruppenbildung gem. § 222 **11.39** **InsO.** Schließlich ist daran zu denken, der **Befugnis zur Modifikation des Plans selbst Grenzen** zu setzen. Dabei kann jedoch sinnvoller Weise weder bei dem darstellenden Teil des Planes noch bei seinem gestaltenden Teil angesetzt werden; lässt man überhaupt das Änderungsrecht zu, muss es sich auf beide Teile des Planes beziehen können. Besondere Missbrauchsmöglichkeiten lägen aber in einer nachträglichen „Verschie-

---

39 Amtl. Begr. zu § 298 RegEInsO, BT-Drucks. 12/2443, 211, 212.
40 *Vallender,* in: Kölner Schrift zur InsO, 2. Aufl., 2000, 249.
41 *Flöther/Smid/Wehdeking,* Die Eigenverwaltung in der Insolvenz, 2005, Kap. 2 RdNr. 133.

bung" der Abstimmungsgruppen. Denn die Abänderung erfolgt zeitlich nach (arg. § 235 Abs. 1 S. 1 InsO[42]) der **Feststellung der Stimmrechte** nach den §§ 237, 238 InsO und der Aufstellung des Stimmrechtsverzeichnisses gem. § 239 InsO.[43] **Ist die Stimmrechtsentscheidung einmal im Insolvenzverfahren gefällt worden, bildet sie den Rahmen für die Abstimmung.** Es geht insofern nicht an, dem Planinitiator die Befugnis einzuräumen, *nach* erfolgter Stimmrechtsfestsetzung die Gruppeneinteilung gleichsam „mundgerecht" den zwischenzeitlich eingetretenen Kräfteverhältnissen anzupassen. Gegen eine solche Befugnis des Planinitiators spricht zudem, dass die verfahrensrechtlich zentrale Gruppenbildung andernfalls nicht mehr der **insolvenzgerichtlichen Kontrolle** unterliegen würde.

11.40   **b) Einschränkung der Abänderungsbefugnis wegen der Regelung des Plans von Maßnahmen zur Rechtsgestaltung.** Damit sind freilich erst die Probleme erörtert, die sich bei einer „Nachbesserung" der planmäßigen Gruppenbildung ergeben. Gegenüber dieser, aus dem Blickwinkel des überkommenen Rechts vielleicht zu „subtil" wirkenden Problematik erscheint es „handfester" und naheliegender, nach den Schwierigkeiten zu fragen, die möglicherweise auftreten werden, sobald eine Änderung im gestaltenden Teil des Plans vorgenommen wird.

11.41   Um damit umgehen zu können, bedarf es einer näheren Bestimmung der Bedeutung des „Nachbesserungsrechts". Hier hilft ein Exkurs in allgemeine verfahrensrechtliche Grundsätze weiter. Bekanntlich lassen die **§§ 263, 264 ZPO** eine Umstellung des Klageantrages nur unter der Voraussetzung zu, dass sie sich in einem Rahmen bewegt, der die spezifische prozessuale Rechtsstellung des Beklagten unbeeinträchtigt lässt[44]. Freilich lässt sich eine Parallele zu dem Antrag auf Verfahrenseinstellung nach einem Insolvenzantrag mit dieser prozessualen Konstellation schon wegen des „Akkordcharakters" des Insolvenzplans noch nicht einmal unvollkommen ziehen. Das Zustandekommen des Plans beruht *grundsätzlich* auf der Herstellung einer Übereinstimmung zwischen den Beteiligten.

11.42   Enthält die Planmodifikation gegenüber dem Vorentwurf Eingriffe in Rechte solcher Gläubiger, die bislang nicht betroffen waren, ist ein solcher Plan schon wegen Art. 103 Abs. 1 GG **nicht bestätigungsfähig**, da Teilen der Betroffenen mit Blick auf die §§ 237 Abs. 2, 238 Abs. 2 InsO das rechtliche Gehör versagt worden ist.[45]

11.43   Aber auch soweit eine „Nachbesserung" des Planentwurfs zu einer Erweiterung von Eingriffen in Rechtsstellungen solcher Gläubiger führen würde, deren Rechte bereits nach den Regelungen des Vorentwurfs tangiert werden sollten, ist eine derartige Modifikation wegen des damit verbundenen „Überrumpelungseffekts" unzulässig.

---

42 Amtl. Begr., BT-Drucks. 12/2443, 206 (zu § 279).
43 Ungenau: *Bußhardt*, in: FS Fuchs, 1997, 15, 27.
44 Vgl. MünchKomm-*Lüke*, ZPO, 2. Aufl., § 263 RdNr. 26 ff.
45 Zum Problem *Smid*, KTS 1993, 3 ff.

Der Fall **nachträglicher Belastungen** wird schon wegen der Rechtsmittelbefugnis der **11.44** betroffenen Gläubiger gem. § 253 InsO nicht notwendig den „Regelfall" der Situation des § 240 InsO darstellen; vorstellbar sind Nachbesserungen, durch die Widerstände von Gläubigergruppen (oder einzelner Gläubiger – § 251 InsO, vgl. aber § 245 Abs. 1 Nr. 2 i. V. m. Abs. 2 Nr. 2 InsO, unten RdNr. 13.109 ff.) abgebaut werden sollen. Sieht die „Nachbesserung" *Entlastungen* einzelner Gläubiger im Hinblick auf im Vorentwurf vorgesehene Eingriffe vor, liegen die Dinge komplizierter. Denn in diesem Fall scheint eine Beeinträchtigung der Rechte der Gläubiger nicht besorgt werden zu müssen. Dabei bleibt aber zu berücksichtigen, dass zu dem Gegenstand, über den abgestimmt wird, nicht allein die vorgesehenen Eingriffe in die Rechte der Gläubiger gehören – denn der Insolvenzplan soll ja „mehr" darstellen als ein „erweiterter" Zwangsvergleich. Daraus folgt, dass die Finanzierungsbedingungen, unter denen der Plan steht, ebenfalls *wesentlicher* Gegenstand der Beschlussfassung durch die Abstimmungsgruppen der Gläubiger ist, wofür im Übrigen auch die Regelung des § 231 Abs. 1 Nr. 3 InsO spricht. Denn die Gläubiger brauchen sich nicht darauf einzulassen, ein von den gesetzlichen Regelungen über die gemeinschaftliche Gläubigerbefriedigung abweichendes Verfahren (vgl. § 1 S. 1 und S. 2 InsO) mit allen damit für die Stellung der Gläubiger verbundenen Gefahren und Restriktionen über sich ergehen zu lassen, wenn nicht in seriöser Weise die Durchführung dieses Verfahrens abgesichert ist. Derartige Nachbesserungen zugunsten einzelner Gläubiger können daher nur dann zulässig sein, wenn dargestellt wird, wie die mit der Entlastung von Gläubigern verbundene Belastung der Sanierung ausgeglichen wird. Das kann z. B. dadurch geschehen, dass der planinitiierende Schuldner mit seiner Planmodifikation entsprechende Erklärungen von Kreditgebern vorlegt, die „in die Bresche springen", die durch den Verzicht auf bestimmte Rechtskürzungen gerissen wird.

Die vorangegangenen kritischen Bemerkungen lassen sich positiv wenden: All diejeni- **11.45** gen Änderungen des Insolvenzplans sind zulässig, die den Plankern nicht berühren. Das Gesetz unterstellt in § 240 InsO, dass es Regelungen des Insolvenzplanes gibt, deren Änderung im Verlauf des Erörterungstermins keine wesentliche Abweichung von „dem Plan" verwirklichen; andere Regelungen im Plan oder Angaben, die den Regelungen unterlegt sind, können Änderungen unterworfen werden, die zum einen auf den Wünschen der beteiligten Gläubiger beruhen mögen, zum anderen aufgrund der Kontingenz dieser Tatsachen – ihrer schlichten Änderbarkeit in Raum und Zeit – beruhen. Plankern sind diejenigen Angaben, die nie mehr geändert werden dürfen, ohne dass der Plan in seinem Wesen verändert wird. Hierzu gehören die Einteilung der Gläubiger in Gruppen und die Zuordnung von quotalen Befriedigungsmargen an die jeweiligen Gruppenangehörigen. Ferner gehören hierzu die ggf. auf die absonderungsberechtigten Gläubiger zutreffenden Sonderregelungen. Die Zuordnung eines einzelnen Gläubigers mag dann noch später geändert werden – etwa weil sich herausstellt, dass ein absonderungsberechtigter Gläubiger noch mit einer Ausfallforderung im Rahmen der Gruppe der nicht nachrangigen Insolvenzgläubiger zu berücksichtigen sein wird. Die erfolgreiche Kommunikation zwischen Schuldner, vorläufigem Verwalter bzw. Verwalter und Insolvenzgericht ist bereits auf der Ebene der im Verfahren drängenden Zeit unerlässlich. Denn die Beteiligten sollten Abreden treffen (und sich an sie halten), in welchem Zeit die jeweiligen Verfahrensschritte abgewickelt werden sollen.

6. Eigene Aufgaben des Insolvenzgerichts

11.46 Hinweispflichten des Insolvenzgerichts gegenüber den verfahrensbeteiligten Insolvenzgläubigern kommen im Rahmen des Erörterungstermin dann in Betracht, wenn das Insolvenzgericht aufgrund eigener „besserer" Erkenntnis[46] zu dem Schluss kommt, dass der Insolvenzplan im Gegensatz zu dem zuvor gefällten Zulassungsbeschluss den gesetzlichen Anforderungen des § 231 Abs. 1 InsO nicht genügt. Insofern ist das Gericht auch deshalb nicht nur zu einem Hinweis befugt, sondern sogar verpflichtet, weil es in dem nichtstreitigen Insolvenzplanverfahren ansonsten Gefahr läuft, Amtshaftungsansprüche gem. § 839 BGB i. V. m. Art. 34 GG auszulösen[47]. Ein derartiger Hinweis würde jedenfalls nicht den Vorwurf der Befangenheit auslösen.[48]

11.47 Die Erörterung und Beschlussfassung über den Plan obliegt den Verfahrensbeteiligten; die Modifikation des Planentwurfs liegt in der Kompetenz des Vorlegenden. **Für eigene Modifikationen des Planentwurfs seitens des Insolvenzrichters durch insolvenzgerichtlichen Beschluss ist danach kein Raum.** Es erscheint aber sinnvoll, dass die im Verlauf des Erörterungsverfahrens aufgrund von Interventionen der Verfahrensbeteiligten oder aufgrund von Hinweisen des Insolvenzgerichts erfolgten Modifikationen durch klarstellende Beschlüsse dokumentiert werden. Einer **Unüberschaubarkeit des im Abstimmungstermin zur Entscheidung gestellten Gegenstandes** kann insofern entgegengewirkt werden. Insofern ist das Insolvenzgericht in seinem klarstellenden Beschluss aber an den Antrag des Vorlegenden gebunden.

IV. Verbindung von Erörterungs- und Prüfungstermin

1. Übersicht

11.48 Mit § 236 InsO hat der Gesetzgeber versucht, das schwerfällige Insolvenzplanverfahren mit dem allgemeinen Insolvenzverfahren zu verschränken und dadurch zu beschleunigen, dass dem Insolvenzgericht die Möglichkeit einer gemeinsamen Durchführung von Prüfungs- (§§ 29 Abs. 1 Nr. 2, 176 InsO), Abstimmungs- und Erörterungstermin eröffnet ist.

2. Verbindung mit dem Prüfungstermin

11.49 Durch die Vorlage eines Insolvenzplans wird die Prüfung und Feststellung der Insolvenzforderungen nicht entbehrlich. Die Ergebnisse des Prüfungstermins bilden vielmehr eine wichtige Grundlage für die Schätzung des Gesamtumfangs der Verbindlichkeiten des Schuldners und damit für die Beurteilung, ob die im Plan vorgesehene Gestaltung der Rechte der Beteiligten sachgerecht ist. Die Festsetzung des Stimmrechts für die Abstimmung über den Plan wird durch die Prüfung der Forderungen erleichtert. Aus diesen Gründen wird in § 236 S. 1 InsO vorgeschrieben, dass der Termin, in dem der Plan erörtert wird, nicht vor dem Prüfungstermin stattfinden darf. Im Interesse einer zügigen Durchführung des Insolvenzverfahrens wird in S. 2 ausdrücklich darauf hingewiesen,

---

46 Vgl. *Smid*, JuS 1996, 49 ff.: Wirkungen von Entscheidungen in Verfahren nach dem FGG.

47 Zur Lage im überkommenen Recht des Vergleichsverfahrens *Häsemeyer*, Insolvenzrecht, 1992, 643; vgl. im übrigen *Smid*, Jura 1990, 225 ff.

48 Hierzu nach überkommenem Recht *Kuhn/Uhlenbruck,* KO, 11. Aufl., 1994, § 72 RdNr. 6, 6 a.

dass der Erörterungs- und Abstimmungstermin mit dem Prüfungstermin verbunden werden kann; dies setzt freilich voraus, dass der Plan *rechtzeitig* vor dem Prüfungstermin vorgelegt worden ist. Im Einzelfall kann nach Vorstellung des Gesetzgebers sogar eine Verbindung beider Termine mit dem Berichtstermin möglich sein (§ 29 Abs. 2 InsO). Insbesondere gilt dies in dem Fall, dass der Planinitiator bei der Stellung des Antrags auf Eröffnung des Insolvenzverfahrens einen Plan vorlegt (*prepackaged- plan*).[49]

Sofern Einwendungen von anderen Verfahrensbeteiligten, insbesondere Gläubigern, nicht erhoben werden, ist das Gericht befugt, Gerichts-, Prüfungs-, Erörterungs- und Abstimmungstermin miteinander zu verbinden. Hierdurch kann eine sehr schnelle Verfahrensabwicklung ermöglicht werden. Solche Fälle sind denkbar, wenn seitens der Gläubiger Widerspruch nicht zu erwarten ist, was von dem vorläufigen Insolvenzverwalter ggf. in Zusammenwirken mit einem vorläufigen Gläubigerausschuss bereits vor der Eröffnung des Insolvenzverfahrens (die ja mit dem Termin zusammenfällt) glaubhaft gemacht werden sollte. Ein Zusammenlegen der Termine ist sinnvoll, weil Insolvenzverfahren immer unter Zeitdruck stattfinden. Unternehmen lassen sich unter Insolvenzbedingungen nur selten effektiv fortführen. In einer Insolvenz halten Kunden und Lieferanten meist nur für kurze Zeit zum Schuldner, Mitarbeiter verlassen den Betrieb, die Konkurrenz setzt nach. Deshalb müssen eine verantwortungsvolle Insolvenzverwaltung und ein Insolvenzgericht, welches den Sanierungsauftrag ernst nimmt, sehr kurzfristig terminieren. Deswegen hat der Gesetzgeber die Höchstfrist von einem Monat nach § 235 Abs. 1 S. 2 InsO vorgegeben. So ist eine rasche Beendigung eines Insolvenzverfahrens denkbar. **11.50**

V. Stimmrechtsfestsetzung

1. Übersicht

Nur denjenigen Gläubigern wird für die Abstimmung über den Insolvenzplan das Stimmrecht gewährt, deren **Rechte durch den Plan beeinträchtigt werden**, §§ 237 Abs. 2, 238 Abs. 2 InsO[50]. § 237 Abs. 2 InsO übernimmt damit den Grundsatz des § 72 Abs. 1 VerglO, dass nicht beeinträchtigte Gläubiger kein Stimmrecht haben. Die Amtl. Begr. zu § 281 RegEInsO bildet folgendes Beispiel: Sieht der Plan vor, dass die Kapitalforderungen der ungesicherten Kleingläubiger (bis zu einer bestimmten Höhe der Forderung) ohne Stundung voll erfüllt werden sollen, so haben diese Gläubiger, was diese Kapitalforderungen angeht, kein Stimmrecht bei der Abstimmung über den Plan. Aus *taktischen* Erwägungen wird es sich besonders der Schuldner als Planinitiator freilich sehr überlegen müssen, ob er sich auf eine völlige Absicherung der Forderungen dieser Gruppen einlassen wird, zumal wenn die Aussicht auf eine *überwiegende* Befriedigung der Angehörigen dieser Gruppen deren Zustimmung zum Plan wahrscheinlich macht! Es hat dann keinen Sinn, sie durch „Ungeschicklichkeiten" im Plan für das Abstimmungsverfahren „aus dem Rennen" zu ziehen und damit angesichts von Widerständen anderer Gruppen einer Bestätigung des Planes nach § 245 Abs. 1 Nr. 3 InsO womöglich die Grundlage zu entziehen. Gleiches gilt nach Maßgabe dessen Abs. 2 im Rahmen des § 238 InsO. **11.51**

---

49 Amtl. Begr. zu § 280 RegEInsO, BT-Drucks. 12/2443, 206.
50 *Haarmeyer/Wutzke/Förster* (Fußn. 34), IX RdNr. 14; MünchKomm-*Hintzen,* InsO, 2002, §§ 237, 238 RdNr. 1.

2. Insolvenzgläubiger

11.52 Das Stimmrecht der Insolvenzgläubiger bei der Abstimmung über den Plan beurteilt sich entsprechend der für das Stimmrecht in der Gläubigerversammlung geltenden Grundsätze (§ 237 Abs. 1 S. 1 InsO): Danach gewähren angemeldete Forderungen, die weder vom Insolvenzverwalter noch von einem anderen Gläubiger bestritten worden sind, ohne weiteres ein Stimmrecht. Gläubiger mit Forderungen, die vom Verwalter oder von einem Gläubiger bestritten werden, sind stimmberechtigt, soweit sich der Verwalter und die im Erörterungstermin erschienenen Gläubiger über das Stimmrecht einigen; andernfalls trifft das Insolvenzgericht eine Entscheidung über das Stimmrecht. Problematischer ist die Behandlung der absonderungsberechtigten Gläubiger. Wegen ihres Stimmrechts ist zwischen dem gesicherten Teil der Forderung zu unterscheiden, mit dem der Gläubiger als Absonderungsberechtigter stimmberechtigt ist, und der Ausfallforderung, mit der er bei den Insolvenzgläubigern abstimmen kann. Solange der Ausfall noch ungewiss ist und der Gläubiger auch nicht auf die abgesonderte Befriedigung verzichtet hat, ist der mutmaßliche Ausfall im Wege der Einigung zwischen den Beteiligten zu berücksichtigen, andernfalls hat wiederum das Insolvenzgericht das Stimmrecht festzusetzen. Der Gesetzgeber hat die Probleme, die dabei auftreten können, durchaus gesehen: Die Höhe des Ausfalls kann z. B. davon abhängen, ob das Unternehmen fortgeführt oder stillgelegt wird. In diesem Fall soll bei der Festsetzung des Stimmrechts von der Hypothese auszugehen sein, die dem Plan zugrunde liegt, der zur Abstimmung gestellt wird – was neben der Gruppenbildung nach § 222 InsO eine weitere Einflussnahme des Initiators auf den Abstimmungsvorgang darstellt. Bei einem Sanierungsplan ist für die Berechnung der Ausfallforderungen der absonderungsberechtigten Gläubiger nach Ansicht des Gesetzgebers in diesem Fall der Fortführungswert der Sicherheiten zugrunde zu legen.[51]

11.53 Aufgrund der Verweisung in § 237 Abs. 1 InsO greifen hierfür die allgemeinen Regelungen über die Festsetzung des Stimmrechts in der Gläubigerversammlung ein. Danach gilt Folgendes:

11.54 Gewiss ist zunächst, dass die **Gläubiger festgestellter und anerkannter Forderungen** Stimmrechte haben, soweit sich im Prüfungstermin oder schriftlichen Verfahren kein Widerspruch mehr erhebt, § 178 InsO, oder nur der Insolvenzschuldner widerspricht, § 184 InsO[52], solange nicht Eigenverwaltung angeordnet ist, § 283 Abs. 1 InsO. Soweit eine Forderung bestritten worden ist, genießt ihr Inhaber Stimmrecht gem. § 77 Abs. 2 S. 1 InsO, soweit sich in der Gläubigerversammlung der Insolvenzverwalter und die erschienenen stimmberechtigten Gläubiger über das Stimmrecht geeinigt haben. Die zitierte Vorschrift erweckt durch die Einfügung „stimmberechtigte Gläubiger" den Eindruck, als würde die Einigung der übrigen stimmberechtigten Gläubiger mit dem Verwalter genügen, die dann eine Einigung ohne Beteiligung und zulasten des dritten Interessenten wäre.[53]

---

51 Amtl. Begr., BT-Drucks. 12/2443, 206 f. (zu § 281).
52 FK-*Jaffé*, InsO, 3. Aufl., 2002, § 237 RdNr. 9.
53 So ohne weitere Kritik in der Kommentarliteratur z. B. KP-*Kübler*, InsO, Stand: November 2004, § 77 RdNr. 3 ff.

Für Fälle der Anordnung der Eigenverwaltung des Schuldners ordnet § 283 Abs. 1 InsO **11.55** zudem eine Abweichung von § 178 Abs. 1 InsO an[54]: Danach hat auch der eigenverwaltende Schuldner die Befugnis, wirksam Forderungen im Insolvenzverfahren zu bestreiten. § 283 Abs. 1 InsO entspricht dem früheren Rechtszustand: Nach überkommenem Vergleichsrecht sind sowohl der Schuldner als auch der Vergleichsverwalter berechtigt, Forderungen im Vergleichstermin zu bestreiten.

3. Absonderungsberechtigte

Die absonderungsberechtigten Gläubiger sind am Insolvenzplanverfahren beteiligt; in **11.56** ihre Rechte kann durch den Plan eingegriffen werden (§ 217 InsO, vgl. oben Kapitel 6). Verfahrensrechtlich folgt daraus zwingend, dass sie im Abstimmungstermin, in dem über Annahme oder Verwerfung des Planes entschieden wird, Stimmrecht genießen müssen. Für das Stimmrecht der absonderungsberechtigten Gläubiger gelten entsprechende Grundsätze wie für das Stimmrecht der Insolvenzgläubiger[55] gem. § 237 InsO.

Die Rechtsstellung der absonderungsberechtigten Gläubiger im Insolvenzplanverfahren **11.57** ist freilich prekärer als im allgemeinen Insolvenzverfahren. § 238 Abs. 1 S. 1 InsO sieht vor, dass die **Absonderung gewährenden Rechte „einzeln" zu erörtern seien.** Nach § 238 Abs. 1 S. 2 InsO steht neben den anderen absonderungsberechtigten Gläubigern jedem Insolvenzgläubiger (§ 38 InsO) und dem Insolvenzverwalter die Befugnis zu, das Absonderungsrecht zu bestreiten. Ist das die Absonderung begründende Recht nach § 238 Abs. 1 S. 2 InsO bestritten worden oder handelt es sich um ein betagtes Recht, wird das Stimmrecht seines Inhabers im Abstimmungstermin vom Verwalter und den anderen stimmberechtigten Gläubigern ausgehandelt, im Falle des Scheiterns der Festlegung vom Insolvenzgericht bestimmt.[56] In der Praxis werden einzelne Forderungen und Rechte in dem Termin freilich (in seltenen Fällen) nur erörtert, wenn hierfür ein Bedürfnis besteht.

4. Verfahren der Stimmrechtsfestsetzung. Fehlerkorrektur

Für die Festsetzung des Stimmrechts nach den §§ 237, 238 InsO ist nach allgemeinen **11.58** Grundsätzen der Rechtspfleger zuständig.[57] Erfolgt die Stimmrechtsfestsetzung *fehlerhaft*, kann dies dazu führen, dass die Bestätigung des Insolvenzplans zu versagen ist, § 250 Nr. 1 InsO *oder* den betroffenen Gläubigern gegen die Bestätigung des Insolvenzplans die sofortige Beschwerde gem. § 253 InsO zusteht. Der Rechtspfleger kann aber eine **Neufestsetzung** des Stimmrechts gem. § 18 Abs. 3 S. 2 RPflG vornehmen, die den Verfahrensfehler beseitigt, den Weg für die Bestätigung des dann aufgrund einer erneuten Abstimmung verabschiedeten Insolvenzplans ebnet und Beschwerdemöglichkeiten beseitigt.[58]

---

54 *Koch*, Die Eigenverwaltung nach der InsO, 1998, 246.
55 Amtl. Begr. zu § 282 RegEInsO, BT-Drucks. 12/2443, 207.
56 Zur Kritik vgl. Smid-*Smid*, InsO, 2. Aufl., 2001, § 77 RdNr. 5 ff.
57 MünchKomm-*Hintzen*, InsO, 2002, §§ 237, 238 RdNr. 2.
58 AG Duisburg, B. v. 14. 11. 2001, 60 IN 107/00, NZI 2002, 502.

VI. Abstimmung über den Insolvenzplan

1. Übersicht

11.59 Die Verabschiedung des vorgelegten Plans soll nach verfahrensrechtlichen Regelungen erfolgen, die sich von denen des vorherigen Rechts nicht unerheblich unterscheiden. An die Stelle einer Abstimmung in der Gläubigerversammlung und einer mehrheitlichen Beschlussfassung für oder gegen Sanierungsmaßnahmen tritt im Insolvenzplanverfahren die getrennte Abstimmung nach Gläubiger*gruppen*[59] (*itio in partes*[60]). Die Gläubigerversammlung wird damit in einzelne Gruppen fraktioniert[61]. Die Abstimmung soll der *Heterogenität* der (wirtschaftlichen) Interessen der Gläubigerschaft Rechnung tragen.[62]

11.60 Eine Abstimmung in Gruppen war in der **VerglO** in der Weise vorgesehen, dass bei unterschiedlicher Behandlung der Vergleichsgläubiger im Vergleichsvorschlag die „zurückgesetzten" Gläubiger gesondert über den Plan abstimmten (§ 8 Abs. 2 S. 1 VerglO), zusätzlich zu einer allgemeinen Abstimmung aller stimmberechtigten Vergleichsgläubiger (§ 74 VerglO). Bei einem Plan, der Gläubiger mit unterschiedlicher Rechtsstellung im Insolvenzverfahren einbeziehen kann und der innerhalb der Gläubiger mit gleicher Rechtsstellung so differenzieren soll, dass den unterschiedlichen wirtschaftlichen Interessen angemessen Rechnung getragen wird, ist es nicht sachgerecht, darauf abzustellen, welche Gruppe von Gläubigern gegenüber welcher anderen „zurückgesetzt" ist[63]. Daher hat der Gesetzgeber angeordnet, dass jede Gruppe von Gläubigern gesondert über den Plan abstimmt. Eine Gesamtabstimmung aller stimmberechtigten Gläubiger entfällt.

11.61 Soweit der Verwalter eine **übertragende Sanierung** wie im bisherigen Recht durchzuführen beabsichtigt, beschließt darüber ebenso wie im überkommenen Recht die Gläubiger*versammlung* mit den in § 76 Abs. 2 vorgesehenen Mehrheiten[64]; eine *itio in partes* von wie auch immer gearteten Gläubigergruppen findet dabei nicht statt.

11.62 Im Übrigen richten sich die Fragen des Verfahrens bei der Abstimmung – insbesondere die **Prüfung der Gültigkeit von abgegebenen Stimmen** – nach den Grundsätzen bei staatsrechtlichen Wahlen (§ 39 BWahlG).[65]

2. Wirkungen der Abstimmung

11.63 Bis zum Ende der Abstimmung kann die Stimmabgabe durch den Stimmberechtigten **widerrufen** werden.[66] Mit dem Beginn der Abstimmung kann der Plan nicht mehr zurückgenommen werden.

---

59 Dazu *Kilger/K. Schmidt*, VerglO, 17. Aufl., 1997, § 73 Anm. 2.

60 *Walter Rechberger* hat einmal darauf hingewiesen, dass diese Technik aus dem Verfassungsrecht des Heiligen Römischen Reiches bekannt ist.

61 *Mertens* (ZGR 1984, 542, 548) hat zu den Vorschlägen der Kommission angemerkt, es handle sich um ein Reorganisationsverfahren mit Zügen der Gruppenuniversität – und wer davon eine auch nur vage Vorstellung hat, mag ermessen, was das heißt ... Grundsätzlich anders die Bewertung (wohl nicht der Gruppenuniversität, aber) der legitimatorischen Wirkung der Strukturierung privatrechtlicher Mitwirkung im Gestaltungsverfahren: *K. Schmidt*, ZGR 1986, 178, 198.

62 Amtl. Begr. zu § 265 RegEInsO, BT-Drucks. 12/2443, 199; *Funke*, in: FS Helmrich, 627 ff., 634.

63 Amtl. Begr. zu § 288 RegEInsO, BT-Drucks. 12/2443, 208.

64 *Smid/Rattunde*, Der Insolvenzplan, 1998, RdNr. 42 ff.

65 AG Duisburg, B. v. 1. 4. 2003, 62 IN 187/02, NZI 2003, 447.

66 HK-*Flessner*, InsO, 3. Aufl., 2003, § 243 RdNr. 5.

3. Erforderliche Mehrheiten

Die Modalitäten des Abstimmungsverfahrens regelt § 244 InsO. Im Abstimmungsver- **11.64**
fahren wird innerhalb jeder Gruppe (§ 243 InsO) über die Annahme oder Ablehnung des
vorgelegten und zugelassenen (§ 231 InsO) Plans entschieden. Beim Verständnis der
Vorschrift ist zu berücksichtigen, dass sie nur vordergründig auf Mehrheitsentscheidungen der Gläubiger setzt: Es geht um Mehrheiten innerhalb der Gruppen (!), die durch
Abwesenheiten oder fehlende Mitwirkung erheblich von den realen Kopfzahlen der
Gläubiger und damit den in § 76 Abs. 2 InsO geforderten Mehrheiten abweichen
können. Im Zusammenspiel mit den §§ 245, 246 InsO stellt § 244 InsO eine tendenzielle
Abkehr vom Grundsatz der Mehrheitsentscheidung der Gläubiger dar[67]; die Regelung
geht sogar über diejenigen des chap. 11 des US-bankruptcy code hinaus. Nach Vor-
stellung des Gesetzgebers[68] soll dadurch, dass nur auf die anwesenden und abstimmenden
Gläubiger abgestellt wird, erreicht werden, dass „externe" Einflussnahmen auf die
Beschlussfassung über den Insolvenzplan minimiert werden.[69]

Eine **Gesamtabstimmung** statt einer solchen in Gruppen **ist gesetzwidrig**[70] und hätte die Verwer- **11.65**
fung der Bestätigung des so angenommenen Planes durch das Insolvenzgericht gem. § 250 Nr. 1
InsO zur Folge. Die Mehrheitsverhältnisse in der Gläubigerversammlung sind daher für die Annahme des Planes durch Mehrheitsentscheidungen in den Gruppen grundsätzlich irrelevant. Sie
kommen aber bei der Entscheidung nach § 245 InsO zum Tragen[71], es sei denn, das einstimmig
abgestimmt wird.

Die Annahme des Plans setzt voraus, dass die in § 244 Abs. 1 Nrn. 1 und 2 InsO geforderte **11.66**
Mehrheit in jeder der vom Plan gem. § 222 InsO vorgesehenen **Abstimmungsgruppen** erreicht
wird. Die Ablehnung des Plans in nur einer der Abstimmungsgruppen führt daher grundsätzlich
zum Scheitern der Planinitiative. Korrektiv ist dann die Beurteilung der Ablehnung durch die
dissentierende Gruppe als „obstruktiv" (§ 245 InsO, unten Kapitel 13).

§ 244 Abs. 1 InsO verlangt für die Zustimmung der Gläubiger zum Plan eine doppelte **11.67**
Mehrheit[72], nämlich eine Mehrheit nach der Zahl der Gläubiger (**Kopfmehrheit**) und
eine Mehrheit nach der Höhe der Ansprüche (**Summenmehrheit**). Bei der Berechnung
dieser Mehrheiten wird nur auf die abstimmenden Gläubiger abgestellt, nicht aber auf die
nach den §§ 237, 238 Abstimmungsberechtigten; wer sich an der Abstimmung nicht
beteiligt, bleibt außer Betracht, auch wenn er im Termin anwesend ist. Er ist dann
gleichsam „säumig". Passives Verhalten von Gläubigern soll bei der Abstimmung über
den Plan nicht den Ausschlag geben.[73]

Gehört ein Gläubiger z. B. als Absonderungsberechtigter und Ausfallgläubiger mehreren **11.68**
Abstimmungsgruppen an, dann ist er zur individuellen Abstimmung in jeder Gruppe

---

67 Zu Recht krit. daher *Henckel*, KTS 1989, 477, 491 f.
68 Amtl. Begr. zu § 289 RegEInsO, BT-Drucks. 12/2443, 208.
69 *Franke*, ZfB 1986, 614, 625.
70 NR-*Braun*, InsO, Stand: März 2004, § 244 RdNr. 2.
71 A.A. NR-*Braun* (Fußn. 70), § 244 RdNr. 2.
72 Darstellung der Auseinandersetzungen de lege ferenda bei *Schiessler*, Der Insolvenzplan, 1997,
    159 ff; LG Göttingen, B. v. 7.9.2004, 10 T 78/04, NZI 2005, 41, 42.
73 Amtl. Begr. zu § 289 RegEInsO, BT-Drucks. 12/2443, 208.

berechtigt, ohne sich damit für die Abstimmung in der jeweils anderen Gruppe zu binden[74]. Stehen einem Gläubiger mehrere Forderungen gegen den Schuldner zu, hat er gleichwohl nur eine „Kopfstimme"[75].

11.69 Ein wirksam konstituierter **Pool** gesicherter Gläubiger verfügt nur über einen „Kopf" bei der Abstimmung.[76] Denn in diesem Falle „hält" der Treuhänder bzw. die BGB-Gesellschaft die Forderung[77].

11.70 Die erforderliche Summenmehrheit, die im früheren Recht 75 % betrug (§ 74 Abs. 1 Nr. 2 VerglO, § 182 Abs. 1 Nr. 2 KO, § 16 Abs. 4 S. 3 GesO), wird durch § 244 InsO dahin herabgesetzt, dass ein Überschreiten von 50 % ausreicht. Das entspricht der Grundentscheidung des Gesetzgebers dafür, dass die Abwicklung der Insolvenz auf der Grundlage eines Plans den Gläubigern als gleichwertige Alternative zur Zwangsverwertung nach den gesetzlichen Vorschriften zur Verfügung stehen soll[78]. Die Annahme eines Plans soll danach nicht durch Verfahrensregeln übermäßig erschwert werden. Für den Schutz überstimmter Minderheiten soll nach den Vorstellungen des Gesetzgebers durch § 251 gesorgt sein. Das Verfahren leidet dann aber daran, dass zum einen die Annahme des Plans gefördert, andererseits kosten- und zeitaufwändige Minderheitenschutzmechanismen eingesetzt werden.

11.71 Die Vorschrift in **§ 244 Abs. 2** InsO über Rechte, die mehreren Gläubigern gemeinschaftlich zustehen, die ursprünglich ein Recht bildeten (§ 244 Abs. 2 S. 1 InsO) oder an denen ein dingliches Recht besteht (§ 244 Abs. 2 S. 2 InsO), entspricht § 72 Abs. 2 VerglO. Abs. 2 S. 1 2. Var. soll manipulative Maßnahmen nach Eintritt der Krise verhindern.[79]

11.72 In der Praxis ist es nicht selten, dass nur wenige Gläubiger erscheinen. Wenn aus einer Gruppe niemand erschienen ist, scheint die für die Planannahme erforderliche Zustimmung gem. § 244 Abs. 1 Nr. 1 InsO nicht erreicht zu sein. Das ist dann kein großes Problem, wenn die übrigen Gruppen zugestimmt haben. Man wird davon ausgehen dürfen, dass Rechtsbehelfe nur von Gläubigern erhoben werden dürfen, die in der Gläubigerversammlung ausdrücklich widersprochen haben. Erscheint der Gläubiger nicht, schweigt er und stimmt nicht zu, hat er jedenfalls sein Widerspruchsrecht gem. § 251 InsO verloren. Andernfalls müsste ja sogar der Gläubiger beschwerdebefugt nach § 253 InsO sein, der dem Plan zugestimmt hat. Ist also eine einzelne Gruppe insgesamt nicht erschienen und haben die übrigen Gruppen zugestimmt, werden die Gläubiger dieser Gruppe nicht beschwerdebefugt sein, so dass der Bestätigungsbeschluss rechtskräftig werden kann. Das Gericht ist auch zur Bestätigung befugt, weil es sich bei § 245

---

74 NR–*Braun,* InsO, Stand: März 2004, § 244 RdNr. 7; a. A. *Schiessler* (Fußn. 72), 157.

75 OLG Köln, B. v. 1. 12. 2000, 2 W 202/00, ZInsO 2001, 85, 86.

76 NR–*Braun* (Fußn. 74), § 244 RdNr. 16 a. E.; zum Sicherheitspool als Bestandteil eines Insolvenzplans vgl. ausführlich *Berner,* Sicherheitenpools der Lieferanten und Banken im Insolvenzverfahren, § 18 m. w. N.

77 *Berner,* Sicherheitenpools der Lieferanten und Banken im Insolvenzverfahren, § 18 II.

78 Amtl. Begr. zu § 289 RegEInsO, BT-Drucks. 12/2443, 208.

79 *Schiessler* (Fußn. 72), 163.

InsO materiellrechtlich um eine Einwendung gegen den Insolvenzplanvorschlag handelt. Wird in den Insolvenzplänen schlüssig behauptet („voraussichtlich"), dass die Gläubiger dieser Gruppe nicht schlechter gestellt werden, als sie ohne den Plan stünden, und erscheint keiner aus dieser Gruppe, so darf das Gericht von der Richtigkeit dieser Behauptung ausgehen. Besondere Schwierigkeiten treten auf, wenn z. B. von drei Gläubigergruppen eine zustimmt, eine widerspricht und eine dritte nicht erscheint. Die Zustimmung der zweiten, ebenso wie die der dritten Gruppen, kann nur ersetzt werden, wenn eine Mehrheitsentscheidung vorliegt. Nach dem Wortlaut von § 245 Abs. 1 Nr. 3 InsO ist dies im Beispiel nicht der Fall. Sinnvoll wäre eine analoge Anwendung von § 246 Nr. 3 InsO. Diese Vorschrift gilt nach ihrem Wortlaut nur für nachrangige Gläubigergruppen, eine Analogie – die gegenwärtig soweit ersichtlich nicht erörtert wird – wäre angemessen, weil Gläubiger, die zur Abstimmung nicht erscheinen, sich konkludent mit einer Zustimmung einverstanden erklären. Dies billigt § 244 Nr. 1 und Nr. 2 InsO. Denn bei beiden Vorschriften kommt es nicht auf die möglichen Gläubiger, sondern auf die *erschienenen* Gläubiger an, wenn es um die Mehrheit geht. Ein Gläubiger mit einer Forderung von 0,50 € kann also die Abstimmungsmehrheit herbeiführen, wenn in seiner Gruppe kein weiterer Gläubiger zur Abstimmung erscheint. Die Abwesenden werden mithin wie die Zustimmenden gehandelt. Jeder Gläubiger, der am Abstimmungstermin nicht teilnimmt, kann sich darauf verlassen, dass seine Stimme wie eine Zustimmung gilt, wenn überhaupt Gläubiger seiner Gruppe erscheinen. Da dies vorher nicht bekannt ist, erscheint es nur angemessen, **die Zustimmungsfiktion auch für den Fall gelten zu lassen, in dem kein Gläubiger erscheint**. Die Praxis behilft sich heutzutage mit der *Stimmrechtsvollmacht*. Der Planverfasser oder der Insolvenzverwalter schreiben die Gläubiger an und bitten Sie, einer bevollmächtigten Person die Vollmacht für die Zustimmung zum Plan zu erteilen. Der Vollmachtgeber spart sich die Kosten und Aufwendungen der Terminsteilnahme. Praktisch führt dies meist dazu, dass jedenfalls einige Zustimmungen vorliegen. So wird der Fall einer vollständig abwesenden Gläubigergruppe zumeist vermieden. Dem Gesetzgeber war die Tatsache, dass Gläubigeröffentlichkeit überwiegend nicht stattfindet, offensichtlich nicht bewusst. Er hat in vielen Vorschriften nicht (auch) auf das Schweigen der Gläubiger, sondern (nur) auf ihre ausdrückliche Zustimmung abgestellt, so etwa bei §§ 160, 162,163 InsO. Es widerspricht aber Billigkeitsgesichtspunkten, dass ein Insolvenzverwalter ein Grundstück nicht verkaufen darf, wenn trotz § 160 Abs. 2 InsO bis zum Schluss des Insolvenzverfahrens kein Gläubiger eine Gläubigerversammlung besucht. Die zitierten Vorschriften sind mithin verfahrensfreundlich so zu interpretieren, dass eine ausdrückliche Zustimmung nur zustande kommt, wenn sich eine Gläubigerversammlung durch die Teilnahme von Gläubigern selbst konstituiert. Dieses Ergebnis muss auch entsprechend für § 244 InsO gelten.

Kapitel 12: Bestätigung des Insolvenzplans

I. Funktion

Die Regelungen des Planes sollen diejenigen des Rechts des gerichtlichen Insolvenzver- **12.1**
fahrens derogieren. Wegen dessen Schutzfunktionen bedarf es zum Eintritt dieser Wirkung der Aufsicht und Kontrolle durch das Insolvenzgericht, die von ihm durch die
Bestätigung des Planes ausgeübt wird[1]. Deren Voraussetzungen regelt § 248 InsO. Nur
wenn der Abstimmungstermin zu dem Ergebnis führt, dass die Zustimmungserklärung
der betroffenen Gläubiger und des Schuldners erteilt sind oder als erteilt gelten, entscheidet das Gericht über die Bestätigung. Die Anhörung der Beteiligten vor der
Entscheidung (§ 248 Abs. 2 InsO) wird regelmäßig schon im Abstimmungstermin
erfolgen können, so dass sie das Verfahren nicht verzögert. Jeder Beteiligte hat dabei
Gelegenheit, Umstände aufzuzeigen, auf Grund derer die Bestätigung von Amts wegen
zu versagen ist. Beteiligte, die dem Plan widersprochen haben, können den Antrag auf
Versagung der Bestätigung nach § 251 InsO stellen[2], unten Kapitel 13.

Diese Stellung des Gerichts im Aufsichtsverfahren der Bestätigungsentscheidung hat unmittelbar **12.2**
Einfluss sowohl auf das Verfahren, als auch auf die materiellen Kriterien. Denn das Gericht nimmt
Aufgaben wahr, die materiell dem Bereich verwaltenden Staatshandelns[3] zuzuordnen sind. Das
sieht auch der Gesetzgeber der InsO, da er die Lösung der Probleme, die bei der Bestätigung des
Insolvenzplans auftreten, nicht allein den Richtern, sondern auch den Rechtspflegern anvertraut hat.
Denn da die Bestätigungsentscheidung im Rahmen der Insolvenzbeendigung durch gläubigerauto-
nome Akte naturgemäß nach Erlass des Eröffnungsbeschlusses zu treffen ist und damit in den
Aufgabenbereich des Rechtspflegers (§ 18 RPflG i. d. F. d. Art. 14 Nr. 5 EGInsO) fällt[4], liegt
unzweifelhaft eine rechtspflegerische Aufgabe vor! Das zeigt aber, dass der Gesetzgeber selbst
davon ausgeht, dass die Bestätigungsentscheidung nicht in den durch Art. 92 GG den Richtern
i. S. d. DRiG vorbehaltenen Bereich materiell rechtsprechender Tätigkeiten fällt.[5]

---

1 *Schiessler*, Der Insolvenzplan, 1997, 175.
2 Amtl. Begr. zu § 295 RegEInsO, BT-Drucks. 12/2443, 211.
3 Vgl. bereits *Oetker*, Konkursrechtliche Grundbegriffe, 1888, 19 ff.; *Bernatzik*, Rechtsprechung und
  materielle Rechtskraft, 1886.
4 *Schiessler* (Fußn. 1), 176.
5 Im übrigen war dies auch im US-amerikanischen Insolvenzrecht Grund für eine Intervention des
  Supreme Court (458 US 50 (1982): Northern Pipeline Construction Co. v. Marathon Pipeline Co.;
  vgl. *Weintraub/Resnick*, Bankruptcy Law Manual, 6–7. Da die Insolvenzgerichte nach dem bankruptcy
  code nicht allein administrative Tätigkeiten wahrnehmen, sondern eine Reihe schwerwiegender
  Rechtsstreitigkeiten zu entscheiden haben, hielt der Supreme Court die frühere Gerichtsverfassung
  für konstitutionell bedenklich, nach der die bankruptcy judges keine Lebenszeitstellung inne hatten
  und keinen Schutz vor Gehaltssenkungen genossen, also in ihrer persönlichen Unabhängigkeit
  beschränkt waren (*Weintraub/Resnick*, Bankruptcy Law Manual, 6–4). Es ist hier nicht der Ort zu
  erwägen, wieweit derartige Überlegungen *Anlass* geben können, die Praxis der Einsetzung von
  Richtern auf Probe in Insolvenzdezernaten zu überdenken.

12.3 Die nach § 248 Abs. 1 InsO vorzunehmende **Bestätigung** erfolgt **durch förmlichen Beschluss des Insolvenzgerichts**. Damit wird das Vorliegen bzw. die ersatzweise Herstellung (§§ 245, 246 InsO) der erforderlichen Mehrheiten und das Nichtvorliegen von Hinderungsgründen festgestellt[6]. Der Beschluss ist gem. § 252 Abs. 1 InsO am Ende des Abstimmungstermins oder in einem „alsbald" anzuberaumenden Termin zu verkünden.[7]

12.4 Nach § 248 Abs. 2 InsO ist vor Erlass des Bestätigungsbeschlusses den dort Genannten rechtliches Gehör zu gewähren[8]. Der Beschluss ist fehlerhaft, wenn gegen § 248 Abs. 2 InsO verstoßen wird. Die Gewährung rechtlichen Gehörs muss nicht mündlich, sondern kann im schriftlichen Verfahren erfolgen. Anzuhören sind der Verwalter, ein eventuell eingesetzter Gläubigerausschuss, der einen entsprechenden Beschluss über eine Stellungnahme zu fällen hat, und der durch den Bestätigungsbeschluss betroffene Schuldner.

II. Hinderungsgründe

1. Übersicht

12.5 Eine Bestätigung kommt nicht in Betracht, wenn der nach dem Insolvenzplan als feststehend zugrunde gelegte Sachverhalt der Wirklichkeit nicht entspricht, vgl. § 779 Abs. 1 BGB (oben RdNr. 9.19). Für das Insolvenzgericht ist dies durch einen Vergleich dieser Sachverhaltsdarstellung in einem gerichtlich eingeholten Gutachten (sei es nach § 5 Abs. 1 S. 2 oder nach § 22 Abs. 1 S. 2 Nr. 3 InsO) feststellbar, wird aber regelmäßig bereits nach § 231 Abs. 1 Nr. 2 InsO zur Nichtzulassung des Insolvenzplans führen.

12.6 Das Insolvenzgericht hat weiterhin die **Bestätigung des Planes zu versagen**, wenn Bedingungen nach § 249 InsO nicht erfüllt sind[9] oder Mängel gem. § 250 InsO vorliegen.[10]
So wurde im Fall der „Senator"-Insolvenz die Bestätigung des Plans durch das Gericht von der aufschiebenden Bedingung einer Kapitalerhöhung, bestätigt durch die Hauptversammlung, abhängig gemacht.

12.7 Wesentliche Verfahrensfehler, deren Folgen nicht mehr beseitigt werden können, oder die Verfälschung einer Abstimmung etwa durch einen zunächst unentdeckten Stimmenkauf, der für das Abstimmungsergebnis ursächlich war, führen dazu, dass die Bestätigung des Plans von Amts wegen versagt werden muss.[11] Das Insolvenzgericht hat von Amts wegen (§ 5 Abs. 1 InsO[12]) zu prüfen, ob die Voraussetzungen für die Bestätigung des Insolvenzplans vorliegen. Trotz der Annahme in der Gläubigerversammlung ist die Bestätigung zu versagen, wenn Versagungsgründe vorliegen. Die funktionelle Zuständigkeit liegt gem. § 18 RPflG i. d. F. des Art. 14 Nr. 5 EGInsO beim Rechtspfleger.

---

6 *Braun/Uhlenbruck*, Unternehmensinsolvenz, 1997, 519.
7 MünchKomm-*Sinz,* InsO, 2002, § 248 RdNr. 6 f.; NR-*Braun*, InsO, Stand: März 2004, § 248
8 *Schiessler* (Fußn. 1), 176.
9 NR-*Braun*, InsO, Stand: März 2004, § 248 RdNr. 4; Uhlenbruck-*Lüer,* InsO, 12. Aufl., § 248
10 NR-*Braun* (Fußn. 9), § 248 RdNr. 2; Uhlenbruck-*Lüer* (Fußn. 9), § 248 RdNr. 2.
11 Amtl. Begr. zu § 297 RegEInsO, BT-Drucks. 12/2443, 211.
12 MünchKomm-*Ganter,* InsO, 2002, § 5 RdNr. 11 ff.

Durch seine Zulassungsentscheidung gem. § 231 InsO bindet sich das Insolvenzgericht nicht selbst.[13]

Die Bestätigung des Plans muss versagt werden, wenn er gegen die Vorschriften über den **12.8** Inhalt eines Insolvenzplans (§§ 219 bis 230 InsO) verstößt. Dazu kann es trotz der Zulassungsprüfung nach § 231 InsO durch die Abänderung des Plans nach § 240 InsO kommen. Überprüft wird auch, ob das Insolvenzgericht (hinreichend) nach § 231 InsO tätig geworden ist. Die Vorschriften, die die Einhaltung des Verfahrens regeln, unterliegen ebenfalls der Prüfung nach § 250 Abs. 1 Nr. 1 InsO. Hierzu gehört auch die Stimmrechtsfestsetzung, soweit durch sie das Abstimmungsergebnis beeinflusst worden sein kann. Der Versagungsgrund des § 250 Abs. 1 Nr. 1 InsO führt damit zu einer zweiten gerichtlichen Kontrolle des Inhalts des Plans.[14]

Nicht der Kontrolle unterliegt die Aussetzung der Verwertung und Verteilung gem. § 233 **12.9** InsO, da es sich insoweit bloß um eine „begleitende"[15] Maßnahme des Insolvenzgerichts handelt.

2. „Wesentlichkeit" des Verfahrensverstoßes

Voraussetzung der Versagung der Bestätigung ist, dass der **Verfahrensverstoß wesent- 12.10 lich** ist und nicht behoben werden kann. Das ist jedenfalls dann der Fall, wenn die gesetzlich vorgeschriebene Gliederung des Planes nicht eingehalten wird, die Regeln über die Gruppenbildung nicht beachtet wurden (vgl. dazu auch § 250 Nr. 2 InsO, unten RdNr. 12.17) oder wenn gegen die nach § 225 InsO gebotene Gleichbehandlung der Gläubiger verstoßen worden ist. Um einen unwesentlichen Verfahrensmangel handelt es sich dagegen, wenn der Verstoß die Verfahrensteilnahme der Beteiligten und insbesondere deren Stimmverhalten nicht beeinflusst haben konnte[16]. Behebbar sind nur solche Verfahrensverstöße, die bis zum Eintritt der Rechtskraft des Bestätigungsbeschlusses korrigiert werden können. Ein wesentlicher Verfahrensverstoß liegt immer dann vor, wenn das **Verbot des § 226 Abs. 3 InsO missachtet** worden ist.

3. Fallgruppen

a) Fehlende Zustellung des Insolvenzplans oder von Teilen des Planes (Verstoß 12.11 gegen § 235 Abs. 3 S. 2 InsO). Zu einer Verletzung der Verfahrensvorschriften kann es außerordentlich leicht kommen. So hatte das OLG Dresden[17] darüber zu entscheiden, ob § 250 InsO eingreift, wenn im Rahmen des vorbereitenden Verfahrens die Vorschrift des § 235 Abs. 3 S. 2 InsO verletzt worden ist, die anordnet, dass den Beteiligten vor dem Erörterungs- und Abstimmungstermin der Insolvenzplan oder eine Zusammenfassung seines wesentlichen Inhalts zuzustellen ist. In dem vom OLG Dresden zu entscheidenden Fall war – für die Empfänger mühelos zu erkennen[18] – eine Seite des Planes nicht mit zugestellt worden. Unter Verweis auf § 240 S. 2 InsO, der den Gläubigern abver-

---

13 NR-*Braun* (Fußn. 9), § 250 RdNr. 2.
14 So zutreffend *Schiessler* (Fußn. 1), 178.
15 *Schiessler* (Fußn. 1), 179.
16 *Schiessler* (Fußn. 1), 179.
17 OLG Dresden, B. v. 21. 6. 2000, 7 W 951/00, NZI 2000, 436 f.
18 *Paul,* ZInsO 2004, 72, 74.

langt, auch über einen geänderten Plan noch im selben Termin abzustimmen, hat das OLG zutreffend ausgeführt, den Gläubigern sei zuzumuten gewesen, sich nach Erhalt des unvollständigen Planabdrucks zu melden und ggf. im Termin noch den Inhalt der fehlenden Seite zur Kenntnis zu nehmen.[19] Denn in diesem Fall liegt ein *wesentlicher* Verfahrensverstoß nicht vor.

12.12 **b) Fehlerhafte Stimmrechtsfestsetzung (Verstoß gegen §§ 237, 238 InsO).** Wesentlich sind Verfahrensverstöße darüber hinaus dann nicht, wenn das Verfahrensergebnis von ihnen nicht beeinflusst werden konnte. Die Judikatur hat sich dabei mit fehlerhaften Feststellungen des Stimmrechts gem. §§ 237, 238 InsO auseinanderzusetzen gehabt. Wenig überzeugend erscheint in diesem Zusammenhang freilich eine Entscheidung des LG Bielefeld[20], das als Beschwerdegericht sich die Befugnis zur Überprüfung der Stimmrechtsfestsetzung mit Blick auf § 77 Abs. 1 und 2 InsO abgesprochen hat. Das erscheint nicht haltbar, weil es in der fraglichen Entscheidung gem. § 250 InsO nicht um die Stimmrechtsentscheidung selbst, sondern nur inzidenter im Rahmen der Rüge des Verstoßes gegen Verfahrensvorschriften geht. Demgegenüber kommt es im Rahmen der Prüfung des § 250 InsO darauf an, ob die fehlerhafte Stimmrechtsfestsetzung auf das Abstimmungsergebnis selbst Einfluss genommen hat. In einem vom LG Berlin[21] zu entscheidenden Fall war die Abstimmungsliste im Abstimmungstermin wegen der Vertretungsverhältnisse fehlerhaft niedergeschrieben worden, während die Abstimmung ordnungsgemäß verlaufen war. Darüber hinaus wird man sagen können, dass selbst in Fällen, in denen die fehlerhafte Stimmrechtsfestsetzung sich in der Abstimmung niederschlägt, sich dort aber an den im übrigen klaren Mehrheitsverhältnissen nichts ändert, ein wesentlicher Verfahrensfehler nicht vorliegt und das Insolvenzgericht folglich an der Bestätigung des im übrigen angenommenen Insolvenzplanes nicht gehindert ist.

12.13 **c) Fehler bei der Bildung der Abstimmungsgruppen (Verstoß gegen § 222 InsO).** Die Beschwerdekammer des LG Berlin geht in seiner „Konsumentscheidung" entgegen einer Mindermeinung[22] in der Literatur davon aus, dass vom Insolvenzgericht nach § 231 Abs. 1 Nr. 1 InsO die Gruppenbildung in dem vom Initiator vorgelegten Plan einer rechtlichen Prüfung unterzogen werden muss.[23] Das Insolvenzgericht darf den Plan nämlich nur dann zulassen, wenn die Vorschriften über die Form des Insolvenzplan eingehalten worden sind[24], was nicht der Fall ist, wenn eine fehlerhafte – rechtswidrige – Einordnung von Gläubigern in Gruppen vorgenommen worden ist. In diesem Zusammenhang weist das Landgericht zutreffend darauf hin, dass „Mischgruppen" von absonderungsberechtigten Gläubigern und einfachen, nicht nachrangigen Insolvenzgläubigern gem. § 38 InsO im Allgemeinen nicht zulässig sind. Allerdings stellt sich, wie die Kammer ebenfalls zutreffend ausführt, die Entscheidung des Insolvenzgerichts über die Zulassung des vorgelegten Insolvenzplans zum weiteren Verfahren der Begutachtung, Erörterung und Abstimmung nicht selbst als rechtsmittelfähige Entscheidung dar, da

---

19 OLG Dresden, B. v. 21. 6. 2000, 7 W 951/00, NZI 2000, 436 f.
20 LG Bielefeld, B. v. 30. 11. 2002, 23 T 365/01, ZInsO 2002, 198 f.
21 LG Berlin, B. v. 29. 10. 2002, 86 T 534/02, ZInsO 2002, 1191, 1192.
22 MünchKomm-*Breuer,* InsO, 2002, § 231 RdNr. 11; *Kaltmeyer,* ZInsO 1999, 255, 263.
23 So schon früh *Smid,* InVo 1997, 159; Smid-*Smid/Rattunde,* InsO, 2. Aufl., 2001, § 231 RdNr. 7 f.
24 KP-*Otte,* InsO, Stand: November 2004, § 231 RdNr. 8.

gem. § 6 InsO nur solche Entscheidungen Rechtsmitteln unterliegen, deren Anfechtbarkeit der Gesetzgeber ausdrücklich zugelassen hat. Dies ist aber im Rahmen des § 231 Abs. 1 Nr. 1 InsO nicht der Fall.[25]

Bislang ist es sowohl in der spärlich vorliegenden Rechtsprechung[26] als auch der **12.14** Literatur[27] offen geblieben, ob es rechtlich zulässig ist, „gemischte" Gruppen aus Gläubigern gesicherter und ungesicherter Forderungen zu bilden. Teilweise wird dies wie vom LG Berlin mit der Begründung verneint, der Gesetzgeber habe die Aufteilung in § 222 InsO kategorisch vorgenommen. Aus diesem Grund sei es rechtlich geboten, getrennte Gruppen aus gesicherten und ungesicherten Gläubigern zu bilden[28]. Diese Auffassung überzeugt indes nicht vollständig: Gemischte Gruppen können nach zutreffender Ansicht jedenfalls soweit gebildet werden, wie dadurch eine Bevorzugung der ungesicherten Gläubiger in der gemischten Gruppen gegenüber den anderen nicht nachrangigen Gläubigern, mithin eine Ungleichbehandlung unter den Gläubigern, nicht entstehen kann. Das Insolvenzgericht darf aber die Bestätigung eines Planes dann nicht vornehmen, wenn ein Mangel in Form des Verstoßes gegen Vorschriften über die Planaufstellung vorgelegen hat, der zur Zurückweisung des Plans nach § 231 Abs. 1 Nr. 1 InsO hätte führen müssen.[29] Nach § 250 InsO[30] findet also im Bestätigungsverfahren gem. § 248 InsO eine Korrektur von Fehlern der verfahrensleitenden Verfügung nach § 231 Abs. 1 Nr. 1 InsO des Insolvenzgerichts statt.

Allerdings geht die Literatur[31], die das Landgericht in seiner Entscheidung ausführlich **12.15** zitiert, davon aus, ein Mangel des Insolvenzplans etwa im Rahmen der als fehlerhaft zu beurteilenden Gruppenbildung sei nur *dann* zu berücksichtigen, wenn er Auswirkungen auf die Annahme des Insolvenzplans gehabt haben könnte. Die Beschwerdekammer des LG geht davon aus, dass die Berücksichtigung der B.-Landesbank in der Gruppe der Absonderungsberechtigten auch mit dem nicht gesicherten Teil ihrer einfachen Insolvenzforderung die Abstimmung dieser Gruppe beeinflusst haben könnte. Die hierzu angestellten Überlegungen der Kammer überzeugen aber nicht vollständig. Sie lässt zunächst offen, ob bereits der Verstoß gegen § 222 Abs. 1 Nr. 1 InsO und das Verbot der Bildung von „Mischgruppen" für sich genommen wegen der Abweichung von zwingenden Regelungen über das Abstimmungsverfahren (§ 243 InsO) als *wesentlicher Mangel* i S. v. § 250 InsO anzusehen sei, wie in der Literatur zum Teil behauptet wird.[32] Die Kammer hält es nämlich für entscheidend, dass im Falle der Einordnung der B.-Landesbank mit ihrer nicht gesicherten Forderung in die Gruppe nicht nachrangiger Insolvenzgläubiger die dortige Abstimmung beeinflusst worden wäre, wenn die B.-

25 So MünchKomm-*Breuer* (Fußn. 22), § 231 RdNr. 23; KP-*Otte,* InsO (Fußn. 24), § 231 RdNr. 23; Uhlenbruck-*Lüer,* InsO, 12. Aufl., 2003, § 231 RdNr. 41.
26 LG Berlin, B. v. 29. 10. 2002, 86 T 534/02, ZInsO 2002, 1191, 1192.
27 NR-*Braun,* InsO, Stand: März 2004, § 222 RdNr. 5.
28 MünchKomm-*Eidenmüller* (Fußn. 22), § 222 RdNr. 27; so jetzt auch LG Berlin, B. v. 20.10.2004, 103 IN 5292/03.
29 NR-*Braun* (Fußn. 27), § 222 RdNr. 5.
30 Vgl. Smid-*Smid/Rattunde,* InsO, 2. Aufl., 2001, § 250 RdNr. 2.
31 MünchKomm-*Eidenmüller* (Fußn. 22), vor §§ 217 bis 269 RdNr. 51 f.
32 NR-*Braun* (Fußn. 27), § 250 RdNr. 6; MünchKomm-*Sinz* (Fußn. 22), § 250 RdNr. 6.

Landesbank mit ihrer ungesicherten Teilforderung gleichwohl durch den Insolvenzplan volle Befriedigung erhalten hätte. Wäre es vor diesem Hintergrund zu einer ablehnenden Entscheidung der Gruppe nicht nachrangiger Insolvenzgläubiger gekommen, hätte wegen der Ungleichbehandlung von Insolvenzgläubigern auch eine Obstruktionsentscheidung wegen § 245 Abs. 2 Nr. 3 InsO nicht gegriffen. Damit verweist das LG aber auf hypothetische Verläufe, die angesichts der vorgenommenen Gruppenbildung nicht vollständig nachvollziehbar sind. Denn angesichts der im Sachverhalt mitgeteilten Ausgestaltung des Planes wäre die Aufteilung der Rechtsstellung der B.-Landesbank nach gesicherten und ungesicherten Forderungen Voraussetzung dafür gewesen, dass die B.-Landesbank mit ihrer ungesicherten Forderung bei Einordnung in die Gruppe nicht nachrangiger Insolvenzgläubiger nur mit der für diese vorgesehenen Quote von 10 % berücksichtigt worden wäre – was das Abstimmungsergebnis im Übrigen wiederum nicht beeinträchtigt hätte. Denn selbst, wenn die B.-Landesbank den Versuch unternommen hätte, eine 100 %ige Befriedigung ihrer einfachen Insolvenzforderung durch Ablehnung einer entsprechenden Regelung des Plans durchzusetzen, wäre dies wiederum nach den Regelungen des § 245 Abs. 1 i.V. m. Abs. 2 InsO[33] unbeachtlich gewesen. In beiden Fallkonstellationen ist indes die Beschwer der Beschwerdeführer wiederum zweifelhaft. Allerdings ist es zu begrüßen, dass das LG sich über diese Bedenken hinweggesetzt und auf die aus der nach § 250 InsO zu versagenden und daher rechtsfehlerhaften Bestätigung des mangelbehafteten Plans eine *formelle Beschwer* der Beschwerdeführer abgeleitet hat. Denn in seinen „Orientierungen" für das weitere Verfahren des AG Charlottenburg als Insolvenzgericht hat das LG auf die Notwendigkeit verwiesen, ggf. umfängliche Sachverständigengutachten über die *wirtschaftlichen Folgen* der gruppenrechtlichen Fehleinordnung einholen zu müssen.

12.16 **d)** Eine **partielle Bestätigung** ist **nicht zulässig**[34], da das Gericht den Inhalt des Insolvenzplans damit abändern würde, wozu es aber nicht befugt ist.

4. Unlauteres Zustandekommen

12.17 Schließlich ist die **Bestätigung** eines Insolvenzplans zu **versagen**, der **auf „unlautere" Weise zustande gekommen** ist (§ 250 **Nr. 2** InsO)[35]. Voraussetzung dafür ist, dass die unlautere Herbeiführung kausal für die Annahme des Planes ist[36]. Darunter sind alle Fälle zu verstehen, in denen die Aushandlung oder die Annahme des Plans auf der Begünstigung eines Gläubigers (Stimmenkauf und dergleichen mehr) oder auf Täuschungshandlungen oder Drohungen eines der Beteiligten gegenüber Abstimmungsberechtigten beruht[37]. In seiner Entscheidung vom 3.3.2005 hat der IX. Zivilsenat des BGH[38] die Herbeiführung der mehrheitlichen Annahme des Insolvenzplans durch Forderungs- und Stimmenkaufverträge dann als „unlauter" i S. v. § 250 Nr. 2 InsO qualifiziert, wenn der Forderungs- bzw. Stimmenkaufvertrag nach § 226 Abs. 3 InsO wegen Verstoßes gegen

---

33 Vgl. MünchKomm-*Drukarczyk* (Fußn. 22), § 245 RdNr. 49 ff.
34 *Bötticher*, ZZP 86 (1973), 373, 389.
35 *Schiessler*, Der Insolvenzplan, 1997, 181.
36 OLG Dresden, B. v. 21. 6. 2000, 7 W 095/00, ZIP 2000, 1303, 1305; NR-*Braun*, InsO, Stand: März 2004, § 250 RdNr. 11.
37 MünchKomm-*Sinz*, InsO, 2002, § 250 RdNr. 22 ff.
38 BGH; B. v. 3. 3. 2005, IX ZB 153/04, ZIP 2005, 719; oben RdNr. 4.13.

den Grundsatz par conditio creditorum nichtig ist. Das ist stets beim Forderungskauf zu einem höheren Preis als der im Insolvenzplan vorgesehenen Quote der Fall.[39] § 250 Nr. 2 InsO zieht m. a. W. für das Bestätigungsverfahren die Konsequenz aus der gesetzlichen Missbilligung des Mittels des Forderungs- bzw. Stimmrechtskaufs gem. § 226 Abs. 3 InsO, das die Beteiligten zur Herbeiführung ihrer Zwecke einsetzen. Ob daher der die Mehrheit erzielende Abstimmende von den Insolvenzgläubigern deren Forderungen oder deren Stimmrechte kauft, ist unerheblich. Der Forderungskauf stellt sich, wie der IX. Zivilsenat des BGH[40] zutreffend feststellt, zwar nicht *unmittelbar* als Stimmenkauf dar; er ist aber deshalb als „unlautere" Maßnahme zur Herbeiführung der Annahme des Planes anzusehen, weil er den Forderungskäufer entweder kraft der von ihm erworbenen Rechtsstellung oder – wie in dem vom BGH entschiedenen Fall – aufgrund einer entsprechenden Bevollmächtigung durch die verkaufenden Insolvenzgläubiger zur Abgabe der auf die von ihm erworbenen oder zu erwerbenden Forderungen entfallenden Stimmen befähigt. Die Nichtigkeit des Erwerbsvertrages aufgrund Verstoßes gegen den Grundsatz par condicio creditorum zieht daher zwangsläufig zugleich die Rechtsfolge des § 250 Nr. 2 InsO nach sich, wonach die insolvenzgerichtliche Bestätigung des Insolvenzplans ausgeschlossen ist. Das Gericht darf nicht durch seinen Beschluss Straftaten bzw. von der Rechtsordnung missbilligten Verhaltensweisen Wirkung verschaffen, zumal hier eine Vielzahl von Personen betroffen sein kann und des Schutzes durch das Gericht bedarf. Nicht zuletzt kann dies der Fall sein, wenn sich nachträglich herausstellt, dass durch die Gruppenbildung nach § 222 Abs. 2 InsO manipulative Zwecke verfolgt worden sind.

5. Kein insolvenzgerichtliches Ermessen

Das Gericht darf dagegen die Bestätigung des Insolvenzplans nicht deshalb verweigern, **12.18** weil es die getroffenen Regelungen für wirtschaftlich unzweckmäßig hält, sofern die genannten rechtlichen Versagungsgründe nicht vorliegen. Denn insofern hat **das Gericht kein eigenes wirtschaftliches Ermessen** zu betätigen. Der Bestätigungsbeschluss ist daher nur beim Vorliegen eines der Tatbestände der Nr. 1 oder Nr. 2 des § 250 InsO (dann aber zwingend) zu versagen.[41]

Jeder **Gläubiger**, der eine zur Teilnahme am Verfahren berechtigte Forderung ord- **12.19** nungsgemäß nach den §§ 174 ff. InsO angemeldet hat, kann einen **Antrag** auf Versagung der Bestätigung des Insolvenzplans durch das Gericht stellen und so die amtswegige Entscheidung anregen.

III. Bestätigung im Falle „bedingter" Pläne gem. § 249 InsO

Ist im Insolvenzplan vorgesehen, dass vor der Bestätigung bestimmte Leistungen er- **12.20** bracht oder andere Maßnahmen verwirklicht werden sollen, so darf gem. § 249 S. 1 InsO der Plan nur bestätigt werden, wenn diese Voraussetzungen erfüllt sind. Die Bestätigung ist nach § 249 S. 2 InsO von Amts wegen zu versagen, wenn die Voraussetzungen auch

---

39 *Uhlenbruck/Lüer*, InsO, 12. Aufl. § 250 RdNr. 30.
40 BGH; B. v. 3. 3. 2005, IX ZB 153/04, ZIP 2005, 719, 722.
41 *Schiessler*, Der Insolvenzplan, 1997, 180.

nach Ablauf einer angemessenen, vom Insolvenzgericht gesetzten Frist nicht erfüllt sind. Diese Regelungen tragen dem Umstand Rechnung, dass nicht selten ein Bedürfnis dafür bestehen wird, das Wirksamwerden von Rechtsänderungen, die im gestaltenden Teil des Plans vorgesehen sind, davon abhängig zu machen, dass bestimmte Leistungen erbracht oder andere Maßnahmen verwirklicht werden.[42] § 249 S. 1 InsO hat seinen hauptsächlichen Anwendungsbereich, wenn bestimmte Maßnahmen im darstellenden Teil des Plans **als Bedingungen für die vorgesehenen Rechtsänderungen** aufgeführt sind. Der Gesetzgeber nennt folgendes Beispiel[43]: Es könne zur Bedingung für die Änderung der Rechtsstellung der Gläubiger gemacht werden, dass bestimmte gesellschaftsrechtliche Beschlüsse gefasst werden, etwa eine Kapitalerhöhung erfolgt. Die Vorschrift schafft die Möglichkeit, dass solche gesellschaftsrechtlichen Beschlüsse erst dann gefasst werden müssen, wenn die Zustimmung der Gläubiger zu dem Plan feststeht, dass andererseits aber der Plan nicht wirksam wird, wenn die vorgesehenen gesellschaftsrechtlichen Beschlüsse ausbleiben. Gesellschafts- und insolvenzrechtliche Beschlussfassungen können sinnvoll miteinander verzahnt werden. Der Gesetzgeber[44] nennt als weiteren Anwendungsbereich des § 249 S. 1 InsO das Beispiel, wonach der Verzicht auf ein Pfandrecht nach den Festlegungen des Plans erst wirksam werden soll, wenn ein neues Pfandrecht an einer anderen Sache bestellt worden ist. In einem solchen Fall wäre es zwar auch möglich, in den Plan lediglich die schuldrechtliche Verpflichtung aufzunehmen, die Sicherheiten Zug um Zug auszutauschen. Diese Verpflichtung müsste dann notfalls aber erst mit dem rechtskräftig bestätigten Plan als Vollstreckungstitel (§ 257 InsO) zwangsweise durchgesetzt werden. § 249 S. 2 InsO dient dazu, eine längere Ungewissheit über die Bestätigung des Plans zu vermeiden: Das Insolvenzgericht kann eine **Frist bestimmen**, innerhalb derer die Voraussetzungen für die Bestätigung des Plans erfüllt werden müssen.

12.21   Darüber hinaus führen wesentliche Verfahrensfehler, deren Folgen nicht mehr beseitigt werden können, oder die Verfälschung einer Abstimmung etwa durch einen zunächst unentdeckten Stimmenkauf, der für das Abstimmungsergebnis ursächlich war, dazu, dass die Bestätigung des Plans von Amts wegen versagt werden muss.[45]

IV. Heilung von Mängeln des Plans durch die insolvenzgerichtliche Bestätigung

12.22   Der Eintritt der Rechtskraft der Bestätigung[46] durch das Insolvenzgericht heilt etwaige Verfahrensmängel des Insolvenzplans und grundsätzlich auch Inhaltsmängel.[47] Dies soll auch für „Willensmängel" gelten. Eine Irrtumsanfechtung des Insolvenzplans nach bürgerlich-rechtlichen Vorschriften ist im übrigen weder im Wege direkter noch entsprechender Anwendung des § 119 BGB möglich, wohl aber soweit der Gläubiger zu

---

42 Amtl. Begr. zu § 296 RegEInsO, BT-Drucks. 12/2443, 211; *Braun/Uhlenbruck* (Fußn. 6), 578.
43 Amtl. Begr. zu § 296 RegEInsO, BT-Drucks. 12/2443, 211.
44 Amtl. Begr. zu § 296 RegEInsO, BT-Drucks. 12/2443, 211.
45 Amtl. Begr. zu § 297 RegEInsO, BT-Drucks. 12/2443, 211.
46 Missverständlich MünchKomm-*Eidenmüller,* InsO, 2002, § 248 RdNr. 26.
47 MünchKomm-*Eidenmüller* (Fußn. 46), § 217 RdNr. 186.

seiner Stimmabgabe im Wege der arglistigen Täuschung oder der Drohung veranlasst worden ist.[48] Dies setzt aber voraus, dass die arglistige Täuschung oder die Drohung für die Annahme des Insolvenzplans ursächlich geworden ist[49], was *quaestio facti* ist. Im Übrigen können vor Eintritt der Rechtskraft die Gläubiger und der Schuldner die sofortige Beschwerde nach § 253 InsO erheben (näheres hierzu in Kapitel 16).

---

48 MünchKomm-*Eidenmüller* (Fußn. 46), § 217 RdNr. 34.
49 NR-*Braun*, InsO, Stand: März 2004, § 250 RdNr. 11.

Kapitel 13: Bestätigung trotz mehrheitlicher Ablehnung des Insolvenzplans durch eine oder mehrere Abstimmungsgruppen – die deutsche Version der cram down procedure

I. Funktion

1. Ausgangslage

Die Aufstellung eines Insolvenzplans, der die im Insolvenzverfahren getroffenen oder **13.1** beabsichtigten Maßnahmen beschreibt (§§ 219, 220 InsO) und dabei zur sanierungsgemäßen Umgestaltung der Rechtsverhältnisse **Eingriffe in die Rechte der Beteiligten** festlegt (§§ 219, 221 InsO), ist **in hohem Maße kostenintensiv**. Seine Ausarbeitung lohnt sich überhaupt nur dann, wenn sichergestellt erscheint, dass er nicht an kleinlichem **Partikularinteresse** einzelner Gläubiger oder Gläubigergruppen scheitert. Um dies zu ermöglichen, sieht das Gesetz ein besonderes Abstimmungsverfahren vor, das an die Stelle mehrheitlicher Willensbildung in der Gläubigerversammlung tritt. Die Gläubiger werden – wie im vorangegangenen Kapitel dargestellt – nach Maßgabe ihrer Rechtsstellung in Gruppen aufgeteilt (§ 222 InsO), die jeweils für sich über die Annahme des Plans abstimmen (§ 243 InsO). Die Annahme erfolgt, wenn in jeder Gruppe die Mehrheit der abstimmenden Gläubiger nach Kopfteilen und Summe der vertretenen Ansprüche dem Plan zustimmt (§ 244 InsO). Die von einer Gruppe versagte Zustimmung wird nach § 245 InsO fingiert, wenn sich die Versagung als Obstruktion darstellt; die Gruppe nachrangiger Gläubiger nimmt im Übrigen überhaupt keinen Einfluss auf die Annahme oder Ablehnung des Planes. § 245 InsO überantwortet dem Insolvenzgericht im Rahmen der Bestätigung des Insolvenzplans gem. § 248 InsO die Prüfung, ob die Verweigerung der Zustimmung zum Insolvenzplan durch eine Gläubigergruppe sich als „Obstruktion" darstellt, die unbeachtlich bleibt und demzufolge die Annahme des Planes nicht zu hindern geeignet ist[1]. Das moderne Insolvenzrecht war davon geprägt, dass die Universalexekution in das Vermögen des Schuldners weitgehend in die Hände der Gläubigergemeinschaft gelegt worden ist[2]; deren wirtschaftlicher Kompetenz sind die Grundentscheidungen über die Abwicklung der Insolvenzlage anvertraut. Die Obstruktionsentscheidung kehrt dies nachgerade um[3]. Die Ersetzung der verweigerten Annahme des Plans wegen der Qualifikation der Verweigerung als „obstruktiv" stärkt die Richtermacht im Insolvenzverfahren; § 245 InsO begrenzt die Autonomie der Gläubiger[4]. In Nordamerika ist dagegen von einer cram down power des

---

1 *Smid/Rattunde*, Der Insolvenzplan, 1998, RdNr. 505 ff.; LG Göttingen, B. v. 7.92004, 10 T 78/04, NZI 2005, 41, 42.
2 Zur preußischen Konkursordnung von 1855/1856 vgl. *Hellmann,* Konkursrecht, 1907, 93 ff. und insbesondere die historische Darstellung bei *Kohler,* Lehrbuch des Konkursrechts, 1891, 32 ff., 62 ff.
3 *Smid/Rattunde* (Fußn. 1), RdNr. 506.
4 Krit. vor dem Hintergrund des legislatorischen Ziels einer Stärkung der Gläubigerautonomie (Amtl. Begr. zum RegE InsO Allg. 3a) kk, (4h BT Drucks. 12/2443, 79 f., 99 f.) *Smid/Rattunde* (Fußn. 1),

Schuldners die Rede[5]. Handelt es sich in Nordamerika bei der Unternehmens-reorganisation im Wesentlichen um ein im wirtschaftlichen und rechtlichen Interesse des Schuldners liegendes Rechtsinstrument[6], geht es bei dem Insolvenzplanverfahren im deutschen Recht um ein Verfahren der Herstellung von Bedingungen, unter denen die Rechtsverwirklichung der Gläubiger gewährleistet wird[7]. Ersetzt man die autonome Entscheidung der Gläubiger über die Abwicklung des Verfahrens in wesentlichen Fragen – wie der einer Abweichung von den allgemeinen insolvenzrechtlichen Regelungen, § 217 InsO! – durch insolvenzgerichtliche Entscheidungen, dann bedarf es einer besonderen Rechtfertigung, die allein aus der ordnungsgemäßen Gewährleistung einer rechtmäßigen Entscheidung durch die Einhaltung der verfahrensrechtlichen Formen folgen kann.

13.2   Die Bestätigung von Vergleich und Zwangsvergleich konnte auf der einfachen Kopf- und Stimmenmehrheit der in der Gläubigerversammlung anwesenden Gläubiger (vgl. § 74 Abs. 1 VerglO, § 182 Abs. 1 KO) beruhen, da allein in die Rechte der persönlichen Gläubiger eingegriffen werden konnte.

13.3   Bereits die vorangegangenen Überlegungen zum möglichen Inhalt des Insolvenzplans und zu den Aufgaben der Einteilung der Gläubiger, in deren Rechtsstellung eingegriffen wird, in Gruppen (oben RdNr. 7.01 ff.) haben den Grund des Unterschieds des Insolvenzplanrechts zum früheren Recht von Vergleich und Zwangsvergleich deutlich werden lassen. Die rechtlichen Gestaltungsmöglichkeiten des Insolvenzplans erschöpfen sich nicht in Eingriffen in die Rechte „der Konkursgläubiger" als einer Einheit. Vielmehr widerspiegeln die §§ 223 bis 225 InsO mit der Regelung der möglichen Eingriffe in die Rechte von Gläubigern unterschiedlicher Rechtsstellungen und die Abs. 2 und 3 des § 222 InsO mit der Eröffnung der Möglichkeit, weitere Differenzierungen vorzunehmen, dem Planinitiator die Befugnis, Gläubiger verschiedener Rechtsstellungen und Gruppenzugehörigkeiten differenziert zu behandeln. Die Einteilung der Gläubigergruppen dient also dazu, eine **Ungleichbehandlung** der durch den Insolvenzplan in ihren Rechten **betroffenen Gläubiger** dadurch zu ermöglichen[8], dass eine Gleichbehandlung von

---

RdNr. 509, 30 ff. (zu den justiziellen Folgen); *Kersting,* Die Rechtsstellung der Gläubiger im Insolvenzplanverfahren, 1999, 187 spricht dagegen von einer Begrenzung der Gläubigerautonomie „im positiven Sinne".

5 *Baird,* The Elements of Bankruptcy, 1992, p.17; der deutsche Autor *Fassbach* (Die cram down power des amerikanischen Konkursgericht im Reorganisationsverfahren nach Chapter 11 des Bankruptcy Code, 1997) schreibt auch für das US-amerikanische Recht von einer cram down power des Gerichts.

6 Vgl. das verbreitete Werk von *Weintraub,* What Every Executive Should Know About Chapter 11, 3rd edit. 1994.

7 Vgl. Braun-*Kießner,* InsO, 2. Aufl., 2004, § 1 RdNr. 9 f.; Smid-*Smid,* InsO, 2. Aufl., 2001, § 1 RdNr. 38 ff.

8 Die Meinung von *Bilgery,* Der schlanke Insolvenzplan, DZWIR 2001, 316, 318, wonach eine Ungleichbehandlung auch dann zur Ablehnung der Bestätigung des Planes führen müsste, wenn Gläubiger verschiedener Gruppenzugehörigkeit, aber gleicher Rechtsstellung (z. B. nicht nachrangige Insolvenzgläubiger) ungleich behandelt werden, findet im Gesetz keine Grundlage; sie ist deshalb nicht wirklich überzeugend, weil die durch den Planinitiator vorgenommene Differenzierung sachgerecht sein muss. Das kann z. B. in einer Ungleichbehandlung von Insolvenzforderung aus gegen den Schuldner gezogenen Bürgschaften gegenüber Insolvenzforderungen aus Werklohnforderungen u.dgl.m. der Fall sein, weil die vorkonkurslich von den Insolvenzgläubigern zur Masse gebrachten

Gläubigern gleicher Gruppenzuordnung im Unterschied zur Ungleichbehandlung der Gläubiger mit unterschiedlichen Gruppenzugehörigkeiten (arg. § 226 Abs. 1 InsO[9]) vorgesehen wird. Während Gleichbehandlung *innerhalb* der Gruppe zu gewährleisten ist, kann zwischen den Gruppen ungleich behandelt werden.

Das ruft scheinbar ein Paradoxon auf das Feld: Will man überhaupt ein funktionsfähiges, **13.4** in den Händen der Gläubiger liegendes Insolvenzplanverfahren, müssen Grenzen der Gläubigerautonomie bestimmt werden, um das Verfahren nicht am Widerstreit der Interessen einer Gläubigerschaft scheitern zu lassen, die nicht homogen, sondern vielgestaltig[10] ist. Daher soll ein **Verbot obstruierender Versagung der Zustimmung zum Insolvenzplan die notwendige Voraussetzung** dafür schaffen, dass Insolvenzpläne auch dann vom Gericht bestätigt werden können, die Vorstellungen des Gesetzgebers auch dann Wirklichkeit und das Insolvenzplanverfahren auch dann eine regelmäßig anzutreffende Erscheinung in der Unternehmensinsolvenz werden kann, wenn Insolvenzpläne nicht mehrheitlich auf Zustimmung der Gläubiger stoßen. **Ohne „cram down" kann es ein sinnvolles Insolvenzplanverfahren nicht geben.**

Die Festlegungen des unter Übergehung ihrer Einwände beschlossenen und bestätigten **13.5** Insolvenzplans binden auch die Gläubiger, deren Widerspruch als „Obstruktion" gewertet worden ist. Das ablehnende Votum einer Gläubigergruppe bedeutet, dass sie an der gesetzlich geregelten Abwicklung des Insolvenzverfahrens festhalten will; dies aber wird ihr aufgrund der gerichtlichen Obstruktionsentscheidung dadurch verweigert, dass sie auf ein „privatautonomes", von den gesetzlichen Regelungen abweichendes Verfahren verwiesen wird. Was sich aus Sicht des Initiators oder der Initiatoren des Insolvenzplans als autonome Gestaltung des Verfahrens darstellt, schlägt aufgrund der Obstruktionsentscheidung des Gerichts gegenüber der dissentierenden Gläubigergruppe in eine **heteronome, von außen kommende Zwangsentscheidung** um, durch die den betroffenen Gläubigern der Schutz genommen wird, den ihnen das Gesetz zuteil werden lassen soll.

Das Neue am Obstruktionsverbot liegt in der Art der Begründung eines vermeintlichen Rechts- **13.6** missbrauchs wegen wirtschaftlicher Wertlosigkeit der Rechtsposition des betroffenen Gläubigers[11], die ohne Vorbild im bisherigen Recht ist. Wo – von der Begründung her zweifelhaft – eine Begrenzung prozessualer Rechtsausübung in der Judikatur zur sittenwidrigen Nutzung arglistig erschlichener Titel auf § 826 BGB[12] stützt oder es um die Einschränkung rechtsmissbräuchlicher aktienrechtlicher Anfechtungsklagen gegen Hauptversammlungsbeschlüsse geht, lässt sich rechtlich aus der Nähe zu prozessualen Restitutionsgründen oder aus gesellschaftsrechtlichen Treuepflichten[13] argumentieren. Im Falle des Obstruktionsverbots fehlt es an solchen rechtlich-

---

"Opfer" sich unterscheiden.

9 Smid-*Smid*, InsO, 2. Aufl., 2002, § 226 RdNr. 2.

10 Dies hat insbesondere die US-amerikanische Diskussion deutlich gemacht, vgl. *Balz,* ZIP 1988, 273, 279; *ders.*, ZIP 1988, 1438 ff.; *Smid,* BB 1992, 507 ff.

11 Vgl. Amtl. Begr. RegEInsO, BT-Drucks. 12/2443, 208 (zu § 290), wo vom Fehlen eines „vernünftigen Grundes" für den Widerspruch, d. h. die verweigerte Zustimmung, die Rede ist.

12 Zum prozessualen Problem *Braun*, Rechtskraft und Rechtskraftdurchbrechung bei Titeln über sittenwidrige Ratenkreditverträge, 1986; im übrigen *Häsemeyer*, ZHR Bd. 160 (1996) 109, 124 (zu § 826 BGB als Grundlage gesellschaftsrechtlicher Mitwirkungspflichten).

systematischen Anknüpfungspunkten an die Wertungen der Rechtsordnung; was bleibt, ist das bloße Verdikt vermeintlicher wirtschaftlicher Wertlosigkeit der das verfahrensrechtliche Teilnahmerecht des Gläubigers begründenden Insolvenzforderung.

13.7 Dabei mag dahingestellt bleiben, ob sich aus dem Gesichtspunkt gesellschaftsrechtlicher Treuepflichten in der Tat eine so weitreichende Konsequenz der **Pflicht der Aktionäre zur Mitwirkung** an einer außergerichtlichen Sanierung ergibt, wie es der BGH im „Girmes"-Urteil ausgeführt hat[14]. Mit *Häsemeyer*[15] lässt sich jedenfalls sagen, dass die Konkretisierung gesellschaftsrechtlicher Treuepflichten durch die Behauptung einer Mitwirkungspflicht im Einzelfall den Gesellschaftern zumutet, das **Risiko der wirtschaftlichen**[16] Realisierbarkeit des Sanierungskonzepts zu tragen. Man mag noch davon ausgehen, dass die Aktionäre insofern Teil einer Risikogemeinschaft seien – wobei das OLG Dresden[17] den sich daraus ergebenden Konsequenzen dadurch zutreffend eine Grenze gezogen hat, dass es im „Sachsenmilch"-Verfahren auf den aktienrechtlichen Minderheitenschutz hingewiesen hat.

13.8 „Kooperationspflichten"[18] zwischen *Gläubigern* stehen dagegen auf einem völlig anderen Blatt, mögen sie auch als „volkswirtschaftlich sinnvoll"[19] angesehen werden. Die Begründungsansätze der Befürworter solcher „Kooperationspflichten" stehen denn auch auf den wackligen Füßen des § 242 BGB, der dem Schuldner (sic!) ein Leistungsverweigerungsrecht gegen den kooperationsunwilligen Gläubiger geben soll, weil dieser sich „Sondervorteile" verschaffe.[20]

13.9 Der BGH hat demgegenüber in seiner „Akkordstörer"-Entscheidung[21] derartigen Konstruktionen mit zutreffenden Gründen einen Riegel vorgeschoben. Dabei beruft sich der BGH auf die Materialien zur Konkursordnung: Erst durch die Eröffnung des Konkursverfahrens wird die Mehrheit der Gläubiger aus der zufälligen Tatsache, dass dem Gläubiger neben anderen eine Forderung gegen den Schuldner zusteht, zu einer rechtlichen Gläubigergemeinschaft, innerhalb derer bindende Mehrheitsbeschlüsse gefällt werden können.

13.10 Den Insolvenzgerichten wird nach Vorstellung des Gesetzgebers mit der „Obstruktionsentscheidung" zugemutet, sowohl die wirtschaftlichen Aussagen des Insolvenzplans als auch Einwendungen, die einzelne Gläubiger oder Gläubigergruppen gegen ihn erheben, zu gewichten und gegeneinander abzuwägen. Das ist deshalb ebenso problematisch, weil Gerichte gewöhnlich aufgrund **juristischer Kriterien** entscheiden[22] – „Recht anwenden", ohne dabei „zu kalkulieren". Den Gerichten werden aber im Gegensatz dazu vom Insolvenzplanverfahren eine Reihe intrikater **wirtschaftlicher Bewertungen** abverlangt. Nimmt man die einzelnen Tatbestandsmerkmale des § 245 InsO wörtlich, so hätte das Gericht unter bestimmten Voraussetzungen die **wirtschaftlichen Folgen**[23] zu prüfen, die sich ergäben, bestätigte das Insolvenzgericht den vorgelegten, von der

13 *Lutter,* AcP Bd. 180 (1980), 84, 102.
14 BGH, Urt. v. 20. 3. 1995, II ZR 205/94, BGHZ 129, 136. Hierzu *Lutter, JZ* 1995, 1053 ff.; *Flume,* ZIP 1996, 161 ff.; *Häsemeyer,* ZHR Bd. 160 (1996) 109, 112 et passim.; *Eidenmüller,* ZHR Bd. 160 (1996), 343 ff.
15 Fußn. 12, 113.
16 Vgl. *K. Schmidt,* ZIP 1980, 328, 335.
17 OLG Dresden, Urt. v. 18. 9. 1996, 12 U 1727/96, ZIP 1996, 1780; vgl. auch schon RdNr. 7.26-7.32.
18 *Eidenmüller,* ZHR Bd. 160 (1996), 354 ff.
19 *Eidenmüller,* ZHR Bd. 160 (1996), 345.
20 *Eidenmüller,* ZHR Bd. 160 (1996), 367 ff.
21 BGH, Urt. v. 12. 12. 1991, IX ZR 178/91, BGHZ 116, 319.
22 Vgl. *Pawlowski/Smid,* Freiwillige Gerichtsbarkeit, 1993, RdNr. 35 ff.
23 Krit. dagegen *Henckel,* KTS 1989, 477, 481 ff.

Gläubigermehrheit aber abgelehnten Insolvenzplan. Juristen, die regelmäßig über keine nachhaltige wirtschaftswissenschaftliche Ausbildung verfügen und (wie man weiß) zudem andauernd unter erheblichem Zeitdruck stehen[24], würde dann künftig die Aufgabe einer Entscheidung auf der Grundlage **ökonomisch begründeter Prognosen**[25] **überantwortet.**

Wären *tatsächlich* wirtschaftlich fundierte Prognosen durch Insolvenzgerichte zu treffen, würden **13.11** sie dadurch, so lautet die nachvollziehbare Kritik[26], sowohl von ihrem Kenntnis- und Ausbildungsstand her als auch aufgrund der mit der Erstellung von Prognosen verbundenen verfahrensrechtlichen Implikationen in ihren personellen und sachlichen Ressourcen überfordert. Über diese eher justizorganisatorischen Bedenken hinaus wird befürchtet, dass die **Entscheidungslage des Gerichts dann so unüberschaubar zu werden droht**, dass der Richter oder der Rechtspfleger in stärkerem Maße als bereits nach dem überkommenen Recht im Verfahren des Zwangsvergleichs bzw. -ausgleichs Gefahr läuft, **Manipulationen seitens der Initiatoren von Insolvenzplänen**[27] **ausgesetzt zu sein.**

Eine genaue Bestimmung der Kriterien der Obstruktionsentscheidung ist unerlässlich. **13.12** Die Norm des § 245 InsO hat sich in praxi wegen ihrer bereits angesprochenen zentralen Bedeutung für die Funktionstauglichkeit des Insolvenzplanverfahrens überhaupt als „streitempfindlich" erwiesen[28] – was die seit langem in Nordamerika artikulierten Bedenken bestätigt. Denn die Entscheidung gem. §§ 248, 245 InsO, mit der die Verweigerung der Zustimmung zum Insolvenzplan als „Obstruktion" und damit als – unbeachtlich bleibender – Missbrauch disqualifiziert wird, greift tief in die Möglichkeit der betroffenen Gläubigergruppe zur Mitwirkung am Verfahren ein. Damit werden die, im deutschen Recht nach Art. 103 Abs. 1 GG grundrechtlichen Schutz genießenden[29] **Teilnahmerechte der Gläubiger**, auf das Verfahren und sein Ergebnis einzuwirken, in erheblichem Umfang in Frage gestellt. Noch bevor das Problem erörtert werden kann, ob gegen eine „Obstruktionsentscheidung" des Insolvenzgerichts ggf. „Rechtsschutz gewährt" bzw. auf wie immer auch geartete Weise der Rechtsweg eröffnet wird[30], bedarf es aber der Frage nach den **materiellen Maßstäben**, die dieser Entscheidung zugrunde liegen und wie diese Maßstäbe im Verfahren zum Tragen gelangen. Die Insolvenzgerichte heben durch die Obstruktionsentscheidung die konkrete Ausübung von Mitwirkungsbefugnissen der betroffenen Gläubigergruppe auf; der ablehnenden Gläubigergruppe wird also die Möglichkeit genommen, den Gang des Verfahrens durch Verweigerung ihrer Zustimmung zum Insolvenzplan zu beeinflussen. Wenn nämlich die mehrheitliche Entscheidung der Gläubiger gegen einen Insolvenzplan rechtsmissbräuchlich sein kann,

---

24 Nach der Insolvenzrechtsreform ist dies in der Tat in den Insolvenzdezernaten zur Realität geworden, vgl. schon die Prognose der Mehrbelastung der Gerichte bei *Krug*, Der Verbraucherkonkurs, Diss. Halle 1996; siehe auch *Uhlenbruck*, KTS 1994, 169 f.

25 Vgl. zur ökonomischen Analyse des Insolvenzplanverfahrens MünchKomm-*Eidenmüller*, InsO, 2002, vor §§ 217 bis 269 RdNr. 21 ff.

26 *Stürner*, in: *Leipold* (Hrsg.), Insolvenzrecht im Umbruch, 1991, 41, 46 f.

27 Zum Initiativrecht gem. § 218 InsO und seiner Reichweite vgl. *Smid*, WM 1996, 1249 ff.

28 So wörtlich *Paul*, ZInsO 2004, 72.

29 Eingehend *Carl*, Teilnahmerechte im Konkurs, Diss. Halle 1997.

30 Zum Rechtsweg gegen administrative Maßnahmen der Gerichte insbesondere der freiwilligen Gerichtsbarkeit vgl. *Smid*, Rechtsprechung. Zur Unterscheidung von Rechtsfürsorge und Prozess, 1990, § 3 IV 3 d (225 f.), § 7 I 2 (400 ff.) sowie *Pawlowski/Smid* (Fußn. 22), RdNr. 775 ff.

wird mit der Entscheidung darüber die im Verfahren realisierte Gestaltungsmacht von den Gläubigern auf das Gericht übertragen.

13.13 Die Brisanz einer solchen Obstruktionsentscheidung liegt auf der Hand. Denn diese Entscheidungen greifen in die Rechte der betroffenen Gläubigergruppe ein: Die Aufhebung von Mitwirkungsmöglichkeiten zeitigt dabei unmittelbar Auswirkungen auf die materielle Rechtsposition der Gläubigergruppe. Auf dem Spiel stehen daher Rechtspositionen, die in Art. 14 Abs. 1 und Art. 103 Abs. 1 GG grundrechtlich geschützt sind. Das ist allerdings für sich genommen noch nicht problematisch, denn in zivilgerichtlichen Verfahren geht es in sehr vielen Fällen um Sein oder Nichtsein solcher Rechtspositionen, ja, zivilgerichtliche Verfahren sind schlechthin u. a. dazu da, dass in ihnen der **Bestand von Eigentumsrechten** festgestellt und der **Umfang verfahrensrechtlicher Teilnahmebefugnisse** festgelegt wird.

13.14 Problematisch sind daher die Maßstäbe und das Verfahren, aufgrund derer und in dem dies geschieht. Wird nämlich über ein *inter partes* streitiges Recht durch Urteil entschieden, so geschieht dies im Allgemeinen auf der Basis einer Sachverhaltsfeststellung, deren Tatsachengrundlage in der Vergangenheit liegt[31]. Was zwischen den Parteien rechtens ist, kann erkannt werden, da die Entwicklung der Rechtsbeziehungen der Parteien als Quelle ihres Rechts interpretiert werden kann[32]. Mit der Obstruktionsentscheidung, die das Insolvenzgericht zu fällen hat, wird demgegenüber etwas *strukturell* anderes getan: Ob ich als Gläubiger ein nach den gesetzlichen Regelungen der InsO organisiertes Verfahren gewährt bekomme, ob ich mit meiner dissentierenden Entscheidung zum Insolvenzplan gehört werde oder ob aufgrund von Regelungen des Insolvenzplans in meine Rechte eingegriffen wird, hängt jedenfalls im Falle der Obstruktionsentscheidung vordergründig von wirtschaftlich begründeten Prognosen des Insolvenzgerichts ab.

13.15 Schon früh[33] ist freilich darauf aufmerksam gemacht worden, dass im Insolvenzverfahren materiellrechtliche Entscheidungsmaßstäbe und Ausgestaltung des Verfahrens eng miteinander verzahnt sind. Bei der Auseinandersetzung mit dem Obstruktionsverbot darf die besondere Struktur des Insolvenzverfahrens nicht außer Rechnung gelassen werden: Die Frage der Bestätigung eines Planes aufgrund der Bewertung seiner Ablehnung durch eine oder mehrere Abstimmungsgruppen der Gläubiger als „Obstruktion" gehört zu den **Aufgaben der Beaufsichtigung der Gläubigerselbstverwaltung** durch das Insolvenzgericht: Dem Gericht obliegt es herkömmlich, die Gleichbehandlung der Gläubiger (den Grundsatz **par condicio creditorum**) vor manipulativen Entscheidungen der Gläubigerversammlung zu schützen. Die damit verbundenen Aufsichtsfunktionen gehören erkennbar *nicht* dem Bereich der streitigen Zivilgerichtsbarkeit an[34]. Die Entscheidungen über das Recht der Insolvenzgläubiger, soweit es streitig ist, haben die

---

31 *Smid* (Fußn. 30), § 4 I 2 b (259 f.), § 4 IV 3 b (297).
32 Vgl. *Smid* (Fußn. 30), § 4 IV (291 ff.) § 5 I, II (313 ff.).
33 *Oetker*, Konkursrechtliche Grundbegriffe, 1891, 13 ff.
34 An dieser Stelle soll der Streit um die „Zugehörigkeit" des Insolvenzverfahrens zum „Prozess" oder zu den nichtstreitigen Angelegenheiten der Zivilrechtspflege nicht vertieft werden, vgl. nur Smid-*Smid*, GesO, 3. Aufl., 1997, Einl. RdNr. 74 ff. sowie § 1 RdNr. 198 ff., aber auch *Oetker* (Fußn. 33), 13 ff.; *ders.*, in: FS Windscheid, 1888, 1, 16 ff.

Insolvenzgesetze auf den *ordentlichen Prozess* verlagert (§§ 179 ff. InsO, §§ 146 ff. KO, § 11 Abs. 3 GesO, § 110 öKO).

Die Differenzierung zwischen dem um die gerichtliche Feststellung streitiger Forderungen geführ- **13.16**
ten Prozess einerseits und dem „eigentlichen" Konkursverfahren war die große Leistung, mit der im 19. Jahrhundert der **gemeinrechtliche Konkursprozess**[35] überwunden wurde, dessen Langwierigkeit und Umständlichkeit einer *effizienten* Insolvenzabwicklung im Wege stand. Die **Entlastung des Insolvenzgerichts von der „inhaltlichen" Gestaltung des Verfahrens**, die der Gläubigerautonomie unterworfen ist, war die Folge dieses Ausdifferenzierungsprozesses. Das aufsichtsführende Insolvenzgericht entscheidet im modernen deutschen Insolvenzverfahrensrecht[36] daher im Allgemeinen nicht über Rechte der Gläubiger; wohl aber können deren Teilnahmebefugnisse – die aufgrund Art. 6 EMRK[37] ebenso wie in Deutschland nach Art. 103 Abs. 1 GG Grundrechtsrang haben – durch Maßnahmen des Insolvenzgerichts „betroffen" werden. Ebenso wie die Verwaltung „greift" das Insolvenzgericht nämlich mittels seiner Aufsichtsmaßnahmen „ein"[38], „entscheidet" aber nicht aufgrund eines prozessual verfassten Erkenntnisverfahrens: Das Insolvenzgericht muss in einem **Dauerverfahren**[39] tätig werden, und seine Verfügungen (Maßnahmen[40]) tragen oftmals den Charakter von **Eilentscheidungen.**[41]

Die Tatsachengrundlage seiner Maßnahmen ermittelt das Insolvenzgericht von Amts wegen (§ 5 **13.17**
Abs. 1 S. 1 InsO). Herkömmlich handelt es sich dabei um Maßnahmen, mit der das Insolvenzgericht in das Verfahren eingreift: die Bestimmung der Reichweite der Befugnisse des vorläufigen Verwalters (§ 22 InsO[42]) oder auch Ordnungsmaßnahmen gegenüber dem Insolvenzverwalter (§§ 58 Abs. 2 und 3, 59 InsO). Seine **Genehmigungs- und Aufsichtsfunktionen** im Insolvenzplanverfahren gehören daher sachlich ebenso zur **nichtstreitigen, freiwilligen Gerichtsbarkeit**[43] wie z. B. die Genehmigungsverfahren der Vormundschaftsgerichte. Worum es geht, wird deutlich, wenn man die Struktur des insolvenzgerichtlichen Verfahrens näher betrachtet. Da es über **keinen eigenen Ermittlungsapparat** verfügt, stützt das Insolvenzgericht seine Ermittlungen im Eröffnungsverfahren auf sachverständige Gutachter bzw. den Sequester[44] und nach Eröffnung des Verfahrens auf Berichte des Verwalters; beide sind „Erkenntnismittel" des Insolvenzgerichts. Grundsätzlich ist das zeit- und kostenintensive Verfahren des **zivilprozessualen Strengbeweises**[45] **im Insolvenzverfahren ausgeschlossen**[46]. Die Obstruktionsentscheidung fällt das Insolvenzgericht m. a. W. aufgrund „eigener" Erkenntnisse, ohne dass diese durch die Beteiligten in einem förmli-

---

35 Vgl. *Briegleb*, Einleitung in die Theorie der summarischen Prozesse, 1859, 1; *v. Wilmowski*, Deutsche Reichs-Konkursordnung, 1885, 25 f.

36 Im französischen Recht wird dies aufgrund des dort offen administrativen Charakters des Insolvenzverfahrens deutlich, vgl. *Kremer*, Unternehmenssanierung in Frankreich, 1995.

37 Frowein/Peukert-*Peukert,* EMRK, 1996, Art. 6 RdNr. 53.

38 *Carl* (Fußn. 29), 27 ff.

39 *Carl* (Fußn. 29), 80 ff.

40 Zu diesen Kategorien im Bereich des nichtstreitigen Tätigwerdens der (Insolvenz-)Gerichte vgl. *Pawlowski/Smid* (Fußn. 22), RdNr. 301 ff.

41 Zum Eröffnungsverfahren vgl. *Thiemann*, Vorläufige Verwaltung im Insolvenzeröffnungsverfahren, Diss. Halle 1997.

42 Vgl. *Smid*, WM 1995, 785 ff.

43 *Carl* (Fußn. 29), 83 ff.

44 Smid-*Smid,* InsO, 2. Aufl., 2001, § 22 RdNr. 15 ff.

45 Zu dessen Funktion *Smid* (Fußn. 30), § 8 IV 2 a (531), § 9 II 2 a (565 f.).

46 Ausnahmen greifen, wo im Eröffnungsverfahren eine streitige Gläubigerforderung zugleich den Insolvenzgrund darstellen soll, vgl. LG Halle, B. v. 10. 5. 1993, 2 T 53/93, ZIP 1993, 1036; weitere Nachw. bei Smid-*Smid*, InsO, 2. Aufl., § 2 RdNr. 58 ff.

chen Beweisverfahren korrigiert werden könnten. Das Insolvenzgericht entscheidet also in vielen Fällen aufgrund eines Bildes von der Lage des zu sanierenden Unternehmens, das ihm von einem „Beteiligten" vermittelt worden ist, nämlich vom Insolvenzverwalter. Denn der Verwalter ist zur Aufstellung eines Insolvenzplans initiativbefugt und ggf. aufgrund eines entsprechenden Auftrages der Gläubigerversammlung gem. § 157 S. 2 InsO zum Ergreifen einer „Planinitiative" verpflichtet, § 218 InsO[47]. Seine Berichte tragen die Tatsachengrundlage der Entscheidung des Insolvenzgerichts, auch die der Entscheidung nach § 245 InsO. Die „Obstruktionsentscheidung", mit der aus der gesetzlichen Fiktion der Zustimmung einer tatsächlich ablehnenden Gläubigermehrheit die Konsequenz der Bestätigung des Planes durch das Gericht gezogen wird, stellt sich als besonderer Fall der Aufhebung eines, mit der Mehrheit der in der Gläubigerversammlung präsenten stimmberechtigten Gläubiger gefassten Beschlusses (§ 78 InsO, § 99 KO, der etwa § 95 Abs. 3 öKO entspricht) dar, ohne dass dies aber den Beteiligten unmittelbar deutlich würde. Ja, mehr noch, das Insolvenzgericht ist nicht nur eine **„neutrale"** Aufsichtsbehörde, sondern insofern am Verfahren „beteiligt", als es eine **eigene materielle Aufgabe**[48] zu erfüllen hat, die mit § 1 S. 1 InsO sogar gesetzlich fixiert worden ist: Das Insolvenzgericht hat danach die gemeinschaftliche Gläubigerbefriedigung sicherzustellen.

13.18 Die Stellung des Insolvenzgerichts in Ansehung seiner Obstruktionsentscheidung wird noch deutlicher, wenn man in den Blick bekommt, dass die Obstruktionsentscheidung **von Amts wegen** zu treffen ist. Die amerikanischen Gerichte werden dagegen die Bestätigung eines mehrheitlich abgelehnten Insolvenzplans keinesfalls von Amts wegen vornehmen; erforderlich ist der Antrag des Initiators (*proponent*, 11 USC § 1129 [b][1])[49]. Demgegenüber hat gem. § 248 InsO die gerichtliche Bestätigung des Insolvenzplans *von Amts wegen* zu erfolgen, wenn die Voraussetzungen hierfür vorliegen – und zu diesen Voraussetzungen zählt die Fiktion der Zustimmung bei obstruktiver Verweigerung.

2. Cramdown im chapter 11 bankruptcy code

13.19 Im US-amerikanischen Recht als der Quelle, aus der der deutsche Gesetzgeber das Insolvenzplanverfahren mit seinem Obstruktionsverbot geschöpft hat[50], stellt sich das *cramdown*-Verfahren als Instrument einer **besonderen, dem Schuldner eingeräumten Rechtsbefugnis** dar. *Baird*[51] spricht von „the debtor's ‚cramdown' power", die aus dem Gesichtspunkt der Reorganisation und des *fresh starts* hergeleitet ist. **Cramdown** bedeutet, dass jemand – nämlich die Mehrheit der dissentierenden Gläubiger – gezwungen wird, etwas – nämlich die Kröte des von ihr abgelehnten Insolvenzplans – herunterzuwürgen. Freilich sind auch für die US-amerikanische Praxis die Grenzen dieser **cramdown-power** sichtbar; hier mag wieder *Baird*[52] zitiert werden: „Even if you could cram down a plan on the general creditors, you would prefer not to have to do so" – weil die Kreditgeber üblicherweise bestimmte Untergrenzen ihrer Befriedigung nicht akzeptieren[53], was im Hinblick auf die weitere Finanzierung des Schuldners problematisch ist. Diese Bedenken, die sich mit der Besorgnis verbinden, „cramdown requires valuations

47 Vgl. *Smid* WM 1996, 1249, 1252 f.
48 Siehe *Pawlowski/Smid* (Fußn. 22), RdNr. 158 ff.
49 *Weintraub/Resnick,* Bankruptcy Law Manual 8 – 109 (sub 2).
50 Amtl. Begr., BT-Drucks. 12/2443, 208 (zu § 290).
51 *Baird* (Fußn. 5), 17.
52 *Baird* (Fußn. 5), 230.
53 *Baird* (Fußn. 5), 230 spricht von „10 or 20 cents of the dollar".

and these are expensive and unreliable"[54], zielen aber eher auf ein „taktisches" denn auf ein prozessrechtssystematisches Problem. Funktioniert das *cramdown*-Verfahren nicht, dann wird die Reorganisation des Schuldners gefährdet. Die Rechtsmacht („power") des *debtors* wird dagegen nicht in Frage gestellt, im Gegenteil. Die Frage „Why not eliminate chapter 11?"[55] wird zwar gestellt, aber doch mit Blick auf die Gesamtstruktur des US-amerikanischen Insolvenzverfahrens ausdrücklich verneint: „There is no escaping the fact, then, that the bankruptcy judge must ascertain the value of the firm both in the hands of third parties and in the hands of its former claimants"[56], wobei eingeräumt wird, die Insolvenzrichter seien häufig nicht fähig, marktgerechte Einschätzungen des Wertes des schuldnerischen Unternehmens zu geben[57]. Aus der **Sicht der betroffenen Gläubiger** wird das Verfahren nach chapter 11 daher nicht selten als nachdrückliche **Belastung** empfunden werden, was von amerikanischen Insolvenzrechtlern auch ausdrücklich artikuliert wird[58], die aber ihre Anlage nicht oder doch keineswegs in einem legislatorischen Fehlgriff, sondern in den *Strukturbedingungen* des US-amerikanischen Insolvenzrechts selbst hat.

Die *cramdown*-Entscheidung ergeht auf **Initiative des Schuldners**, denn das Verfahren nach **13.20** chapter 11 ist ein Verfahren im primären Interesse des Schuldners; dagegen ergeht die Obstruktionsentscheidung im Rahmen der Bestätigung des Insolvenzplans von Amts wegen, da das Insolvenzplanverfahren ebenso wie das allgemeine Insolvenzverfahren primär der Haftungsverwirklichung zugunsten der Gläubigergemeinschaft dient.

Die z. T. exorbitanten Kosten des *cramdown*-Verfahrens fallen einer „Masse" anheim, die regel- **13.21** mäßig[59] **vom Schuldner verwaltet** wird (*debtor in possession*) und somit einem unmittelbaren Zugriff der Gläubigergemeinschaft schon auf der Ebene der Verwaltung entzogen ist. Die Kosten des *cramdown* und der damit verbundenen wirtschaftlichen Bewertungen stellen sich somit als Rechtsverfolgungskosten des Schuldners dar, die schließlich ihm zur Last fallen. Die Perspektive der Kosten unterscheidet sich in Nordamerika von derjenigen eines am deutschen oder österreichischen Vorbild orientierten Insolvenzrechts: Dort ist die Haftungszuweisung der Masse an die Gläubigergemeinschaft mit Verfahrenseröffnung vollzogen[60]; alle Kosten, die nunmehr entstehen, wenn der Verwalter ein Insolvenzplanverfahren initiiert, sind – wie oben ausgeführt – Massekosten. Das gilt aber auch für den Fall der Planinitiative des Schuldners. Denn auch wenn er die Kosten der Ausarbeitung des Planes selbst bzw. durch interessierte Gläubiger finanziert, fallen doch etwaige Kosten der Begutachtung für das Insolvenzgericht der Masse zur Last.

Die **cramdown-battle** des US-amerikanischen Rechts verdient ihren Namen. Es geht dabei um die **13.22** streitige Durchsetzung des Rechts des Schuldners, eine Chance zur Reorganisation seines Unternehmens zu erhalten – anders als in der deutschsprachigen Literatur, die noch weithin von dem

---

54 *Baird* (Fußn. 5), 230.
55 *Jackson*, The Logic and Limits of Bankruptcy Law, 1986, 218.
56 *Jackson* (Fußn. 55), 219.
57 *Jackson* (Fußn. 55), 222.
58 *Jackson* (Fußn. 55), 218 ff., 223; *Roe*, A New Model for Rorporative Reorganization, 83 Com. L. Rev. 527/563; *Bradley/Rosenzweig*, The Untenable Case for Chapter 11, 101 Yale L. J. 1043 (1992); *Warren*, The Untenable Case for Repeal of Chapter 11, 102 Yale L. J. 477 f. (1992).
59 *Weintraub/Resnik*, Bankruptcy law manual, 3. Aufl., 1986, 8 – 28, 8 – 33.
60 *Buchbinder,* A Practical Guide to Bankruptcy, 1990, 155 ff.; *Herzog/King*, Bankruptcy Code, 1990/1991, 541.

Leitbild der Insolvenz einer natürlichen Person ausgeht[61], spricht die amerikanische Literatur übrigens ausdrücklich von den **share holders**. Deren Rechte als **debtor in possession** werden daher in einem Verfahren durchgesetzt, dessen Mittel nicht mit Rücksicht auf eine Relation zu den Zwecken des Verfahrens begrenzt werden. So unterschiedlich sowohl die gerichtsverfassungsrechtlichen Grundlagen ebenso wie die Verfahrensordnungen sind, die den Insolvenzrechtssystemen unterlegt sind, was einen derartigen Vergleich naturgemäß fragwürdig erscheinen lassen muss, fällt der Unterschied zum deutschen Recht doch ins Auge. Die Rechte des Schuldners sind im mitteleuropäischen Insolvenzverfahren allenfalls Reflex. Die nichtstreitige Struktur des Insolvenzverfahrens hat die geschilderte Verfahrensökonomie zur Folge und damit die Beschränkung der für die Sachverhaltsermittlung aufzuwendenden Kosten.

3. Umfang der Ermittlungspflichten des Insolvenzgerichts: Der Fall des AG Mühldorf/Inn[62] und des LG Traunstein[63]

13.23 Bereits oben (RdNr. 2.123-2.125) ist der bislang einzige Fall von veröffentlichten Obstruktionsentscheidungen eines Insolvenz- und eines Beschwerdegerichts – kritisch – angesprochen worden. Insbesondere die Entscheidung des LG Traunstein als Beschwerdegericht hat einen exemplarischen Charakter. Sie beleuchtet die vielfältigen Probleme, denen die Gerichte begegnen, wenn sie vor die Frage nach der Anwendung des § 245 InsO aufgrund der Nichtannahme des Insolvenzplans durch eine oder mehrere Abstimmungsgruppen gestellt werden. Daher soll dieser Fall hier etwas näher erläutert werden.

13.24 In dem vom LG Traunstein zu entscheidenden Fall handelte es sich nämlich um den Regelfall eines Insolvenzverfahrens, das, wie die Gründe mitteilen, aufgrund der durch das Gutachten des späteren Insolvenzverwalters festgestellten Zahlungsunfähigkeit (§ 17 Abs. 2 InsO) und Überschuldung der Schuldnerin eingeleitet worden ist. Damit ist aber eine wirtschaftliche Lage der Schuldnerin beschrieben, in der regelmäßig ein weiterer Kredit von den Gläubigern nicht mehr gewährt wird. Die Sanierung einer solchen Schuldnerin gegen den Willen der kreditierenden Banken ist regelmäßig nicht möglich. Darauf aber laufen die Beschlüsse des AG Mühldorf/Inn und des LG Traunstein im Ergebnis hinaus: Die Hausbank der Schuldnerin hatte ihre Zustimmung zum Insolvenzplan verweigert; deren Ersetzung im Wege der Obstruktionsentscheidung des Insolvenzgerichts führt im Ergebnis dazu, dass die Hausbank gezwungen wird, den notleidend gewordenen Kredit der Schuldnerin stehen zu lassen.

13.25 Es kann unterstellt werden, dass das Insolvenzgericht im vorliegenden Fall den Plan nach § 231 InsO zugelassen hat, auch wenn weder der insolvenz- noch der beschwerdegerichtliche Beschluss hierzu etwas sagen. Immerhin hat das Insolvenzgericht festgestellt, dass der von der Schuldnerin eingereichte Insolvenzplan den gesetzlichen Voraussetzungen deshalb genüge, weil er nach Maßgabe des § 219 InsO gegliedert sei; das Beschwerdegericht stellt apodiktisch fest, der Plan sei nicht gem. § 250 InsO zurückzuweisen, da die Vorschriften über das Verfahren eingehalten und die Annahme des Planes nicht unlauter herbeigeführt worden sei. Insbesondere die Gruppenbildung hat das LG Traunstein als gesetzeskonform (§ 222 InsO, vgl. oben RdNr. 7.9 – 7.35) angesehen, was nicht frei von Bedenken ist[64], auf die an dieser Stelle aber nicht mehr eingegangen werden muss.

---

61 Zu Recht krit. *K. Schmidt*, Wege zum Insolvenzrecht der Unternehmen, 1990, 139 ff.
62 AG Mühldorf/Inn, B. v. 27.7.1999, 1 IN 26/99, RPfleger 1999, 561.
63 LG Traunstein, B. v. 27.8.1999, 4 T 2966/99, RPfleger 1999, 561; vgl. auch *Paul*, ZInsO 2004, 72, 73.
64 *Smid*, InVo 2000, 1 ff.

Die beschwerdegerichtliche Entscheidung legt die Frage nahe, ob Insolvenzgericht und **13.26** Beschwerdegericht hinreichend die tatsächlichen Voraussetzungen ihrer Entscheidungen aufgeklärt haben. Das LG Traunstein hat die verfahrensrechtlichen Voraussetzungen, unter denen es die fehlende Zustimmung einer den Plan ablehnenden Gläubigergruppe nach § 245 InsO zu ersetzen befugt ist, durch eine restriktive Auslegung des § 5 Abs. 1 S. 2 InsO auf ein „sparsames" Modell zu bringen versucht. Das ist vordergründig überraschend erfreulich, da das Insolvenzgericht für die „Obstruktionsentscheidung" des § 245 InsO eine wirtschaftliche Prognoseentscheidung fällen muss[65]. In der Literatur[66] waren wegen der wirtschaftswissenschaftlichen Implikationen dieser Prognoseentscheidungen denn auch „Sachverständigenschlachten" befürchtet worden, die nach Stellungnahmen amerikanischer Insolvenzrechtler[67] im US-amerikanischen Recht Gang und Gäbe sein sollen. So ist die Ansicht[68] vertreten worden, eine „Schlacht" um Obstruktionsentscheidungen ließe sich in den europäischen Rechtsordnungen schon deshalb nicht vermeiden, weil zu der Gewährleistung eines fairen Verfahrens gem. Art. 6 der EMRK die Eröffnung eines Rechtsweges ggf. in Gestalt des Instanzenzuges gehöre[69]. In der Verfassung Deutschlands folge dies aus der Rechtsweggarantie des Art. 19 Abs. 4 GG[70]. Andernfalls entfalte sich ein Szenario, dass der zitierte amerikanische Autor[71] damit beschreibt, im Ausgang dieser Schlachten sähe sich „the victor be left standing alone in the rubble of the debtor".

Das LG Traunstein sagt demgegenüber – vereinfacht – Folgendes: § 5 Abs. 1 S. 2 **13.27** InsO zwinge das Insolvenzgericht nicht dazu, einen Sachverständigen zur Vorbereitung seiner Entscheidung nach § 245 InsO heranzuziehen. Die Insolvenzgerichte seien vielmehr darin frei, bei der Bewertung der „voraussichtlichen" Entwicklung die ihnen vorliegenden Tatsachen zu würdigen. Das erscheint unmittelbar vernünftig. Denn wie die Literatur betont hat, müssen sich die Kosten, die zur Ermittlung der Entscheidungsgrundlage über wirtschaftlichen Sinn und Unsinn eines Plans zu investieren sind, im Rahmen der üblichen Massekosten halten, insbesondere dürfen sie nicht den Gläubigern den geringen Rest quotaler Befriedigungschancen entziehen[72]. Gerade auch für das insolvenzgerichtliche Verfahren leuchtet die Gültigkeit dieses Grundsatzes der Sparsamkeit einzusetzender Mittel unmittelbar ein – an den im Übrigen im Gesetzgebungsverfahren niemand gedacht zu haben scheint. Das ergibt sich – sehr einfach – aus der grundlegenden Unterscheidung zwischen Insolvenzforderungen und Masseverbindlichkeiten: Die Kosten des Verfahrens sind bekanntlich gem. § 53 InsO „vorab" aus der Masse, also „außerhalb des Konkurses" zu befriedigen; ein Verfahren,

---

65 *Fassbach,* Die cram down power des amerikanischen Konkursgericht im Reorganisationsverfahren nach Chapter 11 des Bankruptcy Code, 1997, 160 ff., 162 ff. zur wirtschaftstheoretischen Bedeutung von wertenden Prognoseentscheidungen des Insolvenzgerichts.

66 *Smid/Rattunde* (Fußn. 1), RdNr. 565; *Smid,* InVo, 1996, 614; *Fassbach* (Fußn. 65), 166; *Wittig,* ZInsO 1999, 373, 377.

67 Statt vieler *Buchbinder* (Fußn. 60), 312.

68 *Smid/Rattunde* (Fußn. 1), RdNr. 549.

69 *Smid* (Fußn. 30), § 1 I 1 (37 ff.), § 8 II (481 ff.).

70 *Smid* (Fußn. 30), § 8 II (481 ff.); str, a. A. vgl. allein *Schmidt-Aßmann,* in: *Maunz/Dürig,* Grundgesetz, 1994, Art. 19 Abs. 4 RdNr. 179.

71 *Buchbinder* (Fußn. 60), 312.

72 *Smid/Rattunde* (Fußn. 1), RdNr. 549.

das unnötig und exzessiv Kosten verursacht, stellt sich vor diesem Hintergrund deshalb als falsch dar, weil es seiner Aufgabe, die Haftung des schuldnerischen Vermögens zugunsten der Gläubigergemeinschaft zu gewährleisten, nicht oder doch nur schlecht erfüllt[73] – was u. a. durch die Haftungsvorschrift des § 61 InsO deutlich gemacht wird.[74]

13.28 Die Entscheidung des LG Traunstein zeigt damit die tiefen verfahrensrechtlichen Unterschiede zwischen dem US-amerikanischen Verfahren und dem deutschen Insolvenzverfahren: Die cram-down-Entscheidung des US-amerikanischen Reorganisationsrechts ergeht auf Initiative des Schuldners, denn das Verfahren nach chapter 11 ist ein Verfahren im primären Interesse des Schuldners. Im Unterschied dazu ergeht die deutsche Obstruktionsentscheidung im Rahmen der Bestätigung des Insolvenzplans von Amts wegen[75], da das Insolvenzplanverfahren ebenso wie das allgemeine Insolvenzverfahren primär der Haftungsverwirklichung zugunsten der Gläubigergemeinschaft dient[76]. Bei der cram-down-battle des US-amerikanischen Rechts geht es um die streitige Durchsetzung des Rechts des Schuldners, eine Chance zur Reorganisation seines Unternehmens zu erhalten. Das deutsche Insolvenzverfahren hat demgegenüber nicht die Struktur eines streitigen Prozesses, in dem es um die Durchsetzung von Rechten geht, sondern es hat eine nichtstreitige Struktur – im Insolvenzverfahren geht es um die gerichtliche „Hilfe" bei der Abwicklung der wirtschaftlichen Krise des Schuldners. Aus dieser verfahrensrechtlichen Struktur folgt die Ökonomie des Insolvenzverfahrens und damit die Beschränkung der für die Sachverhaltsermittlung aufzuwendenden Kosten[77]. Damit ist aber noch nicht gesagt, wie diese Verfahrensökonomie im einzelnen mit der auch im Insolvenzverfahren verfassungsrechtlich gebotenen Gewährung rechtlichen Gehörs[78] und der Gleichbehandlung der Verfahrensbeteiligten (der Herstellung ihrer verfahrensrechtlichen Chancen- oder Waffengleichheit)[79] zu vereinbaren ist und wie sich die Grenzen der Amtsermittlung und der Aufklärungspflichten[80] des Insolvenzgerichts bestimmen lassen[81]. In diesem Zusammenhang unterscheidet man allgemein zwischen der Amtsermittlungspflicht des Gerichts einerseits und der Ausübung der Aufsicht über den Verwalter (§ 58 InsO), der eine abschließende Regelung der Amtsermittlung in Bezug auf die Tätigkeit des Verwalters treffe, andererseits.[82]

13.29 Wendet man den Blick auf das US-amerikanische Recht, dem der deutsche Reformgesetzgeber das neue Insolvenzplanverfahren nachgebildet hat[83], begegnet man durchaus

---

73 *Smid/Rattunde* (Fußn. 1), RdNr. 547.

74 Vgl. *Smid* in: Kölner Schrift zur InsO, 2. Aufl., 2000, 453.

75 *Weisemann/Holz*, in: Weisemann/Smid, Handbuch Unternehmensinsolvenz, 1997, 15/RdNr. 112 (597).

76 *Smid/Rattunde* (Fußn. 1), RdNr. 554.

77 *Smid/Rattunde* (Fußn. 1), RdNr. 556.

78 Vgl. allein KP-*Prütting*, InsO, Stand: November 2004, § 5 RdNr. 24 ff.

79 KP-*Prütting* (Fußn. 78), § 5 RdNr. 15.

80 Hierzu *Brass*, KfS 1956, 25 ff.

81 Zur Frage, ob das Konkursgericht Amtsermittlungen zur Vorbereitung von Anfechtungsprozessen durchführen darf oder gar muss: *H. Schmidt*, KTS 1984, 201.

82 *Smid/Rattunde* (Fußn. 1), RdNr. 592.

83 Amtl. Begr. zum RegE InsO, BT-Drucks. 12/2443, 194.

kritischen Einschätzungen wie der eines amerikanischen Richters[84], der, vor die Aufgabe der wirtschaftlichen Bewertung der Aussichten eines ölexploitierenden Unternehmens mit Tätigkeitsschwerpunkt in der kanadischen Arktis gestellt, davon sprach, er könne ebenso „attend the County fair with your cristal ball, because that is absolutely the only possible way you can come up with a result". Eine derartige Absicherung könnte allein im Wege ebenso umfangreicher wie kostenaufwändiger Sachverständigengutachten vonstatten gehen[85]. Verletzt nämlich das Gericht seine Pflicht zur sorgfältigen Durchführung der Ermittlungen[86], so greifen grundsätzlich Amtshaftungsansprüche ein[87], wegen derer im Übrigen auch das Spruchrichterprivileg nicht greift.[88]

Ganz so verhielt es sich im Falle des LG Traunstein indessen nicht. Der Rechtspfleger am **13.30** Insolvenzgericht (dem AG Mühldorf/Inn) hatte sich auf eine Reihe von Erkenntnismitteln stützen können. Ihm hatten nämlich bereits zum Insolvenzplan der Bericht des Insolvenzverwalters und seine Plausibilitätsprüfung der Liquiditätsplanung durch einen vom Insolvenzverwalter berufenen Wirtschaftsprüfer sowie die nach § 232 InsO, in diesem Falle nach dem amtsgerichtlichen Beschluss, den Plan befürwortenden Stellungnahmen ebenso vorgelegen wie die (wohl) von der Schuldnerin eingereichten Bewertungsgutachten. Dem Beschwerdegericht lag zudem eine weitere – den von der Schuldnerin vorgelegten Plan befürwortende – Stellungnahme des Insolvenzverwalters vor.

Die Maßstäbe, nach denen sich die Prüfungspflichten des Insolvenzgerichts wegen einem **13.31** vom Verwalter initiierten, aber mehrheitlich abgelehnten Plan richten, ergeben sich ebenfalls aus der Stellung des Verwalters im Verfahrens[89]. Dabei ist zunächst danach zu unterscheiden, ob der Verwalter auf Beschluss der Gläubigerversammlung gem. § 157 S. 2 InsO oder aus eigenem Antrieb den Plan initiiert. Die Regelungen der Aufsicht des Insolvenzgerichts über die Tätigkeit des Verwalters gem. § 58 InsO bzw. § 83 KO scheinen es nahe zu legen, dem Insolvenzgericht amtswegige Ermittlungen aufzuerlegen: Das Insolvenzgericht hat nämlich zu überwachen, ob der Verwalter Beschlüsse der Gläubigerversammlung ausführt[90]. Daraus ist aber nicht darauf zu schließen, dass vom Insolvenzgericht amtswegig Voraussetzungen des § 245 Abs. 1 InsO ermittelt werden müssten, wenn einem vom Verwalter aufgrund Auftrags gem. § 157 InsO vorgelegten Plan durch die Gläubigerversammlung mehrheitlich die Zustimmung versagt worden ist.

Legt der Schuldner den Insolvenzplan vor, bedarf es keiner amtswegigen Ermittlungen **13.32** des Insolvenzgerichts, um Tatsachen festzustellen, auf deren Grundlage sich die Verweigerung der Zustimmung zum Plan durch die Majorität der Gläubiger als verbotener und

---

84 *Judge Fred M Winnet* im folgenden zit nach *Fassbach* (Fußn. 65), 119.

85 Diese Befürchtung beruht auf der Wahrnehmung von Entwicklungen in anderen Bereichen nichtstreitiger gerichtlicher Verfahren, in denen es um die Aufsicht durch das Gericht geht, vgl. wegen Beispielen *Pawlowski/Smid* (Fußn. 22), RdNr. 231 ff.

86 Vgl. auch *Bollig,* KTS 1990, 599 ff.

87 *Heil,* Akteneinsicht und Auskunft im Konkurs, 1995, RdNr. 149; *Häsemeyer,* Insolvenzrecht, 3. Aufl., RdNr. 6.08.

88 *Heil* (Fußn. 87); Smid-*Smid,* GesO, 3. Aufl. 1997, § 2 RdNr. 68 ff.; *ders.,* Jura 1990, 225 ff.

89 *Smid/Rattunde* (Fußn. 1), RdNr. 112 ff., 245, 605 ff.

90 BGH, Urt. v. 12. 7. 1965, III ZR 41/64, KTS 1966, 17 20; RG, Urt. v. 7. 4. 1937, V 290/36, RGZ 154, 291, 297.

damit als „Obstruktion" zu wertender Missbrauch darstellt. Lehnen die Gläubiger diesen Planvorschlag mehrheitlich ab, kann er nicht bestätigt werden. Denn der Schutz des Schuldners wird bereits durch die allgemeinen Verfahrensregelungen gewährleistet[91]. Da § 218 InsO dem Schuldner aber wegen der Planinitiative ein eigenes Verfahrensteilnahmerecht einräumt, muss dem Schuldner die Möglichkeit offen stehen, sein verfahrensrechtliches Initiativrecht effizient zu verfolgen; dem Schuldner wird es regelmäßig darum gehen, mit dem Insolvenzplan Regelungen zu treffen, die eine wie auch immer geartete Restschuldbefreiung zu seinen Gunsten vorsehen. Voraussetzung dafür ist aber, dass er die tatsächlichen Voraussetzungen in das Verfahren einführen kann, aufgrund derer der von ihm vorgelegte Plan trotz der Ablehnung durch die Gläubigermajorität vom Insolvenzgericht zu bestätigen ist. Daher ist der Schuldner zu hören, wenn er beantragt, ein Sachverständigengutachten zu den Voraussetzungen des § 245 Abs. 1 InsO einzuholen, sofern der Schuldner einen entsprechenden Kostenvorschuss leistet. Insofern kommt trotz der grundsätzlichen, dem Gericht anvertrauten Aufgabe amtswegiger Ermittlung des Sachverhalts zum Tragen, dass der Schuldner mit seiner Insolvenzplaninitiative eigene Rechte gegen die Mehrheit der Gläubiger vertritt; die Lage im Verfahren wegen der Feststellung der Voraussetzungen einer Bestätigung des Planes gem. §§ 248, 245 InsO unterscheidet sich von der im Eröffnungsverfahren beim Eigenantrag des Schuldners, in dem wegen der zur Feststellung des Insolvenzgrundes notwendigen Kosten dem Schuldner ein Vorschuss nicht abverlangt werden darf.[92]

13.33   Die Stellung des Gerichts im Aufsichtsverfahren der Obstruktionsentscheidung anlässlich der Bestätigung des mehrheitlich abgelehnten Insolvenzplans hat unmittelbar Einfluss sowohl auf das Verfahren, das bei dieser Entscheidung zu beachten ist, als auch auf die materiellen Kriterien, auf die es in diesem Verfahren ankommt. Denn das Gericht nimmt Aufgaben wahr, die materiell dem Bereich **verwaltenden Staatshandelns**[93] zuzuordnen sind.

13.34   So wird besonders im Bereich des vormundschaftsgerichtlichen Verfahrens darauf aufmerksam gemacht, dass sich solche Entscheidungen als ausgesprochen unrichtig erweisen, die dem Mündel erhebliche Opfer abverlangen[94]. So dürfen etwa bei der Ermittlung der Voraussetzungen der Erteilung einer Genehmigung von Rechtsgeschäften keine unverhältnismäßigen Aufwendungen betrieben werden, die zum in Frage stehenden Geschäft außer Relation stehen. Ähnliches gilt von Entscheidungen der Genehmigung des Ausschlusses des Versorgungsausgleichs gem. § 1587 o BGB durch das Familiengericht[95], um nur zwei Beispiele aus dem Bereich des deutschen Rechts zu nennen.

13.35   Gerade auch für das insolvenzgerichtliche Verfahren leuchtet die Gültigkeit dieses **Grundsatzes der Sparsamkeit einzusetzender Mittel** unmittelbar ein – an den im Übrigen im Gesetzgebungsverfahren niemand gedacht zu haben scheint. Das ergibt sich – sehr einfach – aus der grundlegenden Unterscheidung zwischen Insolvenzforderungen und Masseverbindlichkeiten: Die Kosten des Verfahrens sind bekanntlich gem. § 54

---

91 *Pawlowski*, ZZP Bd. 80 (1967) 345 ff.; *Gaul*, AcP 168 (1968) 27 *ff.; Henkel*, Prozessrecht und materielles Recht, 1970, 41 ff.
92 *Uhlenbruck/Delhaes*, Konkurs und Vergleich, 5. Aufl. 1990, RdNr. 1320 ff., insbes. 1326.
93 Vgl. bereits *Oetker* (Fußn. 33), 19 ff.; *Bernatzik*, Rechtsprechung und materielle Rechtskraft, 1886.
94 *Rassek*, Begriff und Bestimmung des Kindeswohls als Maßstab bei der Sorgerechtsregelung, 1983, 49 f. et passim; *Pawlowski*, in: *Pawlowski/Smid* (Fußn. 22), RdNr. 65 ff.
95 Hierzu *Smid* (Fußn. 30), § 9 IV (609 ff., 617).

Nr. 1 InsO, § 58 Nr. 1 KO, § 13 Nr. 1 GesO bzw. §§ 46, 47 Abs. 2 öKO „vorab" aus der Masse, also „außerhalb des Konkurses" zu befriedigen; ein Verfahren, das unnötig und exzessiv Kosten verursacht, stellt sich vor diesem Hintergrund deshalb als *falsch* dar, weil es seiner Aufgabe, die Haftung des schuldnerischen Vermögens zugunsten der Gläubigergemeinschaft zu gewährleisten, nicht oder doch nur schlecht erfüllt. Mehr noch. Wie bereits eingangs beschrieben, ist das moderne Insolvenzrecht in der ersten Hälfte des vergangenen Jahrhunderts nicht zuletzt deshalb aus der Taufe gehoben worden, weil der gemeinrechtliche Konkursprozess das gemeinschuldnerische Vermögen aufzehrte und der Befriedigung der Gläubiger schon wegen seiner langen Dauer im Wege stand. Unbekannt ist dieses Thema daher nicht. Bislang ist es allerdings in „Einkleidungen" der Haftung des Insolvenzverwalters diskutiert worden[96]. Durch die Verlagerung von gläubigerautonomen Entscheidungen, die vom Verwalter zu exekutieren sind, auf das Insolvenzgericht besonders im Rahmen seiner Obstruktionsentscheidung wird sich die Lage verschieben und die Frage nach einem **sparsamen Gerichtsverfahren** in den Vordergrund des Interesses treten.

Für das Insolvenzplanverfahren resultieren aus der das moderne Insolvenzverfahren **13.36** konstituierenden Abkehr vom gemeinrechtlichen Konkursprozess[97] und der Organisation eines nichtstreitig verfassten Insolvenzverfahrens eine Reihe von Konsequenzen. Wenigstens lässt sich festhalten, dass folgender Satz Geltung beanspruchen kann: Die Kosten, die zur Ermittlung der Entscheidungsgrundlage über wirtschaftlichen Sinn und Unsinn eines Plans zu investieren sind, müssen sich im Rahmen der üblichen Massekosten halten, insbesondere dürfen sie nicht den Gläubigern den geringen Rest quotaler Befriedigungschancen entziehen. Zugleich muss vermieden werden, dass das Verfahren Streitigkeiten nach sich zieht, die nicht allein den mit der Initiierung eines Insolvenzplans verfolgten Sanierungszweck ad absurdum führen, sondern darüber hinaus die Chance der Insolvenzgläubiger auf eine Quote zu vereiteln geeignet sind – also die Verwirklichung der Haftung des schuldnerischen Vermögens zugunsten der Gläubiger aufheben. Gerade diese Gefahr wohnt dem Obstruktionsverbot aber inne: In der Literatur zum amerikanischen **cramdown-Verfahren** heißt es, „. . . the costs of litigation will increase administrative expensive. . . ."; solche Streitigkeiten seien aber häufig unvermeidbar[98]. Und in der Folge der gerichtlichen Auseinandersetzung könne dem ursprünglich initiierten Insolvenzplan allein schon wegen des eingetretenen Zeitablaufs die Grundlage entzogen sein. Die „Schlacht" um Obstruktionsentscheidungen lässt sich in den europäischen Rechtsordnungen schon deshalb nicht vermeiden, weil zu der Gewährleistung eines **Verfahrens** gem. Art. 6 der EMRK die Eröffnung eines Rechtswegs ggf. in Gestalt des Instanzenzuges gehört[99]. In der Verfassung Deutschlands folgt dies aus der Rechtsweggarantie des Art. 19 Abs. 4 GG[100]. Die Empfehlung eines ame-

---

96 *Fr. Weber*, in: FS Lent, 1957, 301 ff.; *Lüke*, Die persönliche Haftung des Konkursverwalters, 1986, 43 f.; *Smid*, in: Kölner Schrift zur InsO (Fußn. 74), 453 ff.
97 *Briegleb* (Fußn. 35), 1.
98 *Buchbinder* (Fußn. 60), 312: „As a result, they [cramdown battles, der Verf.] can be very counterproductive to the reorganization's successfull outcome".
99 *Smid* (Fußn. 30), § 1 I 1 (37 ff.), § 8 II (481 ff.).
100 *Smid* (Fußn. 30), § 8 II (481 ff.); str., a. A. vgl. allein *Schmidt-Aßmann*, in: Maunz/Dürig, Grundgesetz, 1994, Art. 19 Abs. 4, RdNr. 179.

rikanischen Autors[101], die Beteiligten sollten danach trachten, „cramdown disputes" durch *Verhandlungen*, möglichst aber nicht streitig vor Gericht auszutragen, ist daher verständlich und vernünftig – zumal ihm darin Recht zu geben ist, wenn er ausführt, andernfalls könne es geschehen, dass als Ausgang dieser Schlachten „the ,victor' be left standing alone in the rubble of the debtor". Es ist aber nicht zu verkennen, dass für all diejenigen Fälle Vorsorge getragen werden muss, in denen eine außergerichtliche Einigung über die Annahme des Insolvenzplans *nicht* zustande kommt, was angesichts der Ablehnung des Planes durch die numerische Mehrheit jedenfalls nicht unwahrscheinlich ist. Ein vernünftiger Umgang mit der Übernahme des *cramdown*-Verfahrens in Gestalt der Obstruktionsentscheidung gem. § 245 InsO erzwingt es daher, dessen Tatbestände so zu rekonstruieren, dass sie Gegenstand eines Verfahrens werden können, das effizient die insolvenzrechtlich gebotenen Entscheidungen vorbereiten kann.

13.37 **Strukturunterschiede** zwischen dem US-amerikanischen Reorganisations- und dem deutschen Insolvenzplanverfahren. An dieser Stelle begegnen sich unsere eingangs angestellten Überlegungen zur verfahrensrechtlichen Struktur der insolvenzgerichtlichen Bestätigung des Insolvenzplans trotz „obstruktiv" qualifizierter Ablehnung durch die Mehrheit der Gläubiger mit der verfahrensrechtlichen Behandlungsweise des *cramdown* in den USA. Es lassen sich die Unterschiede schlagwortartig zusammenfassen: Die *cramdown*-Entscheidung ergeht auf **Initiative des Schuldners**, denn das Verfahren nach chapter 11 ist ein Verfahren im primären Interesse des Schuldners; dagegen ergeht die Obstruktionsentscheidung im Rahmen der Bestätigung des Insolvenzplans von Amts wegen, da das Insolvenzplanverfahren ebenso wie das allgemeine Insolvenzverfahren primär der Haftungsverwirklichung zugunsten der Gläubigergemeinschaft dient.

13.38 **Absicherung des Insolvenzgerichts gegenüber drohender Amtshaftung.** Die genaue Fassung besonders dieses Tatbestandes ist daher außerordentlich wichtig, um *Rechtssicherheit* für die Beteiligten dadurch zu gewährleisten, dass den Gerichten eine **eindeutige Entscheidungsgrundlage** geschaffen wird. Nicht zuletzt liegt dies auch im Interesse der Richter und Rechtspfleger. Ist nämlich eine Entscheidung mit den weitreichenden Folgen wie die nach §§ 248, 245 InsO einmal gefällt, werden sich die Richter künftig nicht selten **Amtshaftungsansprüchen**[102] ausgesetzt sehen. Das kann die fatale Folge haben, dass die Gerichte eine Praxis entwickeln, sich durch umfangreiche Ermittlungen „abzusichern". Eine derartige Absicherung könnte allein im Wege ebenso umfangreicher wie **kostenaufwändiger Sachverständigengutachten** von statten gehen[103]. Verletzt nämlich das Gericht seine Pflicht zur sorgfältigen Durchführung der Ermittlungen[104], so greifen grundsätzlich Amtshaftungsansprüche ein[105], wegen derer im Übrigen auch das Spruchrichterprivileg nicht greift[106]. Die Amtsermittlung wird durch deren

---

101 Siehe Fußn. 71.
102 Vgl. Smid-*Smid*, Gesamtvollstreckungsordnung, 3. Aufl., 1997, Einl. RdNr. 81 ff.
103 Diese Befürchtung beruht auf der Wahrnehmung von Entwicklungen in anderen Bereichen nicht-streitiger gerichtlicher Verfahren, in denen es um die Aufsicht durch das Gericht geht, vgl. wegen Beispielen *Pawlowski/Smid* (Fußn. 22), RdNr. 231 ff.
104 Vgl. auch *Bollig*, KTS 1990, 599 ff.
105 *Heil* (Fußn. 87), RdNr. 149.
106 *Heil* (Fußn. 87), RdNr. 149; Smid-*Smid*, Gesamtvollstreckungsordnung, 3. Aufl., 1997, § 2

Kosten begrenzt. Ausdrücklich wird dies aber in der Literatur bislang kaum dargestellt; es wird aber darauf hingewiesen, dass den Richter die Pflicht zur Kostendeckung trifft[107] – unabhängig von Vorschusszahlungen. Im Zusammenhang des überkommenen Rechts haben sich indessen keine haftungsrechtlichen Fragen ergeben, soweit Konkursgerichte zu intensiv den Sachverhalt ermittelt haben – es ging bislang immer um die Frage, was geschieht, wenn die Gerichte „zu wenig" an Ermittlungen veranlasst haben. Diese Lage kann und wird sich voraussichtlich nach Inkrafttreten der InsO verschieben. Die Insolvenzgerichte werden sich dem Problem stellen müssen, dass ihre eigenen Ermittlungen aufgrund der dadurch verursachten Kosten zu Haftungslagen führen können.

Dass sich im Rahmen der Obstruktionsentscheidung bei Bestätigung des mehrheitlich **13.39** nicht angenommenen Insolvenzplans überhaupt derartige Schwierigkeiten ergeben, hat auch etwas damit zu tun, dass in der Diskussion der Reform des deutschen Insolvenzrechts zunächst erörtert wurde, ob durch eine Änderung der Anforderungen, die an die **Auswahl des Verwalters** gestellt werden, eine vermeintliche Erhöhung wirtschaftlicher Kompetenz zur Umstellung des Verfahrens von der Liquidation zur Reorganisation und Sanierung genutzt werden könne: So wurde vorgeschlagen[108], auch **juristische Personen** mit der Verwaltung betrauen zu können, um großen **Wirtschafts- und Unternehmensberatungsgesellschaften** die Sanierung von schuldnerischen Unternehmen im Insolvenzverfahren zu ermöglichen. Die Vorstellung der Autoren der Vorentwürfe der schließlich verabschiedeten InsO war dabei wohl auch, das Tätigwerden von Unternehmensberatungsgesellschaften könne unmittelbar zu einer Vergütung deren gutachterlicher Tätigkeit im Rahmen der Verwaltervergütung führen. Bereits dies war ein gravierender Trugschluss, da sich auch durch die Masseverwaltung durch Unternehmensberatungsgesellschaften das Problem gerichtlicher „Kontroll-" oder Obergutachten nicht erledigt hätte. Zum insoweit guten Ende ist aber dieses Thema noch in der Schlussphase der Reformdiskussion[109] erledigt worden: Wie im früheren Recht kann auch nach § 56 Abs. 1 InsO nur eine **natürliche Person als Verwalter** eingesetzt werden[110], der sich bei seiner Tätigkeit ggf. nach Rückabsicherung bei Gläubigerausschuss und Insolvenzgericht des sachverständigen Rates von Wirtschaftsprüfungsgesellschaften u. ä. bedienen kann. Würde das Insolvenzgericht zum Zwecke der Absicherung *seiner* Entscheidungsgrundlage Sachverständigengutachten erstellen lassen, würde eine derartige Praxis im Falle einer Insolvenzplaninitiative des Verwalters i. S. v. § 218 InsO geradezu zwangsläufig zu einer Verdoppelung der aufzuwendenden Sachverständigengutachten führen: neben der Stellungnahme des von ihm eingesetzten Verwalters würde dann noch eine Art von **„Obergutachten"** eingeholt werden. Schon der damit verbundene Zeitaufwand macht aber deutlich, wie wenig dies mit dem Charakter des Insolvenzverfahrens als Eilverfahren vereinbar ist.

RdNr. 68 ff.; *ders.*, Jura 1990, 225 ff.

107 Uhlenbruck-*Uhlenbruck,* InsO, 12. Aufl., § 5 RdNr. 10.

108 Amtl. Begr., BT-Drucks. 12/2443, 127 (zu § 65).

109 Vgl. besonders die Kritik *Uhlenbrucks,* AnwBl. 1993, 453 ff.; ferner *Pape* ZIP 1993, 737 ff.; vgl. weiterhin die Beschl.-Empfehlung des RechtsA, BT-Drucks. 12/7302 161(zu § 65).

110 Was eine Reihe von Vorteilen hat, die von der Ansprechbarkeit bis hin zur persönlichen Haftung des Verwalters reichen.

13.40 Die Dinge werden durch zwei Probleme noch weiter kompliziert. Zum einen wird nachhaltig darüber gestritten, welches die Grenzen der Amtsermittlung und der Aufklärungspflichten[111] des Insolvenzgerichts seien – was insbesondere im Hinblick auf die Frage diskutiert worden ist, ob das Konkursgericht Amtsermittlungen zur Vorbereitung von Anfechtungsprozessen durchführen darf oder gar muss[112], wogegen unter dem Gesichtspunkt der Wahrung der Waffengleichheit der Parteien des künftigen Prozesses Bedenken angemeldet worden sind[113]. Zum anderen unterscheidet man allgemein zwischen der Amtsermittlungspflicht des Gerichts und der Ausübung der Aufsicht über den Verwalter gem. § 58 InsO[114], der eine abschließende Regelung der Amtsermittlung in Bezug auf die Tätigkeit des Verwalters treffe; zu diesem Problem wird noch unten[115] im Zusammenhang der Behandlung der Planinitiative des Verwalters Stellung zu nehmen sein. Aus der Diskussion um die Berücksichtigung des Grundsatzes der Waffengleichheit bei der Bestimmung der Reichweite amtswegiger Ermittlungen des Konkursgerichts lassen sich für unsere Fragestellung Schlüsse ziehen. Dem Insolvenzgericht ist es nämlich nicht allein verwehrt, die Balance waffengleichen Prozedierens[116] im Anfechtungsprozess durch seine Ermittlungen zu gefährden; ebenso ist es daran gehindert, Ermittlungen auf Kosten der Masse zu betreiben, deren Durchführung allein im Interesse einzelner Gläubiger liegt. Im geltenden Recht wird dies ausführlich zur Reichweite der Amtsermittlung im **Eröffnungsverfahren** gesagt[117]. Dort soll das Insolvenzgericht jedenfalls nicht im Interesse des antragstellenden Gläubigers tätig werden.

13.41 **Notwendigkeit einer Begrenzung der Amtsermittlung** bei der Entscheidung nach den §§ 248, 245 InsO. Diese sehr skizzenhafte Darstellung vermag deutlich zu machen, dass die Übernahme von Regelungen des US-amerikanischen chapter 11 in das deutsche Insolvenzrecht erhebliche Brüche gegenüber dessen Funktion, seiner Grundstruktur ebenso wie einzelner seiner Institute hervorruft. Denn Anwendung und Auslegung der Tatbestände eines Obstruktionsverbots müssen auf den Bedeutungswechsel eingehen, den die materiellrechtlichen Maßstäbe dadurch erfahren, dass sie in einem nichtstreitig strukturierten Verfahren zur Anwendung kommen. Will man die mit Grund befürchteten „Sachverständigenschlachten" vermeiden, muss man daher die eingangs gestellte Frage aufgreifen, ob sich die Notwendigkeit einer Sachverhaltsermittlung dadurch vermeiden lässt, dass die dem Gesetz zugrunde liegende Annahme, der Insolvenzplan sei grundsätzlich zu bestätigen, aufgegeben und die Anforderungen an die Annahme einer Obstruktion dissentierender Gläubigergruppen durch eine **ergänzende Auslegung** der Tatbestände des § 245 InsO zu erhöhen seien. Dabei ist freilich zu berücksichtigen, dass der Gesetzgeber einer „Wiedereinführung" von Befriedigungsquoten nach Vorbild des § 187 KO und qualifizierter Mehrheiten entsprechend § 182 KO ebenso den Weg verstellt hat wie einer Reanimation der alten „Vergleichswürdigkeit"[118]. Denn insoweit trifft die InsO mit der Normierung des bereits erwähnten Mehrheitsprinzips mit § 76 in Ermangelung

---

111 *Brass,* KTS 1956, 25 ff.

112 Uhlenbruck-*Uhlenbruck,* InsO, 12. Aufl., 2003, § 5 RdNr. 22.

113 Uhlenbruck-*Uhlenbruck* (Fußn. 112), § 5 RdNr. 22; *H. Schmidt,* KTS 1984, 201; zum Zeugnisverweigerungsrecht eines vom Konkursgericht als Zeugen vernommenen potentiellen Beklagten eines Anfechtungsprozesses *Uhlenbruck/Delhaes* (Fußn. 92), RdNr. 308; krit. dagegen *Heil* (Fußn. 87), RdNr. 138.

114 Uhlenbruck-*Uhlenbruck* (Fußn. 112), § 5 RdNr. 7.

115 Siehe RdNr. 13.23 ff., vgl. auch RdNr. 3.1 ff.

116 *Smid* (Fußn. 30), § 4 III 2 (285 ff.).

117 Vgl. m. w. N. Smid-*Smid,* GesO, 3. Aufl., 1997, § 2 RdNr. 68 ff.

118 Oben RdNr. 2.29 ff.

anderer Vorschriften eine abschließende Regelung, die nach dem Außerkrafttreten der
KO nicht mit einem Rückgriff auf deren Vorschriften umgangen werden kann.

Maßstäbe einer korrigierenden Auslegung des § 245 InsO. Eine korrigierende Aus- **13.42**
legung des § 245 InsO muss grundsätzlich bei der Frage ansetzen, ob angesichts der
geschilderten Besonderheiten der verfahrensrechtlichen Einbettung des Insolvenzplans
im deutschen Recht das eingangs referierte Ziel des Gesetzgebers, das Insolvenzplanverfahren zum „Regelfall" der Unternehmenssanierung zu machen, haltbar ist.

Ausgangspunkt der hier angestrebten korrigierenden Auslegung des § 245 InsO ist **13.43**
folgende Überlegung: Es kann nicht Aufgabe der amtswegigen Ermittlung des Sachverhalts durch das Insolvenzgericht (§ 5 Abs. 1 InsO, im überkommenen Recht § 75 KO,
§ 2 Abs. 2 GesO und § 173 Abs. 5 öKO) sein, die Voraussetzungen eines Obstruktionsverbots gem. § 245 InsO zu ermitteln. Denn die bisherigen Überlegungen haben folgende
Rahmenbedingungen aufgedeckt, unter denen die Obstruktionsentscheidung gefällt
wird: (1) der Gläubigergemeinschaft stehen als Alternative zum Verfahren nach einem
Insolvenzplan andere, **kostenmäßig günstigere** und die Masse weniger belastende Wege
einer Sanierung des schuldnerischen Unternehmens zur Verfügung, (2) das Insolvenzplanverfahren dient auch dem Ziel der Verwirklichung der **Haftung des Schuldners
zugunsten der Gläubigergemeinschaft** und schließlich (3) wird das Insolvenzplanverfahren anders als im US-amerikanischen Recht[119] nicht primär auf Initiative des Schuldners zu dessen Schutz, sondern vorrangig auf **Initiative der Gläubigergemeinschaft**
gem. § 157 S. 2 InsO bzw. des Verwalters gem. § 218 InsO eingeleitet. Noch einmal: Im
US-amerikanischen Verfahrensrecht[120] legt der Schuldner den Insolvenzplan im Partei-
betrieb vor; eine Entscheidung über die Bestätigung des Insolvenzplans (confirmation –
also das Gegenstück zur „Obstruktionsentscheidung") ergeht allein dann, wenn er sie
beantragt und ihre Kosten trägt. Da das Verfahren des Rechts der Initiative der Vorlage
eines Insolvenzplans gem. § 218 InsO im deutschen Recht grundsätzlich anders ausgestaltet ist als im amerikanischen Recht[121], lässt sich eine Korrektur auch nicht dadurch
bewerkstelligen, dass man im Falle mehrheitlicher Versagung der Zustimmung zum
Insolvenzplan dessen Bestätigung gem. § 248 InsO davon abhängig macht, dass von
dem Initiator beantragt wird, dass das Insolvenzgericht (zuvor?) das Vorliegen einer
„Obstruktion" feststellt.

Die Fragestellung unserer Überlegungen lässt sich daher nunmehr genauer fassen: Gibt **13.44**
es eine Situation, aufgrund derer das Insolvenzgericht die Bestätigung des mehrheitlich
nicht akzeptierten Insolvenzplans bestätigen muss, weil die Voraussetzungen des § 245
Abs. 1 InsO evident vorliegen? Allenfalls die Fälle des § 245 Abs. 1 Nr. 2 und 3 InsO
können zu einer **amtswegigen** Bestätigung des mehrheitlich abgelehnten Insolvenzplans
führen, da für dessen Voraussetzungen formalisierte Maßstäbe normiert sind. Lehnt die
Gläubigermehrheit die Annahme des Insolvenzplans ab, hat das Insolvenzgericht daher
dem Plan **die Bestätigung zu versagen**, **ohne Ermittlungen** zum Vorliegen von An-

119 Dort steht während einer 90 Tage dauernden Frist das Recht zur Planinitiative ausschließlich dem
   Schuldner bzw. seinen Gesellschaftern zu, vgl. m. umf. Nachw. *Smid*, WM 1996, 1249, 1251 f.
120 Vgl. *Schack*, Einführung in das US-amerikanische Zivilprozessrecht, 1988.
121 *Smid*, WM 1996, 1249, 1251 f.

haltspunkten anzustellen, die auf eine „Obstruktion" der ablehnenden Gläubiger verweisen würden. Im Einzelnen gilt Folgendes: Im Falle des § 245 Abs. 1 Nr. 3 InsO kommen Sachverhaltsermittlungen nicht in Betracht, da es nur um die Auslegung dieser Vorschrift vor dem Hintergrund des § 76 InsO geht. Gegen eine fehlerhafte Anwendung dieser Vorschriften kann sich der Planinitiator mit der sofortigen Beschwerde wehren, §§ 6, 7, 253 InsO[122]; zu beachten ist, dass dem *Verwalter* nach § 253 InsO keine Beschwerdebefugnis gegen die Ablehnung der Bestätigung des Plans zustehen soll.

13.45   Im Falle des § 245 Abs. 1 Nr. 2 InsO hat der Initiator darzutun, dass die Festlegungen des Insolvenzplans eine angemessene Beteiligung aller Gläubiger sicherstellen, dass also der Gleichbehandlungsgrundsatz gewahrt ist. Auch insoweit **greift der Amtsermittlungsgrundsatz nicht**, denn es geht nicht um die „Verwaltung" des Verfahrens und die Gewährleistung der Gläubigergleichbehandlung durch die insolvenzgerichtliche Aufsicht, sondern um die Wahrnehmung von Rechten und die Wahrung von Rechtsstellungen durch den Initiator. Der kann sich mit der sofortigen Beschwerde gegen die Versagung der Planbestätigung zur Wehr setzen, die als Tatsacheninstanz die Möglichkeit zur Beweisführung eröffnet.

13.46   Diese einschränkende Auslegung hat ihre Grundlage im überkommenen Konkursrecht nicht anders als im Insolvenzrecht. Dort wird der Amtsermittlungsgrundsatz nämlich noch in einer Reihe anderer Zusammenhänge einschränkend ausgelegt bzw. gehandhabt. So wurde zur Festsetzung der Vergütung der Mitglieder des Gläubigerausschusses durch das Insolvenzgericht gem. § 91 Abs. 1 S. 2 KO, § 73 Abs. 1 i. V. m. §§ 63, 64 InsO zu Recht die Auffassung vertreten[123], eine Erhöhung der Regelvergütung komme nur dann in Betracht, wenn das betreffende Mitglied des Gläubigerausschusses seinen Aufwand entsprechend darlegt und ggf. nachweist. In all diesen Fällen geht man davon aus, dass dem Insolvenzgericht nicht die amtswegige Ermittlung der Umstände obliegt, auf die sich der Begünstigte beruft.

13.47   Diesen Fällen ist gemeinsam, dass sich die Entscheidung des Insolvenzgerichts nicht allein als Maßnahme der Verwaltung des Verfahrens darstellt, sondern dass sie die Reaktion des Gerichts auf das Begehren eines (vermeintlich) Berechtigten darstellt. Der Amtsermittlungsgrundsatz soll aber nicht die Ermittlung des Insolvenzgerichts zugunsten einzelner Verfahrensbeteiligter sicherstellen; bei ihm geht es um die Gewährleistung ordentlicher Wahrnehmung von Aufgaben materieller Verwaltung durch das Gericht, in den genannten Beispielen um (freilich: ebenfalls materiell administrative) Entscheidungen der Gerichte im Hinblick auf geltend gemachte, aus dem Verfahren herrührender Rechte einzelner.

13.48   Das AG Mühldorf/Inn als Insolvenzgericht und das LG Traunstein als Beschwerdegericht haben sich allein auf die Äußerungen des Insolvenzverwalters gestützt. Das ist im Grunde in Ordnung, denn der Insolvenzverwalter ist das „Erkenntnisorgan" des Insolvenzgerichts[124]. Nur tragen die im vorliegenden Beschluss des LG Traunstein mit-

---

122   Zur Funktion der Rechtsmittel im Insolvenzverfahren vgl. *Smid*, ZIP 1995, 1137, 1140, 1143 ff.
123   *Kuhn/Uhlenbruck*, KO, 11. Aufl., 1994, § 91 RdNr. 1, 1b.
124   *Smid/Rattunde* (Fußn. 1), RdNr. 539 f.

geteilten Äußerungen des Insolvenzverwalters nicht die Annahme des Vorliegens der Voraussetzungen des § 245 Abs. 2 Nr. 2 InsO, wenn man – was jedenfalls vom Insolvenzgericht in diesem Fall behauptet worden ist – sich an der US-amerikanischen Judikatur orientieren will. Nun kann dem deutschen Rechtsanwender die US-amerikanische Judikatur grundsätzlich gleichgültig sein. Das kann aber nicht dazu führen, dass die cram-down-Entscheidung im deutschen Recht gegenüber dem US-amerikanischen Verfahren erheblich erleichtert werden dürfte. Denn berücksichtigt man, dass die Obstruktionsentscheidung nach § 245 InsO einen nachdrücklichen Eingriff sowohl in die verfahrens- als auch die materiellrechtliche Rechtsstellung der betroffenen Gläubiger darstellt, dürfen allgemeine verfahrensrechtliche Grundsätze des deutschen Rechts nicht ohne Not vernachlässigt werden.

Dabei kommt in den Blick, dass es die Schuldnerin (und ihre Gesellschafter!) ist, die **13.49** „etwas" – nämlich ihre Sanierung auf Kosten der Gläubiger – „will"[125]. Im Falle des „Schuldnerplanes" gilt daher, dass den Schuldner als Planinitiator die verfahrensrechtliche Last trifft, sicherzustellen, dass trotz Zulassung des Plans zum Verfahren ein Dritter die Möglichkeit der übertragenden Sanierung als Erwerber erhält.

II. Reichweite der Entscheidung gem. § 245 InsO

Ist in einem Verfahren nur eine Gläubigergruppe zu bilden, stellt sich die Frage nach der **13.50** Anwendbarkeit des § 245 InsO.[126] Dagegen spricht, dass für diesen Fall insbesondere die Beurteilungsmaßstäbe nicht recht passen wollen, die § 245 Abs. 2 InsO aufstellt. Das Schicksal des Insolvenzplans und damit einer vom Schuldner angestrebten Restschuldbefreiung liegt dann ausschließlich in den Händen der abstimmenden Gläubigermehrheit.[127] Diese Fälle werden sich weitgehend auf über das Vermögen natürlicher Personen eröffnete Insolvenzverfahren beschränken. Im Unternehmensbereich sind sie kaum denkbar. Die Unanwendbarkeit des § 245 InsO in diesen Ausnahmefällen erscheint nicht bedenkenfrei. Denn sie würde eine Obstruktion gegen die Sanierung des Schuldners erlauben. Die **Beratungspraxis** muss also Vorsicht walten lassen und eine mit § 222 Abs. 2 InsO vereinbare Gruppenbildung zur Vermeidung eines Ein-Gruppen-Falles betreiben.

III. Das Verbot der „Schlechterstellung" und die gerichtliche Prognose gem. § 245 Abs. 1 Nr. 1 InsO

1. Best interest test

§ 245 Abs. 1 Nr. 1 InsO bestimmt, dass die Zustimmung einer Abstimmungsgruppe als **13.51** erteilt gilt und – vorbehaltlich der §§ 249, 250 InsO – der Plan insolvenzgerichtlich zu bestätigen ist, obwohl die erforderlichen Mehrheiten nicht erreicht worden sind, wenn die Gläubiger der dissentierenden Gruppe durch den Insolvenzplan voraussichtlich nicht

---

125 Zu diesem Gedanken *Smid/Rattunde* (Fußn. 1), RdNr. 608 ff.
126 AG Duisburg, B. v. 15. 8. 2001, 43 IN 40/00, NZI 2001, 605.
127 So AG Duisburg, B. v. 15. 8. 2001, 43 IN 40/00, NZI 2001, 605.

schlechter gestellt werden, als sie ohne einen Plan stünden. Dieser Tatbestand entspricht im US-amerikanischen Recht dem dort anzustellenden „best interest of the creditors test".[128]

2. Maßstäbe

13.52   Die im vorangegangenen erörterten Erwägungen des LG Traunstein betreffen im Wesentlichen den Tatbestand des § 245 Abs. 1 Nr. 1 InsO, der sich im Rahmen des § 245 Abs. 1 InsO als der rechtsdogmatisch wenig problematisch erscheinende, in tatsächlicher Hinsicht hingegen am schwierigsten zu handhabende Tatbestand im Rahmen des Obstruktionsverbots erweist. Zu dem Gegenstück dieser Vorschrift, dem § 309 InsO, liegt mittlerweile in großem Umfang Judikatur[129] vor; dort geht es freilich allein um vielleicht arbeitsaufwändige, aber der Sache nach einfach anzustellende Rechenexempel. Auch § 245 Abs. 1 Nr. 1 InsO verweist scheinbar unmittelbar auf einen wirtschaftlich begründeten Vergleich zwischen der durch den Insolvenzplan geschaffenen Rechtslage mit den Befriedigungschancen, die der Gläubiger einer vom Plan betroffenen dissentierenden Gruppe ohne den Insolvenzplan im ordentlichen Insolvenzverfahren gehabt hätte. Es wird sich aber nicht immer einfach sagen lassen, welches die konkreten Befriedigungschancen wären, die Angehörige der jeweiligen Gläubigergruppen ohne den Insolvenzplan hätten; das Gericht wird insoweit auf Prognosen verwiesen, die zudem auf hypothetische Verläufe gestützt sind. Diese Prognosen kann das Insolvenzgericht wie im vorliegenden Fall auf die Berichte des Verwalters (§ 156 InsO) gründen[130]; im Zusammenhang der oftmals sehr komplexen wirtschaftlichen Fragestellungen bei einer Unternehmensreorganisierung wird sich das Insolvenzgericht wegen der sich aus dem Insolvenzplan ergebenden Befriedigungsaussichten auf Aussagen einzulassen haben, deren wirtschaftliche Eckdaten naturgemäß erheblichen Schwankungen unterworfen sind. Wie in der Literatur[131] kritisiert worden ist, ist in diesem Zusammenhang nicht der Umstand entscheidend, dass jede prognoseorientierte gerichtliche Entscheidung später einmal auf veränderte Bedingungen stoßen wird, sondern dass die Tatsachengrundlage der Entscheidung nach den §§ 248, 245 Abs. 1 Nr. 1 InsO von vornherein auf einer Annahme beruht, die eines strengen Beweises nicht fähig ist. Teilnahmerechte der Gläubiger und ihre Befriedigungschancen werden daher nach § 245 Abs. 1 Nr. 1 InsO aufgrund einer Prognose endgültig entzogen, deren Annahmen sich später als nicht haltbar erweisen können[132].

13.53   Das LG Traunstein stellt in diesem Zusammenhang wie die Vorinstanz darauf ab, eine Schlechterstellung der Gläubiger der dissentierenden Gläubigergruppe sei nicht gegeben, weil die Forderungen dieser Gläubiger nach dem Insolvenzplan nicht gekürzt würden und ihre vertragsgemäße Verzinsung erfolgen sollte. In der Aussetzung der Tilgung der Forderungen sei wirtschaftlich keine Schlechterstellung zu sehen, da auch die Sicherheitenverwertung im Falle der zerschlagenden

---

128 *Waxman*, Bankruptcy, 199.
129 LG Bielefeld, B. v. 16. 6.1999, 23 T 208/99, ZIP 1999, 1275; AG Göttingen, B. v. 21. 7. 1999, 74 Y 33/99, ZIP 1999, 1365 f.
130 *Smid/Rattunde* (Fußn. 1), RdNr. 585.
131 *Smid/Rattunde* (Fußn. 1), RdNr. 587; *Fassbach* (Fußn. 65), 160 ff.; *Wittig*, ZInsO 1999, 373, 377.
132 Vgl. HK-*Flessner*, InsO, 3. Aufl., 2003, § 245 RdNr. 10 ff.; *Eidenmülller*, NJW 1999, 1837 ff.; Smid-*Smid/Rattunde*, InsO, 2. Aufl., 2001, § 245 RdNr. 12.

„Regelabwicklung" der Insolvenz einen erheblichen Zeitraum in Anspruch nehmen würde, in dem eine Befriedigung der Gläubiger nicht verwirklicht werde. Allein der Umstand, dass seitens der Gläubiger der Schuldnerin weiter Kredit gewährt werde, beeinträchtige ihre Rechte gegenüber der zerschlagenden „Regelabwicklung" nicht. Denn die Beschwerdekammer meint, die Forderungen der Gläubiger seien „ausreichend" besichert. Es ist evident, dass diese Art der Behandlung des Dissenses von Gläubigern einer beliebigen Behandlung Tür und Tor öffnet.

3. Abhängigkeit der Gläubigerbefriedigung vom Zustandekommen des Insolvenzplans

Es ist bereits bei der Erörterung der Funktionen des Insolvenzplanes deutlich geworden, **13.54** dass in einer wachsenden Zahl von Fällen die Befriedigung der Gläubiger durch eine übertragende Sanierung ebenso wenig wie durch eine zerschlagende Verwertung der Masse erreicht und allein ein Insolvenzplan hierfür den Weg ebnen kann.

Dabei können verschiedene Fallgruppen auftreten: Kommt bei einem Unternehmen wie **13.55** der im Anhang dargestellten „Papier AG" kein Insolvenzplan zustande, wird das Verfahren masseunzulänglich. Wird im Falle des Notars[133] oder des Rechtsanwaltes[134] der Insolvenzplan nicht angenommen, verliert der Schuldner seine weitere Erwerbsmöglichkeit und die Gläubiger ihre Befriedigungsaussichten. Die dissentierenden Gläubiger müssen sich dies nach § 245 Abs. 1 Nr. 1 InsO entgegenhalten lassen.[135]

4. Befriedigung absonderungsberechtigter Gläubiger

Eine Schlechterstellung absonderungsberechtigter Gläubiger (Gruppe gem. § 222 Abs. 1 **13.56** Nr. 1 InsO) durch den Insolvenzplan gegenüber der Abwicklung des Verfahrens nach allgemeinen Regeln liegt nicht vor, wenn die absonderungsberechtigten Gläubiger aus dem Gegenstand befriedigt werden, an denen das Absonderungsrecht besteht. Wird damit die gesicherte Forderung getilgt, genießen diese Gläubiger keine Stimmrechte. Soweit den absonderungsberechtigten Gläubigern durch den Insolvenzplan der Erlös aus der Verwertung der Sicherungsgegenstände unter Abzug von Verfahrenskosten gem. §§ 170, 171 InsO zugewiesen wird, werden sie so gestellt, wie sie ohne Plan stünden – so dass im Falle der Ablehnung des Planes durch diese Gruppe die Voraussetzung gem. § 245 Abs. 1 Nr. 1 InsO vorliegt, deren Zustimmung zu ersetzen.[136]

IV. Schutz bevorrechtigter Gläubiger gem. § 245 Abs. 1 Nr. 2 InsO – die deutsche Variante der absolute priority rule

1. Haftungsverwirklichung als Funktion des Insolvenzverfahrens und Grundlage des Insolvenzplans

Während die Gruppenbildung Fragen aufwirft, die sich aus dem Verhältnis von Rechts- **13.57** durchsetzung der Absonderungsberechtigten im Regelinsolvenzerfahren auf der einen und den Besonderheiten des Insolvenzplanverfahrens auf der anderen Seite ergeben,

---

133 Vgl. oben RdNr. 2.25, 2.55 ff.
134 BGH, Senat für Anwaltssachen, B. v. 6. 11. 2000, AnwZ (B) 1/00.
135 AG Göttingen, B. v. 19. 12. 2001, 74 IN 112/00, ZIP 2002, 953 m. Anm. *Otte,* EWiR 2002, 877.
136 AG Göttingen, B. v. 19. 12. 2001, 74 IN 112/00, ZIP 2002, 953 m. Anm. *Otte,* EWiR 2002, 877.

stellt sich die Frage, ob ein Insolvenzplan der Genehmigung fähig ist, soweit „vorrangige" Gläubiger Eingriffe hinnehmen müssen, während vorgesehen wird, dass „im Rang nachgehende" Gläubigergruppen aus der Masse etwas erhalten. Die Beantwortung dieser Frage ist, wie *Eidenmüller*[137] zutreffend festgestellt hat, von zentraler Bedeutung für die Effizienz von Kreditsicherheiten. Dabei stellen sich zwei Probleme, die sich aus der Rezeption der US-amerikanischen *absolute priority rule*[138] durch den deutschen Gesetzgeber mit der Vorschrift des § 245 Abs. 2 Nr. 2 InsO ergeben.

13.58 Der Tatbestand des § 245 Abs. 1 Nr. 2 InsO erscheint vordergründig zunächst relativ unproblematisch sowohl für die Berücksichtigung der Rechte der betroffenen Gläubiger als auch im Hinblick auf seine verfahrensrechtliche Feststellung: Das Insolvenzverfahren dient auch nach der Reform des Insolvenzrechts primär der Verwirklichung der Haftung des Schuldners[139], § 1 S. 1 InsO[140]. Der Gedanke des § 245 Abs. 1 Nr. 2 InsO ist denn auch zunächst auf den ersten Blick verständlich.

13.59 Erhält eine Gläubigergruppe aufgrund des Insolvenzplanes das, was ihr „angemessen" ist, so ist die Verweigerung der Zustimmung zum Insolvenzplan durch diese Gruppe missbräuchlich und kann ersetzt werden. „Angemessenheit" verweist begrifflich nicht auf wirtschaftliche Maßstäbe, sondern rechtliche Bewertungen wirtschaftlicher Faktoren.[141] Erhält eine Gläubigerin nachträglich eine schlechtere Quote als die andere in ihrer Gruppe vertretene Gläubigerin, weil ihre Forderung erst nachträglich in tatsächlicher Höhe im Insolvenzplan berücksichtigt wurde, ist sie nicht angemessen i S. d. § 245 Abs. 1 Nr. 2 InsO beteiligt[142].

2. § 245 Abs. 2 InsO als Vorschrift zur Auslegung des § 245 Abs. 1 Nr. 2 InsO

13.60 **a) Rechtslage nach der deutschen InsO.** Dass die Dinge freilich nicht ganz so einfach liegen, war dem Gesetzgeber klar, der versucht hat, durch eine **Auslegungsvorschrift** Hilfestellungen im Umgang mit § 245 Abs. 1 Nr. 2 InsO zu geben: „Angemessen" i. S. v. § 245 Abs. 1 Nr. 2 InsO soll die Beteiligung der Gläubiger einer Gruppe nach der vorherrschenden Auslegung dieser Vorschrift dann sein, wenn die Voraussetzungen des § 245 Abs. 2 Nr. 1 bis Nr. 3 InsO **kumulativ** vorliegen.[143]

---

137 *Eidenmüller*, Obstruktionsverbot, Vorrangregel und Absonderungsrechte, in: Kapitalgeberansprüche, Marktwertorientierung und Unternehmenswert, 2003, 188, 191.

138 *Braun*, in: *Braun/Uhlenbruck*, Unternehmensinsolvenz, 1997, 520, 607 f., 617; Uhlenbruck-*Lüer*, InsO, 12. Aufl., 2003, § 245 RdNr. 26; *Smid*, Thesen zu Kreditsicherheiten in Insolvenz, übertragender Sanierung und Reorganisation, WM 2002, 1033, 1035; eingehend auch *Fassbach* (Fußn. 65), 95 ff.; *Rauls*, Das Reorganisationsverfahren der USA gemäß Chapter 11 BC im Deutschen Internationalen Privatrecht, 1995, 47; *Kemper*, Die US-amerikanischen Erfahrungen mit Chapter 11, 1995, 173 ff.

139 *Häsemeyer* (Fußn. 87), RdNr. 1.11 ff.; *Balz*, ZIP 1988, 273, 277.

140 Amtl. Begr., BT-Drucks. 12/2443, 108.

141 Vgl. Smid-*Smid/Rattunde*, InsO, 2. Aufl., 2001, § 245 RdNr. 10.

142 LG Göttingen, B. v. 7.9.2004, 10 T 78/04, NZI 2004, 41.

143 OLG Köln, B. v. 5. 1. 2001, 2 W 228/00, NZI 2001, 660; LG Göttingen, B. v. 7.9.2004, 10 T 78/04, NZI 2005, 41, 42.

Im Einzelnen bestimmt diese Vorschrift Folgendes: Soll nach den Festlegungen des Insolvenzplans **13.61**
kein Gläubiger wirtschaftliche Werte erhalten, die den vollen Betrag (den Nennwert) seiner, ggf.
nach § 45 InsO in Euro umzurechnenden[144] Forderung überschreiten (§ 245 Abs. 2 Nr. 1 InsO),
sollen weder ein nachrangiger Gläubiger, der auch ohne Insolvenzplan nichts erhalten hätte, noch
ein Schuldner befriedigt werden (§ 245 Abs. 2 Nr. 2 InsO) und bleibt schließlich innerhalb einer
Gruppe die Gleichbehandlung der Gläubiger gewahrt (§ 245 Abs. 2 Nr. 3 InsO), so ist eine
„angemessene" Beteiligung gegeben.

b) Absolute priority rule im US-amerikanischen Insolvenzrecht. Dieser Tatbestand entspricht **13.62**
der im US-amerikanischen *cram-down*-Verfahren eingreifenden so genannten *„absolute priority
rule"*[145]. Nach ihr darf der Plan **keine unfaire Diskriminierung** verwirklichen und muss **„fair und
annehmbar"** (*„fair and suitable"*) sein. Die Formel *„fair and equity"* wurde von den Gerichten in
der Auslegung des früheren Chapter 10 (dem heutigen chapter 11) bankrupty code als zentraler
Prüfstein der Beurteilung der Behandlung der verschiedenen Klassen von Forderungen durch den
Plan zugrunde gelegt. Daher rührt die Bezeichnung dieser Formel als *absolute priority rule*[146]. Im
Hinblick auf ungesicherte Forderungen ist der Plan *„fair and equitable"*, wenn diese Forderungen
eine volle Kompensation erhalten (11 USC § 1129 (b)(2)(B)(i)[147]. Das ist im nordamerikanischen
Recht auch dann der Fall, wenn z. B. Stundungen oder Ratenzahlungen vorgesehen sind. Ein
Kriterium für die Einhaltung der *absolute priority rule* ist ferner, dass rangschlechtere Forderungsklassen gegenüber der dissentierenden Klasse nach dem Plan nicht am Wert des Unternehmens
beteiligt werden (11 USC § 1129 (b)(2)(B)(ii)[148] und rangbessere Forderungsklassen nicht mehr als
100 % des (Nominal-)Wertes ihrer Forderungen erhalten.

Diese Auslegungsvorschrift ist zunächst insoweit hilfreich, als sie anzeigt, dass § 245 **13.63**
Abs. 1 Nr. 2 InsO auf die (materiale) **Gläubigergleichbehandlung** im Konkurs verweist. Gleichrangig zu befriedigende Gläubiger, so § 245 Abs. 2 Nr. 3 InsO, dürfen
aufgrund von Festlegungen des Insolvenzplans nicht ungleich behandelt werden. Das ist
eine *Selbstverständlichkeit*, die der Gesetzgeber aber ausdrücklich als Auslegungsmaßstab aufzustellen für nötig befunden hat, weil das US-amerikanische Vorbild sich erheblich anders darstellt: Danach darf der Insolvenzplan keine „unfaire Diskriminierung"[149] (*„discriminate unfair"*) einer Klasse von Gläubigern oder Sicherungsgebern
(*interest holder*) gegenüber anderen verwirklichen.

An dieser Stelle kann naturgemäß auch nicht annähernd dargestellt werden, was damit im Zusam- **13.64**
menhang des US-amerikanischen Insolvenzrechts gemeint ist; die Lektüre der Literatur[150] zeigt
indessen, dass „fairness and equity" ebenso wie „unfair discrimination" schon wegen ihres Bezugs
auf ein völlig anderes materielles Recht keinesfalls unvermittelt als Maßstäbe unseres Insolvenzrechts zu dienen geeignet sind.

Das LG Magdeburg[151] hat zu Recht einen Beschluss des AG Magdeburg aufgehoben, in **13.65**
dem dieses Insolvenzgericht festgestellt hatte, der vorgelegte Insolvenzplan verletze

---

144 *K. Schmidt*, in: FS Merz, 1992, 533, 534, 537 f.
145 *Blum/Kaplan*, The Absolute Priority Rule in Corporate Reorganization, 41 U. Chi. L. Rev. 651
(1974).
146 *Weintraub/Resnick*, Bankruptcy Law Manual, 8 – 110, 111.
147 *Weintraub/Resnick* (Fußn. 146), 8 – 115.
148 *Weintraub/Resnick* (Fußn. 146), 8 – 116.
149 *Weintraub/Resnick* (Fußn. 146), 8 – 109; *Buchbinder* (Fußn. 60), 312.
150 Vgl. z. B. *Balz*, ZIP 1988, 273, 279.
151 LG Magdeburg, B. v. 25. 4. 2001, 3 T 12/01, NZI 2001, 326 f.

zwar das Gleichbehandlungsgebot des § 245 Abs. 2 Nr. 3 InsO, gleichwohl sei aufgrund der Besonderheiten des konkreten Falles die Zustimmung der betroffenen dissentieren-den Gläubiger zu ersetzen.[152]

13.66   § 245 Abs. 2 Nr. 1 InsO drückt im Übrigen nur die Selbstverständlichkeit aus, dass **einzelne Gläubiger nicht am Konkurs verdienen sollen.** Die vom Gericht zu treffen-den Feststellungen sind insoweit denkbar einfach; hier bedarf es keiner wie auch immer gearteten wirtschaftlichen Betrachtungsweise oder Prognose; es genügt, den betragsmä-ßigen Nennwert der angemeldeten Forderung – denn nur diese können berücksichtigt werden – mit den Festlegungen des Insolvenzplans zu vergleichen.

13.67   Das gleiche gilt für § 245 Abs. 2 Nr. 2 InsO, soweit es um die durch den Insolvenzplan betroffene Rechtsstellung des Schuldners geht. Freilich gilt dies nur, wenn man sich im Rahmen der **Insolvenz natürlicher Personen** bewegt, die nach wie vor für das Insol-venzrecht **Leitbildcharakter** hat[153]. In der Unternehmensinsolvenz kommt es, wie § 245 Abs. 2 Nr. 2 InsO zeigt, wesentlich auf **mögliche Begünstigungen** an, die solche Personen erfahren, die **am Schuldner beteiligt** (die *share holders* des amerikanischen Rechts) sind. Um wen es sich dabei handelt, soll sich aus dem Insolvenzplan selbst ergeben: Über Beteiligungsverhältnisse soll der darstellende Teil des Insolvenzplans (§ 220 InsO) Aufschluss verschaffen.

13.68   „Angemessenheit" der Beteiligung der Gläubiger bedeutet also nach der Auslegungs-vorschrift des § 245 Abs. 2 InsO nichts anderes, als dass der **Grundsatz der Gläubiger-gleichbehandlung nicht verletzt** sein darf. Es bleibt wegen der geschilderten struk-turellen Differenz des US-amerikanischen Rechts daher bei der Anwendung von Maßstäben, die dem mitteleuropäischen Insolvenzrecht geläufig sind. Das verweist vordergründig auf die zur Kontrolle des Zwangsvergleichs gem. § 181 KO (entspricht § 150 Abs. 2 öKO) überkommenen Maßstäbe: Das RG[154] hat nachdrücklich darauf hingewiesen, es sei der Zweck des damaligen § 168 KO (§ 181 KO), die Gleichbe-handlung der Gläubiger sicherzustellen; und die Literatur[155] hat daraus den Satz gefol-gert, die Bindung der Gläubiger an den Vergleich habe nur daraus eine innere Berechti-gung, dass der Zwangsvergleich die gemeinsamen Interessen der Gläubiger wahre. Ungleich bemessene Quoten[156], Verschweigen einer Gegenforderung durch den Gemein-schuldner, die er einer angemeldeten Forderung hätte entgegenhalten können[157] und jedes „Vorzugsabkommen"[158], das einem Gläubiger gewährt wird und das nicht durch aus-drückliche Einwilligung der übrigen Gläubiger[159] gebilligt worden ist, verletzen den

---

152 Vgl. auch *Paul*, ZInsO 2004, 72, 74.
153 Krit. *K. Schmidt* (Fußn. 61), 4 ff., 250 ff.
154 RG, Urt. v. 26. 9. 1905, II 17/05, RGZ 61, 297, 298.
155 *Kuhn/Uhlbruck*, KO, 11. Aufl., 1994, § 181 RdNr. 1; siehe auch *Häsemeyer*, Insolvenzrecht, 1. Aufl., 1992, 625 f.
156 RG, Urt. v. 23. 5. 1932, VIII 60/32, RGZ 136, 288, 292 (zu § 5 VerglO); *Kuhn/Uhlbruck*, KO, 11. Aufl., 1994, § 181 RdNr. 3.
157 RG, Urt. v. 19. 9. 1896, I 137/96, RGZ 37, 142, 143.
158 Zu dessen Nichtigkeit vgl. BGH, Urt. v. 16. 6. 1952, IV ZR 131/51, BGHZ 6, 232, 236; *Kuhn/Uhlbruck* (Fußn. 156), § 181 RdNr. 5, 6.
159 *Kuhn/Uhlbruck* (Fußn. 156), § 181 RdNr. 2.

Gleichheitsgrundsatz. § 181 KO hob die Wirksamkeit solcher Abreden auf, die die Gläubigergleichbehandlung gefährden – was den Rekurs auf subjektive Momente verständlich macht[160]; § 246 Abs. 1 Nr. 2 InsO hat dagegen eine grundlegend **andere Zielrichtung**: Dort ist von vornherein die Abweichung vom allgemeinen Verfahren aufgrund des Insolvenzplanes als ordnungsgemäß vorausgesetzt, weshalb sich, folgt man den Vorstellungen des Gesetzgebers, dissentierende Gläubiger nur dann sollen durchsetzen können, wenn das Vorliegen einer Verletzung des Grundsatzes der Gläubigergleichbehandlung festgestellt wird. Das Regel-Ausnahmeverhältnis, das den Prozess des Zwangsvergleichs in den §§ 173 ff. KO beherrschte, wird durch § 246 Abs. 1 Nr. 2 InsO umgekehrt. Gleichwohl stellt sich die Verweigerung der Zustimmung zu einem solchen Insolvenzplan schon nach allgemeinen Maßstäben als missbräuchlich und damit unbeachtlich dar. § 245 Abs. 1 Nr. 2 InsO macht daher nur klar, dass dies auch hinsichtlich der Verfahrensrechte von Gläubigern im Insolvenzverfahren gilt.

Die Zustimmung einer ungesicherten Gläubigerklasse kann nur ersetzt werden, wenn die Gläubiger **13.69** entweder zu 100% befriedigt werden oder keine – im Verhältnis zu der dissentierenden Gläubigerklasse – „nachrangige Gläubigerklasse" einen Wert aufgrund des Planes erhält.[161] Dieser Grundsatz wird als *absolute priority rule* bezeichnet. Wie es zu der Entstehung dieser Regel gekommen ist, ist in Nordamerika in den Entscheidungen des Supreme Court „Boyd" und „Case" entwickelt worden.[162] Kommt es zu einer unterschiedlichen Behandlung gleichrangiger Gläubiger, kann die Zustimmung der dissentierenden Gläubigergruppe nur fingiert werden, wenn vernünftige und logische Gründe für eine Ungleichbehandlung bestehen.[163]

So musste sich das LG Traunstein in seiner bereits mehrfach zitierten Entscheidung **13.70** damit auseinandersetzen, ob ein gegenüber Absonderungsberechtigten „nachrangiger" Gläubiger durch den Plan befriedigt wird, während die Befriedigung der absonderungsberechtigten Gläubiger der dissentierenden Gruppe 1 plangemäß ausgesetzt bleibt. Die Beschwerdekammer sieht sich vor einen gordischen Knoten gestellt, den sie flugs unter Berufung auf eine Literaturstelle[164] durchschlägt: Der Reformgesetzgeber habe die Rangordnung der Konkursgläubiger abgeschafft und sähe nunmehr eine „Nachrangordnung" gem. § 39 Abs. 1 InsO vor, die aber hier nicht einschlägig sei. Die mit 35 % ihres Forderungsbetrages befriedigten einfachen („nicht nachrangigen") Insolvenzgläubiger i. S. d. § 38 InsO seien aber nicht „nachrangig" gegenüber Absonderungsberechtigten, sondern ein „rechtliches aliud"; sogar gegenüber den nachrangigen Insolvenzforderungen gem. § 39 Abs. 1 InsO genössen Absonderungsberechtigte keinen Vorrang. Wäre dies richtig, käme § 245 Abs. 2 Nr. 2 InsO im Verhältnis zwischen gesicherten und ungesicherten Gläubigern mit der Folge nicht zur Anwendung, dass – wie im vorliegenden Fall – die Befriedigung der gesicherten Gläubiger und die Verwertung der für ihre Forderungen bestellten Sicherheiten ausgesetzt werden könnte, während

---

160 *Kuhn/Uhlenbruck* (Fußn. 156), § 181 RdNr. 8.
161 So für das deutsche Recht ausdrücklich einschränkungslos FK-*Jaffé,* InsO, 3. Aufl., 2002, § 245 RdNr. 57; *Smid,* WM 2002,1033; vgl. auch *Maus,* in: Kölner Schrift zur InsO, 2. Aufl., 2000, 728 RdNr. 70.
162 *Warringholz,* Die angemessene Beteiligung der Gläubiger an dem wirtschaftlichen Wert der Masse aufgrund eines Insolvenzplans, 2005, 30 ff.
163 *Warringholz* (Fußn. 162), 48 f.
164 NR-*Braun,* InsO, Stand: März 2004, § 245 RdNr. 22.

die ungesicherten Gläubiger zu befriedigen wären. Für diese Auslegung scheint daher nur vordergründig die Entwicklung zu sprechen, die die Behandlung der Sicherheiten im Konkurs vor Inkrafttreten der InsO durchlaufen hat[165]. So hat der Vorschlag *Henckels*, die nach altem Recht gem. § 4 Abs. 2 KO zur bevorzugten Befriedigung außerhalb des Konkursverfahrens berechtigenden Sicherungsrechte in die – durch die Reform allerdings abgeschaffte – Prioritätenordnung der Konkursgläubiger einzuordnen[166], kein Gehör gefunden. Gleichwohl hat die InsO die Rechtsausübung der absonderungsberechtigten Gläubiger in das Insolvenzverfahren eingebunden. Betrachtet man die Gläubiger vorkonkurslich begründeter Forderungen nach ihrer Befugnis zum Zugriff auf die Sollmasse, fällt auf, dass den Absonderungsberechtigten eine Erlösauskehr aus der Masseverwertung vor den einfachen Insolvenzgläubigern zusteht. Das wird besonders in dem durchaus nicht seltenen Fall solcher Verfahren deutlich, in denen eine (von Sicherheitsrechten) freie Masse erst durch (sei es nach den §§ 170, 171 InsO oder sei es aufgrund von Vereinbarungen zwischen Insolvenzverwalter und Sicherheitengläubigern) Kostenbeiträge der absonderungsberechtigten Gläubiger konstituiert wird. Die Erwägung, etwaig gesicherte nachrangige Forderungen (nach den Sicherungsabreden wohl insbesondere die nach Verfahrenseröffnung laufenden Zinsen nach § 39 Abs. 1 Nr. 1 InsO) blieben stets nachrangige Forderungen[167], führt demgegenüber in die Irre. Denn die absonderungsberechtigten Gläubiger treten im neuen Recht sowohl mit ihren dinglichen Sicherheiten als auch als Insolvenzgläubiger (sei es ohne, sei es mit Nachrang) in Erscheinung, da sie mit ihrem Ausfall (§ 52 InsO) bedingte Forderungen (§ 41 InsO) anmelden. Gerade § 52 InsO zeigt aber, dass ein – untechnisches – Nachrangverhältnis zwischen dem Vorgehen aus der Sicherheit und der Befriedigung der Insolvenzforderung besteht. Nur der Vollständigkeit halber sei insofern angemerkt, dass im US-amerikanischen Recht, auf dessen Struktur und Auslegung durch das Insolvenzgericht und das Beschwerdegericht im vorliegenden Fall abgestellt worden ist, selbstverständlich eine Rangfolge von gesicherten und ungesicherten Gläubigern gesehen wird.

13.71 Es liegen daher sachliche Gesichtspunkte dafür vor, im Rahmen der Auslegung des § 245 Abs. 2 Nr. 2 InsO von einem Nachrang ungesicherter einfacher Insolvenzgläubiger nach den gesicherten Insolvenzgläubigern zu sprechen.

13.72 Ein eindeutiges Rangverhältnis besteht zwischen nicht nachrangigen und nachrangigen Insolvenzforderungen: erstere gehen letzteren vor (s.o.). Schwierig ist hingegen das Verhältnis zwischen Absonderungsberechtigten und einfachen Insolvenzgläubigern; ungeklärt ist, ob es ein Rangverhältnis zugunsten der Absonderungsberechtigten gibt. Die Antwort auf diese Frage ist für die Durchführung eines Planverfahrens von erheblicher Relevanz, weil von ihr etwa abhängt, ob eine Bank zu einem Forderungsnachlass gezwungen werden kann, obwohl der Nominalbetrag ihres Absonderungsrechts nicht erreicht wird.
Folgender Beispielfall mag die Fragen deutlicher werden lassen: Ein Hotel in Brandenburg befindet sich in der Insolvenz. Es existieren fünf verschiedene Arten von Gläubi-

---

165 Vgl. *Serick*, Eigentumsvorbehalt und Sicherungseigentum, 2. Aufl., 5; ders., Mobiliarsicherheiten und Insolvenzrechtsreform, 1987, § 81 II 1.
166 *Henkel*, DJT 030, Sitzungsbericht O zum 51. D M 1976, 8 ff.
167 NR-*Braun*, InsO, Stand: März 2004, § 245 RdNr. 22.

gern: Die Bank ist als größte Gläubigerin mit Krediten von 10.000.000 Euro ausgefallen, die durch eine Grundschuld am Objekt gesichert sind. Ein Zwangsversteigerungsgutachten bewertet das Grundstück mit maximal 500.000 Euro. Lieferanten haben Ansprüche von 100.000 Euro, die Schwiegermutter des geschäftsführenden Gesellschafters hat Darlehensansprüche von 50.000 Euro, Arbeitnehmerforderungen bestehen in Höhe von 10.000 Euro und dem Finanzamt stehen Forderungen von 100.000 Euro zu. Der Insolvenzverwalter des Hotels legt einen Insolvenzplan vor, der eine einheitliche Quote von 10 % für alle Gläubiger vorsieht. Die Bank würde mithin 1.000.000 Euro, die übrigen Gläubiger insgesamt 260.000 Euro erhalten Die Bank versagt dem Plan ihre Zustimmung. Kann sie von den übrigen Gläubigern, die den Plan für sinnvoll halten, überstimmt werden?

Der Bank steht im Beispiel des Hotels in Brandenburg die Summenmehrheit zu, nicht aber die **13.73** Kopfmehrheit. Die Kopfmehrheit könnte sie auch nicht durch eine Aufteilung ihrer Forderung erreichen, etwa durch Forderungsverkauf an verschiedene Personen. Wie sich aus § 244 Abs. 2 InsO ergibt, sind die Mehrheitsverhältnisse zum Zeitpunkt der Entstehung der Forderung maßgeblich.

Bei der Frage, ob die Bank trotz ihrer hohen Forderung von den übrigen Gläubigern bei der **13.74** Planabstimmung überstimmt werden darf, geht es nur vordergründig um das Problem einer Verletzung ihrer absonderungsberechtigten Vorrangstellung im Sinne einer „absolute priority rule". Tatsächlich geht es um die Frage nach der Reichweite eines Absonderungsrechts. Sicherungsrechte sind regelmäßig akzessorisch, d. h. sie bestehen nur insoweit, als es tatsächlich eine gesicherte Forderung gibt. Beispiele sind die Hypothek (§§ 1113 ff. BGB), das Pfandrecht (§§ 1204 ff. BGB), die Bürgschaft (§§ 765 ff. BGB). Daneben gibt es abstrakte Sicherungsrechte: die Grundschuld, die Sicherungsübereignung, die Globalzession. Diese Sicherungsrechte bestehen unabhängig vom Bestand der durch sie zu sichernden Forderung. Abstrakte Sicherungsrechte könnten zu der Annahme verleiten, jegliche Kürzung von Absonderungsrechten in einem Insolvenzplan stelle einen Eingriff in das abstrakt bestehende Absonderungsrecht dar. Erhält die Bank im Beispiel nur 1.000.000 Euro, würde ihr Absonderungsrecht (Grundschuld) von 10.000.000 Euro demnach um 9.000.000 Euro gekürzt. In Konsequenz daraus wäre bei jeglicher Kürzung ein Eingriff in das Absonderungsrecht zu bejahen.

Diese Annahme ist unzutreffend, weil ein Absonderungsrecht immer nur so weit reichen **13.75** kann, wie die gesicherte Forderung reicht, höhenmäßig begrenzt durch den Wert des gesicherten Gegenstandes. In Praxi bedeutet dies, dass eine Grundschuld mit einem Nominalbetrag von 10.000.000 Euro bei der Zwangsversteigerung des Grundstücks für 500.000 Euro auch nur ein Absonderungsrecht von 500.000 Euro gewährt, nicht hingegen eines von 10.000.000 Euro. Das Absonderungsrecht unterliegt demnach zwei Grenzen: Die erste Grenze ist die dem Sicherungsrecht zugrunde liegende schuldrechtliche Forderung. Anders als bei der akzessorischen Hypothek ergibt sich dies bei der Grundschuld aus der Sicherungszweckabrede zwischen Sicherungsgeber und Sicherungsnehmer. Hieraus ergibt sich zugleich, dass der Wert des gesicherten Gegenstandes die zweite Grenze des Absonderungsrechts darstellt. Ein Absonderungsrecht besteht mithin aus zwei Teilen: Einmal aus dem „echten" Absonderungsrecht, nämlich dem Teil der Forderung, der dinglich gesichert ist, und der ungesicherten Restforderung[168]. Es

---

168 So schon die amtliche Begr. RegE, z. B. zu § 52, in: *Kübler/Prütting*, Das neue Insolvenzrecht, Bd. 2, 220.

ist daher möglich und – wie das LG Berlin in seinem Beschluss zum Insolvenzplanverfahren Konsumgenossenschaft Berlin und Umgegend e.G. deutlich gemacht hat –, dass absonderungsberechtigte Gläubiger zweifach am Insolvenzplanverfahren teilnehmen: mit dem gesicherten ebenso wie mit dem ungesicherten Teil der Forderung.

13.76 Das LG Traunstein hatte sich weiter damit auseinanderzusetzen, ob der schuldnerischen Unternehmensträgerin durch den Insolvenzplan dadurch ein Vermögenswert zugewandt wird, dass ihr die Unternehmensfortführung ermöglicht wird. Erlangt „der Schuldner" nämlich einen „wirtschaftlichen Wert" durch den Plan, wird die dissentierende Gläubigergruppe nicht „angemessen" an dem wirtschaftlichen Wert beteiligt, der den Beteiligten plangemäß zufließen soll, § 245 Abs. 1 Nr. 2 InsO. Bislang war in der Literatur zum deutschen Recht[169] diese Regelung so ausgelegt worden, dass bei einem durch Sanierung und Reorganisation hergestellten Kapitalsaldo von Null kein positiver Vermögenswert zugewandt würde und dass auch dann die Regelung des § 245 Abs. 2 Nr. 2 InsO nicht zur Anwendung gelange, wenn der schuldnerische Unternehmensträger zwar mit positivem Kapital ausgestattet werde, dieses aber „haftungstechnisch" den Gläubigern zur Verfügung stehe.

13.77 Die Auslegung dieser Regel war im US-amerikanischen Recht bis zu der kürzlich durch den US-Supreme Court ergangenen Entscheidung in dem über das Vermögen des Bauträgers LaSalle[170] durchgeführten Reorganisationsverfahren umstritten. Auf diese US-amerikanische Judikatur hat das Insolvenzgericht[171] denn auch seine Auslegung des deutschen Rechts ausdrücklich gestützt, wofür bereits im Schrifttum Stellung bezogen worden ist[172]. Die US-amerikanische Judikatur nimmt einen Vergleich der wirtschaftlichen Verwertungsmöglichkeiten des schuldnerischen Unternehmens als Ausgangspunkt der Beurteilung der Frage, ob der (bisherige) Unternehmensträger durch die Ermöglichung einer Unternehmensfortführung in unangemessener Weise gegenüber den Gläubigern durch Zuweisung einer wirtschaftlich werthaltigen Position bessergestellt werde. Als Maßstab dafür sieht der US-Supreme Court (vereinfacht zusammengefasst) eine Lage an, die im deutschen Recht unter dem Titel „übertragenden Sanierung" behandelt wird, nämlich die Möglichkeit einer Veräußerung des Unternehmens an einen Erwerber[173]. Im US-amerikanischen Recht wird freilich die Möglichkeit der Eingriffe in die gesellschaftsrechtlichen Beteiligungsverhältnisse der schuldnerischen Unternehmensträgerin im Reorganisationsverfahren eröffnet, die das deutsche Recht ausdrücklich nicht vorsieht; der deutsche Gesetzgeber hat dies ursprünglich vorgeschlagen, die entsprechenden Vorschriften im Gesetzgebungsverfahren aber wieder gestrichen. Dabei haben verfassungsrechtliche Bedenken eine Rolle gespielt (vgl. Art. 14 GG).[174] Dieser Unterschied mag aber dahingestellt bleiben. Kernaussage der „LaSalle"-Entscheidung ist es, dass nach dem Insolvenzplan kein besseres Angebot zur Verwertung

---

169 NR-*Braun,* InsO, Stand: März 2004, § 245 RdNr. 26.
170 *Wittig,* ZInsO 1999, 373, 375 ff.
171 AG Mühldorf/Inn, B. v. 27.7.1999, 1 IN 26/99, RPfleger 1999, 561.
172 *Wittig,* ZInsO 1999, 373, 378.
173 *Wittig,* ZInsO 1999, 373, 379.
174 *Smid/Rattunde* (Fußn. 1), RdNr. 343 ff.

des Unternehmens vorliegt als das Zuschießen „frischer" Mittel durch den Schuldner, namentlich aber durch seine Gesellschafter.[175]

Bereits *Wittig*[176] hat darauf aufmerksam gemacht, dass die in der „LaSalle"-Entscheidung herausgearbeiteten Grundsätze auch auf die Auslegung des § 245 Abs. 2 Nr. 2 InsO übertragen werden können. Dem ist zuzustimmen: Die Zustimmung der dissentierenden Gläubiger, in deren Rechtsstellung eingegriffen wird, darf demnach nur dann durch das Insolvenzgericht ersetzt werden, wenn Dritten im Insolvenzplan die Möglichkeit eingeräumt worden ist, ein besseres Angebot für die Übernahme des fortzuführenden Unternehmens zu unterbreiten[177], als es in dem Einschießen frischer Mittel durch die Gesellschafter der Schuldnerin läge. Schon wegen der fehlenden Instrumentarien einer Einwirkung auf die Gesellschafter der Schuldnerin wäre ansonsten insbesondere die kreditierende Bank dem Zwang ausgesetzt, in ihrem Engagement festgehalten zu werden und weiter mit einer Schuldnerin zusammenarbeiten zu müssen, die der Bank nicht mehr kreditwürdig erscheint. **13.78**

Wittig[178] weist zu Recht in diesem Zusammenhang darauf hin, dass der Umstand, dass kein konkurrierender Insolvenzplan vorliegt, nicht zuletzt auf die Notwendigkeit zurückzuführen ist, dass der Insolvenzverwalter als potentieller Planinitiator sich mit den widerstreitenden Interessen der Gläubiger ins Benehmen setzen muss; allein der Umstand, dass der Insolvenzverwalter – wie im vorliegenden Fall – im Eröffnungsverfahren keine anderen Erwerber hat ausfindig machen können, mag zwar eine Vermutung für das Fehlen einer besseren Verwertung des Unternehmens auf dem Markt begründen, ist aber insofern wenig aussagekräftig, als im Insolvenzplanverfahren regelmäßig die Verwertung gem. § 233 InsO ausgesetzt ist.[179] Jedes „bessere" Angebot einer übertragenden Sanierung durch einen Erwerber wäre als Verwertungsmaßnahme[180] durch die Zulassung des Planes durch das Insolvenzgericht gem. § 231 InsO gehindert. **13.79**

3. Verhältnis des best interest tests (§ 245 Abs. 1 Nr. 1 InsO) zur absolute priority rule (§ 245 Abs. 1 Nr. 2 InsO)

In der Kommentarliteratur[181] wird ganz überwiegend der Gesetzeswortlaut des § 245 Abs. 1 InsO, der dessen verschiedene Tatbestände mit einem „und" verbindet, dahingehend verstanden, dass die Ersetzung der Zustimmung der dissentierenden Gläubigergruppe durch das Insolvenzgericht voraussetzt, dass die Tatbestände Nr. 1 bis Nr. 3 der Vorschrift nicht alternativ, sondern kumulativ vorliegen.[182] Es liegt auf der Hand, dass dies insbesondere im Hinblick auf die Stellung der absonderungsberechtigten Gläubiger erhebliche Schwierigkeiten verursacht. Während diese Auslegung des Gesetzes für das **13.80**

---

175 *Wittig*, ZInsO 1999, 373, 378.
176 *Wittig*, ZInsO 1999, 373, 378.
177 So zutreffend *Wittig,* ZInsO 1999, 373, 379.
178 *Wittig*, ZInsO 1999, 373, 379.
179 *Smid/Rattunde* (Fußn. 1), RdNr. 167 ff.
180 Hierzu m. w. N. *Smid,* Grundzüge des neuen Insolvenzrechts, 3. Aufl. 1999, § 20 RdNr. 2, 13, 21.
181 Braun-*Braun*, InsO, 2. Aufl., 2004, § 245 RdNr. 6; FK-*Jaffé*, InsO, 3. Aufl., 2002, § 245 RdNr. 50; NR-*Braun*, InsO, Stand: März 2004, § 245 RdNr. 18; Smid-*Smid*, InsO, 2. Aufl. 2001, § 245 RdNr. 9; kritisch MünchKomm-*Drukarczyk*, InsO, 2002, § 245 RdNr. 87.
182 OLG Köln, B. v. 5. 1. 2001, 2 W 228/00, NZI 2001, 660 = ZInsO 2002, 330.

Verhältnis der Tatbestände der Nr. 1 und 2 des § 245 Abs. 1 InsO auf der einen und des Tatbestandes des § 245 Abs. 1 Nr. 3 InsO auf der anderen Seite plausibel erscheint, ist das Verhältnis des best interest tests (§ 245 Abs. 1 Nr. 1 InsO) zur absolute priority rule (§ 245 Abs. 1 Nr. 2 InsO) alles andere als klar.

13.81   In der Judikatur[183] ist dieser aus dem Wortlaut der Vorschrift abgeleitete „Kumulationsgrundsatz" *bislang* ausdrücklich bestätigt worden. Die Verwunderung des Autors einer Rechtsprechungsübersicht[184], weshalb es solcher Judikatur angesichts des wegen des „und" in § 245 Abs. 1 InsO „eindeutig" anmutenden Wortlauts der Norm überhaupt bedürfe, erweist sich aber angesichts der Komplexität der Problemstellung als deutlich zu kurz gegriffen. Erhält die Gruppe oder erhalten die Gruppen absonderungsberechtigter Gläubiger durch den Plan *jedenfalls* nicht weniger, als sie ohne Plan im Regelinsolvenzverfahren erhielten, fragt es sich nämlich, ob sie einer Verfahrensabwicklung die absolute priority rule entgegenhalten können, wenn andere Gläubiger aufgrund des Planes „etwas" (regelmäßig eine Dividende) erhalten. Die Konsequenz wäre eine so als Sperrvorschrift begriffene absolute priority rule: § 245 Abs. 1 Nr. 2 InsO hätte dann die Aufgabe, den absonderungsberechtigten Gläubigern die Befugnis einzuräumen, einen Insolvenzplan zu Fall bringen zu können, der sich für sie wirtschaftlich neutral auswirkt. Die absolute priority rule wäre mithin als Letztentscheidungsbefugnis der gesicherten Gläubiger zu begreifen.

13.82   Diese Auslegung der absolute priority rule als Sperrvorschrift hat einen Sinn, wenn durch einen Sanierungsplan der Insolvenzschuldner wirtschaftliche Werte erhält. *In diesem Fall* greifen die im Wege der new value corrolary zu berücksichtigenden Begrenzungen der absolute priority rule, wenn der Schuldner vom Insolvenzbeschlag nicht erfasste Mittel (new value) dem Unternehmen zuführt. Regelmäßig wird erst dadurch die Sanierung überhaupt möglich, so dass eine Sperre durch die gesicherten Gläubiger in derartigen Fällen eigener Vermögensopfer des Schuldners nicht sachgerecht wäre.

13.83   Umso mehr gilt dies für einen Liquidationsplan. Wird durch den Plan das schuldnerische Vermögen liquidiert *und* durch die Liquidation ein Mehrerlös gegenüber der Liquidation im Wege des Regelinsolvenzverfahrens erzielt, der durch den Plan den im Regelinsolvenzverfahren ausfallenden Gläubigern zugeführt wird, ist es ebenfalls nicht sachgerecht, den Absonderungsberechtigten im Wege der absolute priority rule die Befugnis einzuräumen, die Berücksichtigung der nicht gesicherten Gläubiger zu Fall zu bringen, obwohl ihnen hieraus gegenüber dem Regelinsolvenzverfahren ein wirtschaftlicher Vorteil nicht erwächst.

13.84   In den beiden vorgenannten Fallkonstellationen ist es sachgerecht, § 245 Abs. 1 Nr. 2 InsO nicht zur Anwendung zu bringen, *weil* eine Schlechterstellung der absonderungsberechtigten Gläubiger nicht vorliegt. Der Geltungsbereich des § 245 Abs. 1 Nr. 2 InsO wird m. a. W. teleologisch reduziert. Diese methodische Operation wird *technisch* durch eine Einschränkung des „Kumulationsdogmas" vollzogen.

---

183 OLG Köln, B. v. 5. 1. 2002, zit. nach NZI 2001, Beil. Rechtsprechungsübersicht, 32.
184 *Paul*, ZInsO 2004, 73.

Umgekehrt: Würde durch den Plan „in das Absonderungsrecht" eingegriffen, wie es der Gesetzes-   **13.85**
wortlaut des § 223 Abs. 2 InsO nahe legt, käme das Insolvenzgericht bei der Prüfung der Voraussetzungen einer Ersetzung der durch die betroffene Gruppe versagten Zustimmung zum Plan nicht
mehr zur Frage einer Anwendung der absolute priority-Regelung des § 245 Abs. 1 Nr. 2 InsO, da
evident bereits die des best interest tests des § 245 Abs. 1 Nr. 1 InsO nicht erfüllt wäre. Nimmt oder
verkürzt der Plan das Absonderungsrecht des Absonderungsberechtigten, steht dieser in Ermangelung einer Befriedigung ohne Rücksicht auf die ungesicherten Gläubiger (§ 170 Abs. 1 InsO!)
jedenfalls schlechter, als er ohne einen Insolvenzplan stehen würde – wenn nicht in extremen
Ausnahmefällen der Gegenstand des Absonderungsrecht jeden Wert eingebüßt hätte.[185]

Wie *Manuel M. Ferber* zutreffend dargestellt hat, setzt diese Qualifikation eines Planes als „fair and   **13.86**
equitable" u. a. voraus, dass mit den Regelungen des Planes keine Zuwendung an nachrangige
Gläubiger vorgesehen werde, solange höherrangige Klassen nicht vorher befriedigt werden. Diese
„absolute priority rule" beruht auf dem Gedanken der Haftungsverwirklichung durch Zuweisung
des schuldnerischen Vermögens an die Gläubiger zum Zwecke ihrer Befriedigung[186]: In ihrem
ursprünglichen Inhalt brachte die „absolute priority rule" mit anderen Worten die durch die
Einleitung des Insolvenzverfahrens bewirkte Enteignung des Schuldners zum Ausdruck; betrachtet
man das englische Recht, wurde dort ein entsprechender Effekt durch das sog. „receivership"
bewirkt, worunter man sich eine Einweisung der Gläubiger in das Vermögen des Schuldners
vorstellen kann. In rechtsvergleichenden Betrachtungen deutscher Juristen wird nicht selten verkannt, dass die ursprünglich formulierte „absolute priority rule" im weiteren Verlauf durch die
Judikatur abgewandelt wurde, um eine Mobilisierung weiterer, der Befriedigung der Gläubiger
dienender Mittel zu ermöglichen. So wurde in den 20er Jahren[187] entschieden, dass die Fortführung
von Unternehmensträgern auch unter Beteiligung der Altgesellschafter möglich sei[188]. Als Voraussetzung hierfür wurde angesehen, dass die Altgesellschaften neue Mittel (new value) in die haftende
Masse hinein gäben. Was das heißt, hat die Entscheidung Los Angeles Lumber Products[189] näher
ausgeführt. Danach bedeutet die Zufuhr von new value das Einschießen von „money" oder
„money's worth"[190]. Nach dem Inkrafttreten des bankruptcy code im Jahre 1978 hat nunmehr der
US Supreme Court in der auch in Deutschland bis hin zu Insolvenz- und Beschwerdegerichten[191]
bekannt gewordenen LaSalle-Entscheidung des US Supreme Court vom 3.5.1999[192] zu der (vereinfachten) Frage entschieden, ob der Grundeigentümer gegen die Insolvenzgläubiger mit dem Vortrag
einen Reorganisationsplan durchsetzen kann, eine Verwertung der Immobilie sei (derzeit) nicht
möglich und wirtschaftlich sei eine Verwaltung der Immobilie durch den Grundeigentümer sinn-

---

185 – Was das AG Mühldorf/Inn und das LG Traunstein angenommen hatten. Hier muss nicht darüber
befunden werden, ob diese Gerichte richtig gelegen haben. Auch ein Grundpfandrecht kann an Wert
vollständig einbüßen, z. B. wenn es auf einem aufgrund einer den Insolvenzschuldner legitimierenden Realkonzession industriell genutzten Grundstück lastet – wird der Betrieb des Insolvenzschuldners stillgelegt und erlischt die Realkonzession, kann das Grundpfandrecht wirtschaftlich
nicht mehr realisiert werden.
186 Northern Pacific Railway Co. v. Boyd, 228 U. S. 482 (1913); *Ferber,* in: Berger/Bähr u. a., 11.
Leipziger Insolvenzrechtstag 2000, 43, 47.
187 Kansas City Terminal Railway Co. v. Central Union Trust Co.
188 *Ferber,* in: Berger/Bähr u. a., 11. Leipziger Insolvenzrechtstag 2000, 43, 47.
189 Case v. Los Angeles Lamber Products 308 U. S. 306 (1939).
190 *Ferber* (Fußn. 188), 43, 47. Diesen Zusammenhang verkennt *Kaltmeyer,* ZInsO 1999, 316, 319.
191 AG Mühldorf/Inn, B. v. 27. 7. 1999, 1 IN 26/99, NZI 1999, 422; LG Traunstein, B. v. 27. 8. 1999, 4 T
2966/99, DZWIR 1999, 464 = NZI 1999, 461 = ZInsO 1999, 577.
192 Bank of America National Trust and Saving Assoc. v. 203 North Lassal Street Partnership 126 F. 3rd
955 7th cir. 1997; *Ferber* (Fußn. 188), 43, 48. Hierzu eingehend *Wittig,* ZInsO 1999, 373 ff.

voller. In der deutschen Rezeptionsliteratur zu dieser Entscheidung sind sowohl der zugrunde liegende Sachverhalt als auch der Inhalt der Entscheidung durchaus nicht unstreitig.

13.87 Da das deutsche Recht in § 245 Abs. 2 Nr. 2 InsO vorsieht, dass ein Plan nicht gegen den Widerstand einer opponierenden Gruppe bestätigt werden darf, wenn dieser vorsieht, dass ein gleichrangiger Gläubiger besser gestellt wird, als die dissentierende Gläubigergruppe[193], scheint damit von vornherein ein Problem aufzutreten. Daraus würde zwangsläufig folgen, dass in den hier zu erörternden Fällen die ungesicherten Gläubiger nur unter der Voraussetzung eine Quote erhalten würden, dass die Grundpfandgläubiger mit einer entsprechenden Regelung des Insolvenzplans einverstanden sind. Opponieren diese Gläubiger, scheint der Plan zum Scheitern verurteilt zu sein.

13.88 In Fällen eines Liquidationsplans stellen sich nicht die Fragen, die im Rahmen des Insolvenzplans im Falle des über das Vermögen der Betreiberin eines metallverarbeitenden Unternehmens durch das AG Mühldorf/Inn[194] eröffneten Insolvenzverfahren für Aufsehen gesorgt haben: Dort hatte das Insolvenzgericht den Insolvenzplan bestätigt, der (vereinfacht) u. a. vorgesehen hat, dass die nicht nachrangigen Insolvenzgläubiger eine Quote erhielten, während die kreditierende Bank ihren Kredit stehen lassen und auf die Verwertung der absonderungsrechtsbelasteten Masse verzichten sollte.[195] Unabhängig vom Verhältnis absonderungsberechtigter zu nicht nachrangigen Insolvenzgläubigern erhielt die insolvenzschuldnerische Unternehmensträgerin durch den Insolvenzplan einen „wirtschaftlichen Wert" in Gestalt des *Sanierungsgewinns*[196]. Zwar erlangt der Insolvenzschuldner nichts aus dem Plan, wenn dieser allein die Vermögensliquidation vorsieht; es bleibt aber die Frage offen, ob im Verhältnis der Gläubiger zueinander die Vorrangordnung hinreichend beachtet worden ist.

13.89 Ob überhaupt aus § 245 Abs. 1 Nr. 2 InsO eine Frage erwächst, hängt davon ab, ob Absonderungsberechtigte auf der einen und nicht nachrangige Insolvenzgläubiger auf der anderen Seite überhaupt in einem Verhältnis von Vorrang und Nachrang zueinander stehen. Dies ist freilich höchst streitig. Ob die in § 245 Abs. 1 Nr. 2, Abs. 2 Nr. 2 InsO ausgedrückte *absolute priority rule* verletzt wird, wenn ein gegenüber Absonderungsberechtigten „nachrangiger" Gläubiger durch den Plan befriedigt wird, während die Befriedigung der absonderungsberechtigten Gläubiger plangemäß ausgesetzt bleibt, ist seit den ersten Monaten nach Inkrafttreten der InsO Gegenstand höchst kontroverser Erörterungen. Das AG Mühldorf/Inn und das LG Traunstein[197] haben sich bei der Beantwortung dieser Frage vor ein Problem gestellt gesehen, das sie – unter Berufung auf eine einzelne Fußnote (!) zu einer Literaturstelle[198] – dadurch zu erledigen versucht haben, dass sie schlicht seine Existenz geleugnet haben.[199] *Die Argumentation sieht*

---

193 *Warringholz* (Fußn. 162), 164 ff.

194 AG Mühldorf/Inn, B. v. 27. 7. 1999, 1 IN 26/99, NZI 1999, 422.

195 Das LG Traunstein hat dies als Beschwerdeinstanz gehalten; LG Traunstein, B. v. 27. 8. 1999, 4 T 2966/99, DZWIR 1999, 464 = NZI 1999, 461 = ZInsO 1999, 577.

196 Hierauf reagiert die US-amerikanische Dogmatik mit einer sog. fresh money corrollary oder exception.

197 AG Mühldorf/Inn, B. v. 27. 7. 1999, 1 IN 26/99, NZI 1999, 422; LG Traunstein, B. v. 27. 8. 1999, 4 T 2966/99, DZWIR 1999, 464 = NZI 1999, 461 = ZInsO 1999, 577; beide Entscheidungen mit Besprechungen von *Braun*, NZI 1999, 473 und – scharf ablehnend – *Smid*, InVo 2000, 1.

198 NR-*Braun,* InsO, Stand: März 2004, § 245 RdNr. 22.

199 Dem schließt sich Uhlenbruck-*Lüer*, InsO, 12. Aufl., 2003, § 245 RdNr. 24 an.

folgendermaßen aus: Der Reformgesetzgeber, so führen die zitierten Gerichte aus, habe die Rangordnung der Konkursgläubiger abgeschafft und sähe nunmehr eine „Nachrang-ordnung" gem. § 39 Abs. 1 InsO vor[200], die aber hier nicht einschlägig sei.[201] Die mit einem Prozentsatz ihres Forderungsbetrages im Plan befriedigten einfachen („nicht nachrangigen") Insolvenzgläubiger i. S. d. § 38 InsO seien, so die zitierten Gerichte, daher nicht „nachrangig" gegenüber Absonderungsberechtigten, sondern ein „recht-liches Aliud"[202]; allein gegenüber den nachrangigen Insolvenzforderungen gem. § 39 Abs. 1 InsO genössen nicht nachrangige Insolvenzgläubiger einen Vorrang.[203] Diese Meinung kommt zu dem Ergebnis, dass § 245 Abs. 1 Nr. 2 InsO auf Absonderungsbe-rechtigte überhaupt nicht anwendbar ist.[204] Wäre dies richtig, käme § 245 Abs. 2 Nr. 2 InsO im Verhältnis zwischen gesicherten und ungesicherten Gläubigern mit der Folge nicht zur Anwendung, dass die Befriedigung der gesicherten Gläubiger und die Verwer-tung der für ihre Forderungen bestellten Sicherheiten ausgesetzt werden könnte, während die ungesicherten Gläubiger zu befriedigen wären. Für diese Auslegung scheint daher nur vordergründig die Entwicklung zu sprechen, die die Behandlung der Sicherheiten im Konkurs vor In-Kraft-Treten der InsO durchlaufen hat. So hat der Vorschlag Henckels[205], die nach altem Recht gem. § 4 Abs. 2 KO zur bevorzugten Befriedigung außerhalb des Konkursverfahrens berechtigenden Sicherungsrechte in die – durch die Reform aller-dings abgeschaffte – Prioritätenordnung der Konkursgläubiger einzuordnen[206], kein Gehör gefunden. Gleichwohl hat die InsO die Rechtsausübung der absonderungsbe-rechtigten Gläubiger in das Insolvenzverfahren eingebunden. Betrachtet man die Gläu-biger vorkonkurslich begründeter Forderungen nach ihrer Befugnis zum Zugriff auf die Sollmasse, fällt auf, dass den Absonderungsberechtigten eine Erlösauskehr aus der Masseverwertung vor den einfachen Insolvenzgläubigern zusteht. Das wird besonders in dem durchaus nicht seltenen Falle solcher Verfahren deutlich, in denen eine (von Sicherheitenrechten) freie Masse erst durch (sei es nach den §§ 170, 171 InsO oder sei es aufgrund von Vereinbarungen zwischen Insolvenzverwalter und Sicherheitengläubigern ausgehandelter) Kostenbeiträge der absonderungsberechtigten Gläubiger konstituiert wird. Die Erwägung, etwaig gesicherte nachrangige Forderungen (nach den Sicherungs-abreden wohl insbesondere die nach Verfahrenseröffnung laufenden Zinsen nach § 39 Abs. 1 Nr. 1 InsO) blieben stets nachrangige Forderungen[207], führt demgegenüber in die Irre. Denn die absonderungsberechtigten Gläubiger treten im neuen Recht sowohl mit ihren dinglichen Sicherheiten als auch als Insolvenzgläubiger (sei es ohne, sei es mit Nachrang) in Erscheinung, da sie mit ihrem Ausfall (§ 52 InsO) bedingte Forderungen (§ 41 InsO) anmelden. § 52 S. 2 InsO zeigt aber, dass ein – untechnisches – Nachrang-verhältnis zwischen dem Vorgehen aus der Sicherheit und der Befriedigung der Insol-venzforderung besteht. Im US-amerikanischen Recht wird selbstverständlich eine Rang-

---

200 Statt aller Smid-*Smid,* InsO, 2. Aufl., 2001, § 39 RdNr. 1 f.
201 Konträr dagegen: Uhlenbruck-*Lüer* (Fußn. 199), § 245 RdNr. 24 und *Braun,* NZI 1999, 473.
202 So Braun-*Braun,* InsO, 2. Aufl., 2004, § 245 RdNr. 9 wie bereits in NR-*Braun* (Fußn. 198), § 245 RdNr. 22. Krit. dagegen *Smid* (InVo 2000, 1); *Eidenmüller* (Fußn. 137), 194.
203 Braun-*Braun* (Fußn. 202), § 245 RdNr. 9; Uhlenbruck-*Lüer* (Fußn. 199), § 245 RdNr. 24.
204 Krit. dagegen *Eidenmüller* (Fußn. 137), 190 et passim.
205 Vgl. *Serick* (Fußn. 165), 5; ders., Mobiliarsicherheiten und Insolvenzrechtsreform, 1987, § 81 II 1.
206 *Henckel,* DJT 030, Sitzungsbericht O zum 51. DJT, 1976, 8 ff.
207 NR-*Braun* (Fußn. 198), § 245 RdNr. 22.

folge von gesicherten (senior claims) und ungesicherten Gläubigern (junior claims) gesehen. Nach alledem ist auch im deutschen Recht im Rahmen der Auslegung des § 245 Abs. 2 Nr. 2 InsO sowohl aus Gründen systematischer Stimmigkeit der Vorschrift des § 245 InsO als auch des im Gesetz angelegten Erhalts der Sicherungsrechte (arg. §§ 169, 172 InsO[208]) von einem Nachrang ungesicherter einfacher Insolvenzgläubiger nach den gesicherten Insolvenzgläubigern zu sprechen.[209] Diese systematischen Gründe sprechen schließlich dafür, die absolute priority-Regelung des § 245 Abs. 1 Nr. 2, Abs. 2 Nr. 2 InsO auch auf absonderungsberechtigte Gläubiger anzuwenden; hiervon ist im übrigen auch der Gesetzgeber ausdrücklich ausgegangen.[210]

13.90 Folgt man entgegen der vorherrschenden Meinung der hier vertretenen Ansicht, ergeben sich daraus Probleme, die das Verfahren nach § 245 InsO gegenüber Absonderungsberechtigten schlechthin ausschließen – was die Neigung der herrschenden Lehre, die Regelung des § 245 Abs. 2 Nr. 2 InsO wenigstens teilweise ihres Inhalts zu berauben, nur zu verständlich werden lässt.

13.91 Das praktische Beispiel des AG Mühldorf/Inn und des LG Traunstein[211] macht deutlich, dass damit in der Unternehmensinsolvenz Insolvenzpläne ohne oder gar gegen die Absonderungsberechtigten ausgeschlossen wären. Für Fälle einer Betriebsfortführung freilich bestehen dafür gute Gründe. Denn das geltende Recht erlaubt es nicht, die Absonderungsberechtigten über den durch die §§ 169, 172 InsO, § 30 e ZVG bestimmten Rahmen hinaus zugunsten ungesicherter Gläubiger zur Finanzierung einer Betriebsfortführung zu Sonderopfern heranzuziehen.[212]

13.92 Unlängst hat *Bruns*[213] die Frage gestellt, ob die Behandlung von Grundpfandrechten im Insolvenzplanverfahren das Ende deutscher Immobiliarsicherheiten bedeute. Dabei hat Bruns den Fall des AG Mühldorf/Inn bzw. des LG Traunstein im Auge gehabt, mit dem die Fortführung des insolvenzschuldnerischen Betriebs durch den Insolvenzplan auf Kosten der grundpfandrechtlich gesicherten Bank vorgesehen war. Ausgangspunkt der Erwägungen *Bruns*[214] ist der Minderheitenschutz des grundpfandrechtlich gesicherten Gläubigers nach § 251 Abs. 1 InsO. Hier sieht *Bruns* das deutsche Gegenstück des US-amerikanischen best-interest-tests. An dieser Prämisse mag man deshalb zweifeln, weil gemeinhin der best-interest-test in § 245 Abs. 1 Nr. InsO gesehen wird. In der Tat wird aber der einzelne Insolvenzgläubiger über die Ersetzung der Zustimmung einer dissen-

---

208 *Smid*, Kreditsicherheiten, § 18 RdNr. 25 ff. et passim; *Smid*, Grundzüge des Insolvenzrechts, 4. Aufl. 2001, § 1 RdNr. 78; *Bilgery*, DZWIR 2001, 316.
209 *Smid*, InVo 2000, 1 ff.; *ders.* WM 2002, 1033, 1035; eingehend auch *Herzig*, Das Insolvenzplanverfahren, 295 ff.
210 Vgl. zu der Begründung zu § 279 Abs. 2 Nr. 2 *Eidenmüller* (Fußn. 137), 195.
211 AG Mühldorf/Inn, B. v. 27. 7. 1999, 1 IN 26/99, NZI 1999, 422; LG Traunstein, B. v. 27. 8. 1999, 4 T 2966/99, DZWIR 1999, 464 = NZI 1999, 461 = ZInsO 1999, 577.
212 Dabei wird nicht verkannt, dass insbesondere die absonderungsberechtigten Gläubiger vorkonkurslich auf den Schuldner Einfluss genommen haben, der es rechtfertigt, sie in das Insolvenzverfahren „einzubinden" (vgl. *Häsemeyer* (Fußn. 87), RdNr. 18.04 ff.) – denn die Insolvenzfestigkeit des Vorrechts jedenfalls der *Grundpfandgläubiger* rechtfertigt sich aus deren Publizität (vgl. *Häsemeyer* (Fußn. 87), RdNr. 18.06).
213 *Bruns*, KTS 2004, 1 ff.
214 *Bruns*, KTS 2004, 1, 7.

tierenden Gruppe hinaus auch dann nach dem best-interest-test geschützt, wenn seine individuelle Rechtsposition durch den Plan gegenüber einer Abwicklung in einem liquidierenden Insolvenzverfahren verschlechtert würde. *Bruns*[215] lässt zunächst offen, ob § 251 InsO das Absonderungsrecht des grundpfandrechtlich gesicherten Gläubigers gem. § 49 InsO schlechthin gegenüber einer Beeinträchtigung schützt – was im Übrigen der Tod eines jeden Insolvenzplanverfahrens wäre, in dem Grundpfandgläubiger auftreten, oder ob der Grundpfandgläubiger die Gewähr erhält, jedenfalls den Liquidationswert zu erzielen. Dabei unterstellt Bruns im Übrigen zu Recht, dass es sich bei Absonderungsberechtigten um bevorrechtigte Gläubiger i S. v. der absolute priority rule des § 245 Abs. 1 Nr. 2 i.V. m. Abs. 2 InsO handelt. Da aber nach seinen Grundannahmen jeder grundbuchrechtliche Rang eines Grundpfandgläubigers diesem eine eigene, gegenüber den anderen Grundpfandgläubigern abgehobene rechtliche Stellung verschafft, fordert Bruns aus verfassungsrechtlichen Gründen der Ungleichbehandlung gleicher Sachverhalte (Art. 3 Abs. 1 i.V. m. Art. 14 Abs. 1 GG), dass jeder Grundpfandgläubiger eine Einzelgruppe im Verfahren gem. § 222 Abs. 2 S. 1 InsO bilden müsse[216]. Etwas umständlich meint er, das „Ermessen" des Planinitiators sei aufgrund des verfassungsrechtlich gebotenen Schutzes des Eigentums des Grundpfandgläubigers „auf Null reduziert"[217]. Bruns unausgesprochene Prämisse lautet, dass die verschiedenen grundbuchlichen Ränge der Grundpfandgläubiger mehr oder weniger an dem zu erzielenden Erlös der Immobilie im Falle der Zwangsversteigerung zu partizipieren in der Lage wären. Geht man von dem fiktiven Fall eines mit an drei aufeinander folgenden Rangstellen mit zusammen € 1.000.000 belasteten Grundstücks aus, bei dem geringstes Gebot nach der 7/10tel-Regelung des § 74a ZVG € 1, 2 Millionen ist, überzeugt Bruns Prämisse nicht. Denn der rechtliche Unterschied der verschiedenen Rangstellen kommt wirtschaftlich nicht zum Tragen – und hat somit auch rechtlich im Kontext des ZVG-Verfahrens keine Bedeutung, was sich wiederum auf die Gruppenbildung nach § 222 InsO niederschlägt: Nichts spricht in diesem Fall dagegen, die grundpfandrechtlich gesicherten Gläubiger in einer Gruppe zusammenzufassen, wie es der Gesetzgeber ja auch in § 222 Abs. 1 Nr. 1 InsO vorgesehen hat. Hat bei einer Liquidation nur der erstrangige Grundpfandgläubiger Aussicht auf Befriedigung, spricht ebenfalls nichts dagegen, diejenigen Grundpfandgläubiger, die bei der Liquidation (also der Zwangsversteigerung gem. § 49 i.V. m. ZVG) ausfallen würden, in einer Gruppe zusammenzufassen; allerdings ist Bruns darin zu folgen, dass die Unterscheidung dieser Gläubiger gegenüber den erstrangigen Gläubigern mit Befriedigungsaussicht geboten ist.

Für einen Liquidationsplan bedarf es von vornherein anderer Erwägungen, als sie Bruns **13.93** empfiehlt. Denn im Gegensatz zum Reorganisations- und Fortführungsplan sieht der Liquidationsplan des Schuldners die Gesamtabwicklung des schuldnerischen Vermögens vor. Die Verwertung der Immobilien wird durch den Liquidationsplan in ein Gesamtkonzept eingebunden. An dieser Stelle liegt die augenfällige Schwäche der Argumentation Bruns. Er meint nämlich[218], der Schutz des individuellen Absonderungsrechts des einzelnen Grundpfandgläubigers entspreche dem „Zwecke" des Insolvenzplanverfah-

---

215 *Bruns*, KTS 2004, 1, 7.
216 *Bruns,* KTS 2004, 1, 9 ff.
217 *Bruns*, KTS 2004, 1, 12.
218 *Bruns*, KTS 2004, 1, 12.

rens. Ihm ist freilich darin Recht zu geben, dass das deutsche Insolvenzplanverfahren gem. § 1 S. 1 InsO sich nach seinem „Zweck" nicht von dem Verfahren unterscheidet, das nach den allgemeinen Regeln des Insolvenzrechts als Liquidationsverfahren durchgeführt wird: Denn es wird allgemein anerkannt, dass auch das Insolvenzplanverfahren der gemeinschaftlichen Gläubigerbefriedigung dient, die auch ohne ihre explizite gesetzliche Normierung in § 1 S. 1, 1. Hs. InsO als strukturbildendes Element einem jeden Insolvenzrecht zugrunde liegt[219]. Dieses Element der „Gemeinschaftlichkeit" der Gläubigerbefriedigung – par conditio creditorum – glaubt Bruns außer Acht lassen zu können; sind die absonderungsberechtigten Gläubiger gem. § 51 InsO mit Mobiliarsicherheiten gem. § 166 ff. InsO dem konkurslichen Regime unterworfen, da der Insolvenzverwalter die Verwaltungs- und Verfügungsbefugnis über das Absonderungsgut grundsätzlich ausübt, scheint Bruns, ohne dies ausdrücklich zu thematisieren, die Berechtigung der Grundpfandgläubiger, außerhalb des Insolvenzverfahrens gem. § 49 InsO die belastete Immobilie im Wege der Zwangsversteigerung verwerten zu dürfen, zum Anlass zu nehmen, die Grundpfandgläubiger gleichsam aus der Betrachtung eines Insolvenz- als „Gesamtverfahren", um die Diktion des Art. 1 EuInsVO aufzugreifen, herauszunehmen. So spricht Bruns[220] zwar die Befugnis des Insolvenzverwalters oder des eigenverwaltenden Schuldners an, gem. § 30 d ZVG die einstweilige Einstellung des Zwangsversteigerungsverfahrens zu betreiben, um eine günstigere Verwertung der Immobilie im Rahmen der Masseverwertung herbeizuführen. Er meint indes, dass der Schutz gegen nutzungsbedingte Wertverluste gem. § 30 e ZVG bzw. § 143 b Abs. 2 ZVG dazu führe, „dass Grundpfandrechte in ihrer Werthaltigkeit im Liquidationsverfahren keiner gravierenderen Beeinträchtigung ausgesetzt sind"[221].

13.94   Damit vernachlässigt Bruns indes, dass die Befugnis des grundbuchlich erstrangigen Grundpfandgläubigers zur zwangsversteigerungsweisen Verwertung der Immobilie außerhalb des Insolvenzverfahrens zwei Konsequenzen nach sich ziehen kann, die gerade aus der Perspektive der verfassungsrechtlich unterlegten Prüfung durch Bruns ausgesprochen unerwünscht sein müssen. Mit der Zwangsversteigerung, die regelmäßig Wertverluste nach sich zieht, kann der grundbuchlich erstrangige Grundpfandgläubiger regelmäßig seine Befriedigung sicherstellen, während insbesondere angesichts fortgesetzt fallender Preise auf dem Immobilienmarkt[222] die grundbuchlich nachrangigen Grundpfandgläubiger ebenso leer ausgehen wie die ungesicherten Insolvenzgläubiger. Hand in Hand damit geht, dass das Verfahren der Zwangsversteigerung wegen der begrenzten Beitrittsmöglichkeiten der grundbuchlich nachrangigen Grundpfandgläubiger zum Verfahren (§ 74 a ZVG) – ebenso wie der Möglichkeit der Gewährung von Ausbietungsgarantien durch betreibende Gläubiger[223] – eine erheblich geringere Transparenz aufweist, als sie dem Insolvenzverfahren sowohl nach allgemeinen Regeln als auch nach den Regeln über den Insolvenzplan eigen ist.

---

219 Vgl. allein *Smid*, Grundzüge (Fußn. 208), § 1.
220 *Bruns*, KTS 2004, 1, 2.
221 *Bruns*, KTS 2004, 1, 2.
222 Worauf es indes nicht ankommt.
223 Vgl. *Stöber*, ZVG, 17. Aufl., 2002, § 71 Anm. 8.1 ff.

Legt daher der Schuldner einen Liquidationsplan vor, können die von *Bruns* angespro- **13.95** chenen verfassungsrechtlichen Bedenken erst da zur Geltung kommen, wo der Plan den Grundpfandgläubigern Eingriffe in ihre Rechtsstellung abverlangt, die aufgrund ihrer grundbuchlichen Rangstelle Aussicht auf einen Versteigerungserlös hätten. Das macht deutlich, dass es beim Liquidations-, anders als beim Reorganisations- und Fortführungsplan nicht um Stundungen geht, wie sie der grundpfandrechtlich gesicherten Bank im Mühldorfer Fall auferlegt worden waren[224]. Im Falle eines Liquidationsplans stellt sich naturgemäß die Frage nach einer möglichen Schlechterstellung des Grundpfandgläubigers, dessen grundbuchliche Rangstelle seine Befriedigung sicherstellen würde. Dieser Grundpfandgläubiger kann versucht sein, aus den unterschiedlichsten wirtschaftlichen Gründen seine Schlechterstellung dadurch darzutun, dass er z. B. potentielle Bieter präsentiert. Demgegenüber bietet die Orientierung am Verkehrswert des Grundstücks und der 7/10-Regelung den Vorteil, dass an normativ niedergelegte Kriterien bei der Beurteilung des best-interest-tests angeknüpft werden kann – deren Verfassungskonformität im Lichte des Art. 14 Abs. 1 GG im Übrigen nicht in Frage steht. Dies alles lässt Bruns aufgrund der auf Fortführungspläne begrenzten Perspektive seiner Darstellung unerörtert. Gleichwohl bedarf es aber näherer Überlegung: denn gegenüber der 7/10-Regelung trägt der Grundpfandgläubiger, der sich auf eine bessere Verwertungsmöglichkeit im Rahmen einer Zwangsversteigerung beruft, hierfür jedenfalls die Darlegungs- und Beweislast. Auch wenn man das Insolvenz- und Insolvenzplanverfahren zutreffend als Verfahren nicht streitiger freiwilliger Gerichtsbarkeit betrachtet[225], in dem der Amtsermittlungsgrundsatz gem. § 5 Abs. 1 InsO vorherrscht, muss doch der Beteiligte, der eine ihm günstige Entscheidung herbeiführen will, die entsprechenden Tatsachen nicht nur vortragen, sondern auch unter Beweis stellen. Dies gilt auch für das Verfahren nach § 251 Abs. 1 InsO bzw. § 245 Abs. 1 Nr. 1 InsO.

Nach alledem stehen die Erwägungen *Bruns'* den hier entwickelten Grundsätzen nicht im **13.96** Wege. Denn *Bruns*[226] wendet die absolute priority rule zwar auf das Verhältnis von Grundpfandgläubigern und ungesicherten Gläubigern und wohl auch im Verhältnis der Grundpfandgläubiger untereinander an. Hochgradig dunkel wird es indes, bedenkt man das Verhältnis der verschiedenen grundbuchlichen Rangklassen grundpfändlich gesicherter Absonderungsberechtigter auf der einen und der Gläubiger mit Absonderungsrechten aufgrund von Mobiliarsicherheiten auf der anderen Seite. Sind insofern die Grundpfandgläubiger in ihrer Gesamtheit den Absonderungsberechtigten gem. § 51 InsO i S. v. § 245 Abs. 1 Nr. 2 InsO „vorrangig"? *Bruns*[227] beantwortet diese Frage nicht, er stellt sie nicht einmal. Diese Frage kann man nicht dadurch umgehen, dass man behauptet, der jeweilige Vorrang des absonderungsberechtigten Gläubigers beziehe sich auf seine dinglich begründete Rangstelle. Denn durch die Regelung eines Liquidationsinsolvenzplans wird eine einheitliche Insolvenzmasse gebildet und nach Maßgabe der jeweiligen Berechtigung den Verfahrensteilnehmern durch die Festlegung von Dividenden zugewiesen.

---

224 Vgl. AG Mühldorf/Inn, B. v. 27.7.1999, 1 IN 26/99, NZI 1999, 422.
225 Vgl. NR-*Becker*, InsO, Stand: März 2004, § 5 RdNr. 1; *Smid*, Grundzüge (Fußn. 208), § 1 RdNr. 72 ff. m. w. N.
226 *Bruns*, KTS 2004, 1, 9 f..
227 *Bruns*, KTS 2004, 1, 9 f.

13.97   In der durch amerikanische termini geprägten Rechtssprache des Insolvenzplanverfahrens altertümlich klingend ausgedrückt lässt sich dies so formulieren: Die *ratio* des § 245 Abs. 2 Nr. 2 InsO liegt darin, dass den Absonderungsberechtigten im Verhältnis zu anderen Gläubigern keine Sonderopfer durch den Insolvenzplan zugemutet werden dürfen. Das Maß zur Bestimmung dafür, ob die Absonderungsberechtigten „angemessen" oder „unangemessen" an dem aufgrund des Planes den Gläubigern zufließenden Wert beteiligt werden, folgt im Falle des Liquidationsplanes wie im Falle des Regelinsolvenzverfahrens daraus, dass der aus dem Absonderungsrecht folgende Vorrang *dinglich* auf den Verwertungserlös des Pfandrechtsgegenstandes *beschränkt* ist.[228]

13.98   Vor diesem Hintergrund schlägt *Eidenmüller*[229] vor, die Regelung des § 245 Abs. 2 Nr. 2 InsO auf solche Fälle zu beschränken, in denen die absonderungsberechtigten Gläubiger durch den Plan nicht wenigstens den Wert erhalten, der dem Erlös des Sicherungsgutes entspricht. Damit würde indes das *Kernproblem* der Anwendung der absolute priority-Regelung im deutschen Insolvenzplanverfahren nicht gelöst. Denn damit würde die Partizipation des gesicherten Gläubigers am „Plangewinn" bzw. genauer an dem aufgrund des Planes erzielten Mehrerlös ausgeschlossen[230], die durch § 245 Abs. 2 Nr. 2 InsO sichergestellt werden soll.

13.99   Damit wäre aber auch die Liquidation des Schuldnervermögens durch einen *single asset real estate*-Plan auf den guten Willen der Grundpfandgläubiger angewiesen[231]; deren „Akkordstörung" würde einen Insolvenzplan immer dann zu Fall bringen, wann immer die nicht nachrangigen Insolvenzgläubiger aufgrund des Planes eine Quote erhielten. Können sich die grundpfandrechtlich gesicherten Gläubiger nicht auf ein gemeinsames Vorgehen zur Erteilung von Löschungsbewilligungen verständigen, um eine freihändige Verwertung der Immobilie möglich zu machen, ergäbe sich aus der absolute priority rule des § 245 Abs. 1 Nr. 2, Abs. 2 Nr. 2 InsO die wenig zielführende Konsequenz, dass – geht man von dem oben geschilderten Beispielsfall aus – der Schuldner die Zwangsversteigerung der Immobilien hinnehmen müsste, ohne die Möglichkeit einer wirtschaftlicheren Verwertung durch freihändigen Verkauf nutzen zu können.

13.100   Soll nicht ein systematisch abgesichertes Verständnis der Anwendung des § 245 Abs. 1 Nr. 2 InsO auch auf absonderungsberechtigte Gläubiger die Funktionstauglichkeit der Regeln des Insolvenzplanrechts aushebeln, stellt sich die Frage nach der Möglichkeit einer nicht nur im Einzelfall ansetzenden, sondern selbst systematisch rückgekoppelten teleologischen Reduktion dieser Vorschrift.[232]

13.101   Zwischen Sanierungsplänen und Fällen von Liquidationsplänen besteht freilich ein augenfälliger Unterschied.[233] Der Sanierungsplan steht (regelmäßig) der „unverzüglichen" Verwertung der Massegegenstände (vgl. § 159 InsO) entgegen, arg. § 233 S. 1

---

228 So zutreffend *Eidenmüller* (Fußn. 137), 197.
229 *Eidenmüller* (Fußn. 137), 198.
230 Wie *Eidenmüller* (Fußn. 137), 199 meint.
231 Was auch Autoren wie *Braun* (KTS 2004, 1) *im Ergebnis* ebenfalls befürchten!
232 Zutreffend *Eidenmüller* (Fußn. 137), 198.
233 Demgegenüber geht *Eidenmüller* (Fußn. 137), 198 weiter, indem er mit einer einschränkenden Auslegung des § 245 Abs. 1 Nr. 2 InsO für alle Arten von Plänen die Anwendung der absolute priority-Regelung begrenzen will.

InsO.[234] Der Liquidationsplan richtet sich demgegenüber gegen eine *bestimmte* Art der Verwertung, der eine ökonomisch sinnvollere entgegengestellt wird. Während daher der Sanierungsplan die gesicherten Gläubiger, regelmäßig die Grundpfandgläubiger, zum „Stehen lassen" von Sicherheiten und Weiterfinanzierung zwingt, stellt sich der Liquidationsplan als besondere Form der insolvenzverfahrensrechtlichen Universalexekution dar.

Es ist bereits oben (RdNr. 2.23, 13.92 ff.) darauf hingewiesen worden, dass die Grundpfandgläu-   **13.102** biger durch eine freihändige Verwertung der Immobilien regelmäßig gegenüber der Zwangsversteigerung nicht i S. v. § 245 Abs. 1 Nr. 1 InsO schlechter gestellt werden. Dies spielt indes nicht allein im Kontext des best interest tests eine Rolle, sondern ist auch im Rahmen der absolute priority-Regelungen des deutschen Insolvenzrechts relevant. Die Befürchtung, damit drohten die Bedeutungsgrenzen der Nr. 1 und 2 des § 245 Abs. 1 InsO verschoben zu werden, hat bereits *Eidenmüller*[235] zutreffend abgetan.

Es gelingt freilich auch nicht, die Anwendbarkeit der absolute priority-Regeln durch einen Rück-   **13.103** griff auf die oben beschriebene „Akzessorietät" von Sicherheit und Forderung „auszuhebeln", denn dies würde sich danach als logischer Trugschluss erweisen: Wird die Forderung durch Regelungen des Planes gekürzt, folgt daraus nicht, dass, weil das Sicherungsrecht des gesicherten Gläubigers insoweit nicht mehr valutiert, er auch aus der Sicherheit schon materiellrechtlich nicht mehr vorgehen kann und er daher am Wert angemessen i S. d. § 245 Abs. 2 Nr. 2 InsO beteiligt wird. Denn diese Sichtweise würde verkennen, dass die Forderung, die einer Kürzung usf. unterworfen wird, als *gesicherte* Forderung anzusehen ist.

Freilich ist insoweit zu differenzieren, was der oben dargestellte Beispielsfall (oben   **13.104** RdNr. 13.92) deutlich macht. Dazu bedarf es einer weiteren Erwägung. Grundschulden lauten über einen bestimmten Betrag. Es ist aber selbstverständlich, dass sie aufgrund der zugrunde liegenden Sicherungsabrede ebenso wenig zum Nennbetrag zu realisieren sind, wie Sicherungseigentum trotz fehlender Valutierung durchgesetzt werden könnte. Hier interessiert allein, dass im Insolvenzverfahren Grundpfandrechte durch einen Insolvenzplan nur insoweit betroffen werden können, wie sie a) aufgrund des Bestandes der gesicherten Forderung *valutieren und* b) das Grundpfandrecht *werthaltig* ist. Wird daher die durch ein werthaltiges (etwa in unserem Beispielsfall: ein grundbuchlich erstrangiges) Grundpfandrecht gesicherte Forderung eingeschränkt, kommt die absolute priority Regel zur Anwendung. Valutiert das Grundpfandrecht, ist es aber nicht werthaltig, weil es nicht durchgesetzt werden könnte, kommt es nicht zur Anwendung der absolute priority-Regeln.

Dies ist davon unabhängig, dass in diesem Fall der Gläubiger nach dem best interest test gem. § 245   **13.105** Abs. 1 Nr. 1 InsO aufgrund des Insolvenzplans nicht schlechter als im Regelinsolvenzplan steht. Entscheidend *dafür* ist, dass ein grundbuchlich „schlecht" platzierter Grundpfandgläubiger im Insolvenzverfahren nicht besser steht als im Regelinsolvenzverfahren. Dort könnte der Grund-

---

234 Uhlenbruck-*Lüer,* InsO, 12. Aufl., 2003, § 233 RdNr. 8 f. In diesem Zusammenhang kommt es nicht darauf an, ob diese Vorschrift auf den Verwalterplan anwendbar ist, vgl. allein Uhlenbruck-*Lüer,* § 233 RdNr. 2-7.
235 *Eidenmüller* (Fußn. 137), 198.

pfandgläubiger im Wege der Zwangsversteigerung ebensowenig erfolgreich vorgehen wie außerhalb des Insolvenzverfahrens.

13.106 Für die Anwendbarkeit der absolute priority-Regelung kommt es darauf an, ob die insolvenzrechtlich anerkannte Vorrechtsordnung durch den Insolvenzplan betroffen ist. Ein *Vorrecht* (dessen Schutz nach dem oben [RdNr. 13.57 ff.] Dargestellten die absolute priority rule beabsichtigt), genießt die Forderung nur, soweit die Sicherheit *wirklich* reicht. Der Gläubiger, dessen Forderung mit einer grundbuchlich nachrangigen Grundschuld gesichert ist, wird auch dann an der Verteilung der Masse *nicht unangemessen* beteiligt, wenn Insolvenzgläubiger „etwas" erhalten: Denn er steht auch rechtlich nicht anders als ungesicherte Insolvenzgläubiger dar, weil eine Zwangsvollstreckung in die Immobilie aus seinem Grundpfandrecht unergiebig geblieben wäre.

13.107 Wenn aber die **Werthaltigkeit von Grundpfandrechten** für die Anwendbarkeit der Regeln über den Vorrangschutz im Insolvenzplanverfahren entscheidend ist, stellt sich die Frage nach dem Bewertungsmaßstab. Für Grundpfandrechte bedarf es anders als bei beweglichem Sicherungsgut (sicherungsübereigneten Sachen und sicherungszedierten Forderungen und Rechten) keiner wirtschaftlichen Bewertung. Das Gesetz – das ZVG – gibt den Bewertungsmaßstab durch das geringste Gebot. Der mit dem Insolvenzplan gem. § 245 Abs. 1 Nr. 2, Abs. 2 Nr. 2 InsO zu berücksichtigende Vorrang des Grundpfandgläubigers reicht daher soweit wie das geringste Gebot.

13.108 Der Insolvenzplan wird weitere Anwendung finden, sobald die ihn strukturierenden Regelungen begriffen werden können. Dabei müssen gekünstelte Konstrukte wie die Beschreibung von Absonderungsrechten als „Aliud" zugunsten einer Untersuchung der sich aus dem deutschen Recht ergebenden Sachkriterien verabschiedet werden. Der hier entwickelte Vorschlag beschränkt sich zunächst auf eine eng umrissene Fallgruppe; er versteht sich als Ansatz, von dem aus Fälle einer Sanierung von Unternehmensträgern diskutiert werden können.

V. Regelung des § 245 Abs. 1 Nr. 3 InsO

1. Mehrheitsentscheidungen, Gläubigerautonomie und numerische Minderheiten bei der Bestätigung des Insolvenzplans

13.109 Nur vordergründig unproblematisch erscheint die Auslegung der Vorschrift des § 245 Abs. 1 Nr. 3 InsO; sie ist nämlich durchaus nicht frei von erheblichen Bedenken. Denn die Vorschrift verweist auf Verfahren der Gläubigerautonomie, die dem Insolvenzverfahren als einem in die Hand der Gläubigergemeinschaft[236] gelegten, vom Gericht beaufsichtigten Exekutionsverfahren[237] wesenseigen sind. Bereits das überkommene Konkurs- und Gesamtvollstreckungsrecht sah mit dem Institut des Zwangsvergleichs gem. §§ 173 ff. KO bzw. § 16 GesO die Möglichkeit einer Beendigung des Insolvenzverfahrens aufgrund einer Mehrheitsentscheidung der Gläubiger vor. Freilich sind für das

---

236 *Hegmanns*, Der Gläubigerausschuß, 1986, 4 ff.; *Pape*, ZIP 1990, 1251 ff.
237 Zum Gesamtvollstreckungscharakter des Insolvenzverfahrens vgl. *Henckel*, in: FS Merz, 1992, 197 ff.

Zustandekommen eines Zwangsvergleichs qualifizierte Mehrheiten von Insolvenzgläubigern erforderlich: § 182 Abs. 1 Nr. 1 und Nr. 2 KO und § 16 Abs. 4 GesO forderten eine Mehrheit der im Termin anwesenden Gläubiger *und* eine Mehrheit von drei Vierteln der Gesamtsumme aller stimmberechtigten Forderungen. Das Verfahren der Abstimmung nach Gruppen würde es nach dem Wortlaut des § 245 Abs. 1 Nr. 3 InsO demgegenüber ermöglichen, dass eine **numerische Minderheit** von Gläubigern sowohl gemessen nach Kopfzahlen als auch nach der Summe der von ihnen angemeldeten Forderungen die Annahme des Insolvenzplans bewirken kann, sofern sie nur die Mehrheit von Abstimmungsgruppen majorisiert. Das hört sich wenig überzeugend an, erhält aber durch die gesetzliche Regelung der Gruppenbildung gem. § 222 InsO Nahrung. Bleibt es bei den von Gesetzes wegen in § 222 Abs. 1 InsO vorgesehenen Abstimmungsgruppen, ist die hier angesprochene Gefahr relativ gering; sie steigt aber proportional zur Zahl der nach § 222 Abs. 2 InsO zusätzlich durch den Plan selbst initiierten Gruppen. Der Gesetzgeber hat sich darüber im Übrigen keine Gedanken gemacht.

Folgendes Beispiel mag deutlich machen, worum es geht: Der Insolvenzplan in einem Insolvenz- **13.110** verfahren sieht die Bildung der Gruppen nach § 222 Abs. 1 Nr. 1 bis 3 InsO, einer Arbeitnehmergruppe, einer Vermietergruppe, einer Gruppe gebildet aus den Kreditinstituten sowie zwei weiterer Gruppen für Kleingläubiger (Lieferanten und Handwerker, vgl. § 222 Abs. 3 S. 2 InsO) vor. Die Arbeitnehmergruppe und die Vermietergruppe lehnen die Annahme des Planes wegen einer als unzureichend empfundenen Sozialplanregelung ab. Die Zustimmung der Gruppe von nachrangigen Gläubigern gem. § 222 Abs. 1 Nr. 3 InsO wird nach 246 InsO fingiert. Die Gruppe der Absonderungsberechtigten (also die der Kreditinstitute) und die Gruppen der Kleingläubiger erteilen dem Insolvenzplan mit knappen gruppeninternen Mehrheiten ihre Zustimmung. Die genannten Gruppen, die positiv durch Mehrheitsbildung dem Plan zugestimmt haben, repräsentieren nicht notwendig die Mehrheit der abstimmungsberechtigten Gläubiger, stellen aber die Mehrheit der durch den Plan gebildeten Abstimmungsgruppen dar. Die Vermietergruppe und die Arbeitnehmergruppe, die einen wesentlichen Teil der Forderungen neben der Gruppe gem. § 222 Abs. 1 Nr. 2 InsO repräsentieren, werden m. a. W. in dem hier gebildeten Beispiel „ausgeschaltet". Die Fiktion des § 246 InsO bleibt zwar bei der Berechnung der Mehrheiten außer Ansatz[238]; das führt aber nur dazu, dass wenigstens *eine* der an der Abstimmung beteiligten Gruppen dem Insolvenzplan zugestimmt haben muss.

Die außerordentlich problematische Frage nach der Gruppenbildung im Plan ist bereits diskutiert **13.111** worden[239]; diesem Verfahren wohnen erhebliche Manipulationsgefahren inne. Fraglich ist, wie dieser Gefahr begegnet werden kann, dass aufgrund einer **numerischen Minderheit** gem. § 245 Abs. 1 Nr. 1 und Nr. 2 InsO die Ablehnung des Planes „niedergeschlagen" werden kann. Die Zurückweisung des vorgelegten Insolvenzplans gem. § 231 InsO gibt insoweit wenig her; diese Vorschrift entspricht etwa § 186 KO, der in seiner Nr. 1 eine Verwerfung des Zwangsvergleichs von Amts wegen für den Fall vorsah, dass die für Verfahren und Abschluss des Zwangsvergleichs maßgeblichen Vorschriften nicht beachtet worden sind. Eine Abweichung von den gesetzlichen Vorschriften über den Inhalt des Planes gem. § 231 Abs. 1 Nr. 1 InsO liegt nicht vor. Denn eine von der gesetzlichen Regelung abweichende Gruppenbildung ist nach § 222 Abs. 2 InsO ausdrücklich zulässig, sofern sie nur nach wirtschaftlichen Kriterien erfolgt – was in unserem Beispielsfall eingehalten worden ist: Lieferanten und Handwerker haben durchaus möglicherweise unterschied-

---

238 So ausdrücklich Amtl. Begr., BT-Drucks. 12/2443, 209 (zu § 290); Beschl.-Empfehlung des RechtsA, BT-Drucks. 12/7302, 184 (zu § 290).
239 Vgl. oben RdNr. 7.1 ff.

liche wirtschaftliche Interessen; ihre Forderungen beruhen zudem auf Rechtsgründen, die ggf. höchst unterschiedlich zu beurteilen sind (man denke nur an das Gewährleistungsrecht!). Dass mit der konkreten Gruppenbildung Missbrauch betrieben werden kann, wird dem Insolvenzgericht insbesondere dann kaum auffallen, wenn der Missbrauch später erfolgreich zur Annahme des Insolvenzplans führt – weil die Initiatoren dann umsichtig und klug vorgegangen sind! Aus diesem Grunde greift auch die insolvenzgerichtliche Kontrolle durch amtswegige Versagung der Bestätigung des Insolvenzplans gem. § 250 InsO nicht: Denn Verfahrensvorschriften werden nicht verletzt (§ 250 Nr. 1 InsO) und daher ist die Annahme des Insolvenzplans auch nicht unlauter herbeigeführt (§ 250 Nr. 2 InsO), selbst wenn sie durch eine (gemessen an den Maßstäben des überkommenen Rechts) im Übrigen nicht dazu legitimierte Minderheit von Gläubigern bewirkt worden ist.

13.112 Es ist nötig, daran zu erinnern, dass dieser Minderheit von Gläubigern durch das Obstruktionsverfahren ein rechtliches Mittel an die Hand gegeben wird, der Entscheidung der Mehrheit die rechtliche Wirksamkeit, die Möglichkeit der Einflussnahme auf das Verfahren zu nehmen. Das gibt Anlass, über Korrekturen nachzudenken. Wie erwähnt, findet sich nirgendwo in den Gesetzesmaterialien ein Hinweis auf die Problematik des § 245 Abs. 1 Nr. 3 InsO. Dass der Gesetzgeber die Möglichkeit eröffnen wollte, dass die Zustimmung auch nur einer Gruppe die Annahme des Planes auf dem Weg der Obstruktionsentscheidung solle bewirken können, steht allerdings außer Zweifel[240]. Freilich bezieht sich dies auf die Fälle des § 245 Abs. 1 Nr. 1 und Nr. 2 InsO; der Fall des § 245 Abs. 1 Nr. 3 InsO wird nicht erörtert. Soll aber eine Obstruktionsentscheidung auch ohne die inhaltlichen (materiellen) Voraussetzungen des § 245 Abs. 1 Nr. 1 und Nr. 2 InsO ergehen können, muss deren Legitimation an die **Verfahrensstruktur des Insolvenzverfahrens** angebunden werden: Die Nr. 1 und Nr. 2 des § 245 Abs. 1 InsO verweisen auf dessen wirtschaftliche Funktion der Haftungsverwirklichung im Insolvenzverfahren; Nr. 3 dieser Vorschrift ist im verfahrensrechtlichen Bereich angesiedelt, dort also, wo die **Gläubigerautonomie** ihren Ort hat. Sie aber verweist auf die Verfahren der kollektiven Entscheidung durch die Gläubiger, die im Übrigen auch nach der InsO gem. deren § 76 Abs. 2 dadurch erfolgt, dass Beschlüsse der Gläubigerversammlung zustande kommen, wenn die Summe der Forderungsbeträge der zustimmenden Gläubiger mehr als die Hälfte der Summe der Forderungsbeträge der abstimmenden Gläubiger beträgt. Im Übrigen spricht der Gesetzgeber selbst in der Überschrift des § 251 InsO von einem „Minderheitenschutz", der keinen Sinn hätte, wenn es stets nur um den Schutz der numerischen Minorität der zustimmenden Gläubiger durch Obstruktionsentscheidungen gegen die dissentierende Gläubigermehrheit ginge. Auch wenn § 251 InsO **keine starke Argumentationsgrundlage** für eine korrigierende Auslegung liefert, bleibt es doch dabei, dass § 245 Abs. 1 Nr. 3 InsO nur dann eine Legitimationsgrundlage für „Obstruktionsentscheidungen" bieten kann, wenn als ungeschriebene Voraussetzung der Ersetzung der Zustimmung diese Vorschrift dahin gehend ergänzt wird, dass die Voraussetzungen des § 76 Abs. 2 InsO vorliegen müssen.

13.113 Andernfalls würde die Verweigerung der Annahme des Plans durch eine oder mehrere Gruppen dazu führen, dass die Mehrheitsregelung des § 244 Abs. 1 Nr. 2 InsO ausgehebelt würde. Diese

---

240 Amtl. Begr., BT-Drucks. 12/2443, 209 (zu § 290).

Regelung bezieht sich zwar ihrem Wortlaut nach auf die Mehrheitsverhältnisse innerhalb der jeweiligen Abstimmungsgruppe. Der Gesetzgeber selbst hat aber in der Amtlichen Begründung zu § 289 RegEInsO ausgeführt, diese Regelung stimme im Ausgangspunkt mit dem überkommenen Recht des gerichtlichen Vergleichs, des Zwangsvergleichs im Konkurs und des Vergleichs im Gesamtvollstreckungsverfahren überein (§ 74 Abs. 1 VerglO, § 182 Abs. 1 KO, § 16 Abs. 4 S. 3 GesO): Für die Zustimmung der Gläubiger zum Plan wird eine doppelte Mehrheit verlangt, nämlich eine Mehrheit nach der Zahl der Gläubiger (Kopfmehrheit) und eine Mehrheit nach der Höhe der Ansprüche (Summenmehrheit).[241]

Für die oben angesprochene Ergänzung spricht schließlich auch eine rechtsvergleichen- **13.114** de Überlegung: Nach dem US-amerikanischen Recht ist zunächst einmal ausdrücklich gesetzlich geregelte Voraussetzung für die Durchführung eines *cramdown*-Verfahrens, dass mindestens eine Gläubigergruppe dem Plan zugestimmt hat (§ 1129 a 10 BC). Dies soll auch im deutschen Recht gelten[242]. Daher hat das Insolvenzgericht also nicht aufgrund eigener, gegenüber derjenigen der Gläubigerversammlung vermeintlich besserer Erkenntnis von Amts wegen auch ohne die wenigstens durch eine Gruppe abstimmungsberechtigter Gläubiger erteilte Zustimmung die Bestätigung zu erteilen. Die Initiative zur Vorlage eines Planes liegt, wie bereits oben angesprochen, nach dem Wortlaut des § 218 InsO bei dem Schuldner oder dem Verwalter[243]. Daher kann es Situationen geben, in denen einem Insolvenzplan die Zustimmung durch alle Gläubigergruppen versagt wird, beispielsweise, wenn der Initiator die Unterstützung der ursprünglich an der Planinitiative interessierten Gläubigergruppen verliert. Dem Insolvenzgericht obliegt in diesen Fällen nicht die Aufgabe einer amtswegigen Prüfung der Voraussetzung der Obstruktion der Gläubiger: Zu einem anderen Ergebnis kommt man auch dann nicht, wenn man es – im Falle des Schuldnerantrags – als Aufgabe des Insolvenzgerichts ansieht, dem insolventen Schuldner den Weg zu einer Restschuldbefreiung zu ebnen – § 1 InsO. Im Falle der Planinitiative des Verwalters[244] folgt die Notwendigkeit einer amtswegigen Ermittlung der Tatbestandsvoraussetzungen des § 245 InsO auch nicht aus der Aufgabe der Überwachung des Insolvenzverwalters durch das Gericht. Denn die Ablehnung des Plans durch *alle* Gläubigergruppen zeigt bereits, dass *diese* Maßnahme des Verwalters wenigstens nicht sinnvoll war: *Mehr* muss das Insolvenzgericht insoweit nicht wissen, als dass es um die Frage der Bestätigung eines abgelehnten Insolvenzplans geht. Und etwas anderes ergibt sich selbst dann nicht, wenn man § 78 InsO (den bisherigen § 99 KO) betrachtet. Denn die Überprüfung eines nach Ansicht des Verwalters masseabträglichen Beschlusses der Gläubigerversammlung erfolgt nur auf Antrag des Verwalters.[245]

---

241 Amtl. Begr. BT-Drucks. 12/2443, 208 (zu § 289).
242 Amtl. Begr. BT-Drucks. 12/2443, 205, 208; *Stürner*, in: Leipold (Hrsg.), Insolvenzrecht im Umbruch, 1991, 41, 46.
243 Zur Reichweite des § 218 InsO vgl. Smid-*Smid*, InsO, 2. Aufl., 2001, § 218 RdNr. 8 ff.
244 An anderer Stelle habe ich ausgeführt (vgl. RdNr. 3.1 ff.), dass eine solche Initiative wohl regelmäßig von einem Beschluss der Gläubigerversammlung angestoßen werden wird, da dem Verwalter mit der übertragenden Sanierung nach geltendem Recht einfachere Instrumentarien einer Abwicklung der Insolvenz unter Erhalt der wirtschaftlichen Einheit des Schuldners zur Verfügung stehen.
245 Zum Umfang der daraufhin anzustellenden Ermittlungen unten RdNr. 19.15 ff.

2. Keine „gestalterischen" Befugnisse des Insolvenzgerichts

13.115 Die Bestätigung des Insolvenzplans ist nach der Vorstellung des Reformgesetzgebers kein Instrument einer eigenen Gestaltung des Verfahrensablaufs durch das Insolvenzgericht *gegen* die Entscheidung durch die Gläubigergemeinschaft. Denn nach dem erklärten Willen des Gesetzgebers sollte das Insolvenzplanverfahren einer Deregulierung des Insolvenzverfahrens das Feld bereiten[246]. Aber selbst unter der Voraussetzung, dass man entgegen den verlautbarten ausdrücklichen Absichtserklärungen von einem legislatorischen Willen ausgehen wollte, die Gläubigerautonomie zu schwächen, wird damit doch keinesfalls ein „etatistisch" geprägtes Insolvenzverfahren nach französischem Vorbild eingerichtet. Das Insolvenzplanverfahren hebt die Gläubigerautonomie und damit die Stellung des Gerichts als Aufsichtsorgan nicht auf. Seine Tätigkeit setzt Aktivitäten der Gläubiger voraus, auf die es seine Aufsicht bezieht; Raum für eigene wirtschaftliche Gestaltungen durch das Gericht sieht auch die InsO nicht vor.

---

246 Amtl. Begr., BT-Drucks. 12/2443, 90.

Kapitel 14: Das Widerspruchsrecht des Insolvenzschuldners gegen den beschlossenen Insolvenzplan (§ 247 InsO)

I. Gesetzliche Regelung

1. Eigene verfahrensrechtliche Beteiligtenstellung des Insolvenzschuldners

Mit der Überwindung „obstruktiver" Ablehnung des Planes durch einzelne Gläubiger **14.1** ist die gerichtliche Bestätigung des Insolvenzplans aber noch nicht sichergestellt. Vielfältige **Schwierigkeiten** wirft auch die Vorschrift des § 247 InsO auf, der die Beteiligung des Insolvenzschuldners betrifft. Sie hat folgenden Hintergrund: Anders als im überkommenen Konkursverfahren nimmt der Schuldner, wie die vorangegangenen Überlegungen haben deutlich werden lassen, im Insolvenzverfahren eine andere, stärkere Stellung ein. Seine **Stellung als Verfahrensbeteiligter** ist nicht zu übersehen. Das spielt auch eine Rolle im Zusammenhang der „Verabschiedung" des Insolvenzplans. So wie die Gläubiger dem Plan ihre Zustimmung erteilen müssen, bedarf es nach der Vorstellung des Reformgesetzgebers auch der Zustimmung seitens des Insolvenzschuldners. § 247 Abs. 1 InsO bestimmt, dass die Erteilung dieser Zustimmung fingiert wird, wenn der Insolvenzschuldner dem Plan nicht spätestens im Abstimmungstermin schriftlich oder zu Protokoll der Geschäftsstelle des Insolvenzgerichts widerspricht. Diese Fiktion soll, so die Amtliche Begründung[1], dem Interesse der Rechtssicherheit dienen.

2. Beschränkung des Widerspruchsrechts auf die Person des Insolvenzschuldners

Bereits an anderer Stelle[2] haben wir im Zusammenhang mit der Klärung des Beteiligtenbegriffs **14.2** darauf hingewiesen, dass § 247 InsO im Gegensatz zum früheren § 293 RegEInsO für den Fall, dass der Schuldner keine natürliche Person ist, *nicht mehr vorsieht*, dass auch die Kapitalmehrheit der an ihm beteiligten Personen ein Widerspruchsrecht hat[3]. Der Gesetzgeber hat dies freilich im Gesetzgebungsverfahren schlicht übersehen, dessen Begründung wohl davon ausgeht, alles sei „beim alten" geblieben.

Mit der Einräumung dieses Widerspruchsrechts scheinen sich im Übrigen wegen des **14.3** Verhaltens des Insolvenzschuldners die gleichen Probleme zu stellen, die der Gesetzgeber zur **Vermeidung von Akkordstörungen** mit § 245 InsO zu lösen versucht hat: Widerspricht der Insolvenzschuldner dem Insolvenzplan, bestimmt § 247 Abs. 2 InsO die Voraussetzungen, unter denen der Widerspruch unbeachtlich ist.

---

1 Amtl. Begr. RegEInsO, BT-Drucks. 12/2443, 210 (zu § 293).
2 Oben RdNr. 6.16 ff.
3 Vgl. auch die Beschlussempfehlung des RechtsA zum RegEInsO, BT-Drucks. 12/7302, 184 (zu § 293).

3. Grundgedanken des Obstruktionsverbots

14.4 Diese Vorschrift überträgt die Grundgedanken des Obstruktionsverbots in § 245 InsO auf den Widerspruch des Schuldners[4]. Der Schuldner **wird unangemessen benachteiligt**, wenn der Plan seine Rechtsstellung verschlechtert. In der Amtlichen Begründung zu § 293 RegEInsO wird dafür beispielhaft genannt, dass der Plan dem Schuldner eine weitergehende Haftung auferlegt als die gesetzliche Regelung. Ferner ist der Widerspruch des Insolvenzschuldners beachtlich, wenn der wirtschaftliche Wert, der durch den Plan realisiert wird, so verteilt wird, dass einzelne Gläubiger mehr erhalten, als sie zivilrechtlich zu beanspruchen haben.

4. Widerspruchsrecht des Insolvenzschuldners bei eigener Planinitiative?

14.5 **a) Rechtslage nach früherem Recht.** § 247 Abs. 1 S. 1 InsO räumt dem Schuldner also das Recht ein, dem Plan im Abstimmungstermin zu widersprechen, und in § 247 Abs. 2 InsO wird näher festgelegt, unter welchen Voraussetzungen eine unangemessene Benachteiligung des Schuldners vorliegt. Ist der Widerspruch nach diesen Regeln beachtlich, so **darf das Gericht den Plan nicht bestätigen**. Nach früherem Recht konnte die Initiative zum Abschluss eines Vergleichs gem. § 2 Abs. 1 S. 2 VerglO nur vom Vergleichsschuldner ausgehen, bei dem es lag, seinen Gläubigern einen Vergleichsvorschlag zu unterbreiten. Das gleiche galt für den Zwangsvergleich (§ 173 KO, § 16 Abs. 1 GesO). Wurde der Vergleich angenommen, war der Gemeinschuldner selbstverständlich daran gebunden.

14.6 Das folgte schon aus der vertragsrechtlichen Konstruktion des Vergleichs bzw. Zwangsvergleichs, auf die wir bereits oben[5] kurz eingegangen sind. Die durch das Vergleichs- bzw. durch das Konkursverfahren konstituierte Gläubigergemeinschaft nahm also den Antrag des Gemeinschuldners auf Abschluss eines Vergleichsvertrages mit den die **dissentierende Minderheit bindenden jeweiligen Mehrheiten** der §§ 74 VerglO, 182 KO oder 16 Abs. 4 S. 2 GesO an. Der Gemeinschuldner konnte sich aus dem Vergleich nur durch Anfechtung gem. § 123 BGB lösen. Dagegen war klar, dass für die Anwendung der Irrtumsanfechtung gem. § 119 BGB kein Raum war[6]. Der Vergleich kann aber auch soweit angefochten werden, wie der Anfechtende ohne Verschulden außerstande war, den Anfechtungsgrund im gerichtlichen Bestätigungsverfahren geltend zu machen (vgl. § 196 Abs. 2 KO)[7]. Der Grund dafür liegt nicht in einer Vergleichbarkeit von Konkurs bzw. dem in seinem Rahmen ablaufenden Bestätigungsverfahren und dem Prozess, sondern in der Funktion des Konkurses, eine abschließende Bereinigung der Verbindlichkeiten des Schuldners herbeizuführen.

14.7 **b) Venire contra factum proprium.** Mit anderen Worten bestand nicht nur, wie die Amtliche Begründung zu § 293 RegEInsO meint[8], nach früherem Recht **kein „Bedürfnis für ein Widerspruchsrecht des Schuldners"**. Ein „Widerspruch" des Insolvenzschuldners gegen den Plan wäre auch nicht etwa ein **venire contra factum proprium** gewesen. Vielmehr war für ein wie auch immer geartetes Widerspruchsrecht aus **allgemeinen Gründen der Bindungswirkung der Willenserklärung** kein Raum. Dass auch in die Rechte des Schuldners mit dem Vergleich oder Zwangsvergleich eingegriffen werden konnte (etwa weil er sich verpflichtete, beschlagsfreies

---

4 Amtl. Begr., BT-Drucks. 12/2443, 210.

5 Oben RdNr. 6.1 ff.

6 *Kilger/K. Schmidt*, Konkursordnung, 17. Aufl., 1997, § 173 Anm. 1; *Kuhn/Uhlenbruck*, Konkursordnung, 11. Aufl. 1994, § 173 RdNr. 1 ff.

7 Vgl. Smid-*Smid*, GesO, 3. Aufl., 1997, § 16 RdNr. 4.

8 Amtl. Begr., BT-Drucks.12/2443, 210.

Vermögen zuzuschießen o. dgl. m.), hat unter der Geltung des überkommenen Rechts mit gutem Grunde niemanden beunruhigt.

Den Gesetzgeber der InsO hat dagegen der Umstand, dass in einem Plan auch in die **14.8** **Rechtsstellung des Schuldners regelnd eingegriffen** werden kann, dazu veranlasst, ihn mit dem Widerspruchsrecht gem. § 247 Abs. 1 InsO auszustatten. Der Schuldner müsse, so die Überlegung des Gesetzgebers, in die Lage versetzt werden, das Wirksamwerden eines Plans zu verhindern, wenn dieser die Rechte des Schuldners unangemessen beeinträchtige[9].

Insbesondere befürchtet der Gesetzgeber, dass mittels des Plans in das Recht des Insolvenzschuld- **14.9** ners auf einen Überschuss, der nach der Verteilung des Erlöses aus der Verwertung der Insolvenzmasse an die Gläubiger verbleibt, eingegriffen und seine Haftung nach der Beendigung des Insolvenzverfahrens zu seinen Ungunsten modifiziert werden könne[10].

II. Reichweite des Widerspruchsrechts des Insolvenzschuldners im Falle seiner Planinitiative

1. Die ursprüngliche Konzeption des Gesetzgebers

Das dem Insolvenzschuldner eingeräumte Widerspruchsrecht ist nicht frei von Friktio- **14.10** nen. Es beruht auf einem Bild vom Insolvenzplanverfahren, das sich bereits im Verlauf der **Reformdiskussion** unter dem Einfluss der Kritik verflüchtigt hat: Der Gesetzgeber ging, wie wir oben[11] eingehender dargestellt haben, von einer „Konkurrenz" verschiedener Planentwürfe aus. Bereits durch die Beschränkung des Kreises der Planinitiativberechtigten ist dieser Vorstellung der Boden entzogen worden; sie war angesichts der erheblichen Kosten der Aufstellung eines Insolvenzplans nie sehr realistisch.

In diesem, dem Gesetzgeber ursprünglich idealtypisch erschienen Verfahren der Erörterung kon- **14.11** kurrierender Insolvenzpläne wäre der schließlich verabschiedete Plan das Produkt rationaler Erörterung durch alle Beteiligten gewesen, der sich von seinen Ursprüngen in unterschiedlichen Entwürfen gelöst hätte. Es bedarf keiner erneuten Kritik eines besagten Bildes, das mit dem vom Gesetzgeber verfolgten Impetus einer Deregulierung an das Diskursmodell *Jürgen Habermas'* erinnert. *Wäre* es realisiert worden, hätte das Widerspruchsrecht des Insolvenzschuldners noch einen angebbaren Sinn gehabt. Denn alle Beteiligten wären dann – anders als im überkommenen Recht – mit einem Insolvenzplan konfrontiert worden, der nicht mehr auf die Urheberschaft *eines* interessierten Initiators hätte zurückgeführt werden können. Auch die Planinitiative des Insolvenzschuldners wäre also schließlich in einen Plan eingemündet, der das Produkt einer Abwägung sehr unterschiedlicher Interessen gewesen wäre.

2. Auswirkungen der Einleitung des Verfahrens nach den §§ 217 ff. InsO auf das Widerspruchsrecht des Planinitiators

Das Verfahren der InsO unterscheidet sich davon gravierend. Es ist insofern weitaus **14.12** stärker dem Vergleichs- und Zwangsvergleichsverfahren angenähert, als es den ursprüng-

---

9 Amtl. Begr., BT-Drucks. 12/2443, 210.
10 Amtl. Begr., BT-Drucks. 12/2443, 210.
11 RdNr. 3.2. f.; RdNr. 11.25 f.

lichen Intentionen des Gesetzgebers entsprochen hat. Ein weiteres kommt hinzu. Wie sich gezeigt hat, wird die Planinitiative des Insolvenzschuldners den Regelfall der Einleitung eines Insolvenzplanverfahrens darstellen. Ein „diskursives Aushandeln" des zu verabschiedenden Plans wird schon in Ermangelung entsprechender Anreize für den Insolvenzverwalter, einen konkurrierenden Plan auszuarbeiten, keinen Raum haben.

14.13   Die Annahme des Insolvenzplans lässt sich dennoch nicht mehr ohne weiteres als die eines Vertragsangebots des Insolvenzschuldners als Planinitiator durch seine Gläubiger deuten.

3. Ausschluss des Widerspruchsrechts des Insolvenzschuldners wegen § 247 Abs. 2 Nr. 1 InsO im Falle seiner Planinitiative

14.14   **a) Treuwidrigkeit des Widerspruchs durch den Insolvenzschuldner.** Der initiierende Insolvenzschuldner, der das Insolvenzplanverfahren in Gang setzt, kann sich aber unabhängig von der Qualifikation des Insolvenzplans nicht darauf berufen, er habe den Plan „so" nicht gewollt: Er wird *regelmäßig* eine Sanierung nur unter der Voraussetzung erreichen können, dass er auf Rechte verzichtet, auf die andernfalls seine Gläubiger keinen Zugriff nehmen könnten.

14.15   Der **Schuldner „erkauft" sich damit erhebliche Vorteile.** Handelt es sich beim Insolvenzschuldner um eine natürliche Person oder um den persönlich haftenden Gesellschafter einer Personenhandelsgesellschaft, kann dessen persönliche Haftung und ggf. seine Restschuldbefreiung abweichend von den gesetzlichen Vorschriften geregelt werden. Die Amtliche Begründung zu § 253 RegEInsO[12] (heute § 217 InsO) nennt als Beispiel hierfür, dass etwa die Laufzeit eines Schuldenbereinigungsplans kürzer sein kann als die sechsjährige „Wohlverhaltensperiode", und die Leistungen des Schuldners während der Laufzeit abweichend von der gesetzlichen Regelung festgesetzt werden können.

14.16   Schlägt der Insolvenzschuldner in dem von ihm initiierten Planentwurf zur Erlangung derartiger Vorteile Eingriffe in seine Rechte vor, würde sich sein Widerspruch gegen den Plan als **venire contra factum proprium** darstellen. Es lässt sich im Fall der insolvenzschuldnerischen Planinitiative daher nicht im Umkehrschluss aus § 247 Abs. 2 Nr. 1 InsO folgern, dass dem Schuldner im Falle einer „wirtschaftlichen Schlechterstellung" durch den Plan ein Widerspruchsrecht zustände. Denn in Rahmen seiner Planinitiative hat er bereits kalkuliert, dass der von ihm entworfene Plan ihm wirtschaftlichen Nutzen bringt.

14.17   **b) Fallgruppen.** Das Widerspruchsrecht des Insolvenzschuldners ist deshalb im Falle *seiner* Planinitiative entgegen dem Wortlaut des § 247 Abs. 2 InsO in erheblichem Maße einzuschränken: **Das Widerspruchsrecht ist** ausgeschlossen, wenn der vom Schuldner entworfene und initiierte Plan von den Gläubigern *unverändert* angenommen wurde. Denn in diesem Fall wäre es evident, dass die Ausübung des Widerspruchsrechts durch den Schuldner *treuwidrig* wäre.

14.18   Aber auch wenn der Planentwurf des Schuldners aufgrund des Ergebnisses der Stellungnahmen nach § 232 InsO gem. § 240 InsO in abgeänderter Fassung zur Abstimmung gestellt und angenommen worden ist, ist bei der Beurteilung der Voraussetzungen seines

---

12 Amtl. Begr. 12/2443, 195.

Widerspruchsrechts zu berücksichtigen, dass die **Abänderungsbefugnis** dem Schuldner **als Vorlegendem zusteht**. Niemand zwingt den Planinitiator zur Vornahme der Abänderung; es steht ihm frei, die mehrheitliche Ablehnung des Planes zu riskieren, wenn er meint, dass er durch die an ihn herangetragenen Änderungs„wünsche" wirtschaftlich übermäßig belastet werde.

Oben wurde dargestellt[13], dass der Planinitiator das in Gang gesetzte Insolvenzplanverfahren nicht **14.19** dadurch „stoppen" kann, dass er seinen Antrag (§ 218 InsO) zurücknimmt. Auch wenn er diese Befugnis nicht hat, stehen ihm doch hinreichende Mittel zur Verfügung, um sich gegen einen ihn unverhältnismäßig benachteiligenden Plan im Rahmen seiner Planinitiative zu wehren.

Eine weitere Überlegung macht das deutlicher: Der Gesetzgeber[14] hat zutreffend fest- **14.20** gestellt, es sei nicht sinnvoll, dass die Gläubiger über eine Fortführung des Unternehmens durch eine natürliche Person oder durch eine Gesellschaft mit persönlich haftenden Gesellschaftern entscheiden, solange nicht feststehe, dass deren Bereitschaft bestehe, die persönliche Haftung für die Fortführung des Unternehmens zu übernehmen. Er hat daher in § 230 Abs. 1 InsO vorgeschrieben, dass in einem solchen Fall dem Plan eine entsprechende Erklärung des Schuldners oder der persönlich haftenden Gesellschafter beizufügen ist. Der Gesetzgeber hält diese Erklärung des Schuldners für entbehrlich, wenn dieser selbst den Plan vorgelegt hat (§ 230 Abs. 1 S. 3 InsO). D. h., auch der Gesetzgeber geht davon aus, dass in diesem Fall der Insolvenzschuldner *durch* seine Planinitiative „Urheber" der in seine Rechte „planmäßig" vorzunehmenden Eingriffe ist; es leuchtet vor diesem Hintergrund aber nicht ein, ihm dann gegen seinen, von den Gläubigern akzeptierten Vorschlag ein Widerspruchsrecht einzuräumen.

4. § 247 Abs. 2 Nr. 2 InsO
Das gleiche gilt „eigentlich" im Rahmen der Planinitiative des Insolvenzschuldners **14.21** grundsätzlich auch für § 247 Abs. 2 Nr. 2 InsO. **Dennoch kann der Insolvenzschuldner sein Widerspruchsrecht auch im Falle seiner eigenen Planinitiative ausüben, wenn und soweit er es auf eine unrechtmäßige Bevorzugung einzelner Gläubiger stützt**. Es hat sich nämlich gezeigt[15], dass auch im Insolvenzplanverfahren die allgemeine Funktion des Insolvenzverfahrens, die Gleichbehandlung der Gläubiger zu gewährleisten, Geltung beansprucht. Das Widerspruchsrecht im Falle des § 247 Abs. 2 Nr. 2 InsO hat daher eine *Korrektivfunktion*: Das Recht bedient sich des Insolvenzschuldners, um im Falle des § 247 Abs. 2 Nr. 2 InsO nicht *dessen* Rechte zu schützen, sondern die Funktion des Insolvenzrechts zu wahren.

Die unrechtmäßige Bevorzugung einzelner Gläubiger im Sinne dieser Vorschrift müsste **14.22** freilich bereits zur Zurückweisung der Planinitiative gem. § 231 Abs. 1 Nr. 1 InsO führen, hat aber jedenfalls zur Folge, dass die Ablehnung des Plans durch eine Gläubigergruppe wegen § 245 Abs. 1 Nr. 2 i. V. m. Abs. 2 Nr. 1 InsO nicht als obstruktiv gewertet werden könnte und dem Plan daher die Bestätigung von Amts wegen zu versagen wäre – so dass der **Widerspruch des Insolvenzschuldners nur dann eine**

---

13 Vgl. RdNr. 3.1 ff.
14 Amtl. Begr. 12/2443, 203 (zu § 274).
15 Siehe oben RdNr. 2.51.

eigenständige rechtliche Bedeutung erlangt, wenn sowohl das Insolvenzgericht seiner Aufsichtsaufgabe nicht nachkommt als auch in sämtlichen Abstimmungsgruppen die Gläubiger die Bevorzugung einzelner mehrheitlich gutheißen.

III. Reichweite des Widerspruchsrechts des Insolvenzschuldners im Falle der Planinitiative des Insolvenzverwalters

1. Widerspruchsrecht nach § 247 Abs. 2 Nr. 2 InsO

14.23   Die Behandlung des Widerspruchsrechts wegen unrechtmäßiger Bevorteilung einzelner Gläubiger unterscheidet sich nicht von der im Falle der Planinitiative des Insolvenzschuldners; auch im Falle der **Einreichung eines Planentwurfs durch den Verwalter** stellt sich das Widerspruchsrecht gem. § 247 Abs. 2 Nr. 2 InsO als allgemeines Korrektiv zur Wahrung der Gläubigergleichbehandlung dar.

2. Widerspruchsrecht nach § 247 Abs. 2 Nr. 1 InsO

14.24   **a) Grundsatz.** Sollte es zu einer Planinitiative des Verwalters kommen, stellt sich die Reichweite des Widerspruchsrechts des Insolvenzschuldners freilich anders dar. Sieht der Insolvenzplan Eingriffe in Rechte des Insolvenzschuldners vor, die nicht vom Beschlag erfasst sind und nicht unter der Insolvenzverwaltung stehen, oder erweitert der Plan die Haftung des Insolvenzschuldners in anderer Weise (z. B. durch den Ausschluss einer Restschuldbefreiung nach den §§ 286 ff. InsO), stellt sich die Frage, ob dies in jedem Fall das Widerspruchsrecht des Schuldners zu begründen vermag.

14.25   Hat der Schuldner sich im Vorfeld der Verabschiedung des Planes mit den Eingriffen in seine Rechtsstellung einverstanden erklärt, so liegen die Dinge nicht anders als unter II. beschrieben.

14.26   Dagegen greift das Widerspruchsrecht nach § 147 Abs. 2 Nr. 1 InsO ein, wenn und sofern der von den Gläubigern angenommene Insolvenzplan **gegen den Willen des Insolvenzschuldners in dessen „insolvenzbeschlagsfreie" Rechte eingreift** oder seine gesetzlichen Rechte, wie insbesondere das auf Gewährung einer Restschuldbefreiung nach §§ 286 ff. InsO, beschneidet.

14.27   **b) Maßstäbe einer „Schlechterstellung"** des Insolvenzschuldners durch den Insolvenzplan. Liest man den Wortlaut des § 247 Abs. 2 Nr. 1 InsO, so scheint die „Schlechterstellung" des Insolvenzschuldners durch den Plan gegenüber der Insolvenzabwicklung ohne den Plan, also nach den gesetzlichen Vorschriften, darauf zu verweisen, dass ein Vergleich zweier *hypothetischer wirtschaftlicher* Lagen miteinander vorzunehmen sei, um die Beachtlichkeit des Widerspruchs des Insolvenzschuldners beurteilen zu können. Die nähere Betrachtung der Vorschrift zeigt aber, dass sie bei der Rechtsstellung **des Insolvenzschuldners** und ihrer Modifikation durch den Plan ansetzt. Das zeigt sowohl eine nähere rechtsdogmatische Analyse als auch die Amtliche Begründung zu § 293 RegEInsO[16] (dem heutigen § 247 InsO): Der Gesetzgeber ging nämlich ausdrücklich und ohne weiteres davon aus, dass Voraussetzung der Beachtlichkeit eines Widerspruchs des Insolvenzschuldners gegen den beschlossenen Insolvenzplan sei, ob der

---

16 Amtl. Begr., BT-Drucks. 12/2443, 210.

Plan Eingriffe in die Rechtsstellung des Insolvenzschuldners vorsieht. Wirtschaftliche Maßstäbe sind in diesem Zusammenhang fehl am Platze. Denn die Frage nach der Beachtlichkeit der Wahrnehmung von Rechtsbehelfen sollte nicht an hypothetisch-prognostische ökonomische Betrachtungen geknüpft werden, sondern bedarf eindeutiger juristischer Kriterien.

IV. Wirkung der Zustimmungsfiktion

Mit der gesetzlich fingierten Zustimmung des Schuldners können die gesetzlichen **14.28** Vorschriften über den Inhalt des Insolvenzplans, namentlich die Dauer einer Planüberwachung und die Beschränkung der Befugnisse des Sachwalters auf Aufsichtsaufgaben (unten Kap. 18) nicht überspielt werden. Verstoßen entsprechende Regelungen des Insolvenzplans gegen den (gesetzlich zwingenden) Inhalt des Insolvenzplans, wird dies durch die Zustimmung des Schuldners nicht „geheilt". Vielmehr hat das Insolvenzgericht dem – mit den erforderlichen Mehrheiten angenommenen – Plan die Bestätigung nach § 250 Nr. 1 InsO zu versagen.

Kapitel 15: Minderheitenschutz gem. § 251 InsO

I. Gesetzliche Regelung

1. Zulässigkeit des Antrags auf Versagung der Bestätigung des Insolvenzplans
a) Systematische Stellung der Vorschrift. Die „Obstruktionsentscheidung" des Insol- **15.1**
venzgerichts gegen die Versagung der Zustimmung zum Plan durch einzelne Gläubigergruppen (§§ 245, 246 InsO) und die cram-down-Entscheidung gegen den Widerspruch
des Insolvenzschuldners (§ 247 InsO) sowie die Prüfung der Einhaltung der Verfahrensvorschriften (§ 250 InsO) sind nicht die einzigen Hindernisse, die aus dem Weg geräumt
werden müssen, damit der Plan durch seine Bestätigung in Vollzug gesetzt werden kann.
Handelt es sich bei diesen Prüfungsschritten nach der Vorstellung des Gesetzgebers um
amtswegig zu prüfende Bestätigungsvoraussetzungen (vgl. aber die Kritik dieser Vorstellung oben RdNr. 12.1 ff.), normiert § 251 InsO ausdrücklich ein weiteres, auf Antrag[1]
eines widersprechenden Gläubigers einzuleitendes Prüfungsverfahren.

Hat ein Gläubiger seinen **Widerspruch gegen den Plan spätestens im Abstimmungstermin** **15.2**
schriftlich erklärt oder zu Protokoll gegeben[2] (§ 251 Abs. 1 Nr. 1 InsO), leitet sich daraus die
Zulässigkeit seines Antrages gem. § 251 InsO ab, dem Plan die Bestätigung zu versagen. Das bloße
gegen den Plan im Verlauf der Erörterung abgegebene Votum des dissentierenden Gläubigers
genügt nicht. Denn § 251 InsO gibt ihm eine außerordentlich starke Rechtsposition, deren Durchsetzung die Einhaltung des gesetzlich vorgeschriebenen procedere und der damit verbundenen
Formen zum Schutz der übrigen Gläubiger voraussetzt.[3] Liegt daher kein im Abstimmungstermin
schriftlich oder zu Protokoll der Geschäftsstelle erklärter Widerspruch des dissentierenden Gläubigers vor, hindert die Ablehnung des Plans durch diesen Gläubiger das Insolvenzgericht selbst dann
nicht an der Bestätigung des im Übrigen nach den gesetzlichen Vorschriften angenommenen
Insolvenzplans, wenn der Gläubiger durch den Plan schlechter gestellt wird, als er im Regelinsolvenzverfahren gestanden hätte.[4]

b) Reichweite des Widerspruchsrechts über den Gesetzeswortlaut hinaus. Ob der **15.3**
Gläubiger nach den §§ 77, 235 InsO **stimmberechtigt war oder nicht, soll nach**
Meinung des Gesetzgebers hierfür unerheblich sein[5], womit der Kreis der Antrags-
berechtigten aus gutem Grunde weit gefasst wird. Der Widerspruchsgrund der wirtschaftlichen Schlechterstellung nach § 251 Abs. 1 Nr. 2 InsO ist nämlich insofern zu eng
gefasst, als die Schlechterstellung sich auch auf andere Gründe beziehen kann, die in der
Versagung von Teilnahmemöglichkeiten liegen. Auch derjenige Gläubiger, dem zu Un-

---

1 Ungenau *Eidenmüller*, JbfNPolÖk Bd. 15 (1996) 164 ff., 181, der meint, im Falle der wirtschaftlichen Schlechterstellung eines Gläubigers dürfe der Plan nicht bestätigt werden, ohne die Verfah-
rensaspekte einzubeziehen.
2 LG Berlin, B. v. 29.10.2002, 86 T 534/02, ZInsO 2002, 1191; LG Neubrandenburg, B. v. 31. 1. 2000,
4 T 260/00, ZInsO 2000, 628.
3 So zutreffend LG Neubrandenburg, B. v. 31. 7. 2000, ZInsO 2000, 628; *Paul*, ZInsO 2004, 72, 74.
4 LG Neubrandenburg, B. v. 31. 7. 2000, ZInsO 2000, 628.
5 Amtl. Begr. RegEInsO, BT-Drucks. 12/2443, 211 (zu § 298).

recht nach § 235 Abs. 1 und § 77 InsO das ihm zustehende Stimmrecht nicht gewährt worden ist, kann sich daher mit dem Widerspruch nach § 251 InsO gegen die Bestätigung des Planes wenden; dieser Widerspruch ist nicht a priori mit Blick auf § 251 Abs. 1 InsO unzulässig.

2. Glaubhaftmachung

15.4 Der Antragsteller muss die materiellen Voraussetzungen der Nr. 2 des § 251 Abs. 1 InsO **glaubhaft machen** (§ 251 Abs. 2 InsO). Die bloße Behauptung einer Schlechterstellung genügt daher nicht.[6] Die letztere Voraussetzung lehnt sich an § 188 Abs. 2 KO an; sie soll nach Vorstellung des Gesetzgebers das Insolvenzgericht davor bewahren, dass ein Antrag, der auf bloße Vermutungen gestützt wird, zu aufwändigen Ermittlungen durch das Gericht führen muss. Nach der Amtlichen Begründung zu § 298 RegE kann der Antrag gestellt werden bis der Plan bestätigt und die Bestätigung rechtskräftig geworden ist. Insoweit entspricht die Vorschrift dem früheren Recht des Zwangsvergleichs.

3. Suspensiveffekt

15.5 Liest man die §§ 251, 252 InsO[7] genauer, so stellt sich heraus, dass der Antrag nach § 251 Abs. 1 InsO *Suspensiveffekt* hat.

II. „Wirtschaftliche Interessen"

1. Prognoseentscheidung des Insolvenzgerichts

15.6 a) **Verhältnis zu § 245 InsO.** Dieses Widerspruchsrecht wird jedem einzelnen Gläubiger eingeräumt. Es geht hier um viel mehr als um **„Minderheitenschutz"**, wie es die Amtliche Überschrift des Paragraphen glauben machen will. Denn was der Gesetzgeber in § 245 InsO erheblich überdehnt hat, nämlich die cram-down-procedure *gegen* die Gläubiger, wird in § 251 InsO in exaltierter Weise durch einen heftigen Pendelschlag in die andere Richtung wieder gut zu machen versucht.

15.7 Der Gesetzgeber hat in der Tat nach der radikal anmutenden Lösung des *cram down* wohl ein schlechtes Gewissen bekommen. So heißt es in der Amtlichen Begründung zu § 298 RegE, es sei noch nicht gewährleistet, dass der Plan auch die **Interessen der über-stimmten Minderheit** angemessen berücksichtigt, wenn die Mehrheit einer Gruppe von Gläubigern dem Plan zustimme. Die Entscheidung der Mehrheit könne auf Gesichts-punkten beruhen, die allein für sie zutreffen. In der Tat, zumal dann, wenn es sich rechnerisch um die Minderheit handelt! Im Falle eines Sanierungsplans, so der Gesetz-geber nicht ohne Grund, sei es möglich, dass die Mehrheit sich Vorteile aus künftigen Geschäftsbeziehungen mit dem Schuldner verspricht, während für die Minderheit diese Erwartungen nicht gegeben seien; nicht alle derartigen Interessenunterschiede könnten künftig bei der Gruppenbildung gem. § 222 InsO (oben RdNr. 7.1 ff.) berücksichtigt werden.

---

6 So ausdrücklich LG Berlin, B. v. 29. 10. 2002, 86 T 534/02, ZInsO 2002, 1191, 1192.
7 Amtl. Begr., BT-Drucks. 12/2443, 212 (zu § 299).

b) § 251 InsO als weitere legislatorische Maßregel der Verlagerung von Befugnissen **15.8**
der Gläubiger auf das Insolvenzgericht. Die Erwägung, die den Gesetzgeber zum
Handeln – und d. h. zur Fassung des § 251 InsO – bewogen hat, ist ebenso zutreffend wie
aufgrund der Grunddisposition der legislatorischen Intentionen nachgerade verheerend
sowohl für die **Verfahrensökonomie** als auch die Gläubigerautonomie – die im überkommenen Recht wohlabgestimmt aufeinander bezogen waren. Völlig richtig ist der
Ausgangspunkt des Gesetzgebers, soweit er in der Amtl. Begr. zu § 298 RegE ausführt,
die Mehrheitsentscheidung einer Gruppe sei – für sich genommen – noch keine ausreichende Legitimation dafür, dass einem einzelnen Beteiligten gegen seinen Willen
Vermögenswerte entzogen werden. In der Tat, denn wie verschiedentlich in dieser
Untersuchung nachgewiesen wurde, dient auch das „neue" Insolvenzverfahren der
Haftungsverwirklichung des Insolvenzschuldners *zugunsten* seiner Gläubiger. Eigentümlich ist aber die Konsequenz, die der Gesetzgeber hieraus zieht. Er meint nämlich, auf
einen Minderheitenschutz für alle Gruppen von Beteiligten, die über den Plan zu
entscheiden haben, könne nicht verzichtet werden, ordnet aber ein Widerspruchsrecht
für *einzelne* Beteiligte an. Wenn aber doch nicht die Mehrheit der Gläubiger – und d. h.:
auch eine *qualifizierte Mehrheit nicht!* – verbindlich über den Plan zu entscheiden
legitimiert ist, dann fragt sich, wem denn diese Legitimation zufällt. § 251 InsO weist
dies schonungslos dem Insolvenzgericht zu. **Der Entmachtung der Gläubiger korres-**
pondiert eine durch eindeutige normative Kriterien für seine Entscheidung abzufedern-
de **Überlastung des Insolvenzgerichts.**

2. Maßstäbe der insolvenzgerichtlichen Prognose
a) Vorstellungen des Gesetzgebers. Denn materieller Grund des Widerspruchsrechts **15.9**
soll eine Verletzung der wirtschaftlichen Interessen des einzelnen Gläubigers sein[8]. Der
Gesetzgeber scheint sich dabei der Reichweite dieses Ansatzpunktes des Widerspruchsrechts bei weitem nicht im Klaren zu sein. Er meint nämlich, der mit § 251 InsO
institutionalisierte Schutz der Minderheit brauche nicht so weit zu reichen wie
der Schutz der Mehrheit einer Gruppe von Gläubigern dagegen, dass ein Plan trotz der
Ablehnung durch diese Mehrheit bestätigt wird. Er brauche nicht eine angemessene
Beteiligung an dem durch den Plan realisierten Wert zu erfassen, sondern nur zu
garantieren, dass kein widersprechender Beteiligter schlechter gestellt wird, als er
ohne einen Plan stünde. Wäre ohne einen Plan eine Gesamtveräußerung des insolventen
Unternehmens möglich, so werde der Minderheit allerdings der so zu realisierende
Fortführungswert gewährleistet.

b) Fallbeispiele. Man muss sich indes fragen, ob dies so richtig ist. Wenn z. B. der **15.10**
Gläubiger Inhaber einer Sicherungshypothek gegen den Insolvenzschuldner ist, so versagt ihm § 89 InsO die Zwangsvollstreckung; die Verwertung des Grundstücks als Teil
der Masse liegt gem. § 159 InsO beim Verwalter. Wird nun das Sicherungsrecht des
Gläubigers durch einen Insolvenzplan zum Zwecke der Sanierung des Insolvenzschuldners beschnitten, dann kann es durchaus möglich sein, dass ohne eine derartige Maßnahme eine „Gesamtveräußerung" des Unternehmens nicht möglich gewesen wäre.
Damit ist es doch nach dem Wortlaut des § 251 Abs. 1 Nr. 2 InsO nicht ausgeschlossen,

---

8 So ausdrücklich der Gesetzgeber in der Amtl. Begr. zu § 298 RegE, BT-Drucks. 12/2443, 211.

dass der Gläubiger durch die Sanierung des Insolvenzschuldners nicht schlechter gestellt wird, als er ohne einen Plan stünde – z. B. dann, wenn er glaubhaft machen kann, dass die Bebauungspläne für das betreffende Grundstück nunmehr eine andere, erhebliche Wertsteigerungen sichernde Bebauung erlaubten und er ohne die durch den Plan vorgesehenen Eingriffe in seine Rechtsstellung voraussichtlich keine Ausfälle erleiden werde. Mit Fragen einer Gesamtveräußerung des Unternehmens hat das ersichtlich nichts zu tun.

15.11   Das Beispiel ist bewusst einfach gewählt. Durch Vorlage des Bebauungsplans und ein entsprechendes Wertgutachten kann der widersprechende Antragsteller seinen Antrag glaubhaft machen (§ 251 Abs. 2 InsO); die Frage der wirtschaftlichen Schlechterstellung mag in diesem Fall ohne größere Probleme nachgewiesen werden können. Der Plan ist dann „geplatzt"; *post festum* werden sich die Beteiligten um die Haftung wegen der Kosten streiten, die er bis dahin konsumiert haben wird. Diese Kosten stellen im Übrigen kein Argument dar, das zulässigerweise gegen den Antrag des widersprechenden Gläubigers in die Waagschale geworfen werden dürfte. Es wäre im Gegenteil absurd, dem Gläubiger, der sich gegen die Eingriffe in seine Rechte zur Wehr setzt, die Kosten entgegenzuhalten, die der Masse die Vorbereitung dieser Eingriffe verursacht haben – denn die ungeschmälerte Masse ist, wie verschiedentlich gezeigt, allen Gläubigern zur Befriedigung zugewiesen.

15.12   Die Dinge können und werden regelmäßig freilich viel komplizierter liegen, wie ein weiteres Beispiel verdeutlichen mag: Der gesicherte Gläubiger vertritt die Ansicht, dass gegenüber einer Gesamtsanierung des Unternehmensträgers eine – mögliche – Teilsanierung unter Liquidierung des Unternehmensträgers wegen der für ihn, den Gläubiger, an Betriebsmitteln des „lukrativen" Teils des Unternehmens bestellten Sicherheiten wirtschaftlich günstiger wäre und legt entsprechende Gutachten vor. Man denke an einen insolventen Konzern, der mit erheblichen Verlusten Stahl produziert, aber in einer anderen Sparte mit ständig steigendem Gewinn in der Telekommunikation tätig ist. In einem derartigen Fall können in einem Insolvenzplanverfahren, wie schon an anderer Stelle bemerkt, widerstreitende Interessen aufeinander stoßen. Die von US-amerikanischen Autoren als Schreckgespenst projizierten cram-down-battles nehmen dann ihren Lauf, wenn nicht im Vorfeld die Beteiligten sich auf eine gemeinsame Linie einigen – was herzustellen auf außerordentliche Schwierigkeiten stößt.

3. Entsprechende Anwendung auf Gesellschafter?

15.13   Soweit im Zusammenhang der Diskussion über Rechtsbehelfe im Planverfahren für Gesellschafter und nachschusspflichtige Genossen (zur Problematik oben RdNr. 6.13 ff., 16.1 ff.) eine „analoge" Anwendung des § 251 InsO vorgeschlagen und erörtert wird, dem Gesellschafter die Möglichkeit einzuräumen, im Prüfungstermin dem Plan zu widersprechen[9], bedarf es einer näheren Bestimmung der möglichen Verfahrenslagen, in denen dieser Vorschlag zum Tragen kommen könnte. Die Einräumung eines Widerspruchsrechts setzt nämlich voraus, dass der betreffende Gesellschafter „wie" ein Gläubiger am Abstimmungstermin teilnimmt. Es hat sich aber gezeigt, dass die Gesellschafter kraft ihrer Geschäftsführungsfunktion „auf der Seite" der insolvenzschuldnerischen Gesellschaft an den entsprechenden Terminen teilnehmen, also aufgrund ihrer gesellschaftsrechtlichen Funktionen, nicht aber aufgrund einer formellen insolvenzverfahrensrechtlichen Beteiligung.

---

9   MünchKomm-*Eidenmüller,* InsO, 2002, § 217 RdNr. 71; vgl. weiter *Noack*, Gesellschaftsrecht, 1999, RdNr. 613.

Die Zweifel an einer „analogen" Anwendung des § 251 InsO auf die persönlich haf- **15.14** tenden Gesellschafter verdichten sich, wenn man diesen Widerspruch in die Systematik der persönlichen Haftung der Gesellschafter von Personenhandelsgesellschaften näher einzuordnen unternimmt. Die persönliche Haftung der Gesellschafter von Personenhandelsgesellschaften wird aber grundsätzlich durch die Reichweite der Haftung der Gesellschaft bestimmt. Nur für den Fall, dass der Plan die Haftung der Gesellschaft erweitert, könnte eine Lage eintreten, die eine „analoge" Anwendung des § 251 InsO rechtfertigen würde. Dies ist indes schwer vorstellbar.

III. Salvatorische Klauseln

1. Lösungsversuch des Gesetzgebers
a) Entlastung des Insolvenzplanverfahrens von Prognoseentscheidungen durch **15.15** **salvatorische Klauseln** (vgl. bereits oben RdNr. 8.1 ff.). Der Gesetzgeber glaubt freilich, die Planinitiatoren seien in der Lage, die dem Widerspruchsrecht nach § 251 InsO innewohnenden Gefahren entkräften zu können. In der Amtl. Begr. zu § 298 RegE heißt es dazu, mit § 251 InsO sei „ein nicht immer leicht zu kalkulierendes Risiko für das Zustandekommen der einvernehmlichen Regelung verbunden". Es sei „möglich, dass ein Plan, der nach langwierigen Verhandlungen ausformuliert worden ist und anschließend die erforderlichen Zustimmungen der Mehrheiten in den Gläubigergruppen erhalten hat, dennoch nicht bestätigt wird, weil nach Auffassung des Gerichts die für einzelne widersprechende Beteiligte vorgesehenen Leistungen dem Mindeststandard nicht entsprechen. Dieses Risiko kann jedoch dadurch ausgeschlossen oder vermindert werden, dass im Plan **zusätzliche Leistungen an solche Beteiligte vorgesehen werden, die dem Plan widersprechen und den Nachweis führen, dass sie ohne solche Zusatzleistungen durch den Plan schlechter gestellt werden** als ohne einen Plan. Enthält der Plan eine solche Bestimmung, ist die Finanzierung der Leistungen gesichert und ist eindeutig, dass im Falle der zusätzlichen Leistungen der Mindeststandard erreicht wird, so steht der Minderheitenschutz der Bestätigung des Plans nicht entgegen".

b) In welchem Verfahren werden Feststellungen getroffen? Durch salvatorische Klauseln soll das **15.16** Insolvenzverfahren von aufwändigen Feststellungen entlastet werden, wie die Amtliche Begründung fortfährt: „Ob die zusätzlichen Leistungen zu erbringen sind, kann dann außerhalb des Insolvenzverfahrens geklärt werden". Was damit gemeint ist, lässt die Gesetzesbegründung im Dunkeln. Um ein Vollstreckungsverfahren kann es sich ebenso wenig handeln wie um ein Klauselerteilungsverfahren, da es sich um die Feststellung des materiellen Anspruchs selbst, nicht aber allein um die des Eintritts der Bedingungen für die Vollstreckung aus einem – hinreichend bestimmten! – Titel handelt. In einem Verfahren außerhalb des Insolvenzverfahrens wäre nämlich nicht nur um den Eintritt der Bedingung – der Schlechterstellung „an sich" –, sondern auch um deren Umfang zu streiten.

c) Stellungnahmen der Literatur. In der Literatur[10] ist das Modell salvatorischer Klauseln **15.17** nachgerade begeistert begrüßt worden. Der salvatorischen Klausel werden weitreichende Wirkungen vindiziert – als **homöopathisches Mittel gegen die Unbilligkeiten des Planes** soll sie diesen zu

---

10 *Eidenmüller*, JbfNPolÖk Bd. 15 (1996) 164, 182 ff.

heilen imstande sein[11], sie soll die sofortige Beschwerde des Gläubigers ausschließen usf. Das alles ist deshalb *zunächst* nahe liegend und daher nicht unplausibel, weil eine derartige Technik sich auf die bewährte kautelarjuristische Praxis der Notariate zur Absicherung von Vertragsgestaltungen zu beziehen vermag. Gleichwohl begegnet diese Technik im Kontext des Insolvenzplanverfahrens Bedenken.

2. Kritik

15.18 Bereits oben (RdNr. 8.1 ff.) ist auf drei gewichtige Argumente hingewiesen worden, die gegen salvatorische Klauseln sprechen: (1) Salvatorische Klauseln verletzen das Gleichbehandlungsgebot des § 226 Abs. 1 InsO; (2) sie müssen finanzierbar sein und (3) sie rufen weitere Anfechtungen nach § 251 InsO durch andere Gläubiger hervor.

IV. Schlussfolgerungen

15.19 § 251 InsO scheint nach alledem eine Einbruchstelle umfangreicher „Sachverständigenschlachten" im Insolvenzplanverfahren darzustellen. Der Ausbruch einer solchen Schlacht bedeutet aber, dass der angreifende antragsstellende Gläubiger mit seinem Widerspruch geradezu automatisch den Sieg davonträgt. Denn der durch das anhebende Verfahren notwendig verursachte Zeitverlust mit Hemmung sowohl der weiteren Verwertungsmaßnahmen als auch der Exekution des noch nicht verabschiedeten Planes wird der Durchführung des letzteren regelmäßig den Todesstoß versetzen; die Folgen für die Masse werden ebenfalls unerfreulich sein.

15.20 § 251 InsO erscheint – auch aus rechtsvergleichender Sicht – als ebenso systemwidrig wie unpraktikabel und disfunktional. Korrekturen des Rechts des Insolvenzplanverfahrens und besonders der Voraussetzungen der Bestätigung des Insolvenzplans lassen sich – wie gezeigt – über die Auslegung des § 245 InsO erreichen.

---

11 *Eidenmüller*, JbfNPolÖk Bd. 15 (1996) 164, 183.

Kapitel 16: Rechtsbehelfe

I. Geltung der allgemeinen Regelungen

Bestätigte Insolvenzpläne sind derzeit noch selten. Beschwerdeentscheidungen sind nur **16.1** ganz vereinzelt veröffentlicht worden. Derzeit gibt es keine publizierte Entscheidung, mit der einer sofortigen Beschwerde gegen die Bestätigung eines Insolvenzplans stattgegeben worden wäre.

1. Gesetzliche Zulassung der sofortigen Beschwerde gem. § 6 Abs. 1 InsO

Die Entscheidungen des Insolvenzgerichts unterliegen gem. § 6 Abs. 1 InsO nur in den **16.2** Fällen einem Rechtsmittel, in denen dieses Gesetz die sofortige Beschwerde vorsieht. § 6 Abs. 2 InsO sieht vor, dass die Beschwerdefrist mit der Verkündung der Entscheidung beginnt oder, wenn diese nicht verkündet wird, mit deren Zustellung. Nach § 6 Abs. 3 S. 1 InsO wird die Entscheidung über die Beschwerde erst mit der Rechtskraft wirksam. Das Beschwerdegericht kann jedoch gem. § 6 Abs. 3 S. 2 InsO die sofortige Wirksamkeit der Entscheidung anordnen. Nach § 7 InsO findet gegen die Entscheidung über die sofortige Beschwerde die Rechtsbeschwerde statt.

2. Fallgruppen

Gem. § 231 Abs. 3 InsO steht gegen den Beschluss, durch den der Plan zurückgewiesen **16.3** wird, dem Vorlegenden die sofortige Beschwerde zu.

Gegen den Beschluss, durch den der Insolvenzplan bestätigt oder die Bestätigung versagt **16.4** wird, steht den Gläubigern und dem Schuldner gem. § 253 InsO die sofortige Beschwerde zu.

3. Beschwerdefrist

Die Beschwerdefrist beginnt mit der Verkündung der Entscheidung, wenn diese nicht **16.5** verkündet wird, mit deren Zustellung, § 6 Abs. 2 InsO. Die Beschwerde ist binnen einer Notfrist von zwei Wochen bei dem Amtsgericht oder dem Landgericht schriftlich oder zu Protokoll der Geschäftsstelle einzulegen, §§ 569 ZPO, 4 InsO. Die Verkündung setzt die Frist in Lauf, § 221 ZPO, für deren Berechnung gem. § 222 Abs. 1 ZPO die §§ 186 ff. BGB gelten. Eine Frist endet nicht an einem Sonntag, einem allgemeinen Feiertag oder einem Sonnabend, § 222 Abs. 2 ZPO. Fällt die Verkündung des Beschlusses in einen Tageslauf, so wird dieser Tag bei dem Beginn der Frist nicht mitgerechnet, § 187 Abs. 1 BGB. Wird die Frist – wie bei der sofortigen Beschwerde – nach Wochen (hier Notfrist von zwei Wochen, vgl. § 569 Abs. 1 ZPO) bemessen, so endet sie in diesem Fall mit dem Ablauf desjenigen Tages der letzten Woche, welcher durch seine Benennung dem Tag des Fristbeginns entspricht, §§ 187, 188 BGB.

4. Rechtsbehelfsbelehrung

16.6 Nach einem Beschluss des IX. Zivilsenats des BGH[1] greift die gesetzliche Regelung des Fristbeginns auch bei einer fehlerhaften Rechtsbehelfsbelehrung. Weder die ZPO noch die InsO sehen zwar eine Pflicht des über die Beschwerde entscheidenden Amtsgerichts zur Rechtsbehelfsbelehrung vor. Informiert das Gericht aber den Beschwerdeführer durch eine fehlerhafte Rechtsbehelfsbelehrung unzutreffend über den Beginn der Rechtsmittelfrist, so stellt sich die Frage einer Wiedereinsetzung des Rechtsmittelführers von Amts wegen gem. §§ 236 Abs. 2 S. 2 HS 2 ZPO, 4 InsO. Diese Frage war für den BGH als Rechtsbeschwerdegericht indes in o. g. Beschluss vom 16.10.2003 nicht entscheidungserheblich, weil schon die Voraussetzungen einer Wiedereinsetzung nicht vorlagen[2]. Der Wiedereinsetzungsantrag von Amts wegen gem. § 236 Abs. 2 S. 2 HS 2 ZPO setzt nämlich voraus, dass die versäumte Rechtshandlung innerhalb der Antragsfrist nachgeholt wurde und die tatsächlichen Voraussetzungen der Wiedereinsetzung aktenkundig oder offenkundig sind. In dem vom BGH zu entscheidenden Fall hatte die Beschwerdeführerin zwar die sofortige Beschwerde eingelegt, bevor sie auf die fehlerhafte Rechtsmittelbelehrung hingewiesen wurde. Der Wiedereinsetzungsantrag war gleichwohl als unzulässig zurückzuweisen, da es weder aus den Akten ersichtlich noch sonst offenkundig war, dass die Beschwerdeführerin die Rechtsmittelfrist infolge der fehlerhaften Rechtsbehelfsbelehrung versäumt hat[3].

5. Rechtskraft des Insolvenzplans

16.7 Sobald die Bestätigung des Insolvenzplans rechtskräftig ist, beschließt das Insolvenzgericht die Aufhebung des Verfahrens, § 258 Abs. 1 InsO. Da die InsO keine Regelung darüber trifft, wann ein Insolvenzplan rechtskräftig wird, finden gem. § 4 InsO die zivilprozessualen Vorschriften der §§ 705 ff. ZPO auch hier Anwendung. Diese gelten unmittelbar zwar nur für Urteile, die vollstreckt werden sollen, nach einhelliger Auffassung entsprechend aber für alle gerichtlichen Beschlüsse[4]. Analog §§ 705 Abs. 1 ZPO, 4 InsO hängt die formelle Rechtskraft des Beschlusses über die Bestätigung des Insolvenzplans davon ab, dass binnen der Beschwerdefrist kein Rechtsmittel eingelegt worden ist. In diesem Fall erteilt der zuständige Urkundsbeamte der Geschäftsstelle des für das Rechtsmittel zuständigen Gerichts analog §§ 706 Abs. 2 ZPO, 4 InsO ein sog. Notfristzeugnis, welches als Nachweis dafür dient, dass gegen den Beschluss bis zum Ablauf der Notfrist ein Rechtsmittel nicht eingelegt wurde[5].

6. Erfolgreiche Beschwerden

16.8 Wir haben bereits oben gesehen, dass die Regelung des § 250 InsO zur Folge hat, dass Fehler bei der Erarbeitung des Insolvenzplans nachhaltige Konsequenzen zeitigen können. Denn Verfahrensfehler, die insbesondere bei der Gruppeneinteilung nach § 220 InsO auftreten können, können Rechtsbehelfe hervorrufen. Es ist bereits in verschiedenen Zusammenhängen auf die Entscheidung des LG Berlin im Fall der Berliner Konsum-Insolvenz hingewiesen worden, in der das LG als Beschwerdegericht darauf erkannt hat,

---

1   BGH, B. v. 16.10.2003, IX ZB 36/03, DZWiR 2004, 79.
2   Vgl. BGH, B. v. 16.10.2003, IX ZB 36/03, DZWiR 2004, 79.
3   BGH, B. v. 16.10.2003, IX ZB 36/03, DZWiR 2004, 79, 80.
4   Baumbach/Hartmann, ZPO, § 706 RdNr. 11; Zöller-Stöber, ZPO, § 705 RdNr. 1.
5   Zöller-Stöber, ZPO, § 706 RdNr. 8 ff.; Thomas/Putzo, ZPO, § 706 RdNr. 8.

dass allein aufgrund der falschen Gruppeneinteilung die sofortige Beschwerde von Gläubigern gegen die Planbestätigung als statthaft angesehen[6] und das Insolvenzverfahren in den Status vor der Abstimmung zurückgesetzt wurde.

Gegen die Entscheidung des Beschwerdegerichts kann gem. § 7 InsO Rechtsbeschwerde **16.9** beim BGH eingelegt werden – was wegen der eingetretenen Verzögerung den vorgesehenen Plan häufig zu Fall bringen wird.

II. Verfahren und beschwerdegerichtliche Entscheidung

1. Verfahren mit oder ohne mündliche Verhandlung
Über die sofortige Beschwerde gegen die Bestätigung des Insolvenzplans durch insol- **16.10** venzrechtlichen Beschluss kann nur dann ohne mündliche Verhandlung entschieden werden, wenn das Beschwerdegericht keine Beweiserhebungen für erforderlich hält oder die Beschwerde nicht ganz oder teilweise für begründet erachtet. Beschwerdeentscheidungen ergehen durch Beschluss, weil sich die Beschwerde in aller Regel gegen Entscheidungen richtet, die eine vorherige mündliche Verhandlung nicht erfordern (§ 567 Abs. 1 S. 2 ZPO)[7]. Die mit der sofortigen Beschwerde angegriffene Entscheidung über die Bestätigung des Insolvenzplans durch das Amtsgericht setzt aber eine mündliche Verhandlung voraus, §§ 235 Abs. 1, 252 Abs. 1 InsO. Dies deshalb, weil das Insolvenzplangericht erst aufgrund eines komplexen, die unterschiedlichen Interessen aller Verfahrensbeteiligter – häufig mehrerer hundert – berücksichtigenden Erörterung und Sachaufklärung entscheiden kann. Deshalb ist es erforderlich, den übrigen Verfahrensbeteiligten – den Gläubigern aller Gruppen, dem Schuldner, den Massegläubigern und dem Insolvenzverwalter – rechtliches Gehör zu geben. Entbehrlich ist eine mündliche Verhandlung nur, sofern sich das Beschwerdegericht der einstimmigen Entscheidung dieser Verfahrensbeteiligten und des Amtsgerichts anschließt. Sollte von deren Entscheidung aber abgewichen werden, so kann dies nicht ohne Beteiligung derjenigen Personen geschehen, die über den Insolvenzplan erstinstanzlich beschlossen hatten. Andernfalls würde mit der beschwerdegerichtlichen Entscheidung gegen diejenigen Gläubiger entschieden werden, die im Abstimmungstermin für die Annahme des Insolvenzplans und damit inzidenter für die Herbeiführung der angefochtenen insolvenzgerichtlichen Bestätigungsentscheidung gem. § 248 InsO entschieden haben. Diese Gläubiger, gegen deren Annahmeentscheidung sich die Beschwerde inzidenter richtet, sind daher gem. Art. 103 Abs. 1 GG am beschwerdegerichtlichen Verfahren zu beteiligen, so dass der Gegenstand der sofortigen Beschwerde gegen den Bestätigungsbeschluss es erfordert, in mündlicher Verhandlung zu prozedieren.

2. Aufhebung des Bestätigungsbeschlusses und Zurückverweisung des Verfahrens an das AG im status quo ante?
Demgegenüber steht es dem Landgericht nicht frei, anstelle einer mündlichen Verhand- **16.11** lung die Bestätigungsentscheidung des Amtsgerichts aufzuheben und das Verfahren in

---

6 LG Berlin, B. v. 20.10.2004, 86 T 578/04, DZWIR 2005, 298.
7 Vgl. Thomas/Putzo-*Reichold*, ZPO, vor § 300 RdNr. 2.

den status quo ante zurückzuversetzen (§ 572 Abs. 3 ZPO). Denn hierdurch wird nur eine erneute Entscheidung des AG evoziert, nicht aber eine Beteiligung der übrigen Verfahrensbeteiligten sichergestellt. Daher wäre es – isoliert verfahrenstechnisch betrachtet – zwar denkbar, dass das Landgericht die Sache an das Amtsgericht auf den Stand vor Erörterung und Abstimmung analog § 538 Abs. 2 ZPO zurückverweist[8]. Im Insolvenzplanverfahren würde dies aber ignorieren, dass die Gläubiger eine Abstimmung abgehalten haben, um deren Ergebnis sie gleichsam mit einer solchen Entscheidung gebracht würden.

16.12 Unabhängig von den Beschwerdegründen wären Gläubiger und Schuldner dadurch zusätzlich beschwert und müssten vor der Anordnung einer solchen Beschwer erneut angehört werden. Eine solche Anhörung könnte zwar auch im schriftlichen Verfahren erfolgen; der Insolvenzverwalter könnte entsprechend § 8 InsO allen Verfahrensbeteiligten die Beschwerde und ggfs. die Stellungnahme des Planverfassers zukommen lassen. Allerdings wäre in diesem Fall nicht hinreichend sichergestellt, dass tatsächlich jeder Verfahrensbeteiligte zu allen Argumenten Stellung genommen bzw. alle Informationen erhalten hat, so dass die Möglichkeit einer schriftlichen Stellungnahme abzulehnen ist.

III. Beschwerdebefugnis

1. Ausschließliche Beschwerdebefugnis der Gläubiger gem. § 253 InsO
16.13 Es ist indessen bereits oben darauf aufmerksam gemacht worden, dass beschwerdebefugt nicht der Planverfasser ist, sondern nur die Gläubiger aus § 253 InsO eine Beschwerdebefugnis ableiten können.

16.14 Der Gemeinschuldner ist hingegen in seiner Rechtsstellung durch die Entscheidung, die den Insolvenzplan bestätigt, nicht beeinträchtigt, da gem. § 247 InsO fingiert wird, dass er dem Insolvenzplan zugestimmt hat. Ihm fehlt daher die Beschwerdebefugnis für eine sofortige Beschwerde gegen die Planbestätigung[9]

16.15 Freilich ist der Planverfasser (der Schuldner oder der Insolvenzverwalter) als *Rechtsmittelgegner* von einer beschwerdegerichtlichen Entscheidung formell beschwert. Die Planinitiatoren können sich daher ebenfalls mit der weiteren Beschwerde gegen eine beschwerdegerichtliche Entscheidung wehren, mit der die Planbestätigung aufgehoben wird. Aber auch das kostet Zeit, die der erfolgreichen Durchführung des Planes fehlt. Allerdings ist von *Wehdeking* und *Smid*[10] in diesem Zusammenhang darauf hingewiesen worden, dass aus Gründen der *Verfahrensfairnis* (in Deutschland aus dem verfassungsrechtlichen Gesichtspunkt effektiven Rechtsschutzes, Art. 19 Abs. 4 GG) das Gebot effektiven Schutzes im Wege des Rechtsmittelrechts abzuleiten ist.

---

8 So etwa HK-*Flessner*, InsO, § 254 RdNr. 10.
9 LG Berlin, B. v. 20.10.2004, 86 T 578/04, DZWIR 2005, 298; LG Neubrandenburg, ZinsO 2000, 628; MünchKomm-*Sinz*, § 253 RdNr. 20; HK-*Flessner*, InsO, § 253 RdNr. 7; Braun, InsO, § 253 RdNr. 3.
10 *Smid/Wehdeking*, in: Rechberger-Festschrift, Wien 2005 (im Erscheinen).

2. Materielle Beschwer

Bedenken bestehen wegen der Annahme einer formellen Beschwer der Beschwerde- **16.16**
führer, wenn, wie in einer vom LG Berlin getroffenen Entscheidung[11], die Einordnung
der Gläubiger in Gruppen durch den Plan fehlerhaft vorgesehen ist, sofern diese im
Ergebnis der Abstimmungen wie in dem vom LG Berlin im „Konsumfall" mitgeteilten
Sachverhalt nicht *unmittelbar* durchschlägt. Wie *Happe*[12] unlängst herausgearbeitet hat,
stellt sich der Insolvenzplan als konkrete, auf das Verfahren bezogene und für die
Beteiligten geltende Norm bzw. als geltender Normkomplex dar. Das Verfahren der
Ausformulierung, der Erörterung und der Abstimmung des Insolvenzplans sowie das
Verfahren seiner Bestätigung werden in *Happes* Darstellung[13] als formalisiertes Verfahren einer Art von Gesetzgebung analysiert. Legt man diese Überlegungen *Happes* und
die von ihm entwickelten Maßstäbe an den vorliegenden Fall an, fragt es sich in der Tat,
ob der Fehler in der Gruppenbildung sich in einer Weise zu materialisieren als geeignet
erweisen kann, dass die Bestätigung des Insolvenzplans zu versagen gewesen wäre. Bei
einer Normsetzung schlagen Fehler im Verfahren nur dann auf das Verfahrensergebnis
durch, wenn in der Tat ein konkreter Einfluss des Verfahrens auf das Ergebnis feststellbar
ist. Vor diesem Hintergrund erscheint die Ausführung des LG Berlin eher spekulativ und
daher nicht wirklich verständlich.

Die Gruppenbildung betrifft nicht nur die Art der Beteiligung der Gläubiger im Insol- **16.17**
venzplanverfahren, sondern hat auch Einfluss auf die wirtschaftliche Berücksichtigung
der Forderungen an der Teilungsmasse[14]. Solange daher die B.-Landesbank auch soweit
als absonderungsberechtigte Gläubigern qualifiziert wurde und in Gruppe 1 der Abstimmungsgruppen eingeordnet war, wäre auch ihre Ausfallforderung bzw. die nicht gesicherte und daher als Insolvenzforderung einzuordnende Forderung mit 100 % des
Nennwerts berücksichtigt worden. Die Berücksichtigung eines Nichtabsonderungsbe-
rechtigten bei einer Gruppe von Absonderungsberechtigten führt aber zu einer evidenten
Ungleichbehandlung, die bereits nach § 245 Abs. 1 Nr. 1 InsO als Verstoß gegen die
wirtschaftlichen Grundsätze anzusehen ist, die bei einer Berücksichtigung von par conditio creditorum[15] zum Tragen kämen. Denn die 100 %ige Berücksichtigung der Insolvenzforderung der B.-Landesbank würde zu einer unangemessenen Verminderung der
Teilungsmasse führen, was die Quote, die der Plan den ungesicherten Gläubigern gewährt,
in einem anderen Licht erscheinen lässt: denn diese Quote wäre höher bemessen, wenn
eine quotal zu berücksichtigende Insolvenzforderung nicht zu 100 % Befriedigung erlangen würde. Im konkreten Fall ging es nämlich darum, dass ungefähr 200.000 € zur
Verteilung an die einfachen ungesicherten Insolvenzgläubiger zur Verfügung stehen
würden, kämen sie nicht im Rahmen der Befriedigung der Insolvenzforderung der B.-
Landesbank als Angehörige der Gruppe 1 im vorliegenden Insolvenzplan zur Verteilung.

Selbst wenn damit die konkrete Dividende, die an die einzelnen Gläubiger ausgeschüttet **16.18**
wird, in ihrer Höhe nicht dramatisch verändert wird, ist doch daran zu erinnern, dass das

---

11 LG Berlin, B. v. 29. 10. 2002, 86 T 534/02, ZInsO 2002, 1191.
12 *Happe*, Die Rechtsnatur des Insolvenzplans, 2004, 214.
13 *Happe* (Fußn. 12), 214 ff.
14 Zum Begriff *Smid*, Grundzüge des Insolvenzrechts, 4. Aufl., 2004, § 18 RdNr. 1 ff.
15 Beck/Depré-*Beck*, Praxis der Insolvenz, 2003, § 1 RdNr. 3.

geltende Insolvenzplanrecht keine Beschränkung der Ablehnungs- und der darauf ge-
stützten Rechtsmittelbefugnis der betroffenen Gläubiger für solche Fälle kennt, in denen
der abgelehnte Plan die Rechtstellung dieser Gläubiger nur geringfügig verschlechtert.
Auch eine solche geringfügige Verschlechterung ist daher schon deshalb zu beachten,
weil auch der Insolvenzplan die Grundsätze des par conditio creditorum – die Gleichbehandlung wesentlich Gleichens und Ungleichbehandlung wesentlich Ungleichens – zu
berücksichtigen hat. Denn der Akt privater Gesetzgebung für den Einzelfall des Insolvenzverfahrens muss sich insoweit an allgemeinen rechtlichen Maßstäben messen lassen.

16.19 In seinen *Orientierungen* für das weitere Verfahren weist das LG Berlin im Konsumfall
zutreffend darauf hin, dass für den Fall der Beseitigung der Fehler bei der Gruppenbildung im Übrigen die Rechtsmittel der Beschwerde führenden Gläubiger weiter nicht
darauf gestützt werden könnten, dass es dem Plan an hinreichenden Erfolgsaussichten
fehle.[16]

3. Reichweite der beschwerdegerichtlichen Entscheidung und Rechtsschutzbedürfnis des Beschwerdeführers

16.20 Durch eine Entscheidung des Beschwerdegerichts, die Sache zurückzuverweisen, würden Gläubiger und Schuldner zusätzlich beschwert. Schon daraus ergibt sich, dass diesen
Beteiligten rechtliches Gehör zu gewähren ist, was im schriftlichen Verfahren außerordentlich aufwändig wäre. Alle bislang erschienen Veröffentlichungen haben sich bisher
darauf beschränkt, allgemeine Ausführungen zur Beschwerde zu machen. Dabei haben
sich die durchweg sehr sparsamen Darstellungen auf das zivilprozessuale Schrifttum
bezogen. Es ist an dieser Stelle aber daran zu erinnern, dass es sich bei der sofortigen
Beschwerde gegen den Bestätigungsbeschluss nicht um eine genuin-zivilprozessuale,
sondern um einen ausschließlich wegen des Enumerativkatalogs des § 6 Abs. 1 InsO
statthaften Rechtsbehelf handelt.[17] Dies wird im insolvenzrechtlichen Schrifttum durchweg nicht hinreichend berücksichtigt. Insbesondere bleibt unerörtert, dass die typische
Parteistreitsituation, die das zivilprozessuale Beschwerdeverfahren und die Beschwerdeentscheidungen im Zivilprozess prägt, im Fall des Rechtsbehelfs gegen die Bestätigungsentscheidung nicht gegeben ist. Vielmehr handelt es sich um ein Verfahren, in dem
das Amtsgericht durch die Bestätigung zwar nicht allein eine Beurkundungstätigkeit
wahrnimmt, sondern die Rechtsbeziehungen der Beteiligten ordnet. Die erfolgreiche
Beschwerde betrifft nicht allein die Rechtsstellung des Beschwerdeführers. Vielmehr
werden sämtliche Regelungen des Insolvenzplans dadurch beeinträchtigt, dass die Bestätigung Voraussetzung für die Wirksamkeit des gesamten Planes ist (§ 254 Abs. 1 S. 1
InsO). Daher betrifft die erfolgreiche Beschwerde nicht allein diejenigen Regelungen des
Insolvenzplans, die sich auf den Beschwerdeführer beziehen. Das ist, betrachtet man das
allgemeine Rechtsmittelrecht, nicht unproblematisch. Grundsätzlich kann der Rechts-
mittelführer nur die Verletzung eines eigenen Rechts rügen[18]. Die Fallkonstellation, die
§ 253 InsO zugrunde liegt, ist vergleichbar solchen Gestaltungen, die z. B. in nachlass-
gerichtlichen Verfahren bei Entscheidungen über Teilungs- und Auseinandersetzungs-

---

16 LG Berlin, B. v. 29. 10. 2002, 86 T 534/02, ZInsO 2002, 1191.
17 Jaeger-*Gerhardt*, InsO, 2004, § 6 RdNr. 10, 11.
18 Vgl. MünchKomm-*Rimmelspacher,* ZPO, 2. Aufl., 2000, vor § 511 RdNr. 13 ff.

pläne[19] oder im WEG-Verfahren[20] dem Recht nicht unvertraut sind. Dass der Beschwer-deführer nur die Verletzung eigenen Rechts rügen kann, ergibt sich bereits daraus, dass es keine insolvenzrechtliche Popularbeschwerde gibt[21]. Dies wäre aber bei Beschwerden der Fall, mit denen der Beschwerdeführer allgemein Verfahrensfehler zu rügen berechtigt wäre, da der Beschwerdeführer dann anstelle der materiell betroffenen Gläubiger sein verfahrensrechtliches Rügerecht geltend machen könnte. Diese Überlegungen folgen bereits daraus, dass die übrigen Beeinträchtigten selbst ein Beschwerderecht gem. § 253 InsO gehabt hätten, dass sie durch die Nichteinlegung jedoch dieses nicht ausgeübt und ihnen der damit verbundene verfahrensrechtliche Dispositionsakt durch die Einlegung des Rechtsmittels durch einen Beschwerdeführer nicht abgesprochen werden kann.

Dies mag ein Beispiel deutlicher machen. Würde der Insolvenzplan die Gläubigergruppe **16.21** 1 (absonderungsberechtigte Banken) und 3 (Arbeitnehmer) schlechter stellen als sie ohne einen Plan stünden, hätte das Amtsgericht den Widerspruch nach § 251 InsO abgelehnt und im Übrigen zuvor vergessen gehabt, das Finanzamt (Gläubigergruppe 5) zu laden, so lägen gewiss Verfahrensfehler vor, die auf Beschwerde der hierdurch Beeinträchtigten zur Aufhebung des Bestätigungsbeschlusses führen müssen. Die sofortige Beschwerde eines Gläubigers der Gruppe 4 (ungesicherte nicht nachrangige Insolvenzgläubiger) kann all diese Verstöße aber, legt man allgemeine Erwägungen zugrunde, nicht erfolgreich rügen. Denn hierdurch würde er nicht in eigenen Rechten verletzt. M. a. W. müsste der Bestätigungsbeschluss des AG, obgleich er objektiv rechtswidrig ist, vom Beschwerde-gericht gehalten werden. Denn die hierdurch Beschwerten haben auf ihr Rechtsmittel dadurch verzichtet, dass sie es nicht fristgerecht eingelegt haben. Welche Gründe die Betroffenen für die Nichteinlegung ihres Rechtsmittels gehabt haben mögen, ist dabei aus der Sicht des Beschwerdeführers irrelevant. Der Beschwerdeführer kann sich entge-gen dem Wortlaut des § 253 InsO nicht auf die Verletzung der Rechte anderer Gläubiger berufen, soweit nicht er selbst durch die damit begründete Rechtswidrigkeit der ange-griffenen Entscheidung in eigenen Rechten verletzt ist.

All dies folgt aus zwei Erwägungen. Der mit der sofortigen Beschwerde angegriffene **16.22** Insolvenzplan muss den Beschwerdeführer materiell beschweren – so eigene Rechte des Beschwerdeführers beeinträchtigen. Darüber hinaus muss der Beschwerdeführer ein besonderes Rechtschutzbedürfnis wegen der Einlegung der sofortigen Beschwerde ha-ben.[22]

Dies unterscheidet freilich die sofortige Beschwerde gem. § 253 InsO nicht von der **16.23** allgemeinen Lage im deutschen Rechtsmittelrecht. Besondere Fragen wirft freilich das Verhältnis des § 253 InsO zu § 251 InsO auf. Denn § 251 InsO, der, wie wir an anderer Stelle gezeigt haben, den Minderheitenschutz regelt, sieht vor, dass ein einzelner über-

---

19 Bamberger/Roth-*Lohmann,* BGB, 2003, § 2042 RdNr. 22.
20 Vgl. Bärmann/Pick/Merle-*Merle,* WEG, 7. Aufl., 1997, § 45 RdNr. 2 ff.
21 Uhlenbruck-*Lüer,* InsO, 12. Aufl., 2003, § 253 RdNr. 2; vgl. auch MünchKomm-*Rimmelspacher* (Fußn. 18), Vor § 511 RdNr. 35.
22 BGH, B. v. 18.7.2002, IX ZB 77/02, NZI 2002, 629 (zur Beschwerdebefugnis des Schuldners bei Eröffnung des Insolvenzverfahrens über sein Vermögen trotz Masseunzulänglichkeit bei Fremd-antrag).

stimmter Gläubiger beantragen kann, die Bestätigung des Insolvenzplans zu versagen, wenn er dem Plan im Abstimmungstermin ausdrücklich widersprochen und glaubhaft gemacht hat, dass er durch den Plan schlechter gestellt wird, als er ohne den Plan stünde. Es stellt sich nämlich die Frage, ob die Beschwerde eines einzelnen Gläubigers gem. § 253 InsO auch dann zulässig sein kann, wenn der Beschwerdeführer nicht zuvor nach § 251 InsO seine aus dem gesetzlichen Datenschutz folgenden verfahrensrechtlichen Befugnisse ausgeübt hat. Der BGH[23] hat entschieden, dass die gesetzlich nach § 6 Abs. 1 InsO i.V. m. der jeweiligen gesetzlichen Ermächtigung der sofortigen Beschwerde bestehenden Befugnisse dann nicht greifen, wenn „abschließende Sonderregelungen" einer grundsätzlichen Beschwerdebefugnis entgegenstehen. Es stellt sich daher die Frage, ob nicht die verfahrensrechtliche Widerspruchsbefugnis eine solche abschließende Sonderregelung in dem vom BGH gemeinten Sinne darstellt, dass der Gläubiger, der die sofortige Beschwerde nach § 253 InsO einlegen will, zuvor seine Widerspruchsrechte im Verfahren geltend machen muss.

4. Verhältnis von § 253 InsO zu § 251 InsO

16.24 Die amtliche Begründung zu § 251 InsO verweist für die Voraussetzungen von § 251 Abs. 1 InsO auf § 247 Abs. 1 InsO, wo es heißt, dass in Abs. 1 S. 1 [im Interesse der Rechtssicherheit] vorgesehen [ist], dass der Widerspruch nur berücksichtigt wird, wenn er spätestens im Abstimmungstermin erklärt wird. Nach der amtlichen Begründung zu § 251 Abs. 1 Nr. 2 und Abs. 2 InsO soll diese Vorschrift das Insolvenzgericht davor bewahren, dass ein Antrag, der auf bloße Vermutung gestützt wird, zu aufwändigen Ermittlungen durch das Gericht führen muss.

16.25 Die gesetzgeberischen Ziele, die mit § 251 InsO und der sofortigen Beschwerde gegen die Planbestätigung nach § 253 InsO verfolgt werden, sind daher deckungsgleich. Eine Bestätigung des Insolvenzplans durch das Insolvenzgericht erfolgt nicht, wenn Widerspruch oder sofortige Beschwerde durchdringen. Dabei sind die Voraussetzungen des § 251 InsO enger gefasst, als diejenigen des § 253 InsO. Freilich stellt § 251 InsO keine „abschließende Sonderregelung" dar, wie sie vom BGH in seinem Beschluss vom 17. 7.2003[24] angenommen worden ist. Denn der Gesetzgeber hat es versäumt, § 251 InsO und § 253 InsO derart in eine ausdrückliche Beziehung zueinander zu setzen, dass im Gesetzeswortlaut der im Abstimmungstermin zu erklärende Widerspruch gleichsam als ein die sofortige Beschwerde ausschließender Rechtsbehelf normiert worden wäre. Das wäre auch in keiner Weise sachgerecht, da es das Insolvenzgericht selbst ist, das bei seiner Entscheidung über die Erteilung der Bestätigung nach § 248 InsO über den Widerspruch gem. § 251 InsO entscheidet – es ist also insofern judex in sua causa; ein Devolutiveffekt ist mit dem Widerspruch nicht verbunden. Gerade dieser Umstand, dass das Insolvenzgericht es selbst ist, das den Widerspruch bei seiner Entscheidung zu berücksichtigen hat, macht deutlich, in welchem strukturellen Verhältnis § 251 InsO und § 253 InsO zueinander stehen.

---

23 BGH, B. v. 17. 7. 2003, IX ZB 530/02, ZInsO 2003, 750.
24 BGH, B. v. 17. 7. 2003, IX ZB 530/02, ZInsO 2003, 750.

In der Literatur hat *Sinz*[25] ausgeführt, dass eine sofortige Beschwerde des Gläubigers **16.26** aussichtslos sei, der – selbst ohne eigenes Verschulden! – den Antrag nach § 251 InsO versäumt habe. Im Übrigen wird von *Lüer*[26] demjenigen Gläubiger die Beschwerdebefugnis abgesprochen, der dem Plan zugestimmt hat.[27] Protagonisten dieser Auffassungen meinen, dass die Beschwerdebefugnis eines Gläubigers, der im Abstimmungstermin dem Insolvenzplan zugestimmt hat, daraus folge, dass er zwar ohne Insolvenzplan möglicherweise sogar schlechter stünde, aber gleichwohl deshalb ein Interesse daran habe, Verstöße gegen Verfahrensvorschriften gem. § 250 InsO zu rügen, weil er damit eine Beseitigung dieses Versagensgrundes erreichen und er infolge dessen noch besser gestellt werden könne. Darum geht es aber nicht. Ziel der Beschwerde ist die Aufhebung des Bestätigungsbeschlusses, mithin die Beseitigung des Insolvenzplans. Hat die Beschwerde Erfolg, fällt der Insolvenzplan weg und der Gläubiger steht exakt so, wie er ohne den Plan stünde, nicht schlechter und nicht besser. Ein „besserer" Insolvenzplan, wie er von *Sinz*[28] seiner Überlegung zugrunde gelegt wird, kann von dem Beschwerdeführer mit der Beschwerde nach § 253 InsO schlechthin nicht erreicht werden. Allein die Abwicklung des Insolvenzverfahrens nach den allgemeinen Regeln ohne Plan tritt aufgrund der erfolgreichen Beschwerde in Wirkung. Sofern ihn diese besser stellt, hätte ihm die Möglichkeit eines Widerspruchs nach § 251 InsO zu Gebote gestanden. Die von Sinz vertretene Gegenauffassung verkennt, dass der Beschwerdeführer eine „Besserstellung" durch seine Beschwerde nur dann erreicht, wenn er nach Aufhebung des Bestätigungsbeschlusses veranlassen kann, dass ein neuer, besserer Insolvenzplan aufgestellt wird und die übrigen Verfahrensbeteiligten diesen Plan akzeptieren. Dies ist also nur eine bloße Nebenfolge einer Beschwerde, die der Beschwerdeführer selbst nicht bewirken kann.

Im Gegenteil: Das Gesetz geht mit der zwingenden Anordnung eines Erörterungstermins **16.27** davon aus, dass jeder Verfahrensbeteiligte einen „besseren" Insolvenzplan grundsätzlich in offener Aussprache mit den übrigen Verfahrensbeteiligten vor der Abstimmung mit der Bestätigung des Planes soll durchsetzen können. Denn der Gesetzgeber ist noch der Ansicht – so wenig dies auch wirtschaftlich überzeugen mag –, dass alternierende Insolvenzpläne konkurrierend zur Abstimmung sollen gestellt werden können. Wollte man es jedem Gläubiger erlauben, dem Erörterungstermin einfach fernzubleiben, und seine Argumente im Beschwerdeverfahren vorzubringen, so wäre der Erörterungstermin sinnlos.

Zu bedenken ist weiterhin, dass es sich auch beim Insolvenzplanverfahren um die **16.28** besondere Ausformung eines Verfahrens handelt, das dem Bereich materieller Verwaltung zuzuordnen ist, entspricht doch das Verhältnis von Widerspruch gem. § 251 InsO zu der sofortigen Beschwerde gem. § 253 InsO dem des verwaltungsverfahrensrechtlichen Widerspruchsverfahrens zu dem gegen eine Entscheidung der Verwaltungsbehörde ge-

---

25 MünchKomm-*Sinz*, InsO, 2002, § 251 RdNr. 13.
26 Uhlenbruck-*Lüer*, InsO, 12. Aufl., 2003, § 253 RdNr. 2.
27 A.A. HK-*Flessner*, InsO, 3. Aufl., 2003, § 253 RdNr. 2; MünchKomm-*Sinz* (Fußn. 25), § 253 RdNr. 6. Im Widerspruch zu der Kommentierung zu § 251 InsO: Wenn schon desjenigen Beschwerde aussichtslos ist, der keinen Antrag nach § 251 InsO stellt, wie soll der sich beschweren können, der die Entscheidung sogar ausdrücklich akzeptiert und ihr zugestimmt hat?
28 MünchKomm-*Sinz* (Fußn. 25), § 253 RdNr. 2.

richteten verwaltungsgerichtlichen Klageverfahren. Diese Parallelität beruht nicht auf phonetischen Ähnlichkeiten, sondern das Insolvenzgericht soll durch die Möglichkeit des Widerspruchs gem. § 251 InsO ebenso wie das Verwaltungsgericht vor vermeidbaren Entscheidungen geschützt und entlastet werden.

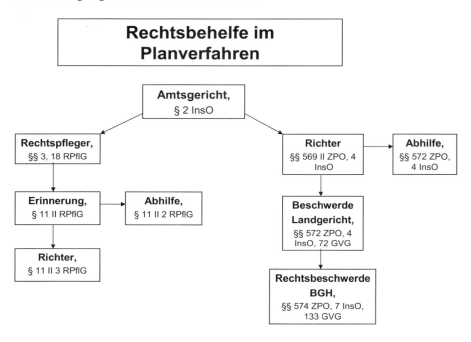

4. Hauptteil: Planerfüllung und Planüberwachung

Kapitel 17: Aufhebung des Insolvenzverfahrens

I. Wiederherstellung der Befugnisse des Schuldners mit Aufhebung des Insolvenzverfahrens

Gem. § 259 Abs. 1 S. 1 InsO erlöschen mit der Aufhebung des Insolvenzverfahrens die **17.1** Ämter des Insolvenzverwalters und der Mitglieder des Gläubigerausschusses[1]. Vorbehaltlich einer abweichenden, die Überwachung der Planerfüllung anordnenden Vereinbarung im gestaltenden Teil des Plans gem. § 259 Abs. 3 InsO endet gem. § 259 Abs. 1 S. 1 InsO mit dem Wirksamwerden des Plans aufgrund Verkündung seiner Bestätigung das Amt des Insolvenzverwalters. Ist eine Planüberwachung nicht vorgesehen, hat der Verwalter die in seinem Besitz befindlichen verbliebenen Massegegenstände an den Schuldner herauszugeben, ihm insbesondere die Geschäftsbücher zu überlassen. Sind Prozesse anhängig, werden diese unterbrochen; der Schuldner kann sie aufnehmen. Im Übrigen greift auch in diesem Falle die Rechnungslegungspflicht des § 66 InsO[2]. Nach § 259 Abs. 1 S. 2 InsO endet mit Aufhebung des Insolvenzverfahrens auch das Amt der Mitglieder des Gläubigerausschusses. Nach § 259 Abs. 2 InsO erhält der Schuldner das Recht zurück, über die Insolvenzmasse frei zu verfügen. § 259 Abs. 2 InsO ordnet weiter an, dass die Wiederherstellung der Verwaltungs- und Verfügungsbefugnisse des Schuldners die Vorschriften über die Überwachung der Planerfüllung unberührt lässt. Sofern nicht nach § 270 InsO Eigenverwaltung angeordnet war, gilt nach § 259 Abs. 1 S. 2 InsO Folgendes: Der Schuldner erlangt den unmittelbaren Besitz an der Masse zurück. Verwaltungs- und Verfügungsbeschränkungen werden durch die Bestätigung des Planes aufgehoben. Eines weiteren Zutuns des Schuldners bedarf es hierzu nicht[3]. Beschränkungen der Verfügungsbefugnis des Schuldners sind nur im Rahmen des § 259 Abs. 2 InsO möglich. Nach einem Verfahren unter Eigenverwaltung des Schuldners erlischt das Amt des Sachwalters.

II. Fortdauer der Funktionen des Insolvenzverwalters und der Mitglieder des Gläubigerausschusses

§ 259 InsO sieht zwar zunächst das Erlöschen der Ämter des Verwalters und der Mit- **17.2** glieder des Gläubigerausschusses (§ 259 Abs. 1 S. 1 InsO) und den Übergang der

---

1 KP-*Otte,* InsO, Stand: November 2004, § 259 RdNr. 1; MünchKomm-*Huber,* InsO, 2002, § 259 RdNr. 10; Smid-*Smid/Rattunde,* InsO, 2. Aufl., 2001, § 259 RdNr. 2 f.

2 KP-*Onusseit* (Fußn. 1), § 66 RdNr. 5; MünchKomm-*Nowak* (Fußn. 1), § 66 RdNr. 3; Smid-*Smid/Rattunde* (Fußn. 1), § 259 RdNr. 2.

3 *Schiessler,* Der Insolvenzplan, 1997, 205.

Verfügungsbefugnis über die Insolvenzmasse vom Verwalter auf den Schuldner (§ 259 Abs. 1 S. 2 InsO) vor[4]. Der gestaltende Teil des Insolvenzplans kann vorsehen, dass der Verwalter einen anhängigen Rechtsstreit nach der Aufhebung des Insolvenzverfahrens fortzuführen berechtigt bleibt (§ 259 Abs. 3 S. 1 InsO) – der dann für Rechnung des Schuldners zu führen ist (§ 259 Abs. 3 S. 2 InsO)[5].

17.3 Die **Verteilung des** durch den **Prozess Erlangten im Falle eines Obsiegens des Verwalters** kann ebenfalls im Plan geregelt werden; fehlt eine solche Regelung, so fällt das Erlangte an den Schuldner[6]. Auch die **Kosten** eines verlorenen Prozesses **trägt** im Zweifel **der Schuldner** (§ 259 Abs. 3 S. 2 InsO).

17.4 Der Plan kann im Übrigen eine von § 258 Abs. 1 InsO abweichende Regelung treffen. Diese kann namentlich eine Überwachung der Planerfüllung (unten RdNr. 18.1 ff.) nach den §§ 260 ff. InsO vorsehen, d. h. im Einzelnen die Fortdauer des Amtes des Insolvenzverwalters zur Kontrolle der Erfüllung der den Schuldner oder eine Übernahmegesellschaft aus dem Plan fließenden Verpflichtungen oder die Entscheidung über die Zustimmung zu bestimmten Geschäften (§ 273 InsO) vorsehen. Zur Bekanntmachung der Überwachung vgl. § 267 InsO.

III. Übersicht

17.5 Die Verfahrensbeendigung lässt sich schematisch folgendermaßen darstellen:

Verfahrensbeendigung

Gerichtliche Bestätigung des Plans	**Rechtskraft**
• nach Annahme (Gläubiger/Schuldner, § 248 InsO)	• mit Unanfechtbarkeit des Bestätigungsbeschlusses, d.h.
• Kein Verfahrensverstoß, Minderheitenschutz gewährt, §§ 249, 250 InsO	• mit Ablauf der 2wöchigen Beschwerdefrist oder bei Rechtsmittelabweisung
• Bekanntgabe durch Beschluss, § 252 InsO	

Aufhebung des Verfahrens

• Bei Rechtskraft der Planbestätigung, § 258 I InsO
• Berichtigung
• Sicherheitsleistung für Masseverbindlichkeiten, § 258 II InsO
• Öffentliche Bekanntgabe nach Ankündigung, § 258 III InsO
• Planüberwachung, § 260 InsO

---

4 KP-*Otte* (Fußn. 1), § 259 RdNr. 4; MünchKomm-*Huber* (Fußn. 1), § 259 RdNr. 11; Smid-*Smid/Rattunde* (Fußn. 1), § 259 RdNr. 4.

5 KP-*Otte* (Fußn. 1), § 259 RdNr. 14; MünchKomm-*Huber* (Fußn. 1), § 259 RdNr. 23.

6 Amtl. Begr. zu § 308 RegEInsO, BT-Drucks. 12/2443, 214.

IV. Einzelfragen

1. Sicherheitsleistung aufgrund Anwendbarkeit des § 258 Abs. 2 InsO?

Im Rahmen der Verfahrensbeendigung tauchen einige praktische Probleme auf. Zum **17.6** einen ist es derzeit nicht geklärt, wie der Insolvenzverwalter die Masseschulden bezahlen oder für sie Sicherheit leisten soll, wie in § 258 Abs. 2 InsO vorausgesetzt wird. Masseverbindlichkeiten entstehen ständig (Steuern) oder doch jedenfalls fortlaufend (Strom, Telefon) oder stellen sich erst hinterher heraus, wenn der Lieferant abrechnet. Die Erklärung des Verwalters, die Schulden seien bezahlt, ist im Regelfall falsch. Die Praxis behilft sich mit der Erklärung des Verwalters, es sei genug Masse vorhanden oder werde an den Schuldner herausgegeben, um die vorhandenen oder zu erwartenden Masseverbindlichkeiten begleichen zu können. Dies mag nach Beendigung des Insolvenzverfahrens als Sicherheit reichen. Andernfalls müsste man eine Bankbürgschaft haben, die der Insolvenzschuldner derzeit nicht trägt. Oder der Verwalter müsste einen jedenfalls ausreichenden Geldbetrag zurückbehalten, der dann aber im Unternehmen fehlt. Die in einem derartigen Fall ergangene Entscheidung des LG Stuttgart[7] verdient daher Zustimmung, in der das Landgericht darauf erkannt hat, § 258 Abs. 2 InsO finde auf Fälle der Aufhebung des Insolvenzverfahrens nach Bestätigung des Insolvenzplans keine Anwendung.

Das Gesetz sieht vor, dass der Insolvenzverwalter dem Insolvenzgericht bestätigen muss, **17.7** dass er die Masseschulden berichtigt habe[8]. Hierbei handelt es sich um eine Regelung, die dem Insolvenzverwalter Unmögliches abverlangt. Der gesetzlichen Reglung liegt freilich folgende Vorstellung des Gesetzgebers zugrunde: Es gebe Masseschulden, die der Insolvenzverwalter ausgelöst habe. Die solle er bezahlen, bevor das Insolvenzverfahren über das schuldnerische Vermögen aufgehoben werden könne. Diese Vorstellung ist indes irrig. Denn der Insolvenzverwalter ist schlechthin außerstande, die Masseschulden zur Gänze zu berichtigen. Denn in dem Augenblick, in dem er sich zum Insolvenzgericht begibt, entstehen jeweils neue Masseverbindlichkeiten in Gestalt von Grundsteuern, Telefongebühren, der Raummiete – eine Vielzahl von Dauerschuldverhältnissen lösen Masseverbindlichkeiten aus. Man kann auch an Fälle denken, die z. B. Waren betreffen, die der Insolvenzverwalter tags zuvor bestellt hat und die noch nicht einmal konstruiert, geliefert oder noch nicht fakturiert worden sein können. Denn die diesbezügliche Rechnung wird erst in späteren Zeiten gelegt. Weiter ist an die Masseverbindlichkeiten zu denken, die noch gar nicht fällig sind. In diesem Fall wäre es geradezu masseschädigend, wenn der Insolvenzverwalter noch nicht fällige Verbindlichkeiten begleichen und damit letztendlich Geld verschenken würde, dass dem sanierten Unternehmen nach den Abreden mit dem Vertragspartner zugute kommen soll. Sinnvollerweise bestimmt das Gesetz in § 258 Abs. 2 InsO, dass für streitige Masseschulden Sicherheit zu leisten ist und dass unstreitige zu bezahlen sind. Zutreffenderweise hat der Insolvenzverwalter damit dem Gericht folgende Erklärung abzugeben:

---

7 LG Stuttgart, Urt. v. 11. 12. 2002, 27 O 295/02, DZWIR 2003, 171.
8 Smid-*Smid/Rattunde,* InsO, 2. Aufl., 2001, § 258 RdNr. 3; Uhlenbruck-*Lüer,* InsO, 12. Aufl., 2003, § 258 RdNr. 9.

„Ich habe die bekannten und fälligen Masseschulden bezahlt und für die Begleichung der nicht fälligen und unbekannten Masseschulden Rückstellungen in Höhe von XXX € vorgenommen."

17.8 Die hier vorgeschlagene Formulierung wird zwar dem „Wortlaut" des Gesetzes nicht, wohl aber dem Sinn der gesetzlichen Regelung gerecht. Sie erlaubt es, das Verfahren zu einem vernünftigen Abschluss zu bringen. Die derzeit geltende Regelung des § 258 InsO lässt sich mithin sinnvoll handhaben. Es ist indes nicht zu übersehen, dass die – möglichen – Missverständnisse, die sich aus der aus dem Wortlaut der Vorschrift folgenden Divergenz zwischen § 258 Abs. 1 InsO und § 258 Abs. 2 InsO ergeben können, war nicht zwingend sind und die Praxis nicht von einem vernünftigen Umgang mit dem Gesetz abhalten sollten. Gleichwohl zeigt sich auch an dieser Stelle, dass der Gesetzgeber aufgefordert ist, sich dieser Vorschrift so wie den Regelungen des Insolvenzplanverfahrens in ihrer Gesamtheit anzunehmen. Die Bereinigung bzw. Klarstellung des Wortlaut des § 258 InsO ist dabei eine leicht zu bwältigende Aufgabe, mit der indes an einer nicht unwichtigen Stelle mögliche Hindernisse im Umgang mit dem Gesetz ausgeräumt werden können und damit die Attraktivität des Insolvenzplans als Instrument der Insolvenzabwicklung erhöht werden kann.

2. Planerfüllung und Vergütung des Insolvenzverwalters

17.9 Das zweite Problem ist die Vergütung des Insolvenzverwalters für die Planerfüllungsüberwachung. Fest steht, dass der Schuldner diese Kosten zu tragen hat. Unklar ist die Höhe der Vergütung, weil die Grundlagen für die Verwaltergebühr nach Aufhebung des Verfahrens nicht mehr existieren. Es empfiehlt sich, vor der Erfüllungsüberwachung in den Insolvenzplan eine entsprechende Regelung aufzunehmen, die zwar noch nicht beziffert sein kann, weil die Masse, die Probleme und die Schwierigkeiten noch nicht bekannt sind, die aber jedenfalls eindeutige Kriterien festlegt, nach denen der Verwalter und der Gläubigerausschuss bezahlt werden.

3. Nicht angemeldete und nicht festgestellte Forderungen bei Verfahrensabschluss durch Quotenzahlung

17.10 Das dritte Problem ist der Verfahrensabschluss durch Quotenzahlung. Typischerweise erhalten die Gläubiger eine Quote auf ihre festgestellten Forderungen. Viele Gläubiger haben indessen ihre Forderungen in dem kurzen Insolvenzplanverfahren noch gar nicht angemeldet oder die Forderungen sind noch nicht festgestellt. Hier muss man mit Sicherheitsleistung und Rückstellungen arbeiten, soweit diese Gläubiger wenigstens bekannt sind. Oder die Gläubiger erhalten einen Anteil an einem bestimmten Geldbetrag, den etwa ein Dritter für die Sanierung zur Verfügung gestellt hat, oder der aus einer bestimmten Verwertung stammt oder aus einem zukünftigen Gewinn besteht. Hier hängt die Höhe jeder Quote von der Höhe jeder anderen Quote ab, so dass sich dringend die Regelung empfiehlt, nur eine angemeldete und der Feststellung fähige Forderung einzubeziehen. Gläubiger, die von der Insolvenz nichts wissen oder nicht rechtzeitig tätig werden, gehen leer aus. Das ist aber bei der Abschlagsverteilung auch so, wenn die Voraussetzungen nach § 192 vorliegen. Problematisch ist es nur, wenn die Forderungshöhe tatsächlich ungewiss ist. Kann dann keine Einigung mit dem Gläubiger erfolgen, muss der Maximalbetrag zurückgestellt werden, oder das Verfahren ist im gegebenen Fall ungeeignet.

Kapitel 18: Planüberwachung und Planerfüllung

I. Planüberwachung und die Fortdauer des Amtes von Insolvenzverwalter und Gläubigerausschuss

1. Wirkungen der Aufhebung des Insolvenzverfahrens

a) Rahmenbedingungen. Wie im vorangegangenen Kapitel dargestellt, bestimmt § 259 **18.1**
InsO, dass die Bestätigung des Insolvenzplans das **Erlöschen der Ämter des Verwalters und der Mitglieder des Gläubigerausschusses** und den Übergang der Verfügungsbefugnis über die Insolvenzmasse vom Verwalter auf den Schuldner (§ 259 Abs. 1 S. 2 InsO) bewirkt. Der Insolvenzplan hat aber selbst einen „prozesshaften" Charakter – sein „Gelingen" hängt von seiner Verwirklichung im Zeitraum nach Aufhebung des Insolvenzverfahrens ab. Bereits im überkommenen Recht war es eine Frage der vertraglichen Vereinbarungen zwischen dem Gemeinschuldner und seinen Gläubigern, ob in dem auf die Bestätigung des Zwangsvergleichs folgenden Zeitraum institutionelle Voraussetzungen zur Kontrolle der Erfüllung der sich aus dem Zwangsvergleich nach Aufhebung des konkurslichen Regiments ergebenden Pflichten eingerichtet wurden.

Das frühere Recht des Zwangsvergleichs im Konkurs und des Vergleichs im Gesamtvollstrek- **18.2**
kungsverfahren sah keine expliziten Regelungen einer Überwachung der Erfüllung des Vergleichs vor. Die Vergleichsordnung traf dagegen eine differenzierte Regelung: Für Verfahren geringer Bedeutung folgte sie dem Beispiel der KO, sah also keine Überwachung vor (§ 90 Abs. 1 Nr. 2 VerglO in Fällen, in denen die Summe der Vergleichsforderungen nicht über DM 20.000 liegt). Größere Verfahren wurden grundsätzlich erst aufgehoben, wenn der Vergleich erfüllt war; bis zu diesem Zeitpunkt hatte der Vergleichsverwalter die **Erfüllung des Vergleichs** zu überwachen (§ 96 VerglO). Dies galt jedoch nicht, wenn die Vergleichsgläubiger mehrheitlich die Aufhebung des Verfahrens ohne eine Überwachung beantragten (§ 90 Abs. 1 Nr. 1 VerglO), oder wenn der Schuldner sich im Vergleich der Überwachung durch einen Sachwalter unterworfen hatte (§§ 91 bis 95 VerglO); in diesen Fällen konnte das Verfahren mit der Bestätigung des Vergleichs aufgehoben werden.

b) Festlegung einer Sachwalterstellung im Plan. Soweit es die Gewährleistung einer **18.3**
effizienten Planüberwachung gebietet, kann der Plan vorsehen, dass auch die Ämter der Mitglieder des Gläubigerausschusses und die Aufsicht des Insolvenzgerichts über den Verwalter fortbestehen. Insbesondere gilt dies für die allgemeinen Auskunfts- und Berichtspflichten des Verwalters gegenüber Gläubigerausschuss und Gericht. Ein jährlicher Bericht des Verwalters gegenüber diesen Stellen über den Stand und die Aussichten der Erfüllung des Plans ist besonders vorgeschrieben (§ 261 Abs. 2 S. 1 InsO).[1]

---

1 Amtl. Begr. RegEInsO, Aufgaben und Befugnisse des Insolvenzverwalters, BT-Drucks. 12/2443, 215 (zu § 308); KP-*Otte,* InsO, Stand: November 2004, § 261 RdNr. 9; MünchKomm-*Stephan,* InsO, 2002, § 261 RdNr. 7; Smid-*Smid/Rattunde,* InsO, 2. Aufl., 2001, § 261 RdNr. 4.

2. Stellung des Sachwalters

18.4 **a) Überwachung der Geschäftsführung.** Die InsO sieht eine von Fall zu Fall mittels des Planes zu regelnde Aufsicht durch einen Sachwalter zum Zwecke der Planüberwachung vor: § 259 Abs. 2 InsO „behält" bei Aufhebung des Insolvenzverfahrens die Vorschriften über die Überwachung der Planerfüllung vor, die nach § 260 Abs. 1 InsO im gestaltenden Teil des Planes vorgesehen werden kann.

18.5 Die Planüberwachung nach § 260 Abs. 1 InsO ist durch § 261 InsO gesetzlich ausgestaltet: Zweckmäßigmäßigerweise hat der Gesetzgeber[2] die Überwachung des Plans als **Aufgabe des bisherigen Insolvenzverwalters** ausgestaltet. Dem lag die Vorstellung[3] zugrunde, der bisherige Insolvenzverwalter sei es, der in der Regel den Plan selbst ausgearbeitet habe. Es trifft zu, dass der bis zur Aufhebung des Insolvenzverfahrens amtierende Insolvenzverwalter in jedem Falle aufgrund seiner Amtspflichten über den Inhalt des Planes und seine Rahmenbedingungen im Einzelnen unterrichtet ist.

18.6 Zu Eingriffen in die Geschäftsführung des Unternehmens ist der Insolvenzverwalter nurmehr im Rahmen der **Zwecke der Planüberwachung** berechtigt, die sich aus dem gestaltenden Teil des Planes ergeben, der die Zustimmungspflichtigkeit bestimmter Geschäfte vorsehen kann (§ 263 S. 1 InsO).

18.7 Mit der Aufhebung des Insolvenzverfahrens erlangt der Schuldner, wie oben ausgeführt, im Allgemeinen gem. § 259 Abs. 1 S. 2 InsO die Verfügungsbefugnis über das haftende Vermögen (zurück). Die Vorschrift des § 263 InsO räumt den Beteiligten die Möglichkeit ein, während der Dauer der Planüberwachung wirtschaftlich besonders bedeutsame Rechtsgeschäfte des Schuldners an die Zustimmung des Verwalters zu binden. Die im gestaltenden Teil des Plans vorgesehene Einschränkung der Verfügungsbefugnis des Schuldners hat nach der Vorstellung des Gesetzgebers[4] **Wirkungen gegenüber jedem Dritten**: Ein Rechtsgeschäft, das der Schuldner ohne die erforderliche Zustimmung des Verwalters vornimmt, ist gem. § 81 Abs. 1 und § 82 InsO unwirksam, die § 263 S. 2 InsO für entsprechend anwendbar erklärt.

18.8 Im Übrigen hat der zur Planüberwachung eingesetzte Verwalter wie ein vorläufiger Insolvenzverwalter die Befugnis, sich **in den Geschäftsräumen des Schuldners über die Einzelheiten der Geschäftsführung zu unterrichten** (§§ 308 Abs. 1 S. 3, 26 Abs. 3 InsO). Die Planüberwachung kann in gleicher Weise auch im Hinblick auf eine **Übernahmegesellschaft** angeordnet werden, § 260 Abs. 3 InsO. Die vom IX. Zivilsenat des BGH in seiner Entscheidung zum vorläufigen Verwalter vom 18. 7. 2002[5] entwickelten – dort – zutreffenden Grundsätze betreffend die Geltung des Verhältnismäßigkeitsgrundsatzes kommen im Rahmen der Planüberwachung nicht zum Zuge.

---

2 Amtl. Begr. RegEInsO, Aufgaben und Befugnisse des Insolvenzverwalters, BT-Drucks. 12/2443, 215 (zu § 308); KP-*Otte* (Fußn. 1), § 261 RdNr. 3; MünchKomm-*Stephan* (Fußn. 1), § 261 RdNr. 1; Smid-*Smid/Rattunde* (Fußn. 1), § 261 RdNr. 1.

3 Amtl. Begr. RegEInsO, Aufgaben und Befugnisse des Insolvenzverwalters, BT-Drucks. 12/2443, 215 (zu § 308); KP-*Otte* (Fußn. 1), § 261 RdNr. 3; MünchKomm-*Stephan* (Fußn. 1), § 261 RdNr. 1; Smid-*Smid/Rattunde* (Fußn. 1), § 261 RdNr. 1.

4 Amtl. Begr. RegEInsO, Aufgaben und Befugnisse des Insolvenzverwalters, BT-Drucks. 12/2443, 216 (zu § 310).

5 BGH, Urt. v. 18. 7. 2002, IX ZR 195/01, ZIP 2002, 1625.

Denn das Insolvenzgericht hat sich bei vorläufiger Anordnungen gem. § 21 Abs. 2 InsO im Rahmen des Verhältnismäßigkeitsgrundsatzes zu bewegen, da es hoheitliche Eingriffe in die Rechtsstellung des Schuldners vornimmt. Demgegenüber beruhen die Anordnung der Planüberwachung wie deren Reichweite auf den Regelungen des Plans.

b) Sonderverwaltung und Sachwalterstellung. Neben der gesetzlich vorgesehenen **18.9** Planüberwachung kann im Plan keine **Sonderverwaltung herkömmlichen Typs** vorgesehen werden: Der Sonderverwalter der früheren Rechtspraxis hat im Verfahren nach der InsO als „Sachwalter" keine Daseinsberechtigung (unten RdNr. 18.36).

3. Prozessstandschaft des Sachwalters wegen Anfechtungsprozessen gem. §§ 129 ff. InsO

Mit der Aufhebung des Insolvenzverfahrens **endet grundsätzlich die Prozessführungs-** **18.10** **befugnis des Insolvenzverwalters**; er hört auf, „Partei kraft Amtes" zu sein. Damit einher geht, dass der Verwalter diejenigen spezifischen insolvenzrechtlichen Befugnisse nicht mehr geltend machen kann, deren Verfolgung gerade ihm in seiner Eigenschaft als Partei kraft Amtes zugewiesen ist: § 13 AnfG bestimmt, dass die Befugnis zur Anfechtung gläubigerbenachteiligender Rechtsgeschäfte mit Eröffnung des Insolvenzverfahrens über das Vermögen des Schuldners von den einzelnen Gläubigern auf den Insolvenzverwalter übergeht. Für das frühere Recht wurde angenommen, dass der Anfechtungsanspruch, der der Anfechtungsklage zugrunde liegt, mit der Aufhebung des Konkursverfahrens nach einem Zwangsvergleich erlischt und der Anfechtungsprozess damit in der Hauptsache erledigt ist: Er fällt nicht in die Kompetenz der einzelnen Gläubiger zurück, die ja aufgrund des Vergleichs mit dem Schuldner „ins Reine" gekommen sind. Die dogmatische Konstruktion des Schicksals der dem Aktionenrecht verhafteten Anfechtungsklage ist dunkel. Und die dadurch geschaffene Rechtslage wurde vom Gesetzgeber[6] als unbefriedigend empfunden. Sie bot für den Anfechtungsgegner Anreize, den Anfechtungsprozess zu verschleppen und gleichsam als „Trittbrettfahrer" eines Zwangsvergleichs zu Lasten der Gläubigergemeinschaft ungerechtfertigte Vorteile zu erlangen.

§ 259 Abs. 3 S. 1 InsO bestimmt für den Fall, dass ein Anfechtungsprozess des Insol- **18.11** venzverwalters im Zeitpunkt der Aufhebung des Insolvenzverfahrens noch nicht beendet ist, dass im gestaltenden Teil des Plans die **Fortdauer der Prozessführungsbefugnis** **des Verwalters** über die Aufhebung des Verfahrens hinaus angeordnet werden kann[7]. Der Gesetzgeber verknüpft dabei durch § 259 Abs. 3 S. 1 InsO in einer für das moderne Verständnis eigentümlich anmutenden aktionenrechtlichen Weise die prozessualen Befugnisse mit dem materiellrechtlichen Bestand des Rechts. Für den Fall der Anordnung der Fortdauer der Prozessführungsbefugnis des Verwalters für anhängige Anfechtungsprozesse wird der (materiellrechtliche?!) *Anfechtungsanspruch* von der Aufhebung des Verfahrens nach der Bestätigung des Insolvenzplans nicht berührt.

---

6 Amtl. Begr. RegEInsO, Aufgaben und Befugnisse des Insolvenzverwalters, BT-Drucks. 12/2443, 215 (zu § 308).
7 KP-*Otte,* InsO, Stand: November 2004, § 259 RdNr. 11 ff.; MünchKomm-*Huber,* InsO, 2002, § 259 RdNr. 20 ff.; Smid-*Smid/Rattunde,* InsO, 2. Aufl., 2001, § 259 RdNr. 7.

18.12 Das Gesetz formuliert mithin ein Regel-Ausnahmeverhältnis. Danach verliert der Verwalter in der Regel die Befugnis, Anfechtungsprozesse auch nach Aufhebung des Insolvenzverfahrens fortzuführen, was in praxi erhebliche Probleme macht. Es ist schon an verschiedenen Teilstellen dieser Überlegung darauf hingewiesen worden, dass es beim Insolvenzplan sehr häufig auf eine rasche Entscheidung der Gläubiger und eine zügige Beendigung des Insolvenzverfahrens ankommt. In derartigen Fällen – dafür ist die Herlitz-Insolvenz ein illustratives Beispiel – liegen dem Insolvenzverwalter sehr häufig zum Zeitpunkt der Erörterung und Abstimmung über den Insolvenzplan noch nicht hinreichend Informationen über zu führende Anfechtungsprozesse vor. Nach dem systematischen Aufbau des § 259 Abs. 3 InsO drohen die damit zusammenhängenden Ansprüche m. a. W. mit der Aufhebung des Verfahrens geradezu zwingend undurchsetzbar zu werden. Für die Praxis ergibt sich daraus, dass formularmäßig in Insolvenzpläne ein Passus über die Fortdauer der Prozessführungsbefugnis des Verwalters über die Aufhebung des Verfahrens hinaus wegen Anfechtungsprozessen aufgenommen werden sollte. Freilich wird damit nur die Prozessionsbefugnis des Verwalters wegen zum Zeitpunkt der Aufhebung bereits anhängiger Anfechtungsprozesse betroffen. De lege ferenda besteht in diesem Fall ein Änderungsbedarf, der Möglichkeiten eröffnet, dem Sachwalter nach Beendigung des Insolvenzverfahrens die Befugnisse der §§ 129 ff. InsO zu überantworten.

18.13 Im Einzelnen hat es in der Praxis Probleme mit der Bestimmung der Anforderungen gegeben, die an die Angaben zu stellen sind, die der Insolvenzplan machen muss, der eine Fortdauer der Prozessführungsbefugnis des Insolvenzverwalters für Anfechtungsprozesse anordnet. So hatte das LG Erfurt[8] in einem Insolvenzanfechtungsprozess judiziert, der allgemeine Hinweis im Insolvenzplan darauf, dass § 259 Abs. 3 InsO Anwendung finden solle, genüge nicht, um die Prozessführungsbefugnis des bisherigen Insolvenzverwalters fortdauern zu lassen. Dieses Urteil ist vom **OLG Jena**[9] aufgehoben worden. Das OLG Jena hat der Rechtsansicht des vorinstanzlichen LG Erfurt entgegengehalten, die Regelung des Insolvenzplans sei der Auslegung zugänglich. Diese ergibt, dass dem Sachwalter die Prozessführungsbefugnis wegen Anfechtungsprozessen gem. §§ 129 ff. InsO eingeräumt werden soll.[10] In einem vom **LG Wuppertal**[11] entschiedenen Fall war im darstellenden Teil des Planes ein Betrag genannt worden, der von der mit der Anfechtungsklage geltend gemachten Klagesumme betragsmäßig abwich. Das LG Wuppertal hat zutreffend darauf erkannt, dass es hierauf nicht ankommen könne. Der Sachwalter sei wegen des Anfechtungsprozesses Prozessstandschafter, sofern eine entsprechende Regelung nach § 259 Abs. 3 InsO getroffen worden sei, die durch Angaben im darstellenden Teil nicht ausgehebelt werde. Immerhin zeigt diese Entscheidung doch mögliche Fallstricke, wenn man sie im Zusammenhang mit der des OLG Jena liest. Die Auslegung des Plans greift nämlich zunächst auf das systematische Zusammenspiel seiner Regelungen selbst zurück. Dem LG Wuppertal ist freilich zuzustimmen, dass betragsmäßige Abweichungen innerhalb des Plans die Prozessstandschaft des Sachwal-

---

8 LG Erfurt, Urt. v. 26. 7. 2001, 3 O 290/01, ZIP 2001, 1646 f. m. Anm. *Neußner,* EWiR 2001, 1067 f.
9 OLG Jena, Urt. v. 6. 2. 2002, 2 U 1033/01, ZIP 2002, 538 ff. m. Anm. *Michels,* EWiR 2002, 293 f.
10 OLG Jena, Urt. v. 6. 2. 2002, 2 U 1033/01, ZIP 2002, 538, 540.
11 LG Wuppertal, Urt. v. 27. 12. 2001, 2 O 11/01, ZInsO 2002, 337.

ters nicht antasten. Der Planinitiator ist aber auf eine sorgfältige Abstimmung der einzelnen Teile des Planes verwiesen.

4. Regelung der Kostentragung im Plan

Zur Finanzierung der Prozesse ist im Plan eine **Sondermasse auszugliedern**; daher trägt, **18.14** wenn nichts anderes vorgesehen ist, der Schuldner im Zweifel die Prozesskosten bei einem Verlust des Prozesses. Soweit den Verwalter oder einen von ihm beauftragten Rechtsanwalt wegen des Prozessverlusts ein Verschulden trifft, stehen die daraus resultierenden Schadenersatzansprüche (aus § 60 InsO[12] bzw. aus positiver Vertragsverletzung usf.) *dem Schuldner* zu. Das aus dem Prozess Erlangte unterfällt der im Plan vorgesehenen Verteilung. Für einen durch den Plan geschlossenen Liquidationsvergleich ist das unproblematisch.

Der Gesetzgeber[13] hat dies auf die Vertragsfreiheit der Beteiligten gestützt: Daraus folgert er, dass **18.15** eine im Plan anstelle der im Gesetzentwurf geregelten Art der Überwachung auch in anderen Formen vorgesehen werden kann. So kann der Plan etwa eine Überwachung durch einen von den Gläubigern bestimmten Sachwalter festlegen. An eine derartige Überwachung werden nicht die Rechtsfolgen geknüpft wie an die vom Gesetz geregelte Planüberwachung. So hat die durch den Plan vereinbarte Sonderverwaltung weder dinglich wirkende Verfügungsbeschränkungen für den Schuldner zur Folge, noch können Regelungen der Rangverhältnisse von künftigen Darlehensforderungen im Verhältnis zu den Forderungen anderer Neugläubiger getroffen werden.

Die Verteilung des durch den Prozess Erlangten im Falle eines Obsiegens des Verwalters **18.16** kann ebenfalls im Plan geregelt werden; fehlt eine solche Regelung, so fällt das Erlangte an den Schuldner. Auch die Kosten eines verlorenen Prozesses trägt im Zweifel der Schuldner (§ 259 Abs. 3 S. 2 InsO).

§ 262 InsO ordnet an, dass der Insolvenzverwalter dem Insolvenzgericht und dem **18.17** Gläubigerausschuss gegenüber Anzeigepflichten hat, wenn er im Rahmen seiner Überwachungsaufgabe feststellt, dass der Schuldner entweder seine durch den Plan auferlegten Verpflichtungen nicht erfüllt oder nach seinem, des Verwalters, Eindruck nicht werde erfüllen können. Mit seiner Überwachungstätigkeit soll der Insolvenzverwalter in erster Linie dazu beitragen, dass der Plan erfüllt wird. Stellt sich jedoch heraus, dass der Schuldner die im Plan vorgesehenen Ansprüche nicht erfüllt oder nicht erfüllen kann, so dient die Überwachung dazu, dass diese Umstände den Gläubigern schnell bekannt werden.

Die Vorschrift sieht daher vor, dass der Insolvenzverwalter den Gläubigerausschuss **18.18** unverzüglich zu unterrichten hat, wenn er die Nichterfüllung oder die fehlende Erfüllbarkeit des Plans feststellt. Die Gläubiger haben dann die Möglichkeit, rechtzeitig die Eröffnung eines neuen Insolvenzverfahrens zu beantragen. Der Verwalter erfüllt seine Pflicht natürlich auch durch Unterrichtung des Insolvenzgerichts. Dies stellt eine Konkretisierung seiner allgemeinen Pflicht zur Information des Gerichts über den Stand der

---

12 Vgl. *Smid*, in: Kölner Schrift zur InsO, 2. Aufl., 2000, 337 ff.
13 Amtl. Begr. RegEInsO, Aufgaben und Befugnisse des Insolvenzverwalters, BT-Drucks. 12/2443, 215 (zu § 307).

Erfüllung des Plans (vgl. § 261 Abs. 2 InsO) dar. Eine Verfahrenseröffnung von Amts wegen ist in diesem Fall nicht vorgesehen. Soweit ein Gläubigerausschuss nicht bestellt ist, trifft den Verwalter die Pflicht, diejenigen **Gläubiger zu unterrichten**, denen aufgrund der Festlegungen des gestaltenden Teils (§ 221 InsO) des Plans **Ansprüche** gegen den Schuldner (vgl. § 260 Abs. 2 InsO) oder gegen eine Übernahmegesellschaft (§ 260 Abs. 3 InsO) zustehen[14].

18.19   Gem. § 264 Abs. 1 S. 1 InsO kann im gestaltenden Teil des Insolvenzplans vorgesehen werden, dass die Insolvenzgläubiger nachrangig sind gegenüber Gläubigern mit Forderungen aus Darlehen und sonstigen Krediten, die der Schuldner oder die Übernahmegesellschaft während der Zeit der Überwachung aufnimmt oder die ein Massegläubiger in die Zeit der Überwachung hinein stehen lässt. In diesem Fall ist nach § 264 Abs. 1 S. 2 InsO zugleich ein Gesamtbetrag für derartige Kredite als Kreditrahmen festzulegen, der den Wert der Vermögensgegenstände nicht übersteigen darf, die in der Vermögensübersicht des Plans (§ 229 S. 1 InsO) aufgeführt sind, § 264 Abs. 1 S. 3 InsO. Der Nachrang der Insolvenzgläubiger gem. § 264 Abs. 1 InsO besteht nach der Regelung des § 264 Abs. 2 InsO nur gegenüber Gläubigern, mit denen vereinbart wird, dass und in welcher Höhe der von ihnen gewährte Kredit nach Hauptforderung, Zinsen und Kosten innerhalb des Kreditrahmens liegt, und gegenüber denen der Insolvenzverwalter diese Vereinbarung schriftlich bestätigt.

18.20   § 264 Abs. 2 InsO normiert die Voraussetzungen, unter denen dieser „automatische" Rangrücktritt funktioniert. Danach muss der Schuldner oder die Übernahmegesellschaft mit jedem Gläubiger, dem die Vorteile des Kreditrahmens zugute kommen sollen, „genau" vereinbaren, dass und in welcher Höhe die Rückzahlungsforderung nach Kapital, Zinsen und Kosten innerhalb des Kreditrahmens liegen soll. Diese Vereinbarung, die ja vor Aufhebung des Insolvenzverfahrens auf die Bestätigung des Insolvenzplans hin (!) geschlossen werden muss, bedarf der schriftlichen Bestätigung des Insolvenzverwalters. Aufgabe des Verwalters soll es nach Vorstellung des Gesetzgebers dabei nicht sein, die Zweckmäßigkeit des aufgenommenen Kredits zu beurteilen, sondern zu prüfen, ob der Kreditrahmen ausreicht, um den neuen Kredit abzudecken. Darüber hinaus soll der Verwalter darauf zu achten haben, dass die getroffene Vereinbarung einen eindeutigen Inhalt hat[15]. Diese Beschränkung ist nicht ganz überzeugend. Denn selbstverständlich hat der Verwalter während des laufenden Insolvenzverfahrens – und ebenso selbstverständlich auch während des laufenden Insolvenzplanverfahrens – die Aufgabe und *Pflicht*, nicht allein *formalia* des gestaltenden Teils des vom Schuldner vorgelegten Planes zu überprüfen, sondern hat im Interesse der optimalen Befriedigung der Gläubiger die wirtschaftliche Zweckmäßigkeit der im gestaltenden Teil des Planentwurfs vorgesehenen Maßnahmen zu prüfen. Es wäre schlechthin widersinnig, wollte man den Verwalter daran hindern, eine Wirtschaftlichkeitskontrolle wegen so gravierender Maßnahmen wie einer Kreditaufnahme vorzunehmen, während doch im Übrigen das Insolvenzplanrecht in unheilvoller Weise ein Denken in ökonomischen Zweckmäßig-

---

14 KP-*Otte*, InsO, Stand: November 2004, § 260 RdNr. 8 ff.; MünchKomm-*Stephan*, InsO, 2002, § 260 RdNr. 15 ff.
15 Amtl. Begr. zu § 311 RegEInsO, BT-Drucks. 12/2443, 216.

keitskategorien durchzieht. Gerade dem Verwalter obliegt diese Wirtschaftlichkeitsprüfung zum Schutz der Gläubiger!

Selbst Befürworter[16] dieses Instituts scheuen nicht davor zurück, danach zu fragen, ob es **18.21** sich bei § 264 InsO um einen „Papiertiger" handle und kommen zum Ergebnis[17], seine Regelungen seien nur „bedingt geeignet", eine Sanierungsfinanzierung zu stützen. § 264 liegen folgende Erwägungen zugrunde: Der Gesetzgeber hat gesehen, dass es für das Gelingen einer Sanierung regelmäßig entscheidend ist, dass dem Unternehmen nach der Bestätigung des Sanierungsplans und der Aufhebung des Insolvenzverfahrens Kredite gewährt werden. Die Vergabe solcher Kredite an das zu sanierende Unternehmen in dem erforderlichen Umfang hängt aber davon ab, dass der Kreditgeber „einigermaßen sicher" (so – signifikant – die Begründung des RegE wörtlich)[18] sein kann, dass er auch im Falle eines Scheiterns der Sanierung und der Eröffnung eines neuen Insolvenzverfahrens seinen Rückzahlungsanspruch durchsetzen kann. Zwar ist die Besicherung neuer Kredite durch die Bestellung von Grundpfandrechten oder besitzlosen Sicherheiten in dem Maße möglich, wie in vorkonkurslich begründete Sicherheiten durch den Plan eingegriffen worden ist; es ist aber realistisch, wenn der Gesetzgeber davon ausgeht, dass dies nicht immer genügen wird, um dem Sicherheitsbedürfnis von Sanierungskreditoren Rechnung zu tragen.

II. Regelung des § 265 InsO

Den aus dem ihm plangemäß eingeräumten Rangvorrecht erwachsenden Schutz für nach **18.22** § 264 Abs. 1 InsO aufgenommene Kredite erweitert § 265 S. 1 InsO zugunsten des Kreditgebers auch im Verhältnis zu den Gläubigern von vertraglichen Forderungen, die während der Zeit der Überwachung neu begründet werden[19]. Damit wird Manipulationen seitens des Schuldners oder einer Übernahmegesellschaft vorgebeugt, die es andernfalls in der Hand hätten, durch die Aufnahme neuer, nicht in den Kreditrahmen fallender Kredite gleichrangige Forderungen zu begründen. Die von § 265 InsO betroffenen Neugläubiger müssen dies hinnehmen, da die Tatsache der Überwachung und der Kreditrahmen öffentlich bekannt gemacht und ins Handelsregister eingetragen werden (§ 267 Abs. 1, Abs. 2 Nr. 3 InsO). Ansprüche aus Dauerschuldverhältnissen, die vor der Überwachung vertraglich begründet worden sind, stellt § 265 S. 2 InsO neu begründeten Ansprüchen insoweit gleich, als der Gläubiger nach Beginn der Überwachung durch Kündigung die Entstehung der Ansprüche hätte verhindern können.

Der Gesetzgeber hat in der amtl. Begr. zu § 312 RegE die Grenzen der aus § 264 InsO **18.23** hervorgehenden Rangprivilegierung dargestellt. Forderungen aus einem **gesetzlichen Schuldverhältnis**, die während der Zeit der Überwachung begründet werden oder für diese Zeit aus einem Dauerschuldverhältnis entstehen, werden von der Vorschrift nicht erfasst. Sie sind daher auch nicht nachrangig gegenüber den Forderungen aus Krediten,

---

16 *Braun*, in: Kölner Schrift zur InsO, 2. Aufl., 2000, 859 ff.
17 *Braun* (Fußn. 16), 859, 875 (RdNr. 46).
18 Amtl. Begr. zu § 311 RegEInsO, BT-Drucks. 12/2443, 216.
19 Amtl. Begr. zu § 311 RegEInsO, BT-Drucks. 12/2443, 216.

die nach Maßgabe des § 264 InsO aufgenommen worden sind. Ein Gläubiger z. B., den der Schuldner während der Zeit der Überwachung durch eine unerlaubte Handlung geschädigt hat, ist in einem während der Überwachung eröffneten Insolvenzverfahren gleichrangig mit den begünstigten Kreditgebern. Gegenüber einem solchen Gläubiger ist eine Anwendung der Vorschrift selbstverständlich nicht gerechtfertigt[20]. Der Vorrang des § 264 InsO greift auch nicht in die Stellung der **absonderungsberechtigten Gläubiger** ein[21], sofern diese mit ihren Rechten nicht bereits durch die sonstigen Festlegungen des Planes nach § 223 Abs. 2 InsO Einbußen erleiden[22]. Der Gesetzgeber hat ausdrücklich von der Vorstellung der Reformkommission Abstand genommen, nach dem Vorbild des § 106 VerglO die sich im Rahmen des durch den Plan festgelegten Kreditrahmens angesetzten Kreditforderungen als Masseverbindlichkeiten im Folgeinsolvenzverfahren zu qualifizieren, woraus sich ein Nachrang der absonderungsberechtigten Gläubiger ergäbe.

18.24 Nach zutreffender Ansicht[23] ist eine erweiternde teleologische Auslegung des von § 265 Abs. 1 InsO gebrauchten Begriffs der Insolvenzgläubiger zur Einbeziehung der absonderungsberechtigten Gläubiger in den Kreis der gegenüber Sanierungskrediten nachrangigen Gläubiger sowohl aus allgemeinen Erwägungen, denen die gesetzliche Unterscheidung zwischen Insolvenzgläubigern und absonderungsberechtigten Gläubigern (trotz des Wortlauts des § 52 InsO[24]) zugrunde liegt, als auch wegen der von § 220 InsO vorgesehenen Gruppenbildung im Insolvenzplanverfahren, unzulässig. In der Literatur[25] wird allerdings ein aufschiebend bedingter Eingriff in Absonderungsrechte für zulässig gehalten.

18.25 § 265 S. 1 InsO schützt den Kreditgeber, dessen Kredit nach Maßgabe des § 264 InsO aufgenommen worden ist, auch im Verhältnis zu den Gläubigern von vertraglichen Forderungen, die während der Zeit der Überwachung neu begründet werden[26]. Ohne diesen zusätzlichen Schutz wäre die Begünstigung des Kreditgebers von geringem Wert; denn der Schuldner oder die Übernahmegesellschaft hätten es in der Hand, durch die Aufnahme neuer, nicht in den Kreditrahmen fallender Kredite gleichrangige Forderungen zu begründen[27]. Den von der Vorschrift erfassten Neugläubigern ist der Nachrang zuzumuten, da die Tatsache der Überwachung und der Kreditrahmen öffentlich bekannt gemacht und ins Handelsregister eingetragen werden (§ 267 Abs. 1, Abs. 2 Nr. 3, Abs. 3 S. 1 InsO) und da es diesen Gläubigern freisteht, von einem Vertragsschluss abzusehen; sie können außerdem in Verhandlungen mit dem Verwalter zu erreichen versuchen, dass auch ihre Forderungen in den Kreditrahmen einbezogen werden.

---

20 Amtl. Begr. zu § 312 RegEInsO, BT-Drucks. 12/2443, 217.
21 *Braun* (Fußn. 16), 859, 871 (RdNr. 34 ff.).
22 *Braun* (Fußn. 16), 859, 867 ff., 871 ff. (RdNr. 22 ff.; 34 ff.)
23 *Braun* (Fußn. 16), 859, 872 (RdNr. 37 ff.).
24 *Braun* (Fußn. 16), 859, 872 (RdNr. 36).
25 *Braun* (Fußn. 16), 859, 874 (RdNr. 43).
26 *Schiessler*, Der Insolvenzplan, 1997, 221 f.
27 Amtl. Begr. zu § 312 RegEInsO, BT-Drucks. 12/2443, 216.

Ansprüche aus Dauerschuldverhältnissen, die vor der Überwachung vertraglich begrün- **18.26** det worden sind, werden durch § 265 S. 2 InsO neu begründeten Ansprüchen insoweit gleich gestellt, als der Gläubiger nach Beginn der Überwachung durch Kündigung die Entstehung der Ansprüche hätte verhindern können. Forderungen aus einem gesetzlichen Schuldverhältnis, die während der Zeit der Überwachung begründet werden oder für diese Zeit aus einem Dauerschuldverhältnis entstehen, werden von der Vorschrift nicht erfasst. Sie sind daher auch nicht nachrangig gegenüber den Forderungen aus Krediten, die nach § 264 InsO aufgenommen worden sind. Ein Gläubiger[28], den der Schuldner während der Zeit der Überwachung durch eine unerlaubte Handlung geschädigt hat, ist in einem während der Überwachung eröffneten Insolvenzverfahren gleichrangig mit den begünstigten Kreditgebern.

Da Gläubiger von Ansprüchen aus gesetzlichen Schuldverhältnissen gem. §§ 812 ff., **18.27** 823 ff. BGB das Entstehen ihrer Ansprüche regelmäßig nicht vermeiden können, nehmen sie keine nachrangige Stellung ein[29].

Die Erleichterung der Kreditaufnahmemöglichkeiten durch die Privilegierung der in den **18.28** „Kreditrahmen" fallenden Darlehensforderungen soll nach Vorstellung des Reformgesetzgebers[30] der Überwindung der Anfangsschwierigkeiten des Unternehmens nach der Aufhebung des Insolvenzverfahrens dienen. Diese Privilegierung soll keinen „Dauerzustand" bilden. Der Reformgesetzgeber hat in der amtl. Begr. zu § 313 RegEInsO[31] ausgeführt, schon im Hinblick auf die Chancengleichheit im Wettbewerb sollten für die Kreditaufnahme des Unternehmens nicht auf Dauer besondere Regeln gelten. Daher werden gem. § 266 InsO in einem während der Überwachungszeit eröffneten Folgeinsolvenzverfahren nur solche Kredite begünstigt, die während der Zeit der Überwachung aufgenommen oder in diese Zeit hinein stehen gelassen wurden (§ 264 Abs. 1 S. 1 InsO)[32]. Die rangmäßige Begünstigung der Forderungen aus diesen Krediten wird auch nur in einem **Insolvenzverfahren** berücksichtigt, **das während der Dauer der Überwachung eröffnet wird** (§ 266 Abs. 1 InsO). Da für die Überwachung eine Höchstfrist von drei Jahren vorgesehen ist (§ 268 Abs. 1 Nr. 2 InsO), werden die Auswirkungen des Kreditrahmens damit zeitlich eingegrenzt. Wird in einem Insolvenzplan **mit Zustimmung des Schuldners** ein **längerer Überwachungszeitraum** festgelegt, ist dies nicht wegen Verstoßes gegen § 268 InsO unwirksam. Die Regelungen der §§ 264 bis 266 InsO kommen aber allein für den gesetzlichen Drei-Jahres-Zeitraum zum Tragen.[33]

§ 266 Abs. 2 InsO regelt das **Verhältnis der Gläubiger**, die nach den vorstehenden **18.29** Bestimmungen nachrangig sind, zu den übrigen nachrangigen Gläubigern: Die gem. § 264 InsO durch den vereinbarten Kreditrahmen zurückgesetzten nachrangigen Gläubiger wie auch die von § 265 InsO betroffenen Neugläubiger gehen danach den nach-

---

28 Amtl. Begr. zu § 312 RegEInsO, BT-Drucks. 12/2443, 217.
29 NR-*Braun*, Insolvenzordnung, Stand: März 2004, § 265 RdNr. 4.
30 *Schiessler* (Fußn. 26), 221 f.
31 Amtl. Begr. zu § 313 RegEInsO, BT-Drucks. 12/2443, 217.
32 *Schiessler* (Fußn. 26), 222.
33 AG Duisburg, B. v. 1. 4. 2003, 62 IN 187/02, NZI 2003, 447.

rangigen Gläubigern gem. § 39 InsO in einem während der Überwachungsphase eröffneten neuen Insolvenzverfahren im Range vor.

18.30 Ebenso wie an die durch den Eröffnungsbeschluss verhängten Verfügungsbeschränkungen sind an die Planüberwachung Rechtsfolgen für den Schuldner aber auch für alte und neue Gläubiger gebunden. Daher ordnet § 267 InsO an, dass die Überwachung öffentlich bekannt zu machen ist. Die **Bekanntmachung** der Planüberwachung erfolgt zusammen mit derjenigen der Aufhebung des Insolvenzverfahrens, § 258 Abs. 1, Abs. 3 S. 1 InsO. Eine Veröffentlichung im Bundesanzeiger ist nicht vorgesehen. Der Reformgesetzgeber hat durch Abs. 2 den **Umfang** der zu veröffentlichenden Tatsachen **konkretisiert**. Von besonderem Interesse für den Rechtsverkehr ist es,
– ob die Überwachung auf eine Übernahmegesellschaft erstreckt ist, § 260 Abs. 3 InsO;
– ob und ggf. welche Rechtsgeschäfte an die Zustimmung des Insolvenzverwalters gebunden sind (§ 263 InsO);
– und ob und ggf. in welcher Höhe gem. § 264 ein Kreditrahmen vorgesehen ist.
Diese Umstände sind daher in die Bekanntmachung aufzunehmen. Schließlich ist nach § 167 Abs. 3 S. 1 InsO vorgeschrieben, dass auch eine **Eintragung ins Handels-, Genossenschafts-, Partnerschafts- oder Vereinsregister** zu erfolgen hat (§ 264 S. 1 i.V.m. § 31 InsO). Danach hat das Insolvenzgericht dem Registergericht eine Ausfertigung des die Aufhebung des Verfahrens anordnenden Beschlusses mit der Erwähnung der Planüberwachung zu übersenden.

18.31 Bei Immobilien und Gegenständen, die vom Gesetz wie Immobilien behandelt werden, ist im Falle der Anordnung der Zustimmungspflichtigkeit auf sie bezogener Geschäfte gem. § 263 InsO die Eintragung der damit verbundenen Verfügungsbeschränkungen im Grundbuch oder in dem vergleichbaren Register erforderlich (§ 267 Abs. 3 S. 2 i.V.m. §§ 32, 33 InsO).

18.32 Wegen der weit reichenden Wirkungen, die mit einer Überwachung verbunden sein können, sieht § 268 ihre förmliche Aufhebung durch das Insolvenzgericht vor. Zugleich ordnet die Vorschrift eine Befristung der Höchstdauer der Planüberwachung auf einen Zeitraum von drei Jahren an.[34]

18.33 Die **Aufhebung** kann erfolgen, sobald feststeht, dass die Ansprüche, die im gestaltenden Teil des Plans vorgesehen sind, erfüllt werden (§ 268 Abs. 1 Nr. 1 InsO). Unabhängig vom Eintritt der Voraussetzung nach Abs. 1 Nr. 1 ist die Überwachung aufzuheben, wenn eine Höchstfrist von drei Jahren verstrichen ist; allerdings ist in diesem Fall zu prüfen, ob bereits ein Antrag auf Eröffnung eines neuen Insolvenzverfahrens vorliegt (§ 268 Abs. 1 Nr. 2 InsO). Ist ein solcher Antrag gestellt, so dauert die Überwachung an, bis ein neues Insolvenzverfahren eröffnet oder bis die Überwachung nach der rechtskräftigen Abweisung des Eröffnungsantrags aufgehoben wird.

18.34 § 268 Abs. 2 InsO sieht für die Aufhebung der Überwachung entsprechende **Veröffentlichungen** und Eintragungen vor wie § 267 InsO für die Überwachung selbst. Ein **Rechtsmittel** ist gegen die Aufhebung der Überwachung nicht gegeben (vgl. § 6 Abs. 1 InsO).

---

34 Amtl. Begr. zu § 314 RegEInsO, BT-Drucks. 12/2443, 217.

Die Planüberwachung ruft durch die Einsetzung des Insolvenzverwalters oder eines **18.35**
Dritten nach § 261 InsO Kosten hervor, die nach allgemeinen Grundsätzen „der Masse"
zur Last fallen – also vom Schuldner (§ 269 S. 1 InsO) oder von der Übernahmegesellschaft (§ 260 Abs. 3 InsO) zu tragen sind (§ 269 S. 2 InsO). Die Kosten der Planüberwachung entsprechen weitgehend den Massekosten des § 54 InsO: Im Wesentlichen
setzen sie sich aus der Vergütung und den Auslagen des Verwalters und der Mitglieder
des Gläubigerausschusses zusammen.[35]

III. Keine über die Aufsicht hinausgehenden Verwaltungsermächtigungen des Sachwalters

Eine, wie von uns noch in der 1. Auflage dieses Werkes befürwortete „Sonderverwaltung", die über **18.36**
den gesetzlichen Rahmen einer Aufsicht durch den Sachwalter hinausgeht, begegnet erheblichen
Zweifeln. Die Befugnisse zur treuhänderischen Vermögensverwaltung beruhen im eröffneten
Insolvenzverfahren auf dem Eröffnungsbeschluss als dem Hoheitsakt, der nach § 27 Abs. 1 S. 1
InsO einen Insolvenzverwalter mit den gesetzlichen Befugnissen nach § 80 InsO ausstattet. Struk-
tureller Grund ist die Konstitution des (pfändbaren) Schuldnervermögens als Insolvenzmasse. In
dem hier zu erörternden Fall liegt dieser Hoheitsakt und liegen seine Wirkungen – wie an
verschiedenen Stellen dieser Untersuchung angesprochen – aber nicht mehr vor; die Beschlags-
wirkungen nach § 35 InsO werden nach § 259 InsO aufgehoben. Klarer wird dies, wenn man den
weiteren in der InsO geregelten Fall eines Sachwalters betrachtet. Denn *anders* liegen die Dinge,
wenn mit dem Eröffnungsbeschluss auf Antrag des Schuldners gem. § 270 InsO nach § 27 Abs. 1
S. 2 InsO die Eigenverwaltung angeordnet und ein Sachwalter gem. § 274 InsO bestellt wird. In
diesem Fall wird das Schuldnervermögen mit Insolvenzbeschlag belegt[36]; der Schuldner fungiert als
Amtswalter in eigenen Angelegenheiten, der für die Gläubiger die Masseverwaltung wahrnimmt.
Der Sachwalter hat in diesem Fall, wie oben bemerkt, zwar auch Überwachungsaufgaben zu
erfüllen, denn die Eigenverwaltung wird nach § 270 InsO in der Weise unbeschränkt angeordnet,
dass der Schuldner in seiner Geschäftsführung nur den gesetzlich statuierten Auskunfts- und
Mitwirkungspflichten sowie der Aufsicht des Sachwalters unterliegt.[37] Die §§ 275, 277 InsO sehen
ein abgestuftes System des Erfordernisses der Zustimmung des Sachwalters zu solchen Rechtsgeschäften vor, die der Schuldner vornimmt. Ohne dass es weiterer insolvenzgerichtlichen Anordnungen bedürfte, bestimmt § 275 Abs. 1 InsO, dass der Schuldner von Gesetzes wegen Verbindlichkeiten, die nicht zum gewöhnlichen Geschäftsbetrieb gehören, nur mit Zustimmung des
Sachwalters eingehen *soll*. § 275 Abs. 1 S. 2 InsO sieht ein Widerspruchsrecht des Sachwalters
vor, das zur Folge hat, dass der Schuldner auch Verbindlichkeiten nicht eingehen *soll*, die zum
gewöhnlichen Geschäftsbetrieb gehören, wenn der Sachwalter widerspricht. Liegt diese Zustimmung nicht vor bzw. ist der Widerspruch erklärt, wird damit die vom Schuldner eingegangene
Verpflichtung aber nicht unwirksam[38]; allenfalls liegt ein Grund für den Sachwalter vor, nach § 274
Abs. 3 InsO vorzugehen. *Beschränkungen* der Verfügungsmacht des Schuldners können nicht von
Amts wegen vom Insolvenzgericht angeordnet werden.[39] Ihre Anordnung kann gem. § 277 Abs. 1
InsO aber nachträglich auf Antrag der Gläubigerversammlung oder einzelner Gläubiger erfolgen.[40]

---

35 *Schiessler* (Fußn. 26), 224.
36 *Wehdeking*, Masseverwaltung des insolventen Schuldners, 2005, passim.
37 Eingehend hierzu *Wehdeking*, in: Flöther/Smid/Wehdeking, Eigenverwaltung, 2005, § 2 RdNr. 75.
38 Smid-*Smid*, InsO, 2. Aufl., 2001, § 275 RdNr. 9.
39 MünchKomm-*Wittig*, InsO, 2002, § 277 RdNr. 7.
40 40 *Wehdeking*, in: Flöther/Smid/Wehdeking, Eigenverwaltung, 2005, § 2 RdNr. 75.

In diesem Fall zeigt die insolvenzgerichtliche Anordnung die weiteren, der allgemeinen konkurslichen Verwaltungs- und Verfügungsbeschränkung entsprechenden Wirkungen der §§ 81, 82 InsO.[41] Erst dann sind die jeweils vom Insolvenzgericht bestimmten Rechtsgeschäfte[42] des Schuldners nur wirksam, wenn der Sachwalter ihnen zustimmt.[43] Diese Überlegungen sind hier so ausführlich angestellt worden, weil sie Folgendes deutlich machen: Im Falle der Anordnung der Eigenverwaltung des Schuldners liegt eine Masseverwaltung – die Verwaltung eines für die Gläubiger beschlagnahmten Vermögens – vor[44], die es im Einzelfall rechtfertigt, die dem Schuldner eingeräumte Verwaltungsmacht einzuschränken. Dies aber geschieht *im* Insolvenzverfahren. Im Falle des Sachwalters gem. § 260 InsO ist aber der rechtfertigende Grund für ein derartiges Verfahren nicht gegeben. Eine Ausweitung der Regelungen der §§ 260 bis 263 InsO etwa im Sinne einer „verschärften" oder über die gesetzlich bezeichneten Gegenstände hinausreichenden Planüberwachung wird daher zu Recht in der Literatur[45] denn auch für unzulässig gehalten.

IV. Keine Anordnung einer Nachtragsverteilung durch den Sachwalter

18.37   In der Praxis hat es Fälle[46] gegeben, in denen der Plan eine Form der „Nachtragsverteilung" durch den Sachwalter enthalten hat, wie sie für das „Regelinsolvenzverfahren" in den §§ 203, 206 InsO für den Fall vorgesehen ist, dass nach Aufhebung des Verfahrens aus übrig gebliebener freier Masse an die Gläubiger verteilt oder Masseverbindlichkeiten beglichen werden. Die *allgemeinen* gesetzlichen Regelungen über die Nachtragsverteilung zeigen aber nur, dass auch nach Aufhebung des Insolvenzverfahrens überhaupt eine Fortdauer des haftungsrechtlichen Insolvenzbeschlags des Schuldnervermögens und eine Fortdauer von Masseverwaltungsbefugnissen für bestimmte Konstellationen vorgesehen und daher nicht aufgrund einer vermeintlichen „Denknotwendigkeit" ausgeschlossen sind. Ob diese allgemeinen Regelungen im Planerfüllungsverfahren zur Anwendung gelangen oder durch die besonderen Regelungen der §§ 217 ff., 254 ff. InsO derogiert werden, ist damit aber keineswegs entschieden. Diese Frage lässt sich nur angemessen beantworten, wenn man die Funktion des „Regelinsolvenzverfahrens" betrachtet. Dessen Aufgabe zielt auf die Verwertung des Schuldnervermögens und die Verteilung des Erlöses (§§ 159, 187 ff. InsO), wie bereits § 1 S. 1 Halbs. 1 InsO deutlich macht. Das Schuldnervermögen – die Insolvenzmasse – besteht aus den Gegenständen, die bis zur Aufhebung des Verfahrens zur Masse erworben werden, § 35 Halbs. 2 InsO. Soweit nicht der Schuldner als juristische Person liquidiert wird, sondern nach Verfahrensaufhebung fortbesteht, unterliegt der nach Aufhebungsbeschluss erlangte Neuerwerb des Schuldners nicht mehr dem Insolvenzbeschlag; eine Nachtragsverteilung kann deswegen gegenständlich nicht erfolgen. Das Planerfüllungsverfahren sieht demgegenüber eine andere Grundstruktur vor. Das gesamte Planerfüllungsverfahren tritt nämlich an die Stelle von Masseverwertung und Erlösverteilung: Mit dem Aufhebungsbeschluss wird die Verwaltungsbefugnis dem Schuldner restituiert mit der Folge, dass die Unterscheidung von Verteilung und Nachtragsverteilung gegenstandslos wird. Denn der Schuldner hat die Plangläubiger nach Verfahrensaufhebung *überhaupt* mit ihren im Plan festgestellten Forderungen zu befriedigen (§§ 254, 257 InsO).[47]

---

41 MünchKomm-*Wittig*, InsO, 2002, § 277 RdNr. 2.

42 MünchKomm-*Wittig*, InsO, 2002, § 277 RdNr. 22.

43 Zum Ganzen *Wehdeking*, in: Flöther/Smid/Wehdeking, Eigenverwaltung, 2005, § 2 RdNr. 171.

44 *Wehdeking*, Masseverwaltung des insolventen Schuldners, 2005, passim.

45 Uhlenbruck-*Lüer*, InsO, 12. (1.) Aufl. 2003, § 260 RdNr. 9; KP-*Otte*, InsO, § 263 RdNr. 2.

46 AG Essen, B. v. 7. 5. 2000, 160 IN 20/99, unveröffentlicht; hierzu LG Düsseldorf, Urt. v. 31. 5. 2005, 9 O 583/04, unveröffentlicht.

47 An dieser Stelle wird deutlich, dass der im Gesetzgebungsverfahren gelöste Zusammenhang von Insolvenzplanverfahren und Eigenverwaltung (hierzu *Wehdeking*, Masseverwaltung des insolventen Schuldners, 2005, passim) *sachlich* fortdauert. Denn die Plan*erfüllung* wird gleichsam in „Eigenverwaltung" des Schuldners vorgenommen.

Kapitel 19: Vollstreckung aus dem Insolvenzplan

I. Titelgläubiger

„Der Plan" ist erfüllt, wenn alle aus dem Plan folgenden und durch ihn titulierten **19.1** Leistungspflichten des Schuldners erfüllt sind. Das ist der Fall, wenn der Schuldner alles getan hat, was ihm zur Leistungserbringung obliegt. Insolvenzgläubiger, deren Forderungen festgestellt und nicht vom Schuldner im Prüfungstermin bestritten worden sind, können gem. § 257 Abs. 1 S. 1 InsO aus dem rechtskräftig bestätigten Insolvenzplan in Verbindung mit der Eintragung in die Tabelle wie aus einem vollstreckbaren Urteil die Zwangsvollstreckung gegen den Schuldner betreiben.

Zur Zwangsvollstreckung aus dem Insolvenzplan berechtigt sind die Insolvenzgläubiger **19.2** i S. v. § 38 InsO, deren Rechtsstellung durch § 224 InsO modifiziert worden ist. Die Vollstreckung ist insofern immer auf Geldzahlung gerichtet (arg. § 45 InsO). Die Zwangsvollstreckung erfolgt im Falle des § 257 Abs. 1 InsO, *weil* die persönliche Forderung durch den Plan (sogleich RdNr. 19.5) tituliert ist. Hat der Plan die Forderung eines Gläubigers nicht beschränkt, kann dieser nach Bestätigung des Planes seine Forderung unverkürzt und ungehindert gegen den Schuldner geltend machen[1]. Weiterer Voraussetzungen bedarf es nicht, denn der Plan sieht vor, dass der Insolvenzgläubiger eine bestimmte Summe Geld zu erhalten hat.

Gläubiger, denen nach dem Plan Absonderungsrechte zustehen, befinden sich rechtlich **19.3** in einer anderen Lage. Sofern sie auch Insolvenzgläubiger einer gesicherten Forderung sind, würde die Vollstreckung wegen der persönlichen Forderung dazu führen, dass das Sicherungsrecht in diesem Umfang oder gänzlich nicht mehr valutiert. Diese Vollstreckung wegen der persönlichen Forderung absonderungsberechtigter Gläubiger ist daher nur unter der Voraussetzung zulässig, dass nach den Festlegungen des Planes die „Pfandreife" eingetreten ist. Dann allerdings kann der Absonderungsberechtigte auch nach allgemeinen außerhalb des Insolvenzverfahrens greifenden Grundsätzen die Pfandverwertung betreiben.

Ein **Wiederaufleben von dinglichen Rechten**, die durch die Wirkungen des Plans **19.4** zunächst erloschen sind, würde praktische Schwierigkeiten bereiten. In aller Regel wird auch **kein Bedürfnis** für eine Wiederauflebensklausel gegenüber den absonderungsberechtigten Gläubigern bestehen. Eine Regelung der Absonderungsrechte im Plan wird im Allgemeinen dahin gehen, dass diese Gläubiger auf einen Teil ihrer Sicherheiten verzichten, dass sie ihre Sicherheit zeitweise nicht ausüben dürfen oder dass ihre Sicherheiten gegen andere Sicherheiten ausgetauscht werden. In diesen Fällen sind die Gläubiger ohne Schwierigkeiten in der Lage, die ihnen nach dem Plan zustehenden Rechte durch Zugriff auf die Sicherheiten auch gegen den Willen des Schuldners

---

1 *Schiessler*, Der Insolvenzplan, 1997, 193.

durchzusetzen. Für den Pensionssicherungsverein als Träger der betrieblichen Altersversorgung wird das Wiederaufleben von Forderungen durch eine Änderung des Gesetzes zur Verbesserung der betrieblichen Altersversorgung im Rahmen des EGInsO besonders geregelt[2].

II. Plan und Tabellenauszug als Titel

19.5 Die zu § 194 KO vertretene Auffassung, nicht der (bestätigte) Zwangsvergleich sei Titel, sondern der *Tabelleneintrag* der angemeldeten und unbestritten eingetragenen Forderung[3], stellt sich im Recht des Insolvenzplans in einer anderen Weise dar. Denn § 257 Abs. 1 S. 1 InsO bestimmt, dass die Gläubiger die Zwangsvollstreckung aus dem Plan *„in Verbindung* mit der Eintragung in die Tabelle" (vgl. §§ 175, 178 Abs. 2 S. 1 KO) betreiben. Anders als § 194 KO verweisen die §§ 254 ff. InsO nicht (ausdrücklich) auf die §§ 724 bis 793 ZPO.

19.6 § 257 Abs. 3 InsO spricht davon, unter welchen Voraussetzungen der wegen erheblicher Rückstände vollstreckende Gläubiger die Klausel (§§ 724 ff. ZPO) erlangt, woraus zweifelsfrei zu ersehen ist, dass der Gesetzgeber davon ausgeht, dass mit dem durch Zwangsvergleich erlangten Titel nach den §§ 724 ff. ZPO zu verfahren ist. Allerdings legt es die Formulierung des Gesetzes („Zwangsvollstreckung aus dem Plan in Verbindung mit der Eintragung in die Tabelle") nahe, dass damit eine Reihe von Fragen erledigt ist, die sich nach dem bisherigen Recht daraus ergeben haben, dass Titel der Tabelleneintrag war. Denn daraus wurde der Schluss gezogen[4], in der Vollstreckungsklausel sei zu vermerken, wie der Zwangsvergleich die Zwangsvollstreckung aus der durch Tabelleneintrag titulierten Forderung modifiziere[5]. Schon nach bisherigem Recht war der Zwangsvergleich dem Tabellenauszug vorzuheften[6]. Die gesetzliche Unterscheidung zwischen darstellendem und gestaltendem Teil des Insolvenzplans entlastet das Klauselerteilungsverfahren.

---

2 Vgl. § 9 Abs. 4 des Gesetzes zur Verbesserung der betrieblichen Altersversorgung i. d. F. des Art. 91 Nr. 4 d EGInsO; s. die amtl. Begr. zu Art. 94 Nr. 4 RegEEGInsO, BT-Drucks. 12/3803, 112.

3 Das RG, Urt. v. 27. 11. 1903, VII. 312/03, RGZ 56, 70, 73, spricht vom Tabellenauszug als dem „eigentlichen Vollstreckungstitel" – in dieser zur Begründung der heute vertretenen Qualifikation zitierten Entscheidung wird freilich *auch* in den *tragenden* Gründen ausgeführt, vollstreckt werde „aus dem Zwangsvergleich" (es ging um die Unterwerfung eines Vergleichsbürgen unter die sofortige Zwangsvollstreckung; der Zwangsvergleich war unter der Bedingung der Bürgschaftsübernahme geschlossen worden); vgl. zur heutigen Lehre nur *Kuhn/Uhlenbruck,* Konkursordnung, 11. Aufl., 1994, § 194 RdNr. 1.

4 *Kuhn/Uhlenbruck* (Fußn. 3), § 194 RdNr. 2.

5 Vgl. *Uhlenbruck/Delhaes,* Konkurs- und Vergleichsverfahren, 5. Aufl., 1990, RdNr. 1051 ff.

6 § 15 Nr. 8 Aktenordnung v. 28. 11. 1934, vgl. *Kuhn/Uhlenbruck* (Fußn. 3), § 194 RdNr. 2 und das Beispiel bei *Uhlenbruck/Delhaes* (Fußn. 5), RdNr. 1052.

III. Vollstreckungsgegenklage des Schuldners

Eine **Vollstreckungsgegenklage** des Schuldners unterliegt den Beschränkungen des **19.7** § 767 Abs. 2 ZPO[7], so dass der Schuldner mit allen Einwendungen präkludiert ist, die bereits im Prüfungstermin entstanden waren[8].

IV. Zwangsvollstreckung aus dem Insolvenzplan gegen Dritte

Über den Bereich der Zwangsvollstreckung gegen den Insolvenzschuldner hinaus sieht **19.8** § 257 Abs. 2 InsO vor, dass aus dem Plan die Zwangsvollstreckung gegen einen Dritten betrieben werden kann. Dies betrifft nach der Vorstellung des Gesetzgebers den Fall, dass der Dritte die Verpflichtungen gegenüber den Insolvenzgläubigern in einer dem Plan als Anlage beigefügten Erklärung[9] übernommen hat – also die Inanspruchnahme eines Garanten der beabsichtigten Reorganisation und Sanierung des schuldnerischen Unternehmens. Sie erfasst aber auch eine in anderer Weise beim Insolvenzgericht eingereichte, etwa im Erörterungstermin übergebene Erklärung (im überkommen Vergleichsrecht § 85 Abs. 2 Hs. 2 VerglO). Soweit Dritte – **Bürgschaftsgeber**, aber auch **Gesellschafter** – sich ohne Vorbehalt der Vorausklage im Rahmen des Planes verpflichtet haben, ist der Plan nach Abs. 2 Vollstreckungstitel, wobei diese Dritten mit der Drittwiderspruchsklage gem. § 771 ZPO geltend machen können, sie seien nicht am Verfahren beteiligt gewesen. Wegen der Zwangsvollstreckung gegen Dritte bedarf es daher gem. § 257 Abs. 2 InsO allein der zum Plan genommenen Erklärung dieser Dritten, etwa wegen bestimmter, durch den Plan festgeschriebener Ansprüche zu haften, ohne dass § 257 Abs. 2 InsO etwa die formgerechte (§ 794 Abs. 1 Nr. 5 ZPO) Unterwerfung unter die sofortige Zwangsvollstreckung vorsähe: Der bestätigte Insolvenzplan stellt sich ebenso wie der Zwangsvergleich[10] gem. § 194 KO als „gerichtlicher Vergleich" dar.

Ebenso wie dem Schuldner steht den Dritten, die der Plan als Titelschuldner vorsieht, **19.9** eine **Vollstreckungsgegenklage** zu. Auch sie unterliegt den Beschränkungen des § 767 Abs. 2 ZPO.[11]

V. Vollstreckungsklausel bei erheblichen Rückständen, § 257 Abs. 3 InsO

Die Zwangsvollstreckung wegen einer in der Tabelle festgestellten Insolvenzforderung **19.10** ist entgegen dem im vorangegangenen Ausgeführten selbstverständlich dann ausgeschlossen, wenn der Plan eine Stundung oder einen Teilerlass dieser Forderung vorsieht (vgl. § 224 InsO). Die Stundung oder der Erlass werden nach § 255 Abs. 1 S. 1 InsO

---

7 Anders das Modell der Insolvenzrechtskommission: Erster Bericht der Kommission für Insolvenzrecht, 1985, LS 2. 2. 24 (2).
8 *Schiessler* (Fußn. 1), 202.
9 Amt. Begr. zu § 304 RegEInsO, BT-Drucks. 12/2443, 214 unter Verweis auf § 274 Abs. 3 des Entwurfs.
10 Vgl. *Kilger/K. Schmidt,* KO, 17. Aufl., 1997, § 173 Anm. 1; *Kuhn/Uhlenbruck,* KO, 11. Aufl., 1994, § 173 Anm. 1.
11 Anders das Modell der Insolvenzrechtskommission: Erster Bericht der Kommission für Insolvenzrecht, 1985, LS 2. 2. 24 (2).

aber für den Gläubiger hinfällig, gegenüber dem der Schuldner mit der Erfüllung des Plans „erheblich" in Rückstand gerät.

19.11 Ein „erheblicher Rückstand" ist nach § 255 Abs. 1 S. 2 InsO erst unter der Voraussetzung anzunehmen, dass der Schuldner eine fällige Verbindlichkeit nicht bezahlt hat, obwohl der Gläubiger ihn schriftlich gemahnt und ihm dabei eine mindestens zweiwöchige Nachfrist gesetzt hat. § 255 Abs. 2 InsO sieht darüber hinaus vor, dass Stundung und Teilerlass „hinfällig" sind, wenn über das Vermögen des Planschuldners ein neues Insolvenzverfahren eröffnet wird. Ein die Hinfälligkeit der Beschränkungen des Forderungsrechts auslösender Rückstand liegt vor, wenn die Forderung, auf die hin der Schuldner nicht geleistet hat, fällig gewesen ist[12]. Die bloße Fälligkeit der Forderung genügt allerdings nicht. Hinzutreten muss, dass der Gläubiger den Schuldner zur Leistung gemahnt und ihm zur Erfüllung eine Frist von zwei Wochen gesetzt hat. Diese Frist muss der Schuldner verstreichen gelassen haben. Der Begriff des „Verzuges"[13] ist vom Gesetzgeber vermieden worden, da er im allgemeinen Zivilrecht geringere Voraussetzungen hat, als sie hier aufgestellt werden. Übereinstimmung mit der zivilrechtlichen Regelung des Verzugs besteht darin, dass es nicht darauf ankommt, ob der Zahlungsrückstand des Schuldners verschuldet ist; denn für einen Mangel an Zahlungsmitteln muss der Schuldner nach dem Grundsatz des § 279 BGB aF immer einstehen[14].

19.12 In Fällen des Teilerlasses oder der Stundung der Forderung durch den Plan gibt § 255 Abs. 1 S. 1 InsO dem Gläubiger gegenüber dem säumigen Schuldner also *ein Druckmittel in die Hand*. Die Säumnis des Schuldners bei der Erfüllung der ihn treffenden Leistungspflichten macht den Teilerlass oder die Stundung hinfällig. D. h. es lebt die ursprüngliche Gestalt der Forderung wieder auf, die aber durch den Plan tituliert ist. Die Säumnis des Schuldners muss die Erfüllung solcher Pflichten betreffen, die sich wenigstens mittelbar aus dem vertraglichen (§ 217 InsO) Inhalt des Planes ergeben[15]. Neben den Hauptpflichten (Erfüllung der den Schuldner treffenden Verbindlichkeiten) gehören dazu auch solche Nebenpflichten, die die Sicherung der Erfüllung der Hauptpflichten betreffen[16]. Hierzu gehören[17] Verstöße gegen die durch den Insolvenzplan vorgesehene Verwertung von Massegegenständen sowohl beim Liquidations- als auch in Fällen eines Sanierungsplanes, der Verstoß gegen planmäßig vereinbarte Verfügungsbeschränkungen[18], Schädigungen der Haftungsmasse durch den Schuldner oder Duldung der Schädigung seitens eines Treuhänders durch den Schuldner.

19.13 Nur *teilweise* erlassene Forderungen leben unter den Voraussetzungen des § 255 Abs. 1 InsO wieder auf; dies gilt daher nicht **für vollständig erlassene Forderungen**. Beispiel hierfür sind nachrangige Zinsen und Verfahrenskosten (§ 39 Abs. 1 Nr. 1, 2 InsO) im

---

12 *Schiessler* (Fußn. 1), 195.
13 Zum früheren Vergleichsrecht siehe demgegenüber *Bongartz*, KTS 1977, 80 ff.
14 Amtl. Begr. zu §§ 302, 303 RegEInsO, BT-Drucks. 12/2443, 213.
15 *Schiessler* (Fußn. 1), 193.
16 *Bley/Mohrbutter*, Vergleichsordnung, Bd. 1, 4. Aufl., 1979, § 9 RdNr. 11.
17 Vgl. *Schiessler* (Fußn. 1), 194.
18 LG Osnabrück, B. v. 21. 7. 1972, 1 T 152/72, KTS 1973, 75.

Falle des § 225 Abs. 1 InsO[19]. Die Regelung des § 255 überzeugt vordergründig. Der Gesetzgeber selbst hat allerdings gesehen, dass sie doch sehr weitreichend ist, denn § 255 Abs. 3 InsO sieht vor, dass im Insolvenzplan etwas anderes als die Wiederauflebensklausel des § 255 Abs. 1 InsO vorgesehen werden kann, sofern damit nicht zum Nachteil des Schuldners vom Gesetz abgewichen wird. Die gesetzliche Wiederauflebensklausel des § 255 Abs. 1 InsO ist für das Gelingen einer Sanierung hochgradig riskant. Man denke an folgenden Fall: In der Buchhaltung des schuldnerischen Unternehmens wird ein Bußgeld übersehen, und auch die erfolgte Mahnung geht unter. Bei Großunternehmen kann dies auch bei Lieferantenforderungen der Fall sein. Da der erhebliche Rückstand, von dem § 255 Abs. 1 S. 1 InsO spricht, von § 255 Abs. 1 S. 2 InsO durch das Ausbleiben der Reaktion des Schuldners auf eine fällige Verbindlichkeit definiert wird, kann das Übersehen von Minimalforderungen den gesamten Plan zum Einsturz bringen. In pragmatischer Hinsicht ist daher zu empfehlen, von § 255 Abs. 3 InsO Gebrauch zu machen. Darüber hinaus geht § 255 Abs. 1 InsO aber auch zu weit. So ist z. B. daran zu denken, dass gegen den Schuldner streitige Forderungen geltend gemacht worden sind, die rechtskräftig erst nach Abschluss des Insolvenzverfahrens festgestellt worden sind. Hier liegt Fälligkeit dieser Forderungen regelmäßig vor, ebenso wie die Rückständigkeit des Schuldners, legt man den Wortlaut des § 255 Abs. 1 InsO zugrunde. Der Gesetzgeber kann aber nicht gemeint haben, dass der Insolvenzplan immer dann zu Fall kommt, wenn nach Beendigung des Insolvenzplanverfahrens Gläubigerprozesse gegen den Schuldner gewinnen. Daher ist § 255 Abs. 1 InsO teleologisch zu reduzieren. Eine solche, an der vernünftigen Reichweite der Vorschrift orientierte einschränkende Auslegung, lässt die Vorschrift so lesen, dass nur der Rückstand in der Befriedigung unstreitiger titulierter Forderungen zu den vom Gesetz vorgesehenen Rechtsfolgen führt.

VI. Klauselerteilungsverfahren

Will der Gläubiger die Zwangsvollstreckung aus dem Plan, der seine Forderung tituliert, **19.14** wegen erheblicher Rückstände (§§ 255, 256 InsO) betreiben, muss der Gläubiger im Klauselerteilungsverfahren nicht den vollen Beweis für das Vorliegen erheblicher Rückstände führen. Es bedarf gem. § 294 ZPO i. V. m. § 4 InsO nur der Glaubhaftmachung der Mahnung sowie der Setzung und des Ablaufs der Zweiwochen-Frist der §§ 255 Abs. 1 S. 2, 256 Abs. 2 S. 2 InsO. Dies geschieht durch liquide Beweismittel – also regelmäßig durch das Mahnschreiben als Privaturkunde und den Nachweis des Zugangs des Mahnschreibens mit der Nachfristsetzung.

VII. Streitige Forderungen und Ausfallforderungen

Im Plan kann festgelegt sein, dass der Schuldner bereits vor der endgültigen Feststellung **19.15** auf folgende Forderungen hin zu leisten verpflichtet sein soll: bestrittene Forderungen, § 179 InsO, Ausfallforderungen absonderungsberechtigter Gläubiger gem. § 52 InsO, wenn der Ausfall noch nicht feststeht, und betagte Forderungen, § 41 InsO (wie sich aus § 256 Abs. 3 InsO ergibt). In diesen Fällen wären bei einer Durchführung des Insolvenz-

---

19 *Schiessler* (Fußn. 1), 196.

verfahrens die Gläubiger nach den §§ 189 ff. InsO bei Abschlagsverteilungen zu berücksichtigen. Für die Behandlung von streitigen Forderungen oder solchen Insolvenzforderungen, deren Höhe wie im Falle von Ausfallforderungen gem. § 52 InsO zum Zeitpunkt der Bestätigung des Planes noch nicht feststeht, trifft § 256 InsO eine Sonderregelung. Ist eine Forderung im Prüfungstermin bestritten worden oder steht die Höhe der Ausfallforderung eines absonderungsberechtigten Gläubigers noch nicht fest, bestimmt § 256 Abs. 1 S. 1 InsO, dass ein Rückstand mit der Erfüllung des Insolvenzplans i.d. § 255 Abs. 1 InsO nicht anzunehmen ist, wenn der Schuldner die Forderung bis zur endgültigen Feststellung ihrer Höhe in dem Ausmaß berücksichtigt, das der Entscheidung des Insolvenzgerichts über das Stimmrecht des Gläubigers bei der Abstimmung über den Plan entspricht. Da in den genannten Fällen der Betrag der Leistungspflicht des Schuldners deshalb nicht feststeht, da die Forderung nicht festgestellt sein kann, ordnet § 256 Abs. 1 S. 1 InsO an, dass der Schuldner die Höhe der von ihm zu erbringenden Leistungen an den betreffenden Gläubiger nach Maßgabe des Protokolls der Gläubigerversammlung an dem Stimmrecht des Gläubigers zu orientieren hat.

19.16 Ist ausnahmsweise keine Entscheidung über das Stimmrecht getroffen worden – etwa weil in die Forderung durch den Insolvenzplan nicht eingegriffen worden ist oder weil keine Nachprüfung der Forderung stattgefunden hat (§ 177 Abs. 1 S. 2 InsO)[20]-, hat das Insolvenzgericht gem. § 256 Abs. 1 S. 2 InsO auf Antrag des Schuldners oder des Gläubigers nachträglich festzustellen, in welchem Ausmaß der Schuldner vorläufig die Forderung zu berücksichtigen hat. Wurde die Stimmrechtsentscheidung – wie regelmäßig – gem. § 11 Abs. 5 S. 2 RPflG i. d. F. des Art. 14 Nr. 5 EGInsO durch den Rechtspfleger getroffen, sind die Beteiligten hinsichtlich § 256 Abs. 1 S. 1 InsO hieran gebunden; ein an den Insolvenzrichter gerichteter Feststellungsantrag kann insofern nicht gestellt werden[21].

19.17 Der Schuldner und der Gläubiger können die Feststellung des Insolvenzgerichts darüber beantragen, in welchem Umfang der Schuldner aus dem Plan zur Leistung gegenüber dem Gläubiger verpflichtet ist. Der Schuldner ist allerdings nicht zur Antragstellung verpflichtet; bis zu einer insolvenzgerichtlichen Entscheidung nach § 256 Abs. 1 S. 2 InsO trifft ihn insofern keine Leistungspflicht. Er gerät nicht in einen die Rechtsfolgen des § 255 InsO auslösenden „Rückstand".

19.18 In diesen Fällen kann weiterhin die endgültige Feststellung ergeben, dass der Schuldner zu wenig gezahlt hat. Nach § 256 Abs. 2 S. 1 InsO hat er das Fehlende nachzuzahlen. Dies zieht indes nicht zwingend die Rechtsfolgen des § 255 InsO nach sich. § 256 Abs. 2 S. 2 InsO ordnet vielmehr an, dass ein erheblicher Rückstand mit der Erfüllung des Plans in diesen Fällen erst anzunehmen ist, wenn der Schuldner das Fehlende nicht nachzahlt, obwohl der Gläubiger ihn schriftlich gemahnt und ihm dabei eine mindestens zweiwöchige Nachfrist gesetzt hat.

---

20 *Schiessler* (Fußn. 1), 198.
21 Anders *Schiessler* (Fußn. 1), 198.

Grundsätzlich kann der Schuldner nach den Regeln über die **Herausgabe der unge-** 19.19
rechtfertigten Bereicherung den an den Gläubiger gezahlten Mehrbetrag verlangen, der
sich ergibt, wenn die Forderung endgültig festgestellt ist. Anspruchsgrundlage ist § 812
Abs. 1 S. 1 Var. 1 BGB. Eine endgültige Feststellung liegt entweder vor, wenn über eine
streitige Forderung ein (rechtskräftiges) Feststellungsurteil (§§ 180 ff. InsO) oder das
Ergebnis einer abgesonderten Befriedigung und damit die Höhe der Ausfallforderung
(§ 52 InsO) vorliegt[22]. Ergibt die endgültige Feststellung, dass der Schuldner zu viel
gezahlt hat, so kann er nach § 256 Abs. 3 InsO den Mehrbetrag nur insoweit zurück-
fordern, als dieser auch den nicht fälligen Teil der Forderung übersteigt, die dem
Gläubiger nach dem Insolvenzplan zusteht.

VIII. Abweichende Regelungen durch den Insolvenzplan

Der Plan kann Regelungen vorsehen, die von den § 255 Abs. 1 und 2 InsO **abweichen**. 19.20
Diese Regelungen dürfen aber im Falle des Abs. 1 die Situation nicht zum Nachteil des
Schuldners verändern. Dagegen kann im Plan zu Lasten des Schuldners eine von § 255
Abs. 2 InsO abweichende Regelung getroffen werden[23]. In Lagen des **Schuldnerver-**
zuges wegen Forderungen, die streitig geblieben oder deren Höhe aus anderen Gründen
zum Zeitpunkt der Bestätigung des Planes noch nicht bestimmt oder bestimmbar war,
kommt § 256 zur Anwendung.

---

22 *Schiessler* (Fußn. 1), 200.
23 *Schiessler* (Fußn. 1), 197.

5. Hauptteil: Insolvenzpläne in grenzüberschreitenden Insolvenzverfahren

Kapitel 20: Initiativrechte des Verwalters des Hauptinsolvenzverfahrens im Sekundärinsolvenzverfahren nach europäischem Insolvenzrecht

I. Gesetzliche Regelung

Für das europäische Recht grenzüberschreitender Insolvenzverfahren ist der in Art. 3 **20.1** EuInsVO niedergelegte Grundsatz der eingeschränkten Universalität maßgeblich, der in der Unterscheidung von universellem Haupt- und territorial beschränktem Sekundärinsolvenzverfahren zum Ausdruck kommt. Für die Möglichkeit einer Verfahrensabwicklung durch Insolvenzplan ist dabei Art. 3 Abs. 3 EuInsVO ausschlaggebend, der anordnet, dass für den Fall, dass nach Art. 3 Abs. 1 EuInsVO ein Insolvenzverfahren als Hauptinsolvenzverfahren eröffnet worden ist, jedes zu einem späteren Zeitpunkt nach Art. 3 Abs. 2 EuInsVO eröffnete Insolvenzverfahren als sogenanntes Sekundärinsolvenzverfahren zu qualifizieren ist. Bei diesem Verfahren *muss* es sich um ein *Liquidationsverfahren* handeln. Das schließt allerdings seine Abwicklung durch einen Insolvenzplan nicht zwingend aus – sofern das Recht des Mitgliedsstaates diese Möglichkeit vorsieht. Art. 33 EuInsVO bestimmt, dass das Gericht, welches das Sekundärinsolvenzverfahren eröffnet hat, auf Antrag des Verwalters des Hauptinsolvenzverfahrens die Verwertung ganz oder teilweise aussetzen kann. Nach Art. 34 Abs. 1 Unterabs. 1 EuInsVO kann der Verwalter des Hauptinsolvenzverfahrens vorschlagen, das Sekundärinsolvenzverfahren nach dem für dieses Verfahren maßgeblichen Recht ohne Liquidation durch einen Sanierungsplan, einen Vergleich oder eine andere vergleichbare Maßnahme zu beenden. Dem zuständigen Insolvenzgericht steht nach Art. 34 Abs. 1 Unterabs. 1 InsO jedoch das Recht zu, in diesem Fall vom Verwalter des Hauptinsolvenzverfahrens alle angemessenen Maßnahmen zum Schutz der Interessen der Gläubiger des Sekundärinsolvenzverfahrens sowie einzelner Gruppen von Gläubigern zu verlangen. Der Antrag des Verwalters des Hauptinsolvenzverfahrens kann nur abgelehnt werden, wenn die Aussetzung offensichtlich für die Gläubiger des Hauptinsolvenzverfahrens nicht von Interesse ist. Die Aussetzung der Verwertung kann für höchstens drei Monate angeordnet werden. Sie kann für jeweils denselben Zeitraum verlängert oder erneuert werden.

Nach Unterabs. 2 des Art. 34 Abs. 1 EuInsVO kann eine Beendigung des Sekundär- **20.2** insolvenzverfahrens durch eine Maßnahme nach Art. 34 Abs. 1 Unterabs. 1 EuInsVO nur bestätigt werden, wenn der Verwalter des Hauptinsolvenzverfahrens zustimmt oder, falls dieser nicht zustimmt, wenn die finanziellen Interessen der Gläubiger des Hauptinsolvenzverfahrens durch die vorgeschlagene Maßnahme nicht beeinträchtigt werden.

II. Einzelheiten

20.3   Nach Art. 34 Abs. 1, 1. Unterabs. EuInsVO können für das Sekundärinsolvenzverfahren folgende verfahrensbeendende Maßnahmen ohne Liquidation vorgeschlagen werden: Insolvenzplan nach den §§ 217 ff. InsO[1], Zwangsausgleich nach öKO, concordato (Art. 124 codice fallimentare). Vorschlagsbefugt ist der Verwalter des Hauptinsolvenzverfahrens.[2] Zum Vorschlag berechtigt sind die Verwalter, die in der Liste nach Anhang C vorgesehen sind. Auch im Rahmen des Abs. 2 bedarf es wie nach Art. 29 lit. a, nach Art. 32 und Art. 33 der Differenzierung. Ist die Eigenverwaltung des Schuldners nach § 270 InsO, das Verfahren der ammistrazione controllata nach Titel 4 des codice fallimentare, Art. 187[3], als Hauptinsolvenzverfahren eröffnet worden, bleibt die Verwaltungs- und Verfügungsbefugnis über sein Vermögen beim Schuldner; demzufolge sind diese Personen nicht zum Vorschlag nach Abs. 1 berechtigt. Dem Sachwalter (§ 273 InsO), dem commissario giudiziale gem. Art. 188 c. 3 des codice fallimentare, stehen insofern allein Aufsichtsfunktionen zu. Während der Sachwalter in Anhang C aufgeführt ist, fehlt der commissario giudiziale folgerichtig. Daher ist Anhang C teleologisch eingeschränkt dahingehend auszulegen, dass der Sachwalter nicht zum Vorschlag nach Abs. 1 berechtigt ist. Dem vorläufigen Verwalter, wie ihn das deutsche Insolvenzrecht in § 22 InsO vorsieht, steht eine Befugnis zum Vorschlag in in einem anderen Mitgliedsstaat eröffneten Partikularinsolvenzverfahren zu, wenn auf ihn die Befugnis, für die Masse zu handeln, nach § 21 Abs. 2 Nr. 2, 1 Var. i.V. m. § 22 Abs. 1 InsO übergegangen ist.

20.4   Das Vorschlagsrecht des Verwalters des Hauptinsolvenzverfahrens schließt die Befugnis der nach dem Konkursstatut des Sekundärinsolvenzverfahrens (vgl. Art. 28 EuInsVO) hierzu legitimierten Personen, eine liquidationsabwendende Verfahrensbeendigung zu beantragen, nicht aus. Wird ein solcher Antrag gestellt, könnte er aber wegen der gesetzlichen Begrenzung der Aufgaben des Sekundärinsolvenzverfahrens jedenfalls nicht zur Beendigung des Liquidationsverfahrens führen.

20.5   Die Verfahrensbeendigung darf durch das Insolvenzgericht i S. v. Art. 3 Abs. 2 EuInsVO bestätigt werden, wenn der Verwalter des Hauptinsolvenzverfahrens hierzu seine Zustimmung erteilt.[4] Im deutschen Recht wird dadurch § 248 InsO modifiziert.[5]

---

1   *Paulus,* EWS 2002, 497, 506.
2   M/F/I-*Moss/Bayfield,* RdNr. 5.80; Uhlenbruck-*Uhlenbruck,* InsO, 12. Aufl., 2003, Art. 34 EuInsVO RdNr. 1.
3   *Smid,* DZWIR 2003, 30.
4   *Virgos/Schmit* Nr. 249; *Lüke,* ZZP 111 (1998), 307; *Duursma-Kepplinger/Duursma/Chalupsky,* EuInsVO, Art. 34 RdNr. 7.
5   Uhlenbruck-*Uhlenbruck* (Fußn. 2), Art. 34 EuInsVO RdNr. 2.

Verweigert der Verwalter des Hauptinsolvenzverfahrens seine Zustimmung, hat das **20.6** Insolvenzgericht bei seiner Bestätigungsentscheidung die Zustimmung zu ersetzen. Voraussetzung dafür ist, dass die finanziellen Interessen der Gläubiger des Hauptinsolvenzverfahrens durch die Bestätigungsentscheidung nicht beeinträchtigt werden.[6] Das Gericht muss daher eine Prüfung vornehmen, wie sie aus der cram-down-Entscheidung mit dem best interest test bekannt ist: Es hat die Quote, die an die Gläubiger des Hauptinsolvenzverfahrens ohne liquidationsabwendende Verfahrensbeendigung ausgeschüttet wird, mit ihrer finanziellen Lage bei Ausschüttung des Überschusses nach Art. 35 EuInsVO zu vergleichen.[7]

Die materiellrechtlichen und verfahrensrechtlichen **Wirkungen** einer liquidationsab- **20.7** wendenden Verfahrensbeendigung sind territorial begrenzt auf die Partikularmasse, die durch den von der Eröffnung des Sekundärinsolvenzverfahrens ausgehenden Eröffnungsbeschluss konstituiert wird.[8] Während sich die Herbeiführung der liquidationsabwendenden Verfahrensbeendigung nach dem Konkursstatut gem. Art. 28 EuInsVO richtet und daher auf Mehrheitsentscheidungen der hierzu entscheidungsbefugten Gläubiger beruhen kann, erfassen Akte liquidationsabwendender Verfahrensbeendigung die außerhalb der territorialen Geltung des Sekundärinsolvenzverfahrens belegenen Vermögensmassen nur, wenn alle dortigen Gläubiger ihre Zustimmung zu Restschuldbefreiungen oder Stundungen erteilt haben.[9]

Hat das Insolvenzgericht die Verwertung nach Art. 33 EuInsVO ausgesetzt, steht das **20.8** Vorschlagsrecht auf liquidationsabwendende Verfahrensbeendigung **nurmehr** dem Verwalter des Hauptinsolvenzverfahrens oder, mit dessen Zustimmung, dem Schuldner zu.[10] Nur ein solcher Vorschlag darf bestätigt werden.[11] Stellen andere Beteiligte den Antrag nach Art. 33 EuInsVO, darf das Insolvenzgericht auf diesen Antrag hin Zwangsausgleich oder Insolvenzplan nicht bestätigen.[12]

III. Umsetzung im deutschen internationalen Insolvenzrecht

Wird in einem deutschen Sekundärinsolvenzverfahren ein Insolvenzplan beschlossen, so **20.9** sollen nach Art. 34 Abs. 2 EuInsVO die in dem Plan vorgesehenen Einschränkungen der Rechte der Insolvenzgläubiger nur dann Auswirkungen auf das nicht vom Sekundärinsolvenzverfahren betroffene Vermögen haben, wenn alle betroffenen Gläubiger der Maßnahme zustimmen. Ist diese Voraussetzung nicht erfüllt, so entfaltet die Maßnahme hinsichtlich des in einem anderen Mitgliedstaat belegenen Vermögens selbst gegenüber den Gläubigern keine Wirkung, die ihre Zustimmung erklärt haben. Andererseits bedeutet dies aber auch, dass die Zustimmung einzelner Gläubiger zu einem im Sekundärinsolvenzverfahren vorgeschlagenen Insolvenzplan ersetzt werden kann, sofern nur das

---

6 *Virgos/Schmit,* Nr. 249; *Kemper,* ZIP 2001, 1619.
7 *Kolmann,* Kooperationsmodelle 353.
8 *Duursma-Kepplinger/Duursma/Chalupsky* (Fußn. 4), Art. 34 RdNr. 12.
9 *Virgos/Schmit,* Nr. 250; *Duursma-Kepplinger/Duursma/Chalupsky* (Fußn. 4), Art. 34 RdNr. 13.
10 M/F/I-*Moss-Smith,* Art. 34 N. 8.255.
11 *Virgos/Schmit,* Nr. 251.
12 *Balz,* ZIP 1996, 948, 954; *Duursma-Kepplinger/Duursma/Chalupsky* (Fußn. 4), Art. 34 RdNr. 14, 15.

vom Partikularverfahren erfasste Vermögen betroffen ist. Wenigstens die Gläubiger, die einem solchen Insolvenzplan nicht zugestimmt haben, könnten sich dann gleichwohl an dem Hauptinsolvenzverfahren beteiligen und dort ihre Forderungen anmelden. Ein solches Verständnis würde im deutschen Recht aber zu einer Reihe von Schwierigkeiten aufgrund von Wertungswidersprüchen führen. Nach § 254 Abs. 1 InsO entfaltet der Plan mit der formellen Rechtskraft seiner Bestätigung eine rechtsgestaltende Wirkung gegenüber allen Beteiligten. Sieht der Plan z. B. vor, dass Ansprüche teilweise erlassen werden, so steht den betroffenen Gläubigern allenfalls noch eine Naturalobligation (vgl. § 254 Abs. 3 InsO) zu, die sie nicht im Hauptinsolvenzverfahren gelten machen können. Um die hieraus erwachsenden Schwierigkeiten zu vermeiden, soll Art. 34 Abs. 2 EuInsVO bei seiner Anwendung im deutschen Recht i S. v. § 355 Abs. 2 InsO umgesetzt und eine Bestätigung des Plans nur zugelassen werden, wenn alle betroffenen Gläubiger zugestimmt haben. Obwohl Art. 34 Abs. 2 EuInsVO lediglich den bereits bestätigten Plan anspricht und keine Bestätigungsvoraussetzung aufstellt, hat sich der Gesetzentwurf für diese Lösung entschieden, um die EuInsVO möglichst widerspruchsfrei in das deutsche Recht einzupassen, ohne jedoch gegen den Geist der Verordnung zu verstoßen.

20.10 Daher ordnet Art. 102 § 9 EGInsO an, dass ein Insolvenzplan vom Insolvenzgericht nur bestätigt werden darf, wenn alle betroffenen Gläubiger dem Plan zugestimmt haben, soweit der Insolvenzplan eine Stundung, einen Erlass oder sonstige Einschränkungen der Rechte der Gläubiger vorsieht.

Kapitel 21: Regelungen des deutschen autonomen internationalen Insolvenzrechts zum Planinitiativrecht im grenzüberschreitenden Insolvenzverfahren

I. Gesetzliche Regelung

Nach § 356 InsO schließt die Anerkennung eines ausländischen Hauptinsolvenzverfah- **21.1** rens ein Sekundärinsolvenzverfahren über das inländische Vermögen nicht aus. Dies ist Ausdruck der Modifizierung der Anerkennung der universellen Wirkungen ausländischer Eröffnungsbeschlüsse durch das deutsche autonome internationale Insolvenzrecht. Das als Sekundärinsolvenzverfahren eröffnete Partikularinsolvenzverfahren beschränkt international wirksam die Masse des Hauptinsolvenzverfahrens. Die Konstituierung einer Sondermasse des Partikularinsolvenzverfahrens gegenüber der des Hauptinsolvenzverfahrens dient der Gewährleistung des Vorranges der Gläubiger, die ihren Sitz im Gebiet des das Partikularinsolvenzverfahren eröffnenden Staates haben[1] bzw. dort ihre Forderungen anmelden (vgl. § 341 Abs. 1 InsO). Durch die Konstituierung der Partikularmasse im Sekundärinsolvenzverfahren wird international wirksam ein Nachrang des universelle Geltung beanspruchenden Hauptinsolvenzverfahrens begründet,[2] genauer im Hinblick auf die Partikularmasse ein Nachrang der Forderungen hergestellt, die im Hauptinsolvenzverfahren angemeldet sind.

Das partikulare Wirkungen zeitigende Sekundärinsolvenzverfahren ist nach dem Vorbild **21.2** des europäischen Insolvenzrechts im deutschen autonomen internationalen Insolvenzrecht als Liquidationsverfahren ausgestaltet, wie § 355 InsO deutlich macht. Diese Vorschrift sieht in ihrem Abs. 1 vor, dass die Vorschriften über die Restschuldbefreiung im Partikularinsolvenzverfahren nicht anzuwenden sind.

II. Einzelheiten

Nach § 355 Abs. 2 InsO kann ein Insolvenzplan, in dem eine Stundung, ein Erlass oder **21.3** sonstige Einschränkung der Rechte der Gläubiger vorgesehen sind, im Sekundärinsolvenzverfahren nur bestätigt werden, wenn *alle betroffenen Gläubiger* dem Plan zugestimmt haben. Daher ist ein **Insolvenzplan**, in dem nach den §§ 223 Abs. 2, 224 InsO Eingriffe in die Rechte der Absonderungsberechtigten und der Insolvenzgläubiger durch Stundung oder Kürzungen vorgesehen werden, **grundsätzlich** auch im Partikularinsolvenzverfahren **zulässig**.

§ 335 Abs. 2 InsO hat die Funktion, die Teilnahme der von den Eingriffen der Rege- **21.4** lungen des Insolvenzplans in ihre Rechte betroffenen ausländischen Gläubiger am

---

1 *Thieme*: in *Stoll*, 221 f.
2 *Bloching*, Pluralität und Partikularinsolvenz, 139.

Verfahren sicherzustellen. Es ist daher **zwingend** nach **§ 222 Abs. 2 InsO** wenigstens **eine Gruppe der ausländischen Gläubiger** zu bilden, soweit sie von den Regelungen des Insolvenzplans in ihren Rechten berührt werden.

21.5 § 335 Abs. 2 InsO **schränkt** darüber hinaus **§ 245 Abs. 1 InsO ein**. Die Versagung der Zustimmung zum Insolvenzplan durch die Gruppen ausländischer Gläubiger kann daher weder nach der best-interest-Regelung des § 245 Abs. 1 Nr. 1 InsO noch nach § 245 Abs. 1 Nr. 2 oder Nr. 3 InsO durch das Insolvenzgericht ersetzt werden.

Anhang 1: Musterinsolvenzplan „Präsident AG"

Präsident AG

Amtsgericht Musterstadt

Insolvenzverwalter Rechtsanwalt Reiner Schulz, Musterstadt

Insolvenzplan

Plangliederung[1]

I. Darstellender Teil[2]
1. Übersicht[3]
    1.1 Plankonzept
    1.2 Filmproduktion und Filmrecht
    1.3 Der Präsident-Konzern
    1.4 Zahlen/Daten/Anschriften
    1.5 Steuerliche Verhältnisse
2. Das Sanierungskonzept[4]
    2.1 Kurzbeschreibung des Unternehmens
    2.2 Bisherige Maßnahmen
    2.3 Geplante Maßnahmen
    2.4 Der Plan
    2.5 Risiken
3. Die Gläubiger[5]
    3.1 Einteilung der Gruppen
        3.1.1 Banken
        3.1.2 geschädigte Aktionäre
        3.1.3 Arbeitnehmer
        3.1.4 sonstige Gläubiger
        3.1.5 Institutionelle fiskalische Gläubiger
        3.1.6 Tochtergesellschaften
        3.1.7 nachrangige Gläubiger
    3.2 Änderung der Gläubigerrechte
    3.3 Quote bei Zerschlagung
    3.4 Planerfüllung
II. Gestaltender Teil[6]
1. Änderungen der Rechte je Gruppe (§§ 223 – 225 InsO)
2. Bedingung
3. Besserungsschein

---

1 Zu den Bestandteilen eines Insolvenzplans vgl. RdNr. 5.1 ff.
2 Zum darstellenden Teil des Insolvenzplans näher RdNr. 5.13 ff.
3 Zu den Anforderungen des IDW-Standards an die Darstellung der Lage des Unternehmens RdNr. 5.14 f.
4 Näher zur Darstellung der Sanierungsmaßnahmen RdNr. 5.21 ff.
5 Die Funktion und Maßstäbe der Gruppenbildung erläutern ausführlich RdNr. 7.1 ff.
6 Vgl. zu den gesetzlichen Einzelvorgaben des gestaltenden Teils RdNr. 5.63 ff.

Anhang 1   Musterinsolvenzplan „Präsident AG"

4. Planüberwachung
III. Plananlagen[7]
Anlage 1   Zielstatus per 31.12.2004
Anlage 2   Musterlizenzvertrag, Rechtebewertung, bewegliches Vermögen
Anlage 3   Aufstellung der Konzernunternehmen/Handelsregisterauszüge
Anlage 4   Ermittlungsbericht und Bericht zur Gläubigerversammlung
Anlage 5   Kreditverträge des Präsident-Konzerns
Anlage 6   Verzeichnis der Gläubiger
Anlage 7   Jahresabschlüsse 2001, 2002 und 2003 des Präsident-Konzerns
Anlage 8   Zustimmung der Medien Limited zur Abtretung
Anlage 9   Erklärungen zur Kapitalerhöhung
Anlage 10 Bewertung GUT
IV. Zusammenfassung des wesentlichen Inhalts (§ 235 InsO)[8]

I. Darstellender Teil[9]

1. Übersicht[10]

1.1 Plankonzept[11]

Der Insolvenzverwalter der Präsident AG legt im Auftrag der Gläubigerversammlung vom 24. Juni 2004 einen Insolvenzplan vor[12], der zur Vollbeendigung des Insolvenzverfahrens bei Fortführung der AG führen soll. Die Aktionäre haben für diesen Fall bereits in der außerordentlichen Hauptversammlung vom 17. Juni 2004 in Musterstadt einen Fortführungsbeschluss gefasst, § 247 AktG. Die im Insolvenzantragsverfahren befindlichen Töchter der AG, die Präsident Film Verleih GmbH (AG Musterstadt – Aktenzeichen –), die Präsident Film Produktion GmbH (AG Musterstadt – Aktenzeichen – und die Connex Film Vertriebs GmbH (AG Musterstadt – 104 IN 1777/04), jeweils Musterstadt, sollen außerhalb des Insolvenzverfahrens saniert werden; Insolvenzen dieser und anderer Töchter werden vermieden. Sie sind operativ gesund und haben nur deshalb einen Insolvenzantrag gestellt, weil sie durch die Mithaftung für Schulden der AG überschuldet und zahlungsunfähig sind, da die Banken ihre Konten sperrten[13]. Teil des Sanierungskonzepts ist ein Forderungsverzicht der Banken gegenüber den Töchtern bei Kontofreigabe zur Zahlung der aufgelaufenen Kreditoren. Dies wird während des laufenden Insolvenzplanverfahrens geschehen; bis dahin sollen die Insolvenzverfahren nicht eröffnet werden, weil so eine Antragsrücknahme jeweils möglich ist. Ein Gesamtschuldnerausgleich findet nach dem Forde-

---

7   Zum dokumentierenden Teil des Insolvenzplans und den einzelnen Plananlagen gem. § 229 InsO vgl. RdNr. 5.83 ff.

8   Vgl. zur Möglichkeit der Übersendung einer wesentlichen Planzusammenfassung RdNr. 11.15 ff.

9   Der darstellende Teil des Insolvenzplans (§ 220 InsO) hat die Aufgabe, die Voraussetzungen zu erläutern, unter denen die Krise und die beabsichtigte Sanierung des Gemeinschuldners stehen. Vgl. zu Regelungsgegenständen und Inhalt des darstellenden Teils RdNr. 5.1 ff. und 5.13 ff.

10 Der darstellende Teil des Insolvenzplans sieht zunächst einen Überblick über das Plankonzept, eine Beschreibung des Unternehmens und seiner wirtschaftlichen und steuerlichen Verhältnisse vor, vgl. RdNr. 5.14 ff.

11 Das Plankonzept beschreibt überblicksweise die Situation des Unternehmens und die im Planverfahren durchzuführenden Maßnahmen, vgl. RdNr. 5.13 ff.

12 Zur Planvorlageberechtigung des Insolvenzverwalters vgl. RdNr. 3.5.

13 Vgl. zu den Auswirkungen der Insolvenz von Mutter- bzw. Tochtergesellschaft innerhalb eines Konzerns RdNr. 2.62 ff.

rungsverzicht natürlich nicht statt; entsprechende Verzichtserklärungen der Töchter sind im gestaltenden Teil enthalten.

Die Schuldnerin ist Holding des Präsident-Konzerns, einer weltweit tätigen und in Deutschland führenden Unternehmensgruppe zur Herstellung und zum Vertrieb von Filmen und Filmrechten. Von der Suche nach einer Filmidee über die technische Durchführung der Filmproduktion, den Vertrieb der Rechte an Verwertungsunternehmen (etwa TV, DVD) bis hin zur Präsentation in eigenen Kinos (Kinobetrieb) ist der Präsident-Konzern auf dem deutschsprachigen Filmmarkt präsent. Über die irische Tochter Medien Limited sind erheblichen Umfangs internationale Filmrechte, vorwiegend aus Amerika, erworben worden, die weltweit, hauptsächlich aber in Deutschland vertrieben werden. Durch diese Synergieeffekte und den ausgezeichneten Ruf des Konzerns innerhalb und außerhalb Deutschlands ist der Konzern wertvoller als die Summe seiner Teile, so dass eine Zerschlagung für die Gläubiger schädlich wäre. Gleichzeitig löste eine Verwertung der Vermögensgegenstände rechtliche Probleme aus (dazu 1.2), die durch den Plan vermieden werden.

Das Unternehmen, eine Holdinggesellschaft ohne eigenen Geschäftsbetrieb für die Finanzierung des Gesamtkonzerns, hat eine asymmetrische Gläubigerstruktur. Gläubigern aus Lieferungen, Leistungen, öffentlich-rechtlichen Forderungen sowie Schadensersatzansprüchen von insgesamt weniger als 10 M€ stehen – zum Teil gesicherte- Bankforderungen von ca. 170 M€ gegenüber. Die Eigen- und Fremdmittel sind für weltweite Expansion im Filmgeschäft und Beteiligungen an Filmproduktionsgesellschaften und an der Kinobetrieb AG benötigt worden. Diese Vermögenswerte wurden so abgewertet, dass eine Überschuldung eintrat. Das operative Filmproduktions- und Verleihgeschäft ist profitabel, jedoch nicht in der Lage, die Fremdkapitalzinsen abzuwerfen. Würden die Forderungen der Banken auf einen Betrag gesenkt, der unter dem Vermögenswert liegt, ist dies möglich und die AG ist bilanziell saniert. Die Forderungen der übrigen Gläubiger sollen quotal befriedigt werden. Beschlüsse über die Kapitalschnitt haben die Aktionäre in der Hauptversammlung vom 17. Juni 2004 gefasst. Die Kapitalherabsetzung um 34 M€ um 90 % auf 3,4 M€ ist vollzogen und im Handelsregister eingetragen. Auch bei voller Ausnutzung der gegenläufigen Barkapitalerhöhung würden die vorhandenen Mittel des Unternehmens zwar zur quotalen Befriedigung aller übrigen Gläubiger ausreichen, nicht aber für die Bankforderungen. Diese können nur in Höhe der Vermögenswerte abzüglich Rest-Grundkapital bestehen bleiben. Die Banken werden eine entsprechende Teilverzichtserklärung abgeben bzw. die Kreditforderung durch Sachkapitalerhöhung in Grundkapital wandeln. Ein vorhandenes genehmigtes Kapital i.H.v. 17 M€ kann im Zuge des Insolvenzplanverfahrens hierfür ausgenutzt werden; andernfalls müsste die bevorstehende ordentliche Hauptversammlung einen entsprechenden Beschluss fassen. Die Barkapitalerhöhung steht in diesem Fall für einen strategischen Investor auch außerhalb des Insolvenzverfahrens zur Verfügung.

Die Präsident AG war eines der Schwergewichte am NEUEN MARKT (NEMAX 50) und zu Spitzenzeiten an der Börse gut 800 M€ wert. Die erheblichen Eigenmittel von rd. 200 M€ aus Börsengang und einer Kapitalerhöhung um die Jahrtausendwende sind durch die Expansion und für den Aufbau des unter 1.3 geschilderten Konzerns verbraucht, ebenso die Kredite eines Pools unter Führung der B-Bank. Dieser Bankenpool, dem außerdem noch die C-Bank, die S-Bank, die D-Bank und die N-Bank angehören, hat seine gesamten Rechte und Forderungen wirtschaftlich auf die DB-Bank, Filiale London (Abteilung Global Corporate Finance – Distressed Assets Product Group), übertragen und hält seitdem sämtliche Forderungen und Rechte für die DB-Bank treuhänderisch. Die Poolführerin B-Bank hat dem Insolvenzverwalter erklärt, dass die DB-Bank wirtschaftliche, nicht juristische Eigentümerin der Forderungen und Rechte sei und in Vollmacht des Pools handele, dem sie auch angehöre und an dem sie zu 100 % unterbeteiligt sei. Der Rechtsübergang stehe bevor. Bis dahin wird der Pool bzw. werden seine Mitglieder als Gläubiger angesehen, die Erklärungen und Handlungen der DB-Bank aber dem Pool zugerechnet.

Anhang 1   Musterinsolvenzplan „Präsident AG"

Im folgenden wird einheitlich nur noch von *Bank* gesprochen. Die Bank hat erklärt, dem Unternehmen zukünftig verbunden zu bleiben und das vorhandene Fremdkapital ganz oder teilweise durch die Einbringung als Sacheinlage in Eigenkapital zu wandeln. Hierdurch wird das Unternehmen bilanziell so gestellt, dass eine Fortführung des Geschäftsbetriebs außerhalb des Insolvenzverfahrens möglich ist. Gemeinsam mit dem Management haben wir einen Vermögensstatus per 31. 12. 2004 hochgerechnet, der ein positives Nettovermögen nach der Sanierung ausweist und als Anlage 1[14] dem Plan beigefügt ist.

1.2 Filmproduktion und Filmrecht[15]

Die Herstellung eines Kinofilms (Zelluloid) beginnt mit der Entwicklung einer Idee zu einem Drehbuch, dem Erwerb aller Rechte, auch solcher aller Mitwirkenden. Hiernach wird der Film konzipiert und kalkuliert, Co-Produzenten und die Filmförderanstalten des Bundes und der Länder sind einzubinden. Regisseure und Schauspieler, die übrigen technischen Mitwirkenden und alle Begleitfirmen sind auszuwählen, zu koordinieren, vertraglich zu binden. Die Dreharbeiten müssen geplant, durchgeführt und abgeschlossen, das Filmrohmaterial muss bearbeitet, geschnitten und kopiert werden. Schließlich wird der Film ausgewertet durch Lizensierung an TV-, VHS- und DVD-Vertreiber sowie die Präsentation im Kino. Durch alle diese Maßnahmen entstehen Urheber- und Leistungsschutzrechte, die nach den Besonderheiten des deutschen Urheberrechts nicht übertragen, sondern nur lizensiert (= verpachtet) werden können. Soweit Unternehmen des Präsident-Konzerns solche Rechte hergestellt haben, sind sie unübertragbar. Derivative Rechte sind nicht dingliche Rechte, sondern schuldrechtliche Ansprüche (Rechtspacht), die in der Insolvenz durch Lizenzgeber kündbar sind. Dies führt dazu, dass die übertragende Sanierung jedenfalls hinsichtlich des Rechtevermögens ausscheidet. Eine Verwertung käme nur für Tochtergesellschaften in Betracht, die nicht insolvent sein dürfen und veräußert werden könnten. Aber auch dann bestünde Rechtsunsicherheit durch Change-of-control-Klauseln und vertragliche Kündigungsmöglichkeiten der Lizenzgeber.

Filmproduktionen finden in Deutschland unter Beteiligung der öffentlichen Hand statt. Bund und Länder haben Filmförderanstalten auf der Basis des Filmfördergesetzes, die bis zu 60 % der Kosten für die Produktion eines Films und seinen Verleih als Darlehen oder verlorenen Zuschuss subventionieren. Die Darlehen müssen nur im Erfolgsfall, und meist dann auch nur quotal zurückgezahlt werden; gleichzeitig generiert ein Erfolgsfilm zukünftige Referenzmittel; ebenso Filmpreise, die Präsident in den letzten Jahren oft gewonnen hat. Die Bindung der Filmproduzenten und Verleiher an die Förderanstalten ist also auf Dauer angelegt. Förderdarlehensverträge enthalten Kündigungsklauseln für den Insolvenzfall, auch wenn das Darlehen bei normalem Geschäftsverlauf gar nicht zurückgezahlt werden müsste. Zugleich verhindert die Insolvenz eines Filmproduzenten oder Verleihs zukünftige Fördermittel. Nur die Sanierung, nicht die Zerschlagung des Konzerns kann somit den vorhandenen Unternehmenswert erhalten. Bei Abwicklung droht Verlust der erworbenen Urheber- und Leistungsschutzrechte. Zugleich entstünden Konzernschulden durch Fälligstellung in Anspruch genommener Fördermittel und es würde unmöglich, zukünftig Fördermittel einzuwerben. Der Geschäftsbetrieb müsste eingestellt werden.

In Anlage 2 ist ein typischer Lizenzvertrag sowie die für den Vorstand maßgebende Filminventur enthalten. Aus der Anlage ist zugleich das im Verhältnis zum immateriellen Vermögen kleine sachliche Anlage- und Umlaufvermögen ersichtlich[16].

---

14 Zu den Plananlagen gem. §§ 229, 239 InsO vgl. RdNr. 5.83 ff. Der Vermögensstatus des Unternehmens ist ihr zwingender Bestandteil, vgl. RdNr. 5.18.

15 Eine detaillierte Unternehmensbeschreibung ist insbesondere dann notwendig, wenn der Plan Rechte oder Rechtsgüter betrifft, die in der Insolvenz einen speziellen Umgang erfordern. Zu den Anforderungen an die Verständlichkeit des Plans für die Adressaten vgl. RdNr. 5.16 f.

16 Das Verzeichnis des Anlage- und Umlaufvermögens ist Bestandteil der Plananlagen, vgl. RdNr. 5.18.

1.3 Der Präsident-Konzern[17]

Der Konzern und seine Unternehmen ergeben sich aus folgendem Konzernorganigramm, wegen der Einzelheiten der Schuldnerin und ihrer Töchter wird i.ü. auf die umfangreichen Plananlagen (insbesondere die Anlagen 3 und 4) verwiesen:

1.4 Zahlen/Daten/Anschriften

Handelsregister:	Amtsgericht Musterstadt, HRB 1111
Grundkapital:	3,4 M€ (nach Kapitalherabsetzung von 34 M€)
Bedingtes Kapital:	1.750.000 €, 2.497.500 € und 10.000.000 € für Erwerbsoptionen usw.
Genehmigtes Kapital:	17.000.000 € bis zum 14.6.2005, auch für Sacheinlagen
Börse:	seit 1999 an der Frankfurter Wertpapierbörse der Deutsche Börse AG, zuerst Neuer Markt (NEMAX 50), jetzt geregelter Markt
Aktionäre:	ca. 36.000 vor Kapitalschnitt (die Aktien werden im Streubesitz gehalten)
Großaktionäre:	Herr Franz Farian (13,3 % der Aktien)
	Herr Max Mustermann bzw. Mustermann Treuhand GmbH (13,2 % der Aktien)
	Herr Peter Stahl bzw. Stahl AG (>10 % der Aktien, nach Insolvenzantrag ausgeschieden bzw. reduziert)
Vorstände:	Filmproduzent Franz Farian (bis 31.12.2003)
	Dr. Stefan Schwarz (Sprecher)
	Hans Hansen, Finanzen
Prokura:	./.
Aufsichtsrat:	Max Mustermann (Vorsitzender)
	Albert Pachner
	Robert Deinhard
	Ralf Bergmann
	Christoph George
	Thomas Gabler
Buchführung:	selbst, SAP R3
Steuerberater:	Fix Steuerberatungsgesellschaft mbH, Musterstadt
Wirtschaftsprüfer:	GUT WirtschaftsprüfungAG, Musterstadt
Umsätze in M€:	

Sinnvoll ist es auch, für das Unternehmen typische Verträge wie etwa Lizenzverträge in die Anlagen aufzunehmen.

17 Es empfiehlt sich vor allem bei Großkonzernen, den Aufbau des Konzerns graphisch darzustellen. Zur Erforderlichkeit klarer und verständlicher Angaben im Insolvenzplan vgl. RdNr. 5.16 f.

Anhang 1 Musterinsolvenzplan „Präsident AG"

Holdinggesellschaft mit sonstigen betrieblichen Erträgen (Konzernumlage) im Jahr:

2000	2,902 M€
2001	3,560 M€
2002	5,739 M€
2003	4,805 M€

Finanzamt:	Finanzamt für Körperschaften I Musterstadt, St.-Nr. 27/048/09158
Sanierungsberater:	(bis zur Insolvenz) Sanierungsspezialist-GmbH
Arbeitnehmer:	23; kein Betriebsrat, keine Vertreter im Aufsichtsrat
Anschrift:	Blumenstraße 1, 10789 Musterstadt
Telefon:	030/880 91 700
Insolvenzverwalter:	Rechtsanwalt Reiner Schulz, Kurfürstendamm 212, 10719 Musterstadt
Verwalterkonto:	Musterstadter Bank AG

1.5 Steuerliche Verhältnisse[18]

Für eine Sanierung sind Forderungsverzichte durch Gläubiger der Präsident AG – bzw. die oben geschilderte Sachenlage der Bank – erforderlich[19]. Hierbei ist ein Buchgewinn vorrangig aus einem Forderungsverzicht der Bank bezüglich des Konsortialkredits, der zum 30.04.2004 eine Inanspruchnahme von rd. 171 M€ aufwies, zu erwarten.

Es wird von folgenden steuerlichen Grundlagen ausgegangen: Zwischen der Präsident AG (Organträger) und der Präsident Film Verleih GmbH sowie der Connex Film Vertriebs GmbH (Organgesellschaften) bestehen körperschaftliche und gewerbesteuerliche Organschaften. Diese bestehen trotz Insolvenz des Organträgers auch in 2004 fort, da die finanzielle Eingliederung der Organgesellschaften in die Präsident AG weiterbesteht und die Ergebnisabführungsverträge weiter gelten und durchgeführt werden. Die finanzielle Eingliederung setzt die Mehrheit der Stimmrechte der Präsident AG bei den nachgeschalteten Gesellschaften und deren Ausübung voraus. Beides liegt vor, da bei allen Gesellschaften der Unterzeichner zum (vorläufigen) Insolvenzverwalter bestellt ist und damit die Ausübung der Stimmrechte gewahrt bleibt. Auch die Ergebnisabführungsverträge gelten derzeit weiter, da eine Beendigung aufgrund Kündigung nicht erfolgt ist. Ergebnisabführungsverträge werden durch Eröffnung des Insolvenzverfahrens über das Vermögen des Organträgers auch nicht automatisch beendet[20]. Dies gilt jedenfalls für den Fall der Fortführung des Organträgers.

Zum 31.12.2003 ist von folgenden steuerlichen Verlustvorträgen für die Präsident AG auszugehen:

Körperschaftsteuer	266 M€
Gewerbesteuer	276 M€

Voraussetzung für die Nutzung der steuerlichen Verlustvorträge ist gem. § 8 Abs. 4 KStG[21] und § 10a GewStG, dass die Kapitalgesellschaft nicht nur rechtlich, sondern auch wirtschaftlich mit der

---

18 Zu den steuerlichen Gesichtspunkten und Gestaltungsmöglichkeiten im Sanierungsfall vgl. ausführlich RdNr. 2.93 ff.
19 Zu Forderungsverzichten durch Gläubiger im Planverfahren vgl. RdNr. 2.112 ff., 5.5, 5.67.
20 Vgl. hierzu RdNr. 2.62 ff.
21 Zu den körperschaftssteuerlichen Anforderungen des § 8 Abs. 4 KStG vgl. RdNr. 2.95 ff.

Kapitalgesellschaft identisch ist, die den Verlust in Vorjahren erlitten hat. Wirtschaftliche Identität liegt vorliegend vor, da

- zwar mehr als die Hälfte der Anteile einer Kapitalgesellschaft übertragen werden („schädliche Anteilsübertragung")
- aber die Kapitalgesellschaft ihren Geschäftsbetrieb nicht mit überwiegend neuem Betriebsvermögen fortführt oder wieder aufnimmt („schädliche Betriebsvermögenszuführung"),
- und die Zuführung der Sanierung der Kapitalgesellschaft dient („Sanierungsfall").

Zwar würde der Tatbestand einer „schädlichen Anteilsübertragung" nach Durchführung des Kapitalschnitts erfüllt sein, denn im Anschluss an die Erhöhung des herabgesetzten Grundkapitals – ob durch Bar- oder Sachkapitalerhöhung – wird der Investor mindestens mit 75% bis 90 % beteiligt sein, was einem Gesellschafterwechsel durch Übertragung von mehr als 50 % der Anteile gleich steht. Aber es liegt keine „schädliche Betriebsvermögenszuführung" vor. Eine solche wäre nur gegeben, wenn sich innerhalb von 5 Jahren nach dem schädlichen Anteilseignerwechsel der Teilwert des Aktivvermögens mehr als verdoppelt. Im Falle einer bestehenden körperschaftsteuerlichen Organschaft umfasst das Aktivvermögen auch das der Organgesellschaften, somit erreicht die aufgrund der Kapitalerhöhung zu erwartende Zuführung liquider Mittel von maximal 30,6 M€ den Wert des bilanziellen Aktivvermögens der Präsident AG zum heutigen Zeitpunkt (noch) nicht. Dies gilt erst recht für die geplante Sachkapitalerhöhung i.H.v. 17 M€. Der Forderungsverzicht führt nicht zu einer Erhöhung des Aktivvermögens, es handelt sich lediglich um einen „Passivtausch" (ertragswirksame Ausbuchung der Verbindlichkeiten). Dieser Vorgang stellt somit keine Betriebsvermögenszuführung dar.

Ferner liegt ein Sanierungsfall i S. v. § 8 Abs. 4 KStG[22] vor, da eventuelle Zuführungen allein der Sanierung dienen und beabsichtigt ist, den Geschäftsbetrieb, der den Verlust verursacht hat, in einem vergleichbaren Umfang fortzuführen. Diese Fortführung müsste jedoch über die folgenden fünf Jahre andauern.

Die vorgenannten Verlustvorträge begründen sich aufgrund entsprechender negativer zu versteuernder Einkommen in den Vorjahren. Folgende Umstände sprechen allerdings dafür, dass die Präsident AG ihre wirtschaftliche Identität schon im Mai 2000 i S. v. § 8 Abs. 4 KStG/§ 10a GewStG einmal verloren hatte:

Durch die Kapitalerhöhung im Mai 2000 wurde ein Übergang von mehr als 50 % der Anteile auf den Streubesitz begründet. Ferner wurden im Rahmen der Kapitalerhöhung der Gesellschaft liquide Mittel in Höhe von 175.718 T€ (343.679 TDM) und damit überwiegend neues Betriebsvermögen zugeführt. Ein Sanierungsfall lag seinerzeit nicht vor. Die daraus folgenden Anwendungen von § 8 Abs. 4 KStG/§ 10a GewStG führt dazu, dass die Präsident AG die Verluste, die bis zu diesem Zeitpunkt entstanden sind, nicht mit danach entstandenen Gewinnen ausgleichen bzw. von ihnen abziehen kann. Unterstellt, dass in den Monaten Januar bis Mai 2000 keine wesentlichen Verluste entstanden sind, sollte derzeit im Rahmen einer Risikobetrachtung mindestens eine Verringerung der Verlustvorträge in deren Höhe zum 31. Dezember 1999 einkalkuliert werden, mithin zur

Körperschaftsteuer um	1.828 T€
Gewerbesteuer um	6.197 T€.

Ist im Ergebnis die Nutzbarkeit der vorhandenen Verlustvorträge dem Grunde nach und auch im wesentlichen der Höhe nach zu bejahen, ist die ab 2004 geltende Mindestbesteuerung zu beachten. Danach gilt, dass nach Berücksichtigung eines Sockelbetrages von 1 M€ die verbleibenden Gewinne nur zu 60 % durch Verlustvorträge gemindert werden dürfen. Es würde sich somit – trotz

---

22 Zur Sanierungsklausel in § 8 Abs. 4 KStG näher RdNr. 2.96.

erheblicher Verlustvorträge – eine Steuerbelastung auf den Buchgewinn aus einem Forderungsverzicht ergeben. Diese Belastung wird jedoch vermieden werden können:

Für eine Verminderung der „Mindestgewinnsteuer" steht das Antragsverfahren auf Steuererlass aus sachlichen Billigkeitsgründen nach Maßgabe des BMF-Schreibens vom 27.03.2003 (BStBl. I 2003, 240) zur Verfügung, so dass die Verlustvorträge ohne Beachtung der Mindestbesteuerungsregeln vorrangig mit dem Sanierungsgewinn verrechnet werden und insoweit nicht für einen verbleibenden Vortrag zur Verfügung stehen[23]. Dies wird durch eine Teilnahme der Finanzverwaltung im Planverfahren durch Erklärungen in der Gruppe 3.1.5 mit dem Verzicht der übrigen Gläubiger zeitlich koordiniert. Eine Steuerbelastung wird danach nicht zu erwarten sein.

2. Das Sanierungskonzept[24]

2.1 Kurzbeschreibung des Unternehmens[25]

Die Anfänge des Konzerns reichen bis in das Jahr 1979. Als Verleih gegründet, seit 1987 Filmproduzent, seit 1988 nationaler und seit 1989 internationaler Rechtehändler, ist man seit dem Jahr 2000 über die Beteiligung an der Kinobetrieb AG (Kino) auf allen Filmverwertungsstufen präsent. Im Jahr 1999 erhielt die AG die Börsenzulassung für den NEUEN MARKT. Ziel des Unternehmens war es nunmehr, das führende deutsche, eines der führenden europäischen und ein weltweit operierendes Unterhaltungsunternehmen zu werden. Hierzu wurde in den USA (Präsident International Inc.), Großbritannien (English Präsident) und in zahlreichen deutschen Kooperationen mit namhaften nationalen und internationalen Produzenten zusammen agiert. Die Kapitalaufnahme durch den Börsengang diente, ebenso wie die kurz danach erfolgte Kapitalerhöhung im Jahre 2000, dem Erwerb von Filmrechten, Filmproduktionsgesellschaften und Beteiligungen. Präsident Film Produktion GmbH hat namhafte Filme produziert und Präsident Film Verleih GmbH hält die Rechte an verschiedenen Filmen, Connex Film Vertriebs GmbH disponiert Filme und von Filmix Pool GmbH stammen erfolgreiche deutsche Filme. Filmix Verleih AG vertreibt gerade einen neuen Film und sogar der Produktionsbetrieb in Hollywood – Präsident International Inc. – hat bereits drei Filme fast fertiggestellt.

Diese operativen Erfolge in Produktion und Vertrieb haben in den letzten 25 Jahren eine kontinuierlich positive Entwicklung des Konzerns ermöglicht und werden dies auch in der Zukunft tun. Leider war man mit den erworbenen internationalen Filmrechten und den wesentlichen Finanzbeteiligungen nach dem Jahr 2000 weniger erfolgreich. Pauschal gesagt waren die erworbenen Filmrechte – insbesondere die Output Deals mit amerikanischen und britischen Filmstudios – ebenso weitgehend wertlos wie eine Reihe von Beteiligungen (Kinobetrieb, Heraklion etc.). Präsident hatte mit seiner Expansion den historischen Höhepunkt der Preise von Filmrechten erwischt, die ab dem Jahr 2000 dramatisch fielen. Die gesamte Branche wurde von einer Existenzkrise erfasst, von der sie sich bis heute nicht erholt hat. Die Umsätze blieben hinter den Erwartungen zurück, die notwendigen Abschreibungen auf Rechte und Beteiligungen zehrten das vorhandene Eigenkapital auf. Da man die Expansion nicht nur mit Börsenmitteln, sondern auch mit Bankkrediten finanziert hatte, trat Überschuldung ein. Die Bank ist im wesentlichen durch Übereignungen der Filmrechte, Globalzessionen der sich aus deren Verwertung ergebenden Ansprüche

---

23 Zur Möglichkeit des Steuererlasses nach dem BMF-Schreiben vom 27.03.2003 vgl. RdNr. 2.93 ff.
24 Die Darstellung des Sanierungskonzepts beinhaltet Angaben zur bisherigen Entwicklung des Unternehmens, zu den Ursachen der Insolvenz und zu den Maßnahmen, die zur Sanierung des Unternehmens erforderlich sind – bisherige und geplante Maßnahmen, Grundlagen des Insolvenzplans und mögliche Risiken, vgl. ausführlich RdNr. 5.13 ff.
25 Die Kurzbeschreibung des Unternehmens zeigt den historischen Werdegang und auch die Ursachen der Insolvenz auf, näher RdNr. 5.19.

und Verpfändungen fast aller Beteiligungen (außer Filmix) gesichert. Gegen die Besicherung aus Globalzession und Übertragung von Filmrechten bestehen rechtliche Bedenken, die ich in meinem Bericht zur Gläubigerversammlung dargestellt habe: Es handelt sich bei Filmrechten nicht um abtretbare Forderungen oder übereignungsfähige Sachen, sondern um unübertragbare Lizenzen. Da aber diese Rechte in den Beteiligungstöchtern verkörpert sind und diese selbst fast alle den Banken verpfändet sind, bestehen Absonderungsrechte an fast allen werthaltigen Aktiva der Bilanz.

Wegen einer anonymen Anzeige läuft bei der Staatsanwaltschaft bei dem Landgericht Musterstadt ein Strafverfahren gegen (frühere) Organe der AG (Aktenzeichen). Das Ende der Ermittlungen und das Ergebnis des Strafverfahrens sind noch nicht abzusehen. Den damals handelnden Personen wird vorgeworfen, angesichts der Krise des Jahres 2000 mit synthetischen Umsätzen die Bilanz geschönt, Geschäftätigkeit vorgetäuscht und nichtexistente Gewinne erzeugt zu haben, was dann den Kapitalanlegern ad hoc gemeldet wurde. Hierdurch fühlen sich Aktionäre geschädigt, die Forderungen zur Insolvenztabelle angemeldet haben, ohne sie im einzelnen zu begründen. Sie könnten ihre Ansprüche auch direkt gegen die betreffenden Personen verfolgen; es handelt sich nicht um Gesamtschadensansprüche i S. v. § 92 InsO, da es bei den angeblichen Manipulationen nicht um eine Verminderung der Insolvenzmasse geht. Das Handeln der Organe wäre aber der Gesellschaft zuzurechnen (§ 31 BGB – Gesamtschuldnerschaft). Der Insolvenzverwalter wird einschlägige Ansprüche gegen die beschuldigten Personen prüfen, die wirtschaftlich auf eine Freistellung von Aktionärsforderungen hinauslaufen: Über das Entstehen solcher Forderungen hinaus ist der Gesellschaft wohl kein Schaden entstanden. Die möglicherweise geschädigten Aktionäre bekommen im Insolvenzplan eine eigene Gruppe, der der Erlös aus derartigen Ansprüchen zugewiesen ist.

Das derzeitige Management ist nicht Adressat solcher Vorwürfe[26]. Die Sanierungsfähigkeit des Konzern wird daher, von den möglichen Verbindlichkeiten abgesehen, hierdurch nicht beeinträchtigt. Dem Insolvenzverwalter soll die Aufgabe zufallen, auch nach Beendigung des Insolvenzverfahrens Ansprüche durchzusetzen und sich hieraus ergebende Erlöse an die betreffenden Gläubiger zu verteilen. Dies wird im Rahmen der Planüberwachung[27] geschehen.

Als Holdinggesellschaft ist der eigentliche Geschäftsbetrieb der Gemeinschuldnerin unspektakulär: Man betreibt in gemieteten Räumen in Musterstadt mit 23 Mitarbeitern und einer einfachen Büroausstattung Verwaltungstätigkeit. Grundbesitz ist nicht vorhanden.

2.2 Bisherige Maßnahmen[28, 29]

Zu Beginn des Planverfahrens fand der Verwalter das Bankenkonsortium vor, bestrebt, sich aus den Sicherheiten und Kreditforderungen zu befriedigen. Da die Zerschlagung keine realistische Handlungsalternative war, begann der Insolvenzverwalter sofort mit der Suche nach Investoren[30] und stellte fest, dass die gesamte nationale, ein Teil der internationalen Branche sowie Finanzinvestoren am Unternehmen interessiert waren. Zur Stunde ist die Investorenauswahl noch nicht abgeschlos-

---

26 Der Schuldner ist verpflichtet, im Insolvenzplan anzugeben, ob er im Sinne früherer Vergleichswürdigkeit den Untergang seines Unternehmens selbst verschuldet hat oder ob Vermögensverschiebungen vorgenommen wurden, vgl. RdNr. 5.20.

27 Zur Planüberwachung vgl. ausführlich RdNr. 18.1 ff.

28 Die Unterteilung der Sanierungsmaßnahmen in „bisherige" und „geplante" empfiehlt der IDW-Standard, näher RdNr. 5.24.

29 Sanierungsmaßnahmen sind in autonome (RdNr. 5.25 ff.), d. h. solche ohne Hilfsmittel des Insolvenzrechts, und heteronome (RdNr. 5.33 ff.), also spezifisch insolvenzrechtliche, zu differenzieren. Letztere stellen das Kernstück des betreffenden darstellenden Teils des Insolvenzplans dar, vgl. RdNr. 5.34.

30 Die Investorenauswahl ist typische Sanierungsmaßnahme, siehe RdNr. 5.33.

sen, auch der Eintritt eines Investors noch nicht sicher. Der Insolvenzplan kann gleichwohl vorgelegt werden, da er auch ohne einen Investor zur bestmöglichen Befriedigung der Gläubiger führt.

Vorsorglich hat der Verwalter, um durch Ausgabe neuer Aktien einem Investor die Kapitalmehrheit verschaffen zu können, eine außerordentliche Hauptversammlung am 17.06.2004 in Musterstadt organisiert, die die erforderlichen Beschlüsse gefasst hat. Die Kapitalherabsetzung ist trotz Gegenwehr opponierender Einzelaktionäre inzwischen eingetragen, die gesetzliche Bezugsfrist für die Altaktionäre läuft bis zum 09.08.2004. Nach dem 10.08.2004 steht fest, wie viele Aktien an einen Investor durch den Vorstand ausgegeben werden können oder ob die Altaktionäre nennenswert Eigenkapital einschießen (der Verwalter rechnet damit nicht). Danach wird bis zum 30. September 2004, dem Ende der Kapitalerhöhungsfrist, entschieden, ob ein Investor benötigt wird und, wenn ja, wer dafür in Frage kommt. Dies hängt – entscheidend – von den Vorstellungen der Bank ab, als Hauptgläubigerin, Sicherungsnehmerin und künftige Mehrheitsaktionärin.

Wichtigste Begleitmaßnahme ist die Entschuldung der Tochtergesellschaften bzw. – soweit nicht insolvent – die Abwendung eines Insolvenzverfahrens, insbesondere für die Medien Limited/Irland. Hier sind die Hauptrechte des Konzerns international gebündelt, die Insolvenz der Medien Limited könnte den Totalverlust des Rechtebestands bedeuten.

Dem Unterzeichner als (vorläufigen) Insolvenzverwalter des Konzerns ist es im wesentlichen gelungen, den Geschäftsbetrieb aufrecht zu erhalten, die laufenden Filmprojekte fortzuführen, Filme zu verleihen und den guten Kontakt und die Geschäftsbeziehungen zu den verschiedenen Filmförderanstalten des Bundes und der Länder aufrecht zu erhalten, insbesondere Förderungskündigungen zu vermeiden[31]. Hier befand er sich mit dem Management und der Belegschaft sowie den Gläubigern im Konsens[32]. Zur Aufrechterhaltung des Geschäftsbetriebs war es im gewissen Umfang erforderlich, die Zahlungsströme im Konzern fortzuführen. Bis Ende März finanzierte die AG den Gesamtkonzern (cashpool). Dann froren die Banken die Konten der AG ein, sowie die Inlandskonten von VERLEIH, PRODUKTION und CONNEX. Die Außenstände liegen bei den Töchtern, insbesondere bei der Präsident Film Verleih GmbH. Die Forderungen, die nach Anordnung der vorläufigen („starken") Insolvenzverwaltung entstehen, fallen nicht unter die Globalzession zugunsten der Banken, so dass es möglich war, Liquidität zu beschaffen. Präsident Film Verleih GmbH konnte aus Verkäufen von Rechten, die an sich Medien Limited zustanden, Schulden dieser Gesellschaft bei der AG bezahlen und damit deren Liquidität gewährleisten. Die AG wiederum sorgte in gewissem Rahmen für die Liquidität bei Präsident Film Produktion GmbH. Nach Rücknahme der Insolvenzanträge gegen die Töchter und Aufhebung des Insolvenzverfahrens gegen die AG kann das Zahlungssystem im Konzern wiederhergestellt werden.

2.3 Geplante Maßnahmen

Die AG ist mit ihrer ordentlichen Hauptversammlung für 2004 rückständig. Diese ist sinnvoll, sobald zwischen Verwalter, Bank und (ggf.) Investor abgestimmt ist, wer in den neuen Aufsichtsrat der AG gewählt wird und ob es zu der beschlossenen Barkapitalerhöhung kommt. Da die Entscheidungen hierüber für die nächsten Tage zu erwarten sind, hat der Verwalter bereits mit der Organisation der ordentlichen Hauptversammlung für den 07.10.2004 begonnen.

Einige Vermögensgegenstände sind für den Geschäftsbetrieb (Produktion und Verleih von Filmen in Deutschland) nicht notwendig. Hier ist vorgesehen:

---

31 Zum Erfüllungswahlrecht des Insolvenzverwalters bei gegenseitigen nicht erfüllten Verträgen vgl. RdNr. 5.37 ff.
32 Eine solche gelungene Kommunikation schafft ein „positives Insolvenzklima", näher RdNr. 1.5.

Präsident International Inc.: Dieses von *Al Wayne* geleitete Unternehmen in Beverly Hills/Cal./USA mit 26 Mitarbeitern per 31.12.2003 hat drei Filme fast fertig produziert. Im Konzern besteht Einigkeit, dass die Filmproduktion in den USA derzeit Unternehmensgegenstand nicht sein soll. Der Geschäftsbetrieb wird entweder eingestellt werden müssen oder, im Rahmen eines Management-Buy-Outs, verkauft. Da die Anteile verpfändet sind, würden die Veräußerungserlöse – derzeitige Schätzung rd. 4,1 M€ – der Bank zufließen. Mit dem Insolvenzverfahren hat dies nichts zu tun, es wäre so oder so geschehen.

Kinobetrieb AG: Die Kinobetrieb AG befindet sich am Ende einer jahrelangen Dauerkrise, die aus Präsident-Sicht existenzgefährdend war. Kinobetrieb hat jetzt mit Medienwunder AG (Dr. A) einen potenten Investor gefunden, der der Hausbank (E-Bank) die Kreditforderungen gegen Kinobetrieb abgekauft hat, um sie im Wege einer Sachkapitalerhöhung in die AG einzulegen. Hierüber hat der Unterzeichner nach langen Verhandlungen mit den übrigen Aktionären, Dr. A sowie der Bank (Pfandrecht an den Kinobetrieb-Aktien) einen Vertrag geschlossen. Im Ergebnis wird die Kinobetrieb-Beteiligung um 50 % verwässert und es ist ein erheblicher Verzicht auf Gesellschafterdarlehen ausgesprochen. Da die Beteiligung verpfändet und nicht geschäftsnotwendig ist, könnte sie der Pfandgläubigerin zur Verwertung überlassen werden, wodurch dieser nach unserer Einschätzung ein Gegenwert von wiederum ca. 3,0 M€ zzgl. Gesellschafterdarlehen im Wert von 0,9 M€ zuflösse. Durch eine im Juni 2004 abgeschlossene Vereinbarung zwischen Präsident (Insolvenzverwalter)/ Medienwunder hat Medienwunder ein Vorkaufsrecht an dem Aktienpaket und es besteht eine Andienungsverpflichtung; deshalb wird hier nur der Veräußerungserlös abgetreten und die DB-Bank zur Veräußerung und zur Erlösentgegennahme bevollmächtigt.

Im Zusammenhang mit dem Erwerb der Kinobetrieb-Beteiligung, die sich alsbald als weitgehend wertlos herausstellte, hat Präsident einen Rechtsstreit gegen die Aktienverkäufer (Familie M) eingeleitet (Mahnbescheid über 50 M€), über dessen Fortführung noch nicht entschieden ist. Obwohl nicht zediert, kann diese Forderung zusammen mit den Kinobetrieb-Aktien der Sicherungsgläubigerin zur Verfügung gestellt werden. Die Bonität der Beklagten ist (mehr als) zweifelhaft. Durchsetzbar sind vielleicht 1 M€. Der Wirtschaftsprüfer bewertet die Forderung vorsichtshalber mit 0 €.

Rechtsstreit FFilm: Die Präsident AG hatte auch in Großbritannien einen sog. output deal – also eine Vereinbarung über die Abnahme aller Filme eines Produzenten– geschlossen. Vertragspartner war die Filmproduktionstochter „FFilm" eines der englischen Privatfernsehkanäle. Mangels erfolgreicher Produktionen und wegen der unerwartet hohen Kosten entschied sich die englische Mutter, den Geschäftsbetrieb ihrer Tochter einzustellen, indem diese nur noch kostengünstige Fernsehproduktionen und nicht mehr Filme herstellen sollte. Im daraus folgenden Streit zwischen Präsident und FFilm kündigte man sich gegenseitig das Vertragsverhältnis und macht gegeneinander Schadensersatzansprüche geltend. Da mit FFilm keine außergerichtliche Einigung erfolgte, hat die Präsident AG eine Klage in England anhängig gemacht, deren Erfolgsaussichten von den englischen Prozessbevollmächtigten als gut angesehen werden. Auch diese Ansprüche sollen bei Annahme des hier vorgelegten Plans der Bank zustehen und in Zukunft von dieser geltend gemacht werden, ich schätze sie vorsichtig auf 2,5 M€.

Weitere Maßnahmen zur Sanierung der AG sind konkret zur Zeit nicht geplant. In gewissem Umfang können Dauerschuldverhältnisse zur Kostensenkung nach §§ 103 ff. InsO beendet werden[33]. Die Bank will sich noch ein eigenes Bild von den Betriebskosten machen und hat zu diesem Zweck ein Beratungsunternehmen eingeschaltet, mit dem sich der Unterzeichner abstimmt. Zu Massenentlassungen, Kündigungen des Mietverhältnisses etc. oder sonst nennenswerten Maßnahmen wird es wohl nicht kommen, da der Geschäftsbetrieb der Holding, wie gesagt, schlicht ist[34].

---

33 Zum Erfüllungswahlrecht des Insolvenzverwalters bei gegenseitigen nicht erfüllten Verträgen vgl. RdNr. 5.37 ff.
34 Maßnahmen zur Verbesserung der Personalstruktur sind in RdNr. 5.36 beschrieben.

Anhang 1   Musterinsolvenzplan „Präsident AG"

2.4 Der Plan

Die bilanzielle Sanierung der AG soll durch eine Umwandlung von Fremd- in Eigenkapital erfolgen. Zusätzlich soll die Möglichkeit des Einstieges eines strategischen Investors weiter verfolgt werden. Zur bilanziellen Sanierung reicht es aus, das Fremdkapital der Bank im wesentlichen zu Grundkapital zu machen und aus den vorhandenen, dann freiwerdenden Mitteln die Gläubiger quotal zu befriedigen. Hierzu sollen die als Bedingung für diesen Plan im gestaltenden Teil genannte Kapitalerhöhung durchgeführt und, soweit die Erhöhung unter Ausnutzung des genehmigten Kapitals erfolgt, die in der Anlage 9 enthaltenen Erklärungen abgegeben werden.

Die DB-Bank hätte, statt die Forderung gegen die AG zu erwerben, auch selbst als Investor auftreten können. Nachdem sie nunmehr größte Einzelgläubigerin wird, gibt es gegen eine Teilnahme der DB-Bank an der am 17.06.2004 beschlossenen Barkapitalerhöhung aktienrechtlich Bedenken. Zeichnet die DB-Bank die Aktien selbst und findet die Gesellschaft die DB-Bank anschließend ab, so könnte diese Transaktion als Verstoß gegen die Bareinlageverpflichtung der §§ 27, 182, 183 AktG angesehen werden (verschleierte Sacheinlage). Eine Kapitalbeteiligung kann die DB-Bank, die in einer Presseerklärung mitgeteilt hat, dem Konzern zukünftig zur Seite stehen zu wollen, statt dessen auf sichererem Wege erwerben, wenn sie ihre zukünftigen Forderungen nach Vollendung des Rechtserwerbs gegen die Präsident AG als Sacheinlage einbringt.

Hierfür bedarf es einer Bewertung der Forderungen durch den Wirtschaftsprüfer der AG GUT (Anlage 10)[35] und (normalerweise) eines Beschlusses der Hauptversammlung, mit deren Organisation ich, wie dargestellt, bereits begonnen habe. Die HV wird voraussichtlich am 07.Oktober stattfinden. Für ihre Forderung kann die DB-Bank auch ein derzeit vorhandenes genehmigtes Kapital der AG (§§ 202 ff. AktG) i. H. v. 17 M€, das gegen Sacheinlagen ausnutzbar ist, zur Einbringung dieser Forderung noch während des Insolvenzverfahrens benutzen.

Zu Beginn des Insolvenzverfahrens war erwogen worden, den aus der am 17.06.2004 beschlossenen Barkapitalerhöhung entstehenden Erlös – abzüglich Kosten zzgl. vorhandener überschüssiger Vermögenswerte– zur Abfindung der Bank zu verwenden. Würde diese Idee durchgeführt, könnte der Vorstand der AG den nach Ablauf der Bezugsfrist (09.08.2004) frei gewordenen Kapitalerhöhungsbetrag bis zum Nominalbetrag von 30,6 M€ bestmöglich, aber mindestens zum Nominalwert von einem oder mehreren Investoren zeichnen lassen. Die Zeichnungsfrist endet nach dem Beschluss der Hauptversammlung am 30.09.2004. Erwartungsgemäß haben die Altaktionäre nicht den nach dem Beschluss erforderlichen Mindestbetrag gezeichnet, auch ein Investor ist unter den vielen Interessenten noch nicht endgültig identifiziert. Damit ist ohne die nachstehend dargestellten Maßnahmen eine Zustimmung der Gruppe 1 zum Plan ausgeschlossen. Zwar könnte die Mehrheit der Abstimmungsgruppen die Bank überstimmen und das Gericht könnte einen Widerspruch der Gläubigerin als obstruktiv zurückweisen (§ 251 InsO), aber durch den sich ergebenden Streit und die Unmöglichkeit, das Verfahren alsbald aufzuheben, würde der Konzern wahrscheinlich vernichtet, zumal die Bank in einem solchen Fall wohl ihre Sicherheiten verwerten würde. Es ist dem Verwalter nur mit erheblichem persönlichen Einsatz seiner Person, seines Büros sowie des Managements gelungen, das Unternehmen am Leben zu erhalten, das ist aber gegen den Willen des Großgläubigers auf Dauer kaum durchzuhalten: Die guten kreativen Leute würden das Unternehmen verlassen, eine Projektfinanzierung wäre nicht mehr möglich, so dass der Geschäftsbetrieb eingestellt werden müsste. Dies liefe auf eine Zerschlagung, auch auf eine Insolvenz und die Zerschlagung der Töchter hinaus mit nachteiligen Folgen für die übrigen ungesicherten Gläubiger. Deshalb sieht der Plan vor, die Bank abzufinden durch Übertragung der oben bezeichneten, nicht geschäftsnotwendigen Vermögenswerte, die bewertet werden mit:

---

35 Zu den Bewertungsgutachten in den Plananlagen vgl. RdNr. 5.58.

Präsident International	M€ 4,1
Kinobetrieb AG	M€ 3,0
Darlehen Kinobetrieb	M€ 0,9
Prozess Familie M	M€ 0
Prozess FFilm	M€ 2,5
	M€ 10,5

zzgl. der bei der Kapitalerhöhung zu zeichnenden Aktien mit einem rechnerischen Anteil am Grundkapital von 17 M€. Damit erhält die Bank noch nicht ganz den Nominalbetrag des Wertes, den der Wirtschaftsprüfer gem. Anlage 10 ihrer Gesamtforderung beimisst. Die Forderung der Bank hat nach seinen Feststellungen nämlich einen Wert von 24,8 M€ zuzgl. des nicht betriebsnotwendigen übertragenen Vermögens. Die Restforderung in Höhe von 7,8 M€ soll nicht eingebracht werden sondern bleibt zu den bisherigen Kreditbedingungen stehen.

Da die übrigen Gläubiger der AG zur endgültigen Befriedigung aus dem dann freigewordenen Vermögen eine Quote erhalten, ist bei Rechtskraft des Plans und seiner Erfüllung die Überschuldung beseitigt und die Zahlungsfähigkeit ist wieder hergestellt, so dass das Insolvenzverfahren aufgehoben werden kann. Eine Barkapitalerhöhung erfolgt ggf. dann schon außerhalb des Insolvenzverfahrens.

2.5 Risiken[36]

Folgende Risiken, die zum Scheitern des Plans führen können, bestehen demnach:

Die Sachkapitalerhöhung scheitert, z. B. mangels Beschluss der dafür zuständigen Organe. Dann könnte die Bank auf die Bedingung für die Wirksamkeit des Planes verzichten und etwa den Weg über eine Barkapitalerhöhung – ggf. außerhalb des Insolvenzverfahrens – suchen.

Steuerrechtliche Risiken bestehen, wenn die unter 1.5 dargestellten steuerlichen Verhältnisse sich nicht so gestalten lassen oder vom Finanzamt anders gesehen werden, als der Verwalter meint. Für diesen Fall gelingt die endgültige Beseitigung der Überschuldung nicht, weil dann die Finanzbehörden durch die Sanierung Forderungen erwirken, die zur Zweit-Insolvenz führen könnten. Deshalb soll das Finanzamt für Körperschaften I in Musterstadt die im gestaltenden Teil enthaltenen Erklärungen im Abstimmungstermin abgeben.

Schließlich besteht bis zur Beendigung der vorläufigen Insolvenzverfahren stets die Gefahr eines Zusammenbruchs des Konzerns in Folge einer Insolvenz oder Zerschlagung der Tochtergesellschaften. Dies schließt zwar einen Zustimmungsbeschluss zum Insolvenzplan nicht aus, macht ihn aber sinnlos, weil die Holding ohne nennenswerten Beteiligungsbesitz ihren Geschäftsgegenstand nicht mehr verwirklichen kann und abgewickelt werden muss.

---

36 Die Bewertung der Sanierungsfähigkeit des Schuldners und der Tauglichkeit einzelner Sanierungsmaßnahmen beinhaltet auch, mögliche Risiken aufzuzeigen, die zum Scheitern des Plans führen können, RdNr. 5.58 ff.

Anhang 1   Musterinsolvenzplan „Präsident AG"

3. Die Gläubiger[37]

3.1 Einteilung der Gruppen[38, 39]

Der Verfasser des Plans folgt bei der Abgrenzung der Gläubigergruppen zunächst der Einteilung im Gesetz. § 222 InsO sieht vor, dass Gruppen gebildet werden sollen für absonderungsberechtigte Gläubiger (§ 222 Abs. 1 Nr. 1 InsO)[40], für Arbeitnehmer (§ 222 Abs. 3 InsO)[41] und für sonstige nicht nachrangige (Klein-) Gläubiger (§ 222 Abs. 1 Nr. 2, Abs. 3 Satz 2 InsO)[42]. Diese Gruppen sieht der Plan vor. Er schafft ferner eine vierte Gruppe, deren besondere Behandlung sich aus dem unter 2.1 a. E. dargestellten Besonderheiten ergibt (§ 222 Abs. 1 Satz 1 InsO) und Aktionäre betrifft, die gleichzeitig Schadensersatzgläubiger der Gesellschaft zu sein behaupten. Für institutionelle fiskalische Gläubiger, insbesonders das Finanzamt für Körperschaften I in Musterstadt, wird wegen der besonderen Behandlung der steuerlichen Angelegenheiten und der Abgabe der im gestaltenden Teil enthaltenen Erklärungen eine besondere Gruppe benötigt[43]. Zum Ausschluss des Gesamtschuldnerausgleichs i. S. d. § 426 BGB ist eine besondere Gruppe für die Tochtergesellschaften zu bilden, die im Organigramm (vgl. oben S. 3, Punkt 1.2) erwähnt sind. Außerdem gibt es die Gruppe der nachrangigen Gläubiger (§§ 225, 222 Abs. 1 Nr. 3 InsO). Von der nach § 9 Abs. 4 BetrAVG gegebenen Möglichkeit zur Bildung einer Sondergruppe für den PSVaG macht der Verfasser keinen Gebrauch, da der PSVaG den anderen nicht nachrangigen Gläubigern gleichbehandelt wird[44].

3.1.1. Die **Gruppe 1** besteht aus den fünf Poolbanken B-Bank, S-Bank, C-Bank, D-Bank und NL-Bank[45]. Sobald der Erwerbsvorgang abgeschlossen ist, wird der Pool ersetzt oder, je nach dem Inhalt der zukünftigen Vereinbarungen der Banken, ergänzt durch die DB-Bank, Filiale London. Für diese Gruppe sieht der Plan vor, dass sie verzichtet auf alle Forderungen gegen die Tochtergesellschaften PRODUKTION, VERLEIH, CONNEX und MEDIEN; LIMITED. Dafür erhalten sie die Verwertungserlöse aus dem Aktienpaket und den Gesellschafterdarlehen an der Kinobetrieb AG zzgl. der Schadensersatzforderungen gegen Familie M, der Anteile an der Präsident US Holding GmbH und Forderungen gegen ihre Tochtergesellschaft, die Präsident International Inc. sowie der Forderung gegen FFilm in London. Diese Gruppe soll vorab auf einen Teil ihrer Darlehensforderungen gegen Besserungsschein verzichten[46]. Hinsichtlich der verbleibenden Forderung soll folgendes gelten: Unter Aufrechterhaltung ihrer Sicherheiten für die Restforderung verzichtet die Bank auf die nach einer Einbringung im Rahmen einer Kapitalerhöhung noch bestehende Restforderung gegen die Präsident AG, die den Betrag von 7,8 M€ überschreitet, sowie auf alle Nebenforderungen (Zinsen und Kosten). Die einzubringende Forderung wird innerhalb des Insolvenz(plan)verfahrens gemäß Anlage 9 oder alternativ im Wege einer neu zu beschließenden Sachkapitalerhöhung von mindestens 17 M€ in Grundkapital der AG umgewandelt.

---

37 Der darstellende Teil des Insolvenzplans enthält Regelungen über die Einteilung der Gläubigergruppen, über die Änderung der Gläubigerrechte, die zu erwartende Quote im Zerschlagungsfall sowie über die Planerfüllung. Vgl. RdNr. 7.1 ff. sowie die nachfolgenden Anm. zu den einzelnen Regelungen.
38 Zur Funktion und zu den Maßstäben der Gruppeneinteilung siehe ausführlich RdNr. 7.1 ff. und 7.9 ff.
39 Fehler bei der Gruppeneinteilung können nachhaltige Konsequenzen haben. Vgl. RdNr. 12.13 ff.
40 Zur Gruppenbildung von Absonderungsberechtigten vgl. RdNr. 7.13 ff.
41 Arbeitnehmerforderungen im Insolvenzplan erläutert RdNr. 7.12.
42 Zur Gruppe der Kleingläubiger näher RdNr. 7.17 ff.
43 Steuerrechtliche Besonderheiten im Insolvenzplan erläutern ausführlich RdNr. 2.93 ff.
44 Ausführlich RdNr. 6.56 ff.
45 Zur Gruppenbildung von Absonderungsberechtigten vgl. RdNr. 7.13 ff.
46 Zu den Rechtsfolgen eines Forderungsverzichts gegen Besserungsschein vgl. RdNr. 2.112 ff.

Für den Plan ist durch die Bankgläubiger verzichtbare aufschiebende Bedingung[47], dass eine Sachkapitalerhöhung bei der AG durchgeführt und in das Handelsregister eingetragen wird, bei der die Bank gegen Einbringung ihrer Forderungen (entweder zum Nominalbetrag, soweit sie den bestehen bleibenden Restbetrag übersteigen, oder nach Reduzierung durch Teilverzicht) mit einem Wert von 17 M€ als Sacheinlage Aktien der AG erwirbt, die Anteile von 17 M€ am Grundkapital der AG vermitteln. Zur Bedingung gehört, dass die Übernahme der Aktien durch die Bank kartellrechtlich genehmigt bzw. nicht untersagt wird, der Bank eine Ausnahmegenehmigung i S. d. § 37 WpÜG gewährt wird und die am 17. Juni von der Hauptversammlung der SEAG beschlossene Barkapitalerhöhung nicht ohne Zustimmung der DB-Bank durchgeführt wird.

3.1.2. Die Gläubiger der **Gruppe 2** sind Aktionäre, die lediglich und insoweit einen Anspruch haben, weil sie von der Gesellschaft bzw. ihren Organen geschädigt wurden, als sie Aktien der Gesellschaft erwarben. Unabhängig von der Tatsache, ob es solche geschädigten Aktionäre überhaupt gibt und wenn ja, ob sie unter Berücksichtigung der Infomatec-Entscheidungen des BGH, die dessen II. ZS am 19. Juli 2004 (AZ: II ZR 217/03, 218/03 und 204/02) getroffen hat, Schadensersatzansprüche haben, erhalten diese Gläubiger aus der Insolvenzmasse nichts. Zum einen, weil dies eine verbotene Kapitalrückzahlung i S. v. § 57 AktG wäre: Im Verhältnis zu allen übrigen nichtnachrangigen Insolvenzgläubigern sind die geschädigten Aktionäre nachrangig. Zum anderen, weil sie befriedigt werden (können), indem der Insolvenzverwalter für die Dauer des Insolvenzverfahrens, für die Phase der Planerfüllungsüberwachung[48] und danach befugt bzw. bevollmächtigt ist, auf Kosten der Gesellschaft etwaige Ansprüche der Gesellschaft gegen Schädiger auf Freistellung bzw. Bezahlung dieser Forderungen –ggf. auch gegenüber der Haftpflichtversicherung des Managements – durchzusetzen. Es ist möglich, dass solche Aktionäre im Ergebnis sogar besser stehen als die übrigen Gläubiger, allerdings nicht zu deren Lasten. Der Insolvenzverwalter muss Freistellungs- und Ersatzansprüche durchsetzen, deren Befriedigung vom Schädigungsnachweis und der Bonität der Schädiger abhängt. Es ist damit zu rechnen, dass nicht alle potentiell geschädigten Aktionäre sich innerhalb der Anmeldefrist gemeldet haben oder dies bis zum Plantermin tun werden, da bei der Vielzahl der in Betracht kommenden Personen es sich erst im Laufe der Zeit herumsprechen wird, dass hier Anmelde- und Befriedigungsmöglichkeiten bestehen.

3.1.3. Gläubiger der **Gruppe 3** sind zum einen Arbeitnehmer und (frühere) Organe, die Ansprüche gegen die Insolvenzmasse haben[49]: Aus rückständigen Lohn- und Auslagenerstattungsansprüchen aus der Zeit vor dem Insolvenzgeldzeitraum oder weil das Insolvenzgeld nur bis zur Beitragsbemessungsgrenze gezahlt wird. Zum anderen fallen in diese Gruppe Personen, die an Aktienerwerbsprogrammen der Gesellschaft teilgenommen haben. Eine Vielzahl von Führungskräften des Unternehmens hat solche sogenannten stock options. Hierunter fallen nicht nur Arbeitnehmer der AG selbst, sondern auch deren (frühere) Organe und Mitarbeiter von Konzerngesellschaften. Zwar gibt es zugunsten der Begünstigten solcher Aktienoptionen mehrere bedingte Kapitalien i S. d. §§ 192 ff. AktG. Jedoch wirken stock options nicht dinglich, so dass Ansprüche aus stock-option-Vereinbarungen nur schuldrechtliche sind, und, weil vor Insolvenzeröffnung begründet, Insolvenzforderungen begründen. Es bedarf nämlich zum Erwerb der Aktien nicht bloß der Ausübung der Option, sondern es bedarf des Abschlusses eines Zeichnungsvertrags. Und da die Vermögenssphäre der AG betroffen wird, ist nicht die Gesellschaft, vertreten durch Vorstand oder Aufsichtsrat, passiv legitimiert, sondern der Insolvenzverwalter.

Die Gläubiger der Gruppe 3 erhalten Zahlungen in Höhe einer Quote von 10 % der festgestellten Forderungen.

---

47 Ausführlich zur Bestätigung im Fall bedingter Pläne gem. § 249 InsO vgl. RdNr. 12.20 ff.
48 Zur Planerfüllung und Überwachung vgl. RdNr. 18.1 ff.
49 Arbeitnehmerforderungen im Insolvenzplan erläutert RdNr. 7.12.

3.1.4. Die Gläubiger der **Gruppe 4** sind die „normalen" nicht nachrangigen (Klein-) Gläubiger[50]. Hier sind Gläubiger aus Lieferungen und Leistungen ebenso vertreten wie gewöhnliche Schadensersatzforderungen, die Bundesagentur für Arbeit, Finanzämter, der PSVaG[51] etc. Ausgenommen sind lediglich die Forderungen, die einer der anderen drei Gruppen (Nr. 1, 2 und 3) zuzuordnen sind oder die nachrangig sind. Die Gläubiger, soweit bis jetzt bekannt, sind in dem Gläubigerverzeichnis (Anlage 6 zum Plan) im einzelnen bezeichnet.

Der Verfasser macht von der Möglichkeit Gebrauch, von der Sollvorschrift des § 7 Abs. 4 Satz 5 BetrAVG abzuweichen. Nach dieser Vorschrift soll ein Insolvenzplan vorsehen, dass der Arbeitgeber nach einer Frist von drei Jahren die betriebliche Altersvorsorge nach einer Sanierung wieder übernimmt. Die Abweichung ist gerechtfertigt, weil ohne eine solche Entschuldung der Gesellschaft der Insolvenzplan von der Großgläubigerin nicht angenommen würde. Denn das Unternehmen wäre durch die fortbestehenden Pensionslasten gefährdet. Es wird zukünftig einen viel kleineren Zuschnitt haben, als zu den Glanzzeiten am Neuen Markt und bei der Begründung der Pensionszusagen voraussehbar war.

Die Gläubiger der Gruppe 4 erhalten Zahlungen in Höhe einer Quote von 10 % der festgestellten Forderungen.

3.1.5. In dieser **Gruppe 5** sind die **institutionellen fiskalischen Gläubiger**, insbesondere das Finanzamt für Körperschaften I in Musterstadt, enthalten. Diese Gläubiger verzichten auf ihre Insolvenzforderungen und erhalten hierfür eine Quote von 10 % auf alle festgestellten nicht nachrangigen Forderungen.

Das Finanzamt für Körperschaften in Musterstadt, die Gruppe 5, hätte aufgrund § 8 Abs. 1 KStG i.V. m. § 10d Abs. 2 EStG aus einem Sanierungsgewinn aufgrund von Forderungsverzichten der Gläubiger und dem hieraus resultierenden körperschaftsteuerlichen und gewerbesteuerlichen Gewinn trotz Verlustvorträgen die Möglichkeit des Erwerbs einer Masseforderung aus Ertragsteuern[52]. Durch die im gestaltenden Teil enthaltenen, vom Finanzamt im Abstimmungstermin abzugebenden Erklärungen wird klargestellt, dass das Finanzamt auf diese Steuerforderungen in analoger Anwendung des Erlasses des Bundesministeriums der Finanzen vom 27.03.2003 (Bundessteuerblatt I 2003, 240) verzichtet.

Dieser Verzicht setzt – ebenfalls in entsprechender Anwendung des BMF-Schreibens vom 27.03.2003 – eine Minderung der Verlustvorträge auch um den Teil des Sanierungsgewinnes, von dem aufgrund der in § 10 d Abs. 2 EStG geregelten Mindestbesteuerung bestehende Verlustvorträge nicht abzuziehen sind, voraus[53].

Ferner wird die Präsident AG im Rahmen einer Gesamtsanierung des Konzerns teilweise auf Forderungen gegen die Tochtergesellschaften Produktion, Verleih und Medien Limited verzichten. Mit der Tochtergesellschaft Verleih besteht ein körperschaft- und gewerbesteuerliches Organschaftsverhältnis. Aufgrund des Forderungsverzichtes der Präsident AG gegenüber der Verleih entsteht bei der Verleih ein steuerpflichtiger Buchgewinn, soweit sich der Forderungsverzicht auf den nicht werthaltigen Teil bezieht. Dieser Buchgewinn wird im Rahmen des Organschaftsverhältnisses der Präsident AG zugerechnet und führt bei ihr zu einem weiteren steuerpflichtigen Gewinn[54]. Dieser Gewinn ist Bestandteil des Sanierungsgewinnes und unterliegt ebenfalls den im

---

50 Zur Gruppe der Kleingläubiger näher RdNr. 7.17 ff.
51 Zu den Besonderheiten des PSVaG RdNr. 6.56 ff.
52 Zur Problematik der Besteuerung von Sanierungsgewinnen und körperschaftsteuerlichen Besonderheiten des § 8 Abs. 4 KStG näher RdNr. 2.93 ff.
53 Näher zu Inhalt und Rechtsfolgen des Erlasses für die Sanierung vgl. RdNr. 2.93 ff.
54 Zu den konzernsteuerlichen Besonderheiten vgl. RdNr. 2.93 ff.

gestaltenden Teil enthaltenen, im Abstimmungstermin vom Finanzamt abzugebenden Verzichtserklärungen.

3.1.6. Neben der Präsident AG haften der Bank einige in der **Gruppe 6** enthaltenen **Tochtergesellschaften** als Gesamtschuldner. Da der Verzicht der Bank die Töchter nicht notwendig in gleicher Höhe betrifft, besteht für die hierdurch nominell benachteiligten Tochtergesellschaften gem. § 426 BGB gegen die begünstigten Töchter und gegen die AG die Möglichkeit eines Gesamtschuldnerausgleichs. Auf diesen sollen diese Töchter im gestaltenden Teil vorsorglich verzichten, um die Konzernsanierung nicht zu gefährden. Umgekehrt verzichtet auch die Präsident AG vorsorglich auf entsprechende Ansprüche gegen die Töchter.

3.1.7. Schließlich gibt es die **Gruppe 7** der **nachrangigen Gläubiger**, soweit nicht in Gruppe 2 enthalten. Hier gilt die gesetzliche Regelung: Die Gläubiger erhalten keine Quote, § 225 Abs. 1 InsO.

3.2 Änderung der Gläubigerrechte[55]

Der Plan lässt dingliche Rechte der Gläubiger – Aus- und Absonderungsrechte – grundsätzlich unangetastet[56]. Wer als Lieferant Gegenstände unter Eigentumsvorbehalt geliefert hat, kann sie weiterhin aussondern oder, falls die Sachen verbaut, vermischt oder verarbeitet sind, abgesonderte Befriedigung aufgrund verlängerten Eigentumsvorbehalts verlangen. Die bei weitem wichtigsten Absonderungsrechte, die der Bank, werden jedoch abgelöst. Streng genommen wird nicht in sie eingegriffen, sondern sie werden teilweise realisiert. Eingegriffen wird in die Forderung der Bank gegen die Schuldnerin, der die Absonderungsrechte jeweils (quasi) akzessorisch sind[57]. Wie nachfolgend gezeigt wird, erhält die Bank den vollen Verkehrswert ihres Absonderungsrechts vergütet; ein Eingriff in das Absonderungsrecht findet somit nicht statt. Und bis zum Abschluss der Umwandlung des Fremd- in Eigenkapital bleiben vorhandene Absonderungsrechte ohnehin unberührt.

Die Forderungen der Bank werden durch den Insolvenzplan freilich erheblich gekürzt. Neben der Sachkapitalerhöhung durch Forderungseinbringung sieht der Plan im Ergebnis eine Kürzung der Bankforderung von angemeldeten 171 M€ um 163 M€ auf 8 M€ vor. Die Bank wird durch die Zeichnung der Aktien und die Zuteilung weiterer Vermögenswerte, die ich mit 10,5 M€ bewertet habe, gegenüber den anderen Gläubigergruppen nicht besser gestellt, weil darin das Absonderungsrecht fast vollständig aufgeht.

Den geschädigten Aktionären soll eine Quote aus dem freien Vermögen nicht gezahlt werden, weil dies auf eine verbotene Kapitalrückzahlung gem. § 57 AktG hinaus liefe. Diese Vorschrift hindert zwar normalerweise eine Entschädigung der Aktionäre nicht; sie werden aber im Insolvenzverfahren als nachrangige Gläubiger behandelt, § 225 Abs. 1 InsO. Deshalb ist die Verzichtserklärung im gestaltenden Teil für sie zumutbar. Jedoch kann ihnen der Erlös aus etwaigen Ansprüchen zufließen, die der Insolvenzverwalter auch noch nach Planerfüllung gegen potentielle Schädiger dieser Aktionäre oder deren Versicherung durchsetzt. Der Insolvenzverwalter ist hierfür aktivlegitimiert, weil die Aktiengesellschaft neben den Schädigern haftet und der Insolvenzverwalter Freistellung von dieser Haftung verlangen kann. Ein wirtschaftlicher Wert, der anderenfalls anderen Gläubigern zustehen könnte, fließt diesen Aktionären also nicht zu.

---

55 Zur Änderung von Gläubigerrechten, insbesondere zu Eingriffen in Rechte von Sicherungsgläubigern vgl. allgemein RdNr. 6.1 ff.

56 Die Problematik von Eingriffen in Rechte von Aussonderungsgläubigern erläutert RdNr. 6.35 ff.

57 Zum Schutz bevorrechtigter Gläubiger vgl. 13.57 ff.; zur Reichweite von Absonderungsrechten RdNr. 13.75 ff.

Anhang 1   Musterinsolvenzplan „Präsident AG"

Die übrigen nachrangigen Gläubiger fallen, entsprechend der gesetzlichen Regelung, aus. Dies wird als Verzichtserklärung in den gestaltenden Teil aufgenommen.

Alle nicht nachrangigen Gläubiger der Gruppe 3 (Arbeitnehmer sowie die Berechtigten aus stock options) und 4 (sonstige nicht nachrangige Gläubiger) erhalten einheitlich eine Quote von 10 %. Dies ist mehr, als ihnen bei Nicht-Annahme des Planes und der darauf folgenden Zerschlagung des Unternehmens zuflösse.

3.3 Quote bei Zerschlagung[58]

Kein Gläubiger soll durch den Plan schlechter gestellt werden, als er ohne den Plan stünde, vgl. § 251 InsO. Dies wird durch den Verfasser nachgewiesen[59]. Zu diesem Zweck wird nachfolgend die Quote berechnet, die die Gläubiger der Gruppen 3,4 und 5 erhielten, wenn ein Insolvenzplan nicht zustande käme. Für diesen Fall ist von einer Zerschlagung der Präsident AG auszugehen. Weil gleichzeitig dann ein Forderungsverzicht gegenüber den im Insolvenzantragsverfahren befindlichen Tochtergesellschaften nicht mehr zustande kommen wird, ist in diesem Falle ferner von einer Zerschlagung der mithaftenden Töchter auszugehen. Es ist daher eine Quote auf den Zerschlagungswert zu berechnen. Dieser kann, für den konkreten Zerschlagungsfall, nachfolgend bestimmt werden. Der Fortführungswert, den der Verfasser in seinem Ermittlungsbericht und in seinem Bericht zur Gläubigerversammlung gesetzmäßig anzugeben hatte (§ 151 II S. 2 InsO), steht naturgemäß für eine Ausschüttung an die Gläubiger nicht zur Verfügung, sondern stellt eine rechnerische Vergleichsgröße dar.

Der Verwalter geht bei der Berechnung des Fortführungswertes jetzt von der aktuellen Bewertung aus, die die Wirtschaftsprüfungsgesellschaft GUT Wirtschaftsprüfung AG, Musterstadt, in seinem Auftrag und auch zum Zwecke der Vorbereitung der Sachkapitalerhöhung für die DB-Bank vorgenommen hat (Anlage 10). GUT hat die Bewertung basierend auf dem zuletzt testierten Jahresabschluss 2003 (also nach den insolvenzbegründenden Abschreibungen) unter Verkehrswertgesichtspunkten in Abstimmung mit dem Finanzvorstand der AG ermittelt. Der Verwalter hält die Bewertung für richtig.

Nach den früheren Feststellungen des Insolvenzverwalters betragen der Zerschlagungswert (Z) und der Fortführungswert (F) der freien, also nicht durch Aus- bzw. Absonderungsrechte geschmälerten Masse

lt. Eröffnungsgutachten   lt. Bericht zur Gläubigerversammlung

Z= 13,1 M€   Z= 24,8 M€

F= 13,3 M€   F= 26,7 M€

Die freie Masse besteht gemäß Ermittlungsbericht z. T aus Guthaben auf den eingefrorenen Konten, die allerdings nur zu einem geringen Teil, Einzahlungen in den letzten drei Monaten vor Insolvenzantrag enthalten (vgl. §§ 130, 131 InsO). Die Werterhöhung im Bericht zur Gläubigerversammlung resultiert aus der Neubewertung der Beteiligung an der Filmix GmbH durch die GUT anlässlich der Gesellschafterversammlung bei Filmix am 20.08., die den Ausschluss der Präsident AG beschlossen hat, wogegen der Verwalter Anfechtungsklage erheben wird. Ohne dass es hierüber eine Vereinbarung gäbe, hat der Verwalter ferner zugunsten der Masse unterstellt, dass es gelänge, bei der Verwertung des größten Wertpostens, der verpfändeten Geschäftsanteile, einen Feststellungskostenbeitrag analog § 171 Abs. 1 InsO zu verhandeln, obschon das Verwertungsrecht nicht beim

---

58 Zum Minderheitenschutz gem. § 251 InsO und zur gerichtlichen Prognose vgl. RdNr. 15.1 ff.
59 Der Nachweis erfolgt mittels eines durch Sachverständigengutachten belegten Vergleichs mit dem Zerschlagungsfall, vgl. auch RdNr. 15.19.

Verwalter, sondern bei der Pfandgläubigerin liegt. Der Verwalter hat dabei unterstellt, dass die Verpfändung der Anteile wirksam und unanfechtbar ist.

Hat der Ausschluss bei der Filmix keinen Bestand, so ist das von der GUT ermittelte Abfindungsguthaben fraglich und es kommt stattdessen lediglich zu einer Veräußerung des X-Anteils, der vinkuliert ist. Zur Berechnung der Quote ist von dem niedrigeren Wert der X-Beteiligung auszugehen, den GUT auf 8,5 M€ schätzt. Einen Käufer gibt es derzeit nur für 4,5 M€, eine Veräußerung wird sonst nur im Streit mit den Mitgesellschaftern durchgeführt werden können. Ferner wurden die Bankguthaben nicht von der Bank freigegeben, obwohl der Verwalter die Bank mehrmals dazu aufgefordert hat. Die Bank wird nur durch Rechtsstreit gezwungen werden können, auf die eingefrorenen Gelder zu verzichten, so dass auch die angegebenen 5 M€ vorläufig nicht für eine Verteilung unter die Gläubiger zur Verfügung stehen. Diesbezüglich sind bei einer Insolvenz der Töchter deren Einzahlungen, aus denen die Guthaben im wesentlichen bestehen, als Rückzahlung kapitalersetzender Gesellschafterdarlehen anzusehen, die nach Verfahrenseröffnung bei den Töchtern an diese gem. §§ 135, 143 InsO zurückgezahlt werden müssten; keine freie Masse also im Zerschlagungsfall.

Für die Vergleichsberechnung der Quote im Zerschlagungsfall ist davon auszugehen, dass der wesentliche Beteiligungsbesitz, die Tochtergesellschaften Produktion, Verleih, Connex und Medien Limited ebenfalls insolvent werden. Da in den dort zu eröffnenden Insolvenzverfahren keine Quote auf nachrangige Forderungen wird gezahlt werden können, verbleibt für die Gesellschafterin Präsident kein Überschuss.

Die zu erwartende Quote lässt sich demnach wie folgt ermitteln:

Die Vermögenslage der Präsident AG, aus deren Verwertung die Quote gespeist wird, lässt sich – entsprechend der Darstellung im Bericht zur Gläubigerversammlung – in 5 Positionen unterteilen: die vorhandenen Bankkonten (1), die Betriebs- und Geschäftsausstattung (2), die verpfändeten Beteiligungen (3), unverpfändete Beteiligungen (4) sowie die Außenstände (5). Die derzeitigen Werte für eine Berechnung der Zerschlagungsquote sind im folgenden dargestellt. Danach ergibt sich:

M€	M€
(1) Konten bei der B-Bank	0,0
(2) Geschäftsausstattung	0,1
(3) verpfändete Anteile/Rechte Produktion 0,– Verleih 0,– Connex 0,- Medien Limited 0,– USA 4,1 Kinobetrieb 3,– Darlehen Kinobetrieb 0,9 Summe 8,0 Davon 4 % (Absonderungszahlungen mithin 7,7 M€)	0,32

(4) unverpfändete Anteile	
FILMIX	8,5
X-AG	1,5
MR BROWN	0,25
(5) Forderungen	
M	0
FFILM	2,5
EUROPA-VERLAG	0,13
Summe	13,3

Diese Aufstellung ist, bezogen auf den Zerschlagungsfall, für die Gläubiger günstig. Unberücksichtigt bleibt darin nämlich

- dass, fällt auch nur einer der zu führenden Prozesse negativ aus, die Masse erheblich geschmälert wird und stattdessen Kosten entstehen;
- dass es zu einer Verwertung und Verteilung erst nach rechtskräftigem Abschluss der Rechtsstreite, frühestens also in ca. 2 – 4 Jahren, kommen kann
- dass es keine Vereinbarung über eine Kostenpauschale i.H.v. 4 % gibt
- dass das derzeitige Gebot für Filmix bei 4,5 M€ liegt.

Von der freien Masse sind die Massekosten und Masseverbindlichkeiten abzuziehen. Jene betragen gemäß Ermittlungsbericht ca. 2 M€, diese sind ca. 1 M€ schließungsbedingte Zusatzkosten. Wegen der Berechnung der Massekosten im einzelnen wird auf das Sachverständigengutachten (Anlage 4) verwiesen. Die angemeldeten Forderungen einschließlich der Absonderungsrechte und bereinigt um die angemeldete Parallelschuld gegenüber der Bank betragen rund 179 M€. Im Zerschlagungsfall ergeben sich schließungsbedingte Insolvenzforderungen in Höhe von ca. 2 M€ (Schadensersatzansprüche des Vermieters oder gekündigter Arbeitnehmer etc.); überschlägig geschätzt.

Die Masse beträgt demnach	13,30 M€
zuzügl. den vorhandenen Kontenbestand von	0,85 M€
abzügl. geschätzter Massekosten	2,00 M€
abzügl. auflaufender Masseschulden	1,00 M€
	11,15 M€

so ergibt sich bei vorhandenen Verbindlichkeiten (ohne Absonderung) von ca.	179,00 M€
abzgl. der an die Bank auszukehrenden Absonderungserlöse (vgl. (3)) i. H. v. ca	7,70 M€
zuzügl. entstehender Verbindlichkeiten	2,00 M€
	173,30 M€

eine Insolvenzquote von ca. 6,43 % für den Zerschlagungsfall, die aber erst in mehreren Jahren gezahlt werden könnte, wenn der Insolvenzverwalter alle Prozesse gewinnt.

Der Verwalter hat bisher nicht abschließend geprüft, ob die Absonderungsrechte der Bank rechtlich wirksam bestellt und insolvenzrechtlich unanfechtbar sind[60]. Gewisse Zweifel ergeben sich, weil zu den Sicherungsrechten solche gehören, die am sogenannten Rechtestock begründet wurden, obwohl

---

60 Zur Befriedigung absonderungsberechtigter Gläubiger vgl. RdNr. 13.56.

sich dieser rechtlich wohl nicht übereignen ließ; diese Zweifel betreffen allerdings die Absonderungsrechte am Vermögen der Töchter. Hinsichtlich der für die Präsident AG maßgeblichen Sicherungsrechte an den Tochtergesellschaften bestehen handgreifliche Zweifel an der Verpfändung nicht, die auch in formeller Hinsicht in Ordnung ist. Derzeit werden durchgreifende Bedenken gegen die Sicherheiten der Bank nicht geltend gemacht. Für den Fall, dass einzelne Gläubiger aber von einer Anfechtbarkeit oder Unwirksamkeit der Sicherheiten ausgehen wollen, ergibt sich aus der vorstehenden Berechnung, dass die nicht nachrangigen Gläubiger auch in diesem Falle durch den Plan nicht schlechter gestellt werden, als sie ohne einen Plan stünden. Geht man von den obigen Zahlen aus, so ergibt sich:

Bestünde das Absonderungsrecht der Bank nicht oder wäre es anfechtbar, so erhöhte sich

die freie Verteilungsmasse von   11,15 M€

um den nicht an die Bank auszukehrenden Betrag von   7,7 M€

auf   18,85 M€.

Entsprechend erhöhte sich die Summe der Verbindlichkeiten wieder auf   181,0 M€

so dass in diesem Fall die rechnerische Quote zwar 10,41 % betrüge. Da diese Quote wegen der genannten Risiken aber unwahrscheinlich ist und erst in mehreren Jahren gezahlt werden könnte, müsste sie abgezinst und um einem Sicherheitsabschlag gekürzt werden, so dass die Plangläubiger im Ergebnis mit der nahezu sofortigen Quote von 10 % wirtschaftlich durch den Plan auch nach diesem, allerdings sehr unwahrscheinlichen Szenario, jedenfalls nicht schlechter gestellt werden.

Die Quote fixiert der Verfasser auf 10 %, um eine mindestens geringfügige Besserstellung der Insolvenzgläubiger durch den Plan gegenüber der Zerschlagungsvariante zu erreichen.

3.4 Planerfüllung[61]

Die Schuldnerin wird voraussichtlich in der Lage sein, die Verpflichtungen aus dem Insolvenzplan zu erfüllen. Gegenüber den Nachranggruppen 2 und 7 bedarf dies keiner Begründung, da diesen Gruppen nichts bzw. nur das zufließt, was außerhalb des Insolvenzverfahrens von potentiellen Schädigern erstritten wird. Gegenüber den Gruppen nicht nachrangiger Gläubiger, die zur Zeit knapp 10 M€ zur Insolvenztabelle angemeldet haben, führt eine 10%-ige Quote im Feststellungsfall zu einer Zahlung von max. 1 M€ – wenn alle bisherigen Anmeldungen festgestellt wurden – innerhalb der im gestaltenden Teil genannten Fristen nach Eintritt der Bedingungen. Die Zahlung dieser Quote ist aus der laufenden Liquidität und dem nach Aufhebung des Insolvenzverfahrens freien Vermögen der Gemeinschuldnerin unproblematisch möglich. Es wird auf die Anlage 1 verwiesen, dessen Plan- Vermögensstatus für das Geschäftsjahr 2004 die Zahlung der 10 %-igen Quote für die nicht nachrangigen Gläubiger bereits beinhaltet.

Gegenüber der absonderungsberechtigten Bank ist die Planerfüllung ohnehin gewährleistet, weil die der Bank zu übertragenden Vermögenswerte vorhanden sind und nur zediert werden müssen und lediglich eine Verzinsung des restlichen Fremdkapitals bis zum Abschluss der Sachkapitalerhöhung gewährleistet werden muss. Diese ist in der Unternehmensplanung, gerechnet nach den derzeitigen Konditionen des Kreditvertrags (vgl. Anlage 5), enthalten. Das Unternehmen wird aus dem laufenden cash-flow seine Kreditzinsen für den Fall bezahlen können, dass es bis zur Aufhebung des Insolvenzverfahrens keine völlige Entschuldung gibt.

Die Anlage 1 ist vom Finanzvorstand der Gesellschaft, Herrn C., gerechnet und vom Unterzeichner geprüft worden. Auch die Finanzplanung ist angesichts des übersichtlichen Geschäftsumfangs aus

---

61 Ausführlich zur Planerfüllung RdNr. 18.1 ff.

sich heraus verständlich und plausibel. Sie setzt auf dem Abschluss des Unternehmens zum 31.12.2003 auf, der vom von der Hauptversammlung bestellten Wirtschaftsprüfer (SCHNELL, später GUT) testiert wurde.

Die im gestaltenden Teil enthaltenen Fristen und die Bedingung gewährleisten, dass es nicht zu einer Aufhebung des Insolvenzverfahrens kommt, bevor die Planerfüllung endgültig feststeht. Bis dahin ist es jederzeit möglich, das Scheitern des Plans zu erklären und den Gläubigern die Zerschlagungsquoten zu sichern. Dem Gläubigerschutz ist also ausreichend Rechnung getragen.

II. Gestaltender Teil[62]

1. Änderungen der Rechte je Gruppe (§§ 223 – 225 InsO)[63]

a) Gruppe 1 – Bankenpool: B-Bank, C-Bank, S-Bank, D-Bank, NL-Bank (zukünftig DB-Bank, Filiale London)

aa) Die Gläubiger der Gruppe 1 erklären[64]:

(1) Wir verzichten auf sämtliche Forderungen gegen die Präsident Film Produktion GmbH, Präsident Film Verleih GmbH, Connex Film Vertriebs GmbH, alle Musterstadt, und die Medien Limited, Irland[65].

(2) Ferner verzichten wir gegenüber der Präsident AG auf eine Teilforderung aus dem Konsortialkreditvertrag vom 20.12.2001/18.01.2002/02.07.2003 („der Konsortialkredit-vertrag") in Höhe von 10 M€ („Teilforderung 1") gegen Besserungsschein[66].

(3) Eine Teilforderung aus dem Konsortialkreditvertrag von 7,8 M€ gegen die Präsident AG („Teilforderung 2") bleibt zu den bisherigen Bedingungen aufrechterhalten.

(4) Soweit die den Betrag der Teilforderungen 1 und 2 übersteigenden Forderungen nicht durch Einbringung im Zusammenhang mit einer von uns durchzuführenden Zeichnung von jungen Aktien der AG im Rahmen einer Sachkapitalerhöhung der AG erlöschen, verzichten wir auf diese.

(5) Wir erklären: Der Konsortialkredit bleibt für die bestehen bleibenden Teilforderungen 1 und 2 sowie für die als Sacheinlage vorgesehene Teilforderung vertragliche Grundlage. Die zwischenzeitlich erklärten Kündigungen nehmen wir zurück. Ferner verzichten wir auf das Recht, den Konsortialkreditvertrag vor dem 31.12.2005 ordentlich zu kündigen.

bb) Der Insolvenzverwalter tritt den Gläubigern der Gruppe 1 folgende Rechte und Ansprüche ab[67]:

– den Erlös, der entstehen wird aus der Veräußerung folgender Aktien: die auf dem Depot Nr. 111 bei der S-Bank befindlichen 2.965.210 Stück und bei der X – Bank München, Depot Nr. 222 befindlichen 36.000 Stück nennwertloser Stückaktien der Kinobetrieb AG Hamburg, sowie

---

62 Der gestaltende Teil des Insolvenzplans sieht die im darstellenden Teil vorgeschlagenen rechtlichen Sanierungsmaßnahmen vor, vgl. RdNr. 5.13 ff.

63 Einen Überblick über die einzelnen Bestandteile sowie die gesetzlichen Einzelvorgaben zum gestaltenden Teil gibt RdNr. 5.63 ff.

64 Bei der Erklärung der Gläubiger handelt es sich um Willenserklärungen, die einen Schulderlaß, eine Schuldstundung oder eine Begründung, Änderung oder Aufhebung ihrer Rechte beinhalten, näher RdNr. 5.63 ff.

65 Schulderlass und Stundungen der Gläubiger sind im gestaltenden Teil des Insolvenzplans zu nennen und präzise zu formulieren, vgl. RdNr. 5.67.

66 Zum Forderungsverzicht gegen Besserungsschein näher RdNr. 2.112 ff.

67 Der gestaltende Teil des Insolvenzplans kann Willenserklärungen des Insolvenzverwalters enthalten, vgl. RdNr. 5.70a.

Darlehensansprüche der Präsident AG gegenüber der Kinobetrieb AG; die DB-Bank wird hiermit unwiderruflich bevollmächtigt, die vorgenannten Aktien zu veräußern und in diesem Zusammenhang alle erforderlichen oder zweckmäßigen Willenserklärungen abzugeben, sowie den Erlös einzuziehen;

– alle Forderungen gegen Harro M u. a., Hamburg, aus dem Mahnverfahren XXX des AG Wedding vom 10.04.2002;

– alle Ansprüche aus dem Rechtsstreit der Präsident AG und der Medien Limited gegen FFilm Ltd. am Supreme Court of England and Wales, London, High Court of Justice, Claim-No. HQ111

Der Insolvenzverwalter bietet hiermit ferner unwiderruflich der DB-Bank oder einem von dieser zu benennenden natürlichen oder juristischen Person an, zu übertragen oder abzutreten: den Geschäftsanteil von € 25.000,00 an der Präsident US Holding GmbH, Musterstadt, eingetragen im Handelsregister des Amtsgerichts Musterstadt HRB 333, sowie sämtliche Forderungen der Präsident AG gegen die Präsident International Incorporated Los Angeles, USA.

Mitübertragen und abgetreten sind bzw. werden sämtliche Nebenansprüche, gleich aus welchem Rechtsgrund.

b) Gruppe 2 – geschädigte Aktionäre

Die Gläubiger der Gruppe 2 erklären: Wir verzichten auf Ansprüche gegen die Präsident AG, soweit sich diese daraus ergeben könnten, dass wir im Zusammenhang mit Tätigkeiten oder Äußerungen von Organen oder Beauftragten der Präsident AG Aktien der Präsident AG erworben und dadurch einen Schaden erlitten haben.

Die Vorstände der Präsident AG und der Insolvenzverwalter erklären: Der Insolvenzverwalter wird beauftragt und bevollmächtigt, auch über die Dauer des Insolvenzverfahrens und der Phase der Planerfüllungsüberwachung hinaus Ansprüche gegen Personen (außer der Präsident AG oder mit ihr verbundenen Unternehmen) durchzusetzen, die für den Schaden der Aktionäre der Gruppe 2 verantwortlich sein könnten oder hierfür Versicherungsschutz leisten müssen. Von den beigetriebenen Geldern sind zunächst alle erforderlichen oder nützlichen Aufwendungen, insbesondere die Kosten der Rechtsverfolgung zu bestreiten. Der Insolvenzverwalter wird beauftragt und bevollmächtigt, überschießende Beträge an die Gläubiger der Gruppe 2 gleichmäßig zu verteilen, bis der volle Betrag ihrer Forderungen, soweit nicht wiederum (Gruppe 5) nachrangig, erreicht ist; ein überschießender Restbetrag steht der Präsident AG zu. Die Kosten der Rechtsverfolgung sowie die Aufwendungen, wenn Ersatz nicht erlangt werden kann, trägt die Präsident AG.

c) Gruppe 3 – Arbeitnehmer und Optionsberechtigte

Die Mitglieder der Gruppe 3, also die Arbeitnehmer und (frühere) Organe der Präsident AG sowie alle Personen, die vor Abstimmungstermin begründete (bestehende, zukünftige oder andere) Ansprüche auf Zuteilung von Aktien der Präsident AG haben, erklären: Wir verzichten auf unsere Forderungen gegen die Präsident AG einschließlich unserer Optionen gegen Besserungsschein[68].

Die Gläubiger der Gruppe 3 erhalten für diesen Verzicht eine Quote von 10 % auf alle festgestellten oder festzustellenden Forderungen, soweit nicht nachrangig.

d) Gruppe 4 – sonstige nicht nachrangige Gläubiger

Die Gläubiger der Gruppe 4, sonstige nicht nachrangige Gläubiger, erklären: Wir verzichten auf alle Forderungen und Ansprüche gegen die Präsident AG gegen Besserungsschein.

Die Gläubiger der Gruppe 4 erhalten für den Verzicht auf ihre Forderungen eine Quote von 10 % auf ihre festgestellten oder festzustellenden nicht nachrangigen Forderungen.

---

68 Hierzu RdNr. 2.112 ff.

e) Gruppe 5 institutionelle fiskalische Gläubiger

Das Finanzamt für Körperschaften I in Musterstadt, erklärt: Für den Fall von Forderungsverzichten

(a) durch Gläubiger der Gruppen 1 bis 7 und

(b) der Präsident AG gegenüber der Verleih

und eines sich hieraus ergebenden körperschaftsteuerlichen und gewerbesteuerlichen Sanierungs-gewinnes der Gesellschaft erklären wir unter entsprechender Anwendung des Erlasses des Bundesministeriums der Finanzen vom 27.03.2003 (Bundessteuerblatt I, 2003, 240)[69]:

Die Körperschaftsteuer und Gewerbesteuer (Ertragsteuern), die aufgrund der (Mindest-)Be-steuerung des Sanierungsgewinnes entstehen, behandeln wir als Insolvenzforderung. Auf diese Ertragsteuern verzichten wir unter den Voraussetzungen des BMF-Schreibens vom 27.03.2003. Dies bedeutet insbesondere, dass der Sanierungsgewinn vorhandene Verlustvorträge unbeschadet der Verrechnungsbeschränkungen von § 8 Abs. 1 KStG i.V.m. § 10 d Abs. 2 EStG mindert. Die Verlustvorträge sind entsprechend gemindert festzustellen. Die Vorstände der Präsident AG und der Insolvenzverwalter erklären: Der Betrag des Sanierungsgewinnes, von dem aufgrund der in § 10 d Abs. 2 EStG geregelten Mindestbesteuerung bestehende Verlustvorträge nicht abzuziehen sind, mindert hiervon abweichend die steuerlichen Verlustvorträge. Wir verzichten insoweit bereits jetzt auf Einwendungen gegen eine Feststellung von entsprechend geminderten Verlustvorträgen[70].

Für die sonstigen Forderungen institutioneller Gläubiger gilt: Die Gläubiger verzichten auf ihre Forderungen gegen die Präsident AG. Hierfür erhalten sie eine Quote von 10 % auf ihre fest-gestellten oder festzustellenden nicht nachrangigen Forderungen.

f) Gruppe 6 – Tochtergesellschaften

Die im Organigramm – oben Seite 3, Darstellender Teil 1.3 – erwähnten mithaftenden Gesell-schaften, an denen die Präsident AG direkt oder mittelbar beteiligt ist, erklären: Wir verzichten auf unsere Forderungen gegen die Präsident AG sowie gegenüber dieser und den jeweils anderen Tochtergesellschaften auf solche Forderungen, die durch die Mithaftung nach § 426 BGB, diesen Plan und seine Durchführung entstehen. Die Präsident AG verzichtet gleichermaßen auf einen entsprechenden Gesamtschuldenausgleich.

g) Gruppe 7 – nachrangige Gläubiger

Die Gläubiger der Gruppe 7, alle nachrangigen Gläubiger, soweit nicht in Gruppe 2 enthalten, erklären: Wir verzichten auf unsere Forderung gegen die Präsident AG.

h) Soweit in diesem gestaltenden Teil Zahlungen vorgesehen sind, erfolgen diese einen Monat nach Eintritt der Rechtskraft des Beschlusses, mit dem das Insolvenzgericht den Insolvenzplan bestätigt und einen Monat nach Eintritt der Bedingung gemäß II/2.

2. Bedingung[71]

Der Plan steht unter folgender aufschiebender Bedingung:

Eine Kapitalerhöhung der Präsident AG um mindestens 17 M€

– unter Ausnutzung des genehmigten Kapitals i.H.v. 17 M€ vom 14. Juni 2000
– oder unter wenigstens teilweiser Ausnutzung des Beschlusses der außerordentlichen Hauptver-sammlung vom 17. Juni 2004
– oder eines von der ordentlichen Hauptversammlung des Jahres 2004 noch zu fassenden Beschlusses

---

69 Zu diesem BMF-Erlass vgl. 2.93 ff.
70 Zu derartigen und anderen steuerlichen Gestaltungsmöglichkeiten im Insolvenzplan sei auf RdNr. 2.93 ff. verwiesen.
71 Zur Bestätigung des Plans im Fall der Vereinbarung einer Bedingung vgl. RdNr. 12.20 f.

bei der die Bank und/oder von ihr zu bestimmende Dritte die jungen Aktien übernommen haben, wurde in das Handelsregister eingetragen.

Bestandteil der Bedingung ist,

- dass die Übernahme der Aktien kartellrechtlich genehmigt bzw. nicht untersagt wird,
- eine Ausnahmegenehmigung i S. d. § 37 WpÜG gewährt wird
- und die am 17. Juni von der Hauptversammlung beschlossene Barkapitalerhöhung nicht ohne Zustimmung der DB-Bank durchgeführt wird.

Die DB-Bank, Filiale London, ist berechtigt, auf die Bedingung zu verzichten, die dann als eingetreten gilt. Der Insolvenzverwalter oder die DB-Bank teilen den Eintritt der Bedingung unter Vorlage geeigneter Unterlagen dem Amtsgericht mit. Die Bedingung gilt als endgültig ausgefallen, wenn der Insolvenzverwalter den endgültigen Ausfall dem Insolvenzgericht mitteilt, es sei denn, dass die DB-Bank innerhalb eines Monats nach Kenntnis von dieser Mitteilung auf die Bedingung verzichtet. Der Insolvenzverwalter kann eine solche Erklärung ohne Zustimmung der Bank nicht vor dem 31.01.2005 abgeben.

3. Besserungsschein[72]

Dieser Verzicht erfolgt jeweils unter der auflösenden Bedingung, dass bei ggf. teilweiser Befriedigung der Forderungen einschließlich der Zinsen und Kosten während des Verzichts keine Gefährdung der Ansprüche der anderen, insbesondere der neuer Gläubiger, eintritt, das heißt, die Gläubiger können eine Begleichung der Forderungen nur aus zukünftigen Jahresüberschüssen oder sonstigen künftigen Aktivvermögen, das die Verbindlichkeiten übersteigt, verlangen. Die Gläubiger können die Begleichung der Forderungen im Falle einer Liquidation, einer Insolvenz oder einer sonstigen Beendigung der Schuldnerin nur verlangen, wenn sämtliche übrigen, insbesondere die neuen Gläubiger, der Präsident AG befriedigt sind. Bei Eintritt des Besserungsfalles sind die vertraglichen oder gesetzlichen zwischen Wirksamwerden dieses Planes und Eintritt des Besserungsfalles angefallenen Zinsen ebenfalls zu zahlen. Eine Befriedigung ist ausgeschlossen, soweit der Besserungsfall nicht innerhalb von 5 Jahren seit Rechtskraft der Bestätigung des Planes eingetreten ist.

4. Planüberwachung[73]

Es wird die Überwachung der Planerfüllung angeordnet, § 260 Abs. 1 InsO. Die Planüberwachung dauert abweichend von § 268 Abs. 1 Nr. 2 InsO bis zur endgültigen Befriedigung aller Ansprüche der Gläubiger aus diesem Plan, insbesondere der Gläubiger der Gruppe 2.

Musterstadt, den 09. September 2004

Reiner Schulz

Rechtsanwalt als Insolvenzverwalter

III. Plananlagen

---

72 Näher zu Arten und Inhalt des Forderungsverzichts gegen Besserungsschein siehe RdNr. 2.112 ff.
73 Ausführlich zur Aufhebung des Insolvenzverfahrens sowie zur Planüberwachung, insbesondere zur Funktion des Sachwalters, siehe RdNr. 17.1 ff. und 18.1 ff.

Anhang 1   Musterinsolvenzplan „Präsident AG"

Präsident AG

Amtsgericht Musterstadt

Insolvenzverwalter Rechtsanwalt Reiner Schulz, Musterstadt

IV. Zusammenfassung des wesentlichen Inhalts (§ 235 InsO) des Insolvenzplanes vom 10.08.2004 in der Fassung vom 23.08.2004[74]

Der Insolvenzverwalter der Präsident AG legt im Auftrag der Gläubigerversammlung vom 24. Juni 2004 einen Insolvenzplan vor, der zur Vollbeendigung des Insolvenzverfahrens und der Fortführung der AG führen soll. Die Gemeinschuldnerin ist eine Holdinggesellschaft; ihre Tochtergesellschaften befinden sich derzeit (noch) nicht im Insolvenzverfahren. Durch die Sanierung der AG sollen die Insolvenzen bei den Töchtern vermieden werden. Das Vermögen der AG besteht, neben einigen Außenständen, aus Beteiligungsbesitz, der im Falle einer Gesamtzerschlagung wertlos wäre. Die Geschäftsanteile sind einem Bankenpool (entspricht der Gläubigergruppe 1) verpfändet. Das wesentliche Vermögen des Konzerns besteht aus selbstgeschaffenen oder erworbenen Filmrechten, also Urheberrechten oder Lizenzen, die (entgegen landläufiger Meinung) in einem Insolvenzverfahren kaum übertragen werden können, sondern möglicherweise wertlos sind.

Deshalb wird kein Gläubiger durch den Plan schlechter gestellt, als er ohne den Plan stünde. Im Zerschlagungsfall ist nämlich davon auszugehen, dass verteilungsfähiges Vermögen kaum, jedenfalls nicht kurzfristig zur Verfügung gestellt werden kann.

Der im Jahr 1979 gegründete Filmkonzern ist operativ gesund, seine Produktions- und Verleihfirmen haben ein positives Betriebsergebnis erzielt, in der Branche einen hervorragenden Ruf und Beziehungen zu den Filmförderanstalten des Bundes und der Länder, ohne die in Deutschland Filmproduktion unmöglich ist. Dies lässt sich nicht zerschlagend oder übertragend sanieren. Die Insolvenz rührt aus fehlgeschlagenen Spekulationen, Rechtekäufen und Beteiligungsinvestitionen in den Jahren 2000 bis 2002 her. Die Präsident AG war eine der Stars des NEMAX 50 und erhielt in den genannten Jahren vom Kapitalmarkt und dem Bankenkonsortium rd. 370 M€ zum Erwerb von Rechten, dem Abschluss von output-deals und dem Ankauf von Tochtergesellschaften. Als diese Investments wertberichtigt werden mussten, trat Überschuldung ein. Der Insolvenzplan sieht deswegen vor, dass die Banken ihre Forderungen im wesentlichen als Grundkapital einbringen. Zusätzlich erhalten sie einige nicht betriebsnotwendige Vermögensgegenstände zur Verwertung: zwei Schadensersatzforderungen, die amerikanische Filmproduktionstochter sowie die Beteiligung an der Kinobetrieb AG im geschätzten Wert von insgesamt ca. 10,5 M€; ferner wird die restliche Forderung der Bank unter entsprechender Fortsetzung des Kreditverhältnisses auf 7,9 M€ gesenkt. Derzeit beträgt der gesamte Kreditsaldo ca. 170 M€, gegenüber weniger als 10 M€ Forderungen übriger Gläubiger. Der Plan steht insbesondere unter der Bedingung, dass die Kapitalerhöhung zugunsten der Bank oder eines von ihr zu bestimmenden Dritten eingetragen wird.

Der Plan sieht sieben Gruppen vor, deren Zustimmung für die Planannahme erforderlich ist:

---

74 Näher zum Inhalt und Nutzen sowie zur äußeren Gestaltung der wesentlichen Zusammenfassung i S. d. § 235 Abs. 3 S. 2 InsO vgl. RdNr. 11.15 ff.

Gruppe 1
Bankenpool, bestehend aus B-Bank, C-Bank,S-Bank, D-Bank, N-Bank, zukünftig: DB-Bank, Filiale London, die den Poolbanken soeben deren Forderungen und Rechte abkauft. Diese verzichten auf ihre Forderungen gegenüber den Töchtern Produktion, Film Verleih und Connex und bringen ihre Forderungen gegenüber der AG, soweit diese Forderungen 7,9 M€ übersteigen, als Grundkapital (Sacheinlage) ein. Der Bankenpool/die Bank erhält daneben Vermögenswerte i.W.v. rd. 10,5 M€ sowie einen Besserungsschein über eine Teilquote.

Gruppe 2
Geschädigte Aktionäre: Sollten Aktionäre Schadensersatzansprüche gegen die Gesellschaft selbst geltend machen, weil sie durch Organe oder Beauftragte in vorwerfbarer Weise zum Erwerb von Aktien bestimmt worden sind, so werden sie als nachrangige Gläubiger behandelt, erhalten also nichts; ihnen stehen allerdings die Beträge zu, die die Gesellschaft während und nach dem Insolvenzverfahren gegen mögliche Schädiger erstreitet, bis zur vollständigen Befriedigung ihrer Forderungen.

Gruppe 3
Arbeitnehmer und/oder Inhaber sogenannter stock options (Aktienerwerbsoptionen) erhalten einen Monat nach Rechtskraft des Beschlusses, mit dem das Amtsgericht Musterstadt die Bestätigung des Insolvenzplans beschließt, eine Quote von 10 % auf alle festgestellten Forderungen.

Gruppe 4
Sonstige Gläubiger: Hier sind alle übrigen nicht nachrangigen Gläubiger erfasst, auch sie erhalten eine Quote von 10 % auf alle festgestellten Forderungen, zahlbar einen Monat nach Rechtskraft des Bestätigungsbeschlusses.

Gruppe 5
Institutionelle fiskalische Gläubiger: Diese verzichten gemäß dem Erlass des Bundesministeriums der Finanzen vom 27.03.2003 (Bundessteuerblatt I, 2003, 240) auf alle eventuellen Ertragssteuern aus dem Sanierungsgewinn, der insgesamt mit den bestehenden Verlustvorträgen verrechnet wird und erhalten für ihre übrigen Forderungen ebenfalls 10 % Quote, zahlbar einen Monat nach Rechtskraft des Bestätigungsbeschlusses.

Gruppe 6
Mithaftende Tochtergesellschaften der AG verzichten auf ihre Forderungen gegenüber der AG sowie gegenüber anderen Tochtergesellschaften, soweit Forderungen durch Mithaft als Gesamtschuldner durch diesen Plan und seine Durchführung entstehen; auf einen Gesamtschadensausgleich wird allseits – auch seitens der AG gegen Tochtergesellschaften – verzichtet.

Gruppe 7
Alle nachrangigen Gläubiger, soweit nicht bereits in Gruppe 2 erfasst: Sie erhalten, entsprechend der gesetzlichen Regelung, keine Quote.

Die Gesellschaft ist nach den Berechnungen des Finanzvorstands und der Liquiditätsplanung des Verwalters in der Lage, die Quoten an die Gläubiger aus dem laufenden cash flow bis zum Jahresende zu zahlen. Der Insolvenzverwalter soll die Erfüllung des Insolvenzplans überwachen und zugleich Schadensersatzansprüche gegen eventuelle Schädiger durchsetzen. Die Aktionäre haben in der Hauptversammlung vom 17. Juni 2004 einen Kapitalschnitt beschlossen und zugleich einen Fortführungsbeschluss gefasst, so dass der Fortsetzung der AG bei Annahme des Insolvenzplans und Durchführung der Kapitalerhöhung nichts im Wege steht.

Musterstadt, 09.09.2004

gez. Schulz

Rechtsanwalt

als Insolvenzverwalter

Anhang 2: Musterinsolvenzplan „Star Radio GmbH"

Star Radio GmbH

Insolvenzverfahren

Amtsgericht Charlottenburg 122 IN 4999/03

Insolvenzplan

Planverfasser[1]: RA

            als Insolvenzverwalter

            Kurfürstendamm

            11111 Musterstadt

Datum: Berlin, 27.01.2004

Inhaltsverzeichnis[2]:

---

1 Zur Planvorlageberechtigung, insbesondere zur Planvorlagebefugnis des Insolvenzverwalters näher RdNr. 3.1 ff.

2 Das Inhaltsverzeichnis kann auch als „Plangliederung" bezeichnet werden. Zu den Bestandteilen eines Insolvenzplans vgl. RdNr. 5.1 ff.

3 Den Inhalt des darstellenden Teils erläutern ausführlich die RdNr. 5.13 ff.

4 Die Darstellung der Lage des Unternehmens sehen die Anforderungen des IDW-Standards vor, vgl. RdNr. 5.14 f.

5 Funktion und Maßstäbe der Gruppenbildung erläutern ausführlich RdNr. 7.1 ff.

6 Zu den gesetzlichen Einzelvorgaben des gestaltenden Teils sei auf RdNr. 5.63 ff. verwiesen.

A. Darstellender Teil[7]

I. Überblick[8]

Der Insolvenzverwalter der Star Radio GmbH legt zum Erörterungstermin diesen Insolvenzplan vor. Er beruht auf der Annahme, dass der Geschäftsbetrieb der Schuldnerin auf Dauer mit Ertrag wirtschaften kann. Auf Einnahmenseite wurde nach Verfahrenseröffnung ein Geschäftsbesorgungsvertrag mit der Firma Radio Harmonie GmbH, einem Tochterunternehmen desjenigen Unternehmens, das den Radiosender „Radio Harmonie" betreibt, geschlossen, der vorsieht, dass dieses Unternehmen die gesamte Abwicklung des Werbezeitenverkaufs (national und international) für die Schuldnerin übernimmt. Dabei werden Mindesterlöse garantiert. Nach Verfahrenseröffnung wurde die Vereinbarung neugefasst, um den Anforderungen der Landesmedienanstalt Rechnung zu tragen.

Zur anteiligen Befriedigung der Gläubiger wurde von dritter Seite ein Betrag in Höhe von 100.000,00 € zur Befriedigung im Wege eines Planverfahrens zur Verfügung gestellt. Dieser Betrag wurde bereits auf ein durch einen Sozius des Unterzeichners eingerichtetes Treuhandkonto eingezahlt. Er steht zur Gläubigerbefriedigung nur im Falle der erfolgreichen Durchführung eines Insolvenzplanverfahrens zur Verfügung und wird im folgenden auch als „Plansonderkonto" bezeichnet.

Die Geschäftsführung der Schuldnerin hatte nach Insolvenzantragstellung bereits unmittelbar selbst Vergleichsgespräche mit einigen Gläubigern geführt (nach meinem Kenntnisstand jedoch nicht mit den Banken). Sie hatte beabsichtigt, im Falle erfolgreicher Vergleichsgespräche den Insolvenzantrag zurückzunehmen. Ein Großteil der Gläubiger hatte bereits im Vorfeld einem Vergleich zugestimmt. Die Zustimmung einiger wesentlicher Gläubiger erfolgte jedoch nicht bzw. war an nicht annehmbare Voraussetzungen geknüpft, so dass eine Antragsrücknahme nicht erfolgt ist.

Eine übertragende Sanierung des Unternehmens kommt nicht in Betracht[9]. Die Sendeerlaubnis, in deren Besitz sich die Schuldnerin befindet, wird im Falle der Aufnahme neuer unwesentlich beteiligter Gesellschafter oder aber der Veräußerung der wesentlichen Unternehmenswerte an einen neuen Rechtsträger durch die zuständige Landesmedienanstalt voraussichtlich widerrufen werden und sodann neu auszuschreiben sein. Eine verlässliche planbare Übernahme des gemeinschuldnerischen Betriebs durch einen Dritten ist daher nicht möglich.

Denkbar wäre gewesen, einen Kaufvertrag über die Vermögenswerte der Schuldnerin mit einer auflösenden Bedingung oder einem Rücktrittsrecht für den Fall zu versehen, dass der Käufer die zum Betrieb des Radiosenders notwendige Sendeerlaubnis nicht erhält. Der entscheidende Nachteil wäre jedoch eine Zeitspanne von einigen Monaten bis zur Entscheidung der Medienanstalt gewesen, in der Rechtssicherheit nicht bestanden hätte. Aufgrund der harten Konkurrenzsituation am privaten Hörfunkmarkt wäre zu befürchten gewesen, dass in diesem Zeitraum langfristige Verträge mit Werbekunden nicht akquiriert werden können und es daher erneut zu einem Umsatzeinbruch kommt. Darüber hinaus wäre in diesem Fall der o. g. Betrag von 100.000,00 € für die Gläubiger nicht zur Verfügung gestellt worden.

---

7 Der darstellende Teil des Insolvenzplans (§ 220 InsO) hat die Aufgabe, die Voraussetzungen zu erläutern, unter denen die Krise und die beabsichtigte Sanierung des Gemeinschuldners stehen. Vgl. zu Regelungsgegenständen und Inhalt des darstellenden Teils RdNr. 5.1 ff. und 5.13 ff.

8 Der darstellende Teil des Insolvenzplans sieht zunächst einen Überblick über das Plankonzept, eine Beschreibung des Unternehmens und seiner wirtschaftlichen und steuerlichen Verhältnisse vor, vgl. RdNr. 5.14 ff.

9 Zur übertragenden Sanierung als Sanierungsmittel vgl. RdNr. 1.6 ff.

Es bleibt daher nur die Möglichkeit, durch einen Insolvenzplan den Unternehmensträger zu entschulden und somit dem Unternehmen nach Aufhebung des Insolvenzverfahrens die Möglichkeit zu geben, durch Aufnahme neuer Gesellschafter, ggf. nach vorangehenden Gesprächen mit der Medienanstalt, neues Kapital einzuwerben.

Kein Gläubiger wird durch den Plan schlechter gestellt, als er ohne die Sanierung des Unternehmens stünde (§ 245 Abs. 1 InsO)[10].

II. Angaben zur Schuldnerin[11]

Die Schuldnerin firmiert unter der Bezeichnung Star Radio GmbH. Sie ist im Handelsregister des Amtsgerichts Charlottenburg zum Aktenzeichen HRB 59179 eingetragen. Geschäftsansässig war sie bis zum 15.12.2003 in der Platanenallee 14, 10050 Berlin.

Aus Kostengründen habe ich die Geschäftsräume jedoch zwischenzeitlich geräumt an den Vermieter zurückgegeben.

Alleingesellschafter des Unternehmens ist die Firma EURORadio Star Broadcasting Ltd., 199 mit Sitz in London mit einer Stammeinlage in Höhe von 50.000,00 DM. Die Einzahlung des Stammkapitals konnte bislang durch die Geschäftsführung nicht belegt werden; von der Volleinzahlung ist jedoch auszugehen, da die mir vorliegenden Bilanzen ausstehendes Eigenkapital nicht aufweisen. Ich gehe dem weiter nach.

Geschäftsführer des Unternehmens ist Herr Justin Baker, Chauseestr. 12, 10589 Berlin. Er ist einzelvertretungsberechtigt und von den Beschränkungen des § 181 BGB befreit.

III. Angaben betriebswirtschaftlicher Art[12]

Das Unternehmen hatte keine Buchungsrückstände. Die Bücher wurden bis zum 31.12.2003 durch die Mitarbeiterin Marlene Diedrichs im Hause geführt. Seit dem 01.01.2004 werden sie durch die Firma Fix Steuerberatungsgesellschaft, Kurfürstendamm 185, 14050 Berlin, geführt. Der letzte Jahresabschluss wurde zum 31.12.2001 erstellt. Die steuerliche Bearbeitung erledigte die Firma Fix Steuerberatungsgesellschaft mbH, die nunmehr nur noch die Abrechnung der Löhne und Gehälter vornimmt. Frau Marlene Diedrichs ist zum 31.12.2003 aus dem Unternehmen ausgeschieden. Sie hat eine Anschlussbeschäftigung gefunden, wobei ich mit dem neuen Arbeitgeber von Frau Diedrichs vereinbart habe, dass sie im Einzelfall und bei Bedarf noch für mich tätig sein kann. Ihr Gehalt wird dann anteilig umgelegt.

Das Unternehmen erzielte in den letzten Jahren folgende Umsätze:

2000	1.350.000,00 €
2001	865.000,00 €
2002	889.000,00 €.

---

10 Ausführlich zu den Anforderungen des § 245 InsO RdNr. 13.1 ff.
11 Bestandteil des darstellenden Teils des Insolvenzplans ist eine Beschreibung des Unternehmens, vgl. RdNr. 5.14 ff.
12 Zu der Beschreibung des Unternehmens im Rahmen des Plankonzepts zählen auch betriebswirtschaftliche Angaben wie etwa Umsatzzahlen der letzten Jahre, Anzahl der Mitarbeiter sowie Buchungszahlen. Die einzelnen Zahlen und Daten finden sich in den Plananlagen, hierzu RdNr. 5.83.

Zum Stichtag der Verfahrenseröffnung bestanden 12 Arbeitsverhältnisse mit einem Gesamtbruttomonatsgehalt von 34.000,00 €.

Die Arbeitsverhältnisse musste ich in allen Fällen aus Gründen der nicht ausreichenden Masse im November 2003 kündigen und zwar längstens mit einer Kündigungsfrist bis zum 31.12.2003. Die Mitarbeiterin Barbara Streusand (Assistentin der Geschäftsführung) beschäftige ich einstweilen zu Lasten der Masse weiter. Ferner beschäftigt die Gemeinschuldnerin – derzeit unentgeltlich – ihren Geschäftsführer, der insbesondere für die Programmgestaltung verantwortlich ist.

Die zwischen mir und der Firma Radio Harmonie geschlossene Vereinbarung, wie zitiert in Anlage 1, ließ eine Kündigung der Arbeitsverhältnisse mit einer Ausnahme zu, ohne die Fortführung des Geschäftsbetriebes zu gefährden. Ein Arbeitnehmer hat eine Eigenkündigung ausgesprochen, nachdem ihm von Radio Harmonie eine Beschäftigung angeboten worden war. Auch weitere ehemalige Mitarbeiter der Gemeinschuldnerin haben eine neue Beschäftigung bei Radio Harmonie gefunden. Dort werden diese jedoch nur benötigt, solange der Vertrag mit der Gemeinschuldnerin erfüllt wird.

Versicherungsverträge bestanden in gewerbeüblichem Umfang; überwiegend konnte die Nichterfüllung gem. § 103 InsO erklärt werden[13]. Für einen im Eigentum der Gemeinschuldnerin stehenden LKW, der zu Werbezwecken weiterhin benötigt wird (der sog. „Star-Radio-Truck"), zahle ich die Versicherungsbeiträge zu Lasten der Masse weiter.

Die in Anlage beigefügte Planung für das Jahr 2004 wurde von der Geschäftsführung der Gemeinschulderin gemeinsam mit Radio Harmonie erstellt. Bislang stimmen Ist- und Soll-Zahlen überein, so dass ich keine vernünftige Veranlassung habe, an der Planung zu zweifeln.

IV. Mietverträge[14]

Die Schuldnerin hatte eine Reihe von Miet- und Leasingverträgen abgeschlossen:

a) Die Geschäftsräume in Platanenallee 14, 10050 Berlin, mietete sie von der Firma Neues Luisen-Quartier GmbH & Co. KG, geschäftsansässig ebenda. Es handelte sich um Büroräume mit einer Größe von 294 m^2 sowie acht Pkw-Abstellplätze in der Tiefgarage. Die monatliche Miete betrug 2.072,00 € für die Büroräume (dies entsprach 7,00 €/m^2) zzgl. 90,00 € pro Stellplatz; hinzu kamen 592,00 € an Betriebskostenvorauszahlungen und 444,00 € an Heizkostenvorauszahlungen. So errechnete sich inkl. der Mehrwertsteuer von 612,48 € eine Gesamtmiete in Höhe von 4.440,48 €.

Ursprünglich war durch eine Zusatzvereinbarung vom 15./21.01.2003 eine Kompensationsabrede getroffen worden. Danach konnten die Nettokaltmiete und die Stellplatzmiete durch Werbemaßnahmen der Schuldnerin für die Vermieterin erbracht werden (6.000 Radio-Spots jährlich, Bannerwerbung auf der Homepage der Antragstellerin, Werbung auf den Kfzs der Antragstellerin, wobei letztgenannte Leistung nie erbracht wurde). Der Mietvertrag war bis zur Verfahrenseröffnung ungekündigt gewesen. Im November 2003 erklärte die Vermieterin die fristlose Kündigung des Mietverhältnisses und gewährte eine Räumungsfrist bis Ende November 2003. Da die Mieträume ohnehin nicht mehr benötigt wurden, habe ich mich nach Rücksprache mit der Geschäftführung der Gemeinschuldnerin mit der Kündigung einverstanden erklärt, obwohl die vertraglich vereinbarte Lösungsklausel für den Fall der Eröffnung eines Insolvenzverfahrens zumindest nach überwiegender Ansicht gem. §§ 109, 112 InsO unwirksam war. Nachdem eine Räumung zu Ende

---

13 Zum Schicksal gegenseitiger Verträge im eröffneten Insolvenzverfahren vgl. RdNr. 5.37 ff.
14 Vgl. RdNr. 5.37 ff. Für das Unternehmen typische Verträge sind sinnvollerweise in die Plananlagen aufzunehmen.

November 2003 nicht möglich war, wurden die Räume noch einige Tage im Dezember weiter genutzt und sodann kurz vor Weihnachten geräumt. Sodann habe ich mit der Vermieterin vorsorglich eine Aufhebungsvereinbarung geschlossen, die eine Zahlung von brutto 5.000,00 € zur Abgeltung aller Ansprüche der Vermieterin aus dem Mietverhältnis vorsieht. Dadurch habe ich das Entstehen von Masseverbindlichkeiten vermieden.

b) Für die Schuldnerin bestanden einige KfZ-Leasingverträge. Die Autos wurden nicht mehr benötigt, so dass die Leasingverträge durch mich beendet wurden. Die Wagen habe ich sämtlichst zurückgegeben.

V. Vermögen[15]

1. Anlagevermögen

Die Schuldnerin verfügt nur in geringem Umfang über eigenes Anlagevermögen. Dieses hatte ich durch einen vereidigten Sachverständigen und Auktionator unter Fortführungs- und Liquidationsgesichtspunkten bewerten lassen. Bereits vor Verfahrenseröffnung nahm für den überwiegenden Teil des Anlagevermögens die Firma Audioservice GmbH in Nürnberg für sich in Anspruch, Eigentümerin zu sein, blieb jedoch zunächst den Nachweis ihres Eigentums schuldig. Nach Verfahrenseröffnung wurde der Aussonderungsanspruch sodann bewiesen; es erfolgte eine Herausgabe der gesamten Sendetechnik an Audioservice, so dass damit Aus- und Absonderungsansprüche erledigt sind. Die übrigen, geringwertigen freien Gegenstände des Anlagevermögens wurden nicht mehr benötigt und daher überwiegend an die Vermieterin bzw. den Nachmieter der Schuldnerin veräußert. Eine kurzfristige Veräußerung war erforderlich, da es sich überwiegend um Möbel handelte, die Transport- und Lagerkosten verursacht hätten, wenn ich sie hätte zwischenlagern lassen. Durch den Verkauf an Vermieter bzw. Nachmieter habe ich der Masse diese Kosten erspart. Die Einzelheiten ergeben sich aus meinem Bericht zum Berichtstermin.

Das Anlagevermögen wurde aufgrund der mit Radio Harmonie geschlossenen Vereinbarung nicht mehr benötigt. Der Moderator, der in einem Arbeitsverhältnis mit Radio Harmonie steht, jedoch für die Gemeinschuldnerin moderiert, nutzt die Technik von Harmonie und produziert dort für die Schuldnerin in einem Studio von Radio Harmonie. Die Nachrichten werden überwiegend von BerlinRadio zugekauft. Die Folge ist, dass die zuvor geleaste Sendetechnik mit Ausnahme einiger Computer an den Leasinggeber zurückgegeben werden konnte.

2. Umlaufvermögen

a) Außenstände des Unternehmens
Zum Zeitpunkt der Verfahrenseröffnung bestanden Außenstände von rd. 30.000,00 €. Die laufend geringe Höhe der Außenstände ist der Hauptgrund für die Insolvenz der Schuldnerin. Darüber hinaus kommt dazu, dass in zahlreichen Fällen mit den Drittschuldnern Kompensationsabreden getroffen worden sind. Anstelle einer Zahlung trat eine Gegenleistung (letztlich ein Tausch).

Der wesentliche Grund für die geringen Außenstände des Unternehmens lag darin, dass diejenigen Mitarbeiter, die hauptsächlich mit der Akquise beschäftigt waren, das Unternehmen der Schuldnerin bereits im Vorfeld der Insolvenzantragstellung verlassen hatten. Nach Insolvenzverfahrenseröffnung habe ich in Abstimmung mit der Geschäftsführung des Unternehmens eine Vereinbarung mit Radio Harmonie GmbH geschlossen, die in Zukunft dafür sorgt, dass die Umsätze unmittelbar

---

15 Das Verzeichnis des Anlage- und Umlaufvermögens ist Bestandteil der Plananlagen, vgl. RdNr. 5.18.

durch Radio Harmonie generiert werden können. Dieses Unternehmen, dessen Schwesterunternehmen in Berlin ebenfalls einen Radiosender betreibt („Radio Harmonie"), verfügt über ein effektives Verkaufsteam; Umsätze dieser Größenordnung wären ansonsten nicht zu erwarten gewesen.

b) Sonstige Vermögensgegenstände des Umlaufvermögens

Die Schuldnerin verfügte über einen Kassenbestand stets nur von geringem Umfang, um die notwendigsten Barausgaben decken zu können. An dieser Stelle kann nur noch ein Erinnerungswert von 1,00 € in Ansatz gebracht werden. Das durch den Unterzeichner eingerichtete Sonderkonto wies zum 16.12.2003 einen Bestand von 32.000,00 € auf. Hinsichtlich der Massekosten verweise ich auf meinen Bericht zum Berichtstermin.

VI. Verbindlichkeiten

Die Verbindlichkeiten der Schuldnerin beliefen sich zum Tage der Verfahrenseröffnung nach den Angaben der Gemeinschuldnerin auf rd. 1.205.400,00 €. Nach den mir vorliegenden Unterlagen hatten im Vorfeld Gläubiger mit Gesamtforderungen von etwa 506.000,00 € dem Vorschlag der heutigen Gemeinschuldnerin zugestimmt, auf 75 % ihrer Forderungen zu verzichten. Nach meinem Kenntnisstand sind Vergleichsgespräche mit der Hausbank nicht geführt worden.

1. Zusammensetzung

Die Verbindlichkeiten der Schuldnerin setzen sich aktuell und unter Berücksichtigung zwischenzeitlicher Forderungsanmeldungen im wesentlichen wie folgt zusammen:

a)	Lohn- und Gehaltsrückstände ca.	37.000,00	€
b)	Sozialversicherungsanteile ca.	25.000,00	€
c)	Forderungen freier Mitarbeiter ca.	15.000,00	€
d)	Steuerrückstände ca.	400,00	€
e)	Verbindlichkeiten Lieferung/Leistung ca.	850.000,00	€
f)	Mietrückstände	210.000,00	€
g)	Bankverbindlichkeiten ca.	100.000,00	€
	Summe	1.237.400,00	€

2. Anmerkungen

Die Mietverbindlichkeiten in f) ergeben sich aus einem ehemaligen Mietverhältnis in den sog. Ellis-Stein-Höfen. Hier befanden sich die Geschäftsräume der Gemeinschuldnerin vor Umzug in das sog. Luisen-Quadrat in Berlin.

Zu f) ist zu sagen, dass die Westbank – Hausbank der Schuldnerin – teilweise besichert ist durch eine Bürgschaft des Geschäftsführers Baker, die bereits teilweise in Anspruch genommen wurde und zwar etwa i.H.v. 52.000,00 €. Unterstellt, Herr Baker kommt seiner Zahlungsverpflichtung nach, reduzieren sich die Verbindlichkeiten nach Ziffer f) von 100.000,00 € noch. Auf im Verfahren geltendzumachende Rückgriffsansprüche wegen Zahlungen an die Westbank gegen die Gemeinschuldnerin hat Herr Baker verzichtet.

VII. Gruppenbildung[16]

Im Insolvenzplanverfahren werden die Gläubiger sachgerecht gruppiert, § 222 InsO[17]. Es sind grundsätzlich zu bilden zwei Pflichtgruppen (absonderungsberechtigte Gläubiger, nicht nachrangige Gläubiger), in diesen wiederum Gruppen mit gleichen wirtschaftlichen Interessen, § 222 Abs. 2 InsO, ferner fakultativ Arbeitnehmer und Kleingläubiger, § 222 Abs. 3 InsO. Die Forderungen nachrangiger Gläubiger in diesem Verfahren sollen erlassen werden, § 225 InsO, so dass eine separate Gruppe nicht gebildet wird. Eine separate Gruppe der absonderungsberechtigten Gläubiger muss hier ausnahmsweise nicht gebildet werden, weil keine absonderungsberechtigten Gläubiger (mehr) vorhanden sind, in deren Rechte durch den Plan eingegriffen wird[18].

Die Westbank bildet eine separate Gruppe. Sie unterscheidet sich von den übrigen Gläubigern dadurch, dass ihre Forderung teilweise besichert ist durch eine Bürgschaft des Geschäftsführers Baker. Diese wurde teilweise bereits in Anspruch genommen, wobei der Geschäftsführer auf Rückgriffsansprüche gegenüber der Gesellschaft verzichtet hat, so dass die Frage nach einer Eigenkapitalersatzproblematik nicht virulent wird.

Die Kleingläubiger werden gem. § 222 Abs. 3 InsO in einer gesonderten Gruppe zusammengefasst[19]. Zu den Kleingläubigern gehören diejenigen Gläubiger, die als freie Mitarbeiter oder Kleingewerbetreibende für die Gemeinschuldnerin künstlerische Leistungen erbracht haben (Musiker, Ton- und Lichttechniker, Grafiker, freie Verkäufer etc.) und deren Forderung nicht über 2.500,00 € liegt bzw. die auf den darüber hinausgehenden Teil ihrer Forderung verzichten. Für diese Gläubigergruppe bedeutet die Insolvenz der Gemeinschuldnerin eine besondere Härte, da die Forderungen gegen die Gemeinschuldnerin überwiegend zur Bestreitung des Lebensunterhaltes benötigt wurden und ihre Dienste seit Verfahrenseröffnung nicht mehr in Anspruch genommen werden.

Demgemäss werden folgende Gruppen gebildet:

1. Westbank
2. Gruppe der Kleingläubiger

   s.o.

3. Gruppe der sonstigen nicht nachrangigen Gläubiger

   alle Gläubiger gem. § 38 InsO, sofern nicht in Gruppen 1 bis 2 gruppiert.

VIII. Ertragslage[20]

Die gegenwärtige negative Unternehmenslage wurde im wesentlichen durch eine nicht ausreichende Vermarktung der Werbezeiten der Schuldnerin verursacht, darüber hinaus durch eine weitgehende Praxis der Vereinbarung sog. Kompensationsgeschäfte; branchenüblich, in Einzelfällen durchaus nützlich, unter liquiditätsmäßigen Gesichtspunkten aber wenig sachgerecht. Wesentliche

---

16 Zur Funktion und zu den Maßstäben der Gruppenbildung siehe ausführlich RdNr. 7.1 ff. und 7.9 ff.
17 Fehler bei der Gruppenbildung können nachhaltige Konsequenzen haben, vgl. RdNr. 12.13 ff.
18 Dies ist selten. Üblicherweise sind Absonderungsberechtigte Hauptgläubiger im Insolvenzplanverfahren. Vgl. zur Gruppenbildung bei Absonderungsberechtigten RdNr. 7.13 ff.
19 Zur Gruppe der Kleingläubiger näher RdNr. 7.17 ff.
20 Die Darstellung der Ertragslage des Unternehmens erfordert eine Beschreibung des historischen Werdegangs des Unternehmens und der Ursachen der Insolvenz, vgl. RdNr. 5.19.

Mitarbeiter der Schuldnerin aus dem Akquisebereich haben darüber hinaus bereits vor einiger Zeit das Unternehmen verlassen, so dass die Neuakquise stetig nachließ.

Auf der anderen Seite bietet das Unternehmen durchaus Marktchancen. Mit seinem Spartenprogramm bedient die Schuldnerin eine eher gut gebildete, kaufkräftige Klientel mit typischerweise akademischer Ausbildung. Auf der Personalseite war die Schuldnerin aus Sicht des Unterzeichners übersetzt. Insbesondere branchenunüblich ist die – wenn auch geringe – Bezahlung der vorhandenen Praktikanten, mögen diese auch wichtige Hilfstätigkeiten verrichtet haben. Vor dem Hintergrund, dass bei diversen privaten Berliner Rundfunksendern (z. B. Radio Schlager 100,1) sogar Moderatoren mehrere Tage pro Woche kostenlos moderieren, erscheint die Bezahlung von Praktika in einer begehrten Branche durchaus nicht erforderlich.

Die Arbeitsverhältnisse sind zwischenzeitlich durch den Unterzeichner mit einer Ausnahme beendet worden. Die wesentliche Tätigkeit des Verkaufs der Werbezeiten erledigt nunmehr für den Unterzeichner ein Unternehmen Radio Harmonie im Rahmen eines Geschäftsbesorgungsvertrages.

Branchenunüblich war auch die im Zeitpunkt der Insolvenzantragstellung vorgefundene Anzahl an Leasingverträgen. Die Leasingverträge mit unterschiedlichsten Leasingunternehmen waren noch zu einem Zeitpunkt abgeschlossen worden, als noch mehrere im Außendienst tätige Werbezeitenverkäufer für die Schuldnerin tätig waren. Gerade im Bereich des Pkw-Leasings hätte sich – wie dies auch von Mitbewerbern gehandhabt wird – der Abschluss von Kompensationsgeschäften angeboten. Von einer vorfristigen Rückgabe der Leasingfahrzeuge hatte die heutige Gemeinschuldnerin ursprünglich aus Liquiditätsgründen abgesehen, denn die Fahrzeuge waren teilweise beschädigt und hätten daher vor Rückgabe instandgesetzt werden müssen. Der wesentliche Teil der Leasingfahrzeuge stand ungenutzt in der Tiefgarage der Gemeinschuldnerin. Sämtliche Leasingverträge habe ich beendet und die Fahrzeuge zwischenzeitlich zurückgegeben.

IX. Vorgeschlagene Maßnahmen[21]

1. Ausgangspunkt

Der Beginn der Umstrukturierung – insbesondere Einsparungen auf Kostenseite – erfolgt bereits während der Tätigkeit des Unterzeichners. Auf Einnahmenseite sind durch die Vereinbarung mit Radio Harmonie erste positive Veränderungen zu erkennen, wenn auch diese Vereinbarung angesichts der Höhe der vereinbarten Provision auf Dauer sicherlich keinen Bestand haben kann.

2. Gesellschaftsrechtliche Maßnahmen

Konkrete organisatorische Maßnahmen auf Gesellschafterseite sind momentan nicht geplant. Die durch mich erstellte Planung zwingt nicht zur Zuführung frischen Kapitals in das Unternehmen, so dass auch die Aufnahme neuer finanzkräftiger Gesellschafter jedenfalls nicht notwendig ist.

3. Bilanzielle Sanierung

Zur Beseitigung der eingetretenen Überschuldung wird ein Verzicht von Forderungen beteiligter Gläubiger wie folgt vorgeschlagen[22]:

---

21 Zu den Maßnahmen, die zur Sanierung des Unternehmens erforderlich sind, vgl. ausführlich RdNr. 5.21 ff.

22 Zu den steuerlichen Folgen von Forderungsverzichten der Gläubiger vgl. RdNr. 2.105 ff.

Anhang 2   Musterinsolvenzplan „Star Radio GmbH"

a) Quote

Von dem zur Verteilung stehenden Betrag von 100.000,00 € (den ein Sozius des Unterzeichners als Treuhänder vereinnahmt hat) sollen auf die Forderungen der Kleingläubiger lt. obiger Gruppe 2) 50 % bezahlt werden. Gegenwärtig gehe ich von anzumeldenden und festzustellenden Forderungen dieser Gruppe i.H.v. 15.000,00 € aus. Dabei unterstelle ich, dass diejenigen Gläubiger, deren Forderung über der Grenze von 2.500,00 € liegt, ihre Forderungsanmeldung reduzieren, wenn sie dadurch in Gruppe 2 einzugruppieren sind und sich ihre Ausschüttung dadurch erhöht. Auf die festzustellenden Forderungen dieser Gruppe wäre mithin ein Betrag von insgesamt 7.500,00 € auszukehren. Der restliche Betrag von 93.566,00 € soll auf die übrigen Gläubiger verteilt werden, wobei ich gegenwärtig von anzumeldenden und festzustellenden Forderungen innerhalb der beiden übrigen Gläubigergruppen (1 und 3) von rd. 1.222.400,00 ausgehe.

Verteilt werden sollen darüber hinaus die nicht zur Deckung der Verfahrenskosten vorhandenen liquiden Mittel bzw. liquidierbaren Vermögenswerte, die bis einschließlich Mai 2004 erwirtschaftet worden sind. Die Größenordnung richtet sich danach, inwieweit die Planzahlen für das Geschäftsjahr 2004 (Anlage 8) erreicht werden können. Unter Berücksichtigung etwaiger Unwägbarkeiten gehe ich gegenwärtig davon aus, dass bis zu diesem Zeitpunkt ein Überschuss von etwa 50.000,00 € erwirtschaftet worden ist. Dieser Betrag ist zunächst auf die Masseverbindlichkeiten und dann auf die Gruppen 1 und 3 zu verteilen. Die Gläubiger der Gruppen 1 und 3 können damit mit einer Quote zwischen 5 % und 12 % rechnen.

b) Fälligkeit

aa) Die Verteilung des auf dem Sonderkonto vorhandenen Betrages erfolgt zwei Wochen Veröffentlichung der Rechtskraft der Planbestätigung; die Zahlung der Quote an die Gläubiger der Gruppe 2 ist mit dieser ersten Ausschüttung abgeschlossen;

bb) Die Verteilung der nicht zur Deckung der Masseverbindlichkeiten benötigten liquiden Mittel bzw. liquidierbaren Vermögenswerte erfolgt am ersten Werktag des dritten Monats nach Veröffentlichung der Rechtskraft der Planbestätigung.

cc) Die Verteilung erfolgt analog §§ 187 ff. InsO.

X. Quotenvergleich Regelabwicklung ohne Planverfahren

Durch den Insolvenzplan darf keine Schlechterstellung von Gläubigern gegenüber einer Regelabwicklung ohne Insolvenzplanverfahren erfolgen[23]. Daher ist eine fiktive Betrachtung erforderlich, mit welcher Insolvenzquote die Gläubiger rechnen könnten, wenn eine Sanierung im Rahmen eines Insolvenzplanverfahrens nicht erfolgen würde.

Dabei hat der Insolvenzverwalter grundsätzlich das zur Insolvenzmasse gehörende Vermögen zu verwerten, es sei denn, Beschlüsse der Gläubigerversammlung stünden dem entgegen, § 159 InsO. Ein entgegenstehender Beschluss wäre in der Form denkbar, dass der Verwalter das Unternehmen fortführen soll. Jedoch ist trotz der Planung für das Jahr 2004, die einen Überschuss vorsieht, zu berücksichtigen, dass die Vereinbarung zwischen dem Verwalter und *Radio Harmonie Media* Marketing GmbH nur eine Interims-Lösung darstellt. *Radio Harmonie Media* Marketing ist nicht bereit, auf Dauer an dem Vertrag mit dem Verwalter festzuhalten. Hierzu teilte deren Geschäftsführerin, Frau *Jennifer Lopenz*, letztmalig in einer Besprechung in meinem Büro am 05.01.2004 mit, dass sie Planungssicherheit benötige. Häufig würden sie Kunden darauf ansprechen, wann das

---

23 Zum Minderheitenschutz gem. § 251 InsO und zur gerichtlichen Prognose vgl. RdNr. 15.1 ff.

Insolvenzverfahren beendet werde und sie könne dazu keine definitive Antwort geben. Planungssicherheit sei jedoch vonnöten. Es bedarf wohl keiner Erwähnung, dass die Tätigkeit unter Federführung eines Insolvenzverwalters zu Reibungsverlusten führt, die vorübergehend, jedoch nicht auf Dauer, für die Werbekunden tragbar sind.

Daher ist vom Zerschlagungsfall auszugehen. Nach Abzug der Kosten des Insolvenzverfahrens, § 54 InsO, sowie der sonstigen Masseverbindlichkeiten, § 55 InsO, ist der verbleibende Verwertungserlös an die Gläubiger auszuschütten, § 187 ff. InsO.

Der Status unter Liquidationsgesichtspunkten ergibt sich aus meinem Bericht zum Berichtstermin vom 22.12.2003, der als Anlage 9 nochmals beigefügt ist. Hieraus ergab sich eine freie Masse von 56.558,62 €.

Dem stehen folgende Massekosten gegenüber:

1. Gerichtskosten	1.668,00	€
2. Veröffentlichungskosten entstehen erfahrungsgemäß in Höhe von mindestens	1.535,00	€
3. Auslagen und Vergütung des Sachverständigen	241,51	€
4. Auslagen und Vergütung des vorläufigen Insolvenzverwalters		
a) Vergütung ca.	7.756,13	€
b) Auslagen	250,00	€
Auslagen der vorläufigen Insolvenzverwaltung zusätzliche Hilfskräfte		
5. Auslagen und Vergütung des Insolvenzverwalters		
a) Vergütung ca.	20.000,00	€
b) Auslagen		
– Archivierung von Geschäftsunterlagen	1.172,79	€
– steuerliche Bearbeitung/Erstellung von Steuer- und Handelsbilanzen	8.900,55	€
– Nachbuchung der Geschäftsvorfälle	500,00	€
– Räumungskosten/Rückgabe Mietsache[24]	0,00	€
Summe der Massekosten	42.023,98	€

Hinzukommen die Masseverbindlichkeiten[25]:

1. Aus Verwertungshandlungen des Verwalters (§ 55 I Nr. 1 InsO):		
a) Inbesitznahme, Inventarisierung und Sicherung der Vermögensgegenstände	0,00	€
b) Abzuführende Umsatzsteuer	2.000,00	€
c) Prozesskosten vorsorglich (z. B. wegen der zu erwartenden Arbeitsrechtsstreitigkeiten)	0,00	€
d) Sonstiges (geschätzt)	500,00	€

---

24 Der in meinem Bericht zum Berichtstermin genannte Betrag von 2.000,00 € ist infolge einer einvernehmlichen Einigung mit dem Vermieter entfallen.

25 Diese haben sich zwischenzeitlich gegenüber den Angaben in meinem Eröffnungsgutachten wesentlich reduziert, z. B. durch eine Einigung mit dem Vermieter.

Anhang 2   Musterinsolvenzplan „Star Radio GmbH"

2. Wegen der Erfüllung laufender Verträge (§ 55 I Nr. 2 InsO):

a) Löhne und Gehälter	0,00	€
b) Mieten[26]	0,00	€
c) Strom/Gas/Telefon	0,00	€
Masseverbindlichkeiten gesamt	2.500,00	€

Daraus folgt, dass auf die angemeldeten und festzustellenden Forderungen im Falle der Regelabwicklung ein Betrag von etwa 12.000,00 € zu verteilen wäre. Dies entspräche einer Quote von etwa 0,008%.

Die Annahme des hier vorgelegten Insolvenzplans stellt die Gläubiger damit besser.

B. Gestaltender Teil[27]

1. Die Gläubigergruppen[28]

a) Großbank

b) der sonstigen nicht nachrangigen Gläubiger

stimmen den Maßnahmen, die im Insolvenzplan im Insolvenzverfahren der *Star Radio* und Verlag GmbH festgelegt sind, zu, und erhalten auf ihre angemeldeten und festgestellten Forderungen eine Quote aus dem nach Zahlung an die Kleingläubiger verbleibenden Betrag auf dem Plansonderkonto sowie aus dem vorhandenen Vermögen, das einschließlich Mai 2004 erwirtschaftet worden ist, unter Abzug der Verfahrenskosten und Masseverbindlichkeiten. Sie verzichten gegenüber der dies annehmenden *Star Radio* und Verlag GmbH für den Fall der rechtskräftigen Bestätigung des Insolvenzplans auf ihre restlichen Forderungen.

2. Die Kleingläubiger

stimmen den Maßnahmen, die im Insolvenzplan im Insolvenzverfahren der *Star Radio* und Verlag GmbH festgelegt sind, zu, und erhalten auf ihre angemeldeten und festgestellten Forderungen eine Quote aus dem Plansonderkonto in Höhe von 50 % ihrer angemeldeten und festgestellten Forderungen unter Abzug der Verfahrenskosten und Masseverbindlichkeiten und verzichten gegenüber der dies annehmenden Jazz Radio und Verlag GmbH für den Fall der rechtskräftigen Bestätigung des Insolvenzplans auf ihre restlichen Forderungen.

3. Die Erfüllung des Insolvenzplans wird durch den bisherigen Insolvenzverwalter als Sachwalter überwacht[29].

4. Die Kosten des Insolvenzverfahrens trägt die Schuldnerin.

Berlin, 27. Januar 2004

gez. ...

---

26 Entfällt (gegenüber meinen Ausführungen im Gutachten), nachdem zwischenzeitlich eine Räumung erfolgt ist und eine Vereinbarung mit dem Vermieter getroffen wurde.

27 Der gestaltende Teil des Insolvenzplans sieht die im darstellenden Teil vorgeschlagenen rechtlichen Sanierungsmaßnahmen vor, vgl. RdNr. 5.13 ff.

28 Einen Überblick über die einzelnen Bestandteile sowie die gesetzlichen Einzelvorgaben zum gestaltenden Teil gibt RdNr. 5.63 ff.

29 Zur Planerfüllung und Planüberwachung siehe RdNr. 17.1 ff. und 18.1 ff.

Rechtsanwalt

als Insolvenzverwalter

Anlageverzeichnis zum Insolvenzplan

Anlage 1   Vereinbarung mit Radio Paradiso
Media Marketing GmbH

Anlage 2   Verzeichnis der Arbeitsverhältnisse zum Stichtag der Verfahrenseröffnung

Anlage 3   Versicherungsverträge

Anlage 4   Leasingverträge

Anlage 5   Sachverständigengutachten Anlagevermögen

Anlage 6   OP-Liste Debitoren

Anlage 7   OP-Liste Kreditoren

Anlage 8   Planung für das Jahr 2004

Anlage 9   Bericht zum Berichtstermin vom 22.12.2003

Anhang 3: Musterinsolvenzplan „Papier Plan AG"

Papier Plan AG

Einrichtung und Zubehör

Insolvenzverfahren

– Amtsgericht Musterstadt–

Insolvenzplan

Plangliederung[1]

---

1 Zu den Bestandteilen des Insolvenzplans vgl. RdNr. 5.1 ff.
2 Den darstellenden Teil des Insolvenzplans erläutern ausführlich RdNr. 5.13 ff.
3 Zu den Anforderungen des IDW-Standards an die Darstellung der Lage des Unternehmens vgl. RdNr. 5.14 f.
4 Die Einteilung der Gläubiger in Gruppen beschreiben RdNr. 7.1 ff.
5 Näher zur Darstellung der Sanierungsmaßnahmen RdNr. 5.21 ff.
6 Die Unterteilung in „bisherige" und „geplante" Sanierungsmaßnahmen empfiehlt der IDW-Standard, siehe RdNr. 5.24.

1. Darstellender Teil[9]

1.1 Überblick[10]

Der Insolvenzverwalter der Papier Plan AG Einrichtung und Zubehör – folgend auch nur „EZ" genannt – legt zum Erörterungstermin im Insolvenzverfahren am 15.07.2002 diesen Insolvenzplan vor. Gleichzeitig wird der Insolvenzplan der Konzernmutter Papier Berg AG – auch kurz „PBAG" genannt – im Insolvenzverfahren AG Musterstadt vorgelegt. Beide Pläne bilden, mit flankierenden Maßnahmen, das Sanierungskonzept des Papier Plan Konzerns. Dieser hat sich aus dem Bürobetrieb entwickelt, die Ernst Neumann 1904 in Berlin-Musterstadt gründete. 1972 in die Ernst Neumann AG umgewandelt, seit 1976 unter der heutigen Firma, seit 1977 an der BöEES notiert, ist der Konzern heute Deutschlands Marktführer als Systemanbieter für Büroeinrichtungen Zubehör u. ä. Der Wert des Konzerns liegt nach Ansicht der Planverfasser in der Kombination von Produktion, Vertrieb und Warenlogistik, er ginge bei einer Zerschlagung oder einer übertragenden Sanierung weitgehend unter.

1.1.1 Intention des Plans

Die Verfasser des Verwalterplans legen einen leistungswirtschaftlichen Sanierungsplan vor. Die EZ, das operative Konzernunternehmen, soll saniert werden.

a)   leistungswirtschaftlich durch:
- Abbau von Überkapazitäten (insbesondere Leerflächen)
- Ausgliederung der Betriebsgrundstücke
- Schließung unrentabler Konzerntöchter
- Abbau des negativen Finanzergebnisses

---

7 Zu den gesetzlichen Einzelvorgaben des gestaltenden Teils RdNr. 5.63 ff.
8 Zu den einzelnen Plananlagen gem. § 229 InsO siehe RdNr. 5.83 ff.
9 Vgl. zum Inhalt des darstellenden Teils ausführlich RdNr. 5.1 ff. und 5.13 ff.
10 Zum Überblick über die Unternehmensstruktur und die Planintention vgl. RdNr. 5.14 ff.

- Fortschreibung der Kostensanierung und Vertriebsoptimierung
- Suche nach strategischem Partner bzw. Finanzinvestoren

b) bilanziell durch:
- Reduzierung der gesicherten Gläubigerforderungen auf den Wert der Absonderungsrechte
- Teilverzicht ungesicherter Gläubiger
- Totalverzicht bestimmter ausgewählter Gläubiger
- Sanierungsbeitrag der Arbeitnehmer

Durch diese Maßnahmen werden der Insolvenzgrund beseitigt und es soll die Ertragskraft des Konzerns wieder hergestellt werden. Den Aktionären der Konzernmutter, größtenteils ohnehin Gläubiger, bleibt der Rest-Wert ihres Unternehmens, den sie über die BöEES oder als Paketverkauf realisieren können. Kein Gläubiger wird durch den Plan schlechter gestellt, als er ohne die Sanierung des Unternehmens stünde (§ 245 I InsO). Kein Gläubiger, der nicht hierzu seine Zustimmung geben soll, steht ohne den Plan schlechter als vergleichbare Gläubiger (§ 245 II InsO).

1.1.2 Der Konzern im Überblick[11]

EZ ist Teil des Papier Plan Konzerns:

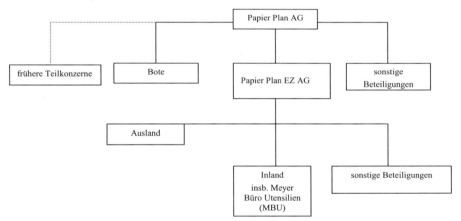

---

11 Es empfiehlt sich insbesondere bei Großkonzernen, den Aufbau des Konzerns graphisch darzustellen. Zum Erfordernis klarer und verständlicher Angaben im Insolvenzplan vgl. RdNr. 5.16 f.

EZ ist aber nicht nur Zwischenholding, sondern zugleich operativer Kern des Konzerns:

	PBAG	EZ	MBU	PPB	Heidi	Bote	PCC
BuchEK	29,0 M€	206 M€	14,6 M€	0,5 M€	0,5 M€	2,7 M€	0,2 M€
Umsatz 01	0	290 M€	115,8 M€	4,9 M€	20,5 M€	25,6 M€	0
Mitarbeiter	153	1.258	448	33	0	130	0
s. Anlage V	1 M€	12 M€	16,6 M€	2,9 M€	2 M€	3,2 M€	174,5 M€
Umlauf V	31,4 M€	420 M€	34,5 M€	1,7 M€	14 M€	13,4 M€	28 M€
VerbBank	67 M€	199 M€	67 M€	1,1 M€	5,3 M€	5,4 M€	0
Verb L+L	1,3 M€	11,5 M€	8 M€	0,3 M€	0,05 M€	0,7 M€	0,1 M€
Insolvenz ?	ja	ja	Nein	ja/liqu.	ja	ja	nein

Die vorstehenden Daten, grob gerundet, bilden die wesentlichen Konzerngesellschaften per 31.12.2001 ab.

Die PBAG (Papier Berg AG) ist die börsennotierte Konzernmutter, aus der die EZ 1996 herausgespalten wurde; die Rückverschmelzung ist beschlossen, aber noch nicht vollzogen.

MBU (Meyer Büro Utensilien GmbH) in Musterstadt ist der operative Hauptproduzent von Büroartikeln.

PPB (Papier Plan Produktions- und Bearbeitungs GmbH) ist eine Gesellschaft, die mit rd. 30 Mitarbeitern Kunststoffablagekörbe, -hüllen und sonstige Büroartikel produziert. Fast alleiniger Abnehmer dieser Produkte ist die EZ.

Die Heidi-Gruppe (Heidi Print GmbH usw.) vertreibt die bekannten Karteikarten. Diese Gesellschaft ist betrieblich völlig in den Betriebsablauf der EZ integriert. Sie beschäftigt nominell 15 eigene Mitarbeiter, weil diese vor Jahren dem Betriebsübergang auf die EZ widersprochen hatten. Die Gesellschaft hat jedoch kein wesentliches eigenes Anlagevermögen, keine Flächen und keine Betriebsorganisation. Mitarbeiter der EZ kaufen und verkaufen im Namen dieser Gesellschaft Karteikarten. Lagerhaltung, Abrechnung und Finanzierung werden von der EZ abgewickelt.

Bote GmbH ist eine Gesellschaft, die mit rd. 130 Mitarbeitern in Musterstadt und Friedburg Schreibgeräte herstellt. 2/3 des Umsatzes aus Produktion und Handel gehen an die EZ, den Rest an Drittkunden.

Mosert Flex – nunmehr: Flex – ist die gemeinsame Logistiktochter mit dem bekannten Spediteur, konzernverantwortlich für Lagerung und Transport.

In die PCC-Gruppe wurden die Betriebsimmobilien Berlin-Musterstadt und Egersburg ausgegliedert. Die Abwicklung der dort eingebrachten Immobilien erfolgt außerhalb der EZ-Insolvenz. Die Insolvenz der PCC-Gruppe soll durch Rangrücktrittserklärung der Banken abgewendet werden.

Die EZ ist Zwischenholding folgender Inlandsgesellschaften:

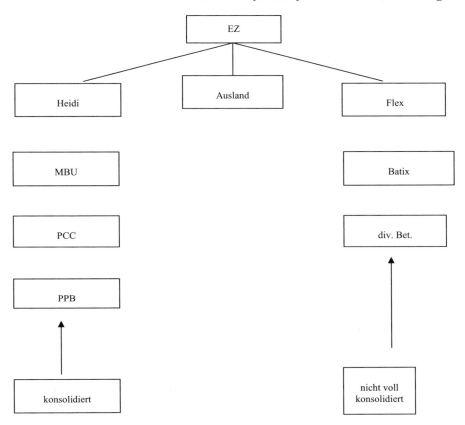

EZ ist ferner Zwischenholding für sämtliche Auslandstochtergesellschaften in Großbritannien, Benelux, Portugal, Finnland, Griechenland, Schweiz, Österreich, Frankreich, Rumänien, Bulgarien, Ungarn, Polen, Tschechien, Slowakei, darunter zwei Produktionsbetriebe, mit insgesamt rd. 900 Mitarbeitern.

EZ könnte im Zuge der Insolvenz das betriebsnotwendige Anlage- und Umlaufvermögen von PPB, Heidi und Bote kaufen.

Die Auslandstöchter sind und werden von der Insolvenz zunächst nicht betroffen.

1.1.3 Zahlen, Daten und Anschriften

a) Zahlen

Die wirtschaftliche Entwicklung des Konzerns gestaltete sich in den letzten Jahren – und hinsichtlich 2001 vorläufig – so:

Anhang 3   Musterinsolvenzplan „Papier Plan AG"

	1997	1998	1999	2000	2001
Umsatz M€	714	630	567	490	438
Jahresfehlbetrag M€	51	37	46	51	60
Mitarbeiter	5420	4483	4228	3380	2961
Kapital M€	171	123	70	18	17
BankVb. M€	172	365	373	356	297

Ursachen der Negativentwicklung waren:

- Erwerb des friesischen Bürowerkes in 1997
- Zu starke Expansion in der Wiedervereinigungseuphorie zu Beginn der 90er Jahre
- Damit einhergehend: Zu große und zu teure Betriebsimmobilien in Berlin-Musterstadt, Berlin-Rauchnberg und Egersburg/Brandenburg

Diese Ursachen sind heute weitgehend beseitigt bzw. wird durch Ausgliederung der Immobilien weitgehend Rechnung getragen. Jedoch übersteigen die durch die Beseitigung aufgenommenen Fremdmittel die Ertragskraft des operativ gesunden Unternehmens.

b) Daten

Handelsregister:	AG Musterstadt
Gesellschafterin:	Papier Berg Aktiengesellschaft hält 100 % des Grundkapitals von DM 150.000.000,00
Vorstände:	Dr. Heinz Gradler (Vorsitzender) Heiner Müller
Buchführung:	AB S 2
Steuerberater:	Edel & Stark, Berlin
Wirtschaftsprüfer:	Michael Schulz, Berlin

Umsätze in M€:   (Einzelabschluss)
                     1997   403
                     1998   399
                     1999   379
                     2000   332
                     2001   290

Sanierungsberater:	Richardt Gmeinsky
Arbeitnehmer:	1.258 sowie 646 geringfügig Beschäftigte

c) Anschrift

Oberer Hochweg 7, 13507 Berlin

Konto:	D- Bank, BLZ XXX, Kto.-Nr: XXX
Insolvenzverwalter:	Rechtsanwalt Rainer Schultze, Teedamm 2, 10719 Berlin
Verwaltersonderkonto:	B-Bank AG, BLZ XXX, Kto.-Nr. : XXX

1.2 Gruppenbildung[12]

Im Insolvenzplanverfahren werden die Gläubiger sachgerecht gruppiert, § 222 InsO. Es sind zu bilden drei Pflichtgruppen (Absonderungsberechtigte, nicht-nachrangige und nachrangige Gläubiger), in diesen wiederum Gruppen mit gleichen wirtschaftlichen Interessen (§ 222 Abs. 2 InsO), ferner fakultativ Arbeitnehmer und Kleingläubiger (§ 222 Abs. 3 InsO).

1.2.1 Kriterien der Gruppenabgrenzung[13]

Im vorliegenden Insolvenzplanverfahren wird wegen der Größe und der Struktur der Gläubigerzahl nach § 222 I 2, 3 InsO ausdifferenziert. Innerhalb der absonderungsberechtigten Gläubiger findet eine Differenzierung zwischen Banken und Lieferanten, die im Prinzip gleich behandelt werden, statt, da die Sicherheiten unterschiedlich sind. Vermieter gelten nicht als Absonderungsberechtigte, da ein Vermieterpfandrecht nicht besteht bzw. der Mietvertrag einvernehmlich aufgehoben wird. Eine Gruppe der Kleingläubiger besteht nicht. Die nicht nachrangigen Gläubiger werden, soweit ungesichert, insgesamt gleich behandelt; allerdings stimmen bestimmte institutionell-öffentlich Gläubiger Sonderopfern zu, ähnliches gilt für Arbeitnehmer. Schließlich werden die verbundenen Unternehmen bzw. die Unternehmen, an denen eine Beteiligung besteht (vgl. Plananlage 2), gegen Verzicht der EZ-Gläubiger auf eine eventuelle Mithaft ebenfalls auf ihre Forderungen verzichten, da sich diese letztlich nur aus der Verteilung der EZ-Aktivitäten auf wirtschaftlich einheitliche, aber rechtlich getrennte Einheiten ergeben.

1.2.2 Demgemäß werden folgende Gruppen gebildet:

1. Gruppe der Gläubiger mit Absonderungsrechten[14] (außer Kreditinstitute), insbesondere Lieferanten für vorhandenes Anlagevermögen und für Umlaufvermögen, welches dem verlängerten und erweiterten Eigentumsvorbehalt unterliegt.

2. Gruppe der Arbeitnehmer[15]

Arbeiter, Angestellte, leitende Angestellte, Vorstände, Aufsichtsräte etc.

3. Gruppe institutioneller Gläubiger (enumerativ)

Finanzämter

Bundesanstalt für Arbeit

Krankenkassen

Land Musterland

4. Gruppe der verbundenen Unternehmen/Beteiligungsunternehmen[16]

Verbundene Unternehmen sowie Unternehmen, mit denen ein Beteiligungsverhältnis besteht (Plananlage 2). Soweit diese Forderungen gegen die EZ AG haben, verzichten sie auf diese.

5. Gruppe der sonstigen nicht-nachrangigen Gläubiger

---

12 Ausführlich zur Bildung der Gläubigergruppen vgl. RdNr. 7.1 ff. und 7.9 ff.
13 Fehler bei der Gruppenbildung können nachhaltige Konsequenzen haben, näher RdNr. 12.13 ff.
14 Zur Gruppenbildung von Absonderungsberechtigten vgl. RdNr. 7.13 ff.
15 Zur Rolle der Arbeitnehmer im Insolvenzplan vgl. RdNr. 7.12.
16 Zu den konzernrechtlichen Beziehungen vgl. auch RdNr. 2.62 ff.

Anhang 3   Musterinsolvenzplan „Papier Plan AG"

Alle Gläubiger gem. § 38 InsO, sofern nicht in Gruppen 1-4 oder 6. Größter Einzelgläubiger ist der Rentenverein aG.

6. Gruppe der Kreditinstitute mit Absonderungsrechten an Mobiliarvermögen und Beteiligungen der EZ AG/am Umlaufvermögen[17]

Es ist gerechtfertigt, diese Gruppe der Absonderungsberechtigten von den übrigen Absonderungsberechtigten zu sondern: Den Banken haften nicht nur die Vermögenswerte des Umlaufvermögens, sondern auch das Anlagevermögen und die Grundstücke des Konzerns.

Außerdem sind die meisten Banken, der Bankenpool, zugleich Hauptaktionäre der Konzernmuttergesellschaft. Ausgenommen sind hier die Bankforderungen, die mit Vorrang am Immobiliarvermögen gesichert sind, da diese nach derzeitigem Sachstand als voll gesichert betrachtet werden. Mit einem eventuellen Ausfall wären diese Mitglieder der Gruppe 5.

7. Gruppe nachrangiger Gläubiger

im Sinne von § 39 InsO.

1.3 Darstellung des Sanierungskonzeptes

1.3.1 Unternehmen[18]

1.3.1.1 Kurzbeschreibung des Unternehmens[19]

EZ und seine Tochterunternehmen produzieren an fünf Standorten folgende Artikel:

Berlin: Versandtaschen, Briefumschläge, Hefte, Blöcke, Servietten, Ablagekörbe, Papierkörbe, Schreibgeräte

Egersburg:	Karteikarten, Geschenkpapier
Groß Kreuz:	Ordner, Registraturmittel
Friedburg:	Montage hochwertiger Schreibgeräte
Posen (Polen):	Hefte, Blöcke, Zierbänder, Kleinserienfertigung
Most (Tschechien):	Hüllen und Folien

Das Papier Plan Sortiment besteht aus rd. 10.000 Basisartikeln in unterschiedlichen Versionen. Hinzu werden Partnermarken wie z. B. von Burgwald, CIB etc. gehandelt. Der wichtigste Vertriebskanal ist der Lebensmitteleinzelhandel (50 % des Umsatzes). Alle Unternehmen des deutschen und europäischen Lebensmitteleinzelhandels haben Papier Plan Produkte im Programm und/ oder nutzen die Dienstleistungsangebote der Gruppe. Auch der Fachhandel und die Fachabteilungen großer Kaufhäuser zählen zum Kundenkreis von Papier Plan. Der gewerbliche Endverbraucher wird über den Fachhandel erreicht. Papier Plan zeichnet sich als kombinierter Systemanbieter von Produkten und Serviceleistungen für den EZ-Markt aus. Das Dienstleistungsspektrum reicht von der Planung über Sortiments- und Layout-Optimierung bis hin zum Full-Service-Category-Management. Erstmals wird dieses Dienstleistungsangebot auch anderen Lieferanten aus dem Non-food-

---

17 Die Besonderheiten der Rechtsstellung Absonderungsberechtigter im Insolvenzplan erläutert RdNr. 7.13 ff.
18 Zu den rechtlichen und wirtschaftlichen Verhältnissen des Unternehmens im darstellenden Teil vgl. 5.13 ff.
19 Die Kurzbeschreibung des Unternehmens beschreibt dessen Werdegang und die Ursachen der Insolvenz, RdNr. 5.19 ff.

Bereich modular angeboten. EZ besitzt eine hochautomatisierte Kommissionieranlage in einem modernen Logistikzentrum in Egersburg (Flex & Co. KG [come adventure]). Außer Produkten mit dem Namen Papier Plan werden auch solche von Bote, Heidi Card, Tail und Newone vertrieben. Papier Plan ist heute in elf europäischen Ländern mit eigenen Vertriebsgesellschaften vertreten und hält eine vielfach marktführende Stellung im EZ-Sortiment bei allen bedeutenden Lebensmittel-einzelhandelsketten im europäischen Ausland.

1.3.1.2 Rechtliche Verhältnisse

a) EZ ist entstanden durch Ausgliederung aus der Papier Berg Aktiengesellschaft am 09. Mai 1996. Die AG war Mutter anderer, inzwischen verkaufter Unternehmen, die Konzernstruktur ist inzwischen überflüssig. Der (Rück-)Verschmelzungsvertrag vom 07. März 2002 wird derzeit nicht vollzogen. Dies könnte nach Bestätigung der Insolvenzpläne geschehen. Seit dem 01.01.1998 ist EZ eine durch die Papier Berg AG beherrschte Gesellschaft und seit 2000 der Papier Berg AG durch Gewinnabführungsvertrag verpflichtet. Mit der Papier Berg AG besteht körperschaft-, gewerbe- und umsatzsteuerliche Organschaft.

b) EZ ist herrschendes Unternehmen und war gewinnabführungsberechtigt gegenüber Meyer Büro Utensilien GmbH, Groß Kreuz. EZ hat sich für Bankkredite folgender Töchter verbürgt:

Heidi Card	6.647 T€	Marvin & Co.
Bote	3.323 T€	A-Bank
MBU	1.023 T€	A-Bank
Papier Plan Spolka (Polen)	1.500 T€	R- Bank

c) In der außerordentlichen Hauptversammlung der Muttergesellschaft Papier Berg AG am 08.05.2001 wurde das Grundkapital von 94,808 M€ um 79,010 M€ auf 15,798 M€ vereinfacht herabgesetzt und dann gegen Bareinlagen um 30,668 M€ heraufgesetzt. Die neuen Stückaktien wurden insgesamt von einem Bankenkonsortium unter Führung der D- Bank AG wie folgt übernommen:

D- Bank	1.450.764
BB Berlin	1.682.819
H- Bank	1.447.045
B- Landesbank	842.549
FG Bank	145.184
A-Bank	508.865
BSHG	72.472
BKI	31.196
Ost LB	1.018.211

Das Bankenkonsortium hält somit bis heute ca. 65 % des Grundkapitals der Konzernmutter. Mitglieder und Beteiligungsverhältnisse des Bankenkonsortiums sind nahezu identisch mit dem Hauptgläubiger der Gruppe und der EZ, dem Bankenpool.

Anhang 3 Musterinsolvenzplan „Papier Plan AG"

1.3.1.3 Wirtschaftliche Verhältnisse[20]

1.3.1.3.1 Ertragslage und Erfolgsfaktoren

Die negativen Faktoren der gegenwärtigen Unternehmenslage sind in erster Linie: Zu hohe Verbindlichkeiten, insbesondere gegenüber Kreditinstituten, zur Finanzierung von Verlusten aus früheren Geschäftsjahren; 1999 mussten DM 100.000.000,00 zur Bedienung einer fälligen Anleihe aufgenommen werden. Der heutigen Umsatzsituation sind die derzeit betrieblich genutzten bzw. gemieteten Immobilien nicht mehr angemessen.

Dem gegenüber stehen die positiven Erfolgsfaktoren:

Markt: Papier Plan hat im Lebensmitteleinzelhandel eine führende Position als Systemanbieter. Im gewerblichen Fachhandel und in Osteuropa ist die Position stark; die Wertschöpfungspartnerschaft im Lebensmittelhandel und das know how im Dienstleistungsbereich ist überragend. Die Marke Papier Plan als Qualitätsanbieter mittleren Preissegments genießt einen hervorragenden Ruf.

Kosten: Die Standortoptimierung ist erfolgt, die Konzentration von 13 auf 6 Standorte abgeschlossen. Produktionen in Schleswig-Holstein, Baden-Württemberg und Österreich wurden nach Berlin Burgdorf, Tschechien und Polen verlagert. Beteiligungen wurden verkauft: Top Discount (an Dt Presse), Papier Plan Newone (an EES), Frise, Projekt und Papier Plan International Trading. In den letzten vier Jahren hat ein Personalabbau von über 5.000 auf 2.961 Mitarbeiter stattgefunden. Die Führungsmannschaft ist jung und motiviert.

Demzufolge zeichnet sich der turn-around bereits ab: Der Umsatz im I. Quartal 2002 ist trotz schlechter Presse im Plan, der Rohertrag 2 % über Plan und das Ergebnis rd. 5 M€ besser als geplant und rd. 7 M€ gegenüber dem Vorjahr im Konzern. Die Quartalsziele wurden somit, zum ersten Mal seit sechs Jahren, erreicht bzw. übertroffen.

1.3.1.3.2 Vermögens- und Finanzlage

a) Die Vermögenslage

aa) Eine Bilanz der EZ zu Buchwerten zum 31.03.2002 lautet wie folgt:

Aktiva	in M€	Passiva	in M€
Immaterielles	3,2	Eigenkapital	76,7
Sachanlagen	11,8	Pensionsrückstellungen	18,5
Finanzanlagen	46,3	Verbindl. gegenüber Banken	205,9
Vorräte	30,2	Verbindl. aus Liefer. + Leist.	8,8
Forderungen u. sonst. Verm.	35,5	sonst. Verbindlichkeiten	135,3
Sonstiges	17,6	Rücklagen/sonstiges	135,3
Summe	480,7	Summe	480,7

---

20 Zu der Beschreibung des Unternehmens im Rahmen des Plankonzepts zählen auch betriebswirtschaftliche Angaben wie etwa Umsatzzahlen der letzten Jahre, Anzahl der Mitarbeiter sowie Buchungszahlen. Die einzelnen Zahlen und Daten finden sich in den Plananlagen, hierzu RdNr. 5.84.

Die Grundstücke sind, da verkauft, als Forderungen in Höhe von 174 M€ bilanziert; Forderungen aus Lieferungen und Leistungen belaufen sich auf 35 M€. Ferner bestehen eine Haftung für weitere Bankverbindlichkeiten i. H. v. fast 56 M€, so dass die Summe aller Verbindlichkeiten, einschließlich der ausgereichten Immobiliendarlehen, gegenüber Kreditinstituten 261,6 M€ beträgt.

bb) Die Wertberichtigung in der Bilanz der EZ ergibt sich aus folgender Übersicht, der eine Zerschlagungsbewertung zur Übersicht beigefügt ist:

in M	Buchwerte 31.03.2002	going concern	Zerschlagung
Immaterielles	3,2	2,75	0
Sachanlagen	11,8	11,772	2,7
Finanzanlagen	46,3	16,9	0
Vorräte	30,2	30,225	8,5
Forderungen	371,6	33,689	3,5
sonstiges	17,6	2,3	0
Zwischensumme	480,7	97,636	14,7
Grundstücke	/	117,1	49,5
Massedarlehen	/	15	15
Summe		229,736	79,2

Die Buchwerte entsprechen den fortgeschriebenen Bilanzansätzen zum 31.12.2001, die bei Betriebsfortführung vom gewählten Abschlussprüfer Michael Schulz testiert worden wären. Der Vorstand der Papier Berg AG hatte am 21.02.2001 die Honest & Burn GmbH mit der Sicherheitenbewertung im Insolvenzfall beauftragt. Die Insolvenzverwaltung hat die Geschäftsrat GmbH, einen vereidigten Sachverständigen und Auktionator, sowie den vereidigten Sachverständigen Klaus Lennitz zur Bewertung herangezogen und die so gewonnenen Erkenntnisse in Zusammenarbeit mit Richardt Gmeinsky zum vorstehenden Zahlenwerk verdichtet.

b) Die Verbindlichkeiten gegenüber Kreditinstituten haben folgende Struktur:

aa) Konsortialkredit (EURIBOR + 2,5 % p.a.) des Konsortiums:

	Linien	Inanspruchnahmen
H- Bank	12,8 M€	10,56 M€
LB Berlin	11,6 M€	9,51 M€
D- Bank	11,3 M€	9,26 M€
Ost LB	10,8 M€	8,89 M€
A-Bank	5,9 M€	4,86 M€
B- Landesbank	5,7 M€	4,74 M€
DZ-Bank AG	2,2 M€	1,80 M€
Marvin & Co.	2,0 M€	1,66 M€

	Linien	Inanspruchnahmen
BSHG	1,4 M€	1,17 M€
B-Bank	1,0 M€	0,84 M€
Fuchs (ausgeschieden)	0,7 M€	0,61 M€
	65,4 M€	53,9 M€

Die Inanspruchnahme der Linien per 03.04. betrug genau 53,882 Mio. €. Der Konsortialkredit ist als einheitlicher Kredit des Bankenkonsortiums gegeben worden. Er diente zur vollständigen Rückzahlung einer von Papier Plan begebenen Wandelanleihe i. H. v. 100 M€. Das Konsortium wurde bis zum Insolvenzantrag von der D- Bank AG geführt. Derzeit werden die Verhandlungen im wesentlichen von der H-Bank AG gestaltet.

bb) Die wesentlichen Mitglieder des Bankenkonsortiums haben dem Papier Plan -Konzern (AG, EZ, MBU, Bote, Tschechien und Schweiz) ferner Kreditlinien gewährt, die jeweils durch Vertrag einheitlich verlängert wurden und zuletzt am 31.03.2002 ausliefen (Nichtverlängerung: Insolvenzgrund der Zahlungsunfähigkeit). Diese Linien belaufen sich auf

	Linien	Inanspruchnahmen
H- Bank	34,8 M€	31,01 M€
LB Berlin	27,6 M€	24,66 M€
D- Bank	26,3 M€	23,5 M€
Ost LB	29,0 M€	25,85 M€
A-Bank	14,5 M€	12,92 M€
B- Landesbank	17,5 M€	9,88 M€
DZ-Bank AG	4,1 M€	3,69 M€
BSHG	2,0 M€	1,84 M€
B-Bank	0,8 M€	0,77 M€
	156,6 M€	134,11 M€

Die Inanspruchnahme der Linien per 03.04. betrug genau 134,112 Mio. €. Diese Kreditlinien sind historisch gewachsen: Mitglieder des Bankenpools haben der Papier Berg AG, der Papier Plan EZ AG und einzelnen Töchtern des Papier Plan Konzerns Einzellinien gewährt. Die konzerninterne Kreditstruktur ist an dieser Stelle außerordentlich kompliziert: Kreditlinien der in- und ausländischen Töchter sind im Wege des Kreditauftrages zu Lasten der EZ-Kreditlinien der einzelnen Poolbanken vergeben worden. Zur Vereinheitlichung der unübersichtlichen Kreditstruktur haben die Banken für das Gesamtengagement einheitliche Sicherheiten erhalten sie gegenüber den übrigen absonderungsberechtigten Gläubigern (Lieferanten) abgegrenzt. Außerdem wurden die diversen Kreditlinien mit einheitlichen Fälligkeitsterminen versehen. Der Bankenpool unterscheidet sich von den oben geschilderten Bankengruppen wie folgt:

- Im Bankenkonsortium, welches die Aktienmehrheit übernahm, ist zusätzlich die BKI Deutsche Industriebank AG enthalten, Marvin & Co. fehlt.
- Im Kreditkonsortium (o. aa) war zusätzlich die Fuchs Bank und ist Marvin & Co. enthalten.

cc) Zusammengefasst ergibt sich für die beiden vorbezeichneten Bankengruppen (aa) und (bb) ergeben sich folgende Beteiligungsverhältnisse am Kreditpool geordnet nach Größe:

HBB-Group	23,122 %
OstLB	19,273 %
LB Berlin	18,384 %
D- Bank	17,525 %
A-Bank	9,633 %
B- LB	7,369 %
KG Bank AG	2,794 %
BSHG	1,372 %
B-Bank	0,574 %
Summe	100,00 %

In dieser Aufstellung ist die Fuchs Bank nicht mehr enthalten, die als Bankenkonsorte ausgeschieden ist.

dd) Dem Bankenpool haften für die erstgenannten Kredite sämtliche verfügbaren Vermögenswerte der EZ:

- Gesamtgrundschuld (169 M€) auf den Grundstücken Braunstedt und Egersburg
- Sicherungsübereignung von Warenlager und Anlagevermögen
- Globalzession
- Abtretung der Rechte an Markenwarenzeichen und Patenten
- Verpfändung der Guthaben und wesentlicher Beteiligungen (insbesondere MBU, Heidi, Bote) sowie Vorauszession sämtlicher Beteiligungsveräußerungserlöse.

ee) Der Sicherheitenpool hat vorbezeichnete Sicherheiten gegenüber den potentiellen absonderungsberechtigten Lieferanten und ihren Kreditversicherern (VKA, Göring, Big) durch Vertrag vom März 2001 mit zwei Nachträgen abgegrenzt. Danach haften die Waren und Forderungen dem Bankenpool in Höhe von 65 %, den Eigentumsvorbehalts-Lieferanten und Pfandrechtsleistungsgläubigern jeweils 35 % des Umlaufvermögens (Waren und Forderungen) des jeweils belieferten Unternehmens.

ff) Das Konsortium der Banken, welches der EZ die Kredite gab, ist weitgehend identisch mit dem Bankenkonsortium der Aktionäre der PBAG. Die Kredite waren begeben, bevor die Übernahme der Aktien durch die Banken erfolgte (Juli 2001). Im Aktienrecht herrscht die Meinung, dass zwar das Kapitalersatzrecht der GmbH (§§ 31 a, 31 b GmbHG) analog auf die Aktiengesellschaft anwendbar sei, dass dies aber auch für das sog. Bankenprivileg des § 31 a Abs. 3 GmbHG gälte (Hüffer 5. Aufl. 2002 Rn. 18 a zu § 57 AktG; GK-Heinze, 4. Aufl. 2000, Randnummer 27 zu § 57 AktG). Somit führe der Erwerb von Aktien durch Kreditgeber der Gesellschaft nicht zur Unwirksamkeit der Sicherheiten, ohne dass es auf die aktienrechtlich stets problematische Frage ankäme, ob hinsichtlich der einzelnen Aktionäre unternehmerisches Engagement i.S. v. BGHZ 90, 381 vorliegt. Letztlich kann dies für den hier vorgeschlagenen Sanierungsplan aber dahinstehen: Den Gläubigerbanken wird angesonnen, die hier in Rede stehenden Absonderungsrechte (Sicherheiten) stehen zu lassen. Außerdem würde ein Rechtsstreit über die Wirksamkeit der Sicherheiten zur Kreditunfähigkeit des Unternehmens führen; seine Außenwirkung hätte voraussichtlich eine Betriebsschädigung mit der Folge einer Betriebseinstellung, also Zerschlagung zur Folge, so dass den ungesicherten Gläubigern – vgl. die Zerschlagungsvariante unter Nr. 1.7 – im Ergebnis eines Rechtsstreit gar keine Quote gezahlt werden können.

gg) Zur Entschuldung der EZ verzichten die Konsortial- und Poolbanken auf die Durchsetzung ihrer Forderungen aus dem Konsortialkredit (aa) und den Kreditlinien (bb) gegenüber der EZ, soweit diese Forderungen einen Betrag von 76,714 M€ übersteigen. Dafür übernehmen die GHG Grundstücksgesellschaft Egersburg mbH & Co. KG und die GBG Grundstücksgesellschaft Am Ludwigshafen mbH & Co. KG die Haftung für die Forderungen, wobei zur Vermeidung der Überschuldung dieser Gesellschaften ebenfalls Haftungsbeschränkungen in Höhe von 67 M€ bzw. in Höhe von 3,8 M€ vorgenommen werden. Im Insolvenzplan der PBAG ist vorgesehen, dass diese für die Forderungen aus dem Konsortialkredit und der Kreditlinien noch in Höhe von 5 M€ haftet und im übrigen ebenfalls eine Haftungsbeschränkung vorgenommen wird. Die Haftungsbeschränkung bei PBAG, GHG und GBG sieht vor, dass über die genannten Beträge hinaus nur eine gegenüber allen anderen Gläubigern nachrangige Haftung für den überschießenden Teil der Forderungen besteht.

Diese Finanzierungsstruktur des EZ-Konzerns wird im Zusammenhang mit dem Insolvenzplanverfahren durch einen gesonderten (neuen) Kredit- und Sicherheitenvertrag zwischen den Bankenkonsortium und EZ umgesetzt. Infolgedessen hat EZ zukünftig nur noch Verbindlichkeiten gegenüber Banken zu bedienen, für die ausreichende Sicherheiten bestehen und deren Zinsforderungen das operative Ergebnis von EZ nicht überfordern. Bei der Neustrukturierung dieser Kreditverhältnisse handelt es sich um den zentralen bilanziellen Sanierungsvorgang bei der EZ.

hh) Außerhalb dieser zentralen Finanzierungsinstrumente sind Kreditverhältnisse in zwei Bereichen zu melden:

– Folgende Poolbanken haben dem Papier Plan -Konzern über das eigentliche Konsortium herausreichende, ungesicherte Kredite gewährt:

H. Bank (Irland)	7,00 M€
B- Landesbank	10,2 M€
LB Berlin	10,2 M€
Summe	27,4 M€

und werden, um das Kreditengagement im Hinblick auf die gesicherten Bankenforderungen nicht zu gefährden, auf diese Forderungen verzichten.

– zwei Hypothekenbanken haben der EZ Darlehen gewährt, die durch vorrangige Grundpfandrechte auf dem Erbbaurecht Berlin-Musterstadt besichert sind:

H- Bank	15,4 M€
Euro H	30,8 M€

Diese Gläubiger sind nicht in die Gruppe 6 (Forderungen von Kreditinstituten mit Absonderungsrechten und Mobiliarvermögen) aufgenommen worden, weil ihre Sicherheiten durch den Insolvenzplan unangetastet bleiben. Aufgrund des vorliegenden Wertgutachtens für das Erbbaurecht Berlin-Musterstadt, welches einen vent-concern-Schätzwert von 50 M€ feststellt, sind die Hypothekenbanken als vollständig gesichert anzusehen, so dass eine Ausfallforderung, mit der sie am Insolvenzverfahren teilnehmen könnten, nicht besteht.

1.3.1.4 Wesentliche Verträge[21]

a) Wesentliche Finanzierungsgrundlage der Gesellschaft sind die Kredit- und Sicherheitenverträge der Plananlage 3.

---

21 Zur Gestaltung der schuldrechtlichen Beziehungen aus gegenseitigen Verträgen durch den Insolvenzplan siehe 5.37 ff.

b) Organschaftsverträge, s.o. 1.3.1.2

c) Geschäftsbesorgungsverträge gibt es für die Verwaltungs-, Controlling-, Datenverarbeitungs- und Finanzmanagementaufgaben der Beteiligungsgesellschaften.

d) Logistikvertrag vom 29.08.2000 mit Striege GmbH, Neurer; hierdurch hat das come adventure Flex & Co. KG, Berlin, ab 01.09.2000 den Wareneingang, die Kommissionierung und die Versandvorbereitung sowie die Auftragsbearbeitung nebst zugehöriger Datentechnik und bench-marking übernommen. Fiege Deutschland erhält 5 % Systemkosten, e-com die angefallenen Ist-Kosten und 10 % Gewinnaufschlag. EZ stellt Gebäude, Lager- und Freiflächen sowie Betriebseinrichtungen kostenlos zur Verfügung.

e) Grundstückskaufverträge

aa)

Braunstedt:	mit Wirkung zum 01.01.2002 hat EZ der GBG Grundstücksgesellschaft Am Ludwigshafen mbH & Co. KG das Erbbaurecht am landeseigenen Grundstück in Berlin-Musterstadt verkauft.
Kaufgegenstand:	Erbbaugrundbuch von Braunstedt Blatt 4952, Straße am Ludwigshafen (früher: Berliner Str. 30), Größe ca. 80.000 m², belastet in Abteilung II mit Erbbauzinsreallast in Höhe von 581 TDM für den Grundstückseigentümer (Land Musterland) und Vorkaufsrecht sowie in Abteilung III mit folgenden Grundpfandrechten in Mio.-DM:

Land Musterland	10,0
H- Bank	40,0
F-Hypo	20,0
Land Musterland	02,2
Centrum Grund	05,0
F-Hypo	05,0
Centrum Grund	25,0
Land Musterland	02,6
D- Bank	330,0
Land Musterland	01,1
Summe	440,9

Kaufpreis:	52,2 Mio. € (Erbbaurecht, Grund, Boden, Gebäude: 40,4 Mio. €, Anlagen und Hochregallager 11,8 Mio. €).
Mehrwertsteuer:	8,3 Mio. €, durch Vorsteuerabtretungsanspruch bezahlt.
Kaufpreisfälligkeit:	Erst nach Lastenfreistellung, daher unbezahlt, Vormerkung ist eingetragen.
Rückmietvertrag:	über 647 T€/Monat bzw. 7,764 M€ p.a. seit 01.01.2001 für wesentliche Teile des Objektes
Erbbauzins:	Bei Käuferin GBG, keine Masseverbindlichkeit der EZ

Nach Angaben des Notars ist der Vertrag, bis auf die Kaufpreiszahlung, vollzugsreif.

bb)

Egersburg:	Die EZ hat mit Wirkung vom 01.01.2001 der GHG Grundstücksgesellschaft Egersburg mbH & Co. KG ihre Immobilie in Egersburg verkauft, auch dieser Kaufvertrag ist bis auf Kaufpreiszahlung vollzugsreif.
Kaufgegenstand:	Grundstück, eingetragen im Grundbuch von Egersburg Blatt 18944, Straße der Einheit, belastet in Abteilung II mit Vormerkung für GGF, in Abt. III mit Grundschulden belastet in Mio.-DM:

Für die D- Bank   332,322

HH AG (betr. verkaufte Teilfläche)   1,000

Summe: 333,322

Kaufpreis/Miete:	122 M€, im übrigen wie Kaufvertrag Braunstedt; Rückmietzins: 690 T€ monatlich bzw. 8,28 M€ p.a. für Teilflächen.

Im Zuge der Durchführung des Insolvenzplans wird die Eigentumsumschreibung der zu übertragenden Grundstücke auf die Käufergesellschaften erfolgen; Grunderwerbsteuer entsteht hier nicht, da die EZ alleinige Kommanditistin der Käufergesellschaften ist. Es sind mit den Käufergesellschaften Mietverträge zu einem marktgerechten Mietzins und reduzierten, den tatsächlichen Bedürfnissen entsprechende, Flächen abzuschließen, während die EZ durch den Plan und den Eigentumswechsel von den auf die Grundstücke entfallenden Teilen der Bankkredite entlastet wird. Die Entlastungseffekte (in M€) der EZ gegenüber der bisherigen GuV-Planung bzw. dem Ausweis bisheriger Bilanzpositionen durch diese Grundstückstransaktionen entwickeln sich wie folgt:

in M€	Braunstedt	Egersburg	Spandau	Summe
Miete 2. Halbj. 02	-1,6	-1,8	-3,1	-6,5
Miete ab 03	-1,4	-1,5	-6,2	-9,1

Zum 31.12.2001 waren die Immobilien Braunstedt mit 48,1 M€ und Egersburg mit 115,1 M€ bilanziert, auf Braunstedt lasteten Objektkredite in Höhe von 45,7 M€. Entlastungseffekte ergeben sich aus der Übertragung der Grundstücke und weil die Grundstücksgesellschaften der EZ ab 2003 die geringere Miete gewähren, wobei nur die benötigten Flächen von der EZ gemietet werden. Für das zweite Halbjahr 2002, in dem bei Zerschlagung von EZ ein anderweitiger Mieter gesucht werden müsste, zahlt EZ einen um 50 % reduzierten Mietzins für Egersburg und Braunstedt, danach ortsübliche Miete.

Dass die Banken dadurch bessergestellt werden als bei der EZ-Zerschlagung, ergibt sich aus dem Grundstücks-Zerschlagungswert, da zu unterstellen ist, dass die Grundstücke anderweitig vorläufig nicht nutzbar sind. Mietzins, vent-concern-Wert und Zerschlagungswert sind durch einen vereidigten Grundstückssachverständigen im Prinzip bestätigt worden (Plananlage 6 c). Die Banken können ihre Befriedigung außerhalb des EZ-Insolvenzverfahrens suchen, und ihnen steht der volle vent-con-Wert der Grundstücke – abzüglich der vorhandenen und zu übernehmenden Belastungen anderer Gläubiger – zur Verfügung. Auch steht ihnen jeder Verwertungsweg offen, da sich die EZ AG im Rahmen des Insolvenzplanverfahrens verpflichtet, die von ihr alleine gehaltenen Anteile an den Grundstückskommanditgesellschaften jederzeit auf einen vom Bankenpool zu benennenden Dritten zu übertragen. Soweit Banken lediglich Immobiliarkredite gegeben haben, also nicht Mitglieder des Bankenkonsortiums sind, wird ihr Absonderungsrecht durch die Grundstücksausgliederung nicht berührt. Zwar wird auch ihnen im Rahmen des Insolvenzplans ein Verzicht auf ihre persönliche Forderung gegen die EZ AG angesonnen. Hierdurch werden die Hypothekenbanken jedoch nicht schlechter gestellt, als sie ohne den Plan stünden, da die Forderung gegen die EZ AG im Zerschlagungsfalle wirtschaftlich wertlos ist, während im Übertragungsfall den Hypotheken-banken der bessere Wert ihrer Pfänder zugute kommt. Wie eine Liquiditätsberechnung zeigt, wird die GHG(Egersburg) Zins- und Tilgungsdienste leisten können; die GBG (Berlin-Musterstadt, Am Ludwigshafen) wird zunächst wenigstens den nicht am Pool beteiligten Hypothekenbankkredit verzinsen können und mittelfristig den Poolbanken-Hypothekkredit verzinsen sowie Tilgungs-leistungen erbringen können. Die Rangfolge von Zins, Tilgung und Erbbauzins wird im Verfahren geprüft werden.

f) Mietvertrag Berlin-Rauchnberg, Kramerweg 2–10[22]

Die PBAG hat ihr damaliges Betriebsgrundstück Kramerweg 2-10 in Berlin-Rauchnberg an Herrn Bernd Schnitz in GbR mit der Kram GmbH verkauft, von ihm zurückgemietet und an die GBG weitervermietet, von der die EZ Gebäudeteile zum Preis von 3,636 M€ p.a. inkl. USt. zurück-gemietet hat. Der Mietvertrag ist gem. § 109 InsO beendet worden. Das Gebäude wird derzeit beräumt, Miete wird hier zukünftig nicht mehr gezahlt. Das Objekt soll der Vermieterin zurück-gegeben werden.

g) Sozialplan:

EZ hat am 10.11.1998/15.12.1999 mit dem Betriebsrat einen Interessenausgleich und einen Sozialplan abgeschlossen. Die verbleibende Rückstellung per 31.12.2001 belief sich auf 0,865 M€, es sind nur noch geringfügige Restzahlungen offen.

Neue Ansprüche können aus dem Sozialplan nicht mehr entstehen, da für neue Betriebsänderungen ein neuer Sozialplan abgeschlossen wird.

Im Übrigen wäre hier mit nennenswerten Forderungen nicht zu rechnen, da durch die Sanierungen des Papier Plan Konzerns ein Abbau von Arbeitsplätzen in der Insolvenz praktisch nicht stattfindet. Die oben unter 1.1.2 verzeichneten Mitarbeiter der EZ bleiben dem Unternehmen –bis auf wenige Einzelfälle- erhalten.

1.3.1.5 Steuerliche Verhältnisse[23]

Mit der Papier Berg AG als Organträger besteht körperschaftssteuerliche, gewerbesteuerliche und umsatzsteuerliche Organschaft. Durch die Organschaften wird die Entstehung der Steuer nicht bei der EZ, sondern bei der Papier Berg AG fingiert.

a) Die gewerbesteuerliche und die umsatzsteuerliche Organschaft sind in der Insolvenz beider Unternehmen unproblematisch. Gleich, ob die Organschaften durch die Eröffnung der Insolvenz-verfahren mangels zukünftiger Eingliederung enden oder nicht, haften beide Gesellschaften für Gewerbe- und Umsatzsteuer, die bis zur eventuellen Beendigung entstehen, gesamtschuldnerisch. Werden die Organschaften beendet, so entstehen Gewerbe- und Umsatzsteuer zukünftig nur bei der Organgesellschaft EZ, werden von dieser aber auch bezahlt. Der Insolvenzplan sieht für beide Steuern erhebliche Erlasseffekte in beiden Insolvenzverfahren vor, da andernfalls der Sanierungs-erfolg schon durch die Korrektur der umsatzsteuerlichen Bemessungsgrundlage und eventuell zu berücksichtigende gewerbesteuerliche Erträge zunichte gemacht würde.

b) Körperschaftssteuern

Der Unternehmensvertrag hat die Entstehung von Verlustvorträgen bei der EZ bisher verhindert; entsprechende Verlustvorträge waren bei der Papier Berg AG vorhanden. Durch die beabsichtigte Unternehmenssanierung entsteht Sanierungsgewinn, der nach dem Wegfall von § 3 Nr. 66 EStG

---

22 Das Schicksal gegenseitiger Verträge im Insolvenzverfahren beschreibt RdNr. 5.37 ff.
23 Steuerliche Probleme im Planverfahren erläutern RdNr. 2.93 ff.

nicht steuerfrei ist. Ob der Sanierungsgewinn der EZ bei der Papier Berg AG anfällt, wo er mit Verlustvorträgen kompensiert werden könnte, oder ob ihn die EZ mangels eigener Verlustvorträge versteuern muss, hängt vom Schicksal der Unternehmensverträge in der Insolvenz ab. Nach herkömmlicher Betrachtung (BGHZ 103, 1, 6) endeten Unternehmensverträge mit Konkurseröffnung, da der Konkursverwalter „lediglich die Konkursmasse im Interesse der Gläubigerschaft bestmöglich und gleichmäßig zu verwerten, nicht aber einen Konzern zu leiten und Konzerninteressen wahrzunehmen" habe (BGH aaO, 7). Auf Sanierungsverfahren nach der InsO trifft dieser Gedanke nicht mehr zu, da der Konzern die Insolvenz überleben soll (so schon BFH E 90, 370, 373, weitere Nachweise bei Hüffer, AktG 2002, Randnummer 22 zu § 298). Hier wird man davon ausgehen müssen, dass der Sanierungsgewinn der EZ nicht von dieser, sondern von der Papier Berg AG zu versteuern ist. Grundsätzlich stellte sich dort das Problem, dass Verlustvorträge aus operativem Geschäft früherer Jahre weitgehend durch die Kapitalmaßnahmen des Jahres 2001 verbraucht sein könnte, so dass eine Ertragssteuerzahllast eintreten könnte, für die die EZ nach § 73 AO haften würde. Darüber hinaus wird die Meinung vertreten, dass solche Sanierungssteuern noch bei ihrer zukünftigen Entstehung als Masseschulden angesehen, daher voll befriedigt und im Sanierungsplan durch Rückstellung gesichert werden müssten (vgl. Maus, ZIP 2002, 589, 592). Der Insolvenzplan der Papier Berg AG sieht daher eine Erlassregelung der Ertragssteuer auf den Sanierungsgewinn vor. Der Fiskus, der ohne Sanierung auch nichts erhielte, wird hierdurch nicht schlechter gestellt. Deshalb hat das zuständige Finanzamt für Körperschaften dem Unterzeichner in einer verbindlichen Auskunft bestätigt, dass für etwaige Sanierungsgewinne der EZ die körperschaftsteuerlich vorgetragenen Verlustvorträge der PBAG –nach Auskunft des Steuerberaters der Gesellschaft in ausreichender Höhe– verrechnet werden könnten. Eine Steuerzahllast wegen des Sanierungsgewinne tritt also jedenfalls nicht ein.

c) Grunderwerbsteuer aus den Grundstückstransaktionen entsteht nicht, da EZ bei den Erwerber-Kommanditgesellschaften jeweils Alleinkommanditist ist und der Grunderwerb somit gem. § 5 GrErStG steuerfrei bleibt. Es besteht jedoch noch eine streitige Forderung auf Zahlung von Grunderwerbsteuer im Zusammenhang mit der durchgeführten Spaltung. Diese ist vom zuständigen Finanzamt angemeldet und soll aus den oben erörterten Gründen ebenfalls im Rahmen dieses Plans durch Verzicht erlöschen. Gleiches gilt für die Lohnsteuer des Insolvenzgeldzeitraums.

1.3.1.6 Risiken[24]

Wie jede Unternehmenssanierung steht auch die vorliegend geplante unter der Voraussetzung, dass die Erwartungen, bezogen auf das Unternehmen, die Lieferanten, die Kunden und den Markt eintreten. Dies ist das gewöhnliche Unternehmerrisiko. Der Verfasser des Insolvenzplans sieht besondere, hierüber hinausgehende, Risiken bei Annahme des Insolvenzplanes lediglich in folgenden Punkten:

a) In der Besteuerung des Sanierungsgewinns;

b) In der zukünftigen Kündigung der für den Betrieb weiterhin unerlässlichen Kreditlinien, soweit diese die Finanzierung der Umlaufmittel betreffen;

c) Dass Lieferanten zukünftiges Lieferrisiko nicht mehr übernehmen und Kundenbeziehungen nicht aufrecht erhalten werden können;

d) Dass es nicht zum Abschluss von Mietverträgen über die betriebsnotwendigen Teile für ausgegliederten Betriebsgrundstücke kommt;

---

24 Die Bewertung der Sanierungsfähigkeit des Schuldners und der Tauglichkeit einzelner Sanierungsmaßnahmen beinhaltet auch, mögliche Risiken aufzuzeigen, die zum Scheitern des Plans führen können, RdNr. 5.58 ff.

e) Dass durch eine Veräußerung wesentlicher Beteiligungen – insbesondere Newone Office Products – das Unternehmen unter die kritische Größe gerät, die für eine Kundenakzeptanz und die Aufrechterhaltung des Betriebssystems erforderlich ist.

Den Risiken begegnet der Planverfasser im wesentlichen durch die Beteiligung aller wesentlichen Gläubigergruppen an der Planerstellung. Soweit eine Klärung der einzelnen Punkte bereits vor dem Abstimmungstermin möglich ist, soll diese – ggf. wiederum durch die Planannahme bedingt – erreicht werden.

1.3.2 Unternehmenskrise[25]

Das Unternehmen war unter vent-concern-Gesichtspunkten zum Zeitpunkt der Insolvenzantragstellung nicht überschuldet. Der Wirtschaftsprüfer, Michael Schulz, hätte voraussichtlich beim Fortbestand der Finanzierung ein entsprechendes uneingeschränktes Testat auf die Jahresabschlussbilanz zum 31.12.2001 erteilt. Der Unternehmenszusammenbruch trat durch die unterbliebene Prolongation der zum 31.03.2002 auslaufenden gemeinsamen Kreditlinien (vgl. oben 1.3.1.4) ein, durch die das Unternehmen i.S. v. § 17 InsO zahlungsunfähig wurde. Durch die Kürzung der Kreditlinien und ihrer Prolongation, ggf. durch den Abschluss eines entsprechenden Neukreditvertrages mit dem Bankenpool wird die Zahlungsfähigkeit des Konzerns und damit der EZ wieder hergestellt. Durch den sanierungsbedingten Verbindlichkeitenschnitt wird der Eintritt der Überschuldung dauerhaft verhindert und zugleich, wegen des Zinsentlastungseffekts, die Ertragskraft des Unternehmens gestärkt.

1.3.3 Leitbild des sanierten Unternehmens

Das Unternehmen wird nach durchgeführter Sanierung, im Falle der Planbestätigung, bis auf den wirtschaftlichen Wert seines Vermögens entschuldet sein. Hernach ist es in der Lage, nachhaltig seinen Verbindlichkeiten nachzukommen und die vorhandenen Kredite zu bedienen. Die Einzelheiten der Planbilanzen für die Beendigung des Insolvenzverfahrens, die Jahresabschlussstichtage 2002 und 2003 sowie das Ende der Planüberwachung am 31.03.2004 sind Bestandteil der Plananlage 9. Zu den Jahresendstichtagen 2002 und 2003 wird das Ergebnis der gewöhnlichen Geschäftstätigkeit jeweils positiv sein. Dies ergibt sich aus den für die einzelnen Planmonate dieser Zeiträume aufgestellten, ebenfalls in der Plananlage 9 enthaltenen Gewinn- und Verlustrechnungen sowie der hieraus kumulierten Jahressalden. Die – dort enthaltenen – Prämissen, unter denen die Planung steht, sind realistisch und aus den Vorgaben des Unternehmens selbst entwickelt.

1.4 Darstellung der bisher ergriffenen Maßnahmen[26]

Die Unternehmensleitung, Vorstand und Management des Konzerns, haben in den vergangenen Jahren mit Unterstützung ihrer Banken und Kreditversicherer und der Unternehmensberatung Fritz Krumme (Richardt Gmeinsky) ein erhebliches Restrukturierungsprogramm vollbracht. Die Mitarbeiterzahl des Konzerns hat sich von über 5.000 auf 2.961 zum 31.12.2001, die Anzahl der Standorte von 13 auf 6 reduziert. Stellungnahmen hierzu befinden sich in der Plananlage 6.

---

25 Zur Darstellung des Sanierungskonzepts – bisherige und geplante Maßnahmen – vgl. RdNr. 5.21 ff.
26 Die Unterteilung der Sanierungsmaßnahmen in „bisherige" und „geplante" empfiehlt der IDW-Standard, näher RdNr. 5.24.

Anhang 3   Musterinsolvenzplan „Papier Plan AG"

1.5 Darstellung der zur Erreichung des Planerfolgs notwendigen Maßnahmen[27]

1.5.1 Überblick

Die zur Erreichung des Planerfolgs notwendigen Maßnahmen sollen nach Möglichkeit bis zum Abstimmungstermin abgeschlossen oder jedenfalls so vorbereitet sein, dass ihre Erfüllung sicher oder überwiegend wahrscheinlich ist. Es handelt sich einerseits um die Umsetzung der im Zuge der Planverwirklichung notwendigen Sanierungsmittel:

– Beendigung der Grundstücksausgliederung (Eigentumsüberschreibung)
– Abschluss von neuen Mietverträgen
– Abschluss eines neuen Kreditvertrages

sowie andererseits die Maßnahmen zur Vermeidung der unter 1.3.1.6 genannten Risiken:

– Zustimmung der Finanzbehörden
– Zustimmung des Arbeitsamtes
– Zustimmung der Poolbanken
– Zustimmung der Kreditversicherer.

Daneben muss, entsprechend den Regelungen im gestaltenden Teil des Insolvenzplans, eine Verkürzung der Verbindlichkeiten durch Verzicht bzw. quotale Befriedigung erfolgen.

1.5.2 Maßnahmen, die die Rechtsstellung der Gläubiger berühren[28]

Die Rechte der unter 1.2.2 genannten Gläubigergruppen werden durch die Regelungen des gestaltenden Teils folgendermaßen berührt:

Gruppe 1

Gruppe der Gläubiger mit Absonderungsrechten (außer Kreditinstitute)[29]

Die Lieferanten erhalten – soweit aussonderungsberechtigt (einfacher Eigentumsvorbehalt, § 449 BGB) – volle Befriedigung ihrer Forderungen durch Rückgabe oder Ablösung. Unter Lieferanten werden auch verstanden die Waren- und Leistungsgläubiger, denen aufgrund anderweitiger Sicherungsrechte Absonderungsrechte an den Waren und Forderungen der Gemeinschuldnerin eingeräumt wurden. Die Planverfasser gehen davon aus, dass hierdurch voraussichtlich eine fast vollständige Befriedigung dieser Gläubigergruppe erfolgen wird. Ansonsten bestimmen sich die Rechte zunächst nach dem Sicherheitenpool-Abgrenzungsvertrag von Februar/März 2001 mit Nachträgen. Danach sind gesichert Lieferanten mit verlängertem und erweitertem Eigentumsvorbehalten sowie kreditversicherte Lieferanten. Auf diese Lieferanten entfällt danach ein Betrag von 35 % des Wertes von Warenlager und Forderungsbestand aus Lieferungen und Leistungen, höchstens jedoch den Nominalbetrag ihrer Forderungen. Da dieser Wert dem Unternehmen nicht durch sofortige Auszahlung entzogen werden kann, sieht der hier vorgelegte Plan eine Auszahlung in vier Raten vor: Nach Planbestätigung, Ende 2002, Mitte 2003 und Ende 2003. Werden Forderungen erst nach Planbestätigung festgestellt, erfolgt Nachzahlung der entsprechenden Teilquoten. Soweit danach noch Forderungen offen sind, nehmen diese in Gruppe 5 (§ 38 InsO) am Verfahren teil. Auf diese

---

27 Sanierungsmaßnahmen sind in autonome (RdNr. 5.25 ff.), d. h. solche ohne Hilfsmittel des Insolvenzrechts, und heteronome (RdNr. 5.33 ff.), also spezifisch insolvenzrechtliche, zu differenzieren. Letzere stellen das Kernstück des betreffenden darstellenden Teils des Insolvenzplans dar, vgl. RdNr. 5.34.
28 Zur Änderung von Gläubigerrechten, insbesondere Eingriffen in Rechte von Sicherungsgläubigern, vgl. RdNr. 5.49 ff.
29 Zur Gruppenbildung der Absonderungsberechtigten vgl. RdNr. 7.13 ff.

Restforderungen wäre von den Gläubigern daher ein Verzicht i. H. v. 90% auszusprechen. Durch den sich daraus ergebenden Teilverzicht der Lieferanten auf ihre Forderungen, die nicht durch Absonderungsrechte gedeckt sind, tritt eine Schlechterstellung der Lieferantengläubiger aus den genannten Gründen (höheren vent-concern-Wert) nicht ein, da durch den Insolvenzplan die vent-concern-Werte erhalten bleiben und damit eine erheblich höhere Sicherung der Lieferanten gemäß Sicherheitenabgrenzungsvertrag erreicht wird.

Soweit Lieferanten dem Sicherheitenpool-Abgrenzungsvertrag nicht beitreten, obwohl sie Absonderungsrechte haben, werden sie durch den Insolvenzplan nicht daran gehindert, diese Absonderungsrechte nach §§ 170 ff. InsO durchzusetzen.

Soweit Lieferanten keine Absonderungsrechte haben, weil sie nicht poolfähige Lieferungen oder Leistungen erbracht haben – Eigentumsvorbehaltsrechte nicht vereinbart – bzw. nicht kreditversichert sind, sind sie nicht absonderungsberechtigt, sondern werden nach Gruppe 5 befriedigt, als sonstige nicht-nachrangige Gläubiger.

Die Kreditversicherer der Lieferanten sollen sich außerhalb des Insolvenzplans verpflichten, die dem Konzern bei Insolvenzantragstellung zur Verfügung stehenden Deckungslinien bis zum Ende der Planüberwachung (31.03.2004) aufrecht zu erhalten. Hierzu werden gesonderte Gespräche zwischen Unternehmen und Kreditversicherern geführt.

Gruppe 2

Gruppe der Arbeitnehmer[30]

Die Arbeitnehmer erbringen zur Unterstützung des Betriebes und zum Erhalt der ganz überwiegenden Mehrzahl der Arbeitsplätze folgende Sonderopfer im Wert von ca. 2,8 Mio € im Jahre 2002 und ca. 4,4 M€ p.a. ab 2003:

– Verzicht auf die tarifliche 35-Stunden-Woche, Einführung der 38,5 Stunden-Woche (0,21 M€ p.m.)
– Reduzierung des Weihnachtsgeldes von 95% auf maximal 45% des Monatsentgeltes (ca. 995 T€ p.a.)
– Reduzierung des zusätzlichen Urlaubsgeldes (ca. 400 T€ in 2002 und ca. 900 T€ p.a. ab 2003).

Die Reduzierung des Weihnachtsgeldes und des zusätzlichen Urlaubsgeldes erfolgen durch einen neuen Manteltarifvertrag in Folge eines Wechsels des Arbeitgeberverbandes. Dadurch erhöht sich auch die tarifliche Wochenarbeitszeit auf 38,5 Stunden pro Woche. Der Beitritt zu den Arbeitgeberverbänden steht unter der aufschiebenden Bedingung des Zustandekommens des Insolvenzplanes.

Daneben erfolgt ein Abbau von 57 Arbeitsplätzen, der zu einer weiteren Einsparung von Personalkosten führt. Über die Entlassung von 57 Arbeitnehmern wurde mit dem Betriebsrat ein Interessenausgleich und Sozialplan vereinbart. Wegen dieser Sozialplanleistungen und der Kündigungsauslauflöhne wird die volle Personalkosteneinsparung von 2,0 M€ p.a. erst im 2. Jahr erreicht. Im 1. Jahr beträgt sie ca. 1,0 M€.

Gruppe 3

Gruppe institutioneller Gläubiger (enumerativ)

Die enumerative Gruppe institutioneller Gläubiger wird Sonderopfer erbringen in der Erwägung,

– den Industriestandort Berlin/Musterland durch den Erhalt eines der größten ortsansässigen Industriekonzerne zu stärken;

---

30 Arbeitnehmerforderungen im Insolvenzplan erläutert RdNr. 7.12.

Anhang 3   Musterinsolvenzplan „Papier Plan AG"

– die im Zerschlagungsfall drohende Massenarbeitslosigkeit zu verhindern
– und dass Forderungen, die nur durch die Sanierung entstehen, nicht dazu führen dürfen, die Sanierung zu verhindern.

Im einzelnen werden verzichten:

a) das Finanzamt für Ansprüche auf die Geltendmachung sanierungsgenerierter Steuern:

aa) Steuern auf Erhöhung des Betriebsvermögens, die durch den Insolvenzplan, seine Bestätigung und seine Begleitmaßnahmen entstehen (Körperschafts- und Gewerbesteuer);

bb) Umsatzsteuern, die sich aus der sanierungsbedingten Änderung der Bemessungsgrundlage nach § 15 a oder nach § 17 UStG ergeben;

cc) Lohnsteuern des Insolvenzgeldzeitraums;

sowie auf Grunderwerbsteuerforderungen, die sich aus der 1996 erfolgten Spaltung Papier Berg AG/Papier Plan EZ AG ergeben.

Die sanierungsbedingten Steuern entstehen durch den Wegfall der Steuerfreiheit des Sanierungsgewinns (§ 3 Nr. 66 EStG a.F., dessen Wiedereinführung nach den Vorstellungen der insolvenzrechtlichen Bund-Länder-Kommission übrigens geplant ist, für den vorliegenden Fall allerdings zu spät kommen wird), den Wegfall des Vorsteuerabzugs auf Forderungen, für die Lieferantengläubiger insolvenzplanbedingt nur teilbefriedigt werden und die durch die sanierungsbedingte mögliche Veräußerung weiterer Vermögensgegenstände eintretende Änderungen der umsatzsteuerlichen Bemessungsgrundlage. Dem Sonderopfer liegt die Erwägung zugrunde, dass die Ertragssteuer ohne Sanierung gar nicht entstünden, und dass sämtliche Steuern im Zerschlagungsfall nicht befriedigt werden könnten, da das Insolvenzverfahren ohne Zahlung einer Quote auf nicht nachrangige Gläubigerforderungen mangels Masse eingestellt werden müsste. Der Steuerfiskus wird somit durch den Insolvenzplan nicht schlechter gestellt, als er ohne einen solchen Insolvenzplan stünde (vgl. § 245 Abs. 1 Nr. 1 und § 251 Abs. 1 Nr. 2 InsO). Vorsorglich sind entsprechende Erlassanträge nach § 227 AO gestellt.

b) Die Bundesanstalt für Arbeit, vertreten durch das Landesarbeitsamt Berlin Burgdorf, verzichtet auf eine Teilnahme ihrer Insolvenzgeldforderungen gem. § 55 Abs. 3 n.F. InsO i. V. m. § 187 SGB III. Dem liegt die Erwägung zu a) zugrunde: Ohne Insolvenzplan erfolgte ebenfalls keine, auch keine quotale Befriedigung dieser Forderung, so dass eine Schlechterstellung der Bundesanstalt durch den Insolvenzplan nicht eintritt. Es handelt sich hierbei um zukünftige Forderungen in einer Größenordnung von rd. 4,2 Mio. €.

c) Das selbe gilt für die Ansprüche der Krankenkassen, die trotz Befriedigung durch die Bundesanstalt für Arbeit gem. § 208 Abs. 1 SGB III Gläubigerin der im Insolvenzgeldzeitraum anfallenden Beiträge bleiben. Es handelt sich hierbei um einen Betrag von ca. 3,3 Mio. €. Forderungen der Krankenkassen, die nicht gem. § 208 Abs. 1 SGB III von der Bundesanstalt für Arbeit befriedigt werden, werden in der Gläubigergruppe 5 (Quote 10%) berücksichtigt.

d) Das Land Musterland ist Gläubiger folgender, teils eventueller, teils sanierungsgenerierter Forderungen:

aa) Ansprüche aus dem Erbbaurechtsvertrag in Berlin-Musterstadt (rückständiger Erbbauzinsanspruch, Vertragsstrafen und Heimfallansprüche etc.);

bb) Umzugsdarlehen über 3 M€ (Rückgriff).

Der Verzicht auf vorstehende Ansprüche ist vollständig.

410

Gruppe 4

Verbundenen Unternehmen/Beteiligungsunternehmen

Als Pendant zur Enthaftung der Konzerngesellschaften verzichten diese ihrerseits auf die Ansprüche gegen die EZ AG in vollem Umfang. Gleichzeitig wird der Unternehmensvertrag mit der Papier Berg AG aufgehoben, die dafür von der EZ AG eine Zahlung i. H. v. einer M€ erhält.

Gruppe 5

Gruppe der sonstigen nicht-nachrangigen Gläubiger

Alle Gläubiger dieser Gruppe erhalten aus den festgestellten oder festzustellenden Nennbetrag ihrer Forderungen (ohne Zinsen, Kosten und sonstigen Nebenleistungen sowie Mehrwertsteuer) eine Quote von 10 % bis zum 31.12.2003.

Die Quoten werden in vier Raten ausgezahlt: Ende 2002, Mitte 2003, Ende 2003 und Anfang 2004. Werden Forderungen erst nach Planbestätigung festgestellt, erfolgt Nachzahlung der entsprechenden Teilquoten.

Gruppe 6

Gruppe der Kreditinstitute mit Absonderungsrechten an Mobiliarvermögen sowie Beteiligungen der EZ AG/am Umlaufvermögen[31]

Den Banken bleibt der Wert ihres Absonderungsrechts, soweit sich dieses auf die Grundstücke Braunstedt und Egersburg bezieht, im vollen Umfang erhalten. Allerdings werden die Kreditbeträge, die sich auf dieses unbewegliche Anlagevermögen beziehen, nur noch bei den Grundstücksgesellschaften geltend gemacht. Gegenüber der hiesigen Gemeinschuldnerin wird nur noch der Kredit aufrechterhalten, der durch das bewegliche Anlage- und Umlaufvermögen des EZ-Betriebes gedeckt ist. Auch diese Absonderungsrechte bleiben bestehen und werden durch den vorgelegten Plan wieder voll werthaltig.

Da diese Absonderungsberechtigten durchweg auch persönliche Gläubiger des Schuldners sind, werden die Forderungen dieser Gläubiger mit allen Nebenforderungen durch den Insolvenzplan in vollem Umfang erlassen, soweit sie nicht durch den Wert der bestehen bleibenden Absonderungsrechte gedeckt sind. Hinsichtlich der grundpfandrechtlich gesicherten Banken bedeutet dies den Wegfall der persönlichen, nicht aber der dinglichen Haftung. Eine Schlechterstellung der absonderungsberechtigten Gläubiger tritt hierdurch nicht ein, weil sie im Zerschlagungsfall in einem demzufolge massearmen Insolvenzverfahren keine Insolvenzquote erhielten, vielmehr erhebliche Werteinbußen ihrer Absonderungsrechte hinnehmen müssten.

Die Kreditinstitute verpflichten sich, ihre Kreditlinien, soweit nicht im Insolvenzplan erlassen, zu den bisherigen Bedingungen bis zum Ende der Planüberwachung (31.03.2004) dem Konzern zu belassen, soweit nicht neue Kreditverträge gemäß dem Inhalt dieses Planes abgeschlossen werden. Dies geschieht durch den flankierenden Abschluss eines neuen Kredit- und Sicherheitenvertrages mit der Bankengruppe.

---

31 Zur Gruppenbildung von Absonderungsberechtigten näher RdNr. 7.13 ff.

Gruppe 7

Gruppe der nachrangigen Gläubiger

Gem. § 39 InsO nehmen am Insolvenzverfahren nachrangig teil: Zinsen, Kosten, Geldstrafen etc., unentgeltliche Ansprüche, Kapitalersatz und Forderungen mit gewillkürtem Nachrang. Hiervon sind insbesondere auch die Genussrechte (§ 221 Abs. 3 AktG) erfasst, die im Jahr 2001 gegeben worden sind und Eigenkapitalcharakter haben.

Entsprechend § 225 Abs. 1 InsO i. V. m. § 246 InsO werden die gesamten nachrangigen Forderungen durch den Insolvenzplan erlassen.

1.5.3 Sonstige Maßnahmen

Im Zuge der Vorlage, der Bestätigung und der Erfüllung des Insolvenzplans sind weitere flankierende Maßnahmen erforderlich, um die leistungswirtschaftliche und finanzielle Sanierung des Konzerns zu erreichen.

a) Grundstücksausgliederung

Die Ausgliederung der Grundstücke in die beiden verbundenen Gesellschaften der GGF-Gruppe in Berlin-Musterstadt und Egersburg wird abgeschlossen. Die EZ AG verpflichtet sich außerhalb des Planes gegenüber den Banken, die Anteile zu den Grundstücksgesellschaften jederzeit weisungsgemäß zu übertragen.

b) Aufgabe des Standortes Berlin-Rauchnberg, Kramerweg

c) Insolvenz bzw. Liquidation folgender Beteiligungen: PPB, Bote, Heidi

d) Ausgleichszahlung an die PBAG AG zur Aufhebung der Organschaftsverträge und zum Erhalt eines Unternehmens

e) Durchführung der Verschmelzung

Am 07.03.2002 hat die EZ einen Verschmelzungsvertrag mit der Papier Berg AG abgeschlossen, um die nach dem Verkauf der weiteren AG-Beteiligung überflüssig gewordene Konzernstruktur im Kostenersparnis aufzuheben. Nach Sanierung des Konzerns und Bestätigung beider Insolvenzpläne könnte die Verschmelzung durchgeführt werden. Hierbei handelt es sich dann allerdings um eine neue freie Entscheidung der Unternehmen, ihrer Führung und ihrer Gläubiger.

f) Maßnahmen der Planüberwachung[32]

Im gestaltenden Teil des Insolvenzplans wird vorgesehen, dass die Erfüllung des Insolvenzplans gem. § 260 Abs. 1 InsO durch den bisherigen Insolvenzverwalter und den bisherigen Gläubigerausschuss überwacht wird (§ 261 Abs. 1 InsO). Dies erscheint im vorliegenden Fall erforderlich, um

- im Interesse der Gläubiger, deren Forderungen erst nach Planbestätigung festgestellt werden, deren Insolvenzquoten erst nach Aufhebung des Verfahrens gezahlt werden, die Zahlung zu sichern,
- die sonstigen flankierenden Maßnahmen zur leistungswirtschaftlichen und finanziellen Sanierung des Konzerns abzusichern und umzusetzen und
- den in der Neustartphase des sanierten Konzerns zu erwartenden Störungen, Krisen und Unsicherheiten zu begegnen.

---

32 Zur Planüberwachung siehe RdNr. 18.1 ff.

g) Kreditrahmen[33]

Gem. § 264 InsO ist die Plangewährung eines Kreditrahmens möglich, der gegenüber den Insolvenzquoten einer zweiten Insolvenz vorrangig wäre. Dieser Kreditrahmen muss genau bezeichnet werden und darf die Höhe der Aktivwerte gem. § 221 Satz 1 InsO nicht übersteigen. Die Einräumung eines solchen Kreditrahmens erfolgt im vorliegenden Fall, da das Unternehmen nach der Einschätzung der Insolvenzverwaltung, der Sanierungsberater und des Wirtschaftsprüfers eines solchen Kreditrahmens bedarf. Die Höhe des Kreditrahmens beträgt 15 Mio. € und liegt damit deutlich unter dem vorhandenen Aktivvermögen.

Der Kreditrahmen wird ausgeschöpft werden durch Umwandlung des als Massedarlehen gegebenen Liquiditätskredits des Bankenpools vom 15.04.2002. Dieses Darlehen verliert somit im Fall der Planbestätigung seinen Masserang, es wird durch die Planbestätigung in eine vollwertige Forderung mit den Vorrechten nach § 264 Abs. 1 Satz 1 und § 265 InsO umgewandelt.

1.6 Ergebnisübersicht nach Gläubigergruppen

Das Insolvenzverfahren hat für die verschiedenen Gläubigergruppen also folgendes Ergebnis:

Gruppe 1 (Lieferanten mit Absonderungsrechten)

Die Gläubiger dieser Gruppe werden durch Ablösung des einfachen Eigentumsvorbehaltes im wesentlichen befriedigt und erhalten für ihre Restforderung anteilige Zahlungen gemäß dem mit den Banken geschlossenen Poolvertrag. Danach evtl. noch verbleibende Forderungen sind Forderungen nach Gruppe 5.

Gruppe 2 (Arbeitnehmer)

Diese Gruppe erhält für die Sonderopfer die Sicherung ihrer Arbeitsplätze.

Gruppe 3 (Sondergruppe Finanz-, Arbeitsamt, Krankenkasse, Land Musterland)

Diese Gruppe verzichtet auf ihre Forderungen – die im Zerschlagungsfall ohnehin unbefriedigt blieben -; sie wird erheblich begünstigt durch den Fortbestand des Papier Plan Konzerns in Berlin Burgdorf.

Gruppe 4 (Konzerngläubiger)

Die Gruppe der Konzernunternehmen wird durch den Haftungsverzicht weitgehend entschuldet, was wiederum der EZ AG zugute kommt.

Gruppe 5 (nicht-nachrangige Gläubiger)

Die Gruppe der sonstigen nicht-nachrangigen Gläubiger erhält eine Quote von 10 %, die im Zerschlagungsfall keinesfalls erreichbar wäre.

Gruppe 6 (Kreditinstitute)

Diese behalten ihr Massedarlehen im Rang des Kreditrahmens, ihre bisherigen Kredite in voller Höhe gegen die Grundstücksgesellschaften und ihre Kredite im Wert der verbleibenden Mobiliar-Absonderungsrechte gegen die EZ.

Gruppe 7 (nachrangige Gläubiger)

Die Gruppe nachrangiger Gläubiger wird entsprechend der gesetzlichen Regelung (§ 225 InsO) behandelt.

---

33 Ausführlich zur Regelung der Kostentragung im Plan und zu § 264 InsO vgl. RdNr. 18.14 ff.

1.7 Alternative: Zerschlagung oder übertragende Sanierung?[34]

Der Insolvenzplan stellt die Gläubiger nicht schlechter, als sie ohne Plan stünden (vgl. §§ 245, 251 InsO).

Im Zerschlagungsfall reduziert sich entsprechend der Einschätzung von Fritz Krumme und dem vereidigten sachverständigen Auktionator der Veräußerungswert der Mobilien, also durch den Insolvenzverwalter veräußerbaren Gegenstände von 84,2 Mio. auf 14,7 M€. Auf diesen lasten Absonderungsrechte, die den Wert für die Masse reduzieren. Damit entsteht eine freie, also für die Ausschüttung an sich zur Verfügung stehende Insolvenzmasse in Höhe von ca. 2,9 M€.

Schätzwerte in M€:

Vermögen	Wert	AbsR	9 %, 171 II	16 % Ust	Freie Masse
Grdst.	49,5	49,5	0	0	0
Sach Anl Vm	2,7	2	0,3	0,4	0,7
Fin Anl Vm	0	0	0	0	0
Vorräte	8,5	6,6	0,8	1,1	1,9
Forderung	3,5	3,2	0,3	0	0,3
freie Masse daraus im Zerschlagungsfalle:					2,9
zzgl. weitere im Zerschlagungsfall anfallende freie Masse rd.:					1
insgesamt somit:					3,9

Der so berechnete Erlös aus den o. g. Gegenständen vermehrt um einzelne, im Zerschlagungsfall als freie Masse zur Verfügung stehende, nicht sicherungsbefangene Werte und die geschätzten Ergebnisse der Betriebsfortführung in der Antragsphase (1 M€), reicht aber nicht aus, um die Masseverbindlichkeiten zu befriedigen. Denn bevor Gläubiger Insolvenzquoten erhalten, müssen zunächst die Kosten des Insolvenzverfahrens (§ 54 InsO i. V. m. InsVV und GKG) in verfahrensbedingter Höhe beglichen werden. Sodann sind die sonstigen Masseverbindlichkeiten i. S. v. § 55 InsO zu befriedigen: Die Feststellungs-, Sicherungs- und Verwertungskosten, die Kosten für Dauerschuldverhältnisse (Löhne und Mieten) bis zu Kündigungsablauf, Sozialplankosten u. ä. Im Zerschlagungsfalle erhöhen sich diese Kosten drastisch, weil den Kosten für Dauerschuldverhältnisse keine Einnahmen entgegenstehen und bestimmte Kostenpositionen (Sozialpläne) nur im Sanierungsfall weitgehend vermieden werden können. Reicht die Insolvenzmasse nicht zur Deckung aller Masseverbindlichkeiten, so ist nach vollständiger Berichtigung der Massekosten der verbleibende Verbindlichkeitenbestand ggf. quotal zu berichtigen (§ 209 InsO).

Schätzwerte in M€:

in M€	Sanierung	Zerschlagung
Massekosten	5,3	3,5
Umsatzsteuer	8,2	1,7
Löhne und Gehälter	0	10

---

34 Zum Verbot der Schlechterstellung gem. § 251 InsO vgl. RdNr. 15.1 ff., zur übertragenden Sanierung vgl. RdNr. 1.6 ff.

in M€	Sanierung	Zerschlagung
Mieten	0	7
Versorgung, Leasing, Versicherung	0	1,25
Grundstücksnebenkosten	0	2,3
L +G vorl. Verwaltung	0	6
Massekredit	0	15
Sonstiges	0	2,25
Summe MV	8,2	45,5
Summe MK+MV	13,5	49
freie Masse	20,1	3,9
Ausschüttung auf MVerb	8,2	0,4
Quote Insolvenzforderungen	Ja	nein

Im Zerschlagungsfall werden also die sonstigen Masseverbindlichkeiten in Höhe von ca. 1 % bezahlt werden können, Insolvenzgläubiger gehen leer aus.

Eine übertragende Sanierung („asset deal"), die Alternative zur Zerschlagung, ist vorliegend nicht möglich. Sie setzt einen Investor voraus, der bereit ist, das gesamte vorhandene Unternehmensvermögen frei von Verbindlichkeiten zu übernehmen. Einen solchen Investor gibt es nicht. Angebote zur Übernahme der „Aktivitäten" oder Vorräte liegen zwar vor, aber nur zu solchen Bruchteilswerten, die dem Zerschlagungswert entsprechen. Die o. g. Berechnung zur Sanierung bezieht sich auf eine solche übertragene Sanierung, die grundsätzlich möglich wäre, vor einer umfassenden Sanierung durch Insolvenzplan aber zurücktritt. Die ausgewiesene Berechnung ist insofern fiktiv.

2. Gestaltender Teil[35]

Es wird darauf Bezug genommen auf das vom Insolvenzverwalter gefertigte Gläubigerverzeichnis gem. § 152 Abs. 1 InsO, welches für die bekannten Forderungen eine Gruppenzuteilung enthält. Ferner wird Bezug genommen auf den darstellenden Teil, die Punkte

1.2   Gruppenbildung

1.2.1   Kriterien der Gruppenabgrenzung

1.2.2   Angaben der Gruppen

1.5.2   Maßnahmen, die die Rechtsstellung der Gläubiger berühren

1.6   Ergebnisübersicht nach Gläubigergruppen

2.1 Die Rechte der Gläubiger werden durch den Insolvenzplan wie folgt geändert:

2.1.1 Die Gläubiger der Gruppe 3 verzichten in voller Höhe auf ihre folgenden Forderungen:

– das Finanzamt für Ansprüche auf die Körperschafts- und Gewerbesteuer, die sich aus der Erhöhung des Betriebsvermögens der Schuldnerin durch den bestätigten Insolvenzplan ergeben

---

35 Zu den gesetzlichen Einzelvorgaben und zum Inhalt des gestaltenden Teils vgl. RdNr. 5.63 ff.

sowie auf die angemeldete Umsatzsteuern, darunter auch die, die sich durch die Korrektur nach § 15 a UStG durch die Folgen des bestätigten Insolvenzplans ergeben, einschließlich aller Nebenforderungen aus dem Steuerschuldverhältnis; ferner auf die aus der Spaltung resultierende Grunderwerbsteuer sowie die auf den Insolvenzgeldzeitraum entfallende Lohnsteuer.

– die Bundesanstalt für Arbeit verzichtet auf sämtliche auf sie nach § 187 SGB III übergegangenen Forderungen der Arbeitnehmer der Schuldnerin.

– die in der Plananlage 1 verzeichneten Sozialversicherungsträger verzichten auf sämtliche Ansprüche aus dem Insolvenzgeldzeitraum, die nach § 208 Abs. 1 SGB III gegen die EZ AG bestehen geblieben sind.

– das Land Musterland verzichtet gegenüber der Schuldnerin und allen Unternehmen des Papier Plan Konzerns in voller Höhe auf die Forderungen aus und im Zusammenhang mit dem Erbbaurechtsvertrag betreffend das Erbbaurecht Am Ludwigshafen und auf die Forderungen aus dem Umzugskredit Bernadottestraße.

2.1.2 Die Gläubiger der Gruppe 4 (Konzernunternehmen) verzichten auf 100 % ihrer Forderungen.

2.1.3 Alle nicht-nachrangigen Gläubiger, die keine Absonderungsrechte haben (Gruppe 5), verzichten auf einen erststelligen Teilbetrag von 90 % ihrer Forderungen.

2.1.4 Die Gläubiger der Gruppe 6 (Kreditinstitute mit Absonderungsrechten am Umlaufvermögen) soweit sie Mitglieder des Bankenkonsortiums sind, verzichten gegenüber der Schuldnerin auf die Durchsetzung ihrer Forderungen aus Konsortialkredit und Kreditlinie, soweit diese insgesamt einen Betrag in Höhe von 76,714 M€ übersteigen.

Kreditinstitute, die nicht Mitglieder des Bankenpools sind – insbesondere Hypothekenbanken – verzichten auf ihre persönlichen Forderungen gegen die EZ AG. Die Einzelheiten sind in dem zwischen der Papier Plan AG Einrichtung und Zubehör, Berlin, und der BH Vereinsbank AG, München, für das Bankenkonsortium abgeschlossenen Krediten- und Sicherheitenvertrag geregelt, der mit Zustimmung der Gläubiger im Insolvenzplanverfahren wirksam wird (vgl. Plananlage 3).

2.1.5 Die nachrangigen Gläubiger (Gruppe 7) sowie sämtliche Gläubiger hinsichtlich ihrer nachrangigen Forderungen i.S. v. § 39 InsO verzichten auf sämtliche dieser Forderungen einschließlich Nebenforderungen gegen die Schuldnerin und sämtliche Konzernunternehmen (Plananlage 2).

2.1.6 Soweit vorstehend auf Insolvenzforderungen verzichtet wird, sind alle angemeldeten, anzumeldenden und festgestellten oder festzustellenden Forderungen betroffen, die am Tage der Eröffnung des Insolvenzverfahrens, 05.06.2002, 10.00 Uhr, gegen die Schuldnerin begründet waren. Die Forderungsverzichte wirken für und gegen alle Gläubiger, auch wenn sie am Insolvenzverfahren nicht oder anders teilnehmen.

2.1.7 Soweit in diesem Insolvenzplan auf Forderungen ganz oder teilweise verzichtet wurde, erklären alle Gläubiger: Wir verzichten in vollem Umfang der in diesem Insolvenzplan geregelten Forderungen auf unsere anderweitigen Forderungen, Sicherheiten (vgl. Plananlage 3) oder Ansprüche gegen alle Unternehmen des Papier Plan Konzerns der Papier Berg AG, Berlin (Plananlage 2). Dies gilt insbesonders für die Forderungen gegen die folgenden Konzerntöchter – insbesonders die Auslandsvertriebstöchter –:

Papier Plan Consult GmbH
Convex GmbH
Meyer Büro Utensilien GmbH
Papier Plan Papierverarbeitungs GmbH
Debora A.V., Niederlande
Merview GmbH
Papier Plan UK Ltd., GB

Papier Plan Benelux B.V., Niederlande
Papier Berg AG, CH
Papier Plan OY, Finnland
Papier Plan Hellas S. A., Griechenland
Papier Plan Romania S. A., Rumänien
Papier Plan Bulgaria EooD, Bulgarien
Papier Plan Hungaria Kft, Ungarn
Papier Plan Spolka z.o.o., Polen
Fürs Büro s.r.o., CZ
McLetter spol s.r.o., CZ
Papier Plan spol s.r.o., CZ
Papier Plan Slovakia spol s.r.o., Slowakei
Papier Plan S. A. , Frankreich
Top Planing Holding S. A., Frankreich
J.C. Holding S. A., Frankreich
Pump Editions S. A., Frankreich
J.C. S. A., Frankreich
MOeCom Logistik GmbH & Co. KG
MOeCom Verwaltungs GmbH
Batix Infraserv GmbH
Pudi GmbH
Ragi GmbH
McPen Ungarn
McPen Spolka z.o.o.

Bestellte Sicherheiten bleiben jedoch in vollem Umfang bestehen. Ausgenommen hiervon sind die Forderungen gegen die PBAG, die GBG KG und GHGKG, die Bote GmbH, die PPB GmbH und die Heidi Card GmbH bzw. die Sicherheiten an deren Vermögen. Den Gläubigerbanken wird hierdurch die Möglichkeit gegeben, ihre Forderungen gegen die insolventen Unternehmen des Papier Plan Konzerns in vollem Umfang geltend zu machen, ggf. zur Insolvenztabelle anzumelden und abgesonderte Befriedigung zu beantragen. Die Sanierung des Konzerns wird hierdurch natürlich nicht tangiert. Der Ausgleichsvertrag zwischen der Papier Berg AG und der Papier Plan EZ AG (Punkt 1.5.3 lit. d)) über die endgültige Regelung gegenseitiger Ansprüche bleibt unberührt.

2.1.8 Soweit auf Insolvenzforderungen nicht verzichtet wurde oder wird, erfolgen Zahlungen durch die Schuldnerin wie folgt:

a) 25 % bis zum 30.09.2002.

b) 25 % bis zum 31.03.2003.

c) 25 % bis zum 30.09.2003.

d) 25 % bis zum 31.03.2004.

Eine Verzinsung der Forderungen erfolgt nicht. Die gesetzlichen Regelungen über den Vollzug und die Vollzugsfolgen bleiben unberührt. Die Bestellung von Sicherheiten erfolgt nicht.

2.2. Sonstige sofort vorzunehmende Maßnahmen

2.2.1 Kreditverlängerung der Konsortialbanken

Die Konsortialbanken geben folgende Erklärung ab: Bis zur Höhe des Betrages, für die die EZ nach 2.1.4 die unbeschränkte Haftung übernommen hat, verlängern und erweitern wir unseren Konsortialkreditvertrag vom 07.07.1999 mit der Papier Plan EZ AG in der Fassung vom 07.03.2002 bis zum 31.03.2004, soweit nicht einvernehmlich anderweitige Kreditverträge abgeschlossen werden. Die Einzelheiten werden in dem zwischen der Papier Plan AG Einrichtung und Zubehör, Berlin, und dem Bankenkonsortium der BH Vereinsbank AG, München, für das Bankenkonsortium abzuschließenden Krediten- und Sicherheitenvertrag geregelt, der mit Zustimmung der Gläubiger im Insolvenzplanverfahren wirksam wird (vgl. Plananlage 3).

2.2.2 Kreditrahmen

Es wird ein Kreditrahmen von 15 Mio. € zuzüglich Zinsen und Nebenleistungen gem. Poolkreditvertrag (vgl. 2.2.1:Kreditverlängerung) gebildet, der durch die Umwandlung des dem Insolvenzverwalter am 15.04.2002 gewährten Massedarlehens in Höhe von 15 Mio. € ausgenutzt wird und die Vorrechte nach §§ 264, 265 InsO genießt. Das dem Insolvenzverwalter gewährte Darlehen ist nach Rechtskraft der Planbestätigung keine Masseverbindlichkeit, sondern Insolvenzforderung in voller Höhe.

2.3 Planüberwachung[36]

Gem. § 260 InsO wird die Erfüllung des Plans überwacht. Sachverwalter ist der bisherige Insolvenzverwalter Rechtsanwalt Rainer Schultze, Teedamm 212, 10719 Berlin.

Der Zustimmung des Sachverwalters unterliegen folgende Rechtsgeschäfte der Schuldnerin:

a) die Aufnahme von Bankkrediten außerhalb des gewöhnlichen Geschäftsverkehrs

b) Erwerb, Veräußerung, Belastung von Grundstücken und Unternehmensbeteiligungen

c) der Abschluss, die Aufhebung und die Änderung von Unternehmensverträgen

d) alle Rechtsgeschäfte, denen der Aufsichtsrat der Schuldnerin zustimmen muss.

Die Überwachung der Planerfüllung endet am 31.03.2004.

2.4 Bedingungen[37]

Bedingungen werden nicht gestellt.

3. Verzeichnis der Plananlagen[38]

Dem Plan sind folgende Anlagen beigefügt, die im Original auf der Geschäftsstelle des Amtsgerichts Musterstadt, Musterplatz 1, 10719 Berlin, niedergelegt sind:

Anlage 1 Verzeichnis der Gläubiger

Anlage 2 Verbundene Unternehmen und Unternehmensverträge

Anlage 3 Kreditverträge, Sicherheitenverträge und Abgrenzungen

Anlage 4 Bürgschaften und Eventualverbindlichkeiten

Anlage 5 Jahresabschlüsse 2000 und 1999, jeweils testiert von Michael Schulz, Entwurf 2001, 1998 testiert von Edel & Stark

Anlage 6 Bescheinigung bzw. Stellungnahme der Sachverständigen

　　　a) Michael Schulz, Berlin

　　　b) Richardt Gmeinsky, Berlin

---

36 Zur Planüberwachung vgl. RdNr. 17.1 ff. und 18.1 ff.
37 Zur Möglichkeit, Planbedingungen aufzustellen, siehe RdNr. 12.20 f.
38 Näher zum Inhalt der gem. § 229 InsO erforderlichen einzelnen Plananlagen vgl. RdNr. 5.83 ff.

c) Ernst Tillmann, Berlin

d) Geschäftsrat GmbH, Hamburg

Anlage 7 Grundbuchauszüge, Gutachten, Erbbaurechtsvertrag und Verkaufsverträge

Anlage 8 Gutachten für Mobiliarsicherheiten

Anlage 9 Bilanz-, Ergebnis- und Liquiditätsrechnungen per 31.03.2002, 31.05.2002, 31.12.2002, 31.12.2003

4. Zusammenfassung des wesentlichen Inhalts (§ 235 Abs. 3 S. 2 InsO) des Insolvenzplans der Papier Plan AG Einrichtung und Zubehör, Amtsgericht Musterstadt, Wesentlicher Inhalt[39]

Der Insolvenzverwalter der Papier Plan AG Einrichtung und Zubehör – folgend auch nur „EZ" genannt – legt mit der Eröffnung des Insolvenzverfahrens am 05.06.2002 diesen Insolvenzplan vor. Gleichzeitig wird der Insolvenzplan der Konzernmutter Papier Berg AG im Insolvenzverfahren AG Musterstadt vorgelegt. Durch die Kürzung der Kreditlinien und ihrer Prolongation und durch den Abschluss eines entsprechenden Neukreditvertrages mit dem Bankenpool wird die Zahlungsfähigkeit des Konzerns und damit der EZ wiederhergestellt. Durch den sanierungsbedingten Verbindlichkeitenschnitt wird der Eintritt der Überschuldung beseitigt, dauerhaft verhindert und zugleich, wegen des Zinsentlastungseffekts, die Ertragskraft des Unternehmens gestärkt.

Die Verfasser des Verwalterplans legen einen leistungswirtschaftlichen Sanierungsplan vor. Die EZ, das operative Konzernunternehmen, soll saniert werden.

a) bilanziell durch: -Reduzierung der gesicherten Gläubigerforderungen auf den Wert der Absonderungsrechte, -Teilverzicht ungesicherter Gläubiger, -Totalverzicht bestimmter öffentlich-rechtlicher Gläubiger, -Sanierungsbeitrag der Arbeitnehmer;

b) leistungswirtschaftlich durch: -Abbau von Überkapazitäten, -Strukturierten Personalabbau, -Ausgliederung der Betriebsgrundstücke, -Schließung unrentabler Konzerntöchter, -Abbau des negativen Finanzergebnisses.

Durch diese Maßnahmen werden der Insolvenzgrund beseitigt und die Ertragskraft des Konzerns wieder hergestellt. Kein Gläubiger wird durch den Plan schlechter gestellt, als er ohne die Sanierung des Unternehmens stünde (§ 245 I InsO). Kein Gläubiger, der nicht hierzu seine Zustimmung geben soll, steht ohne den Plan schlechter als vergleichbare Gläubiger
(§ 245 II InsO).

Dem Bankenpool haften für den Konsortialkredit sämtliche verfügbaren Vermögenswerte der EZ:

– Gesamtgrundschuld (169 M€) auf den Grundstücken Braunstedt und Egersburg
– Sicherungsübereignung von Warenlager und Anlagevermögen
– Globalzession
– Abtretung der Rechte an Markenwarenzeichen und Patenten
– Verpfändung der Guthaben und wesentlicher Beteiligungen (MBU, Heidi, Bote, Tail, Frankreich, Österreich und Polen) sowie Vorauszession sämtlicher Beteiligungsveräußerungserlöse

Der Pool hat vorbezeichnete Sicherheiten gegenüber den absonderungsberechtigten Lieferanten und ihren Kreditversicherern (VKA, Göring, Big und Zürich) durch Vertrag vom März 2001 mit zwei Nachträgen abgegrenzt. Danach haften die Waren und Forderungen dem Bankenpool in Höhe von 65 %, den Eigentumsvorbehalts-Lieferanten und Pfandrechtsleistungsgläubigern jeweils 35 % des Umlaufvermögens (Waren und Forderungen) des jeweils belieferten Unternehmens. Diese Sicher-

---

39 Zur wesentlichen Zusammenfassung i S. d. § 235 Abs. 3 S. 2 InsO vgl. ausführlich RdNr. 11.15 ff.

heiten werden durch den Insolvenzplan nicht berührt, so dass die absonderungsberechtigten Lieferanten im Ergebnis voll befriedigt werden.

Im Zerschlagungsfall reicht die freie Masse nicht aus, um die gesamten Massekosten und Masse-verbindlichkeiten in Höhe von 49 M€ zu bezahlen, die im Zerschlagungsfall entstehen würden. Im Zerschlagungsfall würde das Insolvenzverfahren alsbald mangels Masse eingestellt, kein Gläubiger erhält eine Insolvenzquote. Hingegen wird im Sanierungsfall bei Annahme des Plans das Ergebnis für die Gläubigergruppen das folgende sein:

Gruppe 1 (Lieferanten mit Absonderungsrechten)

Die Gläubiger dieser Gruppe werden durch Ablösung des einfachen Eigentumsvorbehaltes im wesentlichen befriedigt und erhalten für ihre Restforderung anteilige Zahlungen gemäß dem mit den Banken geschlossenen Poolvertrag.

Gruppe 2 (Arbeitnehmer)

Diese Gruppe erhält für die planbegleitenden Sonderopfer die Sicherung ihrer Arbeitsplätze.

Gruppe 3 (Sondergruppe Finanz-, Arbeitsamt, Krankenkasse, Land Musterland)

Diese Gruppe verzichtet auf ihre Forderungen – die im Zerschlagungsfall ohnehin unbefriedigt blieben -; sie wird erheblich begünstigt durch den Fortbestand des Papier Plan Konzerns in Berlin Burgdorf.

Gruppe 4 (Konzerngläubiger)

Die Gruppe der Konzernunternehmen wird durch den Haftungsverzicht weitgehend entschuldet, was wiederum der EZ AG zugute kommt.

Gruppe 5 (nicht-nachrangige Gläubiger)

Die Gruppe der sonstigen nicht-nachrangigen Gläubiger erhält eine Quote von 10 %, die im Zerschlagungsfall keinesfalls erreichbar wäre.

Gruppe 6 (Kreditinstitute)

Diese behalten ihr Massedarlehen im Rang des Kreditrahmens, ihre bisherigen Kredite in voller Höhe gegen die Grundstücksgesellschaften und im Wert der verbleibenden Mobiliar-Absonde-rungsrechte auch gegen die EZ.

Gruppe 7 (nachrangige Gläubiger)

Die Gruppe nachrangiger Gläubiger wird entsprechend der gesetzlichen Regelung (§ 225 InsO) behandelt.

Berlin, den 12.07.2002

Rainer Schultze

Rechtsanwalt als Verwalter

Anhang 4: Informationsschreiben „Erörterungs- und Abstimmungstermin"

Rechtsanwälte Müller & Partner

Insolvenzverfahren

XY Bau AG

Amtsgericht Charlottenburg 65 IN 512/05

Hier: Insolvenzplan/Erörterungs- und Abstimmungstermin[1]

Sehr geehrte Damen und Herren[2],

die Gläubigerversammlung im Insolvenzverfahren der XY Bau AG hat mich beauftragt, einen Insolvenzplan zur Sanierung aufzustellen[3]. Dies ist nunmehr geschehen. Der Plan und seine Anlagen können ab sofort bis zum Termin auf der Geschäftsstelle des Amtsgerichts eingesehen werden. Dort ist zur Erörterung und zur Abstimmung über diesen Plan Verhandlungstermin anberaumt, § 235 Abs. 1 InsO:

Amtsgericht Charlottenburg

Amtsgerichtsplatz 1, 14057 Berlin

Sitzungssaal: II. Stock, Zimmer 218

Termin: 25. Juli 2005

Eine Zusammenfassung der wesentlichen Planinhalte gem. § 235 Abs. 3 InsO erhalten Sie in der Anlage[4]. Selbstverständlich kann ich Ihnen den Plan auf Wunsch auch zur Verfügung stellen oder Rückfragen beantworten.

Ich meine, dass Sie durch den Plan günstiger gestellt werden, als Sie ohne den Plan stünden. Deshalb werbe ich für die Annahme des Plans. Dafür ist die gesetzliche Gläubigermehrheit erforderlich. Um Ihnen die Zustimmung zum Insolvenzplan zu erleichtern, schlage ich vor, von der beigefügten Vollmacht[5] Gebrauch zu machen. Dies ist für Sie kostenlos, und, da die Vollmacht lediglich zur Zustimmung im Insolvenzplantermin berechtigt, auch risikolos. Sie ersparen sich die sonst erforderliche Anreise[6].

Wird der Plan angenommen, so wird die Gesellschaft voraussichtlich noch in diesem Jahr saniert und die Gläubiger erhalten die aus dem Plan ersichtlichen Leistungen. Für die gewöhnlichen Insolvenzgläubiger bedeutet dies eine 10% Quote auf alle Forderungen, die festgestellt sind oder

---

1 Inhalt und Ablauf des Erörterungs- und Abstimmungstermins erläutern RdNr. 11.1 ff.
2 Die Notwendigkeit der Formulierung eines derartigen „Bettelbriefes" an die Gläubiger erläutert RdNr. 11.72.
3 Zur Planvorlageberechtigung des Insolvenzverwalters vgl. RdNr. 3.1 ff.
4 Zu den Vorzügen der Übersendung einer wesentlichen Planzusammenfassung vgl. RdNr. 11.15 ff.
5 Siehe das nachfolgende Muster einer Stimmrechtsvollmacht.
6 Vgl. näher RdNr. 11.72.

noch festgestellt werden. Nachrangige Gläubiger, zu denen grundsätzlich auch die Aktionäre gehören, erhalten nichts; für geschädigte Aktionäre ist indessen eine Entschädigungslösung vorgesehen, falls Schadensersatzforderungen erfolgreich gegen Schädiger und ihre Versicherungen durchgesetzt werden können.

Für den Fall, dass der Insolvenzplan nicht angenommen wird oder nicht durchgeführt werden kann, muss die AG voraussichtlich zerschlagen werden. Ob und ggf. wann in diesem Falle Quoten gezahlt werden können, kann ich nicht voraussagen. Die wesentlichen Forderungen sind einem Bankenpool für dessen Forderungen (ca. € 170.000.000,00) zur Sicherheit übertragen worden; die übrigen Gläubiger haben derzeit weniger als € 10.000.000,00 angemeldet. Mit Zahlungen könnte in diesem Falle jedenfalls vorläufig nicht gerechnet werden.

Mit freundlichen Grüßen

gez. Dr. Müller

Rechtsanwalt als Insolvenzverwalter

Anhang 5: Stimmrechtsvollmacht

Rechtsanwälte Müller & Partner

Vollmacht[1]

In dem

Insolvenzverfahren XY Bau AG

Amtsgericht Charlottenburg 65 IN XXX/05

bevollmächtige(n) ich/wir

zur Vertretung in der Gläubigerversammlung (Erörterungs- und Abstimmungstermin) am 25.07.2005 bei der Erteilung der Zustimmung zum Insolvenzplan:

Frau

Herrn

dienstansässig XXX, jeweils einzeln. Die Bevollmächtigten sind berechtigt, Untervollmacht zu erteilen und ggf. für eine Vertagung des Termins zu stimmen. Ich stimme dem Insolvenzplan zu. Kosten dürfen mir/uns für die Vertretung nicht entstehen.

Die zur Insolvenztabelle angemeldete Forderung beträgt gemäß bisheriger Korrespondenz: ....

Die Bankverbindung lautet: ....

.... den 2005

....

(rechtverbindliche Unterschrift/Firmenstempel)

---

1 Die Vorteile einer Stimmrechtsvollmacht für die Abstimmung über den Insolvenzplan erläutert RdNr. 11.72.

Stichwortverzeichnis

(Die Zahlen verweisen auf die Randnummern)